Cornelius Tacitus

Werke - lateinisch mit deutscher Übersetzung und erläuternden Anmerkungen

Annalen I bis VI

Cornelius Tacitus

Werke - lateinisch mit deutscher Übersetzung und erläuternden Anmerkungen
Annalen I bis VI

ISBN/EAN: 9783744615914

Hergestellt in Europa, USA, Kanada, Australien, Japan

Cover: Foto ©ninafisch / pixelio.de

Weitere Bücher finden Sie auf **www.hansebooks.com**

P. Cornelius Tacitus Werke.

I.

Des

P. Cornelius Tacitus Werke.

Lateinisch mit deutscher Uebersetzung und erläuternden Anmerkungen.

Erster Band:

Annalen I bis VI.

Leipzig,
Verlag von Wilhelm Engelmann.
1864.

Vorwort.

Diese Ausgabe der Werke des Tacitus schließt sich an die bereits erschienenen Bände der Sammlung römischer Schriftsteller mit deutscher Uebersetzung an und ist ganz in derselben Weise bearbeitet, d. h. sie ist nicht für Philologen von Fach bestimmt, sondern vielmehr für solche, welche den größten Geschichtschreiber Roms zwar in der Ursprache zu lesen wünschen, dabei aber doch, um durchweg zu einem richtigen Verständniß desselben zu gelangen, der Beihilfe einer Uebersetzung mehrfach bedürfen. Zu dem Zweck hat sich dieselbe auch der Eigenthümlichkeit des lateinischen Textes so eng als möglich angeschlossen, ohne jedoch dabei dem deutschen Idiom Gewalt anthun zu müssen. Zu Grunde ist dabei die Uebersetzung von W. Bötticher gelegt worden, da dieser vor allen übrigen mit Recht das Lob gespendet werden muß, dem Originale am nächsten zu kommen. Natürlich hat dabei gar Vieles gänzlich umgestaltet werden müssen, da nicht gerade Weniges falsch, oder doch nicht durchaus richtig aufgefaßt worden ist, dessen richtiges Verständniß wir zum größten Theil erst den Erklärern der Neuzeit zu verdanken haben.

Die beigefügten Anmerkungen haben einzig und allein den Zweck, da, wo es nöthig schien, über sächliche Gegenstände in aller Kürze die nöthige Erklärung zu geben, wobei genau auf Alles Rücksicht genommen worden ist, was in dieser Beziehung die neueren Ausgaben und sonstige Hilfsmittel bieten. Kritische Bemerkungen, als einer solchen Ausgabe fremd, sind mit wenigen Ausnahmen ganz ausgeschlossen worden.

Dem Texte ist die zweite Orellische von Baiter besorgte Ausgabe zu Grunde gelegt, jedoch mit Berücksichtigung alles dessen, was seitdem die Gelehrten für Verbesserung desselben geleistet haben.

Des
P. Cornelius Tacitus
Annalen.

Erstes Buch.

Die Jahre 767 u. 768 n. R. Erb.,
14 u. 15 n. Chr.

P. CORNELII TACITI

ANNALIUM

AB EXCESSU DIVI AUGUSTI

LIBER I.

1. Urbem Romam a principio reges habuere. Libertatem et consulatum L. Brutus instituit. Dictaturae ad tempus sumebantur; neque decemviralis potestas ultra biennium, neque tribunorum militum consulare ius diu valuit. Non Cinnae, non Sullae longa dominatio; et Pompei Crassique potentia cito in Caesarem, Lepidi atque Antonii arma in Augustum cessere, qui cuncta discordiis civilibus fessa nomine principis sub imperium accepit. Sed veteris populi Romani prospera vel adversa claris scriptoribus memorata sunt, temporibusque Augusti dicendis non defuere decora ingenia, donec gliscente adulatione deterrerentur. Tiberii Gaique et Claudii ac Neronis res florentibus ipsis ob metum falsae, postquam occiderant, recentibus odiis compositae sunt. Inde consilium mihi pauca de Augusto et extrema tradere, mox Tiberii principatum et cetera, sine ira et studio, quorum causas procul habeo.

2. Postquam Bruto et Cassio caesis nulla iam publica arma, Pompeius apud Siciliam oppressus, exutoque Lepido, interfecto Antonio ne Iulianis quidem partibus nisi Caesar dux reliquus, posito triumviri nomine consulem se ferens et ad tuendam plebem tribunicio iure contentus, ubi militem donis, populum annona, cunctos

Des

P. Cornelius Tacitus
Annalen

seit dem Hinscheiden des göttlichen Augustus.

Erstes Buch.

1. Die Stadt Rom beherrschten anfangs Könige. Freiheit und Consulat gründete Lucius Brutus. Zu Dictaturen schritt man nur auf Zeit, und weder die Decemviralgewalt[1]) hat über zwei Jahre, noch der Kriegstribunen[2]) consularisches Recht lange Bestand gehabt. Nicht Cinna's, nicht Sulla's Herrschaft war von langer Dauer; auch des Pompejus und Crassus Macht ging schnell auf Cäsar, des Lepidus und Antonius Waffengewalt auf Augustus über, welcher das ganze, durch bürgerliche Zwietracht ermüdete Reich unter dem Namen eines Oberhauptes als Herr dahinnahm. Doch des alten Römervolkes Glück und Misgeschick ist von berühmten Schriftstellern erzählt worden; auch des Augustus Zeitalter darzustellen fehlte es nicht an angemessenen Talenten, bis von überhandnehmender Schmeichelei sie zurückgeschreckt wurden. Des Tiberius, Gajus, Claudius, wie des Nero Geschichte ist bei ihren Lebzeiten aus Furcht verfälscht, nach ihrem Hingange, unter noch frischem Hasse geschildert worden. Daher mein Entschluß, nur Weniges von Augustus, und zwar das Letzte, sodann des Tiberius Herrschaft und das Folgende zu überliefern, ohne Gehässigkeit und Parteiliebe, deren Ursachen mir fern liegen.

2. Als es nach dem Falle des Brutus und Cassius keine Waffen des Staats mehr gab[3]), Pompejus bei Sicilien überwältig[4]), Lepidus entwaffnet, Antonius[5]) gefallen war, und selbst der julianischen Partei kein anderer Führer mehr als Cäsar [Octavianus] blieb; da legte dieser den Triumvirtitel nieder, Consul[6]) nur sich nennend und mit tribunicischer Gewalt zufrieden, um das Volk zu schützen; und als er nun den Soldaten durch Geschenke, das Volk durch Getreidespenden, Alle durch der Ruhe

dulcedine otii pellexit, insurgere paulatim, munia senatus magistratuum legum in se trahere, nullo adversante, cum ferocissimi per acies aut proscriptione cecidissent, ceteri nobilium, quanto quis servitio promptior, opibus et honoribus extollerentur ac novis ex rebus aucti tuta et praesentia quam vetera et periculosa mallent. Neque provinciae illum rerum statum abnuebant, suspecto senatus populique imperio ob certamina potentium et avaritiam magistratuum, invalido legum auxilio, quae vi, ambitu, postremo pecunia turbabantur.

3. Ceterum Augustus subsidia dominationi Claudium Marcellum, sororis filium, admodum adulescentem pontificatu et curuli aedilitate, M. Agrippam, ignobilem loco, bonum militia et victoriae socium, geminatis consulatibus extulit, mox defuncto Marcello generum sumpsit; Tiberium Neronem et Claudium Drusum privignos imperatoriis nominibus auxit, integra etiam tum domo sua. Nam genitos Agrippa Gaium ac Lucium in familiam Caesarum induxerat, necdum posita puerili praetexta principes iuventutis appellari, destinari consules specie recusantis flagrantissime cupiverat. Ut Agrippa vita concessit, Lucium Caesarem euntem ad Hispanienses exercitus, Gaium remeantem Armenia et vulnere invalidum mors fato propera vel novercae Liviae dolus abstulit, Drusoque pridem extincto Nero solus e privignis erat, illuc cuncta vergere: filius, collega imperii, consors tribuniciae potestatis adsumitur omnisque per exercitus ostentatur, non obscuris, ut antea, matris artibus, sed palam hortatu. Nam senem Augustum devinxerat adeo, uti nepotem unicum, Agrippam Postumum, in insulam Planasiam proiecerit, rudem sane bonarum artium et robore corporis stolide ferocem, nullius tamen flagitii conpertum. At Hercule Germanicum Druso ortum octo apud Rhenum legionibus inposuit adscirique per adoptionem a Tiberio iussit, quamquam esset in domo Tiberii filius iuvenis, sed quo pluribus munimentis insisteret. Bellum ea tempestate nullum nisi adversus Germanos supererat, abolendae magis infamiae ob amissum cum Quintilio Varo exercitum, quam cupidine proferendi im-

Süßigkeit verlockt, erhebt er sich allmählich, zieht an sich des Senates, der Magistrate, der Gesetze Amt ohne irgend Eines Widerstand; denn die Muthigsten waren in den Schlachten oder durch die Acht gefallen, die übrigen vom Adel wurden, je geneigter sie der Dienstbarkeit sich zeigten, durch Güter und Ehrenstellen ausgezeichnet, und zogen, durch die neuen Verhältnisse gehoben, die sichere Gegenwart der gefahrvollen Vergangenheit vor. Auch die Provinzen waren dieser Lage der Dinge nicht abgeneigt; denn verdächtig war des Senates und des Volkes Herrschaft ob der Kämpfe der Mächtigen und der Beamten Habsucht, da unkräftig der Gesetze[7] Schutz, welche durch Gewalt, durch Umtriebe, endlich durch Bestechungen unwirksam gemacht wurden.

3. Uebrigens erhob Augustus, zu Stützen der Herrschaft, den Claudius Marcellus, seiner Schwester[8] Sohn, einen kaum erwachsenen Jüngling, durch Pontificat und curulische Aedilität, den M. Agrippa, von unadelicher Abkunft[9], aber einen wackern Krieger und seines Sieges Genossen durch zwei Mitconsulate[10], bald, nach des Marcellus Tode[11], nahm er ihn zum Eidam; seine Stiefsöhne[12] Tiberius Nero und Claudius Drusus zeichnete er durch den Imperatortitel aus, obwohl sein eigenes Haus noch blühte. Denn Agrippa's Söhne, Gajus und Lucius, hatte er in das Geschlecht der Cäsaren aufgenommen, und daß sie, obgleich noch im Knabenkleide, Fürsten der Jugend genannt und zu Consuln bestimmt würden, unter dem Scheine der Weigerung sehnlichst gewünscht. Als Agrippa gestorben war[13], raffte den Lucius Caesar, da er zu den spanischen Heeren reiste, den Gajus, da er an einer Wunde krank aus Armenien zurückkehrte, ein vom Schicksal beeilter Tod oder ihrer Stiefgroßmutter Livia Hinterlist hinweg; und da Drusus längst schon seinen Tod gefunken, blieb Nero allein von den Stiefsöhnen übrig. Zu ihm nun neigt sich Alles; er wird zum Sohn, zum Mitregenten, zum Mitinhaber der tribuncischen Gewalt angenommen und allen Heeren als solcher vorgestellt, nicht mehr, wie bisher, durch der Mutter geheime Künste, sondern auf deren öffentlich gegebenen Antrieb. Denn den greisen Augustus hatte sie so ganz gefesselt, daß er seinen einzigen Enkel Agrippa Postumus[14] auf die Insel Planasia verstieß, obgleich er bei aller Rohheit und thörichten Vermessenheit ob seiner Körperstärke, doch keiner Schandthat überführt war. Aber den Germanicus freilich, des Drusus Sohn[15], stellte er über acht Legionen am Rhein, und ließ ihn von Tiberius an Kindes Statt annehmen, obwohl ein schon erwachsener Sohn im Hause des Tiberius[16] war; nur um auf mehreren Stützen zu fußen. Krieg war nirgends mehr zu dieser Zeit, außer gegen die Germanen, mehr um die Schmach zu tilgen wegen des mit Quintilius Varus[17] verlorenen Heeres, als aus Verlangen nach Erweiterung des Reichs,

perii aut dignum ob praemium. Domi res tranquillae, eadem magistratuum vocabula; iuniores post Actiacam victoriam, etiam senes plerique inter bella civium nati: quotusquisque reliquus, qui rem publicam vidisset?

4. Igitur verso civitatis statu nihil usquam prisci et integri moris: omnes exuta aequalitate iussa principis aspectare, nulla in praesens formidine, dum Augustus aetate validus seque et domum et pacem sustentavit. Postquam provecta iam senectus aegro et corpore fatigabatur, aderatque finis et spes novae, pauci bona libertatis in cassum disserere, plures bellum pavescere, alii cupere: pars multo maxima imminentis dominos variis rumoribus differebant: trucem Agrippam et ignominia accensum non aetate neque rerum experientia tantae moli parem, Tiberium Neronem maturum annis, spectatum bello, set vetere atque insita Claudiae familiae superbia, multaque indicia saevitiae, quamquam premantur, erumpere. Hunc et prima ab infantia eductum in domo regnatrice, congestos iuveni consulatus, triumphos; ne iis quidem annis, quibus Rhodi specie secessus exul egerit, aliquid quam iram et simulationem et secretas lubidines meditatum. Accedere matrem muliebri inpotentia: serviendum feminae duobusque insuper adulescentibus, qui rem publicam interim premant, quandoque distrahant.

5. Haec atque talia agitantibus gravescere valitudo Augusti, et quidam scelus uxoris suspectabant. Quippe rumor incesserat, paucos ante menses Augustum, electis consciis et comite uno Fabio Maximo, Planasiam vectum ad visendum Agrippam; multas illic utrimque lacrimas et signa caritatis, spemque ex eo fore ut iuvenis penatibus avi redderetur. Quod Maximum uxori Marciae aperuisse, illam Liviae. Gnarum id Caesari; neque multo post extincto Maximo, dubium an quaesita morte, auditos in funere eius Marciae gemitus semet incusantis, quod causa exitii marito fuisset. Utcumque se ea res habuit, vixdum ingressus Illyricum Tiberius properis matris literis

oder wegen eines sich verlohnenden Gewinnes. Im Innern war Alles ruhig; die Namen der Magistrate waren dieselben geblieben; die Jüngeren waren nach dem Siege bei Actium, auch die meisten Greise während der Bürgerkriege geboren: wie Wenige waren noch übrig, welche die Republik gesehen?

4. Da so nun des Staates Lage sich verändert hatte, war nirgend noch von alter, unverdorbener Sitte etwas übrig: Alle schauten, da jede Gleichheit aufgehoben, auf des Fürsten Gebote, ohne Besorgniß für die Gegenwart, so lange Augustus, in rüstigen Jahren, sich und sein Haus und den Frieden aufrecht erhielt. Als sein schon vorgerücktes Alter auch noch mit einem kranken Körper zu kämpfen hatte, sein Ende sich nahete und neue Hoffnungen; sprachen Wenige erfolglos von den Gütern der Freiheit, Mehrere fürchteten, Andere wünschten Krieg; der bei weitem größte Theil trug sich mit mancherlei Gerüchten über die nahe bevorstehenden Herren: der trotzige, durch Entehrung gereizte Agrippa[18] sei weder durch sein Alter, noch durch Erfahrung so großer Last gewachsen; Tiberius Nero zwar reif an Jahren, bewährt im Kriege, aber voll des alten, dem claudischen Geschlechte angeborenen Stolzes, und viele Anzeichen von Grausamkeit, so sehr er sie unterdrücke, brächen schon hervor. Er sei ja auch von frühester Kindheit an im Herrscherhause aufgezogen, mit Consulaten und Triumphen als Jüngling überschüttet worden; nicht einmal in den Jahren, in welchen er zu Rhodus[19] unter dem Scheine der Zurückgezogenheit als Verbannter lebte, habe er auf etwas Anderes, als auf Groll, Verstellung und geheime Lust gesonnen. Dazu komme seine Mutter mit Weibes-Herrschsucht; einer Frau müsse man dienen und überdies noch zwei Jünglingen[20], welche den Staat einstweilen drücken, dereinst zerreißen würden.

5. Während dieses und Aehnliches die Gemüther bewegte, nahm des Augustus Krankheit zu, und Einige argwohnten stark auf ein Verbrechen der Gemahlin[21]. Es ging nämlich das Gerücht, Augustus sei vor wenigen Monaten unter Mitwissenschaft auserwählter Personen mit Einem Begleiter, dem Fabius Maximus, nach Planasia gefahren, um den Agrippa zu besuchen; dort seien von beiden Seiten viele Thränen geflossen und Beweise zärtlicher Liebe gegeben worden, woher man gehofft habe, der Jüngling werde den Penaten des Großvaters zurückgegeben werden. Dieses habe Maximus seiner Gemahlin Marcia eröffnet, diese es der Livia; erfahren habe es dann der Cäsar; und als nicht lange nachher Maximus erblichen, ungewiß, ob gesuchten Todes, habe man bei seiner Bestattung Marcia's Seufzer vernommen, wie sie sich anklagte, des Gatten Tod verschuldet zu haben. Dem sei nun wie ihm wolle, kaum hatte Tiberius Illyricum[22] betreten, als er durch ein eiliges Schrei-

accitur; neque satis conpertum est, spirantem adhuc Augustum apud urbem Nolam an exanimem reppererit. Acribus namque custodiis domum et vias saepserat Livia, laetique interdum nuntii vulgabantur, donec provisis, quae tempus monebat, simul excessisse Augustum et rerum potiri Neronem fama eadem tulit.

6. Primum facinus novi principatus fuit Postumi Agrippae caedes, quem ignarum inermumque quamvis firmatus animo centurio aegre confecit. Nihil de ea re Tiberius apud senatum disseruit: patris iussa simulabat, quibus praescripsisset tribuno custodiae adposito, ne cunctaretur Agrippam morte adficere, quandoque ipse supremum diem explevisset. Multa sine dubio saevaque Augustus de moribus adulescentis questus, ut exilium eius senatus consulto sanciretur, perfecerat: ceterum in nullius umquam suorum necem duravit, neque mortem nepoti pro securitate privigni inlatam credibile erat; propius vero Tiberium ac Liviam, illum metu, hanc novercalibus odiis, suspecti et invisi iuvenis caedem festinavisse. Nuntianti centurioni, ut mos militiae, factum esse quod imperasset, neque imperasse sese et rationem facti reddendam apud senatum respondit. Quod postquam Sallustius Crispus, particeps secretorum — is ad tribunum miserat codicillos — comperit, metuens, ne reus subderetur, iuxta periculoso, ficta seu vera promeret, monuit Liviam, ne arcana domus, ne consilia amicorum, ministeria militum vulgarentur, neve Tiberius vim principatus resolveret cuncta ad senatum vocando: eam condicionem esse imperandi, ut non aliter ratio constet, quam si uni reddatur.

7. At Romae ruere in servitium consules, patres, eques. Quanto quis inlustrior, tanto magis falsi ac festinantes, vultuque composito, ne laeti excessu principis neu tristiores primordio, lacrimas gaudium, questus adulationem miscebant. Sex. Pompeius et Sex. Apuleius consules primi in verba Tiberii Caesaris iuravere, apudque eos Seius Strabo et C. Turranius, ille praetoriarum cohortium praefectus, hic annonae; mox senatus milesque et populus. Nam Tiberius cuncta per consules in-

ben ber Mutter herbeigerufen warb; unb es ist nicht ganz ausgemacht, ob er ben Augustus noch athmend ober schon entseelt in Nola[23]) gefunden habe. Denn mit strengen Wachen hatte Haus unb Straßen Livia stark besetzt, unb frohe Kunbe warb zuweilen verbreitet, bis, nachbem Alles beschickt war, was die Zeit erheischte, derselbe Ruf zugleich daß Augustus hingeschieden sei unb daß Nero die Regierung angetreten habe, verkünbigte.

6. Die erste That ber neuen Herrschaft war bes Postumus Agrippa Ermorbung; ben nichts ahnenben unb wehrlosen töbtete mit Mühe ein Centurio, so festen Muthes er auch war. Nichts rebete Tiberius hierüber zum Senat: bes Vaters Befehl gab er vor, burch welchen er bem als Wache ihm beigegebenen Tribun aufgetragen hätte, nicht zu zaubern mit Agrippa's Ermorbung, wenn er selbst bes Lebens letzten Tag erreicht. Durch viele bittere Klagen über bes Jünglings Sitten hatte ohne Zweifel Augustus es bewirkt, baß bessen Verbannung burch Senatsbeschluß rechtskräftig wurde: boch nie war er so hart, einen ber Seinigen hinrichten zu lassen; auch ist es nicht glaublich, baß er zur Sicherheit bes Stiefsohnes über den Enkel ben Tob verhängt habe; wahrscheinlicher, baß Tiberius unb Livia, jener aus Furcht, diese aus stiefmütterlichem Haß bes verbächtigen unb verhaßten Jünglings Ermorbung beschleunigt haben. Dem Centurio, welcher nach Solbatenbrauch melbete, es sei geschehen, was er geboten, antwortete er, er habe es nicht geboten, unb Rechenschaft müsse vor bem Senat gegeben werben über diese That. Als Sallustius Crispus[24]) dieses erfuhr, welcher Theil hatte an bem Geheimniß — er hatte bem Tribun ben schriftlichen Befehl gesandt — fürchtete er, als Schuldiger vorgeschoben zu werben, mit gleicher Gefahr, möcht' er Trug ober Wahrheit vorbringen, unb warnte Livia, baß nicht Geheimnisse bes Hauses, nicht Rathschläge ber Freunde unb Dienste der Solbaten kunb gemacht würben, unb baß Tiberius nicht bie Gewalt ber Herrschaft wieber auflöste, inbem er Alles vor ben Senat zöge; bas sei bes Herrschens erste Bedingung, baß nicht anbers die Rechnung stimme, als wenn sie Einem abgelegt würbe.

7. Zu Rom indessen eilen Consuln, Väter unb Ritterschaft ber Knechtschaft entgegen. Gerabe bie angesehensten mit ber größten Heuchelei unb Eilfertigkeit, unb mit verstellter Miene, baß sie nicht erfreut über bes Fürsten Hinscheiben unb auch nicht zu betrübt beim Beginn ber neuen Regierung schienen, vermischten sie Thränen, Freube, Klagen, Schmeichelei. Die Consuln Sextus Pompejus unb Sextus Apulejus legten zuerst ben Eib ab in bes Tiberius Cäsar Hänbe, in bie ihrigen Sejus Strabo unb C. Turraninus, jener ber prätorischen Cohorten, bieser bes Getreibewesens Präfect; barauf ber Senat, die Solbaten unb bas Volk. Denn Tiberius begann Alles burch die

cipiebat tamquam vetere re publica et ambiguus imperandi. Ne edictum quidem, quo patres in curiam vocabat, nisi tribuniciae potestatis praescriptione posuit sub Augusto acceptae. Verba edicti fuere pauca et sensu permodesto: de honoribus parentis consulturum, neque abscedere a corpore, idque unum ex publicis muneribus usurpare. Sed defuncto Augusto signum praetoriis cohortibus ut imperator dederat; excubiae, arma, cetera aulae; miles in forum, miles in curiam comitabatur; litteras ad exercitus tamquam adepto principatu misit, nusquam cunctabundus, nisi cum in senatu loqueretur. Causa praecipua ex formidine, ne Germanicus, in cuius manu tot legiones, immensa sociorum auxilia, mirus apud populum favor, habere imperium quam exspectare mallet. Dabat et famae, ut vocatus electusque potius a re publica videretur quam per uxorium ambitum et senili adoptione inrepsisse. Postea cognitum est ad introspiciendas etiam procerum voluntates inductam dubitationem; nam verba, vultus in crimen detorquens recondebat.

8. Nihil primo senatus die agi passus nisi de supremis Augusti, cuius testamentum, inlatum per virgines Vestae, Tiberium et Liviam heredes habuit: Livia in familiam Iuliam nomenque Augustum adsumebatur. In spem secundam nepotes pronepotesque, tertio gradu primores civitatis scripserat, plerosque invisos sibi, sed iactantia gloriaque ad posteros. Legata non ultra civilem modum, nisi quod populo et plebi quadringenties tricies quinquies, praetoriarum cohortium militibus singula nummum milia, [urbanis quingenos,] legionariis ac cohortibus civium Romanorum trecenos nummos viritim dedit. Tum consultatum de honoribus; ex quis maxime insignes visi: ut porta triumphali duceretur funus, Gallus Asinius, ut legum latarum tituli, victarum ab eo gentium vocabula anteferrentur, L. Arruntius censuere. Addebat Messala Valerius renovandum per annos sacramentum in nomen Tiberii; interrogatusque a Tiberio, num se mandante eam sententiam prompsisset, sponte dixisse respondit, neque in iis, quae ad rem publicam pertine-

Consuln, als wäre noch die alte Republik und er zum Regieren unent-
schlossen. Nicht einmal das Edict, wodurch er die Väter in die Curie berief, erließ er anders als unter dem Titel der unter Augustus empfangenen tribunicischen Vollmacht²⁵). Die Worte des Edictes waren kurz
und von sehr bescheidenem Inhalt: „Ueber die dem Vater zu erweisenden
Ehrenbezeugungen werde er Rath halten; auch weiche er nicht von der
Leiche, und dieses allein von den öffentlichen Geschäften maße er sich an."
Doch hatte er, sobald Augustus verblichen, als Imperator den prätorischen
Cohorten die Losung gegeben; Wachen, Soldaten und das Uebrige war wie
am Hofe; Soldaten begleiteten ihn auf das Forum, Soldaten in die Curie;
Erlasse sandte er an die Heere, als habe er die Herrschaft überkommen, nirgends zaudernd, außer wenn er im Senate redete. Die vornehmste Ursache
rührte her von seiner Furcht, Germanicus²⁶), dem so viele Legionen, unermeßliche Hilfstruppen der Bundesgenossen, außerordentliche Gunst beim Volke
zu Gebote stand, möchte die Herrschaft lieber besitzen als erwarten wollen.
Auch gab er auf den Ruf, daß er vielmehr von der Republik berufen und erwählt, als durch eines Weibes eheliche Ränke und eines Greises Adoption eingeschlichen zu sein schiene. In der Folge erkannte man, daß er, auch um die Gesinnungen der Großen zu erforschen, den Schwankenden gespielt; denn Worte
und Blicke bewahrte er im Gedächtniß, gewaltsam zum Verbrechen sie ausbeutend.

8. Am ersten Tage des Senates ließ er nichts Anderes verhandeln, als
über des Augustus letzte Angelegenheiten, dessen Testament, durch Jungfrauen
der Vesta hereingetragen²⁷), Tiberius und Livia als Erben enthielt: Livia ward
in das julische Geschlecht mit dem Namen Augusta aufgenommen. Zu den nächsten Ansprüchen hatte er seine Enkel und Urenkel²⁸), im dritten Grade die Großen des Staates verzeichnet, ihm größtentheils verhaßt, doch aus Prahlerei und
Ruhmsucht bei der Nachwelt. Die Legate überschritten nicht das bürgerliche
Maß, nur daß er dem Volke und den Gemeinen 43,500,000²⁹), den Soldaten
der prätorischen Cohorten jedem 1000, denen der Stadtmiliz 500, den Legionssoldaten und den Cohorten der römischen Bürger 300 Sesterzien dem Manne
schenkte. Darauf wurde über die Ehrenbezeugungen Rath gehalten, unter
welchen als die ausgezeichnetsten beschlossen wurden: daß die Leiche durch das
Triumphthor³⁰) geführt würde, was Gallus Asinius, daß die Titel der von
ihm gegebenen Gesetze, die Namen der von ihm besiegten Völker vorange-
tragen würden, was L. Arruntius vorschlug. Messala Valerius fügte
hinzu, der Eid auf den Namen des Tiberius sei jährlich zu erneuern; und
als er von Tiberius gefragt ward, ob er in seinem Auftrage diese Meinung
vorgebracht, antwortete er, er habe sie aus eigenem Antriebe ausgesprochen, und
werde auch in dem, was die Republik angehe, sich keines anderen Rathes als

rent, consilio nisi suo usurum, vel cum periculo offensionis. Ea sola species adulandi supererat. Conclamant patres corpus ad rogum umeris senatorum ferendum. Remisit Caesar adroganti moderatione, populumque edicto monuit, ne, ut quondam nimiis studiis funus divi Iulii turbassent, ita Augustum in foro potius quam in campo Martis, sede destinata, cremari vellent. Die funeris milites velut praesidio stetere, multum inridentibus, qui ipsi viderant quique a parentibus acceperant diem illum crudi adhuc servitii et libertatis inprospere repetitae, cum occisus dictator Caesar aliis pessimum, aliis pulcherrimum facinus videretur: nunc senem principem, longa potentia, provisis etiam heredum in rem publicam opibus, auxilio scilicet militari tuendum, ut sepultura eius quieta foret.

9. Multus hinc ipso de Augusto sermo, plerisque vana mirantibus, quod idem dies accepti quondam imperii princeps et vitae supremus, quod Nolae in domo et cubiculo, in quo pater eius Octavius, vitam finivisset. Numerus etiam consulatuum celebrabatur, quo Valerium Corvum et C. Marium simul aequaverat, continuata per septem et triginta annos tribunicia potestas, nomen imperatoris semel atque vicies partum aliaque honorum multiplicata aut nova. At apud prudentes vita eius varie extollebatur arguebaturve. Hi pietate erga parentem et necessitudine rei publicae, in qua nullus tunc legibus locus, ad arma civilia actum, quae neque parari possent neque haberi per bonas artes. Multa Antonio, dum interfectores patris ulcisceretur, multa Lepido concessisse. Postquam hic socordia senuerit, ille per libidines pessum datus sit, non aliud discordantis patriae remedium fuisse quam ut ab uno regeretur. Non regno tamen neque dictatura, sed principis nomine constitutam rem publicam; mari Oceano aut amnibus longinquis saeptum imperium; legiones, provincias, classes, cuncta inter se conexa; ius apud cives, modestiam apud socios; urbem ipsam magnifico ornatu; pauca admodum vi tractata, quo ceteris quies esset.

des seinigen bedienen, selbst auf die Gefahr hin, anzustoßen. So allein konnte man noch mit Schein schmeicheln. Einstimmig riefen nun die Väter, die Leiche müsse auf den Schultern von Senatoren zum Scheiterhaufen getragen werden. Der Cäsar erließ es mit anmaßungsvoller Bescheidenheit, und ermahnte das Volk durch ein Edict, man möge nicht, wie man einst aus zu großem Liebeseifer das Leichenbegängniß des vergötterten Julius gestört[31]), so auch Augustus vielmehr auf dem Forum, als auf dem Marsfelde, als dem dazu bestimmten Orte[32]), verbrannt wissen wollen. Am Tage des Leichenbegängnisses waren Soldaten wie zur Bedeckung aufgestellt, zu vielfachem Gespötte derer, welche jenen Tag der noch nicht reisen Knechtschaft und der so unglücklich wieder erstrebten Freiheit, wo die Ermordung des Dictators Cäsar Einigen als die schändlichste, Anderen als die schönste That erschien, theils selbst erlebt, theils von ihren Eltern vernommen hatten: nun müsse wahrlich der graugewordene Fürst, nach langer Herrschaft, nachdem er sogar seiner Erben Macht gegen den Staat im Voraus befestigt, durch militärischen Beistand geschützt werden, damit sein Leichenbegängniß ja ruhig von Statten gehe!

9. Darauf erhob sich mancherlei Gerede über Augustus selbst, wobei die Meisten sich über Unerhebliches wunderten: daß derselbe Tag[33]), der einst der erste der empfangenen Herrschaft, auch des Lebens letzter gewesen sei; daß er zu Nola in dem Hause und dem Schlafgemache, in welchem sein Vater Octavius, sein Leben geendigt hätte. Auch die Zahl seiner Consulate ward gerühmt, worin er dem Valerius Corvus und C. Marius[34]) zusammen gleichgekommen war; die siebenunddreißig Jahre ununterbrochen bekleidete tribunicische Gewalt; der einundzwanzigmal erworbene Imperatortitel und andere Auszeichnungen, für ihn vervielfacht oder neugeschaffen. Hingegen von Verständigen ward sein Leben mannigfach erhoben oder angeschuldigt. Die Einen sagten: durch kindliche Liebe zum Vater[35]) und durch die Bedrängniß der Republik, welche damals den Gesetzen keinen Raum mehr gab, sei er zum Bürgerkrieg gedrängt worden, der weder angefangen noch geführt werden könne durch lobenswerthe Mittel. Viel habe er dem Antonius, nur um Rache zu nehmen an den Mördern seines Vaters, viel dem Lepidus nachgesehen. Als dieser in Stumpfsinn gealtert, jener durch Ausschweifungen zu Grunde gegangen sei, hätte es kein anderes Rettungsmittel für das entzweite Vaterland gegeben, als daß es von Einem regiert würde. Doch nicht durch Königsmacht, noch Dictatur, sondern unter dem Titel eines Oberhauptes sei von ihm die Republik geordnet, mit dem Ocean oder langgestreckten Flüssen[36]) das Reich umgürtet, Legionen, Provinzen, Flotten, Alles miteinander verbunden worden; Recht bestehe unter den Bürgern, Mäßigung gegen die Bundesgenossen, die Stadt selbst stehe da in stolzem Schmuck; nur sehr wenig sei mit Gewalt gehandhabt worden, damit im Uebrigen Ruhe sei.

10. Dicebatur contra: pietatem erga parentem et tempora rei publicae obtentui sumpta: ceterum cupidine dominandi concitos per largitionem veteranos, paratum ab adulescente privato exercitum, corruptas consulis legiones, simulatam Pompeianarum gratiam partium; mox ubi decreto patrum fasces et ius praetoris invaserit, caesis Hirtio et Pansa, sive hostis illos, seu Pansam venenum vulneri adfusum, sui milites Hirtium et machinator doli Caesar abstulerat, utriusque copias occupavisse; extortum invito senatu consulatum, armaque, quae in Antonium acceperit, contra rem publicam versa; proscriptionem civium, divisiones agrorum, ne ipsis quidem, qui fecere, laudatas. Sane Cassii et Brutorum exitus paternis inimicitiis datos, quamquam fas sit privata odia publicis utilitatibus remittere; sed Pompeium imagine pacis, sed Lepidum specie amicitiae deceptos; post Antonium, Tarentino Brundisinoque foedere et nuptiis sororis inlectum, subdolae adfinitatis poenas morte exsolvisse. Pacem sine dubio post haec, verum cruentam: Lollianas Varianasque clades, interfectos Romae Varrones, Egnatios, Iulos. Nec domesticis abstinebatur: abducta Neroni uxor et consulti per ludibrium pontifices, an concepto necdum edito partu rite nuberet; [Q. Tedii et] Vedii Pollionis luxus; postremo Livia gravis in rem publicam mater, gravis domui Caesarum noverca. Nihil deorum honoribus relictum, cum se templis et effigie numinum per flamines et sacerdotes coli vellet. Ne Tiberium quidem caritate aut rei publicae cura successorem adscitum, sed quoniam adrogantiam saevitiamque eius introspexerit, comparatione deterrima sibi gloriam quaesivisse. Etenim Augustus paucis ante annis, cum Tiberio tribuniciam potestatem a patribus rursum postularet, quamquam honora oratione, quaedam de habitu cultuque et institutis eius iecerat, quae velut excusando exprobraret. Ceterum sepultura more perfecta templum et caelestes religiones decernuntur.

11. Versae inde ad Tiberium preces. Et ille varie disserebat de magnitudine imperii, sua modestia. Solam

10. Dagegen ward gesagt: die kindliche Liebe zum Vater und die unglücklichen Verhältnisse der Republik seien zum Vorwand genommen; übrigens aus Herrschbegier durch Schenkungen die Veteranen aufgereizt, von dem noch im Privatstande lebenden Jüngling ein Heer gerüstet, des Consuls Legionen 37) verführt, der Pompejanischen Partei Begünstigung erheuchelt worden; als er darauf durch einen Beschluß der Väter die Fasces und prätorische Gewalt errungen, habe er nach des Hirtius und Pansa Fall, möge sie nun der Feind, oder den Pansa in die Wunde geträufeltes Gift, den Hirtius seine eigenen Soldaten und der Anstifter ihrer Meuterei, Cäsar, hingerafft haben, der Truppen beider sich bemächtigt; abgedrungen sei das Consulat dem widerstrebenden Senate, und die Waffen, welche er gegen Antonius empfangen, habe er gegen die Republik gekehrt; die Aechtung der Bürger, die Vertheilungen der Aecker hätten selbst deren Billigung nicht erhalten, welche sie in's Werk gesetzt 38). Möge immerhin des Cassius und der beiden Brutus 39) Untergang der Feindschaft des Vaters zum Opfer dargebracht sein, obwohl es Pflicht sei, Privathaß dem öffentlichen Wohle nachzustellen; so sei doch Pompejus 40) durch Vorspiegelung des Friedens, doch Lepidus durch den Schein der Freundschaft betrogen worden; späterhin habe auch Antonius, durch das tarentinische wie durch das brundisinische Bündniß 41) und durch die Vermählung mit der Schwester verlockt, für die trügerische Schwägerschaft mit dem Tode gebüßt. Freilich wol sei darauf Friede gefolgt, aber ein blutiger: des Lollius 42) und des Varus Niederlage, zu Rom eines Varro, Egnatius und Julus 43) Ermordung. Selbst seine häuslichen Verhältnisse ließ man nicht unberührt: dem Nero 44) sei die Gattin entführt, zum Spotte noch die Pontifices befragt, ob sie die Schwangere, noch vor der Entbindung, rechtmäßig sich verheirathen könne; des [Quintus Tedius und] Vedius Pollio 45) Schwelgerei! endlich Livia, welche harte Mutter gegen den Staat, welche harte Stiefmutter dem Hause der Cäsaren! Nichts sei der Verehrung der Götter übrig gelassen, da er in Tempeln und in Götterbildung durch Flamines und Priester sich verehrt wissen wollte. Nicht Tiberius einmal sei aus Liebe oder Sorgsamkeit für den Staat zum Nachfolger berufen, sondern weil er dessen Hochmuth und Grausamkeit gar wohl durchschaut, habe er durch das scheußlichste Gegenbild Ruhm für sich erstrebt. Allerdings hatte Augustus wenige Jahre zuvor, als er für Tiberius die tribunicische Gewalt von den Vätern wiederum verlangte, obwohl in ehrender Rede, Einiges über dessen Haltung, Lebensweise und Einrichtungen hingeworfen, was er gleichsam entschuldigend ihm zum Vorwurf machte. Uebrigens wurde ihm, als die Bestattung dem Brauche gemäß vollendet war, ein Tempel und göttliche Verehrung zuerkannt.

11. Hierauf wandte man sich mit Bitten an Tiberius. Doch dieser redete

divi Augusti mentem tantae molis capacem; se in partem curarum ab illo vocatum experiendo didicisse, quam arduum, quam subiectum fortunae regendi cuncta onus. Proinde in civitate tot inlustribus viris subnixa non ad unum omnia deferrent; plures facilius munia rei publicae sociatis laboribus exsecuturos. Plus in oratione tali dignitatis quam fidei erat; Tiberioque etiam in rebus, quas non occuleret, seu natura sive adsuetudine, suspensa semper et obscura verba, tunc vero nitenti, ut sensus suos penitus abderet, in incertum et ambiguum magis implicabantur. At patres, quibus unus metus, si intellegere viderentur, in questus lacrimas vota effundi; ad deos, ad effigiem Augusti, ad genua ipsius manus tendere, cum proferri libellum recitarique iussit. Opes publicae continebantur, quantum civium sociorumque in armis, quot classes, regna, provinciae, tributa aut vectigalia, et necessitates ac largitiones. Quae cuncta sua manu perscripserat Augustus addideratque consilium coërcendi intra terminos imperii, incertum metu an per invidiam.

12. Inter quae senatu ad infimas obtestationes procumbente dixit forte Tiberius se, ut non toti rei publicae parem, ita quaecumque pars sibi mandaretur, eius tutelam suscepturum. Tum Asinius Gallus 'Interrogo' inquit, 'Caesar, quam partem rei publicae mandari tibi velis'. Perculsus inprovisa interrogatione paulum reticuit; dein collecto animo respondit nequaquam decorum pudori suo legere aliquid aut evitare ex eo, cui in universum excusari mallet. Rursum Gallus — etenim vultu offensionem coniectaverat — non idcirco interrogatum ait, ut divideret quae separari nequirent, sed et sua confessione argueretur, unum esse rei publicae corpus atque unius animo regendum. Addidit laudem de Augusto Tiberiumque ipsum victoriarum suarum, quaeque in toga per tot annos egregie fecisset, admonuit. Nec ideo iram eius lenivit, pridem invisus, tamquam ducta in matrimonium Vipsania, M. Agrippae filia, quae quondam Tiberii uxor fuerat, plus quam civilia agitaret Pollionisque Asinii patris ferociam retineret.

mannigfach über des Reiches Größe, über seine Bescheidenheit: Nur ein Geist, wie der des göttlichen Augustus, sei einer so ungeheuern Last gewachsen; er habe, von jenem zur Theilnahme an seinen Sorgen berufen, durch Erfahrung gelernt, wie schwer, wie sehr dem Glücke unterworfen das lästige Amt sei, das Ganze zu regieren. Daher möchten sie in einem auf so viele erlauchte Männer gestützten Staate nicht Einem Alles übertragen; Mehrere würden leichter mit vereinter Anstrengung der Republik Geschäfte führen. In dergleichen Rede lag mehr etwas Würdevolles, als Aufrichtigkeit. Waren doch des Tiberius Worte auch bei Dingen, die er nicht verheimlichen wollte, sei es von Natur oder durch Angewöhnung, stets auf Schrauben gestellt und dunkel; damals aber, wo er's darauf anlegte, seine Gesinnungen auf das Tieffste zu verbergen, wurden sie noch mehr in Ungewißheit und Zweideutigkeit verstrickt. Aber die Väter, welche nur die Eine Furcht beseelte, sie möchten ihn zu verstehen scheinen, ergossen sich in Klagen, Thränen und Gelübde; zu den Göttern, zum zum Bilde des Augustus[46]), zu seinen eigenen Knieen erheben sie die Hände; da befiehlt er, eine Denkschrift[47]) solle gebracht und vorgelesen werden. Die Kräfte des Staates waren darin aufgezeichnet: wie viele Bürger und Bundesgenossen unter den Waffen, wie viele Flotten, Königreiche, Provinzen, direkte oder indirekte Steuern, nothwendige Ausgaben und Spenden. Dieses Alles hatte Augustus mit eigener Hand verzeichnet und den Rath hinzugefügt, das Reich innerhalb seiner Grenzen zu erhalten, man weiß nicht, ob aus Furcht oder Misgunst.

12. Als nun dabei der Senat zu den niedrigsten Beschwörungen fußfällig sich herabließ, entfuhren dem Tiberius die Worte: er wolle, obschon der ganzen Staatsverwaltung nicht gewachsen, doch die Obhut über irgend einen Theil derselben, der ihm übertragen würde, übernehmen. Darauf sprach Asinius Gallus: „Ich frage, Cäsar, welchen Theil der Staatsverwaltung du dir übertragen wissen willst?" Betroffen über die unerwartete Frage schwieg er eine Weile; dann wieder gefaßt, antwortete er: Keineswegs gezieme seiner Bescheidenheit, von dem etwas zu wählen oder zu meiden, dem er sich überhaupt lieber entziehen möchte. Wiederum sagte Gallus — denn er hatte aus seiner Miene die Beleidigung gemuthmaßt — nicht deshalb sei gefragt worden, damit er theilen sollte, was nicht getrennt werden könnte, sondern damit er auch durch sein eigenes Geständniß überführt würde, es sei Ein Staatskörper, und müsse vom Geiste eines Einzigen regiert werden. Daran knüpfte er eine Lobpreisung des Augustus, und erinnerte den Tiberius selbst an seine Siege und was er Alles Treffliche in der Toga so viele Jahre hindurch vollbracht. Aber auch dadurch besänftigte er den Zorn desselben nicht, ihm längst verhaßt, als ob er durch seine Vermählung mit Vipsania[48]), des M. Agrippa Tochter, welche einst des Tiberius Gattin gewesen war, mehr als einem Bürger zukäme erstrebte und seines Vaters Pollio Asinius Trotz bewahrte.

13. Post quae L. Arruntius haud multum discrepans a Galli oratione perinde offendit, quamquam Tiberio nulla vetus in Arruntium ira; sed divitem, promptum, artibus egregiis et pari fama publice, suspectabat. Quippe Augustus supremis sermonibus cum tractaret, quinam adipisci principem locum suffecturi abnuerent aut inpares vellent vel idem possent cuperentque, M'. Lepidum dixerat capacem, sed aspernantem, Gallum Asinium avidum et minorem, L. Arruntium non indignum et, si casus daretur, ausurum. De prioribus consentitur; pro Arruntio quidam Cn. Pisonem tradidere; omnesque praeter Lepidum variis mox criminibus struente Tiberio circumventi sunt. Etiam Q. Haterius et Mamercus Scaurus suspicacem animum perstrinxere, Haterius cum dixisset 'Quousque patieris, Caesar, non adesse caput rei publicae?', Scaurus quia dixerat, spem esse ex eo non inritas fore senatus preces, quod relationi consulum iure tribuniciae potestatis non intercessisset. In Haterium statim invectus est; Scaurum, cui inplacabilius irascebatur, silentio tramisit, fessusque clamore omnium, expostulatione singulorum flexit paulatim, non ut fateretur suscipi a se imperium, sed ut negare et rogari desineret. Constat Haterium, cum deprecandi causa Palatium introisset ambulantisque Tiberii genua advolveretur, prope a militibus interfectum, quia Tiberius casu an manibus eius inpeditus prociderat. Neque tamen periculo talis viri mitigatus est, donec Haterius Augustam oraret eiusque curatissimis precibus protegeretur.

14. Multa patrum et in Augustam adulatio. Alii parentem, alii matrem patriae appellandam, plerique ut nomini Caesaris adscriberetur 'Iuliae filius' censebant. Ille moderandos feminarum honores dictitans eademque se temperantia usurum in iis, quae sibi tribuerentur, ceterum anxius invidia et muliebre fastigium in deminutionem sui accipiens ne lictorem quidem ei decerni passus est aramque adoptionis et alia huiuscemodi prohibuit. At Germanico Caesari proconsulare imperium petivit, missique

13. Hienächst stieß L. Arruntius, nicht viel abweichend von des Gallus Rede, in gleichem Grade an, obwohl Tiberius keinen alten Groll gegen Arruntius hegte; aber den reichen, entschlossenen Mann von vortrefflichen Eigenschaften und dem entsprechenden öffentlichen Rufe hatte er in Verdacht. Als sich nämlich Augustus in seinen letzten Gesprächen darüber ausließ, wer wol den obersten Platz einzunehmen, obgleich dazu tüchtig, ablehnen, oder, dem nicht gewachsen, es doch wünschen, oder endlich eben so viel Kraft als Begehren dazu haben würde, hatte er geäußert, Manius Lepidus[49]) sei dazu fähig, aber verschmähe es, Gallus Asinius danach begierig, aber zu schwach, L. Arruntius nicht unwürdig, und werde, wenn ihm Gelegenheit gegeben würde, es wagen. Ueber die beiden ersteren stimmt man überein; statt des Arruntius haben Einige den Cn. Piso[50]) erwähnt; und alle, außer Lepidus, sind bald durch mannigfache von Tiberius veranlaßte Anschuldigungen gestürzt worden. Auch Qu. Haterius und Mamercus Scaurus verletzten sein argwöhnisches Gemüth, Haterius, indem er sagte: „Wie lange wirst du dulden, Cäsar, daß dem Staat das Haupt fehle?" Scaurus, weil er äußerte, daß des Senates Bitten nicht vergeblich sein würden, lasse sich daraus hoffen, weil er dem Antrage[51]) der Consuln nicht mit dem Rechte der tribunicischen Gewalt entgegengetreten wäre. Wider Haterius fuhr er sogleich los; den Scaurus, welchem er unversöhnlicher zürnte, überging er mit Stillschweigen, und ermüdet durch das Geschrei Aller, durch die zudringlichen Bitten Einzelner, gab er allmählich nach, nicht daß er erklärt hätte, er wolle die Herrschaft übernehmen, sondern nur indem er aufhörte, sich zu weigern und sich bitten zu lassen. Es ist bekannt, daß Haterius[52]), als er, um Abbitte zu thun, in den Palast gegangen und zu den Füßen des auf und ab wandelnden Tiberius hingesunken war, fast von den Soldaten getödtet worden wäre, weil Tiberius zufällig oder durch die Arme desselben gehemmt hingefallen war. Dennoch ließ er sich durch die Lebensgefahr eines solchen Mannes nicht besänftigen, bis Haterius Augusta ansprach und durch deren angelegentlichste Bitten beschützt wurde.

14. Groß war die Schmeichelei der Väter auch gegen Augusta. Einige waren der Meinung, sie müsse Mutter, Andere, sie müsse Mutter des Vaterlandes genannt werden, sehr Viele, daß dem Namen des Cäsars beigeschrieben würde „Julia's[53]) Sohn." Jener aber erklärte wiederholentlich, in Ehrenbezeugungen gegen Frauen müsse man Maß halten, und er selbst werde dieselbe Mäßigung bei dem zeigen, was man ihm zuerkenne. Uebrigens von Neid geplagt und die Erhöhung eines Weibes als Erniedrigung für sich haltend, litt er nicht einmal, daß ihr ein Lictor zuerkannt wurde, und verweigerte ihr den Adoptionsaltar und Anderes der Art. Aber für den Cäsar Germanicus bat er um die proconsularische Gewalt[54]), und es wurden Ge-

legati, qui deferrent, simul maestitiam eius ob excessum Augusti solarentur. Quo minus idem pro Druso postularetur, ea causa, quod designatus consul Drusus praesensque erat. Candidatos praeturae duodecim nominavit, numerum ab Augusto traditum; et hortante senatu, ut augeret, iure iurando obstrinxit se non excessurum.

15. Tum primum e campo comitia ad patres translata sunt; nam ad eam diem, etsi potissima arbitrio principis, quaedam tamen studiis tribuum fiebant. Neque populus ademptum ius questus est nisi inani rumore, et senatus largitionibus ac precibus sordidis exsolutus libens tenuit, moderante Tiberio, ne [praeturae] plures quam quattuor candidatos commendaret, sine repulsa et ambitu designandos. Inter quae tribuni plebei petivere, ut proprio sumptu ederent ludos, qui de nomine Augusti fastis additi Augustales vocarentur. Sed decreta pecunia ex aerario, utque per circum triumphali veste uterentur: curru vehi haut permissum. Mox celebratio [annua] ad praetorem translata, cui inter cives et peregrinos iurisdictio evenisset.

16. Hic rerum urbanarum status erat, cum Pannonicas legiones seditio incessit, nullis novis causis, nisi quod mutatus princeps licentiam turbarum et ex civili bello spem praemiorum ostendebat. Castris aestivis tres simul legiones habebantur, praesidente Iunio Blaeso, qui fine Augusti et initiis Tiberii auditis ob iustitium aut gaudium intermiserat solita munia. Eo principio lascivire miles, discordare, pessimi cuiusque sermonibus praebere aures, denique luxum et otium cupere, disciplinam et laborem aspernari. Erat in castris Percennius quidam, dux olim theatralium operarum, dein gregarius miles, procax lingua et miscere coetus histrionali studio doctus. Is imperitos animos et, quaenam post Augustum militiae condicio, ambigentes impellere paulatim nocturnis conloquiis aut flexo in vesperam die et dilapsis melioribus deterrimum quemque congregare.

sandte abgeschickt, ihm dieselbe zu überbringen und ihn zugleich in seiner Betrübniß über des Augustus Hinscheiden zu trösten. Daß nicht ebendasselbe für Drusus verlangt wurde, hatte darin seinen Grund, weil Drusus erwählter Consul und gegenwärtig war. Zu Candidaten der Prätur ernannte er Zwölf, die seit Augustus herkömmliche Zahl; und als der Senat ihm zurebete, sie zu vermehren, machte er sich durch einen Schwur verbindlich, nicht darüber hinausgehen zu wollen.

15. Damals zuerst wurde das Wahlrecht von dem Marsfelde an die Väter übertragen[55]); denn bis auf diesen Tag geschah zwar das Wichtigste nach des Oberhauptes Willkür, Einiges jedoch nach dem Wunsche der Tribus. Auch klagte das Volk nur durch eitles Gerede über das entzogene Recht, und der Senat, von Spendungen und erniedrigenden Bitten erlöst, hielt es mit Freuden fest, als Tiberius zu der Ermäßigung sich erklärte, daß er nicht mehr als vier Candidaten empfehlen wollte, welche ohne Zurückweisung und Bewerbung ernannt werden müßten. Inzwischen baten die Volkstribunen darum, daß sie auf eigene Kosten Spiele geben dürften, welche nach dem Namen des Augustus, in den Kalender eingetragen[56]), die augustalischen genannt werden sollten. Allein es ward dazu Geld aus dem Staatsschatz angewiesen; auch sollten sie sich im Circus der Triumphsleitung bedienen; auf dem Wagen[57]) einherzufahren, ward nicht verstattet. Bald wurde die Feier demjenigen Prätor übertragen, welchem die Gerichtsbarkeit zwischen Bürgern und Fremden zugefallen wäre.

16. Dieses war die Lage der Dinge in der Stadt, als sich der pannonischen Legionen der Geist des Aufruhrs bemächtigte, ohne besondere Veranlassung dazu, als weil der Wechsel des Fürsten ihnen Freiheit zu Unruhen und durch einen Bürgerkrieg Hoffnung auf Belohnungen in Aussicht stellte. Im Sommerlager standen drei Legionen[58]) zusammen unter dem Befehle des Junius Bläsus[59]), welcher auf die Nachricht von des Augustus Ende und dem Regierungsantritt des Tiberius, der Trauerfeier wegen oder aus Freude, die gewohnten Dienstverrichtungen eingestellt hatte. Dieses gab zuerst dem Soldaten Anlaß zu Muthwillen und Uneinigkeit; dann leiht er sein Ohr dem Gerede aller Schlechten; endlich begehrt er Schwelgerei und Dienstlosigkeit, verschmäht Zucht und Anstrengung. Es befand sich im Lager ein gewisser Percennius, vormals Anführer von Theaterparteien[60]), sodann gemeiner Soldat, von frecher Zunge und durch Bemühung für die Schauspieler geübt Versammlungen aufzuwühlen. Dieser wiegelt unerfahrene Gemüther und solche, die in zweifelnder Besorgniß lebten, wie nach Augustus der Kriegsdienst beschaffen sein würde, allmählich auf in nächtlichen Gesprächen oder wenn sich der Tag zum Abend neigte, und versammelt, wenn die Besseren sich verloren hatten, die Schändlichsten um sich her.

17. Postremo promptis iam, et aliis seditionis ministris, velut contionabundus interrogabat, cur paucis centurionibus, paucioribus tribunis in modum servorum oboedirent. Quando ausuros exposcere remedia, nisi novum et nutantem adhuc principem precibus vel armis adirent? Satis per tot annos ignavia peccatum, quod tricena aut quadragena stipendia senes et plerique truncato ex vulneribus corpore tolerent. Ne dimissis quidem finem esse militiae, sed aput vexillum tendentes alio vocabulo eosdem labores perferre. Ac si quis tot casus vita superaverit, trahi adhuc diversas in terras, ubi per nomen agrorum uligines paludum vel inculta montium accipiant. Enimvero militiam ipsam gravem, infructuosam: denis in diem assibus animam et corpus aestimari: hinc vestem arma tentoria, hinc saevitiam centurionum et vacationes munerum redimi. At Hercule verbera et vulnera, duram hiemem, exercitas aestates, bellum atrox aut sterilem pacem sempiterna. Nec aliud levamentum, quam si certis sub legibus militia iniretur, ut singulos denarios mererent, sextus decumus stipendii annus finem adferret, ne ultra sub vexillis tenerentur, set isdem in castris praemium pecunia solveretur. An praetorias cohortes, quae binos denarios acceperint, quae post sedecim annos penatibus suis reddantur, plus periculorum suscipere? Non obtrectari a se urbanas excubias: sibi tamen aput horridas gentes e contuberniis hostem aspici.

18. Adstrepebat vulgus, diversis incitamentis, hi verberum notas, illi canitiem, plurimi detrita tegmina et nudum corpus exprobrantes. Postremo eo furoris venere, ut tres legiones miscere in unam agitaverint. Depulsi aemulatione, quia suae quisque legioni eum honorem quaerebant, alio vertunt atque una tres aquilas et signa cohortium locant. Simul congerunt caespites, exstruunt tribunal, quo magis conspicua sedes foret. Properantibus Blaesus advenit, increpabatque ac retinebat singulos, clamitans 'Mea potius caede imbuite manus: leviore flagitio legatum interficietis, quam ab imperatore desciscitis. Aut incolumis fidem legionum retinebo, aut iugulatus paenitentiam adcelerabo.'

17. Zuletzt, als sie schon bereit und Andere Helfer bei der Meuterei waren, fragte er wie von der Rednerbühne herab: warum sie wenigen[61]) Centurionen, noch wenigeren Tribunen nach Sklavenweise gehorchten? Wann sie wagen würden, Abstellung zu fordern, wenn sie nicht den neuen und noch wankenden Fürsten mit Bitten oder Waffen angingen? Genug sei so viele Jahre lang durch Feigheit versehen, daß sie dreißig bis vierzig Feldzüge als Greise und die meisten mit einem durch Wunden verstümmelten Körper ertrügen. Nicht einmal für die Entlassenen sei der Dienst zu Ende, sondern als Vexillarien dienend hätten sie unter anderer Benennung[62]) dieselben Arbeiten zu tragen. Und wenn ja Einer so viel Unfälle überlebt habe, der werde noch in entlegene Länder geschleppt, wo er unter dem Namen von Aeckern moorige Sümpfe oder unbebaute Berggegenden erhalte. Und fürwahr, der Dienst selbst sei schwer und gewinnlos genug; auf zehn Asse des Tages schlage man Leib und Leben an; davon müsse man Kleidung, Waffen, Zelte, davon die Grausamkeit der Centurionen und die Freiheit von Dienstarbeiten erkaufen. Aber beim Herkules, Geißelhiebe und Wunden, harte Winter, strapazenvolle Sommer, grauenvoller Krieg oder fruchtloser Friede dauern ewig fort. Es gebe anders keine Abhilfe, als wenn unter bestimmten Bedingungen der Dienst angetreten werde, daß der Mann einen Denar Sold erhalte, das sechzehnte Jahr des Dienstes Ende herbeiführe, daß sie dann nicht weiter unter den Fahnen gehalten, sondern ihnen in demselben Lager der Lohn in Gelde ausgezahlt werde. Ob denn die prätorischen Cohorten, die zwei Denare erhielten, die nach sechzehn Jahren ihren Penaten zurückgegeben würden, mehr Gefahr auf sich nähmen? Zwar sollten die Wachen der Stadt nicht von ihm verunglimpft werden; sie aber müßten doch unter wilden Völkern aus ihren Gezelten dem Feinde ins Antlitz schauen.

18. Lärmend stimmte ihm der Haufe bei, durch Verschiedenes aufgereizt; Diese weisen mit Erbitterung auf die Male der Geißelhiebe hin, Jene auf ihr greises Haar, die Meisten auf die abgetragene Kleidung und den nackten Leib. Zuletzt geriethen sie in solche Wuth, daß sie damit umgingen, die drei Legionen in Eine zusammenzuwerfen. Davon abgebracht durch Eifersucht, weil Jeder für seine Legion diese Ehre suchte, wenden sie sich zu etwas Anderem, und stellen die drei Adler und die Feldzeichen der Cohorten[63]) an Einem Orte auf. Zugleich häufen sie Rasen zusammen, errichten ein Tribunal[64]) darauf, damit der Sitz desto weiter gesehen werden könne. Zu den eilig Beschäftigten tritt Bläsus hinzu, schilt sie und hält sie einzeln zurück, indem er ruft: „Tauchet lieber in mein Blut eure Hände; mit geringerem Frevel werdet ihr den Legaten tödten, als ihr vom Imperator abfallt. Entweder will ich unverletzt die Legionen in ihrer Treue erhalten, oder ermordet ihre Reue beschleunigen."

19. Aggerabatur nihilo minus caespes, iamque pectori usque adcreverat, cum tandem pervicacia victi inceptum omisere. Blaesus multa dicendi arte non per seditionem et turbas desideria militum ad Caesarem ferenda ait, neque veteres ab imperatoribus priscis neque ipsos a divo Augusto tam nova petivisse; et parum in tempore incipientes principis curas onerari. Si tamen tenderent in pace temptare quae ne civilium quidem bellorum victores expostulaverint, cur contra morem obsequii, contra fas disciplinae vim meditentur? Decernerent legatos seque coram mandata darent. Adclamavere, ut filius Blaesi tribunus legatione ea fungeretur peteretque militibus missionem ab sedecim annis: cetera mandaturos, ubi prima provenissent. Profecto iuvene modicum otium: sed superbire miles, quod filius legati orator publicae causae satis ostenderet necessitate expressa, quae per modestiam non obtinuissent.

20. Interea manipuli ante coeptam seditionem Nauportum missi ob itinera et pontes et alios usus, postquam turbatum in castris accepere, vexilla convellunt direptisque proximis vicis ipsoque Nauporto, quod municipii instar erat, retinentis centuriones inrisu et contumeliis, postremo verberibus insectantur, praecipua in Aufidienum Rufum, praefectum castrorum, ira, quem dereptum vehiculo sarcinis gravant aguntque primo in agmine, per ludibrium rogitantes, an tam immensa onera, tam longa itinera libenter ferret. Quippe Rufus diu manipularis, dein centurio, mox castris praefectus, antiquam duramque militiam revocabat, vetus operis ac laboris et eo inmitior, quia toleraverat.

21. Horum adventu redintegratur seditio, et vagi circumiecta populabantur. Blaesus paucos, maxime praeda onustos, ad terrorem ceterorum adfici verberibus, claudi carcere iubet: nam etiam tum legato a centurionibus et optimo quoque manipularium parebatur. Illi obniti trahentibus, prensare circumstantium genua, ciere modo nomina singulorum, modo centuriam quisque, cuius manipularis erat, cohortem, legionem, eadem omnibus imminere clamitantes. Simul probra in legatum cumulant, caelum ac deos obtestantur, nihil reliqui faciunt, quo minus invidiam misericor-

19. Nichts besto weniger wurde der Rasen aufgehäuft, und schon hatte er sich bis zur Brusthöhe erhoben, als sie endlich durch seine Beharrlichkeit besiegt ihr Beginnen aufgaben. Da sprach Bläsus mit großer Kunst der Rede: Nicht durch Empörung und Aufruhr seien die Wünsche der Soldaten dem Cäsar kund zu thun; auch hätten weder die Alten von den Feldherrn der Vorzeit, noch sie selbst von Divus Augustus so Unerhörtes begehrt; und nicht eben zur schicklichen Zeit mehre man die Last der ersten Regierungssorgen des Fürsten. Wollten sie dennoch versuchen, ob sie im Frieden erlangen könnten, was nicht einmal in den Bürgerkriegen die Sieger gefordert, warum sie wider des Gehorsams Sitte, wider der Kriegszucht heilige Ordnung auf Gewalt sönnen? Sie sollten Abgeordnete bestellen und in seiner Gegenwart ihre Aufträge geben. Hierauf riefen sie, des Bläsus Sohn, der Tribun, solle sich dieser Gesandtschaft unterziehen und für die Soldaten um Entlassung nach sechzehn Jahren bitten: das Uebrige würden sie ihm auftragen, wenn das Erste glücklichen Erfolg gehabt. Nach der Abreise des Jünglings herrschte ziemliche Ruhe; doch brüstete sich der Soldat damit, daß der Sohn des Legaten als Sprecher für die gemeinsame Sache deutlich genug zeige, es sei durch Nöthigung abgedrungen, was man auf dem Wege der Bescheidenheit nicht hätte erlangen können.

20. Indessen reißen die vor Beginn des Aufstandes der Wege, Brücken und anderer Bedürfnisse wegen nach Nauportus[65] geschickten Manipeln, als sie vom Aufruhr im Lager Kunde bekommen, ihre Fahnen aus, plündern die nächsten Flecken und Nauportus selbst, das wie ein Municipium angesehen ward, und verfolgen die sie zurückhaltenden Centurionen mit Spott und Beschimpfung, zuletzt mit Schlägen, vorzüglich gegen den Lagerpräfecten Aufidienus Rufus ergrimmt, den sie vom Wagen reißen, mit Gepäck belasten und vor dem Zuge hertreiben, höhnisch ihn fragend: „ob er so ungeheure Lasten, so weite Märsche sich gern gefallen ließe?" Rufus nämlich, lange Gemeiner, dann Centurio, hierauf Lagerpräfect, suchte den alten, harten Dienst wieder einzuführen, ergraut in Arbeit und Beschwerde und desto barscher nur, weil er sie selbst ausgehalten.

21. Bei ihrer Ankunft erneut sich der Aufruhr, und umherschweifend plündern sie die Umgegend. Bläsus läßt Wenige, vorzüglich mit Beute beladene, zum Schrecken der Uebrigen geißeln und einkerkern; denn noch ward dem Legaten von den Centurionen und den Bessergesinnten der Gemeinen Gehorsam geleistet. Jene widerstreben den sie Fortschleppenden, umfassen die Kniee der Umstehenden, rufen bald Einzelne mit Namen, bald jeder die Centurie, wozu er gehörte[66], die Cohorte, Legion an, schreiend, dasselbe stehe Allen bevor. Zugleich überhäufen sie den Legaten mit Schmähungen, rufen Himmel und Götter zu Zeugen, unterlassen nichts, um Unwillen und Mitleid, Furcht

diam, metum et iras permoverent. Adcurritur ab universis, et carcere effracto solvunt vincula desertoresque ac rerum capitalium damnatos sibi iam miscent.

22. Flagrantior inde vis, plures seditioni duces. Et Vibulenus quidam, gregarius miles, ante tribunal Blaesi adlevatus circumstantium umeris, aput turbatos et, quid pararet, intentos 'Vos quidem' inquit 'his innocentibus et miserrimis lucem et spiritum reddidistis; sed quis fratri meo vitam, quis fratrem mihi reddit? quem missum ad vos a Germanico exercitu de communibus commodis nocte proxima iugulavit per gladiatores suos, quos in exitium militum habet atque armat. Responde, Blaese, ubi cadaver abieceris. Ne hostes quidem sepultura invident. Cum osculis, cum lacrimis dolorem meum implevero, me quoque trucidari iube, dum interfectos nullum ob scelus, sed quia utilitati legionum consulebamus, hi sepeliant.'

23. Incendebat haec fletu et pectus atque os manibus verberans; mox disiectis, quorum per umeros sustinebatur, praeceps et singulorum pedibus advolutus tantum consternationis invidiaeque concivit, ut pars militum gladiatores, qui e servitio Blaesi erant, pars ceteram eiusdem familiam vincirent, alii ad quaerendum corpus effunderentur. Ac ni propere neque corpus ullum reperiri, et servos adhibitis cruciatibus abnuere caedem, neque illi fuisse umquam fratrem pernotuisset, haut multum ab exitio legati aberant. Tribunos tamen ac praefectum castrorum extrusere, sarcinae fugientium direptae, et centurio Lucilius interficitur, cui militaribus facetiis vocabulum 'Cedo alteram' indiderant, quia fracta vite in tergo militis alteram clara voce ac rursus aliam poscebat. Ceteros latebrae texere, uno retento Clemente Iulio, qui perferendis militum mandatis habebatur idoneus ob promptum ingenium. Quin ipsae inter se legiones octava et quinta decima ferrum parabant, dum centurionem cognomento Sirpicum illa morti deposcit, quintadecumani tuentur, ni miles nonanus preces et adversum aspernantis minas interiecisset.

24. Haec audita quamquam abstrusum et tristissima quaeque maxime occultantem Tiberium perpulere, ut

und Zorn zu erregen. Insgesammt rennen sie herbei, erbrechen den Kerker, lösen die Bande und gesellen nun sich auch Ausreißer und Todesverbrecher bei.

22. Stürmischer wird hierauf die Gewalt, zahlreicher des Aufruhrs Häupter. Ein gewisser Vibulenus, ein gemeiner Soldat, vor des Bläsus Tribunal auf den Schultern der Umstehenden emporgehoben, spricht zu den Tobenden, die, was er vorhabe, gespannt erwarten: „Ihr habt zwar diesen Unschuldigen und höchst Unglücklichen Licht und Athem wiedergegeben; aber wer gibt meinem Bruder das Leben, wer mir den Bruder zurück, den, ob der gemeinsamen Sache vom germanischen Heere zu euch gesandt, er in der letzten Nacht durch seine Fechter, die er zum Verderben der Soldaten hält und waffnet, erwürgt hat! Antworte Bläsus, wo du den Leichnam hingeworfen? Selbst Feinde misgönnen die Bestattung nicht. Hab' ich durch Küsse, durch Thränen meinen Schmerz gestillt, dann laß auch mich hinschlachten, wenn nur diese hier uns bestatten, uns, die um keines Verbrechens willen, sondern weil wir für das Beste der Legionen sorgten, Getödteten!"

23. Nachdruck gab er diesen Worten, indem er weinend Brust und Antlitz mit den Händen schlug; dann die auseinanderwerfend, von deren Schultern er getragen wurde, stürzte er sich zu Boden, und zu den Füßen Einzelner sich wälzend, erregte er so viel Bestürzung und Unwillen, daß ein Theil der Soldaten die Fechter, die in des Bläsus Diensten waren, ein anderer die übrigen Sklaven desselben fesselte, Andere aus einander stürmten, um die Leiche zu suchen. Und wäre nicht schnell bekannt geworden, daß sich nirgends eine Leiche finde, daß die Sklaven selbst unter der Folter den Mord leugneten, und daß jener nie einen Bruder gehabt habe; so waren sie nahe daran, den Legaten zu ermorden. Die Tribunen jedoch und den Lagerpräfecten stießen sie hinaus; das Gepäck der Fliehenden ward geplündert, der Centurio Lucilius getödtet, dem man mit soldatischem Witze den Beinamen „Einen andern her!" gegeben hatte, weil er, wenn ein Rebenstock auf dem Rücken eines Soldaten zerbrochen war, mit lauter Stimme einen andern und wieder einen andern zu verlangen pflegte. Die Uebrigen bargen Schlupfwinkel; nur den einen Clemens Julius hielt man zurück, den man wegen seiner Entschlossenheit für brauchbar hielt, die Aufträge der Soldaten zu überbringen. Ja, die Legionen selbst, die achte und fünfzehnte, griffen gegen einander zum Schwerte, indem jene einen Centurio, mit dem Spitznamen Sirpicus, zur Hinrichtung herausforderte, die von der fünfzehnten ihn schützten, hätten sich nicht die Soldaten der neunten mit Bitten und gegen die Widerstrebenden mit Drohungen ins Mittel gelegt.

24. Diese Nachrichten brachten Tiberius, so verschlossen er war und so sehr er gerade das Schli mußte zu verheimlichen suchte, doch dahin, daß er seinen

Drusum filium cum primoribus civitatis duabusque praetoriis cohortibus mitteret, nullis satis certis mandatis: ex re consulturum. Et cohortes delecto milite supra solitum firmatae. Additur magna pars praetoriani equitis et robora Germanorum, qui tum custodes imperatori aderant; simul praetorii praefectus Aelius Seianus, collega Straboni, patri suo, datus, magna aput Tiberium auctoritate, rector iuveni et ceteris periculorum praemiorumque ostentator. Druso propinquanti quasi per officium obviae fuere legiones, non laetae, ut adsolet, neque insignibus fulgentes, sed inluvie deformi et vultu, quamquam maestitiam imitarentur, contumaciae propiores.

25. Postquam vallum introiit, portas stationibus firmant, globos armatorum certis castrorum locis opperiri iubent; ceteri tribunal ingenti agmine circumveniunt. Stabat Drusus, silentium manu poscens. Illi quotiens oculos ad multitudinem rettulerant, vocibus truculentis strepere, rursum viso Caesare trepidare; murmur incertum, atrox clamor et repente quies; diversis animorum motibus pavebant terrebantque. Tandem interrupto tumultu litteras patris recitat, in quis perscriptum erat, praecipuam ipsi fortissimarum legionum curam, quibuscum plurima bella toleravisset; ubi primum a luctu requiesset animus, acturum aput patres de postulatis eorum; misisse interim filium, ut sine cunctatione concederet quae statim tribui possent; cetera senatui servanda, quem neque gratiae neque severitatis expertem haberi par esset.

26. Responsum est a contione, mandata Clementi centurioni, quae perferret. Is orditur de missione a sedecim annis, de praemiis finitae militiae, ut denarius diurnum stipendium foret, ne veterani sub vexillo haberentur. Ad ea Drusus cum arbitrium senatus et patris obtenderet, clamore turbatur: Cur venisset, neque augendis militum stipendiis neque adlevandis laboribus, denique nulla bene faciendi licentia? At Hercule verbera et necem cunctis permitti. Tiberium olim nomine Augusti desideria legionum frustrari solitum: easdem artes Drusum retulisse. Nunquamne ad se nisi filios fa-

Sohn Drusus mit den vornehmsten Staatsmännern und zwei prätorischen Cohorten abschickte, ohne hinlänglich bestimmte Verhaltungsbefehle: den Umständen gemäß solle er seine Maßregeln treffen. Die Cohorten wurden durch auserlesene Krieger ungewöhnlich verstärkt. Dazu kam ein großer Theil der prätorianischen Reiterei und der Kern der Germanen, welche damals die Leibwache des Imperators bildeten; auch der Präfect der Prätorianer, Aelius Sejanus, der seinem Vater Strabo zum Amtsgenossen gegeben war, in hohem Ansehn bei Tiberius, um den Jüngling zu leiten, die Uebrigen[67]) auf Gefahren und Belohnungen aufmerksam zu machen. Dem herannahenden Drusus kamen, wie zur pflichtmäßigen Begrüßung, die Legionen entgegen, nicht fröhlich, wie gewöhnlich, noch strahlend im Waffenschmuck, sondern in entstellendem Schmutz und in dem Blicke, obwohl sie Niedergeschlagenheit erkünstelten, doch dem Trotze näher.

25. Nachdem er in den Wall eingezogen war, besetzen sie die Thore mit starken Posten, lassen bewaffnete Haufen an bestimmten Plätzen des Lagers bereit stehen; die Uebrigen stellen sich in unabsehbarem Zuge um das Tribunal herum. Da stand Drusus, Stillschweigen mit der Hand gebietend. Jene, so oft sie die Augen auf die Menge zurückwandten, lärmten mit furchtbarem Ruf, zagten wieder, sobald sie den Cäsar erblickt; unbestimmtes Gemurmel, gräßliches Geschrei und plötzlich Stille; in wechselnder Gemüthsbewegung zagten und schreckten sie. Endlich unterbricht er den Tumult und liest des Vaters Schreiben vor, worin es hieß: Besondere Sorgfalt trage er für die so tapfern Legionen, mit denen er so viele Kriege durchgemacht; sobald von der Trauer sich sein Geist erholt, werde er mit den Vätern über ihre Forderungen verhandeln; einstweilen habe er seinen Sohn gesandt, um ohne Säumen zu gestatten, was sogleich bewilligt werden könne; das Uebrige sei dem Senate vorzubehalten, der eben so wenig von Handlungen der Gnade, als von denen der Strenge ausgeschlossen werden dürfe.

26. Geantwortet wurde von der Versammlung: Der Centurio Clemens sei beauftragt, ihren Willen auszurichten. Dieser beginnt mit der Entlassung nach sechszehn Jahren, mit den Belohnungen nach beendigtem Dienste; ein Denar solle der tägliche Sold sein, die Veteranen nicht unter der Fahne behalten werden. Als Drusus dagegen die Entscheidung des Senats und seines Vaters vorhielt, wird er mit Geschrei unterbrochen: Warum er gekommen wäre, wenn er weder den Sold der Krieger erhöhen, noch ihre Mühseligkeiten erleichtern dürfe, kurz keine Vollmacht habe Gutes zu erweisen? Ja, beim Herkules! Geißelhiebe und Mord werde Allen gestattet. Schon früher habe Tiberius durch Berufung auf Augustus die Wünsche der Legionen zu vereiteln gepflegt; dieselben Kunstgriffe wiederhole Drusus. Ob denn im-

miliarum venturos? Novum id plane, quod imperator sola militis commoda ad senatum reiciat. Eundem ergo senatum consulendum, quotiens supplicia aut proelia indicantur. An praemia sub dominis, poenas sine arbitro esse?

27. Postremo deserunt tribunal, ut quis praetorianorum militum amicorumve Caesaris occurreret, manus intentantes, causam discordiae et initium armorum, maxime infensi Cn. Lentulo, quod is, ante alios aetate et gloria belli, firmare Drusum credebatur et illa militiae flagitia primus aspernari. Nec multo post digredientem cum Caesare ac provisu periculi hiberna castra repetentem circumsistunt, rogitantes, quo pergeret? ad imperatorem an ad patres? ut illic quoque commodis legionum adversaretur? Simul ingruunt, saxa iaciunt. Iamque lapidis ictu cruentus et exitii certus adcursu multitudinis, quae cum Druso advenerat, protectus est.

28. Noctem minacem et in scelus crupturam fors lenivit: nam luna claro repente caelo visa languescere. Id miles rationis ignarus omen praesentium accepit, suis laboribus defectionem sideris adsimulans, prospereque cessura quae pergerent, si fulgor et claritudo deae redderetur. Igitur aeris sono, tubarum cornuumque concentu strepere; prout splendidior obscuriorve, laetari aut maerere; et postquam ortae nubes offecere visui creditumque conditam tenebris, ut sunt mobiles ad superstitionem perculsae semel mentes, sibi aeternum laborem portendi, sua facinora aversari deos lamentantur. Utendum inclinatione ea Caesar et, quae casus obtulerat, in sapientiam vertenda ratus circumiri tentoria iubet; accitur centurio Clemens et si alii bonis artibus grati in vulgus. Ii vigiliis, stationibus, custodiis portarum se inserunt, spem offerunt, metum intendunt. 'Quousque filium imperatoris obsidebimus? Quis certaminum finis? Percennione et Vibuleno sacramentum dicturi sumus? Percennius et Vibulenus stipendia militibus, agros emeritis largientur? Denique pro Neronibus et Drusis imperium populi Romani

mer nur die Söhne zu ihnen kommen würden? Das sei etwas ganz Neues, daß der Imperator nur die Vortheile des Kriegers an den Senat verweise. So sei also doch derselbe Senat zu befragen, so oft Strafen oder Schlachten angekündigt würden. Ob denn etwa die Belohnungen von den Herrschern, die Strafen von der Willkühr abhingen?

27. Zuletzt verlassen sie das Tribunal, erheben, sobald einer der prätorianischen Soldaten oder der Freunde des Cäsars[68]) ihnen begegnet, drohend die Faust, um Anlaß zum Zwist zu geben und zur Ergreifung der Waffen, am meisten erbittert gegen Cn. Lentulus, weil man glaubte, daß er, an Alter wie an Kriegsruhm Andere überragend, den Drusus bestärke und vor Allen jene frevelhaften Forderungen der Soldaten mit Verachtung zurückweise. Und als er nicht lange darauf mit dem Cäsar sich hinwegbegibt[69]) und in Voraussicht der Gefahr nach dem Winterlager zurückkehren will, umringen sie ihn und fragen, wohin er wolle? Zum Imperator oder zu den Vätern? um auch da dem Wohle der Legionen entgegenzuwirken? Zugleich dringen sie an, werfen mit Steinen. Schon blutig durch einen Steinwurf und seines Todes gewiß, wurde er von der herbeieilenden Schaar, die mit Drusus gekommen war, in Schutz genommen.

28. Die drohende und den Ausbruch von Frevel in Aussicht stellende Nacht beschwichtigte ein Zufall: denn man sah den Mond plötzlich bei hellem Himmel sich verdunkeln[70]). Dies nahm der Soldat, der, die Ursache nicht kennend, die Verfinsterung des Gestirns mit seinen Beschwerden verglich, als eine Vorbedeutung für die gegenwärtige Lage der Dinge; glücklich werde von Statten gehen, was sie betrieben, wenn Glanz und Klarheit der Göttin wiederkehrte. Daher lärmen sie mit Erzesklang[71]) und der Trompeten und Hörner vereintem Schalle, je nachdem sie glänzender oder dunkeler sich zeigt, frohlockend oder trauernd; und als aufgestiegene Wolken sie dem Blick entzogen, und man in Finsterniß sie versenkt glaubte, da, wie denn das einmal erschütterte Gemüth zum Aberglauben leicht beweglich ist, wehklagen sie, daß ewige Beschwerde ihnen geweissagt werde, daß ihr Beginnen die Götter verabscheuen. Diese Stimmung glaubte der Cäsar benutzen, und was der Zufall dargeboten, mit Weisheit anwenden zu müssen, und befiehlt bei den Zelten herumzugehen; herbeigerufen wird der Centurio Clemens, und wer sonst noch durch löbliche Eigenschaften die Gunst der Menge besaß. Diese mischen sich unter die Patrouillen, Wachposten und Thorwachen, bieten Hoffnung dar, steigern die Furcht. „Wie lange wollen wir den Sohn des Imperators umlagern? Was wird des Streites Ende sein? Wollen wir einem Percennius und Vibulenus den Eid der Treue schwören? Werden Percennius und Vibulenus den Kriegern Sold, den Ausgedienten Aecker verleihen? Endlich, sollen sie

capessent? Quin potius, ut novissimi in culpam, ita primi ad paenitentiam sumus? Tarda sunt, quae in commune expostulantur: privatam gratiam statim mereare, statim recipias.' Commotis per haec mentibus et inter se suspectis tironem a veterano, legionem a legione dissociant. Tum redire paulatim amor obsequii: omittunt portas, signa unum in locum principio seditionis congregata suns in sedes referunt.

29. Drusus orto die et vocata contione, quamquam rudis dicendi, nobilitate ingenita incusat priora, probat praesentia; negat se terrore et minis vinci: flexos ad modestiam si videat, si supplices audiat, scripturum patri, ut placatus legionum preces exciperet. Orantibus rursum idem Blaesus et L. Apronius, eques Romanus e cohorte Drusi, Iustusque Catonius, primi ordinis centurio, ad Tiberium mittuntur. Certatum inde sententiis, cum alii opperiendos legatos atque interim comitate permulcendum militem censerent, alii fortioribus remediis agendum: nihil in vulgo modicum; terrere, ni paveant; ubi pertimuerint, inpune contemni: dum superstitio urgeat, adiciendos ex duce metus sublatis seditionis auctoribus. Promptum ad asperiora ingenium Druso erat: vocatos Vibulenum et Percennium interfici iubet. Tradunt plerique intra tabernaculum ducis obrutos, alii corpora extra vallum abiecta ostentui.

30. Tum ut quisque praecipuus turbator, conquisiti, et pars, extra castra palantes, a centurionibus aut praetoriarum cohortium militibus caesi, quosdam ipsi manipuli, documentum fidei, tradidere. Auxerat militum curas praematura hiemps, imbribus continuis adeoque saevis, ut non egredi tentoria, congregari inter se, vix tutari signa possent, quae turbine atque unda raptabantur. Durabat et formido caelestis irae, nec frustra adversus impios hebescere sidera, ruere tempestates: non aliud malorum levamentum, quam si linquerent castra infausta temerataque et soluti piaculo suis quisque hibernis redderentur. Primum octava, dein quinta decuma

statt der Nerone und Drusus⁷²) die Herrschaft über das römische Volk übernehmen? Lieber laßt uns, wie die Letzten in der Schuld, so die Ersten in der Reue sein. Langsam wird gewährt, was für die Gesammtheit gefordert wird; Privatvergünstigung kann man auf der Stelle verdienen, auf der Stelle erhalten." Als hierdurch die Gemüther bewegt und mit gegenseitigem Verdacht erfüllt worden waren, trennen sie den jungen Soldaten von dem Veteranen, die eine Legion von der andern. Da kehrt allmählich Liebe zum Gehorsam wieder: sie ziehen von den Thoren ab, tragen die beim Beginn des Aufruhrs an einen Ort zusammengebrachten Feldzeichen an ihre Plätze zurück.

29. Drusus beruft bei Tagesanbruch die Versammlung, tadelt, obschon ungeübt im Reden, doch mit angestammter Adelswürde, das Frühere, lobt das Gegenwärtige; erklärt, er lasse nicht durch Schrecken und Drohungen sich besiegen: sehe er zur Bescheidenheit sie gewandt, höre er demüthig sie flehen, so wolle er dem Vater schreiben, daß er besänftigt aufnehme der Legionen Bitten. Auf ihr Gesuch wird wiederum derselbe Bläsus⁷³), L. Apronius, ein römischer Ritter aus dem Gefolge des Drusus, und Justus Catonius, ein Centurio aus der ersten Ordnung, zu Tiberius gesandt. Darauf erhob sich ein Kampf der Meinungen, indem Einige dafür stimmten, daß man die Gesandten abwarte und indessen durch freundliche Behandlung die Soldaten besänftige; Andere, daß man stärkere Maßregeln ergreife: beim großen Haufen gebe es keine Schranken; er schrecke, wenn er nicht zage; sei er in Furcht gesetzt, dann könne ungestraft man ihn verachten: so lange der Aberglaube ängstige, müsse Schrecken vom Feldherrn hinzukommen durch Hinrichtung der Rädelsführer. Rasch entschied sich für Strengeres des Drusus Sinn: vorzufordern und zu tödten befiehlt er Bibulenus und Percennius. Viele erzählen, sie seien im Gezelt des Feldherrn verscharrt, Andere, die Leichen seien außerhalb des Walles zur Schau hingeworfen worden.

30. Darauf wurden die vorzüglichsten Unruhestifter aufgesucht, und einige, die außerhalb des Lagers umherschweiften, von Centurionen oder von Soldaten der prätorischen Cohorten niedergehauen; andere lieferten zum Beweise ihrer Treue die Manipeln selbst aus. Vermehrt hatte der Soldaten Besorgnisse ein frühzeitiger Winter mit anhaltenden und so heftigen Regengüssen, daß sie nicht aus den Zelten treten, nicht zusammenkommen, kaum die Feldzeichen schützen konnten, welche von Wirbelwind und Fluthen fortgerissen wurden. Es währte auch das Grausen vor dem Zorne des Himmels fort: nicht umsonst wider Missethäter erbleichten die Gestirne, stürmten Ungewitter einher: kein anderes Mittel gebe es gegen dieses Unheil, als wenn sie das unselige, entweihte Lager verließen und gelöst vom Banne ihrer Schuld ein jeder in sein Winterlager zurückkehrte. Zuerst kehrte die achte, nachher die fünfzehnte

legio rediere: nonanus opperiendas Tiberii epistulas clamitaverat, mox desolatus aliorum discessione imminentem necessitatem sponte praevenit. Et Drusus non expectato legatorum regressu, quia praesentia satis considerant, in urbem rediit.

31. Isdem ferme diebus isdem causis Germanicae legiones turbatae, quanto plures, tanto violentius, et magna spe fore, ut Germanicus Caesar imperium alterius pati nequiret daretque se legionibus vi sua cuncta tracturis. Duo aput ripam Rheni exercitus erant: cui nomen superiori, sub C. Silio legato, inferiorem A. Caecina curabat. Regimen summae rei penes Germanicum, agendo Galliarum censui tum intentum. Sed quibus Silius moderabatur, mente ambigua fortunam seditionis alienae speculabantur; inferioris exercitus miles in rabiem prolapsus est, orto ab unetvicesimanis quintanisque initio, et tractis prima quoque ac vicesima legionibus: nam isdem aestivis in finibus Ubiorum habebantur per otium aut levia munia. Igitur audito fine Augusti vernacula multitudo, nuper acto in urbe dilectu, lasciviae sueta, laborum intolerans, implere ceterorum rudes animos: venisse tempus, quo veterani maturam missionem, iuvenes largiora stipendia, cuncti modum miseriarum exposcerent saevitiamque centurionum ulciscerentur. Non unus haec, ut Pannonicas inter legiones Percennius, nec aput trepidas militum aures, alios validiores exercitus respicientium, sed multa seditionis ora vocesque: sua in manu sitam rem Romanam, suis victoriis augeri rem publicam, in suum cognomentum adscisci imperatores.

32. Nec legatus obviam ibat; quippe plurium vaecordia constantiam exemerat. Repente lymphati destrictis gladiis in centuriones invadunt; ea vetustissima militaribus odiis materies et saeviendi principium. Prostratos verberibus mulcant, sexageni singulos, ut numerum centurionum adaequarent; tum convulsos laniatosque et partim exanimos ante vallum aut in amnem Rhenum proiciunt. Septimius cum perfugisset ad tribunal pedibusque Caecinae advolveretur, eo usque flagitatus est, donec ad exitium de-

Legion zurück; die von der neunten hatten lärmend erklärt, man müsse des
Tiberius Schreiben abwarten; bald vereinsamt durch der Andern Abmarsch
kamen sie dem bevorstehenden Zwange freiwillig zuvor, und Drusus kehrte,
da für jetzt Alles hinreichend beruhigt war, ohne der Gesandten Wiederkunft
zu erwarten, nach der Stadt zurück.

31. Ungefähr an eben diesen Tagen empörten sich aus denselben Gründen
die germanischen Legionen, um so gewaltsamer, je größer ihre Zahl, und mit
starker Hoffnung, der Cäsar Germanicus werde eines Anderen Herrschaft nicht
zu dulden vermögen und sich den Legionen hingeben, die durch ihre Gewalt
Alles mit sich fortreißen würden. Zwei Heere standen am Rheinufer, das
sogenannte obere unter dem Legaten C. Silius, das untere befehligte A. Cäcina.
Den Oberbefehl hatte Germanicus, damals mit dem Abhalten der Schatzung[74])
Galliens beschäftigt. Die jedoch, welche Silius befehligte, warteten mit un-
schlüssigem Sinne lauernd den Erfolg fremder Meuterei ab; die Soldaten
des unteren Heeres aber brachen sofort mit Wuth los, indem die von der
einundzwanzigsten und fünften Legion den Anfang machten und auch die
erste und zwanzigste mit sich fortrissen[75]): denn in demselben Sommerlager
stehend in der Ubier[76]) Gebiet hatten sie müßige Tage oder doch leichten Dienst.
Als man daher des Augustus Ende vernommen, redete die unlängst ausge-
hobene, in Rom einheimische Menge, an Zügellosigkeit gewöhnt und Anstrengung nicht duldend, den unerfahrenen Gemüthern der Uebrigen ein:
gekommen sei die Zeit, wo die Veteranen frühzeitige Entlassung, die jungen
Krieger reichlicheren Sold, Alle insgesammt der Mühseligkeiten Milderung
fordern und die Grausamkeit der Centurionen rächen könnten. So redete
nicht Einer, wie bei den pannonischen Legionen Percennius, auch nicht vor
schüchternen Ohren von Soldaten, die auf andere, stärkere Heere hinschauten,
sondern in Menge gab es Gesichter und Stimmen des Aufruhrs: in ihrer
Hand liege Rom's Geschick, durch ihre Siege werde der Staat erweitert, nach
ihnen empfingen die Imperatoren den Beinamen[77]).

32. Auch der Legat trat nicht entgegen; denn der Mehrzahl Wahnsinn
hatte ihn um die Besonnenheit gebracht. Plötzlich, wie vom Wahnsinn ergriffen, stürzen sie mit gezückten Schwertern auf die Centurionen los; diese
sind von je her des Soldateningrimms Gegenstand, und seines wüthenden
Ausbruchs Anlaß. Die zu Boden geworfenen mishandeln sie mit Geißelhieben, je sechzig einen, um sich mit der Zahl der Centurionen[78]) auszu-
gleichen; dann werfen sie dieselben vom Boden aufgerissen und zerfleischt, zum
Theil entseelt, vor den Wall oder in den Rheinstrom. Septimius ward, da
er zum Tribunal sich geflüchtet und zu Cäcina's Füßen niedergeworfen hatte,
so lange mit Ungestüm herausgefordert, bis er zum Tode ausgeliefert wurde.

deretur. Cassius Chaerea, mox caede C. Caesaris memoriam apud posteros adeptus, tum adulescens et animi ferox, inter obstantes et armatos ferro viam patefecit. Non tribunus ultra, non castrorum praefectus ius obtinuit: vigilias, stationes, et si qua alia praesens usus indixerat, ipsi partiebantur. Id militares animos altius coniectantibus praecipuum indicium magni atque inplacabilis motus, quod neque disiecti nec paucorum instinctu, set pariter ardescerent, pariter silerent, tanta aequalitate et constantia, ut regi crederes.

33. Interea Germanico per Gallias, ut diximus, census accipienti excessisse Augustum adfertur. Neptem eius Agrippinam in matrimonio pluresque ex ea liberos habebat, ipse Druso, fratre Tiberii, genitus, Augustae nepos, set anxius occultis in se patrui aviaeque odiis, quorum causae acriores, quia iniquae. Quippe Drusi magna apud populum Romanum memoria, credebaturque, si rerum potitus foret, libertatem redditurus: unde in Germanicum favor et spes eadem. Nam iuveni civile ingenium, mira comitas et diversa ab Tiberii sermone vultu, adrogantibus et obscuris. Accedebant muliebres offensiones novercalibus Liviae in Agrippinam stimulis, atque ipsa Agrippina paulo commotior, nisi quod castitate et mariti amore quamvis indomitum animum in bonum vertebat.

34. Sed Germanicus quanto summae spei propior, tanto impensius pro Tiberio niti. Sequanos, proximas et Belgarum civitates in verba eius adigit. Dehinc audito legionum tumultu raptim profectus obvias extra castra habuit, deiectis in terram oculis velut paenitentia. Postquam vallum iniit, dissoni questus audiri coepere; et quidam prensa manu eius per speciem exosculandi inseruerunt digitos, ut vacua dentibus ora contingeret; alii curvata senio membra ostendebant. Adsistentem contionem, quia permixta videbatur, discedere in manipulos iubet: sic melius audituros, responsum; vexilla praeferri, ut id saltem discerneret cohortes: tarde obtemperavere. Tunc a veneratione Augusti orsus flexit ad victorias triumphosque Tiberii, praecipuis laudibus

Caſſius Chärea, der ſich nachher durch des C. Cäſar Ermordung einen Namen
bei der Nachwelt erwarb[79]), damals ein Jüngling und voll wilden Muthes,
bahnte ſich mit dem Schwerte den Weg durch die ihm Entgegentretenden und
Bewaffneten. Kein Tribun, kein Lagerpräfect behauptete fürder ſein Recht:
Nachtwachen, Poſten und was ſonſt das Bedürfniß der Gegenwart gebot, ver=
theilten ſie ſelbſt. Dieſes war für die, welche die Geſinnung des Soldaten tiefer
zu deuten verſtanden, das vornehmſte Zeichen einer großen, nicht zu ſtillenden
Gährung, daß ſie nicht vereinzelt und auf den Antrieb Weniger, ſondern ge=
meinſchaftlich aufflammten, gemeinſchaftlich ſchwiegen, mit ſo großer Gleichför=
migkeit und ſo feſter Haltung, daß man ſie hätte für geleitet halten mögen.

33. Indeſſen wird dem Germanicus, der, wie wir geſagt, in Gallien die
Schatzung in Empfang nahm, des Auguſtus Tod gemeldet. Er hatte deſſen
Enkelin Agrippina[80]) zur Gemahlin und von ihr mehrere Kinder; er ſelbſt
war des Druſus, des Bruders des Tiberius, Sohn und der Auguſta[81])
Enkel, aber in Angſt ob des geheimen Haſſes des Oheims und der Groß=
mutter gegen ihn, deſſen Urſachen um ſo heftiger wirkten, weil ſie ungerecht
waren. Denn des Druſus Andenken ſtand beim römiſchen Volke in hohen
Ehren, und man glaubte, er würke, wäre er zur Herrſchaft gelangt, die
Freiheit hergeſtellt haben; woher auf Germanicus dieſelbe Gunſt und Hoffnung
übertragen ward. Denn bürgerlich war des Jünglings Sinn, bewunderns=
werth ſeine Leutſeligkeit, das Widerſpiel von des Tiberius anmaßenden und
verſteckten Reden und Mienen. Dazu kam noch Weiberzwiſt durch ſtiefmüt=
terliche[82]) Gereiztheit Livia's gegen Agrippina; und etwas zu leidenſchaftlich
war freilich auch Agrippina ſelbſt, nur daß ſie durch Sittenreinheit und Liebe
zum Gemahl ihren wenn gleich unbeugſamen Sinn zum Guten lenkte.

34. Aber Germanicus war, je näher dem Höchſten ihn die Hoffnung führte,
deſto eifriger nur für Tiberius bemüht. Die Sequaner[83]) und die nächſten
Staatsvereine der Belgier läßt er ihm huldigen. Sodann brach er auf die
Nachricht von der Legionen Empörung eiligſt auf. Sie kamen außerhalb des
Lagers ihm entgegen, wie aus Reue mit auf die Erde geſenktem Blick. Als
er in die Verſchanzung eingezogen war, ließen ſich verworrene Klagen ver=
nehmen; ja Einige ergriffen ſeine Hand, als wollten ſie dieſelbe küſſen, und
drückten, daß er den zahnloſen Mund berührte, ſeine Finger in denſelben ein;
Andere wieſen die vom Alter gekrümmten Glieder dar. Er befiehlt der um
ihn ſich ſammelnden Menge, weil ſie gemiſcht erſchien, in Manipeln ſich zu
ſondern; „ſie würden ſo beſſer hören,“ ward geantwortet; „ſo ſolle man die
Vexille vortragen, damit dies wenigſtens die Cohorten unterſcheide;“ langſam
gehorchten ſie. Hierauf mit Verehrung des Auguſtus anhebend lenkte er hin=
über zu des Tiberius Siegen und Triumphen, mit vorzüglichem Lobe ver=

celebrans quae aput Germanias illis cum legionibus pulcherrima fecisset. Italiae inde consensum, Galliarum fidem extollit; nil usquam turbidum aut discors. Silentio haec vel murmure modico audita sunt.

35. Ut seditionem attigit, ubi modestia militaris, ubi veteris disciplinae decus, quonam tribunos, quo centuriones exegissent, rogitans, nudant universi corpora, cicatrices ex vulneribus, verberum notas exprobrant; mox indiscretis vocibus pretia vacationum, angustias stipendii, duritiam operum ac propriis nominibus incusant vallum, fossas, pabuli materiae lignorum adgestus, et si qua alia ex necessitate aut adversus otium castrorum quaeruntur. Atrocissimus veteranorum clamor oriebatur, qui tricena aut supra stipendia numerantes, mederetur fessis, neu mortem in isdem laboribus, sed finem tam exercitae militiae neque inopem requiem orabant. Fuere etiam, qui legatam a divo Augusto pecuniam reposcerent, faustis in Germanicum ominibus; et si vellet imperium, promptos ostentavere. Tum vero, quasi scelere contaminaretur, praeceps tribunali desiluit. Opposuerunt abeunti arma, minitantes, ni regrederetur; at ille moriturum potius quam fidem exueret, clamitans, ferrum a latere diripuit elatumque deferebat in pectus, ni proximi prensam dextram vi attinuissent. Extrema et conglobata inter se pars contionis ac, vix credibile dictu, quidam singuli propius incedentes, feriret hortabantur; et miles nomine Calusidius strictum obtulit gladium, addito acutiorem esse. Saevum id malique moris etiam furentibus visum, ac spatium fuit, quo Caesar ab amicis in tabernaculum raperetur.

36. Consultatum ibi de remedio; etenim nuntiabatur parari legatos, qui superiorem exercitum ad causam eandem traherent: destinatum excidio Ubiorum oppidum, imbutasque praeda manus in direptionem Galliarum erupturas. Augebat metum gnarus Romanae seditionis et, si omitteretur ripa, invasurus hostis; at si auxilia et socii adversum abscedentis legiones armarentur, civile bellum suscipi. Periculosa severitas, flagitiosa largitio; seu nihil militi sive omnia concederentur, in ancipiti res pu-

herrlichend, was er in Germanien mit diesen Legionen so ruhmvoll verrichtet. Dann erhebt er Italiens Einstimmigkeit, Galliens Treue, und wie nirgends eine Spur von Gährung oder Zwietracht. Schweigend oder doch mit mäßigem Murren hörte man dieses an.

35. Als aber die Empörung er berührte mit den Fragen: Wo geblieben sei des Soldaten bescheidene Haltung, wo der alten Mannszucht Ruhm, wo sie die Tribunen hinverstoßen, wo die Centurionen, da entblößen sie sich insgesammt, halten vor der Wunden Narben, die Mahle der Geißelhiebe; dann mit verworrenem Ruf erheben sie Beschwerde über den hohen Preis der Dienstbefreiung, die Kargheit des Soldes, die Härte der Arbeiten, namentlich hervorhebend das Schanzen, Gräbenziehen, Herbeischleppen des Futters, Bau- und Brennholzes, und was sonst aus Bedürfniß oder gegen des Lagers Muße hervorgesucht wird. Das wildeste Geschrei entstand von der Veteranen Seite, welche, dreißig oder noch mehr Dienstjahre zählend, baten, er möchte Hilfe bringen den Müden, nicht den Tod sie sehen lassen unter denselben Beschwerden, sondern das Ende eines so mühseligen Dienstes und nicht darbende Ruhe. Einige forderten sogar das von Divus Augustus vermachte Geld unter Glück verkündenden Andeutungen für Germanicus; ja offen erklärten sie ihre Bereitwilligkeit, wenn er die Herrschaft wolle. Da aber sprang er eilends, als würde vom Frevel er befleckt, vom Tribunal herab. Zwar hielten sie trotzend, wenn er zurück nicht ginge, dem sich Entfernenden die Waffen entgegen; er aber riß, laut rufend, er wolle sterben lieber, als treulos werden, das Schwert sich von der Seite, hob es empor, und stieß es in die Brust sich, hätten nicht die Nächsten seine Rechte ergriffen und mit Gewalt zurückgehalten. Der äußerste und in sich zusammengebrängte Theil der Versammlung, ja, kaum möchte man es glauben, auch einige Einzelne hervortretend forderten ihn auf, nur zuzustoßen, und ein Soldat, Namens Calusidius, bot ihm sein gezücktes Schwert, mit dem Bemerken, es sei schärfer. Dies erschien abscheulich und ruchlos selbst den Wüthenden, und es trat eine Pause ein, während welcher der Cäsar von den Freunden in sein Zelt fortgeschafft werden konnte.

36. Hier ward berathschlagt über Gegenmittel; denn es kam noch die Nachricht, man wolle Abgeordnete erwählen, welche das obere Heer zur Theilnahme an der Sache bewegen sollten: bestimmt sei zur Zerstörung der Ubier Stadt[54]), und die so an Raub gewöhnten Schaaren würden dann zur Plünderung Galliens losbrechen. Es mehrte die Besorgniß, daß der Feind der römischen Empörung kundig, würde bloßgestellt das Ufer, wol einen Einfall wagen möchte; wollte man dagegen Hilfsvölker und Bundestruppen gegen die abziehenden Legionen bewaffnen, ein Bürgerkrieg hervorgerufen würde. Gefahrvoll schien Strenge, schimpflich Gewährung; mogte man dem

blica. Igitur volutatis inter se rationibus placitum, ut epistulae nomine principis scriberentur: missionem dari vicena stipendia meritis, exauctorari qui sena dena fecissent ac retineri sub vexillo ceterorum inmunes nisi propulsandi hostis, legata quae petiverant exsolvi duplicarique.

37. Sensit miles in tempus conficta statimque flagitavit. Missio per tribunos maturatur, largitio differebatur in hiberna cuiusque. Non abscessere quintani unetvicesimanique, donec isdem in aestivis contracta ex viatico amicorum ipsiusque Caesaris pecunia persolveretur. Primam ac vicesimam legiones Caecina legatus in civitatem Ubiorum reduxit, turpi agmine, cum fisci de imperatore rapti inter signa interque aquilas veherentur. Germanicus superiorem ad exercitum profectus secundam et tertiam decumam et sextam decumam legiones nihil cunctatas sacramento adigit; quartadecimani paulum dubitaverant. Pecunia et missio quamvis non flagitantibus oblata est.

38. At in Chaucis coeptavere seditionem praesidium agitantes vexillarii discordium legionum et praesenti duorum militum supplicio paulum repressi sunt. Iusserat id M'. Ennius, castrorum praefectus, bono magis exemplo quam concesso iure. Deinde intumescente motu profugus repertusque, postquam intutae latebrae, praesidium ab audacia mutuatur: non praefectum ab iis, sed Germanicum ducem, sed Tiberium imperatorem violari. Simul exterritis qui obstiterant, raptum vexillum ad ripam vertit, et si quis agmine decessisset, pro desertore fore clamitans, reduxit in hiberna turbidos et nihil ausos.

39. Interea legati ab senatu regressum iam aput aram Ubiorum Germanicum adeunt. Duae ibi legiones, prima atque vicesima, veteranique nuper missi sub vexillo hiemabant. Pavidos et conscientia vaecordes intrat metus, venisse patrum iussu, qui inrita facerent quae per seditionem expresserant, utque mos vulgo quamvis

Soldaten Nichts oder Alles zugestehen, in Gefahr der Staat. Daher beschloß man nach reiflicher Abwägung der Gründe unter sich, ein Schreiben im Namen des Fürsten ergehen zu lassen: daß Entlassung denen ertheilt werde, die zwanzig, Dienstfreiheit denen, die sechszehn Jahre gedient; doch blieben diese unter dem Veyill, alles anderen Dienstes entbunden, nur nicht der Abwehr des Feindes; die Vermächtnisse, die sie verlangt, würden ausgezahlt und verdoppelt werden.

37. Wohl merkte der Soldat, dies sei für den Augenblick ersonnen, und verlangte es daher zur Stelle. Die Entlassung ward durch die Tribunen beschleunigt, die Schenkung bis zum Winterquartier eines Jeden verschoben. Doch nicht eher zogen die der fünften und einundzwanzigsten Legion ab, bis ihnen noch eben da im Sommerlager das aus der Feldkasse der Freunde des Cäsars und aus seiner eigenen zusammengeschossene Geld ausgezahlt war. Die erste und zwanzigste Legion führte der Legat Cäcina in die Stadt der Ubier zurück, in schmachvollem Zuge, da die dem Imperator geraubten Geldkörbe mitten zwischen den Feldzeichen und Adlern gefahren wurden. Germanicus begab sich zum oberen Heere, und vermochte die zweite, dreizehnte und sechzehnte Legion ohne alles Zögern zum Huldigungseide[85]); die von der vierzehnten hatten kurze Zeit geschwankt. Es ward ihnen Geld und Entlassung, ohne daß sie es forderten, verwilligt.

38. Dagegen begannen unter den Chaukern[86]) die dort als Besatzung liegenden Veyillarier der meuterischen Legionen einen Aufstand, und wurden durch augenblickliche Hinrichtung zweier Soldaten einstweilen wieder zur Ruhe gebracht. Befohlen hatte dieß der Lagerpräfect Manius Ennius, mehr mit gutem Beispiel, als mit ihm zustehendem Recht. Darauf bei anschwellender Gährung flüchtig geworden und aufgefunden, sucht er, da Schlupfwinkel keine Sicherheit gewährten, in kühner Rede Schutz: nicht der Präfect werde von ihnen verletzt, nein, Germanicus, der Feldherr, Tiberius, der Imperator! Und damit reißt er in der Bestürzung derer, die ihm in den Weg getreten waren, das Veyill empor, wendet es dem Ufer zu, und führt mit dem Rufe, wenn einer aus dem Zuge wiche, würde er als Ausreißer angesehen werden, die Aufrührerischen und nichts Wagenden ins Winterlager zurück.

39. Indeß treffen Abgeordnete des Senats bei Germanicus ein, als dieser schon wieder zum Altar der Ubier[87]) heimgekehrt war. Zwei Legionen überwinterten daselbst, die erste und die zwanzigste, und die unlängst entlassenen Veteranen unter dem Veyill. Bestürzt und vom Bewußtsein ihrer Schuld der Besinnung beraubt, ergreift sie die Besorgniß, nur darum seien auf der Väter Geheiß jene gekommen, um rückgängig zu machen, was sie durch Empörung erpreßt, und klagen, wie so gern der große Haufe für noch so Unbe-

falsis reum subdere, Munatium Plancum, consulatu functum, principem legationis, auctorem senatus consulti incusant; et nocte concubia vexillum in domo Germanici situm flagitare occipiunt, concursuque ad ianuam facto moliuntur fores, extractum cubili Caesarem tradere vexillum intento mortis metu subigunt. Mox vagi per vias obvios habuere legatos, audita consternatione ad Germanicum tendentes. Ingerunt contumelias, caedem parant, Planco maxime, quem dignitas fuga impediverat; neque aliud periclitanti subsidium quam castra primae legionis. Illic signa et aquilam amplexus religione sese tutabatur; ac ni aquilifer Calpurnius vim extremam arcuisset, rarum etiam inter hostes, legatus populi Romani Romanis in castris sanguine suo altaria deum commaculavisset. Luce demum, postquam dux et miles et facta noscebantur, ingressus castra Germanicus perduci ad se Plancum imperat recepitque in tribunal. Tum fatalem increpans rabiem, neque militum, sed deum ira resurgere, cur venerint legati, aperit; ius legationis atque ipsius Planci gravem et immeritum casum, simul quantum dedecoris adierit legio, facunde miseratur, attonitaque magis quam quieta contione legatos praesidio auxiliarium equitum dimittit.

40. Eo in metu arguere Germanicum omnes, quod non ad superiorem exercitum pergeret, ubi obsequia et contra rebellis auxilium: satis superque missione et pecunia et mollibus consultis peccatum. Vel si vilis ipsi salus, cur filium parvulum, cur gravidam coniugem inter furentes et omnis humani iuris violatores haberet? Illos saltem avo et rei publicae redderet. Diu cunctatus aspernantem uxorem, cum se divo Augusto ortam neque degenerem ad pericula testaretur, postremo uterum eius et communem filium multo cum fletu complexus, ut abiret, perpulit. Incedebat muliebre et miserabile agmen, profuga ducis uxor, parvulum sinu filium gerens, lamentantes circum amicorum coniuges, quae simul trahebantur; nec minus tristes qui manebant.

grünbetes einen Schuldigen unterzuschieben pflegt, den gewesenen Consul
Munatius Plancus[88]), das Haupt der Gesandtschaft, als Urheber des Senatsbeschlusses an; und nach Eintritt der Nacht heben sie an die Auslieferung
des in Germanicus' Wohnung aufbewahrten Bexills zu fordern[89]), brechen,
vor dem Eingang sich zusammenrottend, die Thür auf, treiben aus seinem
Bett den Cäsar, und nöthigen ihn unter Schrecken des Todes, das Bexill
herauszugeben. Wie sie hierauf die Straßen durchziehen, begegnen sie den
Abgeordneten, welche auf die Nachricht von dem rasenden Beginnen zu Germanicus eilten. Sie überhäufen dieselben mit Schmähungen, sind im Begriff sie zu ermorden, den Plancus vornehmlich, welchen seine Würde von der
Flucht abgehalten hatte; und keine andere Zuflucht blieb dem Gefährdeten,
als das Lager der ersten Legion. Dort die Feldzeichen und den Adler um-
fassend, suchte er bei dem Heiligen Schutz; und hätte nicht der Adlerträger
Calpurnius der äußersten Gewalt gesteuert, so hätte, eine Seltenheit selbst
unter Feinden, ein Gesandter des römischen Volkes im römischen Lager
mit seinem Blute die Altäre der Götter befleckt. Erst mit Tagesanbruch, als
Anführer, Soldat und Vorgang kenntlich wurden, betrat Germanicus das
Lager, befahl den Plancus herbeizuführen, und nahm ihn mit sich auf das
Tribunal. Hierauf das Schicksal laut anklagend ob jener Raserei, und wie
sie nicht durch der Soldaten, sondern durch der Götter Zorn von neuem sich
erhebe, eröffnet er, weshalb gekommen seien die Gesandten; bejammert mit
beredtem Munde der Gesandtschaft Recht und das harte, unverdiente Loos
des Plancus selbst, zugleich welche Schande auf sich geladen die Legion, und
entläßt, nach mehr betäubter als beruhigter Versammlung, die Gesandten
unter hilfsgenossischer Reiterei Bedeckung.

40. In dieser ängstlichen Spannung tadeln Alle den Germanicus, daß er
nicht zum oberen Heere sich begebe, wo er Gehorsam und gegen die Empörer
Hilfe fände: mehr als zuviel schon sei durch Dienstentlassung, Geldbewilligung
und gelinde Maßregeln versehen. Oder achte er auch seiner eigenen Rettung
nicht, warum er denn den kleinen Sohn[90]), die schwangere Gemahlin unter
Wüthenden und alles Menschenrechts Verächtern weilen lasse? Sie wenigstens
solle er dem Großvater[91]) und dem Staate zurückgeben. Lange zögernd bewog er die mit der Betheuerung, daß von Divus Augustus entsprossen, sie
auch wider Gefahren nicht entartet sei, sich weigernde Gattin, endlich ihren
schwangeren Leib und den gemeinschaftlichen Sohn unter vielen Thränen um-
fassend, zur Abreise. So zog dahin der Frauen mitleidswürdige Schaar, zur
Flucht aufbrechend des Feldherrn Gattin, den kleinen Sohn am Busen, weh-
klagend um sie her die zugleich mit fortgezogenen Gemahlinnen der Freunde,
und nicht minder traurig die Bleibenden.

41. Non florentis Caesaris neque suis in castris, set velut in urbe victa facies, gemitusque ac planctus etiam militum aures oraque advertere. Progrediuntur contuberniis. Quis ille flebilis sonus? Quid tam triste? Feminas inlustres — non centurionem ad tutelam, non militem, nihil imperatoriae uxoris aut comitatus soliti — pergere ad Treviros et externae fidei. Pudor inde et miseratio et patris Agrippae, Augusti avi memoria; socer Drusus, ipsa insigni fecunditate, praeclara pudicitia; iam infans in castris genitus, in contubernio legionum eductus, quem militari vocabulo Caligulam appellabant, quia plerumque ad concilianda vulgi studia eo tegmine pedum induebatur. Sed nihil aeque flexit quam invidia in Treviros. Orant obsistunt, rediret maneret, pars Agrippinae occursantes, plurimi ad Germanicum regressi. Isque, ut erat recens dolore et ira, aput circumfusos ita coepit.

42. 'Non mihi uxor aut filius patre et re publica cariores sunt, set illum quidem sua maiestas, imperium Romanum ceteri exercitus defendent. Coniugem et liberos meos, quos pro gloria vestra libens ad exitium offerrem, nunc procul a furentibus summoveo, ut quidquid istud sceleris imminet, meo tantum sanguine pietur, neve occisus Augusti pronepos, interfecta Tiberii nurus nocentiores vos faciat. Quid enim per hos dies inausum intemeratumve vobis? Quod nomen huic coetui dabo? Militesne appellem, qui filium imperatoris vestri vallo et armis circumsedistis? an cives, quibus tam proiecta senatus auctoritas? Hostium quoque ius et sacra legationis et fas gentium rupistis. Divus Iulius seditionem exercitus verbo uno compescuit, Quirites vocando, qui sacramentum eius detrectabant; divus Augustus vultu et aspectu Actiacas legiones exterruit. Nos ut nondum eosdem, ita ex illis ortos si Hispaniae Syriaeve miles aspernaretur, tamen mirum et indignum erat. Primane et vicesima legiones, illa signis a Tiberio acceptis, tu tot proeliorum socia, tot praemiis aucta, egregiam duci vestro gratiam refertis? Hunc ego nuntium patri, laeta omnia aliis e provinciis audienti, feram? Ipsius tirones, ipsius veteranos non missione,

41. Dieses Bild, kein Bild eines glücklichen und im eigenen Lager stehenden Cäsars, sondern wie es in einer besiegten Stadt vorkommt, das Seufzen, die laute Trauer zog auch der Soldaten Ohr und Auge auf sich. Sie treten aus den Gezelten. Welch ein Klageton? Welche Trauerscene? Erlauchte Frauen — keinen Centurio, keinen Soldaten zur Bedeckung, Nichts von der Gemahlin eines Imperators, noch von gewohntem Gefolge — ziehen zu den Trevirern[92]), in fremden Schutz. So ergreift sie Scham und Mitleid und ihres Vaters Agrippa, Augustus, ihres Großvaters Andenken; wie ihr Schwiegervater Drusus gewesen, sie selbst eine reich gesegnete Mutter von ruhmwürdiger Sittenlauterkeit; endlich das Kind, im Lager geboren, in der Zeltgenossenschaft der Legionen auferzogen! Caligula nannten sie es mit soldatischem Namen, weil ihm, um die Zuneigung der Menge zu gewinnen, gewöhnlich diese Fußbedeckung gegeben ward[93]). Doch nichts stimmte so sie um, wie die Eifersucht gegen die Trevirer. Sie bitten, widerstreben, daß sie umkehre, bleibe, ein Theil Agrippinen in den Weg tretend, die Mehrzahl zu Germanicus zurückgewandt. Da hob dieser, tief bewegt annoch von Schmerz und Zorn, also zu reden an vor den ihn Umdrängenden:

42. „Nicht sind Gattin oder Sohn theurer mir als Vater und Staat; allein jenen wird seine Hoheit, das römische Reich werden die übrigen Heere schützen. Mein Weib und meine Kinder, die ich für euern Ruhm willig dem Tode opfern würde, entziehe ich jetzt eurer Wuth durch weite Entfernung, damit, was für ein Verbrechen auch ihr noch im Sinne tragt, allein mit meinem Blute es getilgt werde, und daß nicht getödtet des Augustus Urenkel, ermordet des Tiberius Schwiegertochter euch schuldiger noch mache. Denn was in diesen Tagen ließt ihr ungewagt und unentweiht? Welchen Namen soll ich dieser Versammlung geben? Kann ich Soldaten euch nennen, die ihr den Sohn eures Imperators mit Wall und Waffen eingeschlossen? oder Bürger, die ihr so für nichts geachtet des Senates Ansehn? Was selbst unter Feinden gilt, der Gesandtschaft Heiligkeit und Völkerrecht habt ihr gebrochen. Divus Julius[94]) dämpfte mit Einem Worte des Heeres Aufruhr, diejenigen Quiriten nennend, welche ihm den Eid verweigerten; Divus Augustus schreckte mit einer Miene, einem Blicke Actiums Legionen[95]. Wenn uns, obwohl jenen noch nicht gleich, so doch entsprossen von denselben[96]), Hispaniens oder Syriens Soldat verachtete, auffallend und unwürdig wäre schon dies. Ihr aber, erste und zwanzigste Legion, jene durch von Tiberius empfangene Feldzeichen, du, so vieler Schlachten ihm Gefährtin, durch so viel Belohnungen geehrt, wie vortrefflich dankt ihr eurem Feldherrn[97])? Solche Botschaft soll ich dem Vater bringen, der nur Erfreuliches vernimmt aus anderen Provinzen? Seine Tironen, seine Veteranen seien nicht durch Dienstentlassung,

non pecunia satiatos; hic tantum interfici centuriones, eici tribunos, includi legatos; infecta sanguine castra, flumina, meque precariam animam inter infensos trahere.

43. Cur enim primo contionis die ferrum illud, quod pectori meo infigere parabam, detraxistis, o improvidi amici? Melius et amantius ille, qui gladium offerebat. Cecidissem certe nondum tot flagitiorum exercitui meo conscius; legissetis ducem, qui meam quidem mortem inpunitam sineret, Vari tamen et trium legionum ulcisceretur. Neque enim di sinant, ut Belgarum, quamquam offerentium, decus istud et claritudo sit, subvenisse Romano nomini, compressisse Germaniae populos. Tua, dive Auguste, caelo recepta mens, tua, pater Druse, imago, tui memoria isdem istis cum militibus, quos iam pudor et gloria intrat, eluant hanc maculam irasque civiles in exitium hostibus vertant. Vosque, quorum alia nunc ora, alia pectora contueor, si legatos senatui, obsequium imperatori, si mihi coniugem et filium redditis, discedite a contactu ac dividite turbidos. Id stabile ad paenitentiam, id fidei vinculum erit.'

44. Supplices ad haec et vera exprobrari fatentes orabant puniret noxios, ignosceret lapsis et duceret in hostem; revocaretur coniux, rediret legionum alumnus neve opses Gallis traderetur. Reditum Agrippinae excusavit ob imminentem partum et hiemem; venturum filium; cetera ipsi exsequerentur. Discurrunt mutati et seditiosissimum quemque vinctos trahunt ad legatum legionis primae C. Caetronium, qui iudicium et poenas de singulis in hunc modum exercuit. Stabant pro contione legiones destrictis gladiis; reus in suggestu per tribunum ostendebatur: si nocentem adclamaverant, praeceps datus trucidabatur. Et gaudebat caedibus miles, tamquam semet absolveret; nec Caesar arcebat, quando nullo ipsius iussu penes eosdem saevitia facti et invidia erat. Secuti exemplum veterani haud multo post in Raetiam mittuntur, specie defendendae provinciae ob imminentis Suebos, ceterum ut avellerentur castris, truci-

nicht durch Geld befriedigt; hier nur würden die Centurionen ermordet, die Tribunen vertrieben, die Legaten⁹⁶) einsperrt; gefärbt seien vom Blute die Lager, die Flüsse, und ich selbst schleppe aus Gnade unter Erbitterten mein Leben hin."

43. „Denn warum risset ihr am ersten Versammlungstage jenen Stahl, den ich in die Brust mir stoßen wollte, hinweg, o ihr so unbedachtsamen Freunde! Besser meinte es und liebevoller der, welcher sein Schwert mir anbot. Gefallen wär' ich wenigstens alsdann noch unbekannt mit so viel Missethaten meines Heeres; gewählt dann hättet ihr einen Feldherrn, der, meinen Tod zwar ungeahndet lassend, für Varus doch und für die drei Legionen hätte Rache nehmen mögen. Denn verhüten wollen es die Götter, daß den Belgiern, obwol sie sich dazu erbieten, die Ehre werde und der Ruhm, dem römischen Namen aufgeholfen, Germaniens Völker gebändigt zu haben! Dein in den Himmel aufgenommener Geist, o Divus Augustus, dein Bild, Vater Drusus, dein Andenken, tilge mit eben diesen Kriegern, die schon Scham ergreift und Ruhmbegierde, diesen Schandfleck⁹⁷) aus und wende Bürgerwuth den Feinden zum Verderben! Und ihr, deren Mienen, deren Inneres ich umgewandelt nun erblicke, wenn ihr die Gesandten dem Senate, Gehorsam euerem Imperator, mir die Gattin und den Sohn zurückgeben wollt, so meidet der Berührung Pest und sondert ab die Meuterer. Dies wird der Reue sichere Stütze, dies das Band der Treue sein."

44. Demüthig hierauf bekennend, daß wahr sei, was er ihnen vorwerfe, baten sie, er möchte die Schuldigen bestrafen, den Gefallenen verzeihen und gegen den Feind sie führen; zurückgerufen möge seine Gattin werden, heimkehren der Legionen Zögling und nicht als Geißel den Galliern überliefert werden. Die Rückkehr Agrippina's lehnte er ab wegen der Nähe ihrer Niederkunft und des Winters; kommen solle der Sohn; das Uebrige möchten sie selbst vollziehen. Sie eilen wie verwandelt aus einander, und schleppen die Hauptaufwiegler zumal gefesselt vor den Legaten der ersten Legion, C. Cätronius, welcher Gericht und Strafe an einem nach dem anderen folgendermaßen übte. Versammelt standen die Legionen mit gezogenen Schwertern; der Angeklagte ward auf einer Erhöhung durch einen Tribun zur Schau gestellt: hatten sie „schuldig" ausgerufen, so ward er hinabgestoßen und niedergehauen. Und es freute sich des Gemetzels der Soldat, als spräche so er selbst sich frei; auch wehrte der Cäsar nicht, da ohne einen Befehl von seiner Seite ihnen mit der Grausamkeit der That auch deren Gehässigkeit zur Last fiel. Diesem Beispiel folgten die Veteranen und wurden nicht lange darauf nach Rätien gesandt, scheinbar zur Vertheidigung der Provinz ob der drohenden Nähe der Sueben, doch eigentlich nur um ihrer los zu werden aus

bus adhuc non minus asperitate remedii quam sceleris memoria. Centurionatum inde egit. Citatus ab imperatore nomen, ordinem, patriam, numerum stipendiorum, quae strenue in proeliis fecisset, et cui erant dona militaria, edebat. Si tribuni, si legio industriam innocentiamque adprobaverant, retinebat ordinem; ubi avaritiam aut crudelitatem consensu obiectavissent, solvebatur militia.

45. Sic compositis praesentibus haut minor moles supererat ob ferociam quintae et unetvicesimae legionum, sexagensimum apud lapidem (loco Vetera nomen est) hibernantium. Nam primi seditionem coeptaverant: atrocissimum quodque facinus horum manibus patratum; nec poena commilitonum exterriti nec paenitentia conversi iras retinebant. Igitur Caesar arma classem socios demittere Rheno parat, si imperium detrectetur, bello certaturus.

46. At Romae nondum cognito, qui fuisset exitus in Illyrico, et legionum Germanicarum motu audito, trepida civitas incusare Tiberium, quod, dum patres et plebem, invalida et inermia, cunctatione ficta ludificetur, dissideat interim miles neque duorum adulescentium nondum adulta auctoritate comprimi queat. Ire ipsum et opponere maiestatem imperatoriam debuisse cessuris, ubi principem longa experientia eundemque severitatis et munificentiae summum vidissent. An Augustum fessa aetate totiens in Germanias commeare potuisse, Tiberium vigentem annis sedere in senatu, verba patrum cavillantem? Satis prospectum urbanae servituti; militaribus animis adhibenda fomenta, ut ferre pacem velint.

47. Inmotum adversus eos sermones fixumque Tiberio fuit non omittere caput rerum neque se remque publicam in casum dare. Multa quippe et diversa angebant: validior per Germaniam exercitus, propior aput Pannoniam; ille Galliarum opibus subnixus, hic Italiae imminens. Quos igitur anteferret? ac ne postpositi contumelia incenderentur. At per filios pariter adiri maie-

dem Lager, das nicht weniger durch die Härte der Maßregeln, als durch des Frevels Andenken noch in wilder Bewegung war. Hierauf hielt er Centurionenmusterung. Vorgefordert von dem Imperator gab ein jeder Namen, Stelle[100]), Vaterland, Zahl der Dienstjahre, wie er in Schlachten sich hervorgethan und, wer deren hatte, die militärische Auszeichnung an. Hatten die Tribunen, hatte die Legion Diensteifer und Unsträflichkeit bezeugt, so behielt er seine Stelle; sobald sie Habsucht oder Grausamkeit ihm einstimmig Schuld gaben, ward er des Dienstes entlassen.

45. Obwohl nun so das gegenwärtig Nahe war beschwichtigt worden, so blieb doch eine nicht minder schwierige Aufgabe übrig ob des Trotzes der fünften und einundzwanzigsten Legion, die beim sechzigsten Meilensteine (der Ort heißt Vetera[101])) überwinterten. Denn sie zuerst hatten den Aufstand begonnen; jeder noch so furchtbare Frevel war von ihren Händen verübt worden; und weder durch die Bestrafung ihrer Waffenbrüder geschreckt, noch durch deren Reue umgestimmt verharrten sie in ihrer Erbitterung. Deshalb schickt sich der Cäsar an, Waffen[102]), Flotte, Bundestruppen den Rhein hinabzusenden, um, wenn man Gehorsam verweigern sollte, den Krieg entscheiden zu lassen.

46. In Rom aber, wo noch nicht bekannt geworden, wie es in Illyricum geendet habe, und man doch der germanischen Legionen Aufruhr schon vernommen hatte, war Alles in Bestürzung und gab es dem Tiberius Schuld, daß, während er Senat und Volk, so kraft- und wehrlose Schatten, durch verstellte Zögerung[103]) höhne, inzwischen sich der Soldat auflehne und durch zweier Jünglinge noch nicht erstarktes Ansehn nicht gebändigt werden könne. Er selbst hätte gehen und seine Imperatormajestät ihnen entgegenstellen müssen, da sie gewichen sein würden, sobald sie den vielerfahrenen Fürsten und in ihm zugleich den obersten Richter über Strenge und Milde gesehen hätten. Wie? Augustus habe im lebensmüden Alter so oft nach Germanien ziehen können, und Tiberius, in der Kraft der Jahre, sitze im Senate, um die Worte der Väter zu verhöhnen? Hinreichend sei gesorgt für die Knechtschaft der Stadt; auf der Krieger Stimmung müsse man mit Linderungsmitteln zu wirken suchen, daß sie den Frieden sich gefallen lassen.

47. Unbewegt und fest stand wider solche Reden bei Tiberius der Entschluß, des Reiches Hauptstadt nicht zu verlassen, nicht sich und den Staat dem Zufall preiszugeben. Denn Vieles und Verschiedenartiges ängstigte ihn: daß stärker in Germanien das Heer, näher das in Pannonien; jenes auf Galliens Hilfsquellen gestützt, dieses Italien mit seiner Nähe bedrohend. Welchem Theile also sollte er den Vorzug geben? Und könnten nicht die Zurückgesetzten, als wären sie beschimpft, in Flamme gerathen? Dagegen könnte durch die Söhne er sich beiden gleicherweise nahen ohne der Majestät Gefahr, die aus

state salva, cui maior e longinquo reverentia. Simul adulescentibus excusatum quaedam ad patrem reicere, resistentisque Germanico aut Druso posse a se mitigari vel infringi: quod aliud subsidium, si imperatorem sprevissent? Ceterum ut iam iamque iturus legit comites, conquisivit impedimenta, adornavit naves; mox hiemem aut negotia varie causatus primo prudentes, dein vulgum, diutissime provincias fefellit.

48. At Germanicus, quamquam contracto exercitu et parata in defectores ultione, dandum adhuc spatium ratus, si recenti exemplo sibi ipsi consulerent, praemittit litteras ad Caecinam, venire se valida manu ac, ni supplicium in malos praesumant, usurum promisca caede. Eas Caecina aquiliferis signiferisque, et quod maxime castrorum sincerum erat, occulte recitat, utque cunctos infamiae, se ipsos morti eximant, hortatur; nam in pace causas et merita spectari; ubi bellum ingruat, innocentes ac noxios iuxta cadere. Illi temptatis, quos idoneos rebantur, postquam maiorem legionum partem in officio vident, de sententia legati statuunt tempus, quo foedissimum quemque et seditioni promptum ferro invadant. Tunc signo inter se dato inrumpunt contubernia, trucidant ignaros, nullo nisi consciis noscente, quod caedis initium, quis finis.

49. Diversa omnium, quae umquam accidere, civilium armorum facies. Non proelio, non adversis e castris, sed isdem e cubilibus, quos simul vescentis dies, simul quietos nox habuerat, discedunt in partes, ingerunt tela. Clamor vulnera sanguis palam, causa in occulto: cetera fors regit. Et quidam bonorum caesi, postquam intellecto, in quos saeviretur, pessimi quoque arma rapuerant. Neque legatus aut tribunus moderator adfuit> permissa vulgo licentia atque ultio et satietas. Mox ingressus castra Germanicus, non medicinam illud plurimis cum lacrimis, sed cladem appellans, cremari corpora iubet.

Truces etiam tum animos cupido involat eundi in hostem, piaculum furoris; nec aliter posse placari com-

der Ferne größere Ehrfurcht einflöße. Zugleich sei den Jünglingen unverargt, Manches an den Vater zu verweisen, und die dem Germanicus oder Drusus Widerstrebenden könnten von ihm besänftigt oder zu Boden geschlagen werden: welcher Rückhalt bleibe noch, wenn sie dem Imperator Hohn geboten? Uebrigens wählte er, als sei er eben im Begriff abzureisen, schon Begleiter, ließ das Gepäck zusammenbringen, rüstete Schiffe[104]) aus; dann den Winter oder Geschäfte mannichfach vorschützend, täuschte er zuerst die Verständigen, darauf die Menge, am längsten die Provinzen.

48. Germanicus aber, obwohl zusammengezogen war das Heer und bereit schon gegen die Abtrünnigen die Rache, glaubte doch noch Frist gestatten zu müssen, ob sie nach dem jüngst gegebenen Beispiel[105]) sich nicht selbst berathen möchten, und schickt an Cäcina ein Schreiben voraus: er ziehe heran mit starker Macht, und werde, wenn man nicht Todesstrafe an den Uebelgesinnten schon vorher vollstrecke, ohne Unterschied sie niedermetzeln lassen. Dies ließ Cäcina den Adler- und Fahnenträgern und was sonst im Lager noch am meisten treu geblieben war, heimlich vor, mit der Mahnung, Alle von der Schande, sich selbst vom Tode zu befreien; denn im Frieden sehe man auf eines Jeden Sache[106]) und Verdienst; wenn Krieg losbreche, fallen Unschuldige und Schuldige gleicherweise. Jene forschen aus, die sie für geeignet halten, und bestimmen, nachdem sie den größeren Theil der Legionen der Pflicht getreu befunden, nach des Legaten Anordnung eine Zeit, in der sie die ärgsten und entschlossensten Aufwiegler mit dem Schwerte überfallen wollen. Dann auf ein einander gegebenes Zeichen brechen sie in die Gezelte ein, metzeln nieder die darum nicht Wissenden, und Keiner, außer den Einverstandenen, erfuhr, was des Mordens Anlaß sei und was sein Ziel.

49. Verschieden von allen Bürgerkriegen, die jemals vorgekommen, war das Schauspiel. Nicht im Treffen, nicht aus entgegenstehenden Lagern, nein, aus denselben Lagerstätten treten, die beim gemeinsamen Mahle der Tag, in gemeinsamer Ruhe die Nacht gesehen, auseinander zum Parteikampfe, und schleudern gegen einander die Geschosse. Geschrei, Wunden, Blutvergießen liegt am Tage, die Ursache im Verborgenen; im Uebrigen waltet der Zufall. Auch Einige der Gutgesinnten kamen um, nachdem, erkennend, gegen wen gewüthet werde, auch die Verruchtesten zu den Waffen gegriffen hatten. Weder Legat, noch Tribun war beschwichtigend zugegen: zügellos ließ man die Menge Rache üben, satt sich morden. Bald darauf zog Germanicus in's Lager ein, und mit vielen Thränen nicht Heilung dies, sondern eine Niederlage nennend, hieß die Leichen er verbrennen.

Die noch jetzt wild bewegten Gemüther ergreift das Verlangen, gegen den Feind zu ziehen, zur Sühnung ihrer Raserei; anders nicht könnten versöhnt

4*

militonum manes, quam si pectoribus impiis honesta vulnera accepissent. Sequitur ardorem militum Caesar iunctoque ponte tramittit duodecim milia e legionibus, sex et viginti socias cohortis, octo equitum alas, quarum ea seditione intemerata modestia fuit.

50. Laeti neque procul Germani agitabant, dum iustitio ob amissum Augustum, post discordiis attinemur. At Romanus agmine propero silvam Caesiam limitemque a Tiberio coeptum scindit, castra in limite locat, frontem ac tergum vallo, latera concaedibus munitus. Inde saltus obscuros permeat consultatque, ex duobus itineribus breve et solitum sequatur an inpeditius et intemptatum eoque hostibus incautum. Delecta longiore via cetera adcelerantur; etenim attulerant exploratores festam eam Germanis noctem ac sollemnibus epulis ludicram. Caecina cum expeditis cohortibus praeire et obstantia silvarum amoliri iubetur: legiones modico intervallo sequuntur. Iuvit nox sideribus inlustris, ventumque ad vicos Marsorum et circumdatae stationes stratis etiam tum per cubilia propterque mensas, nullo metu, non antepositis vigiliis. Adeo cuncta incuria disiecta erant neque belli timor, ac ne pax quidem nisi languida et soluta inter temulentos.

51. Caesar avidas legiones, quo latior populatio foret, quattuor in cuneos dispertit; quinquaginta milium spatium ferro flammisque pervastat. Non sexus, non aetas miserationem attulit: profana simul et sacra, et celeberrimum illis gentibus templum, quod Tanfanae vocabant, solo aequantur. Sine vulnere milites, qui semisomnos, inermos aut palantis ceciderant. Excivit ea caedes Bructeros, Tubantes, Usipetes; saltusque, per quos exercitui regressus, insedere. Quod gnarum duci, incessitque itineri et proelio. Pars equitum et auxiliariae cohortes ducebant, mox prima legio, et mediis impedimentis sinistrum latus unetvicesimani, dextrum quintani clausere; vicesima legio terga firmavit; post ceteri sociorum. Sed hostes, donec agmen per saltus porri-

werden ihrer Waffenbrüder Manen, als wenn sie auf der schuldbeladenen Brust ehrenvolle Wunden davongetragen hätten. Willfährig dem Drange der Soldaten schlägt der Cäsar eine Brücke, und setzt zwölf tausend von den Legionen[107], von den Bundesgenossen sechs und zwanzig Cohorten und acht Reitergeschwader über, deren Gehorsam in diesem Aufstande unbefleckt geblieben war.

50. Fröhlich und auch nicht fern trieben ihr Wesen die Germanen, während wir durch Trauerfeier ob des Augustus Verlust, dann durch Zwietracht uns gebunden fühlten. Der Römer aber durchschneidet in eilendem Zuge den cäsischen Wald[108]) und den von Tiberius angelegten Grenzwall, schlägt an dem Grenzwall ein Lager auf, Front und Rücken durch Verschanzung, die Flanken durch Verhaue gedeckt. Von hier aus durchzieht er dunkle Waldgebirge und überlegt, ob von zwei Wegen er den kurzen und gewöhnlichen, oder den beschwerlicheren und ungebahnten und deshalb vom Feinde unbewachten einschlagen solle. Man wählt den längeren Weg, und beschleunigt das Uebrige; denn Kundschafter hatten hinterbracht, daß ein Fest bei den Germanen diese Nacht sei und unter feierlichen Gelagen dem Spiele geweiht. Cäcina erhält Befehl, mit den leichtgerüsteten Cohorten voranzugehen und was hinderlich in den Waldungen wegzuräumen: die Legionen folgen in mäßiger Entfernung. Günstig war die sternhelle Nacht, und man kam zu den Dörfern der Marsen[109]), und schon waren mit Posten umringt die auch jetzt noch ohne Besorgniß, ohne Nachtwachen aufgestellt zu haben, auf ihrem Lager und neben den Tischen Hingestreckten. So sehr war Alles in Sorglosigkeit aufgelöst und keine Ahnung von Krieg, auch des Friedens Ruhe war eine matte nur und schlaffe, wie natürlich unter Trunkenen.

51. Der Cäsar theilt die kampfbegierigen Legionen, daß desto ausgedehnter die Verheerung werde, in vier keilförmige Haufen; funfzigtausend Schritt umher verwüstet er mit Schwert und Feuer. Nicht Geschlecht, nicht Alter flößte Erbarmen ein: Heiliges so gut wie Ungeweihtes, auch das bei jenen Völkerschaften am höchsten gefeierte Heiligthum[110]) Tamfana's, wie sie es nannten, wird dem Boden gleich gemacht. Unverwundet blieben die Soldaten, welche Halbschlafende, Waffenlose oder Umherirrende erschlagen hatten. Dieses Blutbad brachte die Brukterer[111]), Tubanten, Usipeten in Bewegung, und sie besetzten die Waldgebirge, durch welche das Heer den Rückzug nehmen mußte. Dies wußte der Feldherr, und zog zum Marsche wie zur Schlacht einher. Ein Theil der Reiter und die Hilfscohorten führten den Zug, darauf die erste Legion, und mit der Bagage in der Mitte deckten die linke Seite die von der einundzwanzigsten, die rechte die von der fünften Legion; die zwanzigste sicherte den Rücken; hintennach der Rest der Bundesgenossen. Die Feinde aber, bis der Zug sich ganz durch's Waldgebirge hinbewegte, nicht sich rührend, dann mäßig

geretur, immoti, dein latera et frontem modice adsultantes, tota vi novissimos incurrere. Turbabanturque densis Germanorum catervis leves cohortes, cum Caesar advectus ad vicesimanos voce magna hoc illud tempus oblitterandae seditionis clamitabat; pergerent, properarent culpam in decus vertere. Exarsere animis, unoque impetu perruptum hostem redigunt in aperta caeduntque. Simul primi agminis copiae evasere silvas castraque communivere. Quietum inde iter, fidensque recentibus ac priorum oblitus miles in hibernis locatur.

52. Nuntiata ea Tiberium laetitia curaque adfecere. Gaudebat oppressam seditionem; sed quod largiendis pecuniis et missione festinata favorem militum quaesivisset, bellica quoque Germanici gloria angebatur. Rettulit tamen ad senatum de rebus gestis multaque de virtute eius memoravit, magis in speciem verbis adornata, quam ut penitus sentire crederetur. Paucioribus Drusum et finem Illyrici motus laudavit, sed intentior et fida oratione; cunctaque quae Germanicus indulserat, servavit etiam aput Pannonicos exercitus.

53. Eodem anno Iulia supremum diem obiit, ob impudicitiam olim a patre Augusto Pandateria insula, mox oppido Reginorum, qui Siculum fretum accolunt, clausa. Fuerat in matrimonio Tiberii florentibus Gaio et Lucio Caesaribus spreveratque ut imparem; nec alia tam intima Tiberio causa, cur Rhodum abscederet. Imperium adeptus extorrem, infamem et post interfectum Postumum Agrippam omnis spei egenam inopia ac tabe longa peremit, obscuram fore necem longinquitate exilii ratus. Par causa saevitiae in Sempronium Gracchum, qui familia nobili, sollers ingenio et prave facundus, eandem Iuliam in matrimonio Marci Agrippae temeraverat. Nec is libidini finis: traditam Tiberio pervicax adulter contumacia et odiis in maritum accendebat. litteraeque, quas Iulia patri Augusto cum insectatione Tiberii scripsit, a Graccho compositae credebantur. Igitur amotus Cercinam, Africi maris insulam, quattuordecim annis

die Flanken und die Front angreifend, fielen mit ganzer Macht den Nachtrab an. Und schon geriethen durch die dichten Haufen der Germanen die leichten Cohorten[112]) in Verwirrung, als der Cäsar, heranreitend an die zwanzigste Legion, ihr mit lauter Stimme zurief, dies sei der rechte Augenblick, in Vergessenheit den Aufruhr zu begraben; sie möchten vorrücken, sich beeilen, ihre Schuld in Ehre zu verwandeln. Da entbrannte ihr Muth, und mit Einem Anlauf den Feind durchbrechend, treiben sie ihn in's offene Feld und hauen ihn nieder. Zugleich kamen des Vorderzuges Truppen glücklich aus dem Walde und befestigten ein Lager. Ruhig war von nun an der Marsch, und der Soldat, voll Vertrauen ob des so eben Vollbrachten und des Früheren vergessend, läßt sich in sein Winterlager bringen.

52. Diese Botschaft erfüllte den Tiberius mit Freude und mit Sorge. Er freute sich, daß der Aufstand unterdrückt war; daß aber Germanicus durch Geldspenden und beschleunigte Dienstentlassung um der Soldaten Gunst geworben hatte, und ebenso dessen Kriegsruhm beunruhigte ihn. Er berichtete jedoch vor dem Senat von dessen Thaten und sprach viel von seinem Verdienste, allein zum Scheine mehr mit schönen Worten, als daß man von seiner inneren Empfindung dabei sich hätte überzeugen können. Kürzer sprach er über Drusus und die Beendigung der illyrischen Unruhen seinen Beifall aus, aber mit mehr Wärme und in Glauben erweckender Rede; und Alles, was Germanicus verwilligt hatte, beobachtete er auch bei den pannonischen Heeren.

53. In demselben Jahre starb Julia, wegen ihrer Unkeuschheit vordem von ihrem Vater Augustus auf die Insel Pandateria[113]), dann auf die Stadt der Reginer, die an der sicilischen Meerenge wohnen, beschränkt. Sie war, als die Cäsaren Gajus und Lucius noch in der Blüthe standen, die Gattin des Tiberius gewesen, und hatte ihn verschmäht als nicht ebenbürtig[114]; und kein anderer Grund lag tiefer in Tiberius' Seele, weshalb er nach Rhodus sich entfernte. Zur Herrschaft gelangt, richtete er die Verbannte, Ehrlose und nach des Postumus Agrippa Ermordung aller Hoffnung Beraubte durch Mangel und langsames Verkümmern zu Grunde, wähnend, die Länge der Verbannung[115]) werde in Dunkelheit hüllen den Mord. Gleiche Ursache lag seiner Grausamkeit gegen Sempronius Gracchus[116]) zum Grunde, der, von edlem Geschlecht, geistreich und von loser Redefertigkeit, eben diese Julia in ihrer Ehe mit M. Agrippa geschändet hatte. Und damit hatte das unzüchtige Verhältniß noch kein Ende: als sie zur Gattin dem Tiberius gegeben worden war, entflammte sie der beharrliche Ehebrecher mit Trotz und Haß wider den Gemahl, und der Brief, welchen Julia ihrem Vater Augustus zur Verunglimpfung des Tiberius schrieb, ward für des Gracchus Werk gehalten. Deshalb nach Cercina[117]), einer Insel des africanischen Meeres, ver-

exilium toleravit. Tunc milites ad caedem missi invenere in prominenti litoris nihil laetum opperientem. Quorum adventu breve tempus petivit, ut suprema mandata uxori Alliariae per litteras daret, cervicemque percussoribus obtulit, constantia mortis haud indignus Sempronio nomine: vita degeneraverat. Quidam non Roma eos milites, sed ab L. Asprenate, proconsule Africae, missos tradidere auctore Tiberio, qui famam caedis posse in Asprenatem verti frustra speraverat.

54. Idem annus novas caerimonias accepit addito sodalium Augustalium sacerdotio, ut quondam Titus Tatius retinendis Sabinorum sacris sodales Titios instituerat. Sorte ducti e primoribus civitatis unus et viginti: Tiberius Drususque et Claudius et Germanicus adiciuntur. Ludos Augustales tunc primum coeptos turbavit discordia ex certamine histrionum. Indulserat ei ludicro Augustus, dum Maecenati obtemperat effuso in amorem Bathylli; neque ipse abhorrebat talibus studiis, et civile rebatur misceri voluptatibus vulgi. Alia Tiberio morum via; sed populum per tot annos molliter habitum nondum audebat ad duriora vertere.

55. Druso Caesare C. Norbano consulibus decernitur Germanico triumphus manente bello, quod quamquam in aestatem summa ope parabat, initio veris et repentino in Chattos excursu praecepit. Nam spes incesserat dissidere hostem in Arminium ac Segestem, insignem utrumque perfidia in nos aut fide. Arminius turbator Germaniae; Segestes parari rebellionem saepe alias et supremo convivio, post quod in arma itum, aperuit suasitque Varo, ut se et Arminium et ceteros proceres vinciret: nihil ausuram plebem principibus amotis, atque ipsi tempus fore, quo crimina et innoxios discerneret. Sed Varus fato et vi Armini cecidit: Segestes, quamquam consensu gentis in bellum tractus, discors manebat, auctis privatim odiis, quod Arminius filiam eius alii pactam rapuerat. Gener invisus, ini-

wiesen, ertrug er ein vierzehnjähriges Exil. Da fanden ihn nun die zu seiner
Ermordung abgesandten Soldaten auf einem Vorsprunge des Gestades, nichts
Gutes gewärtigend. Eine kurze Frist verlangte er nach ihrer Ankunft, um
seine letzten Aufträge seiner Gattin Alliaria in einem Schreiben zu ertheilen,
und bot dann den Nacken seinen Mördern dar, durch Standhaftigkeit im Tode
nicht unwürdig des sempronischen Namens; sein Leben war entartet. Einige
berichten, nicht von Rom aus, sondern von L. Asprenas, dem Proconsul
Afrika's, seien jene Soldaten auf Tiberius' Veranlassung abgesandt, welcher vergebens gehofft, es werde dieses Mordes übler Nachruf sich auf Asprenas wälzen lassen.

54. Eben dieses Jahr sah das Entstehen neuer Ceremonien durch die Stif-
tung des Priesterordens der augustalischen Genossen, wie einst Titus Tatius[118])
zur Beibehaltung des sabinischen Gottesdienstes die titischen Genossen eingeführt
hatte. Durch's Loos wurden aus den Vornehmsten des Staates einund-
zwanzig gewählt, Tiberius und Drusus, Claudius[119]) und Germanicus ihnen
beigesellt. Die damals zuerst gefeierten augustalischen Spiele störten Unruhen
durch Zänkerei der Schauspieler[120]). Augustus hatte diesem Spiele nachgesehen aus Willfährigkeit gegen Mäcenas, der leidenschaftlich den Bathyllus
liebte; auch war er selbst nicht abhold solchen Künsten, und hielt für bürgerliche Anspruchslosigkeit, an Volksvergnügungen Theil zu nehmen. Andere
Wege suchte des Tiberius Sinn; allein das so viele Jahre hindurch weichlich
gehaltene Volk wagte er noch nicht auf Härteres hinzulenken.

55. Unter dem Consulat des Cäsar Drusus und C. Norbanus wird dem
Germanicus ein Triumph zuerkannt, während der Krieg fortdauerte, den er,
wiewohl er dazu zum Sommer mit aller Macht sich rüstete, mit Anfang des
Frühlings durch einen plötzlichen Streifzug gegen die Chatten[121]) eröffnete.
Denn die Hoffnung hatte Platz gegriffen, daß der Feind getheilt sei zwischen Arminius und Segestes, beide ausgezeichnet durch Treulosigkeit oder Treue gegen
uns. Arminius war der Aufwiegler Germaniens; Segestes hatte sonst schon
oft und noch beim letzten Mahle, nach welchem man zu den Waffen schritt,
daß ein Aufruhr im Werke sei, eröffnet und dem Varus gerathen, ihn nebst
Arminius und den übrigen Häuptern zu fesseln: nichts würde nach Beseitigung der Fürsten das Volk wagen, er selbst aber Zeit gewinnen, von den
Schuldlosen zu unterscheiden die Schuld. Doch Varus fiel durch sein Verhängniß und des Arminius Gewalt: Segestes, obwohl durch seines Volkes
Einigkeit in den Krieg hineingezogen, blieb andern Sinnes, und es wuchs
noch sein Privathaß, weil Arminius seine einem Andern verlobte Tochter entführt hatte. Der Eidam war verhaßt, Feind der Schwiegervater; und was

micus socer; quaeque aput concordes vincula caritatis, incitamenta irarum aput infensos erant.

56. Igitur Germanicus quattuor legiones, quinque auxiliarium milia et tumultuarias catervas Germanorum cis Rhenum colentium Caecinae tradit; totidem legiones, duplicem sociorum numerum ipse ducit, positoque castello super vestigia paterni praesidii in monte Tauno expeditum exercitum in Chattos rapit, L. Apronio ad munitiones viarum et fluminum relicto. Nam — rarum illi caelo — siccitate et amnibus modicis inoffensum iter properaverat, imbresque et fluminum auctus regredienti metuebantur. Sed Chattis adeo inprovisus advenit, ut quod imbecillum aetate ac sexu statim captum aut trucidatum sit. Iuventus flumen Adranam nando tramiserat, Romanosque pontem coeptantis arcebant; dein tormentis sagittisque pulsi, temptatis frustra conditionibus pacis, cum quidam ad Germanicum perfugissent, reliqui omissis pagis vicisque in silvas disperguntur. Caesar incenso Mattio — id genti caput — aperta populatus vertit ad Rhenum, non auso hoste terga abeuntium lacessere, quod illi moris, quotiens astu magis quam per formidinem cessit. Fuerat animus Cheruscis iuvare Chattos, sed exterruit Caecina huc illuc ferens arma; et Marsos congredi ausos prospero proelio cohibuit.

57. Neque multo post legati a Segeste venerunt, auxilium orantes adversus vim popularium, a quis circumsedebatur, validiore aput eos Arminio, quoniam bellum suadebat: nam barbaris, quanto quis audacia promptus, tanto magis fidus rebusque motis potior habetur. Addiderat Segestes legatis filium, nomine Segimundum; sed iuvenis conscientia cunctabatur. Quippe anno, quo Germaniae descivere, sacerdos aput aram Ubiorum creatus ruperat vittas, profugus ad rebelles. Adductus tamen in spem clementiae Romanae pertulit patris mandata, benigneque exceptus cum praesidio Gallicam in ripam missus est. Germanico pretium fuit convertere agmen, pugnatumque in obsidentis, et ere-

bei Einträchtigen ein Band der Liebe ist, ward zum Stachel des Zornes bei den feindselig Gesinnten.

56. Germanicus übergiebt also vier Legionen, fünf Tausend von den Hilfstruppen und die in Eile aufgebotenen Schaaren der diesseits des Rheines[122]) wohnenden Germanen dem Cäcina; ebensoviele Legionen und die doppelte Zahl der Bundesgenossen führt er selbst, und bricht, nach Anlegung eines Castells über den Trümmern einer von seinem Vater errichteten Schutzwehr[123]) auf dem Taunusgebirge, mit leicht gerüstetem Heere gegen die Chatten los, den L. Apronius zur Gangbarerhaltung der Wege und Ueberbrückung der Flüsse zurücklassend. Denn er hatte, was selten ist in jenem Himmelsstriche, bei Trockenheit und mäßig hohen Strömen unaufgehalten seinen Marsch beeilt, und man fürchtete Regengüsse und Anschwellung der Flüsse für seine Rückkehr. Aber den Chatten erschien er so unversehens, daß, was Alter und Geschlecht der Wehr unfähig machte, sogleich gefangen oder niedergemacht ward. Die junge Mannschaft war über den Abranafluß[124]) geschwommen, und suchte die Römer am Aufschlagen einer Brücke zu verhindern; dann durch Wurfgeschütz und Pfeile zurückgetrieben, versuchten sie vergeblich Friedensunterhandlungen, und nachdem Einige zu Germanicus übergegangen, zerstreuen sich die Uebrigen, ihre Gaue und Dörfer verlassend, in die Wälder. Der Cäsar wendet sich, nachdem er Mattium[125]), das ist des Volkes Hauptort, in Brand gesteckt und das offene Land verwüstet hat, zum Rhein zurück, und nicht wagte es der Feind, die Heimziehenden im Rücken zu beunruhigen, was seine Art ist, so oft er aus List mehr, denn aus Furcht zurückgewichen. Im Sinne hatten es die Cherusker[126]) gehabt, den Chatten beizustehn; doch es schreckte sie Cäcina, der bald hier bald dorthin seine Waffen trug; die Marser aber, die den Kampf wagten, hielt er durch ein glückliches Treffen im Zaume.

57. Und nicht lange darauf kamen Gesandte von Segestes, Hilfe zu erbitten gegen die Gewalt seiner Landsleute, von denen er umlagert wurde, indem Arminius mehr bei ihnen galt, weil er zum Kriege rieth: denn bei den Barbaren wird ein Jeder, je kühnere Entschlossenheit er zeigt, für desto zuverlässiger und in bewegter Zeit für desto vorzüglicher gehalten. Beigesellt hatte Segestes den Gesandten seinen Sohn, Namens Segimundus; aber der junge Mann war im Bewußtsein seiner Schuld noch unschlüssig. Nämlich in dem Jahre, in welchem Germanien abfiel[127]), hatte er, zum Priester beim Altar der Ubier erwählt, zerrissen seine priesterlichen Binden, und war zu den Aufständischen entflohen. Ueberredet jedoch zur Hoffnung auf römische Milde überbrachte er des Vaters Aufträge, und gütig aufgenommen ward er mit einer Bedeckung nach dem gallischen Ufer[128]) geschickt. Germanicus hielt es für verlohnend, das Heer zurückzuführen; man kämpfte mit den Belagerern und befreite

ptus Segestes magna cum propinquorum et clientium manu. Inerant feminae nobiles, inter quas uxor Arminii eademque filia Segestis, mariti magis quam parentis animo, neque evicta in lacrimas neque voce supplex, compressis intra sinum manibus gravidum uterum intuens. Ferebantur et spolia Varianae cladis, plerisque eorum, qui tum in deditionem veniebant, praedae data: simul Segestes ips, ingens visu et memoria bonae societatis inpavidus.

58. Verba eius in hunc modum fuere: 'non hic mihi primus erga populum Romanum fidei et constantiae dies. Ex quo a divo Augusto civitate donatus sum, amicos inimicosque ex vestris utilitatibus delegi, neque odio patriae — quippe proditores etiam iis, quos anteponunt, invisi sunt — verum quia Romanis Germanisque idem conducere et pacem quam bellum probabam. Ergo raptorem filiae meae, violatorem foederis vestri, Arminium aput Varum, qui tum exercitui praesidebat, reum feci. Dilatus segnitia ducis, quia parum praesidii in legibus erat, ut me et Arminium et conscios vinciret, flagitavi. Testis illa nox, mihi utinam potius novissima! Quae secuta sunt, defleri magis quam defendi possunt. Ceterum et inieci catenas Arminio, et a factione eius iniectas perpessus sum. Atque ubi primum tui copia, vetera novis et quieta turbidis antehabeo, neque ob praemium, sed ut me perfidia exsolvam, simul genti Germanorum idoneus conciliator, si paenitentiam quam perniciem maluerit. Pro iuventa et errore filii veniam precor: filiam necessitate huc adductam fateor. Tuum erit consultare, utrum praevaleat, quod ex Arminio concepit, an quod ex me genita est.' Caesar clementi responso liberis propinquisque eius incolumitatem, ipsi sedem vetere in provincia pollicetur. Exercitum reduxit nomenque imperatoris auctore Tiberio accepit. Arminii uxor virilis sexus stirpem edidit. Educatus Ravennae puer quo mox ludibrio conflictatus sit, in tempore memorabo.

59. Fama dediti benigneque excepti Segestis vulgata, ut quibusque bellum invitis aut cupientibus erat, spe vel dolore accipitur. Arminium super insitam violentiam rapta uxor, subiectus servitio uxoris uterus vaecordem agebant,

Segestes mit einer großen Schaar von Verwandten und Schützlingen. Dabei waren edle Frauen, und unter diesen die Gattin des Arminius[129]), Segestes' Tochter, mehr von des Gatten, als des Vaters Geist, weder zu Thränen besiegt noch mit einem Laute stehend, mit unter dem Busen zusammengefalteten Händen auf den schwangern Leib niederblickend. Auch brachte man Raub aus des Varus Niederlage, meist denen, die jetzt sich ergaben, zur Beute gegeben; mit diesem Segestes selbst, mächtig von Ansehn und im Bewußtsein seiner Bundestreue unerschrocken.

58. Seine Worte waren etwa folgende: „Nicht der erste Tag ist dies, der meine Treue und Beständigkeit dem römischen Volke bezeugt. Seit ich von Divus Augustus mit dem Bürgerrechte beschenkt bin, habe ich Freunde und Feinde nach eurem Vortheil erwählt, und nicht aus Haß gegen mein Vaterland, — denn Verräther sind ja denen selbst verhaßt, welchen sie den Vorzug geben — nein, weil ich dasselbe Römern und Germanen vortheilhaft und Frieden besser erachtete als Krieg. Darum klagte ich den Räuber meiner Tochter, den Bundbrüchigen an euch, Arminius bei Varus an, der damals an des Heeres Spitze stand. Hingehalten durch die Fahrlässigkeit des Feldherrn, drang ich darauf, weil das Gesetz zu wenig Schutz gewährte, daß er mich nebst Arminius und den Mitverschworenen in Fesseln legte. Zeuge ist jene Nacht[130]), o wäre sie mir lieber die letzte gewesen! Was erfolgte, läßt sich mehr beweinen, als vertheidigen. In Ketten übrigens hab' ich sowohl Arminius geworfen, als ihre Last von seinem Anhang auferlegt erduldet[131]). Und kaum bin ich nun deiner theilhaftig, so ziehe ich das Alte dem Neuen, die Ruhe der Verwirrung vor, und nicht eines Lohnes wegen, sondern um mich von Treulosigkeit zu reinigen, zugleich dem Volke der Germanen geeigneter Vermittler, sollte es Reue dem Verderben vorziehn. Für des Sohnes Jugend und Verirrung bitte ich um Verzeihung: die Tochter, ich bekenn' es, hat nur Zwang hieher geführt. Du selbst magst erwägen, was den Ausschlag gebe, ob daß sie empfangen hat von Arminius, oder daß erzeugt sie ist von mir." Der Cäsar verspricht in gnädiger Antwort seinen Kindern und Verwandten Sicherheit, ihm selbst einen Wohnsitz in der alten Provinz[132]). Das Heer führte er zurück und empfing auf des Tiberius Antrag den Imperatortitel. Des Arminius Gattin gebar einen Sprößling männlichen Geschlechts. Wie mit dem zu Ravenna erzogenen Knaben des Schicksals harte Laune nachmals ihr Spiel getrieben, werd' ich zu seiner Zeit erwähnen[133]).

59. Das über des Segestes Unterwerfung und gütige Aufnahme verbreitete Gerücht wird, wie gerade einem Jeden der Krieg zuwider oder erwünscht war, theils mit Hoffnung, theils mit Schmerz vernommen. Den Arminius trieb, außer angeborener Heftigkeit, der Gattin Raub, und daß der Knechtschaft un-

volitabatque per Cheruscos, arma in Segestem, arma in Caesarem poscens. Neque probris temperabat: egregium patrem, magnum imperatorem, fortem exercitum, quorum tot manus unam mulierculam avexerint. Sibi tres legiones, totidem legatos procubuisse; non enim se proditione neque adversus feminas gravidas, sed palam adversus armatos bellum tractare. Cerni adhuc Germanorum in lucis signa Romana, quae dis patriis suspenderit. Coleret Segestes victam ripam, redderet filio sacerdotium hominum: Germanos numquam satis excusaturos, quod inter Albim et Rhenum virgas et secures et togam viderint. Aliis gentibus ignorantia imperi Romani inexperta esse supplicia, nescia tributa; quae quoniam exuerint inritusque discesserit ille inter numina dicatus Augustus, ille delectus Tiberius, ne inperitum adulescentulum, ne seditiosum exercitum pavescerent. Si patriam parentes antiqua mallent quam dominos et colonias novas, Arminium potius, gloriae ac libertatis, quam Segestem, flagitiosae servitutis ducem, sequerentur.

60. Conciti per haec non modo Cherusci, sed conterminae gentes, tractusque in partis Inguiomerus, Arminii patruus, veteri apud Romanos auctoritate; unde maior Caesari metus. Et ne bellum mole una ingrueret, Caecinam cum quadraginta cohortibus Romanis distrahendo hosti per Bructeros ad flumen Amisiam mittit, equitem Pedo praefectus finibus Frisiorum ducit; ipse inpositas navibus quattuor legiones per lacus vexit, simulque pedes eques classis aput praedictum amnem convenere. Chauci cum auxilia pollicerentur, in commilitium adsciti sunt. Bructeros sua urentis expedita cum manu L. Stertinius missu Germanici fudit, interque caedem et praedam repperit undevicesimae legionis aquilam cum Varo amissam. Ductum inde agmen ad ultimos Bructerorum, quantumque Amisiam et Lupiam amnes inter vastatum, haud procul Teutoburgiensi saltu, in quo reliquiae Vari legionumque insepultae dicebantur.

61. Igitur cupido Caesarem invadit solvendi suprema militibus ducique, permoto ad miserationem omni,

terworfen was die Gattin unter ihrem Herzen trug, gleich einem Rasenden umher, und so durchflog er das Cheruskerland, Waffen gegen Segestes, Waffen gegen den Cäsar fordernd. Selbst Schmähungen sparte er nicht: Ein herrlicher Vater, ein großer Imperator, ein tapferes Heer, die mit so vielen Armen Ein schwaches Weib hinweggeführt! Vor ihm seien drei Legionen[134]), ebensoviele Legaten niedergesunken; denn nicht mit Verrätherei und nicht gegen schwangere Frauen, sondern offen gegen Bewaffnete pflege er den Krieg zu führen. Noch sehe man in den Hainen der Germanen die römischen Feldzeichen, die er den vaterländischen Göttern aufgehängt. Möchte immerhin Segestes das besiegte Uferland bewohnen, wiedergeben seinem Sohn das Priesterthum bei Menschen[135]): die Germanen würden nie genügende Entschuldigung dafür finden, daß sie zwischen Elbe und Rhein Ruthen, Beile und Toga gesehn. Andere Völker hätten aus Unbekanntschaft mit der römischen Herrschaft noch nichts erfahren von Hinrichtungen, wüßten noch nichts von Steuern; weil sie dieselben abgeschüttelt und erfolglos abgezogen sei jener unter die Götter erhobene Augustus, jener auserkohrene Tiberius, so sollten sie doch einen unerfahrenen Jüngling, sollten ein meuterisches Heer nicht fürchten. Wenn Vaterland, Eltern, Altes ihnen lieber wäre als Gebieter und (ihnen) neue Ansiedelungen, so möchten sie Arminius vielmehr zu Ruhm und Freiheit, als Segestes zu schimpfvoller Knechtschaft folgen.

60. In Bewegung gesetzt wurden dadurch nicht nur die Cherusker, sondern auch die angrenzenden Völkerschaften, und zum Bunde gezogen Inguiomerus, des Arminius Oheim, von altem Ansehn bei den Römern; daher um so größer bei dem Cäsar die Besorgniß. Und damit nicht der Krieg mit Einer Heeresmasse losbräche, schickt er den Cäcina mit vierzig römischen Cohorten[136]), um den Feind zu theilen, durch der Bructerer Land an den Fluß Amisia, die Reiterei führt der Präfect Pedo[137]) durch das Gebiet der Friesen; er selbst ließ vier Legionen[138]), die er eingeschifft, über die Seen fahren, und zugleich traf Fußvolk, Reiterei und Flotte bei vorhergenanntem Flusse zusammen. Die Chauker wurden, da sie Hilfe versprachen, in die Heergemeinschaft aufgenommen. Die ihre Besitzungen mit Feuer verheerenden Bructerer schlug mit leicht gerüsteter Mannschaft L. Stertinius, von Germanicus gesandt, und fand während des Mordens und Plünderns den Adler der neunzehnten Legion, der mit Varus war verloren worden. In Einem Zuge[139]) ward alsdann das Heer bis zu den entferntesten Bructerern geführt und Alles zwischen Ems und Lippe verwüstet, nicht fern vom Teutoburger Waldgebirge[140]), in welchem, wie man sagte, des Varus und der Legionen Reste unbestattet lagen.

61. Daher ergriff den Cäsar das Verlangen, abzutragen die letzte Schuld den Kriegern und ihrem Führer, und tief bewegt zum Mitleid war das ganze an-

qui aderat, exercitu ob propinquos, amicos, denique ob casus bellorum et sortem hominum. Praemisso Caecina, ut occulta saltuum scrutaretur pontesque et aggeres umido paludum et fallacibus campis imponeret, incedunt maestos locos visuque ac memoria deformis. Prima Vari castra lato ambitu et dimensis principiis trium legionum manus ostentabant; dein semiruto vallo, humili fossa accisae iam reliquiae consedisse intellegebantur; medio campi albentia ossa, ut fugerant, ut restiterant, disiecta vel aggerata. Adiacebant fragmina telorum equorumque artus, simul truncis arborum antefixa ora; lucis propinquis barbarae arae, aput quas tribunos ac primorum ordinum centuriones mactaverant. Et cladis eius superstites, pugnam aut vincula elapsi, referebant hic cecidisse legatos, illic raptas aquilas; primum ubi vulnus Varo adactum, ubi infelici dextera et suo ictu mortem invenerit; quo tribunali contionatus Arminius, quot patibula captivis, quae scrobes, utque signis et aquilis per superbiam inluserit.

62. Igitur Romanus qui aderat exercitus sextum post cladis annum trium legionum ossa, nullo noscente, alienas reliquias an suorum humo tegeret, omnes ut coniunctos, ut consanguineos, aucta in hostem ira, maesti simul et infensi condebant. Primum extruendo tumulo caespitem Caesar posuit, gratissimo munere in defunctos et praesentibus doloris socius. Quod Tiberio haut probatum, seu cuncta Germanici in deterius trahenti, sive exercitum imagine caesorum insepultorumque tardatum ad proelia et formidolosiorem hostium credebat; neque imperatorem auguratu et vetustissimis caerimoniis praeditum adtrectare feralia debuisse.

63. Sed Germanicus cedentem in avia Arminium secutus, ubi primum copia fuit, evehi equites campumque, quem hostis insederat, eripi iubet. Arminius colligi suos et propinquare silvis monitos vertit repente; mox signum prorumpendi dedit iis, quos per saltus occultaverat. Tunc nova acie turbatus eques, missaeque

wesende Heer, ob der Anverwandten und Freunde, endlich ob der Unfälle des Krieges und des Looses der Menschheit. Nach Vorausfendung Cäcina's, um die Schluchten des Waldgebirges zu durchspähen, und Brücken und Dämme über Sumpfgewäffer und trügerische Felder anzuführen, betreten sie die trauerreichen Orte, dem Blick, wie der Erinnerung grauenvoll. Das erste Lager des Varus deutete durch den weiten Umfang und durch die Abtheilung der Principien dreier Legionen Arbeit unverkennbar an; weiterhin erkannte man am halbeingestürzten Wall[141]), am flachen Graben, daß der hier schon zusammengeschmolzene Rest sich festgesetzt; mitten auf der Fläche bleichendes Gebein, wie sie geflohen waren, wie sie Widerstand geleistet, bald zerstreut, bald angehäuft. Daneben lagen Trümmer von Waffen und Pferdegerippe, zugleich vorn an Baumstämmen befestigte Schädel; in den benachbarten Hainen standen die Altäre der Barbaren, an welchen sie die Tribunen und die Centurionen ersten Ranges geschlachtet hatten. Dazu erzählten die, welche jene Niederlage überlebend, der Schlacht oder den Banden entronnen waren, hier seien die Legaten gefallen, dort die Adler genommen; wo die erste Wunde Varus empfangen, wo er durch seine unselige Hand und durch eigenen Stoß den Tod gefunden; auf welcher Erhöhung Arminius gesprochen, wieviel Galgen[142]) für die Gefangenen, welche Gruben, und wie er der Fahnen und Adler im Uebermuth gespottet habe.

62. So bestattete denn das anwesende Römerheer im sechsten Jahre nach der Niederlage die Gebeine der drei Legionen, ohne daß Einer erkannte, ob er fremde Reste oder die der Seinigen mit Erde decke, alle als Verwandte, als Blutsfreunde, mit gesteigerter Erbitterung gegen den Feind, voll Betrübniß zugleich und Ingrimm. Den ersten Rasen zur Errichtung des Grabhügels legte der Cäsar, den größten Liebesdienst erweisend den Verstorbenen, theilnehmend an der Gegenwärtigen Schmerz. Dieses billigte Tiberius nicht, sei es, weil er Alles an Germanicus nachtheilig deutete, oder weil er glaubte, das Heer sei durch den Anblick der Erschlagenen und Unbestatteten gelähmt zum Kampf und furchtsamer gegen den Feind geworden; auch hätte der Imperator, mit dem Augurat und mit uralten Weihen bekleidet, sich nicht mit einer Todtenfeier[143]) befaffen follen.

63. Germanicus aber zieht dem in unwegsame Gegenden entweichenden Arminius nach, und sobald ist er seiner habhaft geworden, besiehlt er den Reitern vorzusprengen und das Feld, auf welchem der Feind sich gesetzt hatte, zu nehmen. Arminius ließ seine Leute, welche die Weisung erhalten, sich zu sammeln und der Waldung sich zu nähern, plötzlich sich schwenken; hierauf gab er denen das Zeichen vorzubrechen, welche er durch das Waldgebirge hin verborgen hatte. Da ward durch die neue Schlachtreihe die Reiterei in Ver-

subsidiariae cohortes et fugientium agmine impulsae auxerant consternationem, trudebanturque in paludem gnaram vincentibus, iniquam nesciis, ni Caesar productas legiones instruxisset. Inde hostibus terror, fiducia militi, et manibus aequis abscessum. Mox reducto ad Amisiam exercitu legiones classe, ut advexerat, reportat; pars equitum litore Oceani petere Rhenum iussa; Caecina, qui suum militem ducebat, monitus, quamquam notis itineribus regrederetur, pontes longos quam maturrime superare. Angustus is trames vastas inter paludes et quondam a L. Domitio aggeratus; cetera limosa, tenacia gravi caeno aut rivis incerta erant; circum silvae paulatim adclives, quas tum Arminius implevit, compendiis viarum et cito agmine onustum sarcinis armisque militem cum antevenisset. Caecinae dubitanti, quonam modo ruptos vetustate pontes reponeret simulque propulsaret hostem, castra metari in loco placuit, ut opus et alii proelium inciperent.

64. Barbari perfringere stationes seque inferre munitoribus nisi lacessunt, circumgrediuntur, occursant: miscetur operantium bellantiumque clamor, et cuncta pariter Romanis adversa, locus uligine profunda, idem ad gradum instabilis, procedentibus lubricus, corpora gravia loricis; neque librare pila inter undas poterant. Contra Cheruscis sueta aput paludes proelia, procera membra, hastae ingentes ad vulnera facienda quamvis procul. Nox demum inclinantis iam legiones adversae pugnae exemit. Germani ob prospera indefessi, ne tum quidem sumpta quiete, quantum aquarum circum surgentibus iugis oritur, vertere in subiecta, mersaque humo et obruto, quod effectum operis, duplicatus militi labor. Quadragesimum id stipendium Caecina parendi aut imperitandi habebat, secundarum ambiguarumque rerum sciens eoque interritus. Igitur futura volvens non aliud repperit, quam ut hostem silvis coerceret, donec saucii quantumque gravioris agminis anteirent. Nam medio montium et paludum porrigebatur planities, quae tenuem aciem pateretur. Deliguntur legiones quinta dextro

wirrung gesetzt, und die nachgesandten Reservecohorten, von dem Schwarme
der Fliehenden fortgerissen, hatten die Bestürzung nur vermehrt, und schon wurden sie in einen den Siegern wohlbekannten, den Unkundigen gefährlichen Sumpf
gedrängt, hätte der Cäsar nicht die Legionen vorgeführt und in Schlachtordnung
gestellt. Das erfüllte den Feind mit Schrecken, mit Vertrauen den Soldaten,
und man trennte sich nach unentschiedenem Kampfe. Darauf führt er das Heer
wieder an die Ems und bringt die Legionen auf der Flotte, wie er sie hergeschifft, zurück; ein Theil der Reiter erhält Befehl längs dem Gestade des
Ocean dem Rheine zuzuziehn, Cäcina, der seine eigene Mannschaft führte, die
Weisung, obwol er auf bekannten Wegen heimkehrte, so zeitig als möglich die
langen Brücken[144]) zu überschreiten. Dies war ein schmaler Pfad zwischen
unabsehbaren Sümpfen, einst von L. Domitius[145]) aufgedämmt; das Uebrige
war lauter Moor, bandig durch zähen Schlamm oder durch Bäche unsicher;
rings umher allmählich aufsteigende Waldungen, die jetzt Arminius besetzt
hielt, da er auf Richtwegen und in schnellem Zuge dem mit Gepäck und Waffen belasteten Soldaten zuvorgekommen war. Cäcina, unschlüssig, auf welche
Weise er zugleich die durch Alter zerfallenen Brücken herstellen und den Feind
abwehren sollte, hielt für gut, da wo er war, ein Lager abzustecken, damit
ein Theil die Arbeit, der andere den Kampf beginnen könnte.

64. Die Barbaren, die Vorposten zu durchbrechen und zwischen die Schanzarbeiter einzudringen bemüht, necken, umgehen, stürmen heran; durcheinander
hallt verworren der Arbeitenden und Kämpfenden Geschrei, und Alles gleicherweise ist ungünstig den Römern, der Boden tiefer Morast, darauf zu fußen
ebenso unhaltbar, wie schlüpfrig beim Vorwärtsschreiten, die Leute mit Panzern beschwert, zu schwingen nicht einmal den Wurfspieß mitten im Gewässer
fähig. Dagegen die Cherusker des Kampfes in Sümpfen längst gewohnt,
hochragenden Wuchses, mit gewaltigen, aus noch so weiter Ferne verwundenden Spießen. Die Nacht erst entzog die bereits wankenden Legionen dem ungünstigen Kampfe. Die Germanen, ob ihres Glückes unermüdet, leiteten,
auch jetzt nicht einmal sich Ruhe gönnend, was von Gewässern auf den rings
sich erhebenden Höhen entspringt, in die Niederungen hinab, und durch Ueberschwemmung des Bodens und Versenkung dessen, was vom Werke fertig war,
verdoppelte sich dem Soldaten die Arbeit. Vierzig Jahre hatte gehorchend oder
befehlend Cäcina jetzt gedient, mit Glück und Mißgeschick vertraut und darum
unerschrocken. So sann er denn, was kommen konnte überlegend, keinen andern Ausweg, als den Feind in den Wäldern zurückzuhalten, bis die Verwundeten und der ganze schwerere Zug einen Vorsprung hätten. Denn mitten
zwischen den Bergen und Sümpfen streckte sich die Ebene dergestalt hin, daß
sie nur schmale Heeresbreite zuließ. Ihre Bestimmung erhalten die Legionen,

5*

lateri, unetvicesima in laevum, primani ducendum ad agmen, vicensimanus adversum secuturos.

65. Nox per diversa inquies, cum barbari festis epulis, laeto cantu aut truci sonore subiecta vallium ac resultantis saltus complerent, aput Romanos invalidi ignes, interruptae voces, atque ipsi passim adiacerent vallo, oberrarent tentoriis, insomnes magis quam pervigiles. Ducemque terruit dira quies: nam Quintilium Varum sanguine oblitum et paludibus emersum cernere et audire visus est velut vocantem, non tamen obsecutus et mannum intendentis reppulisse. Coepta luce missae in latera legiones, metu an contumacia, locum deseruere, capto propere campo umentia ultra. Neque tamen Arminius, quamquam libero incursu, statim prorupit; sed ut haesere caeno fossisque impedimenta, turbati circum milites, incertus signorum ordo, utque tali in tempore sibi quisque properus et lentae adversum imperia aures, inrumpere Germanos iubet, clamitans 'en Varus eodemque iterum fato vinctae legiones!' Simul haec, et cum delectis scindit agmen equisque maxime vulnera ingerit. Illi sanguine suo et lubrico paludum lapsantes excussis rectoribus disicere obvios, proterere iacentes. Plurimus circa aquilas labor, quae neque ferri adversum ingruentia tela neque figi limosa humo poterant. Caecina dum sustentat aciem, suffosso equo delapsus circumveniebatur, ni prima legio sese opposuisset. Iuvit hostium aviditas, omissa caede praedam sectantium; enisaeque legiones vesperascente die in aperta et solida. Neque is miseriarum finis. Struendum vallum, petendus agger; amissa magna ex parte, per quae egeritur humus aut exciditur caespes; non tentoria manipulis, non fomenta sauciis; infectos caeno aut cruore cibos dividentes funestas tenebras et tot hominum milibus unum iam reliquum diem lamentabantur.

66. Forte equus abruptis vinculis vagus et clamore territus quosdam occurrentium obturbavit. Tanta inde

die fünfte auf den rechten Flügel, die einundzwanzigste auf den linken, die von der ersten den Zug zu führen, die der zwanzigsten gegen die Verfolgenden.

65. Die Nacht war durch ganz Entgegengesetztes unruhvoll, da die Barbaren bei festlichen Mahlen mit lustigem Gesang oder wildem Lärm die Tiefen der Thäler und die wiederhallenden Waldhöhen erfüllten, bei den Römern matt die Feuer brannten, abgebrochen nur der Wachtruf sich vernehmen ließ, und sie selbst zerstreut am Walle lagen, zwischen den Gezelten umherirrten, schlaflos mehr als um zu wachen. Auch den Feldherrn schreckte grausenhafte Schlafesruhe: denn den Quintilius Varus, wie mit Blut bedeckt er aus dem Sumpfgewässer aufgetaucht, glaubte er zu schauen und gleichsam seinen Zuruf zu vernehmen, doch ohne ihm zu folgen, von sich stoßend die nach ihm ausgestreckte Hand. Bei Tagesanbruch verließen die auf die Flanken beorderten Legionen, sei es aus Furcht oder Ungehorsam ihren Platz und besetzten eiligst das Feld jenseits der Sumpfgegend. Doch brach Arminius, obwohl nichts am Angriff hinderte, nicht gleich hervor; sondern als im Schlamme und in den Löchern fest saß das Gepäck, in Unordnung umher die Soldaten, in Verwirrung der Feldzeichen Ordnung, und, wie es zu geschehen pflegt in solcher Lage, für sich ein jeder sich beeilend, ein taubes Ohr nur den Befehlen lieh, da erst befiehlt er den Germanen einzustürmen, laut rufend: „Hier, Varus! und durch dasselbe Verhängniß zum zweitenmal festgebannte Legionen!" In demselben Augenblick durchbricht er mit Auserlesenen den Zug und bringt den Pferden zumeist Wunden bei. Diese in dem eigenen Blute und auf dem schlüpfrigen Sumpfboden ausgleitend werfen ihre Reiter ab, sprengen auseinander die Entgegenkommenden, zertreten die Liegenden. Die meiste Noth gab es bei den Adlern, welche weder den eindringenden Geschossen entgegengetragen, noch in der schlammigen Erde befestigt werden konnten. Cäcina, während er die Schlachtordnung zu halten sich bemüht, von dem durchbohrten Pferde gleitend war umringt, hätte die erste Legion sich nicht entgegen geworfen. Zu Statten kam der Feinde Habgier, da sie aufgebend das Gemetzel der Beute nachgingen; und so arbeiteten sich, als es Abend werden wollte, die Legionen ins Freie und auf festen Grund hinaus. Doch auch hiermit hatte das Elend noch kein Ende. Ein Wall mußte aufgeführt, das Material dazu herbeigeholt werden; verloren war großentheils das Geräth, womit die Erde ausgegraben oder der Rasen ausgestochen wird; keine Zelte für die Manipeln, kein Verband für die Verwundeten; die mit Koth oder Blut verunreinigten Lebensmittel vertheilend, wehklagten sie über die Grabesfinsterniß und daß Ein Tag nur noch vergönnt sei so vielen tausend Menschen.

66. Zufällig brachte ein Pferd, das sich losgerissen, umhersprengte und scheu geworden war durch Geschrei, Einige der Entgegeneilenden in Verwirrung.

consternatio inrupisse Germanos credentium, ut cuncti ruerent ad portas, quarum decumana maxime petebatur, aversa hosti et fugientibus tutior. Caecina, comperto vanam esse formidinem, cum tamen neque auctoritate neque precibus, ne manu quidem obsistere aut retinere militem quiret, proiectus in limine portae miseratione demum, quia per corpus legati eundum erat, clausit viam; simul tribuni et centuriones falsum pavorem esse docuerunt.

67. Tunc contractos in principia iussosque dicta cum silentio accipere temporis ac necessitatis monet. Unam in armis salutem, sed ea consilio temperanda manendumque intra vallum, donec expugnandi hostes spe propius succederent; mox undique erumpendum; illa eruptione ad Rhenum perveniri. Quodsi fugerent, pluris silvas, profundas magis paludes, saevitiam hostium superesse; at victoribus decus, gloriam. Quae domi cara, quae in castris honesta, memorat; reticuit de adversis. Equos dehinc, orsus a suis, legatorum tribunorumque nulla ambitione fortissimo cuique bellatori tradit, ut hi, mox pedes in hostem invaderent.

68. Haud minus inquies Germanus spe, cupidine et diversis ducum sententiis agebat, Arminio, sinerent egredi egressosque rursum per humida et impedita circumvenirent, suadente, atrociora Inguiomero et laeta barbaris, ut vallum armis ambirent: promptam expugnationem, plures captivos, incorruptam praedam fore. Igitur orta die proruunt fossas, iniciunt crates, summa valli prensant, raro super milite et quasi ob metum defixo. Postquam haesere munimentis, datur cohortibus signum, cornuaque ac tubae concinuere. Exin clamore et impetu tergis Germanorum circumfunduntur, exprobrantes non hic silvas nec paludes, sed aequis locis aequos deos. Hosti facile excidium et paucos ac semermos cogitanti sonus tubarum, fulgor armorum, quanto inopina, tanto maiora offunduntur, cadebantque, ut rebus secundis avidi, ita adversis incauti. Arminius integer, Inguiomerus post grave vulnus pugnam deseruere

So groß war die dadurch hervorgebrachte Bestürzung, indem man glaubte, daß eingebrochen seien die Germanen, daß alle zu den Thoren stürzten, unter denen man das decumanische[145]) vornehmlich zu gewinnen suchte, welches, abgewandt vom Feinde, den Fliehenden größere Sicherheit gewährte. Cäcina, obschon er erfahren, daß ungegründet sei die Furcht, konnte doch weder durch sein Ansehn, noch durch Bitten, ja nicht einmal mit dem Arme dem Soldaten Einhalt thun oder ihn zurückhalten, und versperrte erst, als er sich niedergeworfen hatte an des Thores Schwelle, durch Erregung des Mitleids, weil man über den Leib des Legaten hätte gehen müssen, den Weg; zugleich wiesen die Tribunen und Centurionen die Grundlosigkeit des Schreckens nach.

67. Darauf zieht er auf dem Feldherrnplatze sie zusammen, befiehlt ihnen, mit Schweigen seine Worte zu vernehmen und stellt ihnen vor, was der Umstände Drang erheische. Einzig auf den Waffen beruhe die Rettung, aber mit maßhaltender Klugheit müsse man sie führen und innerhalb des Walles bleiben, bis in der Hoffnung, ihn zu erstürmen, die Feinde näher heranrückten; dann von allen Seiten ausfallen; durch solchen Ausfall gelange man an den Rhein. Wollten sie fliehen, dann warteten ihrer mehr Wälder noch, noch tiefere Sümpfe, der Feinde ganze Wuth; dagegen der Sieger Ehre, Ruhm. Was daheim ihnen theuer, was im Lager ihnen ehrenvoll, das bringt er in Erwägung; vom Misgeschick schwieg er. Sodann übergiebt er, mit den seinigen beginnend, die Pferde der Legaten und Tribunen ohne alle Rücksicht den tapfersten Kriegern, damit diese, dann das Fußvolk auf den Feind losgingen.

68. Nicht minder in unruhiger Bewegung war der Germane durch Hoffnung, ungeduldiges Verlangen und verschiedene Meinungen der Führer; denn Arminius rieth, sie ausrücken zu lassen, und dann von neuem sie auf sumpfigem, unwegsamem Boden zu umzingeln; wilder und willkommen den Barbaren Inguiomerus, den Wall mit Waffen zu umziehen: sicher werde die Erstürmung sein, mehr der Gefangenen, unverdorben die Beute. Also mit Tages Anbruch stoßen sie die Gräben zu, werfen Reisbündel darüber, erfassen des Walles Rand; denn nur sparsam stehen hier Soldaten, und als hätte Furcht sie festgebannt. Als sie so an den Verschanzungen hingen, wird den Cohorten das Zeichen gegeben, Hörner und Trompeten schallen zusammen. Mit Geschrei dann und mit Ungestüm werfen sie sich den Germanen in den Rücken, höhnisch rufend, nicht Wälder seien hier, nicht Sümpfe, sondern auf gleichem Boden gleiche Götter. Dem Feinde, der sich eine leichte Vernichtung und wenige nur Halbbewaffnete dachte, kommt der Schall der Trompeten, der Glanz der Waffen, je unvermutheter, mit desto größerem Schreck entgegen, und sie fielen, wie im Glück raubgierig, so im Unglück unvorsichtig. Arminius verließ unversehrt, Inguiomerus mit schwerer Wunde den Kampf: im gemeinen

vulgus trucidatum est, donec ira et dies permansit. Nocte demum reversae legiones, quamvis plus vulnerum, eadem ciborum egestas fatigaret, vim sanitatem copias, cuncta in victoria habuere.

69. Pervaserat interim circumventi exercitus fama, et infesto Germanorum agmine Gallias peti; ac ni Agrippina inpositum Rheno pontem solvi prohibuisset, erant qui id flagitium formidine auderent. Sed femina ingens animi munia ducis per eos dies induit, militibusque, ut quis inops aut saucius, vestem et fomenta dilargita est. Tradit C. Plinius, Germanicorum bellorum scriptor, stetisse apud principium pontis, laudis et grates reversis legionibus habentem. Id Tiberii animum altius penetravit: non enim simplices eas curas, nec adversus externos militem quaeri. Nihil relictum imperatoribus, ubi femina manipulos intervisat, signa adeat, largitionem temptet, tamquam parum ambitiose filium ducis gregali habitu circumferat Caesaremque Caligulam appellari velit. Potiorem iam aput exercitus Agrippinam quam legatos, quam duces; conpressam a muliere seditionem, cui nomen principis obsistere non quiverit. Accendebat haec onerabatque Seianus, peritia morum Tiberii odia in longum iaciens, quae reconderet auctaque promeret.

70. At Germanicus legionum, quas navibus vexerat, secundam et quartam decimam itinere terrestri P. Vitellio ducendas tradit, quo levior classis vadoso mari innaret vel reciproco sideret. Vitellius primum iter sicca humo aut modice adlabente aestu quietum habuit; mox inpulsu aquilonis, simul sidere aequinoctii, quo maxime tumescit Oceanus, rapi agique agmen. Et opplebantur terrae: eadem freto litori campis facies, neque discerni poterant incerta ab solidis, brevia a profundis. Sternuntur fluctibus, hauriuntur gurgitibus; iumenta, sarcinae, corpora exanima interfluunt, occursant. Permiscentur inter se manipuli, modo pectore, modo ore tenus extantes, aliquando subtracto solo disiecti aut obruti. Non vox et mutui hortatus iuvabant adversante unda; nihil strenuus ab ignavo, sapiens ab inprudenti, consilia a casu

Haufen ward gemordet, so lange Erbitterung und Tag ausreichten. Mit der Nacht erst kehrten um die Legionen, und obwohl der Wunden mehr noch, gleich großer Nahrungsmangel sie quälte, Kraft, Gesundheit, Ueberfluß, kurz Alles fanden sie im Siege.

69. Verbreitet hatte sich inzwischen das Gerücht, das Heer sei umzingelt, und ein feindlicher Haufe Germanen stürme auf Gallien los; und hätte nicht Agrippina die Abbrechung der Rheinbrücke[147] verhindert, so hätte es nicht an Leuten gefehlt, die aus Furcht solchen Schimpf sich unterfangen hätten. Allein die hochherzige Frau versah des Feldherrn Amt in jenen Tagen, und vertheilte unter die Soldaten, wie ein Dürftiger oder ein Verwundeter sich zeigte, Kleidung und Verband. Es erzählt C. Plinius[148]), der Geschichtschreiber der germanischen Kriege, sie habe gestanden vorn an der Brücke, Lob und Dank den heimgekehrten Legionen zollend. Dieses drang tief verwundend in des Tiberius Seele: nicht lauter sei solche Sorgfalt, nicht wider Ausländer suche man den Krieger zu gewinnen. Nichts bleibe übrig noch den Imperatoren, wenn ein Weib die Manipeln durchmustere, zu den Feldzeichen sich begebe, mit Spenden es versuche, als ob sie noch nicht gunstsüchtig genug den Sohn des Feldherrn in gemeiner Soldatentracht herumtragen und ihn Cäsar Caligula nennen lasse. Einflußreicher schon sei bei den Heeren Agrippina, als Legaten, als Feldherrn; unterdrückt sei von dem Weibe die Empörung, der des Fürsten Name nicht Einhalt zu thun vermögt. Nahrung gab und größeres Gewicht dem allen noch Sejanus, um wohlbekannt mit des Tiberius Character Haß auf ferne Zeiten auszusäen, den er in sich verschlösse und vermehrt ausbrechen ließe.

70. Germanicus indessen übergiebt von den zur See hergebrachten Legionen die zweite und vierzehnte, zu Lande sie zu führen, dem P. Vitellius[149]), daß mit desto geringerer Last die Flotte auf dem seichten Meere segelte oder bei der Ebbe aufsäße. Vitellius hatte anfangs auf trockenem Boden oder doch bei mäßig anspülender Fluth einen ruhigen Marsch; bald aber wird durch des Nordwinds Anstürmen, in Verbindung mit dem Gestirn der Nachtgleiche[150]), da der Ocean am stärksten anschwillt, der Heereszug fortgerissen und umhergetrieben. Und überschwemmt ward alles Land: eine Fläche Meer, Gestade, Felder, nicht zu unterscheiden unsichere Stellen von festen, seichte von tiefen. Niedergeworfen werden Leute von den Fluthen, verschlungen von den Strudeln; Lastvieh, Gepäck, todte Körper schwimmen hindurch, treiben entgegen. Durcheinander wirren sich die Manipeln, bald mit der Brust, bald mit dem Gesicht nur hervorragend, nicht selten, wenn der Boden wich, auseinander geworfen oder überflutet. Da half kein Ruf, kein wechselseitiger Zuspruch im Gegendrang der Woge: nichts hatte der Entschlossene vor dem Zaghaften, der Erfahrene vor dem Unerfahrenen, nichts Ueberlegung vor dem

differre: cuncta pari violentia involvebantur. Tandem Vitellius in editiora enisus eodem agmen subduxit. Pernoctavere sine utensilibus, sine igni, magna pars nudo aut mulcato corpore, haud minus miserabiles quam quos hostis circumsidet: quippe illic etiam honestae mortis usus, his inglorium exitium. Lux reddidit terram, penetratumque ad amnem Unsingin, quo Caesar classe contenderat. Inpositae dein legiones, vagante fama submersas; nec fides salutis, antequam Caesarem exercitumque reducem videre.

71. Iam Stertinius ad accipiendum in deditionem Segimerum, fratrem Segestis, praemissus ipsum et filium eius in civitatem Ubiorum perduxerat. Data utrique venia, facile Segimero, cunctantius filio, quia Quinctilii Vari corpus inlusisse dicebatur. Ceterum ad supplenda exercitus damna certavere Galliae Hispaniae Italiae, quod cuique promptum, arma equos aurum offerentes. Quorum laudato studio Germanicus, armis modo et equis ad bellum sumptis, propria pecunia militem iuvit. Utque cladis memoriam etiam comitate leniret, circumire saucios, facta singulorum extollere; vulnera intuens alium spe, alium gloria, cunctos adloquio et cura sibique et proelio firmabat.

72. Decreta eo anno triumphalia insignia A. Caecinae, L. Apronio, C. Silio ob res cum Germanico gestas. Nomen patris patriae Tiberius, a populo saepius ingestum, repudiavit; neque in acta sua iurari, quamquam censente senatu, permisit, cuncta mortalium incerta, quantoque plus adeptus foret, tanto se magis in lubrico dictitans. Non tamen ideo faciebat fidem civilis animi. Nam legem maiestatis reduxerat, cui nomen aput veteres idem, sed alia in iudicium veniebant: si quis proditione exercitum aut plebem seditionibus, denique male gesta re publica maiestatem populi Romani minuisset; facta arguebantur, dicta inpune erant. Primus Augustus cognitionem de famosis libellis specie legis eius tractavit, commotus Cassii Severi libidine, qua viros feminasque inlustres procacibus scriptis diffa-

Zufall voraus: Alles riß in gleichem Ungestüm der Strudel mit sich fort. Endlich hatte Vitellius höheren Boden errungen, und führte dahin auch den Zug empor. Sie übernachteten ohne allen Bedarf, ohne Feuer, ein großer Theil nackt oder übel zugerichtet, nicht minder bedauernswerth als vom Feinde Umlagerte: denn dort ist doch noch ein ehrenvoller Tod vergönnt, ihrer harrte ruhmloser Untergang. Der Tag gab die Erde wieder, und man drang bis zum Fluß Unsingis¹⁵¹) vor, wohin der Cäsar mit der Flotte gesteuert war. Darauf wurden die Legionen eingeschifft, während das Gerücht ging, sie seien ertrunken; und man glaubte nicht eher an ihre Rettung, als bis man den Cäsar und das Heer zurückgekehrt sah.

71. Schon hatte Stertinius, vorausgesandt, um Segimerus, des Segestes Bruder, welcher sich ergeben, in Empfang zu nehmen, ihn selbst und dessen Sohn¹⁵²) in die Stadt der Ubier geführt. Verziehen wurde beiden, leicht dem Segimerus, zögernder dem Sohne, weil er des Quinctilius Varus Leichnam gemishandelt haben sollte. Uebrigens wetteiferten des Heeres Verluste zu ersetzen Gallien, Hispanien und Italien, was jedem zu Gebote stand, Waffen, Pferde, Gold anbietend. Germanicus lobte ihren Eifer, nahm jedoch nur Waffen an und Pferde für den Kriegsbedarf, mit eigenem Gelde unterstützte er die Soldaten. Und um das Andenken an die Niederlage auch durch Leutseligkeit zu mildern, besucht er die Verwundeten, erhebt die Thaten eines Jeden, und weiß so bei Besichtigung der Wunden den Einen durch Hoffnung, den Andern durch rühmendes Lob, Alle durch Zuspruch und Fürsorge, für sich und für den Kampf mit neuem Eifer zu erfüllen.

72. Zuerkannt wurden in diesem Jahre die Triumphinsignien dem A. Cäcina, L. Apronius und C. Silius ob der mit Germanicus verrichteten Thaten. Den öfter schon vom Volke ihm aufgedrungenen Namen Vater des Vaterlandes wies Tiberius zurück; auch ließ er nicht zu, daß auf seine Verordnungen geschworen würde¹⁵³), obwol der Senat dafür stimmte, indem er zu sagen pflegte, alle Dinge der Sterblichen seien unsicher, und je mehr er empfangen haben würde, auf desto schlüpfrigerem Boden würde er stehn. Doch verursachte er deshalb kein Zutrauen zu seiner bürgerlichen Gesinnung. Denn er hatte das Majestätsgesetz wieder eingeführt, das gleichen Namen zwar auch bei den Alten hatte, aber Anderes zur Entscheidung brachte: ob Jemand durch Verrätherei dem Heere oder dem Volke durch Aufruhrstiftung, überhaupt durch üble Verwaltung der Republik der Majestät des römischen Volkes Eintrag gethan hätte; Thaten wurden angerechnet, Worte blieben unbestraft. Zuerst betrieb Augustus die Untersuchung über Schmähschriften unter dieses Gesetzes Titel, aufgebracht durch des Cassius Severus¹⁵⁴) Zügellosigkeit, womit er angesehene Männer und Frauen in muthwilligen Schriften verunglimpft

inaverat. Mox Tiberius, consultante Pompeio Macro praetore, an iudicia maiestatis redderentur, exercendas leges esse respondit. Hunc quoque asperavere carmina incertis auctoribus vulgata in saevitiam superbiamque eius et discordem cum matre animum.

73. Haud pigebit referre in Falanio et Rubrio, modicis equitibus Romanis, praetemptata crimina, ut quibus initiis, quanta Tiberii arte gravissimum exitium inrepserit, dein repressum sit, postremo arserit cunctaque corripuerit, noscatur. Falanio obiciebat accusator, quod inter cultores Augusti, qui per omnes domos in modum collegiorum habebantur, Cassium quendam, mimum corpore infamem, adscivisset, quodque venditis hortis statuam Augusti simul mancipasset. Rubrio crimini dabatur violatum periurio numen Augusti. Quae ubi Tiberio notuere, scripsit consulibus, non ideo decretum patri suo caelum, ut in perniciem civium is honor verteretur. Cassium histrionem solitum inter alios eiusdem artis interesse ludis, quos mater sua in memoriam Augusti sacrasset; nec contra religiones fieri, quod effigies eius, ut alia numinum simulacra, venditionibus hortorum et domuum accedant. Ius iurandum perinde aestimandum, quam si Iovem fefellisset: deorum iniurias dis curae.

74. Nec multo post Granium Marcellum, praetorem Bithyniae, quaestor ipsius Caepio Crispinus maiestatis postulavit, subscribente Romano Hispone; qui formam vitae iniit, quam postea celebrem miseriae temporum et audaciae hominum fecerunt. Nam egens, ignotus, inquies, dum occultis libellis saevitiae principis adrepit, mox clarissimo cuique periculum facessit; potentiam aput unum, odium apud omnis adeptus dedit exemplum, quod secuti ex pauperibus divites, ex contemptis metuendi perniciem aliis ac postremum sibi invenere. Sed Marcellum insimulabat sinistros de Tiberio sermones habuisse, inevitabile crimen, cum ex moribus principis foedissima quaeque deligeret accusator obiectaretque reo. Nam quia vera erant, etiam dicta credebantur. Addidit Hispo statuam Marcelli altius quam Caesarum sitam, et

hatte. Als späterhin Tiberius vom Prätor Pompejus Macer befragt ward, ob Majestätsklagen angenommen werden sollten, gab er den Bescheid, gehandhabt müßten die Gesetze werden. Auch ihn erbitterten von unbekannten Verfassern verbreitete Spottgedichte155) gegen seine Grausamkeit, seinen Stolz und seine Uneinigkeit mit der Mutter.

73. Nicht unnütz wird es sein, zu erwähnen, wie an Falanius und Rubrius, zwei unbedeutenten römischen Rittern, man den Vorversuch zu solchen Anschuldigungen machte, damit man sehe, wie entstehend und wie künstlich von Tiberius angelegt sich dieses schwere Unheil eingeschlichen, dann wie es unterdrückt, zuletzt zur Flamme sich entzündet und Alles insgesammt ergriffen habe156). Dem Falanius warf der Ankläger vor, er habe unter die Verehrer des Augustus, welche in allen Häusern eine Art Genossenschaften bildeten157), einen gewissen Cassius, einen körperlich gemisbrauchten Mimen, aufgenommen und beim Verkaufe seiner Gärten eine Bildsäule des Augustus mit in Kauf gegeben. Dem Rubrius ward Schuld gegeben, er habe durch Meineid die Gottheit des Augustus entweiht. Als dies dem Tiberius bekannt wurde, schrieb er den Consuln, nicht deshalb sei seinem Vater der Himmel zuerkannt, damit diese Ehre zum Verderben der Bürger gewendet würde. Der Schauspieler Cassius sei ganz gewöhnlich unter Anderen seiner Kunst bei den Spielen gewesen, welche seine Mutter dem Andenken des Augustus geweiht hätte158); auch sei es keine Entheiligung, daß seine Bildnisse, wie andere Götterbilder, dem Verkaufe von Gärten und Häusern beigegeben würden. Der Eid müsse eben so angesehen werden, als wenn er den Jupiter hintergangen hätte: der Götter Beleidigungen seien der Götter Sorge.

74. Nicht lange nachher belangte den Prätor von Bithynien159), Granius Marcellus, sein eigener Quästor Cäpio Crispinus mit Nebenunterschreibung des Romanus Hispo, wegen Majestätsbeleidigung; er, der160) mit der Lebensweise jetzt den Anfang machte, die nachher das Elend der Zeiten und die Frechheit der Menschen in so bekannten Ruf gebracht. Denn dürftig, unbekannt, unruhigen Geistes, mit geheimen Klagschriften in des Tyrannen Gunst sich einen Platz erschleichend, brachte er bald Jeden, der berühmt war, in Gefahr; so von mächtigem Einfluß bei dem Einen, verhaßt bei Allen, gab er ein Beispiel, dessen Befolgung Arme reich, Verachtete gefürchtet und zu des Verderbens Quelle Andern erst, zuletzt sich selbst machte. Den Marcellus nun beschuldigte er, nachtheilige Reden über Tiberius geführt zu haben, eine unausweichliche Beschuldigung, da gerade das Allerschändlichste aus dem Wandel des Fürsten der Ankläger hervorhob und dem Angeschuldigten vorwarf. Denn weil wahr es war, wurde es auch für gesagt gehalten. Hispo setzte noch hinzu, das Standbild des Marcellus sei höher als die der Cäsaren gestellt,

alia in statua amputato capite Augusti effigiem Tiberii inditam. Ad quod exarsit adeo, ut rupta taciturnitate proclamaret se quoque in ea causa laturum sententiam palam et iuratum, quo ceteris eadem necessitas fieret. Manebant etiam tum vestigia morientis libertatis. Igitur Cn. Piso 'Quo' inquit 'loco censebis, Caesar? si primus, habebo quod sequar; si post omnis, vereor, ne inprudens dissentiam'. Permotus his, quantoque incautius efferverat, paenitentia patiens tulit absolvi reum criminibus maiestatis. De pecuniis repetundis ad reciperatores itum est.

75. Nec patrum cognitionibus satiatus iudiciis adsidebat in cornu tribunalis, ne praetorem curuli depelleret; multaque eo coram adversus ambitum et potentium preces constituta. Set dum veritati consulitur, libertas corrumpebatur. Inter quae Pius Aurelius senator, questus mole publicae viae ductuque aquarum labefactas aedis suas, auxilium patrum invocabat. Resistentibus aerarii praetoribus subvenit Caesar pretiumque aedium Aurelio tribuit, erogandae per honesta pecuniae cupiens, quam virtutem diu retinuit, cum ceteras exueret. Propertio Celeri praetorio, veniam ordinis ob paupertatem petenti, decies sestertium largitus est, satis conperto paternas ei angustias esse. Temptantis eadem alios probare causam senatui iussit, cupidine severitatis in iis etiam, quae rite faceret, acerbus. Unde ceteri silentium et paupertatem confessioni et beneficio praeposuere.

76. Eodem anno continuis imbribus auctus Tiberis plana urbis stagnaverat; relabentem secuta est aedificiorum et hominum strages. Igitur censuit Asinius Gallus, ut libri Sibyllini adirentur. Renuit Tiberius, perinde divina humanaque obtegens; sed remedium coërcendi fluminis Ateio Capitoni et L. Arruntio mandatum. Achaiam ac Macedoniam onera deprecantis levari in praesens proconsulari imperio tradique Caesari placuit. Edendis gladiatoribus, quos Germanici fratris ac suo

und von einem anderen Standbilde sei das Haupt des Augustus abgenommen und des Tiberius Bildniß daraufgesetzt¹⁶¹). Hierbei gerieth er so in die Hitze, daß er, sein gewohntes Schweigen brechend, ausrief, auch er wolle in dieser Sache seine Stimme geben, öffentlich und eidlich, um nämlich die Uebrigen ebendazu zu nöthigen. Auch jetzt noch blieben Spuren der sterbenden Freiheit. Daher sagte Cn. Piso „Als der wievielste wirst du stimmen, Cäsar? Wenn zuerst, so weiß ich, welcher Meinung ich zu folgen habe; wenn nach Allen, so fürchte ich, ohne es zu wollen, von dir abzuweichen." Hierdurch getroffen und je unvorsichtiger er aufgebraust, um so gelassener aus Reue, stimmte er dahin, daß der Angeklagte von den Majestätsbeschuldigungen freigesprochen wurde. Wegen der Erpressungen kam die Sache an die Recuperatoren¹⁶²).

75. Noch nicht gesättigt durch die Untersuchungen der Väter pflegte er auch den Gerichten beizusitzen¹⁶³) an einer Ecke des Tribunals, um nicht den Prätor vom curulischen Sessel zu verdrängen; und Vieles wurde in seiner Gegenwart wider die Umtriebe und mächtiger Advocaten Fürsprache festgesetzt. Doch trotz dieser Sorge für Unparteilichkeit litt die Freiheit dadurch Schaden. So rief der Senator Pius Aurelius, sich beklagend, daß durch den Druck einer öffentlichen Straße und durch die Wasserleitung sein Haus baufällig geworden sei, die Hilfe der Väter an. Da aber die Prätoren der Staatskasse¹⁶⁴) entgegen waren, so nahm der Cäsar sich der Sache an und verwilligte¹⁶⁵) den Werth des Hauses dem Aurelius, indem er gern auf eine ehrenvolle Weise Geld verwendete, eine Tugend, die er lange beibehielt, während er von den übrigen sich lossagte. Dem gewesenen Prätor Propertius Celer, der wegen Armuth um Entlassung aus dem Senate bat, schenkte er eine Million Sesterze¹⁶⁶), da hinlänglich bekannt war, daß vom Vater seine Mittellosigkeit herrühre. Andere, die dasselbe versuchten, hieß er, den Grund erst dem Senat beweisen, aus Neigung zur Strenge auch in dem hart, was er rechtlich hätte thun können. So zogen denn die Uebrigen Schweigen und Armuth dem Bekenntniß und der Wohlthat vor.

76. In eben dem Jahre hatte die durch anhaltende Regengüsse angeschwollene Tiber die ebenen Gegenden der Stadt unter Wasser gesetzt; in Folge ihres Zurücktretens sanken Gebäude danieder und Menschen. Daher stimmte Asinius Gallus dafür, daß die sibyllinischen Bücher¹⁶⁷) befragt würden. Es verweigerte das Tiberius, indem er gleicherweise Göttliches wie Menschliches geheim hielt; doch mit Vorkehrungen zur Einschränkung des Flusses wurden Atejus Capito und L. Arruntius beauftragt. Achaja und Macedonien, welche gegen ihre Lasten einkamen, beschloß man für jetzt der Proconsularherrschaft¹⁶⁸) zu entheben und dem Cäsar zuzuweisen. Bei der Aufführung der Fechterspiele, welche er in seines Bruders Germanicus und in seinem Na-

nomine obtulerat, Drusus praesedit, quamquam vili sanguine nimis gaudens; quod vulgo formidolosum et pater arguisse dicebatur. Cur abstinuerit spectaculo ipse, varie trahebant, alii taedio coetus, quidam tristitia ingenii et metu conparationis, quia Augustus comiter interfuisset. Non crediderim ad ostentandam saevitiam movendasque populi offensiones concessam filio materiem, quamquam id quoque dictum est.

77. At theatri licentia, proximo priore anno coepta, gravius tum erupit, occisis non modo e plebe, sed militibus et centurione, vulnerato tribuno praetoriae cohortis, dum probra in magistratus et dissensionem vulgi prohibent. Actum de ea seditione apud patres, dicebanturque sententiae, ut praetoribus ius virgarum in histriones esset. Intercessit Haterius Agrippa, tribunus plebei, increpitusque est Asinii Galli oratione, silente Tiberio, qui ea simulacra libertatis senatui praebebat. Valuit tamen intercessio, quia divus Augustus immunes verberum histriones quondam responderat, neque fas Tiberio infringere dicta eius. De modo lucaris et adversus lasciviam fautorum multa decernuntur, ex quis maxime insignia, ne domos pantomimorum senator introiret, ne egredientes in publicum equites Romani cingerent, aut alibi quam in theatro spectarentur, et spectantium immodestiam exilio multandi potestas praetoribus fieret.

78. Templum ut in colonia Tarraconensi strueretur Augusto, petentibus Hispanis permissum, datumque in omnes provincias exemplum. Centesimam rerum venalium, post bella civilia institutam, deprecante populo, edixit Tiberius militare aerarium eo subsidio niti; simul imparem oneri rem publicam, nisi vicesimo militiae anno veterani dimitterentur. Ita proximae seditionis male consulta, quibus sedecim stipendiorum finem expresserant, abolita in posterum.

79. Actum deinde in senatu ab Arruntio et Ateio, an ob moderandas Tiberis exundationes verterentur flu-

men zu veranstalten versprochen hatte, führte Drusus den Vorsitz, allzusehr am Blute, obschon an seinem[169]), Freude findend; was beim Volke Furcht erweckte, und der Vater auch getadelt haben soll. Warum dieser selbst nicht Theil genommen an dem Schauspiel, deutete man verschiedentlich, Einige aus seinem Widerwillen vor Zusammenkünften, Andere aus seinem finsteren Charakter und aus Furcht vor Vergleichung, weil Augustus so leutselig zugegen gewesen. Nicht möchte ich glauben, daß er damit seinem Sohne, seine Grausamkeit so recht zu zeigen und des Volkes Unwillen zu erregen, Gelegenheit gegeben habe, obwohl man auch dieses gesagt hat.

77. Aber der Theaterunfug, der im nächstvergangenen Jahre begonnen hatte, kam jetzt zu einem heftigeren Ausbruch, da nicht nur Leute aus der Volksklasse, sondern auch Soldaten und ein Centurio erschlagen, der Tribun einer prätorischen Cohorte verwundet wurde, indem sie Beschimpfungen der Obrigkeit und Zwist unter dem Pöbel verhindern wollten. Verhandelt ward über diesen Aufstand vor den Vätern, und dahin gestimmt, daß den Prätoren das Recht der Ruthen gegen die Schauspieler zustehen sollte. Einspruch that der Volkstribun Haterius Agrippa, und erfuhr heftige Widerrede von Asinius Gallus, während Tiberius, der dieses Schattenspiel der Freiheit dem Senate vergönnte, schwieg. Doch drang der Einspruch durch, weil Divus Augustus einst erklärt hatte, die Schauspieler sollten von Schlägen frei sein, und Tiberius es nicht sich für erlaubt hielt, seine Aussprüche zu entkräften. Ueber das Maß ihrer Besoldung[170]) und wider die Zügellosigkeit ihrer Gönner ward Vielerlei festgesetzt, wovon das Hauptsächlichste war, daß die Wohnungen der Pantomimen kein Senator betreten, die Ausgehenden keine Begleitung von römischen Rittern umgeben, sie nicht anderswo als im Theater auftreten, und der Zuschauer Ungebühr mit Verbannung zu bestrafen die Prätoren Vollmacht haben sollten.

78. Einen Tempel in der tarraconensischen Colonie[171]) dem Augustus zu erbauen, ward den darum nachsuchenden Hispaniern gestattet, und damit für alle Provinzen ein Beispiel gegeben. Als das Volk gegen das, nach den Bürgerkriegen eingeführte, Procent von den Verkaufsgegenständen einkam, machte Tiberius bekannt, die Kriegskasse stütze sich auf dieses Einkommen, und zugleich, auch so nicht sei der Staat der Last gewachsen, wenn nicht im zwanzigsten Dienstjahre erst die Veteranen entlassen würden. So wurden die nachtheiligen Maßregeln der letzten Meuterei, wodurch sie die Dienstentlassung nach sechzehn Jahren erpreßt hatten, für die Folge aufgehoben.

79. Darauf ward im Senate von Arruntius und Atejus verhandelt, ob, um den Ueberschwemmungen der Tiber Schranken zu setzen, die Flüsse und

mina et lacus, per quos augescit, auditaeque municipiorum et coloniarum legationes, orantibus Florentinis, ne Clanis solito alveo demotus in amnem Arnum transferretur idque ipsis perniciem adferret. Congruentia his Interamnates disseruere, pessum ituros fecundissimos Italiae campos, si amnis Nar — id enim parabatur — in rivos diductus superstagnavisset. Nec Reatini silebant, Velinum lacum, qua in Narem effunditur, obstrui recusantes, quippe in adiacentia erupturum; optume rebus mortalium consuluisse naturam, quae sua ora fluminibus, suos cursus, utque originem, ita fines dederit; spectandas etiam religiones maiorum, qui sacra et lucos et aras patriis amnibus dicaverint: quin ipsum Tiberim nolle prorsus accolis fluviis orbatum minore gloria fluere. Seu preces coloniarum seu difficultas operum sive superstitio valuit, ut in sententiam Pisonis concederetur, qui nil mutandum censuerat.

80. Prorogatur Poppaeo Sabino provincia Moesia, additis Achaia ac Macedonia. Id quoque morum Tiberii fuit, continuare imperia ac plerosque ad finem vitae in isdem exercitibus aut iurisdictionibus habere. Causae variae traduntur: alii taedio novae curae semel placita pro aeternis servavisse, quidam invidia, ne plures fruerentur; sunt qui existiment, ut callidum eius ingenium, ita anxium iudicium; neque enim eminentis virtutes sectabatur, et rursum vitia oderat: ex optimis periculum sibi, a pessimis dedecus publicum metuebat. Qua haesitatione postremo eo provectus est, ut mandaverit quibusdam provincias, quos egredi urbe non erat passurus.

81. De comitiis consularibus, quae tum primum illo principe ac deinceps fuere, vix quicquam firmare ausim: adeo diversa non modo aput auctores, sed in ipsius orationibus reperiuntur. Modo subtractis candidatorum nominibus originem cuiusque et vitam et stipendia descripsit, ut, qui forent, intellegeretur; aliquando ea quoque significatione subtracta candidatos hortatus, ne ambitu comitia turbarent, suam ad id cu-

Seen, woburch sie anschwellt, abgeleitet werden sollten, und es wurden darüber die Abgeordneten der Municipien und Colonieen vernommen, da denn die Florentiner baten, daß doch der Clanis[172]) nicht aus seinem alten Bett verdrängt in den Arnus hinübergeleitet würde, was ihnen Verderben brächte. Uebereinstimmend damit erklärten die Interamnaten[173]), die fruchtbarsten Gefilde Italiens würden zu Grunde gehen, wenn der Narfluß — denn damit ging man um — in Bäche vertheilt austreten sollte. Auch die Reatiner[174]) schwiegen nicht, indem sie der Zudämmung des Velinersees, da, wo er sich in den Nar ergießt, sich widersetzten; denn er würde auf das anliegende Land übertreten, und am besten habe doch für das Wohl der Sterblichen die Natur gesorgt, welche den Flüssen ihre Mündung, ihren Lauf, und wie ihren Ursprung, so ihr Ziel angewiesen; berücksichtigen müsse man auch die heiligen Gebräuche ihrer Väter, welche Opferfeste, Haine und Altäre den vaterländischen Flüssen geweiht: wolle doch die Tiber selbst nicht gänzlich der Nachbarflüsse beraubt in minderer Herrlichkeit dahinströmen. Die Bitten der Colonieen oder die Schwierigkeit des Unternehmens oder der Aberglaube brachte es dahin, daß man der Meinung des Piso beitrat, der nichts zu ändern gestimmt hatte.

80. Auf längere Zeit wird dem Poppäus Sabinus die Provinz Mösien gelassen mit Beifügung von Achaja und Macedonien. Auch das gehörte zu des Tiberius Weise, fortdauern zu lassen die Gewalten und sehr Viele bis zum Lebensende in denselben Heeren und Gerichtsbezirken[175]) zu behalten. Seine Beweggründe werden verschieden angegeben: Einige meinen, aus Scheu vor neuer Sorge habe er einmal Beschlossenes für ewig festgehalten, Andere, aus Misgunst, daß nicht Mehrere den Genuß davon hätten, Etliche auch, daß wie sein Sinn verschlagen, eben so ängstlich sein Urtheil gewesen sei; denn wie er auf ausgezeichnete Tugenden nicht achtete, so haßte er doch andererseits Laster: von den Besten fürchtete er Gefahr für sich, von den Schlechtesten Schande für den Staat. Durch dieses Schwanken kam er zuletzt dahin, daß er gewissen Personen Provinzen übertrug, die er nicht aus der Stadt gehen lassen sollte.

81. Ueber die Consulwahlen, wie sie unter diesem Fürsten damals zuerst[176]) und dann sofort gehalten wurden, wage ich kaum irgend etwas mit Gewißheit auszusprechen: so viele Widersprüche finden sich nicht blos bei den Geschichtschreibern, sondern sogar in seinen eigenen Reden. Bald, mit Weglassung der Namen der Bewerber, beschrieb er eines Jeden Abkunft, Leben und Heerdienst, so daß man, wer sie wären, erkennen konnte; nicht selten ließ er auch diese Bezeichnung weg, ermahnte die Bewerber, nicht durch Umtriebe die Comitien zu stören, und versprach ihnen dafür seine

ram pollicitus est. Plerumque eos tantum aput se professos disseruit, quorum nomina consulibus edidisset; posse et alios profiteri, si gratiae aut meritis confiderent: speciosa verbis, re inania aut subdola, quantoque maiore libertatis imagine tegebantur, tanto eruptura ad infensius servitium.

eigene Verwendung. Meistentheils erklärte er, es hätten die sich nur bei ihm gemeldet, deren Namen er den Consuln angegeben; unbenommen aber bleibe auch Andern die Meldung, wofern sie auf Gunst oder Verdienst vertrauen zu können meinten: schön klingende Worte, oder gehaltlos oder hinterlistig, und je mehr in Freiheitsschimmer eingehüllt, desto schrecklicherer Knechtschaft Ausbruch prophezeiend.

P. CORNELII TACITI
ANNALIUM
AB EXCESSU DIVI AUGUSTI
LIBER II.

1. Sisenna Statilio [Tauro] L. Libone consulibus mota orientis regna provinciaeque Romanae, initio apud Parthos orto, qui petitum Roma acceptumque regem, quamvis gentis Arsacidarum, ut externum aspernabantur. Is fuit Vonones, obses Augusto datus a Phraate. Nam Phraates, quamquam depulisset exercitus ducesque Romanos, cuncta venerantium officia ad Augustum verterat partemque prolis firmandae amicitiae miserat, haud perinde nostri metu quam fidei popularium diffisus.

2. Post finem Phraatis et sequentium regum ob internas caedes venere in urbem legati a primoribus Parthis, qui Vononem, vetustissimum liberorum eius, accirent. Magnificum id sibi credidit Caesar auxitque opibus; et accepere barbari laetantes, ut ferme ad nova imperia. Mox subiit pudor: degeneravisse Parthos; petitum alio ex orbe regem, hostium artibus infectum; iam inter provincias Romanas solium Arsacidarum haberi darique. Ubi illam gloriam trucidantium Crassum,

Des
P. Cornelius Tacitus
Annalen
seit dem Hinscheiden des göttlichen Augustus.

Zweites Buch.

Die Jahre 769 bis 772 n. R. Erb.,
16 bis 19 n. Chr. Geb.

1. Unter dem Consulat des Sisenna Statilius [Taurus] und L. Libo geriethen im Orient die Königreiche und römischen Provinzen in Bewegung, deren Anfang von den Parthern ausging, welche den von Rom erbetenen und empfangenen König, obwohl vom Geschlechte der Arsaciden[1]), als einen Ausländer verachteten. Dies war Bonones, als Geißel dem Augustus gegeben von Phraates. Denn Phraates hatte, obwohl er die Heere und Feldherren Roms zurückgeschlagen[2]), mit jeder Aufmerksamkeit, die Ehrerbietung nur beweisen kann, sich dem Augustus zugewendet[3]), und ihm zur Befestigung der Freundschaft einen Theil seiner Familie geschickt, nicht sowohl aus Furcht vor uns, als aus Mistrauen gegen die Treue seines Volkes.

2. Nach dem Ende des Phraates und der folgenden Könige[4]) kamen, weil daheim nun Alles hingemordet war, Gesandte von den parthischen Großen nach Rom, um Bonones, den ältesten seiner Söhne, zu berufen. Dies achtete zu hoher Ehre sich der Cäsar[5]), und stattete ihn reichlich aus; auch nahmen ihn die Barbaren mit Jubel auf, wie es gewöhnlich ist bei neuen Herrschern. Bald wankelte die Schaam sie an: entartet seien die Parther; erbettelt aus fremdem Welttheil ein von Feindeslüften angesteckter König; schon werde wie eine römische Provinz der Arsacidenthron betrachtet und verschenkt. Wo sei nun deren Ruhm, die Crassus niedermetzelten[6]), Antonius verjagten, wenn

exturbantium Antonium, si mancipium Caesaris, tot per annos servitutem perpessum, Parthis imperitet? Accendebat dedignantes et ipse, diversus a maiorum institutis, raro venatu, segni equorum cura; quotiens per urbes incederet, lecticae gestamine, fastuque erga patrias epulas. Inridebantur et Graeci comites ac vilissima utensilium anulo clausa. Sed prompti aditus, obvia comitas, ignotae Parthis virtutes, nova vitia; et quia ipsorum moribus aliena, perinde odium pravis et honestis.

3. Igitur Artabanus, Arsacidarum e sanguine, aput Dahas adultus, excitur, primoque congressu fusus reparat vires regnoque potitur. Victo Vononi perfugium Armenia fuit, vacua tunc interque Parthorum et Romanas opes infida ob scelus Antonii, qui Artavasden, regem Armeniorum, specie amicitiae inlectum, dein catenis oneratum, postremo interfecerat. Eius filius Artaxias, memoria patris nobis infensus, Arsacidarum vi seque regnumque tutatus est. Occiso Artaxia per dolum propinquorum, datus a Caesare Armeniis Tigranes deductusque in regnum a Tiberio Nerone. Nec Tigrani diuturnum imperium fuit neque liberis eius, quamquam sociatis more externo in matrimonium regnumque.

4. Dein iussu Augusti inpositus Artavasdes et non sine clade nostra deiectus. Tum C. Caesar componendae Armeniae deligitur. Is Ariobarzanen, origine Medum, ob insignem corporis formam et praeclarum animum volentibus Armeniis praefecit. Ariobarzane morte fortuita absumpto stirpem eius haud toleravere; temptatoque feminae imperio, cui nomen Erato, eaque brevi pulsa, incerti solutique et magis sine domino quam in libertate, profugum Vononen in regnum accipiunt. Sed ubi minitari Artabanus et parum subsidii in Armeniis, vel, si nostra vi defenderetur, bellum adversus Parthos sumendum erat, rector Syriae Creticus Silanus excitum custodia circumdat, manente luxu et regio nomine. Quod ludibrium ut effugere agitaverit Vonones, in loco reddemus.

ein Sklave des Cäsar, der so viele Jahre hindurch Knechtschaft erduldet, den Parthern gebiete? Noch mehr entflammte die Verachtenden er selbst, ganz sich entfernend von den Gebräuchen der Vorfahren[7]), selten auf der Jagd, wenig sich um Rosse kümmernd; so oft er durch Städte zog, in einer Sänfte getragen, stolz verachtend vaterländische Gelage. Auch spottete man des griechischen Gefolges und daß der geringste Hausbedarf mit dem Siegelringe in Verschluß[8]) genommen ward. Dagegen waren freier Zutritt, entgegenkommende Freundlichkeit, den Parthern unbekannte Tugenden, nur neue Laster; und weil dergleichen ihren eigenen Sitten fremd, verfolgten sie mit gleichem Hasse Lobenswerthes und Verkehrtes.

3. Demnach wird Artabanus, aus dem Arsacidenstamme, bei den Dahern[9]) aufgewachsen, herbeigerufen, und im ersten Treffen zwar geschlagen, sammelt er doch neue Kräfte, und bemächtigt sich des Königthums. Dem besiegten Vonones gewährte Armenien Zuflucht, damals erledigt und zwischen parthischer und römischer Macht treulos schwankend wegen des Antonius Schandthat, welcher Artavasdes[10]), den König der Armenier, unter dem Scheine der Freundschaft an sich gelockt, mit Ketten dann belastet, zuletzt getödtet hatte. Dessen Sohn, Artaxias, im Andenken des Vaters feindselig gegen uns gesinnt, schützte durch der Arsaciden Macht sich und sein Königreich. Als Artaxias durch seiner Verwandten List getödtet war, gab der Cäsar den Armeniern den Tigranes[11]) und ließ auf den Thron ihn setzen durch Tiberius Nero. Doch weder des Tigranes Herrschaft war von Dauer, noch die seiner Kinder, obwohl sie, nach des Auslands Sitte, in ehelicher wie in Thronverbindung mit einander standen.

4. Dann ward auf des Augustus Gebot Artavasdes eingesetzt, und nicht ohne bedeutenden Verlust auf unsrer Seite wieder entthront. Nun wird C. Cäsar[12]), Armenien zu beruhigen, erkoren. Dieser setzte den Ariobarzanes, einen Meder von Geburt, ob seiner körperlichen Schönheit und seiner vortrefflichen Gesinnung nicht ohne Beifall über die Armenier. Als den Ariobarzanes ein Zufall hinweggerafft, duldeten sie sein Geschlecht keineswegs; und mit der Herrschaft einer Frau, Namens Erato, es versuchend, und in kurzem sie vertreibend, nehmen sie unschlüssig, aller Bande ledig, und mehr herrenlos als frei, den flüchtigen Vonones zum Regenten. Da aber Artabanus drohte und nicht Schutz genug ihm die Armenier gewähren konnten, wollte aber unsere Macht ihn vertheidigen, zum Kriege wider die Parther geschritten werden mußte, lockte Creticus Silanus, Syriens Verwalter, ihn an sich heran und umgab ihn mit Wache, Aufwand ihm und Königsnamen lassend. Wie diesem Spiele zu entfliehen Vonones sich bestrebt, davon wollen wir an seinem Orte[13]) berichten.

5. Ceterum Tiberio haud ingratum accidit turbari res Orientis, ut ea specie Germanicum suetis legionibus abstraheret novisque provinciis impositum dolo simul et casibus obiectaret. At ille, quanto acriora in eum studia militum et aversa patrui voluntas, celerandae victoriae intentior, tractare proeliorum vias et quae sibi tertium iam annum belligeranti saeva vel prospera evenissent: fundi Germanos acie et iustis locis, iuvari silvis, paludibus, brevi aestate et praematura hieme; suum militem haud perinde vulneribus quam spatiis itinerum, damno armorum adfici; fessas Gallias ministrandis equis; longum impedimentorum agmen opportunum ad insidias, defensantibus iniquum. At si mare intretur, promptam ipsis possessionem et hostibus ignotam; simul bellum maturius incipi legionesque et commeatus pariter vehi; integrum equitem equosque per ora et alveos fluminum media in Germania fore.

6. Igitur huc intendit. Missis ad census Galliarum P. Vitellio et C. Antio Silius et Anteius et Caecina fabricandae classi praeponuntur. Mille naves sufficere visae properataeque, aliae breves, angusta puppi proraque et lato utero, quo facilius fluctus tolerarent; quaedam planae carinis, ut sine noxa siderent; plures adpositis utrimque gubernaculis, converso ut repente remigio hinc vel illinc adpellerent; multae pontibus stratae, super quas tormenta veherentur, simul aptae ferendis equis aut commeatui; velis habiles, citae remis augebantur alacritate militum in speciem ac terrorem. Insula Batavorum, in quam convenirent, praedicta, ob faciles adpulsus accipiendisque copiis et transmittendum ad bellum opportuna. Nam Rhenus uno alveo continuus aut modicas insulas circumveniens aput principium agri Batavi velut in duos amnes dividitur, servatque nomen et violentiam cursus, qua Germaniam praevehitur, donec Oceano misceatur; ad Gallicam ripam latior et placidior adfluens — verso cognomento Vahalem accolae dicunt — mox id quoque vocabulum mutat Mosa flumine eiusque inmenso ore eundem in Oceanum effunditur.

5. Uebrigens kam es dem Tiberius gar nicht ungelegen, daß solche Unruhen den Orient bewegten, um unter diesem Vorwand den Germanicus von den ihm vertraut gewordenen Legionen wegzureißen, ihn über neue Provinzen zu setzen und so der Hinterlist und Unfällen zugleich bloszustellen. Doch er, je leidenschaftlicher ihm zugethan die Soldaten, je abgeneigter ihm der Oheim war, desto eifriger auf des Sieges Beschleunigung bedacht, erwog der Schlachten Wege, und was ihm, der nun das dritte[19]) Jahr schon kriegte, Trauriges oder Glückliches begegnet sei: geschlagen würden die Germanen in regelrechter Schlacht und auf ordentlichem Terrain, begünstigt durch Waldungen, Sümpfe, kurzen Sommer und frühzeitigen Winter; seine Krieger litten nicht so sehr durch Wunden als durch weite Märsche und Verlust der Waffen; erschöpft sei Gallien durch Pferdelieferungen; des Trosses langer Zug lade ein zu Nachstellungen, sei den sich Vertheidigenden hinderlich. Doch wenn in die See man gehe, sei ihnen bereit die Besitznahme und den Feinden unbekannt; zugleich würde zeitiger der Krieg begonnen, gemeinschaftlich mit den Legionen auch die Zufuhr fortgeschafft, ungeschwächt Reiter und Pferde durch der Flüsse Mündungen und Betten in Germaniens Mitte ausgesetzt.

6. Dahin also ging sein Streben. Nachdem zur Schatzung Galliens P. Vitellius und C. Antius abgesandt, werden Silius, Antejus und Cäcina mit dem Bau der Flotte beauftragt. Tausend Schiffe schienen hinreichend und wurden eilig angefertigt, einige kurz, mit schmalem Hinter- und Vordertheil, aber weitem Bauche, um desto leichter den Wogen zu widerstehen; andere mit flachem Kiel, um ohne Schaden auf den Grund zu geben; mehrere mit an beiden Enden angebrachten Steuern, um durch plötzliche Wendung der Ruder mit dem einen bald, bald mit dem andern anzulegen; viele mit Verdecken, darauf das Wurfgeschütz zu transportiren und zugleich zur Fortschaffung der Pferde oder Lebensmittel eingerichtet; (alle) leichthinsegelnd, ruderschnell, erhielten sie durch den fröhlichen Muth der Soldaten ein noch bedeutenderes und Schrecken erregenderes Ansehn. Die Insel der Bataver[20]) ward zum Sammelplatz bestimmt wegen leichter Landung und Gelegenheit sowol die Truppen einschiffen als hinüber zu spielen den Krieg. Denn der Rhein, welcher in Einem Bette fortströmt oder nur mäßige Inseln umfließt, theilt sich mit dem Anfange des batavischen Landes gleichsam in zwei Flüsse, und behält seinen Namen[21]) und seines Stromes Heftigkeit da, wo er an Germanien vorüberfließt, bis mit dem Ocean er sich vermischt; am gallischen Ufer ist er breiter und sanfter anströmend, und es verändern die Anwohner seinen Namen, Vahalis ihn nennend, worauf er auch diese Benennung bald mit der des Mosastromes vertauscht, und durch dessen ungeheure Mündung ebenfalls sich in den Ocean ergießt.

7. Sed Caesar, dum adiguntur naves, Silium legatum cum expedita manu inruptionem in Chattos facere iubet: ipse, audito castellum Lupiae flumini adpositum obsideri, sex legiones eo duxit. Neque Silio ob subitos imbres aliud actum, quam ut modicam praedam et Arpi, principis Chattorum, coniugem filiamque raperet, neque Caesari copiam pugnae opsessores fecere, ad famam adventus eius dilapsi. Tumulum tamen nuper Varianis legionibus structum et veterem aram Druso sitam disiecerant. Restituit aram honorique patris princeps ipse cum legionibus decucurrit; tumulum iterare haud visum. Et cuncta inter castellum Alisonem ac Rhenum novis limitibus aggeribusque permunita.

8. Iamque classis advenerat, cum praemisso commeatu et distributis in legiones ac socios navibus fossam, cui Drusianae nomen, ingressus precatusque Drusum patrem, ut se eadem ausum libens placatusque exemplo ac memoria consiliorum atque operum iuvaret, lacus inde et Oceanum usque ad Amisiam flumen secunda navigatione pervehitur. Classis Amisiae relicta laevo amne, erratumque in eo, quod non subvexit [transposuit] militem dextras in terras iturum; ita plures dies efficiendis pontibus absumpti. Et eques quidem ac legiones prima aestuaria, nondum adcrescente unda, intrepidi transiere; postremum auxiliorum agmen Batavique in parte ea, dum insultant aquis artemque nandi ostentant, turbati et quidam hausti sunt. Metanti castra Caesari Ampsivariorum defectio a tergo nuntiatur; missus ilico Stertinius cum equite et armatura levi igne et caedibus perfidiam ultus est.

9. Flumen Visurgis Romanos Cheruscosque interfluebat. Eius in ripa cum ceteris primoribus Arminius adstitit, quaesitoque, an Caesar venisset, postquam adesse responsum est, ut liceret cum fratre conloqui, oravit. Erat is in exercitu, cognomento Flavus, insignis fide et amisso per vulnus oculo paucis ante annis duce Tiberio. Tum permissum, progressusque salutatur ab Arminio, qui amo-

7. Doch während so die Schiffe noch herbeigetrieben werden, läßt der Cäsar den Legaten Silius mit einer leichtgerüsteten Schaar einen Einfall ins Chattenland thun; er selbst führt auf die Nachricht, daß das am Lupiafluß erbaute Castell belagert werde, sechs Legionen dorthin. Weder Silius konnte, wegen plötzlicher Regengüsse, etwas Anderes thun, als in der Eile einige Beute und des Chattenfürsten Arpus Weib und Tochter rauben, noch ließen den Cäsar die Belagerer zum Kampfe kommen, da sie sich beim Gerücht von seiner Annäherung zerstreut hatten. Doch den jüngst den varianischen Legionen aufgeführten Grabeshügel und einen alten dem Drusus errichteten Altar hatten sie zerstört. Dem Altar stellte er wieder her und hielt zur Ehre seines Vaters, an ihrer Spitze selbst, mit den Legionen einen feierlichen Umzug; den Grabeshügel zu erneuern schien nicht rathsam. Doch wurde Alles zwischen dem Kastell Aliso[20]) und dem Rhein mit neuen Grenzwällen und Dämmen wohl verwahrt.

8. Und schon war die Flotte angekommen, da läuft er auch, nach Vorausfendung der Zufuhr und Vertheilung der Schiffe unter die Legionen und Bundesgenossen, in den sogenannten Drususkanal[36]) ein, und gelangt, nachdem er mit Gebet den Vater Drusus angerufen, daß er ihn, der Gleiches unternommen, willig und huldvoll durch sein Beispiel und durch die Erinnerung an seine Pläne und Thaten unterstützen möge, von da aus durch die Seen und den Ocean bis an die Ems in günstiger Fahrt. Die Flotte wurde am linken Flußufer der Ems zurückgelassen, und darin gesetzt, daß er nicht weiter hinaufführ die Soldaten, die nach den rechts gelegenen Landen ziehen sollten; so gingen mehrere Tage mit Brückenschlagen hin. Auch zogen zwar die Reiter und die Legionen, da die Fluth noch nicht anwuchs, unerschrocken über die Seelachen voran; aber der Nachtrab der Hilfsvölker und namentlich die dort befindlichen Bataver geriethen, indem sie in das Wasser sprangen und ihre Fertigkeit im Schwimmen zeigen wollten, in Verwirrung, ja Manche wurden der Wogen Raub[36]). Als mit Absteckung eines Lagers der Cäsar beschäftigt war, erhielt er die Botschaft von der Ampsivarier[31]) Abfall ihm im Rücken; doch auf der Stelle abgesandt mit Reiterei und Leichtbewaffneten rächte Stertinius mit Feuer und Schwert die Treulosigkeit.

9. Der Weserstrom floß zwischen den Römern und Cheruskern hindurch. An seinem Ufer trat mit den übrigen Häuptlingen Arminius auf und bat, als man seine Frage, ob der Cäsar gekommen sei, bejaht, daß man ihm gestatten möchte, mit seinem Bruder sich zu unterreden. Dieser befand sich beim Heere, Flavus[37]) genannt, ausgezeichnet durch seine Treue, da selbst ein Auge er vor wenigen Jahren verloren unter Tiberius im Kampfe. So wird es ihm erlaubt; und als jener vortritt, begrüßt ihn Arminius, entfernt seine Be-

tis stipatoribus, ut sagittarii nostra pro ripa dispositi abscederent, postulat, et postquam digressi, unde ea deformitas oris, interrogat fratrem. Illo locum et proelium referente, quodnam praemium recepisset, exquirit. Flavus aucta stipendia, torquem et coronam aliaque militaria dona memorat, inridente Arminio vilia servitii pretia.

10. Exin diversi ordiuntur, hic magnitudinem Romanam, opes Caesaris et victis graves poenas, in deditionem venienti paratam clementiam; neque coniugem et filium eius hostiliter haberi: ille fas patriae, libertatem avitam, penetralis Germaniae deos, matrem precum sociam, ne propinquorum et adfinium, denique gentis suae desertor et proditor quam imperator esse mallet. Paulatim inde ad iurgia prolapsi, quo minus pugnam consererent, ne flumine quidem interiecto cohibebantur, ni Stertinius adcurrens plenum irae armaque et equum poscentem Flavum attinuisset. Cernebatur contra minitabundus Arminius proeliumque denuntians; nam pleraque Latino sermone interiaciebat, ut qui Romanis in castris ductor popularium meruisset.

11. Postero die Germanorum acies trans Visurgim stetit. Caesar nisi pontibus praesidiisque inpositis dare in discrimen legiones haud imperatorium ratus, equitem vado tramittit. Praefuere Stertinius et e numero primipilarium Aemilius, distantibus locis invecti, ut hostem diducerent. Qua celerrimus amnis, Chariovalda, dux Batavorum, erupit. Eum Cherusci fugam simulantes in planitiem saltibus circumiectam traxere; dein coorti et undique effusi trudunt adversos, instant cedentibus collectosque in orbem pars congressi, quidam eminus proturbant. Chariovalda diu sustentata hostium saevitia, hortatus suos, ut ingruentes catervas globo frangerent, atque ipse densissimos inrumpens, congestis telis et suffosso equo labitur, ac multi nobilium circa: ceteros vis sua aut equites cum Stertinio Aemilioque subvenientes periculo exemere.

12. Caesar transgressus Visurgim indicio perfugae cognoscit delectum ab Arminio locum pugnae, conve-

gleitung und verlangt, daß die vorn auf unserem Ufer aufgestellten Bogenschützen sich hinwegbegeben. Sobald sie fortgegangen, fragt er den Bruder, woher eine solche Entstellung des Gesichts. Da dieser Ort und Treffen nennt, will er erfahren, was für ein Lohn ihm denn dafür geworden. Flavus zählt Solderhöhung, Kette, Krone und andere kriegerische Ehrengeschenke her, indeß Arminius des armseligen Knechtschaftslohnes spottet.

10. Hierauf stellen sie einander gegenüber, dieser die Größe Roms, die Macht des Cäsars, und wie der Besiegten schwere Strafe, des sich Ergebenden nur Gnade warte, und auch seine Gattin und sein Sohn nicht feindlich behandelt würden; jener des Vaterlandes heiliges Recht, die angestammte Freiheit, die heimathlichen Götter Germaniens, und wie mit ihm auch die Mutter bitte, daß er doch nicht lieber seine Angehörigen und Verwandten, ja sein Volk, verlassen und verrathen, als bei ihnen befehligen wolle. So allmählich in Wortwechsel gerathend, hätten sie nicht einmal durch den sie trennenden Strom sich abhalten lassen, einen Kampf zu beginnen, wäre nicht Stertinius herbeigeeilt und hätte den zornerfüllten, nach Waffen und Pferd verlangenden Flavus zurückgehalten. Drüben sah man den Arminius, wie er drohte und die Schlacht ankündigte; denn Manches ließ in lateinischer Sprache er dazwischen hören, da er ja im römischen Lager als Anführer seiner Landsleute gedient hatte[28]).

11. Am folgenden Tage stand der Germanen Heerordnung jenseits der Weser. Der Cäsar, eines Imperators es nicht würdig achtend, ohne Brücken geschlagen und dieselben mit Deckung versehen zu haben, die Legionen in Gefahr zu geben, läßt die Reiterei durch Furthen übersetzen. Es führten sie Stertinius und aus der Primipilaren[29]) Zahl Aemilius, auf verschiedenen Punkten hineinsprengend, um den Feind zu theilen. Wo am reißendsten der Strom war, brach Chariovalda, der Anführer der Bataver, hervor. Ihn lockten die Cherusker in verstellter Flucht auf eine von Waldhöhen umgebene Ebene; dann stürmen sie vereint von allen Seiten los in wildem Drange, werfen die Stand Haltenden zurück, verfolgen die Weichenden und jagen die in einen Kreis sich Sammelnden theils im Handgemenge, theils aus der Ferne kämpfend vor sich her. Chariovalda, nachdem er lange der Wuth der Feinde widerstanden, ermahnt die Seinigen, die heranstürmenden Schaaren in geschlossenem Haufen zu durchbrechen, sprengt so selbst hinein ins dichteste Gedränge, und sinkt unter einem Hagel von Geschossen und nachdem auch sein Pferd unter ihm durchbohrt war, und so der Edlen viele um ihn her. Die Uebrigen rettete ihre eigene Gewalt oder die mit Stertinius und Aemilius zu Hilfe kommende Reiterei aus der Gefahr.

12. Nach dem Uebergange über die Weser erfuhr der Cäsar durch die Aussage eines Ueberläufers, daß schon erkohren von Arminius ein Kampfplatz,

nisse et alias nationes in silvam Herculi sacram, ausurosque nocturnam castrorum oppugnationem. Habita indici fides, et cernebantur ignes; suggressique propius speculatores audiri fremitum equorum inmensique et inconditi agminis murmur attulere. Igitur propinquo summae rei discrimine explorandos militum animos ratus, quonam id modo incorruptum foret, secum agitabat. Tribunos et centuriones laeta saepius quam comperta nuntiare; libertorum servilia ingenia; amicis inesse adulationem; si contio vocetur, illic quoque, quae pauci incipiant, reliquos adstrepere. Penitus noscendas mentes, cum secreti et incustoditi inter militaria cibos spem aut metum proferrent.

13. Nocte coepta egressus augurali per occulta et vigilibus ignara, comite uno, contectus umeros ferina pelle, adit castrorum vias, adsistit tabernaculis fruiturque fama sui, cum hic nobilitatem ducis, decorem alius, plurimi patientiam, comitatem, per seria per iocos eundem animum laudibus ferrent reddendamque gratiam in acie faterentur, simul perfidos et ruptores pacis ultioni et gloriae mactandos. Inter quae unus hostium, Latinae linguae sciens, acto ad vallum equo voce magna coniuges et agros et stipendii in dies, donec bellaretur, sestertios centenos, si quis transfugisset, Arminii nomine pollicetur. Incendit ea contumelia legionum iras: veniret dies, daretur pugna; sumpturum militem Germanorum agros, tracturum coniuges; accipere omen et matrimonia ac pecunias hostium praedae destinare. Tertia ferme vigilia adsultatum est castris, sine coniectu teli, postquam crebras pro munimentis cohortes et nihil remissum sensere.

14. Nox eadem laetam Germanico quietem tulit, viditque se operatum et sanguine sacri respersa praetexta pulchriorem aliam manibus aviae Augustae accepisse. Auctus omine, addicentibus auspiciis, vocat contionem et quae sapientia provisa aptaque imminenti pugnae, disserit. Non campos modo militi Romano ad proelium

auch andere Stämme schon in einem dem Herkules³⁰) geweihten Haine zusammengekommen seien, und einen nächtlichen Sturm auf das Lager wagen würden. Man glaubte dem Ausjagenden, und erblickte Wachfeuer; und Kundschafter, die näher sich hinangeschlichen, hinterbrachten, man höre das Schnauben der Pferde und das dumpfe Getöse eines zahllosen und ungeordneten Heerhaufens. Bei solcher Nähe des Alles entscheidenden Augenblicks hielt er für rathsam, die Stimmung der Soldaten zu erforschen, und erwog bei sich, auf welche Weise dieses sicher zu ermitteln wäre. Tribunen und Centurionen berichteten öfter Angenehmes als Zuverlässiges; der Freigelassenen Sinnesart sei knechtisch; Freunden bange Schmeichelei an; berufe man das Heer zusammen, so stimmten auch hier dem, wozu Wenige den Ton angäben, die Uebrigen lärmend bei. Bis auf den Grund sei zu erkennen ihre Gesinnung, wenn sie unter sich und unbeobachtet bei der Feldkost Hoffnung oder Furcht aussprächen.

13. Mit dem Beginn der Nacht geht er vom Augurale³¹) aus auf geheimen und den Wachen unbekannten Pfaden, mit einem einzigen Begleiter, die Schultern bedeckt mit einer Wildschur³²), an des Lagers Straßen hin, tritt heran an die Gezelte und genießet seines Rufes, da der Eine den Adel des Feldherrn, sein edles Aeußere ein Anderer, die Meisten seine Ausdauer, seine Leutseligkeit, seinen in Ernst und Scherz stets gleichen Sinn³³) lobend erhoben und bekannten, daß man in der Schlacht es ihm vergelten, und zugleich, daß man die Treulosen und die Friedensbrecher³⁴) der Rache und dem Ruhm zum Opfer bringen müsse. Während dessen sprengt einer von den Feinden, der lateinischen Sprache kundig, an dem Wall heran und verspricht mit lauter Stimme Weiber und Aecker und, so lange der Krieg dauerte, hundert Sesterzien täglichen Sold, wenn Jemand überginge, in des Arminius Namen. Solcher Schimpf entflammte der Legionen Zorn: nahete nur erst der Tag, käme es nur zur Schlacht; nehmen werde der Soldat die Aecker der Germanen, fort schleppen ihre Weiber; man nähme die Vorbedeutung an und hielte Ehegenossinnen und Vermögen der Feinde für bestimmt zur Beute. Etwa um die dritte Nachtwache³⁵) ward das Lager berannt, doch ohne eines Geschosses Wurf, da sie zahlreich vorn auf den Werken die Cohorten aufgestellt und nichts vernachlässigt gewahrten.

14. Dieselbe Nacht brachte Glück verkündenden Schlaf dem Germanicus, denn es kam ihm vor, als habe er beim Opfern, da mit dem Blute des Opfers die Prätexta ihm besprüyt war, eine andere, schönere aus den Händen seiner Großmutter Augusta empfangen. Ermuthigt durch diese Vorbedeutung und bei günstig sich erweisenden Auspicien beruft er die Heerversammlung und setzt, was für Vorkehrungen er mit Weisheit getroffen und für den

bonos, sed, si ratio adsit, silvas et saltus; nec enim inmensa barbarorum scuta, enormis hastas inter truncos arborum et enata humo virgulta perinde haberi quam pila et gladios et haerentia corpori tegmina. Denserent ictus, ora mucronibus quaererent: non loricam Germano, non galeam, ne scuta quidem ferro nervove firmata, sed viminum textus vel tenuis et fucatas colore tabulas; primam utcumque aciem hastatam, ceteris praeusta aut brevia tela. Iam corpus ut visu torvum et ad brevem inpetum validum, sic nulla vulnerum patientia: sine pudore flagitii, sine cura ducum abire, fugere, pavidos adversis, inter secunda non divini, neu humani iuris memores. Si taedio viarum ac maris finem cupiant, hac acie parari: propiorem iam Albim quam Rhenum, neque bellum ultra, modo se, patris patruique vestigia prementem, isdem in terris victorem sisterent.

15. Orationem ducis secutus militum ardor, signumque pugnae datum. Nec Arminius aut ceteri Germanorum proceres omittebant suos quisque testari, hos esse Romanos Variani exercitus fugacissimos, qui, ne bellum tolerarent, seditionem induerint; quorum pars onusta vulneribus terga, pars fluctibus et procellis fractos artus infensis rursum hostibus, adversis dis obiciant, nulla boni spe. Classem quippe et avia Oceani quaesita, ne quis venientibus occurreret, ne pulsos premeret; sed ubi miscuerint manus, inane victis ventorum remorumve subsidium. Meminissent modo avaritiae, crudelitatis, superbiae: aliud sibi reliquum, quam tenere libertatem aut mori ante servitium?

16. Sic accensos et proelium poscentes in campum, cui Idisiaviso nomen, deducunt. Is medius inter Visurgim et colles, ut ripae fluminis cedunt aut prominentia montium resistunt, inaequaliter sinuatur. Pone tergum insurgebat silva, editis in altum ramis et pura

bevorstehenden Kampf zweckdienlich erachtet, auseinander. Nicht Ebenen allein seien für den römischen Soldaten gut zum Kampfe, sondern, wenn mit Plan man nur zu Werke gehe, Wälder auch und Berghöhen; denn nicht könnten die ungeheueren Schilde der Barbaren, ihre übermäßig langen Speere zwischen Baumstämmen und aus dem Boden hervorgewachsenem Gesträuch so leicht gehandhabt werden wie Wurfspieß, Schwert und dicht an den Körper schließende Bedeckung. Nur möchten sie Stoß auf Stoß folgen lassen, mit den Spitzen nach den Gesichtern zielen. Keinen Harnisch habe der Germane, keinen Helm, nicht einmal Schilde mit Eilen oder Leder verwahrt, sondern bloßes Weidengeflecht oder dünne und mit Farbe übertünchte Bretter; die erste Schlachtreihe sei einigermaßen mit Speeren versehen, die Uebrigen hätten nur im Feuer zugespitzte oder kurze Wurfspieße. Ferner sie selbst, so furchtbar auch von Ansehen und zu kurzem Angriff tüchtig, so empfindlich seien sie gegen Wunden: ohne Gefühl für Schande, ohne um ihre Anführer sich zu kümmern, liefen sie davon und flöhen, verzagt im Unglück, im Glück nicht göttlichen, nicht menschlichen Rechtes eingedenk. Wenn sie voll Ueberdruß der Märsche und Meeresfahrten, deren Ende wünschten, in dieser Schlacht werde es bereitet: näher schon sei die Elbe als der Rhein, und kein Krieg mehr jenseits, wofern bis in die Länder nur, wohin seines Vaters und Oheims*) Fußstapfen er verfolge, als Sieger sie ihn brächten.

15. Der Rede des Feldherrn folgte der Soldaten Kampfbegierde, und das Zeichen zur Schlacht ward gegeben. Doch auch Arminius und die übrigen Häuptlinge der Germanen unterließen nicht, ein jeglicher den Seinen zu bezeugen, daß seien jene Römer, die von des Varus Heere zuerst geflohen, welche, um der Kriegsarbeit sich zu entziehen, zur Empörung gegriffen, die zum Theil den wundenbedeckten Rücken, zum Theil von Fluth und Sturm zerschlagene Glieder von neuem den erbitterten Feinden, den zürnenden Göttern entgegentrügen, ohne etwas Gutes zu hoffen. Denn eine Flotte und den unwegsamen Ocean habe nur deshalb man erwählt, damit Niemand den Ankommenden begegnen, Niemand die Geschlagenen bedrängen möchte; doch wären sie zum Handgemenge nur gekommen, vereitelt wäre den Besiegten dann der Winde und der Ruder Schutz. Gedenken möchten sie nur ihrer Habsucht, ihrer Grausamkeit, ihres Hochmuths: bleibe ihnen denn Anderes übrig, als fest zu halten an der Freiheit oder zu sterben vor der Knechtschaft?

16. Die so Entflammten und nach einer Schlacht Verlangenden führen sie hinab in eine Ebene, welche Idistaviso**) heißt. Diese zieht sich mitten zwischen der Weser und zwischen Hügeln, je nachdem des Flusses Ufer ihr Raum geben oder die Vorsprünge der Berge sie beschränken, in ungleichmäßiger Breite hin. Im Rücken erhob sich ein Wald mit hochaufstrebendem Geäst

humo inter arborum truncos. Campum et prima silvarum barbara acies tenuit; soli Cherusci iuga insedere, ut proeliantibus Romanis desuper incurrerent. Noster exercitus sic incessit: auxiliares Galli Germanique in fronte, post quos pedites sagittarii; dein quattuor legiones et cum duabus praetoriis cohortibus ac delecto equite Caesar; exim totidem aliae legiones et levis armatura cum equite sagittario ceteraeque sociorum cohortes. Intentus paratusque miles, ut ordo agminis in aciem adsisteret.

17. Visis Cheruscorum catervis, quae per ferociam proruperant, validissimos equitum incurrere latus, Stertinium cum ceteris turmis circumgredi tergaque invadere iubet, ipse in tempore adfuturus. Interea pulcherrimum augurium, octo aquilae petere silvas et intrare visae, imperatorem advertere. Exclamat irent, sequerentur Romanas aves, propria legionum numina. Simul pedestris acies infertur, et praemissus eques postremos ac latera impulit. Mirumque dictu, duo hostium agmina diversa fuga, qui silvam tenuerant, in aperta, qui campis adstiterant, in silvam ruebant. Medii inter hos Cherusci collibus detrudebantur, inter quos insignis Arminius manu voce vulnere sustentabat pugnam; incubueratque sagittariis, illa rupturus, ni Raetorum Vindelicorumque et Gallicae cohortes signa obiecissent. Nisu tamen corporis et impetu equi pervasit, oblitus faciem suo cruore, ne nosceretur. Quidam adgnitum a Chaucis inter auxilia Romana agentibus emissumque tradiderunt. Virtus seu fraus eadem Inguiomero effugium dedit. Ceteri passim trucidati, et plerosque tranare Visurgim conantes iniecta tela aut vis fluminis, postremo moles ruentium et incidentes ripae operuere. Quidam turpi fuga in summa arborum nisi ramisque se occultantes admotis sagittariis per ludibrium figebantur; alios prorutae arbores adflixere.

18. Magna ea victoria neque cruenta nobis fuit. Quinta ab hora diei ad noctem caesi hostes decem milia

und kahlem Boden zwischen den Stämmen. Die Ebene und des Waldes Saum hielt der Barbaren Schlachtordnung; bloß die Cherusker hatten die Höhen besetzt, um sich auf die Römer, wenn sie im Kampfe begriffen, hinabzustürzen. Unser Heer zog so heran: gallische und germanische Hilfstruppen an der Spitze, nach diesen die Bogenschützen zu Fuß; dann vier Legionen und mit zwei prätorischen Cohorten²⁰) und auserlesener Reiterei der Cäsar; hierauf in gleicher Zahl die andern Legionen, die Leichtbewaffneten mit den reitenden Bogenschützen und die übrigen Cohorten der Bundesgenossen. In Spannung war und in Bereitschaft der Soldat, so wie geordnet war der Zug, zur Schlacht auch anzutreten²¹).

17. Kaum hatte man die Cheruskerschaaren zu Gesicht bekommen, die in wildem Ungestüm vorgebrochen waren, als er dem Kern der Reiter, ihnen in die Flanken zu fallen, dem Stertinius mit den übrigen Geschwadern sie zu umgeben und im Rücken anzugreifen befiehlt, während er selbst im rechten Zeitpunkt zur Stelle sein werde. Inzwischen zog das herrlichste Augurium, acht Adler, die man los auf den Wald und dann hinein sich schwingen sah, des Imperators Aufmerksamkeit auf sich. Laut ruft er, sie sollten eilen, sollten folgen den Vögeln Roms, der Legionen eigenen Schutzgeistern. Im selben Augenblick griff des Fußvolks Linie an, wo die vorausgesandte Reiterei den Nachtrab und die Flanken schon geworfen hat. Und wie ein Wunder stürzten die beiden feindlichen Heerhaufen, in entgegengesetzter Richtung fliehend, die den Wald besetzt gehalten, in das Freie, die auf der Ebene gestanden, in den Wald. Mitten zwischen diese wurden die Cherusker von den Hügeln hinabgetrieben, und unter ihnen sich hervorthuend hielt Arminius mit seinem Arme, seinem Zuruf, seiner Wunde die Schlacht aufrecht; ja er drang schon auf die Bogenschützen ein, um hier durchzubrechen, hätten nicht der Räter und Vindeliker Cohorten nebst den gallischen sich ihm entgegengeworfen. Doch eigene Kraftanstrengung und seines Rosses Ungestüm halfen ihm hindurch, da er mit seinem Blut das Antlitz sich bestrichen, um nicht erkannt zu werden. Einige berichteten, er sei erkannt von den unter den römischen Hilfstruppen befindlichen Chauken und von ihnen durchgelassen worden. Gleiche Tapferkeit oder gleicher Trug ließ Inguiomerus entkommen. Die Uebrigen wurden allenthalben niedergemacht, und sehr viele, welche die Weser zu durchschwimmen suchten, fanden, wo nicht unter nachgeschleuderten Geschossen oder in des Stromes Gewalt, so doch unter der Masse der Nachstürzenden und unter des Ufers Zusammensturz ihr Grab. Manche, die in schimpflicher Flucht die Gipfel der Bäume erklimmend sich unter dem Gezweig verbergen wollten, wurden von herbeigeführten Bogenschützen wie zum Spiel durchbohrt; Andere zerschmetterten die niedergeworfenen Bäume.

18. Groß war dieser Sieg und doch für uns nicht blutig. Von der fünften Tagesstunde an bis zur Nacht gemordet, bedeckten die Feinde zehntausend

passuum cadaveribus atque armis opplevere, repertis inter spolia eorum catenis, quas in Romanos, ut non dubio eventu, portaverant. Miles in loco proelii Tiberium imperatorem salutavit struxitque aggerem et in modum tropaeorum arma subscriptis victarum gentium nominibus imposuit.

19. Haud perinde Germanos vulnera, luctus, excidia quam ea species dolore et ira adfecit. Qui modo abire sedibus, trans Albim concedere parabant, pugnam volunt, arma rapiunt; plebes primores, iuventus senes agmen Romanum repente incursant, turbant. Postremo deligunt locum flumine et silvis clausum, arta intus planitie et umida: silvas quoque profunda palus ambibat, nisi quod latus unum Angrivarii lato aggere extulerant, quo a Cheruscis dirimerentur. Hic pedes adstitit; equitem propinquis lucis texere, ut ingressis silvam legionibus a tergo foret.

20. Nihil ex his Caesari incognitum: consilia locos, prompta occulta noverat astusque hostium in perniciem ipsis vertebat. Seio Tuberoni legato tradit equitem campumque; peditum aciem ita instruxit, ut pars aequo in silvam aditu incederet, pars obiectum aggerem eniteretur; quod arduum sibi, cetera legatis permisit. Quibus plana evenerant, facile inrupere; quis inpugnandus agger, ut si murum succederent, gravibus superne ictibus conflictabantur. Sensit dux inparem comminus pugnam remotisque paulum legionibus funditores libritoresque excutere tela et proturbare hostem iubet. Missae e tormentis hastae, quantoque conspicui magis propugnatores, tanto pluribus vulneribus deiecti. Primus Caesar cum praetoriis cohortibus capto vallo dedit impetum in silvas; conlato illic gradu certatum. Hostem a tergo palus, Romanos flumen aut montes claudebant: utrisque necessitas in loco, spes in virtute, salus ex victoria.

21. Nec minor Germanis animus, sed genere pugnae et armorum superabantur, cum ingens multitudo artis locis praelongas hastas non protenderet, non colligeret, neque adsultibus et velocitate corporum uteretur, coacta stabile ad proelium; contra miles, cui

Schritt mit ihren Leichen und Waffen, und es fanden sich unter der ihnen abgenommenen Beute auch Ketten, die sie, als wäre nicht zweifelhaft der Ausgang, für die Römer mitgebracht. Der Soldat begrüßte auf der Wahlstatt den Tiberius als Imperator⁶⁰) und thürmte einen Hügel auf, worauf er tropäenartig⁴¹) Waffen mit daruntergeschriebenen Namen der besiegten Völker setzte.

19. Nicht Wunden, Trauer, Verheerungen erfüllten so wie dieser Anblick die Germanen mit Schmerz und Erbitterung. Die schon Anstalt machten, ihre Wohnsitze zu verlassen und sich über die Elbe zurückzuziehen, wollen eine Schlacht jetzt, greifen zu den Waffen; Volk, Adel, Jung und Alt fallen plötzlich den römischen Heereszug an, verwirren ihn. Zuletzt ersehen sie sich eine von einem Flusse⁴²) und von Waldung eng umgrenzte, sumpfige Ebene zum Kampfplatz: auch die Waldung umzog ein tiefer Moor, nur daß die Angrivarier die eine Seite durch einen breiten Damm erhöhet hatten, um von den Cheruskern abgegrenzt zu sein. Hier stellte sich das Fußvolk auf; die Reiterei versteckten sie in den nahegelegenen Gehölzen, damit sie den Legionen, nachdem diese die Waldung betreten, im Rücken wäre.

20. Nichts davon blieb dem Cäsar unbekannt: der Feinde Pläne und Stellung, Offenes und Verstecktes wußte er und wandte zum Verderben ihnen ihre eigene List. Dem Legaten Sejus Tubero übergab er die Reiterei und das flache Feld; des Fußvolks Schlachtordnung gestaltete er so, daß ein Theil ebenen Weges in den Wald einrücken, der andere den vor ihm liegenden Damm ersteigen sollte; das Schwierige übernahm er selbst, das Uebrige ließ er den Legaten. Die nun auf dem ebenen Felde zu thun hatten, brachen leicht hinein; die aber den Damm bestürmen sollten, hatten, als müßten eine Mauer sie erklimmen, durch schwere Stöße von oben zu leiden. Der Feldherr merkte, daß aus der Nähe ungleich sei der Kampf, zog etwas zurück die Legionen und befahl den Schleuderern und Wurfschützen, ihre Geschosse zu entsenden und den Feind zurückzujagen. Es flogen aus den Wurfmaschinen Lanzen, und jemehr die Vertheidiger dem Blicke preis sich gaben, unter desto blutigeren Wunden stürzten sie darnieder. Der Cäsar war der erste, der mit den prätorischen Cohorten, als der Wall genommen, den Angriff auf die Waldung machte; Mann gegen Mann ward hier gefochten. Den Feind hielt im Rücken der Sumpf, die Römer der Fluß oder Berge eingeschlossen: beide Theile, wo sie standen, festgebannt, konnten Hoffnung nur in ihrer Tapferkeit, Rettung nur im Siege finden.

21. Von nicht geringerem Muthe waren die Germanen erfüllt, aber durch die Beschaffenheit des Kampfes und der Waffen im Nachtheil, da ihre ungeheure Menge im beschränkten Raume die übermäßig langen Speere nicht vorzustrecken, nicht zurückzuziehen, noch auch durch Sturmlauf von ihrer Schnelligkeit Gebrauch zu machen vermochte, zum Kampfe von der Stelle aus ge-

scutum pectori adpressum et insidens capulo manus, latos barbarorum artus, nuda ora foderet viamque strage hostium aperiret, inprompto iam Arminio ob continua pericula, sive illum recens acceptum vulnus tardaverat. Quin et Inguiomerum, tota volitantem acie, fortuna magis quam virtus deserebat. Et Germanicus, quo magis adgnosceretur, detraxerat tegimen capiti orabatque, insisterent caedibus: nil opus captivis, solam internicionem gentis finem bello fore. Iamque sero diei subducit ex acie legionem faciendis castris; ceterae ad noctem cruore hostium satiatae sunt. Equites ambigue certavere.

22. Laudatis pro contione victoribus Caesar congeriem armorum struxit, superbo cum titulo: debellatis inter Rhenum Albimque nationibus exercitum Tiberii Caesaris ea monimenta Marti et Iovi et Augusto sacravisse. De se nihil addidit, metu invidiae an ratus conscientiam facti satis esse. Mox bellum in Angrivarios Stertinio mandat, ni deditionem properavissent. Atque illi supplices nihil abnuendo veniam omnium accepere.

23. Sed aestate iam adulta legionum aliae itinere terrestri in hibernacula remissae; plures Caesar classi impositas per flumen Amisiam Oceano invexit. Ac primo placidum aequor mille navium remis strepere aut velis impelli: mox atro nubium globo effusa grando, simul variis undique procellis incerti fluctus prospectum adimere, regimen inpedire, milesque pavidus et casuum maris ignarus dum turbat nautas vel intempestive iuvat, officia prudentium corrumpebat. Omne dehinc caelum et mare omne in austrum cessit, qui umidis Germaniae terris, profundis amnibus, immenso nubium tractu validus et rigore vicini septentrionis horridior rapuit disiecitque naves in aperta Oceani aut insulas saxis abruptis vel per occulta vada infestas. Quibus paulum aegreque vitatis, postquam mutabat aestus eodemque quo ventus ferebat, non adhaerere anchoris, non exhaurire inrumpentis undas poterant: equi, iumenta, sarcinae, etiam

zwungen; wogegen der Soldat, den Schild fest an die Brust gedrückt[45]), mit in dem Schwertgriffe sicher ruhender Hand, in den breiten Gliedern, im unbedeckten Antlitz der Barbaren mit dem Schwerte wühlte, und über Feindesleichenhügel seinen Weg sich bahnte, während säumiger schon ward Arminius ob fortwährender Gefahr, oder weil ihn eine frisch empfangene Wunde hemmte. Verließ doch selbst den Inguiomerus, der das ganze Treffen durchflog, das Glück mehr als die Tapferkeit. Auch Germanicus, um desto kenntlicher zu sein, hatte die Kopfbedeckung abgenommen, und bat, sie möchten nur fort morden: nichts frommten Gefangene, allein die Vertilgung des Volkes werde dem Kriege ein Ende machen. Schon spät war es am Tage, als er eine Legion zurückzog aus der Schlacht, das Lager anzulegen; die übrigen sättigten sich bis zur Nacht am Blut der Feinde. Die Reiterei stritt ohne Entscheidung.

22. Nach Belobung der Sieger in der Heerversammlung errichtete der Cäsar einen Waffenhaufen mit der stolzen Inschrift: Es habe nach Besiegung der Völkerstämme zwischen Rhein und Elbe das Heer des Tiberius Cäsar solches Denkmal dem Mars, Jupiter und Augustus geweiht. Von sich fügte er nichts hinzu, aus Furcht vor Neid oder für genügend haltend das Bewußtsein seiner That. Schon beauftragt er alsdann den Stertinius mit dem Kriege gegen die Angrivarier[44]), hätten sie, sich zu ergeben, nicht sich selbst beeilt. So erhielten sie, demüthig nichts verweigernd, für Alles auch Verzeihung.

23. Doch da es schon hoch im Sommer war, wurden einige der Legionen auf dem Landwege in die Winterlager zurückgeschickt; die Mehrzahl schiffte der Cäsar ein und fuhr mit ihnen durch die Ems in den Ocean. Anfangs rauscht die stille Meeresfläche vom Ruderschlag der laufend Schiffe oder wird durch ihre Segel bewegt: bald aber thürmt sich schwarz Gewölk zusammen; Hagel, ihm entströmend, und zugleich die in der Stürme rings erhobenem Kampfe wild durcheinander bewegten Wogen benehmen die Aussicht, hindern die Lenkung, und der zagende, mit den Gefahren des Meeres unbekannte Soldat macht, indem er das Schiffsvolk stört oder zur Unzeit unterstützt, die Verrichtungen der Erfahrenen unnütz. Hierauf gerieth der ganze Himmel und das ganze Meer in des Südwinds Gewalt, welcher bei den feuchten Ländern Germaniens, bei dessen tiefen Strömen durch den ungeheuersten Wolkenzug verstärkt, und durch des nahen Nordens Strenge um so rauher, die Schiffe ergriff und in den offenen Ocean oder nach Inseln hin verschlug, die mit schroffen Klippen oder verborgenen Untiefen Verderben drohten. Als man diesen kaum nur und mit Mühe ausgewichen, konnte man, da sich die Strömung änderte und mit dem Winde in gleicher Richtung trieb, weder sich vor Anker halten, noch die einbringenden Fluthen ausschöpfen: Pferde, Lastvieh, Gepäck, Waffen sogar wurden über Bord geworfen, um die an den Seiten led

arma praecipitantur, quo levarentur alvei manantes per latera et fluctu superurgente.

24. Quanto violentior cetero mari Oceanus et truculentia caeli praestat Germania, tantum illa clades novitate et magnitudine excessit, hostilibus circum litoribus aut ita vasto et profundo, ut credatur novissimum ac sine terris mare. Pars navium haustae sunt, plures aput insulas longius sitas eiectae, milesque nullo illic hominum cultu fame absumptus, nisi quos corpora equorum eodem elisa toleraverant. Sola Germanici triremis Chaucorum terram adpulit, quem per omnes illos dies noctesque aput scopulos et prominentis oras, cum se tanti exitii reum clamitaret, vix cohibuere amici, quo minus eodem mari oppeteret. Tandem relabente aestu et secundante vento claudae naves raro remigio aut intentis vestibus, et quaedam a validioribus tractae, revertere; quas raptim refectas misit, ut scrutarentur insulas. Collecti ea cura plerique: multos Angrivarii nuper in fidem accepti redemptos ab interioribus reddidere; quidam in Britanniam rapti et remissi a regulis. Ut quis ex longinquo revenerat, miracula narrabant, vim turbinum et inauditas volucres, monstra maris, ambiguas hominum et beluarum formas, visa sive ex metu credita.

25. Sed fama classis amissae ut Germanos ad spem belli, ita Caesarem ad coërcendum erexit. C. Silio cum triginta peditum, tribus equitum milibus ire in Chattos imperat; ipse maioribus copiis Marsos inrumpit, quorum dux Mallovendus nuper in deditionem acceptus propinquo luco defossam Varianae legionis aquilam modico praesidio servari indicat. Missa extemplo manus, quae hostem a fronte eliceret, alii qui terga circumgressi recluderent humum; et utrisque adfuit fortuna. Eo promptior Caesar pergit introrsus, populatur, excindit non ausum congredi hostem aut, sicubi restiterat, statim pulsum nec umquam magis, ut ex captivis cognitum est, paventem. Quippe invictos et nullis ca-

gewordenen Schiffe, zumal da auch von oben her die Wogen überschlugen, zu erleichtern.

24. In dem Maße, wie durch Ungestüm vor andern Meeren der Ocean und durch Unfreundlichkeit des Himmels sich Germanien hervorthut, so überschritt auch jenes Unglück durch Neuheit und Größe alle Grenzen, da es ringsum feindliche Gestade oder eine solche Oede und Tiefe gab, daß das Meer für das äußerste und uferlos gehalten wird. Ein Theil der Schiffe ward verschlungen, mehrere strandeten an weitentlegenen Inseln, wo denn die Mannschaft, weil von Menschenanbau nichts zu finden war, von Hunger aufgerieben wurde, die etwa ausgenommen, welchen eben dahin getriebene Pferdeleichen das Leben gefristet hatten. Allein des Germanicus Dreiruderer trieb an das Land der Chauken, den während aller jener Tage und Nächte an den Klippen und den Ufervorsprüngen, wenn er laut sich selbst die Schuld an solchem großen Unglück beimaß, kaum die Freunde abhalten konnten, den Tod zu suchen in demselben Meere. Endlich mit wiederkehrender Fluth und günstigem Winde kamen schwer verletzt die Schiffe mit spärlichem Ruderwerk oder aufgespannten Gewändern, einige auch von den stärkeren gezogen, zurück; und diese in aller Eile ausgebessert sandte er aus, die Inseln zu durchsuchen. Zusammen gebracht wurden durch diese Sorgfalt sehr Viele: Viele gaben die jüngst in Pflicht genommenen Angrivarier, nachdem sie von den weiter einwärts Wohnenden sie losgekauft, zurück; Manche waren nach Britannien verschlagen worden und wurden von den kleinen Königen zurückgesandt. Aus je weiterer Ferne Einer zurückgekommen war, wußte er Wunderdinge zu erzählen, von der Gewalt der Wirbelwinde und von unerhörten Vögelarten, von Seeungeheuern, Zwittergestalten von Menschen und Thieren, sei's nun gesehen worden, oder durch die Furcht nur eingebildet.

25. Doch der Ruf vom Verlust der Flotte reizte, wie die Germanen zu neuer Kriegshoffnung, so den Cäsar, dem zu wehren. Dem C. Silius befiehlt er mit dreißigtausend Fußgängern und breitausend Reitern gegen die Chatten zu ziehen; er selbst bricht mit größerer Truppenzahl in das Gebiet der Marser ein, deren unlängst in Pflicht genommener Herzog Mallovendus anzeigt, daß in einem nahen Haine vergraben der Adler[5]) einer varianischen Legion von einer nur mäßigen Bedeckung gehütet werde. Abgesandt ward auf der Stelle eine Schaar, den Feind von vorn herauszulocken, Andere sollten im Rücken ihn umgehen und das Erdreich ausgraben; und beide begünstigte das Glück. Desto rascher nun bringt in das Innere vor der Cäsar, plündert und verwüstet das Gebiet des Feindes, der es nicht wagte, sich in ein Treffen einzulassen, oder wenn er ja wo Stand hielt, gleich geworfen ward und, wie man von Gefangenen erfuhr, nie in größerer Bestürzung war. Denn unbe-

ANNALIUM LIBER II.

superabiles Romanos praedicabant, qui perdita
, amissis armis, post constrata equorum virorum-
corporibus litora eadem virtute, pari ferocia et
aucti numero inrupissent.
. Reductus inde in hiberna miles, laetus animi,
adversa maris expeditione prospera pensavisset.
dit munificentiam Caesar, quantum quis damni
sus erat, exsolvendo. Nec dubium habebatur la-
hostes petendaeque pacis consilia sumere, et si
una aestas adiceretur, posse bellum patrari. Sed
s epistulis Tiberius monebat, rediret ad decretum
phum: satis iam eventuum, satis casuum. Pro-
illi et magna proelia: eorum quoque meminisset,
venti et fluctus, nulla ducis culpa, gravia tamen
eva damna intulissent. Se novies a divo Augusto
Germaniam missum plura consilio quam vi perfe-
Sic Sugambros in deditionem acceptos, sic Sue-
regemque Maroboduum pace obstrictum. Posse et
scos ceterasque rebellium gentes, quoniam Ro-
ultioni consultum esset, internis discordiis relin-
Precante Germanico annum efficiendis coeptis,
modestiam eius adgreditur alterum consulatum
ndo, cuius munia praesens obiret. Simul adne-
, si foret adhuc bellandum, relinqueret materiem
fratris gloriae, qui nullo tum alio hoste non nisi
Germaniae adsequi nomen imperatorium et depor-
lauream posset. Haud cunctatus est ultra Ger-
ns, quamquam fingi ea seque per invidiam parto
decori abstrahi intellegeret.
27. Sub idem tempus e familia Scriboniorum Libo
is defertur moliri res novas. Eius negotii initium,
in, finem curatius disseram, quia tum primum re-
sunt, quae per tot annos rem publicam exedere.
ns Catus senator, ex intima Libonis amicitia, iuve-
improvidum et facilem inanibus ad Chaldaeorum
issa, magorum sacra, somniorum etiam interpretes
t, dum proavum Pompeium, amitam Scriboniam,
quondam Augusti coniunx fuerat, consobrinos Cae-
pleram imaginibus domum ostentat, hortaturque

siegbar und durch keine Unfälle zu beugen nannten sie die Römer, die der
Vernichtung ihrer Flotte, des Verlustes der Waffen ungeachtet, da Roß und
Mann mit ihren Leichen die Gestade deckten, doch mit derselben Tapferkeit, mit
gleichem Ungestüm und wie vermehrt an Zahl hereingebrochen wären.

26. Zurückgeführt ward hierauf in die Winterlager der Soldat, in seinem
Geiste froh, die Unfälle zur See durch einen glücklichen Feldzug wieder gut
gemacht zu haben. Dem gesellte noch Freigebigkeit der Cäsar bei, indem er,
was ein Jeder an Verlust angab, vergütete. Auch hielt man es für unbezweifelt, daß die Feinde wankten und mit dem Entschluß umgingen, um Frieden zu bitten, und daß, wenn der nächste Sommer noch daran gesetzt würde,
der Krieg beendigt werden könne. Aber in wiederholten Schreiben mahnte ihn
Tiberius, zurückzukehren zu dem ihm beschlossenen Triumphe: genug schon sei
der Erfolge, genug der Unfälle. Glückliche und große Schlachten habe er
aufzuweisen; auch dessen möchte er gedenken, wie schwere und furchtbare Verluste, ohne alle Schuld des Feldherrn, Stürme und Fluthen herbeigeführt.
Er habe, neunmal[46] von Divus Augustus nach Germanien gesandt, mehr
durch Klugheit als durch Gewalt ausgerichtet. So seien die Sugambrer[47]
in Botmäßigkeit genommen, so die Sueben und ihr König Marobodunus durch
friedlichen Vertrag gefesselt. Es könnten ja auch die Cherusker und die übrigen
der widerspenstigen Völker, weil zur Rache Rom's genug geschehen, inneren
Fehden überlassen bleiben. Da Germanicus nur um ein Jahr noch bat, um
das Begonnene auszuführen, setzt er seiner Bescheidenheit noch heftiger zu, indem er ihm das zweite Consulat anbot, dessen Verwaltung seine persönliche
Gegenwart erforderte. Zugleich fügte er bei, wenn ja noch der Krieg fortzu-
führen sei, so möchte er Gelegenheit zum Ruhm übrig lassen seinem Bruder
Drusus[48]), der, da es keinen andern Feind jetzt gebe, nur in Germanien den
Imperatortitel erlangen und den Lorbeerkranz davontragen könne. Nicht zö-
gerte Germanicus nun weiter, obwohl er einsah, daß dieses nur Vorwände seien
und er aus Neid von der bereits errungenen Ehrenbahn hinweggerissen werde.

27. Um eben diese Zeit wird aus dem Geschlechte der Scribonier Libo Drusus angezeigt, als gehe er mit einer Staatsumwälzung um. Ueber dieses
Handels Ursprung, Verlauf und Ende will ich sorgfältiger mich verbreiten,
weil damals zuerst aufkam, was so viele Jahre hindurch den Staat zernagt
hat. Der Senator Firmius Catus, einer der vertrautesten Freunde Libo's,
wußte den unvorsichtigen und eitlen Vorspiegelungen leicht sich hingebenden
Jüngling für Chaldäer-Verheißungen[49], Magierzaubereien und Traumdeuter
sogar einzunehmen, indem er ihm vorhielt, wie Pompejus sein Urgroßvater[50]),
Scribonia, die ehemals des Augustus Gemahlin gewesen war, seine Tante, die
Cäsaren seine Vetter seien, an Ahnenbildern reich sein Haus, und dabei ermun-

ad luxum et aes alienum, socius libidinum et necessitatum, quo pluribus indiciis inligaret.

28. Ut satis testium et qui servi eadem noscerent, repperit, aditum ad principem postulat, demonstrato crimine et reo per Flaccum Vescularium, equitem Romanum, cui propior cum Tiberio usus erat. Caesar indicium haud aspernatus congressus abnuit: posse enim eodem Flacco internuntio sermones commeare. Atque interim Libonem ornat praetura, convictibus adhibet, non vultu alienatus, non verbis commotior — adeo iram condiderat —; cunctaque eius dicta factaque, cum prohibere posset, scire malebat, donec Iunius quidam, temptatus ut infernas umbras carminibus eliceret, ad Fulcinium Trionem indicium detulit. Celebre inter accusatores Trionis ingenium erat avidumque famae malae. Statim corripit reum, adit consules, cognitionem senatus poscit; et vocantur patres, addito consultandum super re magna et atroci.

29. Libo interim veste mutata cum primoribus feminis circumire domos, orare adfines, vocem adversum pericula poscere, abnuentibus cunctis, cum diversa praetenderent, eadem formidine. Die senatus metu et aegritudine fessus, sive, ut tradidere quidam, simulato morbo, lectica delatus ad fores curiae innisusque fratri et manus ac supplices voces ad Tiberium tendens immoto eius vultu excipitur. Mox libellos et auctores recitat Caesar, ita moderans, ne lenire neve asperare crimina videretur.

30. Accesserant praeter Trionem et Catum accusatores Fonteius Agrippa et C. Vibius, certabantque, cui ius perorandi in reum daretur, donec Vibius, quia nec ipsi inter se concederent et Libo sine patrono introisset, singillatim se crimina obiecturum professus, protulit libellos vaecordes adeo, ut consultaverit Libo, an habiturus foret opes, quis viam Appiam Brundisium usque pecunia operiret. Inerant et alia huiuscemodi stolida vana, si mollius acciperes, miseranda. Uni tamen libello manu Libonis nominibus Caesarum aut senatorum

tert er ihn zu Aufwand und Schulden machen, theilnehmend an seinen Ausschweifungen und Verlegenheiten, um ihn in desto mehr Angaben zu verstricken.

28. Sobald er genug der Zeugen und eben dasselbe einräumender Sklaven gefunden hat, fordert er zum Fürsten Zutritt, nachdem er durch den römischen Ritter Flaccus Vescularius, der näheren Umgang mit Tiberius hatte, das Verbrechen und den Schuldigen bezeichnet hatte. Der Cäsar, ohne die Anzeige deshalb von sich zu weisen, verweigert die Zusammenkunft: es könne ja derselbe Flaccus ihrer Unterhandlungen Zwischenträger sein. Und indeß beehrt er den Libo mit der Prätur, zieht ihn zur Tafel, ohne in der Miene veränderte Gesinnung, im Gespräche die Bewegung seines Innern zu verrathen — so tief hatte er den Groll versteckt — und wissen wollte er lieber all' sein Reden und Thun, da er es doch hätte hindern können, bis ein gewisser Junius, von jenem angegangen, Schatten der Unterwelt durch Zaubersprüche heraufzubeschwören, dem Fulcinius Trio davon Anzeige machte. Berühmt war unter den Anklägern des Trio Talent und recht geflissentlich auf bösen Ruf bedacht. Auf der Stelle ergreift er den Angeschuldigten, begibt sich zu den Consuln, fordert eine Untersuchung vor dem Senat; und berufen werden die Väter mit dem Bemerken, es sei zu berathen über eine wichtige und grauenvolle Sache.

29. Inzwischen geht Libo im Trauergewande[51]), begleitet von angesehenen Frauen, von Haus zu Haus, spricht seine Verwandten an, verlangt Fürsprache gegen die Gefahr, abschläglich von allen insgesammt beschieden unter mannigfachem Vorwand, aus gleicher Scheu. Am Tage des Senates läßt er sich, von Furcht und Kümmerniß ermattet, oder, wie Einige berichten, krank sich stellend, in einer Sänfte bis an die Thür der Curie tragen, und sich stützend auf den Bruder, mit den Händen und mit flehender Rede zu Tiberius hingewendet, wird er von diesem mit unbewegter Miene aufgenommen. Hierauf ließ der Cäsar die Klagschriften u. ihrer Verfasser Namen vor, in ruhig abgemessenem Tone, daß er die Beschuldigungen weder zu mildern noch zu schärfen schien.

30. Beigetreten waren noch als Kläger außer Trio und Catus, Fontejus Agrippa und C. Vibius, und diese stritten mit einander, wem das Recht wider den Beklagten die Hauptrede zu halten zugestanden werden solle, bis Vibius erklärte, er wolle, weil sie selbst nicht einig werden könnten und Libo ohne Sachwalter eingetreten wäre, einzeln[52]) die Beschuldigungen vorhalten, und nun Papiere voll so großen Unsinns vorbrachte, daß Libo darüber nachgeforscht haben sollte, ob er einmal Schätze genug haben würde, um die appische Straße bis nach Brundisium[53]) hin mit Geld zu bedecken. Und so stand darin noch Anderes dergleichen, Albernes, Gehaltloses, will man es milder nehmen, Erbarmungswürdiges. In Einem Papiere jedoch sollten, wie der Ankläger behauptete, mit Libo's eigener Hand den Namen der Cäsaren oder Senatoren

additas atroces vel occultas notas accusator arguebat. Negante reo adgnoscentes servos per tormenta interrogari placuit; et quia vetere senatus consulto quaestio in caput domini prohibebatur, callidus et novi iuris repertor Tiberius mancipari singulos actori publico iubet, scilicet ut in Libonem ex servis salvo senatus consulto quaereretur. Ob quae posterum diem reus petivit domumque digressus extremas preces P. Quirinio, propinquo suo, ad principem mandavit.

31. Responsum est, ut senatum rogaret. Cingebatur interim milite domus, strepebant etiam in vestibulo, ut audiri, ut aspici possent, cum Libo ipsis, quas in novissimam voluptatem adhibuerat, epulis excruciatus vocare percussorem, prensare servorum dextras, inserere gladium. Atque illis, dum trepidant, dum refugiunt, evertentibus adpositum cum mensa lumen, feralibus iam sibi tenebris duos ictus in viscera derexit. Ad gemitum conlabentis adcurrere liberti, et caede visa miles abstitit. Accusatio tamen aput patres adseveratione eadem peracta, iuravitque Tiberius petiturum se vitam quamvis nocenti, nisi voluntariam mortem properavisset.

32. Bona inter accusatores dividuntur, et praeturae extra ordinem datae his, qui senatorii ordinis erant. Tunc Cotta Messalinus, ne imago Libonis exsequias posterorum comitaretur, censuit, Cn. Lentulus, ne quis Scribonius cognomentum Drusi adsumeret; supplicationum dies Pomponii Flacci sententia constituti; dona Iovi, Marti, Concordiae, utque iduum Septembrium dies, quo se Libo interfecerat, dies festus haberetur, L. Piso et Gallus Asinius et Papius Mutilus et L. Apronius decrevere, quorum auctoritates adulationesque rettuli, ut sciretur vetus id in re publica malum. Facta et de mathematicis magisque Italia pellendis senatus consulta; quorum e numero L. Pituanius saxo deiectus est, in P. Marcium consules extra portam Esquilinam, cum classicum canere iussissent, more prisco advertere.

33. Proximo senatus die multa in luxum civitatis

unheilschwangere oder unverständliche Zeichen beigefügt sein. Da der Beklagte leugnete, beschloß man die jenes anerkennenden Sclaven auf der Folter zu verhören; und weil nach altem Senatsbeschluß peinliches Verhör gegen das Leben des Herrn verboten war, so befahl der verschlagene und in neuen Rechtsbestimmungen erfinderische Tiberius, sie einen nach dem andern an den Staatsagenten[54]) zu verkaufen, damit nämlich gegen Libo unbeschadet des Senatsbeschlusses mit den Sklaven das Verhör vorgenommen werden könnte. Deshalb bat der Angeklagte um Frist bis zum folgenden Tage, begab sich nach Hause und trug seinem Verwandten P. Cwirinius die letzten Bitten an den Fürsten auf.

31. Die Antwort war, er solle an den Senat sich wenden. Indessen wurde sein Haus von Soldaten umringt; sogar schon in der Vorhalle lärmten sie umher, um gehört, um gesehen werden zu können, als Libo sogar bei dem Mahle, welches er sein letztes Lablal hatte sein lassen wollen, gemartert, nach einem Mörter rief, die Hände seiner Sklaven erfaßte, ein Schwert hineinzudrüden suchte. Und da diese, indem sie zagen und zurückfliehen, mit dem Tische das dastehende Licht umwerfen, versetzt er sich, wie von des Todes Nacht nun schon umfangen, zwei Stiche in den Unterleib. Auf das Stöhnen des Zusammensinkenden liefen die Freigelassenen herbei, und die Soldaten, sobald sie den Mord gesehen, traten ab. Die Klage wurde dennoch vor den Vätern mit gleichem Ernste durchgeführt, und Tiberius betheuerte, er würde gebeten haben für das Leben des wenn auch noch so Schuldigen, hätte er freiwillig nicht den Tod beeilt.

32. Seine Güter wurden unter die Ankläger vertheilt und außerordentliche Präturen[55]) denen verliehen, welche vom Senatorenstande waren. Dann stimmte Cotta Messalinus[56]) dafür, daß Libo's Bildniß[57]) bei den Leichenzügen seiner Nachkommen nicht folgen solle, Cn. Lentulus[58]), daß kein Scribonier den Beinamen Drusus solle annehmen dürfen; Dankfesttage wurden auf den Antrag des Pomponius Flaccus[59]) bestimmt; Geschenke für Jupiter, Mars und Concordia, und daß der dreizehnte September, an welchem Libo sich getödtet hatte, als Festtag begangen würde, beschlossen L. Piso, Gallus Asinius, Papius Mutilus und L. Apronius, deren gewichtige Namen und Schmeicheleien ich angeführt habe, damit man wisse, es sei ein altes Uebel dies in unserem öffentlichen Leben. Auch wurden wegen Vertreibung der Mathematiker[60]) und Magier aus Italien Senatsbeschlüsse abgefaßt. Aus ihrer Mitte ward L. Pituanius vom Felsen[61]) gestürzt; gegen P. Marcius verfuhren die Consuln vor dem esquilinischen Thore[62]), nachdem sie hatten Lärm blasen lassen, nach altem Brauche.

33. Am nächsten Senatstage ward viel gegen den Aufwand der Bürger ge-

dicta a Q. Haterio consulari, Octavio Frontone praetura functo, decretumque ne vasa auro solida ministrandis cibis fierent, ne vestis Serica viros foedaret. Excessit Fronto ac postulavit modum argento, supellectili, familiae: erat quippe adhuc frequens senatoribus, si quid e re publica crederent, loco sententiae promere. Contra Gallus Asinius disseruit: auctu imperii adolevisse etiam privatas opes, idque non novum, sed e vetustissimis moribus: aliam apud Fabricios, aliam aput Scipiones pecuniam, et cuncta ad rem publicam referri, qua tenui angustas civium domos, postquam eo magnificentiae venerit, gliscero singulos. Neque in familia et argento, quaeque ad usum parentur, nimium aliquid aut modicum nisi ex fortuna possidentis. Distinctos senatus et equitum census, non quia diversi natura, sed ut, ut locis ordinibus dignationibus, antistent et aliis quae ad requiem animi aut salubritatem corporum parentur, nisi forte clarissimo cuique plures curas, maiora pericula subeunda, delenimentis curarum et periculorum carendum esse. Facilem adsensum Gallo sub nominibus honestis confessio vitiorum et similitudo audientium dedit. Adiecerat et Tiberius non id tempus censurae, nec, si quid in moribus laboret, defuturum corrigendi auctorem.

34. Inter quae L. Piso ambitum fori, corrupta iudicia, saevitiam oratorum accusationes minitantium increpans, abire se et cedere urbe, victurum in aliquo abdito et longinquo rure testabatur; simul curiam relinquebat. Commotus est Tiberius, et quamquam mitibus verbis Pisonem permulsisset, propinquos quoque eius impulit, ut abeuntem auctoritate vel precibus tenerent. Haud minus liberi doloris documentum idem Piso mox dedit vocata in ius Urgulania, quam supra leges amicitia Augustae extulerat. Nec aut Urgulania obtemperavit, in domum Caesaris spreto Pisone vecta, aut ille abscessit, quamquam Augusta se violari et imminui quereretur. Tiberius hac-

sprochen vom Consularen Lu. Haterius und vom gewesenen Prätor Octavius Fronto, und beschlossen, daß keine massive Gefäße von Gold zum Auftragen der Speisen verfertigt werden, nicht serische Gewänder[63]) Männer entehren sollten. Noch weiter ging dabei Fronto und verlangte Einschränkung in Silberzeug, in Hausgeräth, in Dienerschaft: es war nämlich noch häufig Sitte bei den Senatoren, wenn sie etwas dem Gemeinwesen heilsam erachteten, dieses bei der Abstimmung zur Sprache zu bringen. Dagegen setzte Gallus Asinius auseinander, wie mit der Vergrößerung des Reiches auch der Privatreichthum gewachsen, und dieses nichts Neues sei, sondern dem Brauche der ältesten Zeiten gemäß: ein anderer sei unter den Fabriciern[64]), ein anderer unter den Scipionen der Vermögenszustand gewesen, und Alles richte sich nach dem Staatsverhältniß, bei dessen Beschränktheit auch die Haushaltungen der Bürger eng begrenzt gewesen seien, wie jetzt, da jenes zu so hohem Glanze gestiegen, auch der Einzelne sich weiter ausdehne. Auch gebe es in Dienerschaft, Silberzeug und allem, was man zum Bedarf anschaffe, kein Zuviel oder Maßhalten, außer nach dem Vermögen des Besitzers. Gesondert sei des Senates und der Ritter Schatzung[65]), nicht weil sie von anderer Natur wären, sondern damit sie, wie durch ihre Plätze, ihren Stand und ihre Würde, so auch den Vorrang hätten durch Anderes, was zur Erholung des Geistes oder zum körperlichen Wohlbefinden geschaffen werde; es müßte denn ein Jeder, je höher er ständt, um so mehr Sorgen, um so größeren Gefahren sich unterziehen, aber was für Sorgen und Gefahren ihn entschädigen könnte, entbehren sollen. Leichte Zustimmung fand Gallus durch das mit schönen Namen sich bemäntelnde Sündenbekenntniß und die Sinnesähnlichkeit seiner Zuhörer. Dazu hatte auch Tiberius bemerkt, es sei jetzt nicht Zeit Censur zu üben, und sollte in den Sitten ein Verfall sich zeigen, so würde es an dem nicht fehlen, der zu ihrer Verbesserung berufen sei[66]).

34. Hierbei zog L. Piso auf die Ränke des Forums, auf die Bestechlichkeit der Gerichte, auf die Raserei der mit Anklagen drohenden Redner los und bethenerte, er gehe nun und entferne sich aus der Stadt, um auf irgend einem verborgnen und ferngelegenen Landsitze zu leben; zugleich war er im Begriff, die Curie zu verlassen. Das machte Eindruck auf Tiberius, und obwohl er durch freundliche Worte den Piso schon zu besänftigen gesucht hatte, bestimmte er doch auch seine Verwandten, ihn beim Weggehen durch ihr Ansehn und ihre Bitten zu halten. Einen nicht geringeren Beweis seines freimüthigen Unwillens gab eben dieser Piso bald darauf durch gerichtliche Belangung der Urgulania, welche Augusta's[67]) Freundschaft über die Gesetze gestellt hatte. Und so wenig Urgulania Folge leistete, indem sie, ohne den Piso zu beachten, nach dem Hause des Cäsars fuhr, so wenig wich er von der Stelle, obgleich Augusta sich über persönliche Kränkung und Geringschätzung beklagte. Ti-

tenus indulgere matri civile ratus, ut se iturum ad praetoris tribunal, adfuturum Urgulaniae diceret, processit Palatio, procul sequi iussis militibus. Spectabatur occursante populo compositus ore et sermonibus variis tempus atque iter ducens, donec propinquis Pisonem frustra coercentibus deferri Augusta pecuniam, quae petebatur, iuberet. Isque finis rei, ex qua neque Piso inglorius et Caesar maiore fama fuit. Ceterum Urgulaniae potentia adeo nimia civitati erat, ut testis in causa quadam, quae aput senatum tractabatur, venire dedignaretur: missus est praetor, qui domi interrogaret, cum virgines Vestales in foro et iudicio audiri, quotiens testimonium dicerent, vetus mos fuerit.

35. Res eo anno prolatas haud referrem, ni pretium foret Cn. Pisonis et Asinii Galli super eo negotio diversas sententias noscere. Piso, quamquam afuturum se dixerat Caesar, ob id magis agendas censebat, ut absente principe senatum et equites posse sua munia sustinere decorum rei publicae foret. Gallus, quia speciem libertatis Piso praeceperat, nihil satis inlustre aut ex dignitate populi Romani nisi coram et sub oculis Caesaris, eoque conventum Italiae et adfluentis provincias praesentiae eius servanda dicebat. Audiente haec Tiberio ac silente magnis utrimque contentionibus acta; sed res dilatae.

36. Et certamen Gallo adversus Caesarem exortum est. Nam censuit in quinquennium magistratuum comitia habenda, utque legionum legati, qui ante praeturam ea militia fungebantur, iam tum praetores destinarentur, princeps duodecim candidatos in annos singulos nominaret. Haud dubium erat, eam sententiam altius penetrare et arcana imperii temptari. Tiberius tamen, quasi augeretur potestas eius, disseruit: grave moderationi suae tot eligere, tot differre. Vix per singulos annos offensiones vitari, quamvis repulsam propinqua spes soletur: quantum odii fore ab iis, qui ultra

derius, der es der öffentlichen Meinung schuldig zu sein glaubte, in so weit sich gegen die Mutter nachgiebig zu zeigen, daß er erklärte, er wolle selbst hingehen zu des Prätors Tribunal und der Urgulania Beistand leisten, begab sich aus dem Palast, indem er Soldaten aus der Ferne folgen ließ. So sah man ihn, wie er unter dem Andrange des Volks, ohne eine Miene zu verziehen, mit allerlei Gesprächen Zeit und Weg hinzögerte, bis Augusta, da den Proto die Verwandten umsonst zu beschwichtigen suchten, das verlangte Geld zu überbringen befahl. Und so endete die Sache nicht unrühmlich für Piso, zu größerem Ruhme für den Cäsar. Uebrigens war der Urgulania Macht in solchem Grade der des Staates überlegen, daß sie in einer Sache, welche im Senat verhandelt wurde, als Zeugin zu erscheinen unter ihrer Würde hielt; es ward ein Prätor entsendet, sie in ihrer Wohnung zu vernehmen, da doch selbst die Vestalischen Jungfrauen*), so oft sie ein Zeugniß abzulegen hatten, auf dem Forum und im Gerichte zu verhören alte Sitte war.

35. Die Vertagung der Geschäfte in diesem Jahre würde ich nicht erwähnen, wenn es nicht der Mühe lohnte, des Cn. Piso und Asinius Gallus Meinungsverschiedenheit in Betreff dieser Sache kennen zu lernen. Piso war, ungeachtet der Cäsar erklärt hatte, er werde nicht anwesend sein, der Meinung, man müsse desbald nur um so mehr sie vornehmen, und daß auch in Abwesenheit des Fürsten Senat und Ritter*) im Stande wären ihres Amtes zu warten, würde dem gemeinen Wesen zur Ehre gereichen. Gallus, weil so ihm Piso die Gelegenheit, freimüthig zu erscheinen, verweggenommen, sagte, nichts erscheine in gehörigem Glanze oder der Würde des römischen Volkes vollkommen angemessen, was nicht im Beisein und unter den Augen des Cäsars geschehe, und darum müsse man die Versammlung Italiens und das Herbeiströmen der Provinzen seiner Gegenwart vorbehalten. Dieses ward, indem Tiberius zuhörend schwieg, mit großer Heftigkeit von beiden Seiten verhandelt; aber die Geschäfte wurden vertagt.

36. Auch gerieth Gallus mit dem Cäsar in Streit. Er trug nämlich darauf an, daß auf fünf Jahre die Wahl der Magistrate vorgenommen und die Legaten der Legionen, die vor der Prätur diesen Militärposten bekleideten*), schon jetzt zu Prätoren bestimmt würden, der Fürst zwölf Candidaten für jedes Jahr vorschlüge*). Es war ganz unbezweifelt, daß dieser Antrag tiefer eingriff und die Geheimnisse der Herrschaft dadurch angetastet wurden*). Tiberius jedoch, als ob so seine Macht vermehrt würde, erklärte, es sei eine starke Aufgabe für seine Bescheidenheit, so Viele zu erwählen, so Vielen die Aussicht hinauszuschieben. Kaum würde bei den jährlichen Wahlen Anstoß vermieden, obwohl da die nahe Hoffnung bei der Zurückweisung tröste; wieviel Haß würde man von denen zu erwarten haben, welche sich über fünf Jahre

quinquennium proiciantur. Unde prospici posse, quae cuique tam longo temporis spatio mens, domus, fortuna? Superbire homines etiam annua designatione: quid si honorem per quinquennium agitent? Quinquiplicari prorsus magistratus, subverti leges, quae sua spatia exercendae candidatorum industriae quaerendisque aut potiundis honoribus statueriut. Favorabili in speciem oratione vim imperii tenuit.

37. Censusque quorundam senatorum iuvit. Quo magis mirum fuit, quod preces Marci Hortali, nobilis iuvenis, in paupertate manifesta superbius accepisset. Nepos erat oratoris Hortensii, inlectus a divo Augusto liberalitate decies sestertii ducere uxorem, suscipere liberos, ne clarissima familia extingueretur. Igitur quattuor filiis ante limen curiae adstantibus, loco sententiae, cum in Palatio senatus haberetur, modo Hortensii inter oratores sitam imaginem, modo Augusti intuens ad hunc modum coepit: 'Patres conscripti, hos, quorum numerum et pueritiam videtis, non sponte sustuli, sed quia princeps monebat; simul maiores mei incruerant, ut posteros haberent. Nam ego, qui non pecuniam, non studia populi neque eloquentiam, gentile domus nostrae bonum, varietate temporum accipere vel parare potuissem, satis habebam, si tenues res meae nec mihi pudori nec cuiquam oneri forent. Iussus ab imperatore uxorem duxi. En stirps et progenies tot consulum, tot dictatorum. Nec ad invidiam ista, sed conciliandae misericordiae refero. Adsequentur florente te, Caesar, quos dederis honores: interim Q. Hortensii pronepotes, divi Augusti alumnos ab inopia defende.'

38. Inclinatio senatus incitamentum Tiberio fuit, quo promtius adversaretur, his ferme verbis usus: 'Si, quantum pauperum est, venire huc et liberis suis petere pecunias coeperint, singuli numquam exsatiabuntur, res publica deficiet. Nec sane ideo a maioribus concessum est egredi aliquando relationem et quod in commune conducat loco sententiae proferre, ut privata negotia et res familiares nostras hic augeamus, cum in-

zurückgeschoben sähen. Woher könne man voraussehen, wie während eines so langen Zeitraums eines Jeden Gesinnung, Haus und Vermögensumstände sich gestalten würden? Uebermüthig würden die Menschen schon bei einjähriger Vorhererrennung: wie, wenn sie mit der Ehre fünf Jahre hindurch sich trügen? Geradezu verfünffacht würden die Magistrate, untergraben die Gesetze, welche für die öffentliche Thätigkeit der Candidaten und für das Suchen und Bekleiden der Ehrenstellen bestimmte Zeitabschnitte festgesetzt hätten. Durch die scheinbar wohlmeinende Rede hielt er die Gewalt der Herrschaft fest in den Händen.

37. Auch half er einigen Senatoren zu dem erforderlichen Vermögen[74]. Um so mehr zu verwundern war es, daß er das Gesuch des Marcus Hortalus, eines edlen jungen Mannes, bei dessen offenkundiger Armuth, so stolz verachtend aufnahm. Ein Enkel des Redners Hortensius, hatte er sich von Divus Augustus durch ein Gnadengeschenk von einer Million Sesterze bewegen lassen, zu heirathen und Kinder zu zeugen, damit ein so hochberühmtes Geschlecht nicht ausstürbe. So standen vier Söhne am Eingange des Saales dabei, als er im Palaste[74], wo Senat gehalten wurde, bald auf das unter den Rednern aufgestellte Bild des Hortensius, bald auf das des Augustus blickend, sobald die Reihe der Abstimmung an ihn kam, in folgender Weise begann: „Versammelte Väter, die Reihe der Knaben, welche ihr hier erblickt, habe ich nicht aus eigenem Antriebe, sondern weil der Fürst mich dazu aufforderte, gezeugt; auch hatten meine Ahnen es verdient, Nachkommen zu haben. Denn ich, da ich weder Vermögen, noch Volksgunst, noch Beredtsamkeit, dieses Familienerbtheil unseres Hauses, im Zeitenwechsel hatte überkommen[75]) oder mir erwerben können, war zufrieden, wenn meine Dürftigkeit weder mir zur Schande, noch irgend Jemandem zur Last gereichte. Auf Befehl des Imperators nahm ich ein Weib. Seht hier den Stamm und den Nachwuchs so vieler Consuln, so vieler Dictatoren[76])! Und nicht um Neid, sondern um Mitleid zu erwecken, sage ich dieses. Erlangen werden sie ja nur die Ehren in der Blüthe deiner Macht, o Cäsar, die du ihnen wirst verleihen wollen: inzwischen schütze des Qu. Hortensius Urenkel, des Divus Augustus Zöglinge, vor Mangel."

38. Die Geneigtheit des Senats war für Tiberius nur ein Antrieb, um so entschiedener sich ihm zu widersetzen, indem er etwa folgender Worte sich bediente: „Wenn Alles was arm ist, erst anfängt, hieher zu kommen und für seine Kinder Geld zu betteln, wird der Einzelne nie genug bekommen und der Staat erschöpft. Auch ist gewiß nicht deshalb von den Vorfahren gestattet worden, bisweilen von der Verhandlung abzuschweifen und, was gemeinsam frommt, bei der Abstimmung vorzubringen, damit wir eigene Angelegenheiten und unsere häuslichen Verhältnisse hier zu fördern suchen, immer unzufrieden

vidia senatus et principum, sive indulserint largitionem sive abnuerint. Non enim preces sunt istud, sed efflagitatio, intempestiva quidem et inprovisa, cum aliis de rebus convenerint patres, consurgere et numero atque aetate liberum suorum urgere modestiam senatus, eandem vim in me transmittere ac velut perfringere aerarium, quod si ambitione exhauserimus, per scelera supplendum erit. Dedit tibi, Hortale, divus Augustus pecuniam, sed non conpellatus nec ea lege, ut semper daretur. Languescet alioqui industria, intendetur socordia, si nullus ex se metus aut spes, et securi omnes aliena subsidia expectabunt, sibi ignavi, nobis graves.' Haec atque talia, quamquam cum adsensu audita ab iis, quibus omnia principum, honesta atque inhonesta, laudare mos est, plures per silentium aut occultum murmur excepere. Sensitque Tiberius, et cum paulum reticuisset, Hortalo se respondisse ait; ceterum si patribus videretur, daturum liberis eius ducena sestertia singulis, qui sexus virilis essent. Egere alii grates; siluit Hortalus, pavore an avitae nobilitatis etiam inter angustias fortunae retinens. Neque miseratus est posthac Tiberius, quamvis domus Hortensii pudendam ad inopiam delaberetur.

39. Eodem anno mancipii unius audacia, ni mature subventum foret, discordiis armisque civilibus rem publicam perculisset. Postumi Agrippae servus, nomine Clemens, conperto fine Augusti pergere in insulam Planasiam et fraude aut vi raptum Agrippam ferre ad exercitus Germanicos non servili animo concepit. Ausa eius inpedivit tarditas onerariae navis; atque interim patrata caede ad maiora et magis praecipitia conversus furatur cineres vectusque Cosam, Etruriae promunturium, ignotis locis sese abdit, donec crinem barbamque promitteret; nam aetate et forma haut dissimili in dominum erat. Tum per idoneos et secreti eius socios crebrescit vivere Agrippam, occultis primum sermonibus, ut vetita solent, mox vago rumore aput inperitissimi cuiusque promtas aures aut rursum aput turbidos eoque nova cupientes. Atque ipse adire municipia obscuro diei, neque propalam aspici neque diutius isdem locis, sed

mit Senat und Fürsten, mögen sie verwilligen die Schenkung oder sie verweigern. Denn nicht Bitte, sondern Forderung, unzeitige dazu und überraschende, muß man es nennen, wenn ganz anderer Dinge wegen sich die Väter versammelt haben, aufzustehen und mit der Menge und dem Alter seiner Kinder zu bestürmen des Senates Milde, dieselbe Gewalt kann gegen mich auch zu gebrauchen und so gewissermaßen zu erbrechen den Staatsschatz, welcher, wenn wir ihn durch Gunsterweisungen erschöpfen, durch Gewaltthaten wieder wird gefüllt werden müssen. Ja, Hortalus, es hat dir Divus Augustus Geld gegeben, aber unaufgefordert und nicht mit der Bedingung, daß es immer dir gegeben würde. Erschlaffen muß sonst alle Thätigkeit, die Trägheit sich steigern, wenn Niemand in sich selbst der Furcht und Hoffnung Grund sucht, und sorglos werden Alle fremder Unterstützung harren, sich zum Gewinne träg, uns beschwerlich." Dieses und Aehnliches, obgleich mit Beifall von denen angehört, die Alles an den Fürsten, Rühmliches wie Unrühmliches zu loben pflegen, nahm die Mehrzahl doch mit Schweigen oder mit geheimem Murren auf. Das merkte auch Tiberius, und sagte nach kurzem Schweigen, dem Hortalus habe er geantwortet; übrigens, wenn es den Vätern beliebe, wolle er jedem seiner Kinder männlichen Geschlechtes zweimalhunderttausend Sesterze geben. Einige dankten; Hortalus schwieg, aus Furcht oder seines angestammten Adels auch in der Bedrängniß seiner Lage sich bewußt. Auch übte späterhin Tiberius kein Erbarmen, obwohl des Hortensius Haus in schimpfliche Armuth versank.

39. In demselben Jahre hätte eines einzigen Sklaven Kühnheit, wäre nicht der Zeiten eingeschritten worden, durch Parteiungen und Bürgerkrieg den Staat erschüttert. Ein Sklave des Postumus Agrippa, Namens Clemens[77], faßte auf die Nachricht von des Augustus Tode den seinen Sklavensinn verrathenden Entschluß, nach der Insel Planasia zu eilen und mit List oder Gewalt Agrippa zu den Germanischen Heeren zu entführen. Des Wagstücks Ausführung vereitelte die Langsamkeit des Lastschiffs; und da inzwischen der Mord[78] vollbracht war, unternahm er noch Größeres und Gefährlicheres, entwendete seine Asche[79], schiffte nach Cosa, einem Vorgebirge Etruriens, und versteckte sich an unbekannten Orten, bis Haar und Bart ihm lang gewachsen waren; denn gar nicht unähnlich seinem Herrn war er an Alter und Gestalt. Nun verbreitet sich durch Leute, die dazu geschickt und um sein Geheimniß wußten, das Gerücht, Agrippa lebe noch, erst, wie bei Verbotenem zu geschehen pflegt, in heimlichen Gesprächen, dann in weit und breit erschallendem Gerede, wo irgend nur leichtgläubige Unerfahrenheit oder auch unruhige und deshalb eine Staatsumwälzung wünschende Köpfe Gehör ihm schenkten. Dabei schlich er selbst sich in die Landstädte, wenn es dunkel ward, ohne öffentlich sich sehen zu

quia veritas visu et mora, falsa festinatione et incertis valescunt, relinquebat famam aut praeveniebat.

40. Vulgabatur interim per Italiam servatum munere deum Agrippam, credebatur Romae; iamque Ostiam invectum multitudo ingens, iam in urbe clandestini coetus celebrabant, cum Tiberium anceps cura distrahere, vine militum servum suum coerceret, an inanem credulitatem tempore ipso vanescere sineret; modo nihil spernendum, modo non omnia metuenda ambiguus pudoris ac metus reputabat. Postremo dat negotium Sallustio Crispo. Ille e clientibus duos — quidam milites fuisse tradunt — deligit atque hortatur, simulata conscientia adeant, offerant pecuniam, fidem atque pericula polliceantur. Exsequuntur, ut iussum erat. Dein speculati noctem incustoditam, accepta idonea manu, vinctum clauso ore in Palatium traxere. Percunctanti Tiberio, quo modo Agrippa factus esset, respondisse fertur 'Quo modo tu Caesar.' Ut ederetis ocios, subigi non potuit. Nec Tiberius poenam eius palam ausus, in secreta Palatii parte interfici iussit corpusque clam auferri. Et quamquam multi e domo principis equitesque ac senatores sustentasse opibus, iuvisse consiliis dicerentur, haud quaesitum.

41. Fine anni arcus propter aedem Saturni ob recepta signa cum Varo amissa ductu Germanici, auspiciis Tiberii, et aedes Fortis Fortunae Tiberim iuxta in hortis, quos Caesar dictator populo Romano legaverat, sacrarium genti Iuliae effigiesque divo Augusto aput Bovillas dicantur.

C. Caelio L. Pomponio consulibus Germanicus Caesar a. d. VII. Kal. Iunias triumphavit de Cheruscis Chattisque et Angrivariis, quaeque aliae nationes usque ad Albim colunt. Vecta spolia, captivi, simulacra montium, fluminum, proeliorum; bellumque, quia conficere prohibitus erat, pro confecto accipiebatur. Augebat intuentium visus eximia ipsius species currusque quinque liberis onustus. Sed suberat occulta formido, re-

laſſen noch längere Zeit an einem und demſelben Orte, ſondern weil die Wahrheit durch Anſchauen und Verweilen, der Trug durch Eile und Ungewißheit an Stärke gewinnt, ſo ließ er das Gerücht hinter ſich oder kam demſelben zuvor.

40. So erſcholl indeſſen durch Italien der Ruf, erhalten ſei durch der Götter Gnade Agrippa, und man ſchenkte Glauben ihm in Rom; ſchon drängte ſich um den in Oſtia Gelandeten eine gewaltige Volksmenge, ſchon drängten in Rom ſich heimliche Zirkel um ihn zuſammen, als Tiberius in Beſorgniß ſchwankend überlegte, ob er mit Soldatenmacht ſeinem Sklaven[80], ein Ziel ſehen, oder die Vernichtung des leeren Wahnes der Zeit überlaſſen ſollte; bald glaubte er Nichts für zu gering achten, bald nicht Alles fürchten zu müſſen, ſchwankend zwiſchen Scham und Furcht. Endlich überträgt er doch die Sache dem Salluſtius Criſpus[81]). Dieſer erwählt zwei ſeiner Klienten — Einige berichten, es ſeien Soldaten geweſen — und gibt ihnen die Weiſung, unter vorgeſpiegeltem Einverſtändniß ſich ihm zu nähern, ihm Geld anzubieten und Treue zu geloben in gemeinſchaftlicher Gefahr. Sie thun, wie ihnen befohlen. Dann eine unbewachte Nacht ſich auserſehend, nehmen ſie hinreichende Mannſchaft und ſchleppen ihn gebunden, mit verſtopftem Munde in den Palaſt. Als ihn Tiberius nun fragte, wie er Agrippa geworden wäre, ſoll er geantwortet haben: „Wie du Cäſar." Mitſchuldige anzugeben war er nicht zu vermögen. Auch wagte es Tiberius nicht, ihn öffentlich zu beſtrafen, ſondern ließ in einem abgelegenen Theile des Palaſtes ihn umbringen und heimlich ſeinen Leichnam wegtragen. Und wiewohl Viele aus dem Hauſe des Fürſten, auch Ritter und Senatoren mit Geld ihn unterſtützt und mit Rath ihm beigeſtanden haben ſollten, ward doch nichts unterſucht.

41. Am Schluß des Jahres wurde ein Triumphbogen neben dem Saturnustempel[82]) wegen der unter des Germanicus Anführung und des Tiberius Auſpicien bewerkſtelligten Wiedereroberung der unter Varus verlorenen Feldzeichen, ferner ein Tempel der Fors Fortuna[83]) neben der Tiber in den Gärten, welche der Dictator Cäſar dem römiſchen Volke vermacht hatte, ſo wie eine Kapelle dem juliſchen Geſchlechte und ein Standbild dem Divus Auguſtus zu Ehren in Bovillä geweiht.

Unter dem Conſulat des C. Cälius und L. Pomponius triumphirte am 26. Mai der Cäſar Germanicus über die Cherusker, Chatten, Angrivarier und was ſonſt für Völkerſchaften bis zur Elbe hin wohnen. Man führte einher erbeutete Waffen, Gefangene, Abbildungen von Bergen, Flüſſen, Schlachten; und man nahm den Krieg, weil ihn zu beendigen er gehindert worden war, für beendigt an. Es erhöhte die Augenluſt der Schauenden ſeine eigene herrliche Geſtalt und ſein mit fünf Kindern[84]) beſetzter Wagen. Doch ein ge-

putantibus haud prosperum in Druso, patre eius, favorem vulgi, avunculum eiusdem Marcellum flagrantibus plebis studiis intra iuventam ereptum, breves et infaustos populi Romani amores.

42. Ceterum Tiberius nomine Germanici trecenos plebi sestertios viritim dedit seque collegam consulatui eius destinavit. Nec ideo sincerae caritatis fidem adsecutus amoliri iuvenem specie honoris statuit struxitque causas aut forte oblatas arripuit. Rex Archelaus quinquagesimum annum Cappadocia potiebatur, invisus Tiberio, quod eum Rhodi agentem nullo officio coluisset. Nec id Archelaus per superbiam omiserat, sed ab intimis Augusti monitus, quia florente C. Caesare missoque ad res Orientis intuta Tiberii amicitia credebatur. Ut versa Caesarum subole imperium adeptus est, elicit Archelaum matris literis, quae non dissimulatis filii offensionibus clementiam offerebat, si ad precandum veniret. Ille ignarus doli vel, si intellegere crederetur, vim metuens in urbem properat, exceptusque inmiti a principe et mox accusatus in senatu, non ob crimina, quae fingebantur, set angore, simul fessus senio et quia regibus aequa, nedum infima insolita sunt, finem vitae sponte an fato implevit. Regnum in provinciam redactum est, fructibusque eius levari posse centesimae vectigal professus Caesar ducentesimam in posterum statuit. Per idem tempus Antiocho, Commagenorum, Philopatore, Cilicum regibus defunctis turbabantur nationes, plerisque Romanum, aliis regium imperium cupientibus; et provinciae Syria atque Iudaea, fessae oneribus, deminutionem tributi orabant.

43. Igitur haec et de Armenia quae supra memoravi, aput patres disseruit, nec posse motum Orientem nisi Germanici sapientia conponi; nam suam aetatem vergere, Drusi nondum satis adolevisse. Tunc decreto patrum permissae Germanico provinciae, quae mari dividuntur, maiusque imperium, quoquo adisset, quam iis, qui sorte aut missu principis obtinerent.

heimes Bangen schlich sich auch mit ein, wenn man bedachte, wie so wenig
Glück dem Drusus, seinem Vater, der Menge Gunst gebracht, wie auch sein
Oheim⁵⁵) Marcellus des Volkes heißen Wünschen in der Jugendblüthe sei ent-
rissen worden, wie kurz sei und wie unglückbringend des Römervolkes Lieb-

42. Uebrigens schenkte Tiberius im Namen des Germanicus dem Volke
dreihundert Sesterze männiglich und bestimmte selbst sich für dessen Consula:
zum Amtsgenossen. Aber auch damit nicht erreichend, daß man an die Aufrichtigkeit seiner Liebe glaubte, beschloß er den Jüngling unter dem Schein der
Ehre hinwegzuschaffen und ersann sich selbst dazu Veranlassungen oder ergriff
begierig die vom Zufall dargebotenen. Der König Archelaus herrschte ins
funfzigste⁵⁶) Jahr über Cappadocien, dem Tiberius verhaßt, weil er ihm während seines Aufenthaltes in Rhodus keine Aufmerksamkeit bewiesen hatte. Und
nicht aus Stolz hatte das Archelaus unterlassen, sondern von den Vertrauten
des Augustus gewarnt, weil, so lange C. Cäsar noch mächtig und in des Orients
Angelegenheiten abgesendet war, des Tiberius Freundschaft für bedenklich gehalten ward. Wie nun nach dem Untergange des cäsarischen Stammes⁵⁷
zur Herrschaft er gelangt war, lockt er den Archelaus zu sich durch ein Schreiben
seiner Mutter, welche, ohne hehl zu haben, daß ihr Sohn sich beleidigt fühle,
Gnade anbot, wenn er zu bitten um dieselbe käme. Jener, nichts ahnend von der
Arglist, oder, falls er sie zu merken schien, Gewalt fürchtend, eilt nach der Stadt,
und findet, unfreundlich empfangen von dem Fürsten, dann im Senate angeklagt, nicht der Verbrechen wegen, die ersonnen wurden, sondern aus Angst,
dazu von Alter schon entkräftet, und weil Königen schon Gleichsetzung, geschweige denn die tiefste Erniedrigung etwas Ungewohntes ist, sei es freiwillig
oder nach dem Schicksal, seines Lebens Ziel. Sein Reich ward in eine Provinz verwandelt, und der Cäsar setzte mit der Erklärung, daß durch dessen
Einkünfte die Abgabe des Einen vom Hundert⁵⁸) ermäßigt werden könne, für
die Zukunft ein halbes fest. Um dieselbe Zeit geriethen nach dem Tode des
Antiochus⁵⁹), des Commagener, und Philopators, des Ciliciërkönigs, diese Völker in Gährung, indem die Meisten römische, die Anderen königliche Herrschaft
wünschten; auch baten die Provinzen Syrien und Judäa, von Lasten gedrückt,
um Verminderung der Abgaben.

43. Dieses also und was von Armenien⁶⁰) ich oben erwähnt habe, setzt
er vor den Vätern auseinander, und wie nicht anders als durch des Germanicus Weisheit die Bewegung des Morgenlandes beruhigt werden könne:
denn sein eigenes Lebensalter neige sich, das des Drusus sei noch nicht genug
gereift. So wurden denn durch einen Beschluß der Väter dem Germanicus
die Provinzen jenseits des Meeres⁶¹) übertragen, und, wohin er kommen
möchte, größere Gewalt, als denen, welche durch das Loos⁶²) oder durch Sen-

Sed Tiberius demoverat Syria Creticum Silanum, per adfinitatem conexum Germanico, quia Silani filia Neroni, vetustissimo liberorum eius, pacta erat, praefeceratque Cn. Pisonem, ingenio violentum et obsequii ignarum, insita ferocia a patre Pisone, qui civili bello resurgentes in Africa partes acerrimo ministerio adversus Caesarem iuvit, mox Brutum et Cassium secutus concesso reditu petitione honorum abstinuit, donec ultro ambiretur delatum ab Augusto consulatum accipere. Sed praeter paternos spiritus uxoris quoque Plancinae nobilitate et opibus accendebatur; vix Tiberio concedere, liberos eius ut multum infra despectare. Nec dubium habebat se delectum, qui Syriae imponeretur, ad spes Germanici coërcendas. Credidere quidam data et a Tiberio occulta mandata; et Plancinam haud dubie Augusta monuit aemulatione muliebri Agrippinam insectandi. Divisa namque et discors aula erat tacitis in Drusum aut Germanicum studiis. Tiberius ut proprium et sui sanguinis Drusum fovebat; Germanico alienatio patrui amorem aput ceteros auxerat, et quia claritudine materni generis antcibat, avum M. Antonium, avunculum Augustum ferens. Contra Druso proavus eques Romanus Pomponius Atticus dedecere Claudiorum imagines videbatur; et coniunx Germanici Agrippina fecunditate ac fama Liviam, uxorem Drusi, praecellebat. Sed fratres egregie concordes et proximorum certaminibus inconcussi.

44. Nec multo post Drusus in Illyricum missus est, ut suesceret militiae studiaque exercitus pararet; simul iuvenem urbano luxu lascivientem melius in castris haberi Tiberius seque tutiorem rebatur utroque filio legiones obtinente. Sed Suebi praetendebantur, auxilium adversus Cheruscos orantes. Nam discessu Romanorum ac vacui externo metu gentis adsuetudine et tum aemulatione gloriae arma in se verterant. Vis nationum, virtus ducum in aequo; set Maroboduum regis nomen invisum aput populares, Arminium pro libertate bellantem favor habebat.

bung des Fürsten sie besäßen. Doch hatte Tiberius aus Syrien den Creticus Silanus[93]), der mit Germanicus verschwägert war, abgerufen, weil des Silanus Tochter mit dessen ältestem Sohne Nero verlobt war, und zum Statthalter den Cn. Piso gemacht, einen Mann von heftigem und unbeugsamem Charakter, da ihm angeboren seines Vaters Piso trotzig wilder Sinn, der im Bürgerkriege die in Afrika von neuem sich erhebende Partei[94]) mit der rastlosesten Thätigkeit gegen Cäsar unterstützte, dann dem Brutus und Cassius folgte, und nach bewilligter Rückkehr um Ehrenämter sich zu bewerben verschmähte, bis er selbst sogar ersucht ward, das ihm von Augustus übertragene Consulat[95]) anzunehmen. Doch außer dem vom Vater ererbten Stolze nährte auch seiner Gemahlin Plancina Adel und Reichthum seinen Hochmuth; kaum dem Tiberius wollte er nachstehen, auf die Söhne[96]) desselben blickte er herab als ständen sie tief unter ihm. Und es war ihm nicht zweifelhaft, daß er erkoren sei zur Statthalterschaft in Syrien, um des Germanicus Hoffnungen zu beschränken. Einige haben geglaubt, es seien ihm sogar von Tiberius geheime Aufträge gegeben worden; und unbezweifelt ist, daß Plancina von Augusta aufgefordert wurde, mit weiblicher Eifersucht Agrippina zu verfolgen. Getheilt war ja der Hof und uneinig in des Drusus oder Germanicus stillschweigender Begünstigung. Tiberius begünstigte den Drusus als den aus seinem eigenen Blut Entsprossenen; Germanicus gewann an Liebe bei den Uebrigen durch des Oheims Abneigung und weil er von berühmterem Geschlechte mütterlicher Seite, den M. Antonius als Großvater, als Großoheim den Augustus[97]) aufzuweisen hatte. Dagegen schien des Drusus Aeltervater, ein römischer Ritter, Pomponius Atticus[98]), der Claudier Ahnenbilder zu entehren. Auch übertraf die Gemahlin des Germanicus, Agrippina, an Fruchtbarkeit und gutem Rufe des Drusus Gattin, Livia. Doch die Brüder[99]) lebten in vortrefflicher, selbst durch der nächsten Anverwandten Streitigkeiten nicht zu erschütternder Eintracht.

44. Nicht lange darauf ward Drusus nach Illyricum gesandt, um sich an den Kriegsdienst zu gewöhnen und sich Liebe bei dem Heere zu erwerben; zugleich glaubte Tiberius den im Wohlleben der Stadt ausschweifenden Jüngling im Lager besser aufgehoben, und sich gesicherter, wenn beide Söhne Legionen vorständen. Aber die Sueben[100]) dienten zum Vorwande, die um Hilfe wider die Cherusker baten. Denn nach dem Abzuge der Römer und frei von Furcht vor Auswärtigen hatten sie nach des Volkes Gewohnheit und damals noch aus Eifersucht um den Vorrang die Waffen gegen sich selbst gelehrt. Die Macht der Völkerschaften, die Tüchtigkeit ihrer Anführer hielten sich das Gleichgewicht; aber den Marobuduus machte der Königstitel bei seinen Landsleuten verhaßt, den Arminius die Gunst zum Kämpfer für die Freiheit.

45. Igitur non modo Cherusci sociique eorum, vetus Arminii miles, sumpsere bellum, sed e regno etiam Marobodui Suebae gentes, Semnones ac Langobardi, defecere ad eum. Quibus additis praepollebat, ni Inguiomerus cum manu clientium ad Maroboduum perfugisset, non aliam ob causam, quam quia fratris filio iuveni patruus senex parere dedignabatur. Deriguntur acies, pari utrimque spe, nec, ut olim aput Germanos, vagis incursibus aut disiectas per catervas; quippe longa adversum nos militia insueverant sequi signa, subsidiis firmari, dicta imperatorum accipere. Ac tunc Arminius equo conlustrans cuncta, ut quosque advectus erat, reciperatam libertatem, trucidatas legiones, spolia adhuc et tela Romanis derepta in manibus multorum ostentabat; contra fugacem Maroboduum appellans, proeliorum expertem, Hercyniae latebris defensum, ac mox per dona et legationes petivisse foedus, proditorem patriae, satellitem Caesaris, haud minus infensis animis exturbandum, quam Varum Quintilium interfecerint. Meminissent modo tot proeliorum, quorum eventu et ad postremum eiectis Romanis satis probatum, penes utros summa belli fuerit.

46. Neque Maroboduus iactantia sui aut probris in hostem abstinebat, sed Inguiomerum tenens illo in corpore decus omne Cheruscorum, illius consiliis gesta, quae prospere ceciderint, testabatur; vaecordem Arminium et rerum nescium alienam gloriam in se trahere, quoniam tres vacuas legiones et ducem fraudis ignarum perfidia deceperit, magna cum clade Germaniae et ignominia sua, cum coniunx, cum filius eius servitium adhuc tolerent. At se duodecim legionibus petitum duce Tiberio inlibatam Germanorum gloriam servavisse, mox condicionibus aequis discessum; neque paenitere, quod ipsorum in manu sit, integrum adversum Romanos bellum an pacem incruentam malint. His vocibus instinctos exercitus propriae quoque causae stimulabant, cum a Cheruscis Langobardisque pro antiquo decore aut recente libertate et contra augendae dominationi certaretur. Non alias maiore mole concursum

45. Daher schritten nicht blos die Cherusker und deren Bundesgenossen, des Arminius alte Krieger, zum Kampfe, sondern auch aus des Marobobuus eigenem Königreiche fielen suebische Völker, die Semnonen und die Langobarden, zu ihm ab. Durch ihren Beitritt hätte er das Uebergewicht erhalten, wäre nicht Inguiomerus mit der Schaar seiner Schützlinge zu Marobobuus übergegangen, aus keinem anderen Grunde, als weil dem jugendlichen Bruderssohne[101]) zu gehorchen der greise Oheim unter seiner Würde hielt. So ordnen sich zur Schlacht die Heere, beiderseits mit gleicher Hoffnung, und nicht, wie sonst bei den Germanen, mit unstäten Anfällen oder in zerstreuten Haufen; denn der lange Krieg mit uns hatte sie daran gewöhnt, den Feldzeichen zu folgen, durch Rückhalt sich zu decken, auf die Worte der Feldherrn zu achten. Und so wies Arminius, Alles zu Roß umspähend, wie er bald hier, bald dort heran gesprengt kam, auf die wiedererrungene Freiheit hin, auf die hingemordeten Legionen, und wie noch jetzt den Römern entrissene Siegesbeute und Waffen in den Händen Vieler sich befänden; dagegen einen feigen Flüchtling den Marobobuus nennend, der fern von Schlachten, in des hercynischen Waldes[102] Schlupfwinkeln Schutz gesucht, dennoch bald durch Geschenke und Gesandtschaften um Bündniß[103]) gebettelt habe, ein Vaterlandsverräther, ein Trabant der Cäsars, den man mit nicht minderer Erbitterung verjagen müsse, als den Varus-Quintilius sie vernichtet hätten. Gedenken sollten sie nur so vieler Schlachten, durch deren Ausgang, sowie durch die endliche Verjagung der Römer hinreichend erwiesen sei, auf welcher Seite des Krieges Entscheidung sei gegeben worden.

46. Auch Marobobuus enthielt sich nicht der Prahlerei über sich selbst oder der Schmähungen gegen den Feind, sondern den Inguiomerus an der Hand, betheuerte er, auf diesem Manne ruhe der Cherusker ganzer Ruhm, nach seinem Plane sei, was glücklich ausgefallen, unternommen worden; ein Rasen der und, wo es Thaten gelte, unerfahren, eigne fremden Ruhm sich an Arminius, weil er drei sich selbst überlassene Legionen und deren nichts Arges ahnenden Führer durch Treulosigkeit hintergangen, zu großem Unglück für Germanien und zu eigener Schande, da Gattin ihm und Sohn noch jetzt in Knechtschaft schmachten. Er dagegen, von zwölf Legionen unter Tiberius angegriffen, habe unbefleckt erhalten der Germanen Ruhm; dann habe man den Kampf nach billigem Vergleiche aufgegeben, und nicht getreu es ihm, weil so bei ihnen selbst es stehe, ob sie mit ungeschwächter Kraft wider die Römer Krieg oder nicht mit Blut erkauften Frieden wählen wollten. Die durch solche Reden angefeuerten Heere entflammte auch noch eigenes Interesse, da von den Cheruskern und Langobarden für den alten Ruhm[104]) oder für die neuerrungene Freiheit, von der andern Seite für Erweiterung der Herrschaft gestritten ward. Nie wa

neque ambiguo magis eventu, fusis utrimque dextris cornibus; sperabaturque rursum pugna, ni Maroboduus castra in colles subduxisset. Id signum perculsi fuit; et transfugiis paulatim nudatus in Marcomanos concessit misitque legatos ad Tiberium oraturos auxilia. Responsum est, non iure eum adversus Cheruscos arma Romana invocare, qui pugnantis in eundem hostem Romanos nulla ope iuvisset. Missus tamen Drusus, ut rettulimus, paci firmator.

47. Eodem anno duodecim celebres Asiae urbes conlapsae nocturno motu terrae, quo inprovisior graviorque pestis fuit. Neque solitum in tali casu effugium subveniebat, in aperta prorumpendi, quia diductis terris hauriebantur. Sedisse inmensos montes, visa in arduo quae plana fuerint, effulsisse inter ruinam ignes memorant. Asperrima in Sardianos lues plurimum in eosdem misericordiae traxit; nam centies sestertium pollicitus Caesar, et quantum aerario aut fisco pendebant, in quinquennium remisit. Magnetes a Sipylo proximi damno ac remedio habiti. Temnios, Philadelphenos, Aegeatas, Apollonidenses, quique Mosteni et Macedones Hyrcani vocantur, et Hierocaesariam, Myrinam, Cymen, Tmolum levari idem in tempus tributis mittique ex senatu placuit qui praesentia spectaret refoveretque. Delectus est M. Aletius e praetoriis, ne consulari obtinente Asiam aemulatio inter pares et ex eo impedimentum oreretur.

48. Magnificam in publicum largitionem auxit Caesar haud minus grata liberalitate, quod bona Aemiliae Musae, locupletis intestatae, petita in fiscum Aemilio Lepido, cuius e domo videbatur, et Pantulei, divitis equitis Romani, hereditatem, quamquam ipse heres in parte legeretur, tradidit M. Servilio, quem prioribus neque suspectis tabulis scriptum compererat, nobilitatem utriusque pecunia iuvandam praefatus. Neque hereditatem cuiusquam adiit, nisi cum amicitia meruisset: ignotos et aliis infensos eoque principem nuncupantes procul arcebat. Ceterum ut honestam innocentium pau-

man mit größeren Heeresmassen in den Kampf gezogen, noch auch mit unentschiedenerem Erfolge, da auf beiden Seiten der rechte Flügel geschlagen wurde; und man erwartete von neuem eine Schlacht, hätte sich nicht Marobobuus mit seinem Lager auf die Höhen zurückgezogen. Dieses ward als Zeichen angesehen, er sei niedergeworfen; und durch Desertion allmählich ganz geschwächt entwich er zu den Markomanen und schickte Gesandte an Tiberius, um Hülfe ihn zu bitten. Er erhielt zur Antwort, er habe kein Recht, gegen die Cherusker die römischen Waffen anzurufen, da er die Römer, als sie gegen eben diesen Feind gekämpft, auf keine Weise unterstützt habe. Doch wurde, wie wir schon berichtet haben, Drusus abgeschickt, zur Sicherung des Friedens.

47. In demselben Jahre stürzten zwölf volkreiche Städte Asiens[106] durch nächtliches Erdbeben zusammen, wodurch das Unglück um so überraschender und schwerer ward. Auch half das in solchem Unfalle gewöhnliche Rettungsmittel der Flucht in's Freie nicht, weil sie von dem auseinanderklaffenden Erdreiche verschlungen wurden. Eingesunken seien, so erzählt man, ungeheuere Berge, steil erhoben sah man, was sonst Ebene war, Flammen leuchteten unter dem Einsturz empor. Wie am schwersten die Sardianer[106a] das Verderben getroffen, wandte es auch das Mitleid ihnen vorzugsweise zu; denn zehn Millionen Sesterze versprach ihnen der Cäsar und erließ ihnen auf fünf Jahre was sie an das Aerarium oder an den Fiscus zahlten. Die Magneter am Sipylus behandelte man als die Nächsten in Schaden und Hülfe. Die Temnier, Philadelphener, Aegeaten, Apollonienser und die, welche Mostener und macedonische Hyrkaner genannt werden, sowie Hierocäsaria, Myrina, Cyme und Tmolus beschloß man auf dieselbe Zeit von Abgaben zu befreien und Jemand aus dem Senate hinzusenden, um ihre gegenwärtige Lage in Augenschein zu nehmen und zu erleichtern. Es ward dazu M. Aletius aus den gewesenen Prätoren erwählt, damit nicht, weil ein Consular Asiens Verwaltung hatte, Eifersucht unter Gleichgestellten und daraus Hinderniß entstände.

48. Diese glänzenden öffentlichen Schenkungen verherrlichte der Cäsar noch durch eine nicht minder willkommene Freigebigkeit, indem er die vom Fiskus in Anspruch genommenen Güter der reichen, ohne Testament verstorbenen Aemilia Musa[107] dem Aemilius Lepidus, aus dessen Familie sie zu sein schien, und die Erbschaft des Pantulejus, eines reichen römischen Ritters, obwohl er selbst zum Miterben ernannt war, dem M. Servilius, der, wie er erfahren, in einem früheren, unverdächtigen Testamente eingesetzt war, mit der Erklärung übergab, man müsse den Adel beider durch Geld unterstützen. Auch trat er Niemandes Erbschaft an, außer wenn er durch Freundschaft dazu berechtigt war: Unbekannte und gegen Andere[108] feindselig Gesinnte, die eben deshalb den Fürsten eingesetzt hatten, hielt er weit von sich entfernt. Uebrigens wies

pertatem levavit, ita prodigos et ob flagitia egentes, Vibidium Varronem, Marium Nepotem, Appium Appianum, Cornelium Sullam, Q. Vitellium, movit senatu aut sponte cedere passus est.

49. Isdem temporibus deum aedes vetustate aut igni abolitas coeptasque ab Augusto dedicavit, Libero Liberaeque et Cereri iuxta Circum maximum, quam A. Postumius dictator voverat, eodemque in loco aedem Florae, ab Lucio et Marco Publiciis aedilibus constitutam, et Iano templum, quod aput forum bolitorium C. Duilius struxerat, qui primus rem Romanam prospere mari gessit triumphumque navalem de Poenis meruit. Spei aedes a Germanico sacratur; hanc A. Atilius voverat eodem bello.

50. Adolescebat interea lex maiestatis. Et Appuleiam Variliam, sororis Augusti neptem, quia probrosis sermonibus divum Augustum ac Tiberium et matrem eius inlusisset Caesarique conexa adulterio teneretur, maiestatis delator arcessebat. De adulterio satis caveri lege Iulia visum: maiestatis crimen distingui Caesar postulavit damnarique, si qua de Augusto inreligiose dixisset; in se iacta nolle ad cognitionem vocari. Interrogatus a consule, quid de iis censeret, quae de matre eius locuta secus argueretur, reticuit; dein proximo senatus die illius quoque nomine oravit, ne cui verba in eam quoquo modo habita crimini forent. Liberavitque Appuleiam lege maiestatis: adulterii graviorem poenam deprecatus, ut exemplo maiorum propinquis suis ultra ducentesimum lapidem removeretur suasit. Adultero Manlio Italia atque Africa interdictum est.

51. De praetore in locum Vipstani Galli, quem mors abstulerat, subrogando certamen incessit. Germanicus atque Drusus — nam etiam tum Romae erant — Haterium Agrippam, propinquum Germanici, fovebant; contra plerique nitebantur, ut numerus liberorum in candidatis praepolleret, quod lex iubebat. Laetabatur Tiberius, cum inter filios eius et leges senatus disceptaret. Victa est sine dubio lex, sed neque statim et paucis suffragiis, quo modo etiam cum valerent leges vincebantur.

er, sowie er die ehrbare Armuth Unverschuldeter unterstützte, ebenso Verschwender und durch schändliches Leben Verarmte, einen Bibidius Varro, Marius Nepos, Appius Appianus, Cornelius Sulla, Cn. Bitellius, aus dem Senate oder ließ sie freiwillig austreten.

49. Um dieselbe Zeit weihte er die durch Alter oder Feuer zerstörten und von Augustus wieder begonnenen Göttertempel, dem Liber, der Libera[109]) und der Ceres neben dem Circus maximus, den der Dictator A. Postumius gelobt hatte, und an demselben Orte den von den Aedilen Lucius und Marcus Publicius gegründeten Tempel der Flora, sowie dem Janus den, welchen am Kohlmarkte[110]) C. Duilius erbaut hatte, der zuerst Rom's Sache zur See mit Glück führte und einen Seetriumph über die Pöner sich verdiente. Der Hoffnung ward ein Heiligthum von Germanicus geweiht; dieses hatte A. Atilius[111]) gelobt in eben jenem Kriege.

50. An Kraft gewann indessen das Majestätsgesetz. So zog die Appuleja Varilia, eine Schwestertochter des Augustus, ob der Majestät Beleidigung ein Angeber vor Gericht, weil mit Schmähreden sie Divus Augustus und auch Tiberius nebst dessen Mutter verspottet und, als dem Cäsar doch verwandt, des Ehebruchs sich schuldig hätte finden lassen. Ueber den Ehebruch erklärte man, spreche bestimmt genug das julische Gesetz sich aus: die Majestätsanklage aber wollte der Cäsar davon geschieden und sie verurtheilt wissen, wenn sie von Augustus etwa unehrerbietig gesprochen hätte; was gegen ihn selbst sie ausgestoßen, solle nicht zur Untersuchung gezogen werden. Auf die Frage des Consuls, was er darüber dächte, was sie von seiner Mutter unziemlich gesprochen zu haben beschuldigt würde, schwieg er; dann am nächsten Senatstage bat er auch in deren Namen, daß Niemandem wie auch immer gegen sie gerichtete Worte zum Verbrechen gemacht werden möchten. Auch befreite er Appuleja von der Majestätsgesetzesklage: wegen des Ehebruches schwererer Bestrafung[112]) Fürbitte thuend, rieth er, sie nach der Weise der Vorfahren[113]) durch ihre Verwandten über zweihundert Meilensteine weit entfernen zu lassen. Dem Ehebrecher Manlius ward Italien und Afrika verboten.

51. Ueber die Wahl des an Vipstanus Gallus Stelle, den der Tod dahingerafft, zu ernennenden Prätors erhob sich Streit. Germanicus und Drusus, denn noch waren sie in Rom, begünstigten Haterius Agrippa, einen Verwandten des Germanicus; dagegen bestanden Viele darauf, die Zahl der Kinder müsse bei den Bewerbern den Ausschlag geben, wie das Gesetz[114]) gebot. Tiberius hatte seine Freude daran, als zwischen seinen Söhnen und den Gesetzen der Senat entscheiden mußte. Es unterlag natürlich das Gesetz, aber nicht sogleich und nur durch geringe Stimmenmehrheit, wie auch die Gesetze, als sie noch in Kraft waren, unterlagen.

52. Eodem anno coeptum in Africa bellum, duce Hostium Tacfarinate. Is natione Numida, in castris Romanis auxiliaria stipendia meritus, mox desertor, vagos primum et latrociniis suetos ad praedam et raptus congregare, dein more militiae per vexilla et turmas componere, postremo non inconditae turbae, sed Musulamiorum dux haberi. Valida ea gens et solitudinibus Africae propinqua, nullo etiam tum urbium cultu, cepit arma Maurosque accolas in bellum traxit. Dux et his, Mazippa. Divisusque exercitus, ut Tacfarinas lectos viros et Romanum in modum armatos castris attineret, disciplina et imperiis suesceret, Mazippa levi cum copia incendia et caedes et terrorem circumferret. Conpulerantque Cinithios, haud spernendam nationem, in eadem, cum Furius Camillus, pro consule Africae, legionem et quod sub signis sociorum, in unum conductos ad hostem duxit, modicam manum, si multitudinem Numidarum atque Maurorum spectares; sed nihil aeque cavebatur, quam ne bellum metu cluderent. Spe victoriae inducti sunt, ut vincerentur. Igitur legio medio, leves cohortes duaeque alae in cornibus locantur. Nec Tacfarinas pugnam detrectavit. Fusi Numidae, multosque post annos Furio nomini partum decus militiae. Nam post illum reciperatorem urbis filiumque eius Camillum penes alias familias imperatoria laus fuerat; atque hic, quem memoramus, bellorum expers habebatur. Eo pronior Tiberius res gestas aput senatum celebravit; et decrevere patres triumphalia insignia, quod Camillo ob modestiam vitae impune fuit.

53. Sequens annus Tiberium tertio, Germanicum iterum consules habuit. Sed eum honorem Germanicus iniit aput urbem Achaiae Nicopolim, quo venerat per Illyricam oram, viso fratre Druso in Delmatia agente, Hadriatici ac mox Ionii maris adversam navigationem perpessus. Igitur paucos dies insumpsit reficiendae classi; simul sinus Actiaca victoria inclutos et sacratas ab Augusto manubias castraque Antonii cum recordatione maiorum suorum adiit; namque ei, ut memoravi, avunculus Augustus, avus Antonius erant, magnaque

52. In demselben Jahre begann in Afrika ein Krieg, wobei Anführer der Feinde Tacfarinas war. Dieser, von Geburt ein Numidier, hatte im römischen Lager unter den Hülfsvölkern gedient, war dann entlaufen und hatte anfangs Landstreicher und Raubgesindel zu Plünderung und Raub zusammengerottet, hierauf nach Kriegsgebrauch in Fähnlein und Geschwader sie geordnet, und galt am Ende nicht mehr für einen ordnungslosen Haufens, sondern für der Mufulamier[115]) Oberhaupt. Dieser mächtige, den Wüsten Afrika's benachbarte und damals noch von keinen Städten wissende Volksstamm ergriff die Waffen und zog die anwohnenden Mauren mit in den Krieg hinein. Auch diese hatten einen Anführer, Mazippa. Und es theilte sich das Heer so, daß Tacfarinas die auserlesene und nach römischer Art bewaffnete Mannschaft im Lager hielt und sie an Zucht und Gehorsam gewöhnte, Mazippa mit der leichtbewaffneten Menge Brand und Mord und Schrecken rings umher verbreitete. Und schon hatten sie auch die Cinithier, eine nicht zu verachtende Völkerschaft, mit hineingezogen, als Furius Camillus, der Proconsul von Afrika, die Legion und was von Bundesgenossen unter den Fahnen stand, vereinigt gegen den Feind führte, eine unbedeutende Schaar, wenn man die Menge der Numidier und Mauren bedenkt; aber nichts suchte man so sorgsam zu verhüten, als daß sie[116]) aus Furcht dem Kampfe sich entzögen. Durch Siegeshoffnung wurden sie dahin gebracht, daß sie besiegt wurden. Es wurde also die Legion in der Mitte, die leichten Cohorten und zwei Reitergeschwader auf den Flügeln aufgestellt. Auch schlug Tacfarinas den Kampf nicht aus. Die Numidier wurden geschlagen, und nach vielen Jahren dem Namen Furius wieder Kriegsehre erworben. Denn seit jenem Wiedereroberer der Stadt[117]) und seinem Sohne Camillus war der Feldherrenruhm im Besitze anderer Familien gewesen; und auch dem Manne, den wir erwähnen, traute man kein kriegerisches Talent zu. Desto williger pries Tiberius seine Thaten im Senate; und so erkannten ihm denn die Väter die Triumphinsignien zu, was Camillus wegen seines anspruchslosen Lebens später nicht zu entgelten hatte.

53. Das folgende Jahr sah den Tiberius zum dritten, den Germanicus zum zweiten Mal als Consuln. Diese Würde aber trat Germanicus bei Nicopolis[118]), einer Stadt Achaja's, an, wohin er längs der illyrischen Küste nach einem Besuche bei seinem in Dalmatien verweilenden Bruder Drusus, und nach einer ungünstigen Fahrt auf dem adriatischen, dann auf dem jonischen Meere gekommen war. Er verwandte daher etliche Tage zur Ausbesserung der Flotte; zugleich besuchte er die durch den Sieg bei Actium berühmten Buchten, sowie das von Augustus geweihte Denkmal seiner Beute[120]) und das Lager des Antonius, dabei gedenkend seiner Ahnen; denn es war ja, wie ich schon erwähnte[121]), Großoheim ihm Augustus, Großvater Antonius, und es tra

illic imago tristium laetorumque. Hinc ventum Athenas, foederique sociae et vetustae urbis datum, ut uno lictore uteretur. Excepere Graeci quaesitissimis honoribus, vetera suorum facta dictaque praeferentes, quo plus dignationis adulatio haberet.

54. Petita inde Euboea tramisit Lesbum, ubi Agrippina novissimo partu Iuliam edidit. Tum extrema Asiae Perinthumque ac Byzantium, Thraciae urbes, mox Propontidis angustias et os Ponticum intrat, cupidine veteres locos et fama celebratos noscendi; pariterque provincias internis certaminibus aut magistratuum iniuriis fessas refovebat. Atque illum in regressu sacra Samothracum visere nitentem obvii aquilones depulere. Igitur adito Ilio, quaeque ibi varietate fortunae et nostri origine veneranda, relegit Asiam adpellitque Colophona, ut Clarii Apollinis oraculo uteretur. Non femina illic, ut aput Delphos, sed certis e familiis et ferme Mileto accitus sacerdos numerum modo consultantium et nomina audit; tum in specum degressus, hausta fontis arcani aqua, ignarus plerumque literarum et carminum edit responsa versibus compositis super rebus, quas quis mente concepit. Et ferebatur Germanico per ambages, ut mos oraculis, maturum exitium cecinisse.

55. At Cn. Piso, quo properantius destinata inciperet, civitatem Atheniensium turbido incessu exterritam oratione saeva increpat, oblique Germanicum perstringens, quod contra decus Romani nominis non Athenienses tot cladibus extinctos, sed conluviem illam nationum comitate nimia coluisset: hos enim esse Mithridatis adversus Sullam, Antonii adversus divum Augustum socios. Etiam vetera obiectabat, quae in Macedones inprospere, violenter in suos fecissent, offensus urbi propria quoque ira, quia Theophilum quendam Areo iudicio falsi damnatum precibus suis non concederent. Exim navigatione celeri per Cycladas et compendia maris adsequitur Germanicum aput insulam Rhodum, haud nescium, quibus insectationibus petitus foret; sed tanta mansuetudine agebat, ut, cum orta

ihm so dort von traurigen und frohen Ereignissen ein großes Bild entgegen. Von da kam er nach Athen, und es war eine dem Bündniß mit der befreundeten und uralten Stadt gewährte Gunst, daß er eines einzigen Lictors[122]) sich bediente. Es empfingen ihn die Griechen mit den ausgesuchtesten Ehrenbezeugungen, mit den Thaten und Reden ihrer Altvordern prunkend, um desto mehr Würde der Schmeichelei zu geben.

54. Von hier schiffte er nach Euböa und setzte nach Lesbus über, wo Agrippina in ihrer letzten Niederkunft Julia gebar. Dann berührt er Asiens äußersten Punkt, sowie Perinthus[123]) und Byzantium, thracische Städte, und läuft hierauf in der Propontis Enge und des Pontus Mündung ein, aus Verlangen, die alten und von der Sage gefeierten Plätze kennen zu lernen; und zugleich half er auch den durch innere Zwiste oder der Beamteten Bedrückungen leidenden Provinzen wieder auf. Als er auf dem Rückwege der Samothracier heiligen Dienst in Augenschein zu nehmen trachtete, trieben widrige Nordwinde ihn abwärts. Von Ilium[125]) daher und was an Schicksalswechsel wie an unserm Ursprung ehrfurchtgebietend dort erinnerte, segelt er an Asiens Küste wieder hinab und landet bei Kolophon[126]), um des klarischen Apollo Orakel zu befragen. Nicht ein Weib, wie zu Delphi, sondern aus bestimmten Familien und meistentheils aus Miletus[127]) berufen, hört ein Priester hier die Zahl nur und die Namen der Befragenden; dann in die Höhle herniedersteigend trinkt er von dem Wasser des geheimnißvollen Quelles und ertheilt, obschon gewöhnlich nichts von Schrift und Dichtkunst wissend, in Versen abgefaßt die Antwort über Dinge, welche Jeder gerade in seinem Sinne trägt. Und so, hieß es, habe er dem Germanicus in räthselhafter Weise, wie es der Orakel Sitte ist, frühzeitigen Untergang geweissagt.

55. Aber Cn. Piso, um desto schleuniger seine Pläne zu beginnen, schreckt die Bürgerschaft der Athenienser durch einen stürmischen Einzug und läßt in heftiger Rede, versteckt Germanicus mitnehmend, hart sie an, wider die Würde des römischen Namens nicht die Athenienser, welche durch so viele Niederlagen schon vertilgt, sondern dieses Gemisch von Nationen[128]) mit allzugroßer Leutseligkeit geehrt: denn sie ja seien die Verbündeten des Mithridates[129]) wider Sulla, des Antonius[130]) wider Divus Augustus. Auch Altes warf er ihnen vor, was gegen die Macedonier ihnen mißlungen, was gewaltsam gegen ihre eigenen Bürger[131]) sie gethan, feindselig auch aus persönlicher Erbitterung gegen die Stadt gesinnt, weil sie einen gewissen Theophilus, der wegen Fälschung vom Areopagus verurtheilt war, auf seine Bitten nicht losgaben. Sodann holt er in schneller Fahrt durch die Cycladen hin und auf des Meeres kürzesten Pfaden auf der Insel Rhodus den Germanicus ein, der gar wohl wußte, welcher Verfolgungen Ziel er sei; aber dennoch verfuhr er mit

tempestas raperet in abrupta possetque interitus inimici ad casum referri, miserit triremis, quarum subsidio discrimini eximeretur. Neque tamen mitigatus Piso, et vix diei moram perpessus linquit Germanicum praevenitque. Et postquam Syriam ac legiones attigit, largitione, ambitu, infimos manipulariorum iuvando, cum veteres centuriones, severos tribunos demoveret locaque eorum clientibus suis vel deterrimo cuique attribueret, desidiam in castris, licentiam in urbibus, vagum ac lascivientem per agros militem sineret, eo usque corruptionis provectus est, ut sermone vulgi parens legionum haberetur. Nec Plancina se intra decora feminis tenebat, sed exercitio equitum, decursibus cohortium interesse, in Agrippinam, in Germanicum contumelias iacere, quibusdam etiam bonorum militum ad mala obsequia promptis, quod haud invito imperatore ea fieri occultus rumor incedebat. Nota haec Germanico; sed praeverti ad Armenios instantior cura fuit.

56. Ambigua gens ea antiquitus hominum ingeniis et situ terrarum, quoniam nostris provinciis late praetenta penitus ad Medos porrigitur; maximisque imperiis interiecti et saepius discordes sunt, adversus Romanos odio et in Parthum invidia. Regem illa tempestate non habebant, amoto Vonone; sed favor nationis inclinabat in Zenonem, Polemonis, regis Pontici, filium, quod is prima ab infantia instituta et cultum Armeniorum aemulatus, venatu epulis et quae alia barbari celebrant, proceres plebemque iuxta devinxerat. Igitur Germanicus in urbe Artaxata, adprobantibus nobilibus, circumfusa multitudine, insigne regium capiti eius imposuit. Ceteri venerantes regem Artaxiam consalutavere, quod illi vocabulum indiderant ex nomine urbis. At Cappadoces, in formam provinciae redacti Q. Veranium legatum accepere; et quaedam ex regiis tributis deminuta, quo mitius Romanum imperium speraretur. Commagenis Q. Servaeus praeponitur, tum primum ad ius praetoris translatis.

57. Cunctaque socialia prospere composita non ideo

solcher Sanftmuth, daß er, als ein Sturm, der sich erhoben, ihn zwischen
Klippen schleuderte und des Feindes Untergang dem Zufall zugeschrieben werden
konnte, Dreiruderer aussandte, um mit ihrer Hilfe ihn der Gefahr zu entreißen. Doch Piso, auch dadurch nicht milder gestimmt und kaum eines Tages
Aufenthalt sich gefallen lassend, verläßt den Germanicus und eilt voran.
Und sowie er Syrien und die Legionen erreicht hat, brachte er es durch Schenkungen, durch Gunsterschleichung, durch Beförderung der niedrigsten unter den
gemeinen Soldaten, indem er die alten Centurionen, die strengen Tribunen
entfernte und ihre Stellen seinen Schützlingen oder den Nichtswürdigsten zumal ertheilte, Müßiggang im Lager, Zügellosigkeit in den Städten, Herum-
schwärmen und Muthwillen der Soldaten auf dem Lande zuließ, so weit mit
der Verderbniß, daß er in den Reden des gemeinen Haufens Vater der Legionen hieß. Und auch Plancina hielt sich nicht in des weiblichen Anstandes
Schranken, sondern wohnte der Uebung der Reiterei, den Manövern der Cohorten bei, stieß gegen Agrippina, gegen Germanicus Schmähreden aus, wobei sogar einige der gutgesinnten Soldaten sich zur Folgsamkeit im Schlechten
willig zeigten, weil insgeheim die Rede ging, es geschehe Solches nicht ohne
des Imperators Willen. Bekannt war dieses dem Germanicus; aber zuvor
zu den Armeniern zu kommen, war ihm angelegentlichere Sorge.

56. Unzuverlässig war dies Volk von Alters her vermöge der Sinnesart
der Menschen und der Lage des Landes, indem es vor unsern Provinzen weit-
hin ausgedehnt sich tief nach Medien hineinerstreckt; und in der Mitte zwischen
den größten Reichen sind sie öfter mit diesen uneinig vermöge ihres Hasses
gegen die Römer und ihrer Eifersucht gegen den Parther. Einen König hatten
sie dermalen nicht, da Bonones weggeführt war; aber die Gunst des Volkes
neigte sich dem Zeno, dem Sohne des pontischen Königs Polemo[132]), zu, weil
dieser seit seiner frühesten Kindheit der Einrichtungen und der Lebensweise der
Armenier sich befleißigend, durch Jagd, Gelage und was sonst die Barbaren
hochhalten, Vornehme und Volk gleichmäßig für sich gewonnen hatte. Daher
setzte ihm Germanicus in der Stadt Artaxata[133]) unter Beistimmung des
Adels inmitten der herbeigeströmten Menge den königlichen Schmuck auf's
Haupt. Die Uebrigen, ihm huldigend als König, begrüßten ihn mit dem Namen
Artaxias, einer Benennung, die von der Stadt sie ihm gegeben[134]). Kappadocien dagegen, zur Provinz umgewandelt, erhielt zum Legaten den Qu. Veranius; zugleich ward Einiges von den königlichen Steuern herabgesetzt, um
desto größere Milde von der römischen Herrschaft hoffen zu lassen. Ueber die
Commagener, die damals zuerst prätorischer Gewalt[135]) unterworfen wurden,
ward Qu. Serväus gesetzt.

57. Und so glücklich nun die Angelegenheiten der Bundesgenossen alle be-

laetum Germanicum habebant ob superbiam Pisonis, qui iussus partem legionum ipse aut per filium in Armeniam ducere utrumque neglexerat. Cyrri demum aput hiberna decumae legionis convenere, firmato vultu, Piso adversus metum, Germanicus, ne minari crederetur; et erat, ut rettuli, clementior. Sed amici accendendis offensionibus callidi intendere vera, adgerere falsa ipsumque et Plancinam et filios variis modis criminari. Postremo paucis familiarium adhibitis sermo coeptus a Caesare, qualem ira et dissimulatio gignit; responsum a Pisone precibus contumacibus, discessoruntque apertis odiis. Post quae rarus in tribunali Caesaris Piso, et si quando adsideret, atrox ac dissentire manifestus. Vox quoque eius audita est in convivio, cum aput regem Nabataeorum coronae aureae magno pondere Caesari et Agrippinae, leves Pisoni et ceteris offerrentur, principis Romani, non Parthi regis filio eas epulas dari; abiecitque simul coronam et multa in luxum addidit, quae Germanico, quamquam acerba, tolerabantur tamen.

58. Inter quae ab rege Parthorum Artabano legati venere. Miserat amicitiam ac foedus memoraturos, et cupere renovari dextras, daturumque honori Germanici, ut ripam Euphratis accederet; petere interim, ne Vonones in Syria haberetur neu proceres gentium propinquis nuntiis ad discordias traheret. Ad ea Germanicus de societate Romanorum Parthorumque magnifice, de adventu regis et cultu sui cum decore ac modestia respondit. Vonones Pompeiopolim, Ciliciae maritimam urbem, amotus est. Datum id non modo precibus Artabani, sed contumeliae Pisonis, cui gratissimus erat ob plurima officia et dona, quibus Plancinam devinxerat.

59. M. Silano L. Norbano consulibus Germanicus Aegyptum proficiscitur cognoscendae antiquitatis; sed cura provinciae praetendebatur, levavitque apertis horreis pretia frugum multaque in vulgus grata usurpavit: sine milite incedere, pedibus intectis et pari cum

seitigt waren, konnte deſſen doch Germaniens nicht froh werden wegen Piſo's Uebermuth, der trotz dem Befehle, einen Theil der Legionen ſelbſt oder durch ſeinen Sohn[137]) nach Armenien zu führen, beides verabſäumt hatte. Zu Cyrrus[138]) erſt beim Winterlager der zehnten Legion trafen ſie zuſammen, mit feſter Miene beide, Piſo gegen Furcht gewaffnet, Germanicus, nicht drohend zu erſcheinen; und er war auch, wie ich angeführt, der Milde näher. Aber ſeine Freunde, der Kränkungen Gefühl noch zu entflammen wohl verſtehend, übertreiben die Wahrheit, häufen Falſches noch hinzu, und beſchuldigen ihn ſelbſt und Plancina und ſeine Söhne auf mannigfache Weiſe. Endlich unter Zuziehung weniger Vertrauten begann von des Cäſars Seite eine Unterredung, wie ſie Zorn und Streben, ihn zu unterdrücken, zu erzeugen pflegt; die Antwort des Piſo beſtand in Bitten voller Trotz, und ſie ſchieden von einander mit ſichtbarem Haſſe. Seitdem erſchien Piſo ſelten bei den gerichtlichen Verhandlungen unter des Cäſars Vorſitz, und war er ja einmal zugegen, mit finſtrer, offenbaren Widerſpruches voller Miene. Auch ließ er laut ſich einſt bei einem Gelage vernehmen, als bei dem Nabatäerkönige[139]) goldene Kränze von ſchwerem Gewicht dem Cäſar und der Agrippina, leichte dem Piſo und den Uebrigen dargereicht wurden, eines Römerfürſten, nicht eines Partherkönigs Sohne werde dieſes Gelag gegeben[140]); und damit warf er ſeinen Kranz weg und ſprach noch Vieles gegen Verſchwendung, was von Germanicus, ſo bitter es auch war, doch ertragen wurde.

58. Inzwiſchen kamen Geſandte vom Könige der Parther, Artabanus. Er hatte ſie zur Verſicherung der (alten) Freundſchaft und Verbindung abgeſchickt und wie er wünſche, den Handſchlag zu erneuen, und dem Germanicus zu Ehren bis an des Euphrates Ufer kommen wolle; indeſſen bitte er, daß man den Bonones nicht in Syrien behalte, und daß man ihn nicht die Häupter der Völkerſchaften durch Botſchaften aus der Nähe zu Empörungen verleiten laſſe. Darauf antwortete Germanicus in Betreff des Bündniſſes der Römer und der Parther würdevoll, in Betreff der Ankunft des Königs und der Achtung gegen ihn mit Anſtand und Beſcheidenheit. Bonones wurde nach der ciliciſchen Seeſtadt Pompejopolis[141]) entfernt. Dazu verſtand man ſich nicht blos aus Rückſicht auf Artabanus Bitten, ſondern auch zur Kränkung Piſo's, bei dem er in außerordentlicher Gunſt ſtand wegen ſehr vieler Gefälligkeiten und Geſchenkt, womit er Plancina ſich verpflichtet hatte.

59. Unter dem Conſulat des M. Silanus und L. Norbanus reiſte Germanicus nach Aegypten, deſſen Alterthümer kennen zu lernen; doch Sorge für die Provinz ward vorgewendet, und wirklich verminderte er durch Eröffnung der Magazine die Getreidepreiſe und that vielerlei, was dem Volke wohlgeſtel: ohne Militärbegleitung ging er umher, mit unbedeckten Füßen[142]) und in

Graecis amictu, P. Scipionis aemulatione, quem eadem factitavisse aput Siciliam, quamvis flagrante adhuc Poenorum bello, accepimus. Tiberius cultu habituque eius lenibus verbis perstricto acerrime increpuit, quod contra instituta Augusti non sponte principis Alexandriam introisset. Nam Augustus inter alia dominationis arcana, vetitis nisi permissu ingredi senatoribus aut equitibus Romanis inlustribus, seposuit Aegyptum, ne fame urgeret Italiam quisquis eam provinciam claustraque terrae ac maris quamvis levi praesidio adversum ingentes exercitus insedisset.

60. Sed Germanicus nondum comperto profectionem eam incusari Nilo subvehebatur, orsus oppido a Canopo. Condidere id Spartani ob sepultum illic rectorem navis Canopum, qua tempestate Menelaus Graeciam repetens diversum ad mare terramque Libyam deiectus est. Inde proximum amnis os dicatum Herculi, quem indigenae ortum aput se et antiquissimum perhibent eosque, qui postea pari virtute fuerint, in cognomentum eius adscitos; mox visit veterum Thebarum magna vestigia. Et manebant structis molibus litterae Aegyptiae, priorem opulentiam complexae; iussusque e senioribus sacerdotum patrium sermonem interpretari referebat habitasse quondam septingenta milia aetate militari, atque eo cum exercitu regem Rhamsen Libya Aethiopia Medisque et Persis et Bactriano ac Scytha potitum quasque terras Suri Armeniique et contigui Cappadoces colunt, inde Bithynum, hinc Lycium ad mare imperio tenuisse. Legebantur et indicta gentibus tributa, pondus argenti et auri, numerus armorum equorumque et dona templis ebur atque odores, quaeque copias frumenti et omnium utensilium quaeque natio penderet, haud minus magnifica, quam nunc vi Parthorum aut potentia Romana iubentur.

61. Ceterum Germanicus aliis quoque miraculis intendit animum, quorum praecipua fuere Memnonis saxea effigies, ubi radiis solis icta est, vocalem sonum reddens, disiectasque inter et vix pervias arenas instar montium

gleicher Kleidung wie die Griechen, in Nacheiferung des P. Scipio¹⁴³), der, wie wir wissen, dasselbe auf Sicilien zu thun pflegte, selbst mitten in des Puniertrieges Drange. Tiberius, seine Tracht und sein Benehmen mit leisem Tadel nur berührend, sprach um so schärfer sich darüber aus, das er gegen die Bestimmungen des Augustus ohne Bewilligung des Fürsten in Alexandria eingezogen sei. Denn Augustus hatte unter anderen Geheimnissen seiner Herrschaft, indem er Senatoren oder erlauchten Rittern¹⁴⁴) Roms nur mit seiner Erlaubniß es zu betreten gestattete, Aegypten abgeschlossen, daß nicht mit Hungersnoth Italien bedrängte, wer irgend diese Provinz und die Schlüssel zum Lande und zum Meere¹⁴⁵) mit noch so geringer Besatzung selbst ungeheueren Heeren gegenüber in Besitz genommen hätte.

60. Aber Germanicus fuhr, der noch nicht erfahren, daß diese Reise strafbar befunden werde, von der Stadt Canopus¹⁴⁶) aus den Nil hinauf. Es gründeten diese die Spartaner, weil dort der Steuermann Canopus da bestattet worden, zur Zeit, als Menelaus sich nach Griechenland zurückbegebend nach dem entgegengesetzten Meere und dem Lande Libyen verschlagen wurde. Von da besuchte er die nächste Flußmündung, die dem Hercules geweiht ist¹⁴⁷), von welchem die Eingeborenen behaupten, daß er bei ihnen entsprossen und der älteste sei, während die, welche nachmals gleiche Heldentugend besessen, nur den Namen von ihm erhalten hätten; nachher des alten Thebens¹⁴⁸) große Trümmer. Noch standen an den aufgethürmten Riesenwerken ägyptische Inschriften¹⁴⁹), welche die frühere Macht bekundeten; und einer von den älteren Priestern, die vaterländische Sprache auszulegen aufgefordert, erklärte, es hätten hier gewohnt vor Zeiten siebenmalhunderttausend Männer kriegsfähigen Alters, und mit diesem Heere habe König Rhamses¹⁵⁰) Libyen, Aethiopien, die Meder, Perser, Bactrier und Scythen unterworfen, und auch die Länder, welche Syrer und Armenier sowie die angrenzenden Cappadocier bewohnen, bis zum bithynischen Meere¹⁵¹) auf der einen, bis zum lycischen¹⁵²) auf der andern Seite unter Botmäßigkeit gehalten. Auch waren da zu lesen die den Völkern auferlegten Tribute, das Gewicht des Silbers und Goldes, die Zahl der Waffen und Pferde, auch die Tempelgeschenke, Elfenbein und Räucherwerk, und welche Quantitäten von Getreide und Lebensbedürfnissen aller Art jede Nation zu liefern hatte, nicht minder großartig alles, als was jetzt durch Parthergewalt oder römische Macht geboten wird.

61. Uebrigens richtete Germanicus auch auf andere Wunderwerke seine Aufmerksamkeit, unter denen die vorzüglichsten waren: Memnons steinernes Bild¹⁵³), das, wenn es von den Sonnenstrahlen getroffen wird, einen klangreichen Ton von sich gibt, ferner die mitten zwischen auseinandergewehten, kaum gangbaren Sandmassen, Bergen gleich, durch der Könige Wetteifer und Reichthum aufge-

eductae pyramides certamine et opibus regum, lacusque effossa humo, superfluentis Nili receptacula; atque alibi angustiae et profunda altitudo, nullis inquirentium spatiis penetrabilis. Exin ventum Elephantinen ac Syenen, claustra olim Romani imperii, quod nunc rubrum ad mare patescit.

62. Dum ea aestas Germanico plures per provincias transigitur, haud leve decus Drusus quaesivit inliciens Germanos ad discordias utque fracto iam Maroboduo usque in exitium insisteretur. Erat inter Gotones nobilis iuvenis nomine Catualda, profugus olim vi Marobodui et tunc dubiis rebus eius ultionem ausus. Is valida manu fines Marcomanorum ingreditur corruptisque primoribus ad societam inrumpit regiam castellumque iuxta situm. Veteres illic Sueborum praedae et nostris e provinciis lixae ac negotiatores reperti, quos ius commercii, dein cupido augendi pecuniam, postremum oblivio patriae suis quemque ab sedibus hostilem in agrum transtulerat.

63. Maroboduo undique deserto non aliud subsidium quam misericordia Caesaris fuit. Transgressus Danuvium, qua Noricam provinciam praefluit, scripsit Tiberio non ut profugus aut supplex, sed ex memoria prioris fortunae: nam multis nationibus clarissimum quondam regem ad se vocantibus Romanam amicitiam praetulisse. Responsum a Caesare tutam ei honoratamque sedem in Italia fore, si maneret; sin rebus eius aliud conduceret, abiturum fide, qua venisset. Ceterum aput senatum disseruit non Philippum Atheniensibus, non Pyrrhum aut Antiochum populo Romano perinde metuendos fuisse. Extat oratio, qua magnitudinem viri, violentiam subiectarum ei gentium et quam propinquus Italiae hostis, suaque in destruendo eo consilia extulit. Et Maroboduus quidem Ravennae habitus, si quando insolescerent Suebi, quasi rediturus in regnum ostentabatur: sed non excessit Italia per duodeviginti annos consenuitque multum imminuta claritate ob nimiam vivendi cupidinem. Idem Catualdae casus neque aliud perfugium. Pulsus haud multo post Hermundurorum opibus et Vibilio duce re-

thürmten Pyramiden¹⁵⁴), sowie die Seen¹⁵⁵), deren Becken, ausgegraben, dem überströmenden Nile zu Behältern dienen; an andern Stellen dagegen dessen Einengungen¹⁵⁶) und unergründliche Tiefe, keinem Maße der Untersuchenden erreichbar. Von da kam man nach Elephantine¹⁵⁷) und Syene, den ehemaligen Grenzpunkten des römischen Reichs, das jetzt¹⁵⁸) bis zum rothen Meere sich ausdehnt.

62. Während dieser Sommer so in mehreren Provinzen dem Germanicus verstreicht, erwarb sich Drusus keinen geringen Ruhm, indem er die Germanen zu innerem Zwist verleitete, und daß bis zur Vernichtung man des Marobduus schon gebrochene Macht bedrängte. Es befand sich unter den Gotonen¹⁵⁹) ein Jüngling edler Abkunft, Namens Catualda, der, einst durch des Marobduus Gewalt zur Flucht gezwungen, jetzt bei dessen zweifelhafter Lage Rache wagte. Er bricht mit starker Mannschaft in das Gebiet der Markomanen ein, und bringt, nachdem er durch Bestechung die Großen zur Theilnahme verleitet, in die Königsburg und das dabei gelegene Schloß ein. Was seit alten Zeiten die Sueben erbeutet, fand sich dort, und aus unsern Provinzen Marketender und Handelsleute, welche das Handelsrecht, dann Begierde, ihr Vermögen zu vermehren, endlich Vergessenheit des Vaterlandes einen Jeden aus seinen heimathlichen Wohnsitzen in Feindes Land hinüber geführt hatte.

63. Dem von allen Seiten verlassenen Marobduus blieb keine andere Zuflucht als des Cäsars Mitleid. Nachdem er über die Donau gegangen, wo sie an der norischen Provinz¹⁶⁰) hinströmt, schrieb er an Tiberius, nicht wie ein Flüchtling oder Schutzstehender, sondern in Erinnerung an sein früheres Glück. Habe er doch vielen Nationen, die den einst so berühmten König an sich zu ziehen gesucht, der Römer Freundschaft vorgezogen. Es antwortete der Cäsar, einen sicheren und ehrenvollen Wohnsitz solle er in Italien haben, falls er bleiben wolle; sollte aber seinen Verhältnissen Anderes ersprießlich sein, so solle er mit eben so sicherem Geleite wieder scheiden, wie er gekommen wäre. Uebrigens erklärte er im Senate, nicht Philippus sei den Athenensern, nicht Pyrrhus oder Antiochus dem römischen Volke so furchtbar gewesen. Noch vorhanden ist die Rede, worin er die Größe des Mannes, die ungestüme Kraft der ihm unterthänigen Völkerschaften, wie nahe dieser Feind Italien gewesen, und seine eigenen Anschläge zu dessen Vernichtung hervorhob. Den Marobduus hielt man nun zwar in Ravenna, und zeigte, sollten einmal die Sueben übermüthig werden, wie zur Rückkehr in sein Königreich ihn in Bereitschaft: aber er verließ Italien nicht in einer Reihe von achtzehn Jahren, und ergraute mit tief gesunkenem Ruhme, weil er das Leben allzusehr liebte. Gleiches Schicksal hatte Catualda und auch keine andere Zuflucht. Vertrieben bald darauf durch die Macht der Hermunduren¹⁶¹) und unter des Bibilius Anführung

ceptusque Forum Iulium, Narbonensis Galliae coloniam, mittitur. Barbari utrumque comitati, ne quietas provincias inmixti turbarent, Danuvium ultra inter flumina Marum et Cusum locantur, dato rege Vannio gentis Quadorum.

64. Simul nuntiato regem Artaxian Armeniis a Germanico datum, decrevere patres, ut Germanicus atque Drusus ovantes urbem introirent. Structi et arcus circum latera templi Martis Ultoris cum effigie Caesarum, laetiore Tiberio, quia pacem sapientia firmaverat, quam si bellum per acies confecisset. Igitur Rhescuporim quoque, Thracciae regem, astu adgreditur. Omnem eam nationem Rhoemetalces tenuerat; quo defuncto Augustus partem Thraecum Rhescuporidi, fratri eius, partem filio Cotyi permisit. In ea divisione arva et urbes et vicina Graecis Cotyi, quod incultum, ferox, adnexum hostibus, Rhescuporidi cessit: ipsorumque regum ingenia, illi mite et amoenum, huic atrox, avidum et societatis inpatiens erat. Sed primo subdola concordia egere; mox Rhescuporis egredi fines, vertere in se Cotyi data et resistenti vim facere, cunctanter sub Augusto, quem auctorem utriusque regni, si sperneretur, vindicem metuebat. Enimvero audita mutatione principis inmittere latronum globos, excindere castella, causas bello.

65. Nihil aeque Tiberium anxium habebat, quam ne conposita turbarentur. Deligit centurionem, qui nuntiaret regibus, ne armis disceptarent; statimque a Cotye dimissa sunt quae paraverat auxilia. Rhescuporis ficta modestia postulat, eundem in locum coiretur: posse de controversiis conloquio transigi. Nec diu dubitatum de tempore, loco, dein condicionibus, cum alter facilitate, alter fraude cuncta inter se concederent acciperentque. Rhescuporis sanciendo, ut dictitabat, foederi convivium adicit, tractaque in multam noctem laetitia per epulas ac vinolentiam incautum Cotyn et, postquam dolum intellexerat, sacra regni, eiusdem familiae deos et hospitalis mensas obtestantem catenis onerat.

ward er aufgenommen und nach Forum Julium¹⁶²), einer Pflanzstadt des narbonensischen Galliens, geschickt. Die Barbaren, welche beide begleitet hatten, werden, um nicht friedlichen Provinzen einverleibt dieselben aufzuwiegeln, jenseits der Donau zwischen den Flüssen Marus und Cusus¹⁶³) angesiedelt, und als König ihnen Vannius gegeben von dem Stamme der Quaden.

64. Da zugleich die Nachricht einlief, daß den Armeniern von Germanicus Artaxias zum König sei gegeben worden, so beschlossen die Väter, daß Germanicus und Drusus im kleinen Triumph in die Stadt einziehen sollten. Auch errichtete man Siegesbogen dem Tempel des rächenden Mars¹⁶⁴) zur Seite, mit dem Bildniß der Cäsaren, und froher war Tiberius, daß mit kluger Politik den Frieden er befestigt, als wenn er einen Krieg auf dem Schlachtfelde beendigt hätte. Darum greift er den Rhescuporis auch, den König Thraziens, mit List an. Ganz hatte Rhömetalces dieses Volk beherrscht; als dieser gestorben, überließ Augustus einen Theil der Thrazier dessen Bruder Rhescuporis, den andern dessen Sohne Cotys. Bei dieser Theilung waren Fruchtgefilde und Städte und der Griechen Nachbarland dem Cotys, das unbekannte, wilde und an Feindesland sich hinziehende Gebiet dem Rhescuporis zugefallen; und ebenso war die Sinnesart der Könige selbst, bei jenem sanft und einnehmend¹⁶⁵), bei diesem hart, selbstsüchtig und ungesellig. Doch anfangs lebten sie in trüglicher Eintracht; bald aber überschreitet Rhescuporis die Grenzen, eignet das dem Cotys Gegebene sich zu und braucht gegen den sich Widersetzenden Gewalt, noch zögernd unter Augustus, den er als den Schöpfer beider Königthümer, wenn er ihn verachtete, als Rächer fürchtete. Kaum jedoch hat er den Regentenwechsel vernommen, so läßt er Räuberschaaren einbrechen und Castelle zerstören, um zum Kriege Anlaß zu geben.

65. Nichts erfüllte den Tiberius so sehr mit ängstlicher Sorge, als daß nicht der geordnete Zustand gestört würde. Er erwählt einen Centurio dazu, den Königen anzukündigen, daß sie die Waffen nicht entscheiden ließen; und sogleich wurden von Cotys die Hilfstruppen entlassen, die er aufgebracht. Rhescuporis verlangt mit erheuchelter Mäßigung, daß man an einem bestimmten Orte zusammen käme: man könne ja durch Unterredung die streitigen Punkte ausgleichen. Auch wurde nicht lange geschwankt über Zeit, Ort und sofort selbst über Bedingungen, da der Eine aus Willfährigkeit, der Andere aus Arglist Alles zugestand und annahm. Rhescuporis, um, wie er sagte, heiligende Weihe dem Bündniß zu ertheilen, veranstaltet noch ein Gastmahl, und wie er so der Fröhlichkeit bis tief in die Nacht hin Raum gegeben, läßt er bei der Tafel und im Weinrausch nichts Arges ahnenden und, als er die Hinterlist bemerkt, die Heiligkeit der Königswürde, derselben Familie Götter und den gastlichen Tisch zum Zeugniß anrufenden Cotys mit Ketten belasten. Als er

Thraeciaeque omni potitus scripsit ad Tiberium, structas sibi insidias, praeventum insidiatorem; simul bellum adversus Basternas Scythasque praetendens novis peditum et equitum copiis sese firmabat. Molliter rescriptum, si fraus abesset, posse eum innocentiae fidere; ceterum neque se neque senatum nisi cognita causa ius et iniuriam discreturos: proinde tradito Cotye veniret transferretque invidiam criminis.

66. Eas literas Latinius Pandusa, pro praetore Moesiae, cum militibus, quis Cotys traderetur, in Thraciam misit. Rhescuporis inter metum et iram cunctatus maluit patrati quam incepti facinoris reus esse: occidi Cotyn iubet mortemque sponte sumptam ementitur. Nec tamen Caesar placitas semel artes mutavit, sed defuncto Pandusa, quem sibi infensum Rhescuporis arguebat, Pomponium Flaccum, veterem stipendiis et arta cum rege amicitia eoque accommodatiorem ad fallendum, ob id maxime Moesiae praefecit.

67. Flaccus in Thraciam transgressus per ingentia promissa quamvis ambiguum et scelera sua reputantem perpulit, ut praesidia Romana intraret. Circumdata hinc regi specie honoris valida manus, tribunique et centuriones monendo, suadendo, et quanto longius abscederetur, apertiore custodia, postremo gnarum necessitatis in urbem traxere. Accusatus in senatu ab uxore Cotyis damnatur, ut procul regno teneretur. Thracia in Rhoemetalcen filium, quem paternis consiliis adversatum constabat, inque liberos Cotyis dividitur; iisque nondum adultis Trebellienus Rufus praetura functus datur, qui regnum interim tractaret, exemplo, quo maiores M. Lepidum Ptolemaei liberis tutorem in Aegyptum miserant. Rhescuporis Alexandriam devectus atque illic fugam temptans an ficto crimine interficitur.

68. Per idem tempus Vonones, quem amotum in Ciliciam memoravi, corruptis custodibus effugere ad Armenios, inde [in] Albanos Heniochosque et consanguineum sibi regem Scytharum conatus est. Specie venandi omissis maritimis locis avia saltuum petiit, mox pernicitate

so ganz Thrazien in Besitz genommen, schrieb er an Tiberius, es sei ihm Nachstellung bereitet worden, und zuvorgekommen sei er dem Nachstellenden; zugleich Krieg gegen Basterner und Scythen[166]) vorschützend, verstärkte er sich
mit neuen Schaaren von Fußvolk und Reiterei. Mild war die Antwort:
Wenn Trug fern wäre, könne er ja seiner Unschuld vertrauen; übrigens werde
weder Er noch der Senat anders als nach Untersuchung der Sache über Recht
und Unrecht entscheiden: demnach möge er nach Auslieferung des Cotys kommen und das Gehässige der Beschuldigung von sich abzuwälzen suchen.

66. Dieses Schreiben schickte Latinius Pandusa, der Proprätor Mösiens,
mit Soldaten, denen Cotys überliefert werden sollte, nach Thrazien. Rhescuporis, nachdem er zwischen Furcht und Ingrimm hin und her geschwankt,
wollte lieber des schon vollendeten, als des nur begonnenen Frevels wegen angeklagt sein: er läßt den Cotys umbringen und erlügt, er habe freiwillig den
Tod gewählt. Gleichwohl änderte der Cäsar seine einmal beliebten Künste nicht,
sondern setzte nach des Pandusa Tode, welchen Rhescuporis als ihm feindselig
beschuldigte, den Pomponius Flaccus[167]), einen alten Krieger, der in enger
Freundschaft mit dem Könige stand und so, ihn zu berücken, um so geeigneter
war, deßhalb vornehmlich über Mösien.

67. Flaccus, der nach Thrazien hinüber sich begab, bewog den wenngleich
Bedenken tragenden und seine Verbrechen sich vor das Gewissen führenden durch
ungeheuere Versprechungen, mit über die römische Grenzvertheidigungslinie zu
gehen. Da ward sofort der König unter dem Schein der Ehre mit starker
Mannschaft umgeben, und Tribunen und Centurionen zogen ihn unter Er-
muntern und Zureden erst, dann, je weiter man kam, in immer offenbarerer
Haft, bis er zuletzt sein Loos erkannte, in die Stadt. Angeklagt vor dem Senate von Cotys Gattin[168]), wird er verurtheilt, fern vom Königreiche in
Haft zu sein. Thrazien wird zwischen seinem Sohne Rhömetalces, von dem
man ja wußte, daß er des Vaters Anschlägen widerstrebt, und zwischen den
Kindern des Cotys getheilt; letztere aber, da sie noch nicht erwachsen waren,
erhalten den gewesenen Prätor Trebellienus Rufus zum einstweiligen Reichs-
verweser, dem gemäß, wie schon unsere Vorfahren den M. Lepidus als Vormund für des Ptolemäus[169]) Kinder nach Aegypten gesandt hatten. Rhescuporis wird nach Alexandria abgeführt und dort wegen versuchter Flucht oder
wegen erdichteter Beschuldigung umgebracht.

68. Um dieselbe Zeit versuchte Bonones, der, wie ich erwähnt, nach Cilicien[170]) entfernt worden war, nach Bestechung seiner Wächter zu den Armeniern, von da zu den Albanern und Heniochern und dem mit ihm verwandten
Könige der Scythen zu entkommen. Unter dem Vorwande der Jagd verließ er
die Küstengegenden und suchte unwegsame Waldgebirge zu erreichen; dann ge-

equi ad amnem Pyramum contendit, cuius pontes accolae ruperant audita regis fuga; neque vado penetrari poterat. Igitur in ripa fluminis a Vibio Frontone, praefecto equitum, vincitur; mox Remmius evocatus, priori custodiae regis adpositus, quasi per iram gladio eum transigit. Unde maior fides conscientia sceleris et metu indicii mortem Vononi inlatam.

69. At Germanicus Aegypto remeans cuncta, quae aput legiones aut urbes iusserat, abolita vel in contrarium versa cognoscit. Hinc graves in Pisonem contumeliae, nec minus acerba quae ab illo in Caesarem temptabantur. Dein Piso abire Suria statuit. Mox adversa Germanici valetudine detentus, ubi recreatum accepit votaque pro incolumitate solvebantur, admotas hostias, sacrificalem apparatum, festam Antiochensium plebem per lictores proturbat. Tum Seleuciam digreditur, opperiens aegritudinem, quae rursum Germanico acciderat. Saevam vim morbi augebat persuasio veneni a Pisone accepti; et reperiebantur solo ac parietibus erutae humanorum corporum reliquiae, carmina et devotiones et nomen Germanici plumbeis tabulis insculptum, semusti cineres ac tabo obliti aliaque malefica, quis creditur animas numinibus infernis sacrari. Simul missi a Pisone incusabantur ut valitudinis adversa rimantes.

70. Ea Germanico haud minus ira quam per metum accepta. Si limen obsideretur, si effundendus spiritus sub oculis inimicorum foret, quid deinde miserrimae coniugi, quid infantibus liberis eventurum? Lenta videri veneficia: festinare et urgere, ut provinciam, ut legiones solus habeat. Sed non usque eo defectum Germanicum, neque praemia caedis aput interfectorem mansura. Componit epistulas, quis amicitiam ei renuntiabat. Addunt plerique iussum provincia decedere. Nec Piso moratus ultra navis solvit, moderabaturque cursui, quo propius regrederetur, si mors Germanici Suriam aperuisset.

langte er durch seines Pferdes Schnelligkeit an den Fluß Pyramus[171]), dessen Brücken die Anwohner auf die Nachricht von des Königs Flucht abgebrochen hatten; und auf Furthen war nicht durchzukommen. So wird er an des Stromes Ufer von dem Reiterpräfect Vibius Fronto gefesselt; dann durchbohrt ihn Remmius, ein Freiwilliger der Veteranen[172]), der früher dem Könige als Wächter beigesellt gewesen war, wie im Zorne mit dem Schwerte. Daher ist es um so glaubhafter, daß man wegen Mitwissenschaft des Verbrechens und aus Furcht, verrathen zu werden, dem Vonones den Tod gegeben habe.

69. Germanicus findet indeß bei seiner Rückkehr aus Aegypten Alles, was er bei den Legionen oder in den Städten anbefohlen hatte, abgeschafft oder zum Gegentheil verdreht. Daraus entstanden heftige Beschimpfungen gegen den Piso, und nicht minder bitter war, was dieser gegen den Cäsar zu versuchen wagte. Hierauf beschloß Piso Syrien zu verlassen. Dann zurückgehalten durch Krankheit des Germanicus, läßt er, als er dessen Genesung vernommen, und die für seine Herstellung gethanen Gelübde gelöst werden sollten, die herbeigeführten Opferthiere, die Opferzurüstung und der Antiochenser[173]) festlich geschmückte Menge durch Lictoren auseinanderjagen. Hierauf entfernt er sich nach Seleucia[174]), um das Uebelbefinden abzuwarten, was den Germanicus von neuem befallen hatte. Die furchtbare Heftigkeit der Krankheit ward noch gesteigert durch seine Ueberzeugung, Gift von Piso empfangen zu haben; auch fand man aus dem Estrich und den Wänden hervorgezogene Reste menschlicher Leichen, Zauberformeln und Verwünschungen und des Germanicus Namen auf Bleitafeln eingegraben, halbverbranntes und mit Moder bedecktes Gebein und andere zauberische Dinge, womit man Seelen den unterirdischen Mächten weihen zu können meint. Zugleich wurden Boten Piso's angeschuldigt, als spähten sie nach Verschlimmerung seines Zustandes.

70. Dieses vernahm Germanicus nicht minder mit Entrüstung als mit Besorgniß. Wenn man seine Schwelle belagere, wenn er unter den Augen seiner Feinde den Geist aushauchen müsse, wie würde dann es seiner unglücklichen Gattin, wie seinen unmündigen Kindern[175]) ergehen? Langsam scheine die Vergiftung: man eile und dränge, um die Provinz, um die Legionen allein zu haben. Aber noch nicht soweit sei entkräftet Germanicus, und es solle der Preis des Mordes bei dem Mörder nicht verbleiben. So setzt er einen Brief auf, worin er die Freundschaft ihm aufkündigte. Mehrere setzen noch hinzu, er habe den Befehl erhalten, die Provinz zu verlassen. Und Piso, auch nicht länger weilend, lichtete die Anker; doch nahm er Zeit sich auf der Fahrt, um desto näheren Rückweg zu haben, wenn der Tod des Germanicus ihm Syrien geöffnet haben würde.

71. Caesar paulisper ad spem erectus, dein fesso corpore, ubi finis aderat, adsistentes amicos in hunc modum adloquitur: 'Si fato concederem, iustus mihi dolor etiam adversus deos esset, quod me parentibus liberis patriae intra iuventam praematuro exitu raperent. Nunc scelere Pisonis et Plancinae interceptus ultimas preces pectoribus vestris relinquo: referatis patri ac fratri, quibus acerbitatibus dilaceratus, quibus insidiis circumventus miserrimam vitam pessima morte finierim. Si quos spes meae, si quos propinquus sanguis, etiam quos invidia erga viventem movebat, inlacrimabunt quondam florentem et tot bellorum superstitem muliebri fraude cecidisse. Erit vobis locus querendi aput senatum, invocandi leges. Non hoc praecipuum amicorum munus est, prosequi defunctum ignavo questu, sed quae voluerit meminisse, quae mandaverit exsequi. Flebunt Germanicum etiam ignoti: vindicabitis vos, si me potius quam fortunam meam fovebatis. Ostendite populo Romano divi Augusti neptem candemque coniugem meam, numerate sex liberos. Misericordia cum accusantibus erit, fingentibusque scelesta mandata aut non credent homines aut non ignoscent.' Iuravere amici, dextram morientis contingentes, spiritum ante quam ultionem amissuros.

72. Tum ad uxorem versus per memoriam sui, per communes liberos oravit, exueret ferociam, saevienti fortunae summitteret animum, neu regressa in urbem aemulatione potentiae validiores inritaret. Haec palam et alia secreto, per quae ostendere credebatur metum ex Tiberio. Neque multo post extinguitur, ingenti luctu provinciae et circumiacentium populorum. Indoluere exterae nationes regesque: tanta illi comitas in socios, mansuetudo in hostes; visuque et auditu iuxta venerabilis, cum magnitudinem et gravitatem summae fortunae retineret, invidiam et adrogantiam effugerat.

73. Funus, sine imaginibus et pompa, per laudes ac memoriam virtutum eius celebre fuit. Et erant qui formam, aetatem, genus mortis, ob propinquitatem etiam

71. Der Cäsar, auf kurze Zeit zur Hoffnung aufgerichtet, redet, als darauf mit der Erschöpfung seines Körpers sich sein Ende nahte, die umstehenden Freunde auf folgende Weise an: „Wenn ich dem Schicksal erläge, gerecht dann wäre mein Schmerz selbst gegen die Götter, daß sie mich meinen Eltern[176]), meinen Kindern, meinem Vaterlande in des Jugendalters Mitte durch allzufrühen Tod entrissen. So durch den Frevel des Piso und der Plancina hingerafft, lege ich meine letzten Bitten in euerem Busen nieder: berichtet dem Vater und dem Bruder[177]), von welchen bitteren Kränkungen zerrissen, durch welche Nachstellungen rings umstrickt ich das unglücklichste Leben mit dem schmählichsten Tode beschlossen habe. Wenn Jemanden Hoffnungen von mir, wenn Jemanden des Blutes Verwandtschaft, auch wohl Neid bielen und jenen gegen den Lebenden bewegte[178]), weinen werden sie darüber, daß der einst Blühende und in so vielen Kriegen Erhaltene durch Weibertücke gefallen sei. Es wird euch vergönnt sein, Klage zu führen vor dem Senate, die Gesetze anzurufen. Nicht das ist der Freunde vorzüglichste Pflicht, dem Verstorbenen feige Klage nachzuweinen, sondern dessen zu gedenken, was er gewollt, was er aufgetragen zu vollführen. Beweinen werden den Germanicus auch Unbekannte: rächen werdet ihr ihn, wenn ihr mir vielmehr als meinem Glücke anhingt. Zeiget dem römischen Volke des Divus Augustus Enkelin, meine Gattin, zählet auf meine sechs Kinder. Das Mitleid wird mit den Klägern sein, und denen, welche der Frevel höheren Auftrag[179]) erdichten, wird die Welt entweder keinen Glauben oder keine Verzeihung schenken." Da schworen die Freunde, die Rechte des Sterbenden ergreifend, eher das Leben, als die Rache aufgeben zu wollen.

72. Zu seiner Gattin dann gewandt bat er sie um seines Angedenkens, um der gemeinschaftlichen Kinder willen, sie möchte ablegen den trotzigen Sinn, unter des Schicksals Wuth sich beugen, und nach der Rückkehr in die Stadt durch ehrgeiziges Streben die Mächtigeren nicht reizen. Soviel in Anderer Beisein und auch insgeheim noch Anderes, wodurch er, wie man glaubte, in Beziehung auf Tiberius Besorgniß[180]) zu verrathen schien. Und nicht lange darauf stirbt er[181]), zu ungeheuerer Trauer der Provinz und nachbarlicher Völker. Leid trugen auch des Auslands Nationen und Könige[182]): so groß war seine Leutseligkeit gegen die Bundesgenossen, seine Milde gegen Feinde; man mochte sehen ihn oder hören, gleich verehrungswürdig, wußte er, die Größe und die Würde des höchsten Ranges stets behauptend, beleidigendes und anmaßungsvolles Wesen zu vermeiden.

73. Sein Leichenbegängniß, ohne Ahnenbilder und Gepränge, ward mit laut rühmenden Erinnerungen an seine Tugenden verherrlicht. Ja Einige verglichen seine Gestalt, sein Alter, seine Todesart, auch wegen der Nähe des Or-

locorum, in quibus interiit, magni Alexandri fatis adaequarent. Nam utrumque corpore decoro, genere insigni, haud multum triginta annos egressum, suorum insidiis externas inter gentes occidisse: sed hunc mitem erga amicos, modicum voluptatum, uno matrimonio, certis liberis egisse, neque minus proeliatorem, etiamsi temeritas afuerit praepeditusque sit perculsas tot victoriis Germanias servitio premere. Quodsi solus arbiter rerum, si iure et nomine regio fuisset, tanto promptius adsecuturum gloriam militiae, quantum clementia, temperantia, ceteris bonis artibus praestitisset. Corpus antequam cremaretur, nudatum in foro Antiochensium, qui locus sepulturae destinabatur, praetuleritne veneficii signa, parum constitit; nam ut quis misericordia in Germanicum et praesumpta suspicione aut favore in Pisonem pronior, diversi interpretabantur.

74. Consultatum inde inter legatos quique alii senatorum aderant, quisnam Suriae praeficeretur, et ceteris modice nisis, inter Vibium Marsum et Cn. Sentium diu quaesitum; dein Marsus seniori et acrius tendenti Sentio concessit. Isque infamem veneficiis ea in provincia et Plancinae percaram, nomine Martinam, in urbem misit, postulantibus Vitellio ac Veranio ceterisque, qui crimina et accusationem tamquam adversus receptos iam reos instruebant.

75. At Agrippina, quamquam defessa luctu et corpore aegro, omnium tamen, quae ultionem morarentur, intolerans, ascendit classem cum cineribus Germanici et liberis, miserantibus cunctis, quod femina nobilitate princeps, pulcherrimo modo matrimonio inter venerantes gratantisque aspici solita, tunc feralis reliquias sinu ferret, incerta ultionis, anxia sui et infelici fecunditate fortunae totiens obnoxia.

Pisonem interim aput Coum insulam nuntius adsequitur, excessisse Germanicum. Quo intemperanter accepto caedit victimas, adit templa, neque ipse gaudium moderans et magis insolescente Plancina, quae luctum amissae sororis tum primum laeto cultu mutavit.

76. Adfluebant centuriones monebantque prompta illi legionum studia: repeteret provinciam non iure ablatam et vacuam. Igitur, quid agendum, consultanti

tes[183]), wo er starb, mit des großen Alexander Lebensschicksalen. Denn beide von edler Körperbildung, von hoher Abkunft, nicht viel über dreißig Jahre[104]), hätten durch Nachstellung der Ihrigen unter fremden Völkern ihren Tod gefunden: er aber, mild gegen seine Freunde, mäßig im Genusse, habe in Einer Ehe, mit rechtmäßigen Kindern nur gelebt, und sei nicht minder Kriegsheld auch gewesen, wenn gleich von Tollkühnheit entfernt und nur verhindert, das durch so viele Siege erschütterte Germanien zu unterjochen. Hätte er allein zu entscheiden, hätte er Königs-Recht und Namen gehabt, um so schneller würde dessen Kriegsruhm er erworben haben, je mehr er ihn durch Milde, Mäßigkeit und andere lobenswerthe Eigenschaften übertroffen hätte. Ob der vor der Verbrennung auf dem Forum der Antiochenser, dem zur Bestattung auserlesenen Platze, entblößte Leichnam Spuren der Vergiftung an sich getragen, ward nicht ganz ausgemittelt; denn je nachdem von Mitleid mit Germanicus und vorgefaßtem Argwohn oder von Neigung für Piso Jemand mehr sich leiten ließ, legte er es verschieden aus.

74. Nun wurde unter den Legaten und wer von Senatoren sonst noch zugegen war berathschlagt, wem die Verwaltung Syriens übertragen werden sollte, und, da die Uebrigen nur mäßig sich bewarben, war zwischen Vibius Marsus und Cn. Sentius lange die Frage; hierauf denn gab Marsus dem älteren und eifriger sich bestrebenden Sentius nach. Dieser nun schickte auf Verlangen des Vitellius und Veranius, sowie der Uebrigen, welche Beschuldigungen und Klage wie gegen schon anerkannte Schuldige einleiteten, eine in der Provinz berüchtigte und der Plancina sehr vertraute Giftmischerin, Namens Martina, nach der Stadt.

75. Agrippina aber, obwohl erschöpft von Trauer und körperlich krank, doch ungeduldig in Allem, was die Rache verzögern könnte, bestieg die Flotte mit der Asche des Germanicus und mit den Kindern unter allgemeinem Jammer, daß eine Frau ersten Ranges, die man so eben noch in der schönsten Ehe unter Huldigenden und Glückpreisenden zu erblicken gewohnt gewesen, Leichenasche jetzt am Busen trage, ungewiß der Rache, in banger Sorge für sich selbst und durch unglückselige Fruchtbarkeit dem Mißgeschick so vielfach bloßgestellt.

Den Piso erreicht indeß auf der Insel Cos[105]) die Botschaft, daß hingeschieden sei Germanicus. Diese vernehmend ohne Mäßigung schlachtet er Opferthiere, besucht die Tempel, er selbst nicht Herr seiner Freude, noch übermüthiger Plancina, welche die Trauer um den Verlust einer Schwester nun erst mit der Freude Schmuck vertauschte.

76. Es strömten herbei die Centurionen[106]) und erinnerten, wie zu Gebote ihm stehe der Legionen Eifer: er solle zurückkehren nach der Provinz, der widerrechtlich ihm entrissenen und erledigten. Als er daher berathschlagte, was

M. Piso filius properandum in urbem censebat: nihil adhuc inexpiabile admissum, neque suspiciones inbecillas aut inania famae pertimescenda. Discordiam erga Germanicum odio fortasse dignam, non poena, et ademptione provinciae satis factum inimicis. Quodsi regrederetur, obsistente Sentio civile bellum incipi; nec duraturos in partibus centuriones militesque, aput quos recens imperatoris sui memoria et penitus infixus in Caesares amor praevaleret.

77. Contra Domitius Celer, ex intima eius amicitia, disseruit, utendum eventu: Pisonem, non Sentium Suriae praepositum; huic fasces et ius praetoris, huic legiones datas. Si quid hostile ingruat, quem iustius arma oppositurum quam qui legati auctoritatem et propria mandata acceperit? Relinquendum etiam rumoribus tempus, quo senescant: plerumque innocentes recenti invidiae impares. At si teneat exercitum, augeat vires, multa, quae provideri non possint, fortuito in melius casura. 'An festinamus cum Germanici cineribus adpellere, ut te inauditum et indefensum planctus Agrippinae ac vulgus imperitum primo rumore rapiant? Est tibi Augustae conscientia, est Caesaris favor, sed in occulto; et perisse Germanicum nulli iactantius maerent, quam qui maxime laetantur.'

78. Haud magna mole Piso, promptus ferocibus, in sententiam trahitur, missisque ad Tiberium epistulis incusat Germanicum luxus et superbiae; seque pulsum, ut locus rebus novis patefieret, curam exercitus eadem fide, qua tenuerit, repetivisse. Simul Domitium inpositum triremi vitare litorum oram praeterque insulas lato mari pergere in Suriam iubet. Concurrentes desertores per manipulos conponit, armat lixas traiectisque in continentem navibus vexillum tironum in Suriam euntium intercipit, regulis Cilicum, ut se auxiliis iuvarent, scribit, haud ignavo ad ministeria belli iuvene Pisone, quamquam suscipiendum bellum abnuisset.

79. Igitur oram Lyciae ac Pamphyliae praelegentes,

zu thun sei, rieth ihm sein Sohn M. Piso, nach Rom zu eilen: noch sei nichts
Unsühnbares begangen, und haltloser Verdacht oder leeres Gerücht sei nicht so
sehr zu fürchten. Die Zwietracht mit Germanicus sei des Hasses vielleicht,
doch nicht der Strafe würdig, und durch Wegnahme der Provinz Genugthuung
gegeben den Feinden. Kehre er zurück und Sentius leiste Widerstand, so beginne ein Bürgerkrieg; und nicht bleiben würden bei seiner Partei die Centurionen und Soldaten, bei welchen das frische Andenken an ihren Oberfeldherrn und die tiefgewurzelte Liebe zu den Cäsaren das Uebergewicht behalten
dürften.

77. Dagegen erklärte Domitius Celer, einer seiner vertrautesten Freunde,
zu benutzen sei die Wendung, welche die Sache genommen: Piso, nicht Sentius sei über Syrien gesetzt; ihm seien die Fasces und die prätorische Gewalt,
ihm die Legionen übergeben worden. Wenn irgend Feindseligkeiten aus-
brächen, wer könnte da mit größerem Rechte Waffengewalt entgegenstellen, als
der, welcher eines Legaten Vollmacht und besondere[187]) Aufträge empfangen
habe? Auch müsse man dem Gerede seine Zeit lassen, in welcher es veralte:
gewöhnlich seien Unschuldige der frischen Erbitterung nicht gewachsen. Wenn
er dagegen das Heer behalte, noch vermehre seine Macht, werde Vieles, was
nicht vorhergesehen werden könne, durch Zufall zum Besseren sich wenden.
„Oder sollen wir uns beeilen, mit des Germanicus Asche zugleich zu landen,
damit dich ungehört und unvertheidigt der Agrippina laute Klage und die unwissende Menge bei dem ersten Lärm zu Boden reiße? Du besitzest ja der
Augusta Einverständniß, besitzest des Cäsars Gunst, nur im Geheimen; und
daß Germanicus nicht mehr ist, darüber trägt Niemand Betrübniß so zur
Schau wie die, welche am meisten sich darüber freuen."

78. Ohne große Schwierigkeit läßt sich Piso, zu trotzigen Maßregeln stets
geneigt, für diese Meinung gewinnen, und beschuldigt in einem an Tiberius
gerichteten Schreiben den Germanicus des Aufwandes und Stolzes; er selbst,
von ihm vertrieben, damit zu Neuerungen freies Feld gewonnen würde, habe
die Sorge für das Heer mit derselben Treue, womit er es früher besessen,
wieder übernommen. Zugleich befiehlt er dem Domitius, auf einem Dreiruderer, mit Vermeidung des Küstenrandes und vor den Inseln vorbei auf
weiter See nach Syrien zu steuern. Die sich bei ihm zusammenfindenden
Ueberläufer[188]) ordnet er manipelweise, bewaffnet die Marketender und fängt,
als er hinüber nach dem Festland gesegelt, ein Bezill nach Syrien marschi-
render Rekruten auf, den kleinen Königen der Cilicier schreibt er, sie sollten mit
Hilfstruppen ihn unterstützen, indeß bei den Kriegsgeschäften der junge Piso
sich nicht lässig zeigt, obwohl er die Unternehmung des Krieges widerrathen hatte.

79. So denn an der Küste Lyciens und Pamphyliens vorübersegelnd[189]),

obviis navibus, quae Agrippinam vehebant, utrimque infensi arma primo expediere; dein mutua formidine non ultra iurgium processum est, Marsusque Vibius nuntiavit Pisoni, Romam ad dicendam causam veniret. Ille eludens respondit adfuturum, ubi praetor, qui de veneficiis quaereret, reo atque accusatoribus diem prodixisset.

Interim Domitius Laodiciam, urbem Syriae, adpulsus, cum hiberna sextae legionis peteret, quod eam maxime novis consiliis idoneam rebatur, a Pacuvio legato praevenitur. Id Sentius Pisoni per litteras aperit monetque, ne castra corruptoribus, ne provinciam bello temptet, quosque Germanici memores aut inimicis eius adversos cognoverat, contrahit, magnitudinem imperatoris identidem ingerens et rem publicam armis peti, ducitque validam manum et proelio paratam.

80. Nec Piso, quamquam coepta secus cadebant, omisit tutissima e praesentibus, sed castellum Ciliciae munitum admodum, cui nomen Celenderis, occupat. Nam admixtis desertoribus et tirone nuper intercepto suisque et Plancinae servitiis auxilia Cilicum, quae reguli miserant, in numerum legionis composuerat. Caesarisque se legatum testabatur provinciae, quam is dedisset, arceri non a legionibus — earum quippe accitu venire —, sed a Sentio privatum odium falsis criminibus tegente. Consisterent in aciem, non pugnaturis militibus, ubi Pisonem ab ipsis parentem quondam appellatum, si iure ageretur, potiorem, si armis, non invalidum vidissent. Tum pro munimentis castelli manipulos explicat, colle arduo et derupto; nam cetera mari cinguntur. Contra veterani ordinibus ac subsidiis instructi: hinc militum, inde locorum asperitas, sed non animus, non spes, ne tela quidem nisi agrestia ad subitum usum properata. Ut venere in manus, non ultra dubitatum, quam dum Romanae cohortes in aequum eniterentur: vertunt terga Cilices seque castello claudunt.

81. Interim Piso classem haud procul opperientem adpugnare frustra temptavit, regressusque et pro muris

begegnen sie den Schiffen, auf welchen Agrippina fuhr, und von beiden Seiten
schickte man sich Anfangs in der Erbitterung zum Kampfe an; dann aber trieb
man es aus gegenseitiger Furcht nicht weiter als zum Wortwechsel, und Marsus Vibius kündigte dem Piso an, er solle nur nach Rom kommen, seine
Sache zu vertheidigen. Dieser antwortete höhnend, er werde erscheinen, sobald der Prätor, der Vergiftungen zu untersuchen hätte, dem Angeklagten
wie den Klägern erst einen Tag, dazu anberaumt haben würde[190]).

Inzwischen kam dem Domitius, der, bei der syrischen Stadt Laodicea[191])
gelandet, sich in das Winterlager der sechsten Legion begeben wollte, weil er
diese zu Neuerungsentwürfen für geeignet hielt, der Legat Pacuvius zuvor.
Dieses eröffnet Sentius dem Piso durch ein Schreiben und warnt ihn, nicht
das Lager durch Verführer, nicht die Provinz durch Krieg zu gewinnen zu
suchen, und zieht Alle, welche er als anhänglich an Germanicus, oder als
Gegner seiner Feinde kannte, zusammen, die Hoheit des Kaisers und daß mit
Waffengewalt der Staat bedroht werde, wiederholt ihnen vorhaltend, und steht
an der Spitze einer starken und kampfbereiten Schaar.

80. Auch Piso, obwohl seine Unternehmungen nicht den gewünschten Erfolg
hatten, ließ das unter den gegenwärtigen Umständen Sicherste nicht aus der
Acht, sondern besetzt ein stark befestigtes Castell Ciliciens, Namens Celeude-
ris[192]. Denn durch Einreihung der Ueberläufer und die neulich aufgelange-
nen Rekruten, sowie seine und der Plancina Sklaven hatte er aus den Hilfstruppen der Cilicier, welche die kleinen Könige gesandt, der Zahl nach eine
vollständige Legion gebildet. Er, des Cäsars Legat, so betheuerte er, werde
von der Provinz, die dieser ihm gegeben, nicht durch die Legionen, auf deren
Ruf er ja komme, sondern durch Sentius abgehalten, welcher persönlichen Haß
mit falschen Beschuldigungen bemäntele. Nur antreten möchten sie zur Schlacht;
es würden die Soldaten nicht kämpfen, sobald sie Piso, von ihnen selbst einst
Vater[193] genannt, sollte nach dem Recht entschieden werden, überlegen, sollte
mit den Waffen, nicht kraftlos erblicken. Hierauf entfaltet er vor den Bollwer-
ken des Castells die Manipeln auf einer steilen und abschüssigen Anhöhe; denn das
Uebrige wird vom Meere eingeschlossen. Gegenüber die alten Krieger in Reihen
und mit gehörigem Rückhalt aufgestellt; so drohte hier der Krieger, dort die
Stellung schwierigen Angriff; aber ohne Muth und ohne Hoffnung, nicht einmal mit andern, als des Landmanns nur zum Nothbehelf in Eile hergerich-
teten Waffen. Als es zum Handgemenge kam, blieb dies nicht länger unentschieden, als bis die römischen Cohorten die Höhe erklimmt hatten; die
Cilicier wenden sich zur Flucht und schließen sich in das Castell ein.

81. Unterdeß versuchte Piso umsonst die nicht fern auf den Ausgang war-
tende Flotte zu bekämpfen, worauf er zurückgekehrt vorn auf den Mauern bald

modo semet adflictando, modo singulos nomine ciens, praemiis vocans, seditionem ccoptabat, adeoque commoverat, ut signifer legionis sextae signum ad eum transtulerit. Tum Sentius occanere cornua tubasque et peti aggerem, erigi scalas iussit, ac promptissimum quemque succedere, alios tormentis hastas saxa et faces ingerere. Tandem victa pertinacia Piso oravit, ut traditis armis maneret in castello, dum Caesar, cui Syriam permitteret, consulitur. Non receptae conditiones, nec aliud quam naves et tutum in urbem iter concessum est.

82. At Romae, postquam Germanici valitudo percrebuit cunctaque, ut ex longinquo, aucta in deterius adferebantur, dolor, ira; et erumpebant questus: ideo nimirum in extremas terras relegatum, ideo Pisoni permissam provinciam; hoc egisse secretos Augustae cum Plancina sermones. Vera prorsus de Druso seniores locutos: displicere regnantibus civilia filiorum ingenia, neque ob aliud interceptos, quam quia populum Romanum aequo iure complecti reddita libertate agitaverint. Hos vulgi sermones audita mors adeo incendit, ut ante edictum magistratuum, ante senatus consultum sumpto iustitio desererentur fora, clauderentur domus. Passim silentia et gemitus, nihil compositum in ostentationem; et quamquam neque insignibus lugentium abstinerent, altius animis maerebant. Forte negotiatores, vivente adhuc Germanico Suria egressi, laetiora de valitudine eius attulere. Statim credita, statim vulgata sunt. Ut quisque obvius, quamvis leviter audita in alios atque illi in plures cumulata gaudio transferunt. Cursant per urbem, moliuntur templorum fores. Iuvat credulitatem nox et promptior inter tenebras adfirmatio. Nec obstitit falsis Tiberius, donec tempore ac spatio vanescerent; et populus quasi rursum ereptum acrius doluit.

83. Honores, ut quis amore in Germanicum aut ingenio validus, reperti decretique: ut nomen eius Saliari carmine caneretur, sedes curules sacerdotum Augusta-

Hände ringend, bald Einzelne mit Namen rufend und Belohnungen versprechend, Meuterei zu stiften suchte, und schon hatte er einen solchen Eindruck gemacht, daß der Fahnenträger der sechsten Legion sein Feldzeichen zu ihm hinübertrug. Da befahl Sentius Hörner und Trompeten schmettern zu lassen, Dammerde herbeizuholen und Leitern anzulegen, den Entschlossensten sodann hinaufzusteigen, den Uebrigen mit den Wurfmaschinen Lanzen, Steine und Feuerbrände hineinzuschleudern. Als so endlich sein Starrsinn besiegt war, bat Piso, nach Auslieferung der Waffen im Castell bleiben zu dürfen, bis der Cäsar darüber befragt wäre, wem er Syrien überlassen wolle. Nicht angenommen wurden diese Bedingungen, und nichts weiter als Schiffe und sichere Fahrt nach der Stadt bewilligt.

82. Aber in Rom herrschte, als des Germanicus Krankheit bekannt geworden war und Alles, wie gewöhnlich aus der Ferne, zum Schlimmeren vergrößert erzählt ward, nur Schmerz und Zorn; und laut auch brachen die Klagen aus: deshalb also sei er in die äußersten Länder verwiesen, deshalb dem Piso die Provinz überlassen worden; das hätten der Augusta geheime Unterredungen mit der Plancina[194]) bezweckt! Durchaus Wahres hätten von Drusus[195]) Bejahrtere gesprochen, es mißfalle den Herrschern ihrer Söhne[196] bürgerlicher Sinn, und aus keinem anderen Grunde seien sie bei Seite geschafft worden[197]), als weil sie damit umgegangen wären, das römische Volk nach wiedergeschenkter Freiheit unter gleichen Rechten Aller zu regieren. Diese Reden der Menge fachte die Todesnachricht so sehr an, daß man noch vor dem Edicte der Obrigkeiten, noch vor dem Senatsbeschlusse Stillstand der Geschäfte[198]), eintreten ließ, die öffentlichen Plätze verließ, die Häuser schloß. Allenthalben Schweigen und Seufzen, nichts bles zum äußeren Schein veranstaltet; und obschon man sich auch nicht der äußeren Zeichen der Trauernden enthielt, so bewegte doch tiefer die Herzen der Schmerz. Zufällig brachten Handelsleute, die, als Germanicus noch lebte, Syrien verlassen hatten, frohere Kunde von seinem Befinden mit. Gleich schenkte man ihr Glauben, gleich verbreitete man sie. Wie man gerade sich begegnet, theilt man das unverbürgt Vernommene Anderen mit, und diese wieder mehreren noch vergrößert. Man rennt durch die Stadt, erbricht der Tempel Thüren[199]. Die Leichtgläubigkeit ward gefördert durch die Nacht und durch die in der Dunkelheit sich rascher gebende Versicherung. Auch trat Tiberius der Täuschung nicht entgegen, bis sie mit der Zeit von selbst schwand; und so trug das Volk, als sei er ihm zum zweiten Mal entrissen, nur um so schmerzlicheres Leid.

83. Ehrenerweisungen wurden, wie in Liebe gegen Germanicus oder in Erfindungsgabe jeder stark war, ausgesonnen und beschlossen: daß sein Name im saliarischen Liede[200]) mitgesungen, ein curulischer Sessel[201]) auf den Plätzen

lium locis superque eas querceae coronae statuerentur, ludos circenses eburna effigies praeiret, neve quis flamen aut augur in locum Germanici nisi gentis Iuliae crearetur. Arcus additi Romae et aput ripam Rheni et in monte Suriae Amano, cum inscriptione rerum gestarum ac mortem ob rem publicam obisse; sepulchrum Antiochiae, ubi crematus, tribunal Epidaphnae, quo in loco vitam finierat. Statuarum locorumve, in quis coleretur, haud facile quis numerum inierit. Cum censeretur clipeus auro et magnitudine insignis inter auctores eloquentiae, adseveravit Tiberius solitum paremque ceteris dicaturum; neque enim eloquentiam fortuna discerni, et satis inlustre, si veteres inter scriptores haberetur. Equester ordo cuneum Germanici appellavit, qui iuniorum dicebatur, instituitque, uti turmae idibus Iuliis imaginem eius sequerentur. Pleraque manent; quaedam statim omissa sunt aut vetustas obliteravit.

84. Ceterum recenti adhuc maestitia soror Germanici Livia, nupta Druso, duos virilis sexus simul enixa est. Quod rarum laetumque etiam modicis penatibus, tanto gaudio principem adfecit, ut non temperaverit, quin iactaret aput patres, nulli ante Romanorum eiusdem fastigii viro geminam stirpem editam; nam cuncta, etiam fortuita, ad gloriam vertebat. Sed populo tali in tempore id quoque dolorem tulit, tanquam auctus liberis Drusus domum Germanici magis urgeret.

85. Eodem anno gravibus senatus decretis libido feminarum coercita, cautumque, ne quaestum corpore faceret, cui avus aut pater aut maritus eques Romanus fuisset. Nam Vistilia, praetoria familia genita, licentiam stupri aput aediles vulgaverat, more inter veteres recepto, qui satis poenarum adversum impudicas in ipsa professione flagitii credebant. Exactum et a Titidio Labeone, Vistiliae marito, cur in uxore delicti manifesta ultionem legis omisisset. Atque illo praetendente sexaginta dies ad consultandum datos needum praeterisse, satis visum de Vistilia statuere, eaque in insulam Scriphon

der augustalischen Priester mit Eichenkränzen darüber ihm aufgestellt, bei den circensischen Spielen sein Bild von Elfenbein vorangetragen²⁰²), kein Flamen oder Augur²⁰³) außer aus dem julischen Geschlechte an des Germanicus Stelle erwählt würde. Dazu kamen Ehrenbogen zu Rom²⁰⁴), am Ufer des Rheins und auf dem syrischen Berge Amanus²⁰⁵) mit der Inschrift seiner Thaten und daß er für den Staat den Tod erlitten; ein Grabmal zu Antiochia, wo er verbrannt war, eine Trauerbühne²⁰⁶) zu Epidaphne, an welchem Orte er sein Leben beschlossen hatte. Die Standbilder und Orte seiner Verehrung möchte schwerlich Jemand zählen können. Da auf ein Schild²⁰⁷) von Gold und ausgezeichneter Größe unter den Meistern der Beredtsamkeit²⁰⁸) für ihn angetragen ward, erklärte Tiberius mit Nachdruck, einen gewöhnlichen und den übrigen gleichen werde er ihm weihen; denn in der Beredtsamkeit gewähre der Stand keinen Unterschied, und es sei Auszeichnung genug, wenn er unter den alten Schriftstellern seinen Platz erhalte. Der Ritterstand belegte den sogenannten Keil²⁰⁹) der Jüngeren mit dem Namen des Germanicus, und setzte fest, daß am 15. Juli²¹⁰) die Reitergeschwader dem Bilde desselben folgen sollten. Sehr vieles besteht noch fort; Manches unterblieb sogleich, oder die Länge der Zeit hat es in Vergessenheit begraben.

84. Uebrigens brachte noch in der Zeit der ersten Trauer die Schwester des Germanicus Livia²¹¹), die dem Drusus vermählt war, zwei Knaben zugleich zur Welt. Dieses seltene und auch in Familien des Mittelstandes freudige Ereigniß, erfüllte den Fürsten mit so großer Freude, daß er sich nicht enthalten konnte, vor den Vätern sich damit zu rühmen, daß früher noch keinem Römer von gleich hohem Range Zwillinge geboren worden seien; denn Alles, auch Zufälliges, legte er zu seinem Ruhme aus. Dem Volke aber brachte unter solchen Umständen auch dieses Schmerz, als ob nun Drusus mit seinem Kindersegen²¹²) um so mehr des Germanicus Haus bedrängen würde.

85. In demselben Jahre wurde durch nachdrückliche Senatsbeschlüsse der weiblichen Ausschweifung gesteuert und verordnet, daß Keine mit ihrem Körper Gewinn treiben solle, deren Großvater, Vater oder Mann römischer Ritter gewesen wäre. Denn Vistilia, aus prätorischer Familie entsprossen, hatte die Feilheit ihres Misbrauchs bei den Aedilen zu öffentlicher Kunde gebracht²¹³), nach der bei den Alten herkömmlichen Sitte, welche Strafe genug für unzüchtige Frauenzimmer im bloßen Bekenntniß der Schande zu finden glaubten. Auch Titidius Labeo, Vistilia's Gatte, wurde darüber zur Rede gestellt, warum er gegen seine des Vergehens offen überwiesene Frau die gesetzliche Bestrafung²¹⁴) nicht in Anspruch genommen habe. Und da derselbe vorgab, die sechzig Tage der Bedenkzeit seien noch nicht verflossen, so begnügte man sich, über Vistilia zu erkennen, und sie wurde nach der Insel Seriphos²¹⁵) ver-

abdita est. Actum et de sacris Aegyptiis Iudaicisque pellendis, factumque patrum consultum, ut quattuor milia libertini generis ea superstitione infecta, quis idonea aetas, in insulam Sardiniam veherentur, coërcendis illic latrociniis et, si ob gravitatem caeli interissent, vile damnum; ceteri cederent Italia, nisi certam ante diem profanos ritus exuissent.

86. Post quae rettulit Caesar capiendam virginem in locum Occiae, quae septem et quinquaginta per annos summa sanctimonia Vestalibus sacris praesederat; egitque grates Fonteio Agrippae et Domitio Pollioni, quod offerendo filias de officio in rem publicam certarent. Praelata est Pollionis filia, non ob aliud, quam quod mater eius in eodem coniugio manebat; nam Agrippa discidio domum imminuerat; et Caesar quamvis posthabitam decies sestertii dote solatus est.

87. Saevitiam annonae incusante plebe statuit frumento pretium, quod emptor penderet, binosque nummos se additurum negotiatoribus in singulos modios. Neque tamen ob ea parentis patriae delatum et antea vocabulum adsumsit, acerbeque increpuit eos, qui divinas occupationes ipsumque dominum dixerant. Unde angusta et lubrica oratio sub principe, qui libertatem metuebat, adulationem oderat.

88. Reperio aput scriptores senatoresque eorundem temporum Adgandestrii, principis Chattorum, lectas in senatu litteras, quibus mortem Arminii promittebat, si patrandae neci venenum mitteretur, responsumque esse non fraude neque occultis, sed palam et armatum populum Romanum hostes suos ulcisci. Qua gloria aequabat se Tiberius priscis imperatoribus, qui venenum in Pyrrhum regem vetuerant prodiderantque. Ceterum Arminius abscedentibus Romanis et pulso Maroboduo regnum adfectans libertatem popularium adversam habuit, petitusque armis cum varia fortuna certaret, dolo propinquorum cecidit, liberator haud dubie Germaniae, et qui non primordia populi Romani, sicut alii reges ducesque,

wiesen. Auch wurde verhandelt über die Vertreibung der ägyptischen[216]) und jüdischen Religionsgebräuche, und von den Vätern der Beschluß gefaßt, daß von jenem Aberglauben angesteckt viertausend aus der Klasse der Freigelassenen, die das taugliche Alter hätten, nach der Insel Sardinien gebracht werden sollten, um dort den Räubereien Einhalt zu thun, und hätte sie das ungesunde Klima aufgerieben, ein unbedeutender Verlust; die Uebrigen sollten Italien räumen, wofern sie nicht vor bestimmter Frist die unheiligen Gebräuche abgelegt hätten.

86. Hierauf trug der Cäsar vor, es müsse eine Jungfrau gewählt werden an die Stelle der Occia, welche siebenundfunfzig Jahre lang mit der größten Sittenreinheit dem Dienst der Vesta vorgestanden hatte[217]); und er stattete Dank ab dem Fontejus Agrippa und Domitius Pollio, daß sie durch Anbietung ihrer Töchter in Dienstbeflissenheit gegen den Staat wetteiferten. Den Vorzug erhielt Pollio's Tochter, aus keinem andern Grunde, als weil ihre Mutter derselben Ehe treu blieb; denn Agrippa hatte durch Scheidung seinem Hause Abbruch gethan; und der Cäsar tröstete die wenngleich Zurückgesetzte durch eine Aussteuer von einer Million Sesterze.

87. Da das Volk über drückende Theuerung sich beschwerte, setzte er für das Getreide den Preis fest, welchen der Käufer zahlen sollte, wogegen er zwei Sesterze auf den Modius[218]) den Getreidehändlern zulegen wollte. Dennoch nahm er deshalb die ihm schon früher[219]) angetragene Benennung Vater des Vaterlandes nicht an, und gab denen einen harten Verweis, welche göttlich sein Thun und ihn selbst Herr genannt hatten. Daher die Beschränktheit und die Mißlichkeit der Rede unter einem Fürsten, der die Freiheit fürchtete, die Schmeichelei haßte.

88. Ich finde bei den Geschichtschreibern und Senatoren[220]) derselben Zeit, daß ein Brief des Chattenfürsten Adgandestrius im Senat vorgelesen worden sei, worin derselbe des Arminius Tod versprach, wenn man zur Vollbringung des Mordes Gift schicken wolle, und daß man erwiedert habe, es pflege nicht durch Trug und heimlich, sondern offen und bewaffnet das römische Volk an seinen Feinden Rache zu nehmen. Durch diesen Ruhm stellte sich Tiberius der Vorzeit Imperatoren gleich, welche den Vergiftungsanschlag gegen den König Pyrrhus zurückgewiesen und angezeigt hatten[221]). Uebrigens hatte Arminius, als er nach dem Abzuge der Römer und nach Vertreibung des Marobobuus nach der Königsmacht strebte[222]), den Freiheitssinn seiner Landsleute gegen sich, und fiel, da er, angegriffen mit Gewalt der Waffen, mit abwechselndem Glücke kämpfte, durch Hinterlist seiner Verwandten, unstreitig Germaniens Befreier, er, der nicht wie andere Könige und Heerführer des Römervolkes erst beginnende Macht, sondern in

sed florentissimum imperium lacessierit, proeliis ambiguus, bello non victus. Septem et triginta annos vitae, duodecim potentiae explevit, caniturque adhuc barbaras aput gentes, Graecorum annalibus ignotus, qui sua tantum mirantur, Romanis haud perinde celebris, dum vetera extollimus recentium incuriosi.

der höchsten Blüthe dessen Herrschaft anzugreifen wagte, in Schlachten nicht immer glücklich, im Kriege unbesiegt. Er hat siebenunddreißig Jahre des Lebens, zwölf der Macht erfüllt[223]), und noch jetzt wird er bei den barbarischen Stämmen besungen[224]), den Jahrbüchern der Griechen unbekannt, die nur das Ihrige bewundern, bei den Römern nicht sonderlich genannt, weil das Alte wir erheben unbekümmert um das Neuere.

P. CORNELII TACITI
ANNALIUM
AB EXCESSU DIVI AUGUSTI
LIBER III.

1. Nihil intermissa navigatione hiberni maris Agrippina Corcyram insulam advehitur, litora Calabriae contra sitam. Illic paucos dies conponendo animo insumit, violenta luctu et nescia tolerandi. Interim adventu eius audito intimus quisque amicorum et plerique militares, ut quique sub Germanico stipendia fecerant, multique etiam ignoti vicinis e municipiis, pars officium in principem rati, plures illos secuti, ruere ad oppidum Brundisium, quod naviganti celerrimum fidissimumque adpulsu erat. Atque ubi primum ex alto visa classis, complentur non modo portus et proxima maris, sed moenia ac tecta, quaque longissime prospectari poterat, maerentium turba et rogitantium inter se, silentione an voce aliqua egredientem exciperent. Neque satis constabat, quid pro tempore foret, cum classis paulatim successit, non alacri, ut adsolet, remigio, sed cunctis ad tristitiam compositis. Postquam duobus cum liberis, feralem urnam tenens, egressa navi defixit oculos, idem omnium gemitus; neque discerneres proximos alienos, virorum

Des

P. Cornelius Tacitus
Annalen

seit dem Hinscheiden des göttlichen Augustus.

Drittes Buch.

Die Jahre 773 bis 775 n. R. Erb.,
20 bis 22 n. Chr. Geb.

1. Nach unausgesetzter Fahrt auf winterlich stürmischem Meere legt Agrippina bei der Calabriens Küste gegenüber liegenden Insel Corcyra[1]) an. Dort verwendet sie wenige Tage zur Beruhigung ihres Gemüthes, heftig in der Trauer Schmerz und unerfahren ihn zu tragen. Indeß strömten auf die Nachricht von ihrer Ankunft die vertrautesten Freunde, und sehr viele Krieger, wie sie alle gedient hatten unter Germanicus, auch viele Unbekannte aus den benachbarten Municipien, Einige für Pflicht es haltend gegen den Fürsten[2]), die Mehrzahl diesen folgend, nach der Stadt Brundisium[3]), wo die Schiffende am schnellsten und sichersten landen konnte. Und sobald auf der Meereshöhe sich die Flotte zeigte, füllen sich nicht nur Hafen und Ufergegend, sondern Mauern und Dächer und wo man sonst die weiteste Aussicht haben konnte, mit Schaaren von Trauernden und sich gegenseitig Fragenden, ob man mit Schweigen oder irgend einem Zuruf die Aussteigende empfangen solle. Und noch war man nicht einig, was dem Augenblicke angemessen sei, als die Flotte sich allmählich näherte, nicht, wie es Brauch ist, mit munterem Ruderschlage, sondern in Allem mit der Betrübniß Ausdruck. Als sie mit zwei Kindern[4]), im Arme die Todtenurne, aus dem Schiffe steigend niedersenkte den Blick[5]), da erscholl ein Wehruf aus Aller Munde; und nicht mochte man der Angehörigen, der Fremten, der Männer oder Frauen Trauerklagen unterscheiden,

feminarumve planctus, nisi quod comitatum Agrippinae longo maerore fessum obvii et recentes in dolore anteibant.

2. Miserat duas praetorias cohortes Caesar, addito, ut magistratus Calabriae Apulique et Campani suprema erga memoriam filii sui munera fungerentur. Igitur tribunorum centurionumque umeris cineres portabantur; praecedebant incompta signa, versi fasces; atque ubi colonias transgrederentur, atrata plebes, trabenti equites pro opibus loci vestem odores aliaque funerum sollemnia cremabant. Etiam quorum diversa oppida, tamen obvii et victimas atque aras dis manibus statuentes lacrimis et conclamationibus dolorem testabantur. Drusus Tarracinam progressus est cum Claudio fratre liberisque Germanici, qui in urbe fuerant. Consules M. Valerius et M. Aurelius — iam enim magistratum occeperant — et senatus ac magna pars populi viam complevere, disiecti et, ut cuique libitum, flentes; aberat quippe adulatio, gnaris omnibus laetam Tiberio Germanici mortem male dissimulari.

3. Tiberius atque Augusta publico abstinuere, inferius maiestate sua rati, si palam lamentarentur, an ne omnium oculis vultum eorum scrutantibus falsi intellegerentur. Matrem Antoniam non aput auctores rerum, non [in] diurna actorum scriptura reperio ullo insigni officio functam, cum super Agrippinam et Drusum et Claudium ceteri quoque consanguinei nominatim perscripti sint, seu valitudine praepediebatur, seu victus luctu animus magnitudinem mali perferre visu non toleravit. Facilius crediderim Tiberio et Augustae, qui domo non excedebant, cohibitam, ut par maeror et matris exemplo avia quoque et patruus attineri viderentur.

4. Dies, quo reliquiae tumulo Augusti inferebantur, modo per silentium vastus, modo ploratibus inquies; plena urbis itinera, conlucentes per campum Martis faces. Illic miles cum armis, sine insignibus magistratus, populus per tribus concidisse rem publicam, nihil spei

nur daß die Entgegenkommenden im frischen Schmerze zuvor es thaten dem durch langen Harm ermatteten Gefolge Agrippina's.

2. Gesandt hatte der Cäsar zwei prätorische Cohorten und dazu den Befehl, es sollten die Obrigkeiten Calabriens, wie die apulischen und campanischen, die letzten, dem Andenken seines Sohnes schuldigen Pflichten erfüllen. So warde denn die Asche von Tribunen und Centurionen auf den Schultern getragen; voraus zogen ungeschmückt die Feldzeichen, umgekehrt die Fasces*); und ging der Zug an Kolonien vorüber, so verbrannte man, in schwarzer Kleidung das Volk, im Staatskleide die Ritter, nach dem Vermögen des Ortes, Gewänder, Räucherwerk und was sonst bei Leichenfeierlichkeiten Brauch ist?). Auch solche, deren Städte ganz aus dem Wege lagen, kamen dennoch entgegen und bezeugten, indem sie Opferthiere und Altäre den unterirdischen Göttern aufstellten, durch Thränen und Klageruf ihren Schmerz. Drusus ging mit Claudius, dem Bruder des Germanicus und mit den Kindern*) des letztern, die in der Stadt gewesen waren, bis nach Tarracina. Die Consuln M. Valerius und M. Aurelius*) — denn schon hatten sie ihr Amt angetreten — der Senat und ein großer Theil des Volks füllten die Straße an, ordnungslos und, wie einem Jeden ums Herz war, weinend; denn fern war Schmeichelei, da Jedermann wußte, daß seine Freude über des Germanicus Tod Tiberius kaum verhehle10).

3. Tiberius und Augusta11) erschienen nicht öffentlich, unter ihrer Majestät es achtend, wenn öffentlich sie klagen wollten, oder um in ihrer Verstellung nicht erkannt zu werden, wenn Aller Augen ihre Miene zu durchspähen suchten. Daß seine Mutter Antonia12) auf irgendwie bemerkenswerthe Weise einem Trauerdienst sich unterzogen, finde ich weder bei den Geschichtschreibern noch in den Tageblättern13), während doch außer Agrippina, Drusus und Claudius auch die übrigen Blutsverwandten namentlich aufgeführt sind, sei es, daß sie durch Krankheit abgehalten ward, oder daß ihr von Trauer bewältigtes Herz des Unglücks Größe zu ertragen, müßte sie es schauen, sich nicht getraute. Leichter möchte ich glauben, sie sei von Tiberius und Augusta, welche ihre Wohnung nicht verließen, zurückgehalten worden, daß dem ihren gleich ihr Schmerz erschiene und als fühlten nach der Mutter Beispiel Großmutter auch und Oheim sich zurückgehalten.

4. Der Tag, an welchem die sterblichen Reste in des Augustus Grabmal14) beigesetzt wurden, war öfter bald in tiefem Schweigen, bald unruhig bewegt durch lautes Weinen; voll die Straßen der Stadt, Fackelschein das Marsfeld entlang. Dort riefen laut die Krieger unter den Waffen, ohne ihren Ehrenschmuck die Staatsbeamten, das Volk nach seinen Tribus aufgestellt, dahingesunken sei der Staat nun, keine Hoffnung annoch übrig, und das ent-

reliquum clamitabant, promptius apertiusque quam ut meminisse imperitantium crederes. Nihil tamen Tiberium magis penetravit, quam studia hominum accensa in Agrippinam, cum decus patriae, solum Augusti sanguinem, unicum antiquitatis specimen appellarent verusque ad caelum ac deos integram illi subolem ac superstitem iniquorum precarentur.

5. Fuere qui publici funeris pompam requirerent compararentque quae in Drusum, patrem Germanici, honora et magnifica Augustus fecisset. Ipsum quippe asperrimo hiemis Ticinum usque progressum neque absistentem a corpore simul urbem intravisse; circumdata lecto Claudiorum Iuliorumque imagines; defletum in foro, laudatum pro rostris; cuncta a maioribus reperta aut quae posteri invenerint cumulata: at Germanico ne solitos quidem et cuicumque nobili debitos honores contigisse. Sane corpus ob longinquitatem itineris externis terris quoquo modo crematum; sed tanto plura decora mox tribui par fuisse, quanto prima fors negavisset. Non fratrem nisi unius diei via, non patruum saltem porta tenus obvium. Ubi illa veterum instituta, propositam toro effigiem, meditata ad memoriam virtutis carmina et laudationes, et lacrimas vel doloris imitamenta?

6. Gnarum id Tiberio fuit; utque premeret vulgi sermones, monuit edicto, multos inlustrium Romanorum ob rem publicam obisse, neminem tam flagranti desiderio celebratum; idque et sibi et cunctis egregium, si modus adiceretur. Non enim eadem decora principibus viris et imperatori populo, quae modicis domibus aut civitatibus. Convenisse recenti dolori luctum et ex maerore solacia; sed referendum iam animum ad firmitudinem, ut quondam divus Iulius amissa unica filia, ut divus Augustus ereptis nepotibus abstruserint tristitiam; nil opus vetustioribus exemplis, quotiens populus Romanus clades exercituum, interitum ducum, funditus amissas nobiles familias constanter tulerit. Principes mortales, rem publicam aeternam esse. Proin repeterent sollemnia, et

schlossener und rücksichtsloser, als daß man hätte glauben mögen, sie gedächten der Gebieter noch. Nichts jedoch drang tiefer durch des Tiberius Seele, als die begeisterte Theilnahme aller Welt für Agrippina, indem man sie des Vaterlandes Zierde, des Augustus allein wahrhaftigen Sprößling, einziges Muster alter Sitte[15]) nannte, und zum Himmel und zu den Göttern hingewendet flehte, daß ungefährdet ihre Kinder die ihnen Uebelwollenden überlebten.

5. Es fehlte nicht an Leuten, die das Gepränge eines öffentlichen[16]) Leichenbegängnisses vermißten und in Vergleich stellten, was für Drusus, den Vater des Germanicus, Ehrendes und Großartiges Augustus gethan. Selbst nämlich wäre er im strengsten Winter bis Ticinum[17]) entgegengekommen und, ohne von der Leiche zu weichen, zugleich mit in die Stadt gezogen; in reicher Fülle hätten der Claudier und Julier[18]) Ahnenbilder die Bahre umgeben; ihn habe auf dem Forum man beweint, von der Rednerbühne herab gepriesen; kurz mit Allem, was die Vorwelt erfunden oder die Nachwelt noch ersonnen, habe ihn man überhäuft: dagegen dem Germanicus seien nicht einmal die gewöhnlichen und jedem Manne von Stande schuldigen Ehren zu Theil geworden. Allerdings habe man den Leichnam ob der Weite des Weges, im fremden Lande, wie es gerade ging, verbrannt; aber um so mehr Auszeichnungen hätten billig nachher zuerkannt werden sollen, je mehr anfangs der Zufall versagt. Der Bruder[19]) sei nur Eine Tagereise, der Oheim nicht einmal bis zum Thore wenigstens entgegengekommen. Wo seien jene Einrichtungen der Alten, die Ausstellung des Bildes auf dem Paradebette, die Abfassung von Liedern zur Feier des Verdienstes, die Lobreden, die Thränen, wären sie auch nur das erzwungene Bild des Schmerzes?

6. Wohl wußte darum Tiberius; und um des Volkes Gerede zu unterdrücken, ließ er ein Edict ergehen mit der Erinnerung, viele erlauchte Römer seien für den Staat gestorben, keiner mit so heißem Sehnsuchtsschmerz gefeiert; und dieses sei für ihn sowohl als Alle ehrenvoll, wenn man auch Maß dabei zu halten wisse. Denn nicht dasselbe zieme Männern vom höchsten Rang und dem Herrschervolke, was unbedeutenderen Familien oder Gemeinden[20]). Gebührt habe dem frischen Schmerze die Trauer und der nur im Jammern gesuchte Trost; aber nun müsse dem Geiste man wieder feste Haltung geben, wie einst Divus Julius nach dem Verlust der einzigen Tochter[21]), wie Divus Augustus, als die Enkel ihm entrissen worden, ihre Betrübniß in sich begraben hätten; nicht bedürfe es älterer Beispiele, wie oft das römische Volk Niederlagen von Heeren, Untergang von Feldherrn, den gänzlichen Verlust edler Geschlechter[22]) standhaft ertragen habe. Männer des höchsten Ranges seien sterblich, ewig der Staat. So möchten sie denn zu ihren gewohnten Geschäften zurückkehren, und,

quia ludorum Megalesium spectaculum suberat, etiam voluptates resumerent.

7. Tum exuto iustitio reditum ad munia, et Drusus Illyricos ad exercitus profectus est, erectis omnium animis petendae e Pisone ultionis et crebro questu, quod vagus interim per amoena Asiae atque Achaiae adroganti et subdola mora scelerum probationes subverteret. Nam vulgatum erat missam, ut dixi, a Cn. Sentio famosam veneficiis Martinam subita morte Brundisii extinctam, venenumque nodo crinium eius occultatum, nec ulla in corpore signa sumpti exitii reperta.

8. At Piso praemisso in urbem filio datisque mandatis, per quae principem molliret, ad Drusum pergit, quem haud fratris interitu trucem, quam remoto aemulo aequiorem sibi sperabat. Tiberius, quo integrum iudicium ostentaret, exceptum comiter iuvenem sueta erga filios familiarum nobiles liberalitate auget. Drusus Pisoni, si vera forent quae iacerentur, praecipuum in dolore suum locum respondit; sed malle falsa et inania nec cuiquam mortem Germanici exitiosam esse. Haec palam et vitato omni secreto; neque dubitabantur praescripta ei a Tiberio, cum incallidus alioqui et facilis iuventâ senilibus tum artibus uteretur.

9. Piso Delmatico mari tramisso relictisque aput Anconam navibus per Picenum ac mox Flaminiam viam adsequitur legionem, quae e Pannonia in urbem, dein praesidio Africae ducebatur; eaque res agitata rumoribus, ut in agmine atque itinere crebro se militibus ostentavisset. Ab Narnia, vitandae suspitionis, an quia pavidis consilia in incerto sunt, Nare ac mox Tiberi devectus auxit vulgi iras, quia navem tumulo Caesarum adpulerat dieque et ripa frequenti, magno clientium agmine ipse, feminarum comitatu Plancina et vultu alacres incessere. Fuit inter inritamenta invidiae domus foro imminens festa ornatu conviviumque et epulae et celebritate loci nihil occultum.

10. Postera die Fulcinius Trio Pisonem aput consules postulavit. Contra Vitellius ac Veranius ceterique

weil der megalesischen Spiele[23]) Schau nicht fern war, auch die Freuden
wieder aufnehmen.

7. Da ging man nach Beendigung der Trauerfeier wieder an die Geschäfte,
und Drusus begab sich zu den illyrischen Heeren, unter allgemeiner Spannung
der Gemüther ob der an Piso zu nehmenden Rache und unter häufigen Klagen,
daß er indessen Asiens und Achaja's anmuthige Gefilde durchstreifend, durch
vornehm trügerisches Säumen die Beweise seiner Verbrechen zu entkräften
suche. Denn es war ruchbar geworden, die, wie ich gesagt[24]), von Cn. Sentius herüber geschickte berüchtigte Giftmischerin Martina sei eines plötzlichen
Todes zu Brundisium gestorben und Gift sei in ihrem Haarbund[25]) versteckt
gewesen ohne irgend eine Spur von Selbstentleibung an ihrem Leichnam.

8. Piso aber, nachdem er seinen Sohn nach der Stadt vorausgesendet und
zur Besänftigung des Fürsten Aufträge ihm ertheilt, begibt sich zu Drusus,
den er nichts weniger als aufgebracht über seines Bruders Untergang, vielmehr ob des Nebenbuhlers Entfernung sich nur geneigter noch zu finden hoffte.
Tiberius nimmt den Jüngling, um seines Urtheils Unbefangenheit zu zeigen,
freundlich auf und beschenkt ihn mit der gegen Söhne abliger Familien ihm
gewohnten Freigebigkeit. Drusus antwortete dem Piso, wenn wahr sein sollte,
was man ausstreue, so habe vornehmlich er Ursache zur Betrübniß; doch wünsche
er, es möge falsch und ungegründet sein, und Niemandem des Germanicus
Tod verderblich werden. Dies sagte er öffentlich und vermied jede geheime
Unterredung; und nicht zweifelte man, es sei so von Tiberius ihm vorgeschrieben worden, da der sonst nicht schlaue und leicht sich hingebende Jüngling jetzt
des Alters Künste brauchte.

9. Piso setzte über das dalmatische Meer, ließ seine Schiffe zu Ancona[26])
zurück und holte durch das Picenische, nachher auf der flaminischen Straße
eine Legion[27]) ein, welche aus Pannonien nach der Stadt, hierauf zum Schutz
nach Afrika[28]) geführt wurde; und dieser Umstand gab zu vielem Gerede Anlaß, wie er sich im Zuge und auf dem Marsche häufig den Soldaten gezeigt
hätte. Von Narnia[29]) aus fuhr er, jenen Verdacht zu vermeiden, oder weil
Zagende in ihren Entschließungen schwankend sind, den Nar und den Tiberis
hinab, und mehrte nur noch des Volkes Erbitterung, indem er bei dem Grab-
male der Cäsaren[30]) landete und in lebhafter Tageszeit, während das Ufer
von Menschen wimmelte, mit einem großen Clientenschwarme er selbst, Plau-
cina mit Frauengefolge, heiteren Gesichts einherzogen. Was ebenfalls den
Unwillen reizte, war sein hart am Forum stehendes festlich geschmücktes Haus,
Gastgebot und Tafel, und dieses Alles in der stark besuchten Gegend offenkundig.

10. Am folgenden Tage belangte Fulcinius Trio den Piso bei den Consuln. Dagegen behaupteten Vitellius und Veranius sowie die Uebrigen aus

Germanicum comitati tendebant, nullas esse partis Trioni; neque se accusatores, sed rerum indices et testes mandata Germanici perlaturos. Ille dimissa eius causae delatione, ut priorem vitam accusaret, obtinuit, petitumque est a principe, cognitionem exciperet. Quod ne reus quidem abnuebat, studia populi et patrum metuens; contra Tiberium spernendis rumoribus validum et conscientiae matris innexum esse; veraque aut in deterius credita iudice ab uno facilius discerni, odium et invidiam aput multos valere. Haud fallebat Tiberium moles cognitionis quaque ipse fama distraheretur. Igitur paucis familiarium adhibitis minas accusantium et hinc preces audit integramque causam ad senatum remittit.

11. Atque interim Drusus rediens Illyrico, quamquam patres censuissent, ob receptum Maroboduum et res priore aestate gestas ut ovans iniret, prolato honore urbem intravit. Post quae reo L. Arruntium, P. Vinicium, Asinium Gallum, Aeserninum Marcellum, Sex. Pompeium patronos petenti iisque diversa excusantibus M'. Lepidus et L. Piso et Livineius Regulus adfuere, arrecta omni civitate, quanta fides amicis Germanici, quae fiducia reo; satin cohiberet ac premeret sensus suos Tiberius. Iis haud alias intentior populus plus sibi in principem occultae vocis aut suspicacis silentii permisit.

12. Die senatus Caesar orationem habuit meditato temperamento: patris sui legatum atque amicum Pisonem fuisse, adiutoremque Germanico datum a se, auctore senatu, rebus aput Orientem administrandis. Illic contumacia et certaminibus asperasset iuvenem exituque eius laetatus esset, an scelere extinxisset, integris animis diiudicandum. Nam si legatus officii terminos, obsequium erga imperatorem exuit ciusdemque morte et luctu meo laetatus est, odero seponamque a domo mea et privatas inimicitias non vi principis ulciscar; sin facinus in cuiuscumque mortalium nece vindicandum detegitur, vos

des Germanicus Gefolge, Trio sei in keiner Hinsicht hier Partei; auch sie würden nicht als Ankläger, sondern, was geschehen sei nur berichtend und bezeugend, im Auftrage des Germanicus verfahren. Da begab sich jener der Belangung in dieser Sache, erhielt aber die Erlaubniß, sein früheres Leben anzuklagen, und der Fürst ward gebeten, die Untersuchung zu übernehmen. Dagegen wandte nicht einmal der Angeklagte etwas ein, die Parteilichkeit des Volkes und der Väter fürchtend; Tiberius dagegen, meinte er, sei stark, Gerede zu verachten, und in der Mutter[31] Mitwissenschaft verflochten; auch werde was wahr oder zum Nachtheil angenommen sei von Einem Richter leichter unterschieden, Haß und Misgunst gebe bei Mehreren den Ausschlag. Nicht entging dem Tiberius die Schwierigkeit der Untersuchung und welcher üble Ruf ihn selbst verfolge. Er hört daher mit Zuziehung nur weniger Vertrauten der Kläger Droben, der Gegenpartei Bitten, und weist die Sache unentschieden dem Senate zu.

11. Inzwischen kehrte Drusus aus Illyricum zurück, und obgleich die Väter wegen des Marobduus Aufnahme und der im vorigen Sommer vollbrachten Thaten ihm den Einzug im kleinen Triumph zuerkannt hatten, zog er doch unter Aufschub dieser Ehre in die Stadt ein. Hierauf leisteten dem Angeklagten, der sich den L. Arruntius, P. Vinicius, Asinius Gallus, Aeserninus Marcellus und Sextus Pompejus zu Anwalten erbat, da diese sich verschiedentlich entschuldigten, Manius Lepidus, L. Piso und Livinejus Regulus Beistand, unter gespannter Erwartung der ganzen Stadt, wie groß die Treue bei des Germanicus Freunden, welches das Vertrauen bei dem Beschuldigten sein werde; ob wol seine Empfindungen ganz beherrschen und unterdrücken könne Tiberius. Darauf mehr als sonst gespannt, erlaubte sich das Volk auch mehr geheime Reden oder argwöhnisches Schweigen gegen den Fürsten.

12. Am Tage des Senates hielt der Cäsar eine Rede mit überlegter Abgemessenheit: Seines Vaters Legat[32] und Freund sei Piso gewesen und von ihm selbst auf des Senats Antrag in der Verwaltung der Angelegenheiten des Orients zum Beistand dem Germanicus gegeben worden. Ob er dort durch Widerspenstigkeit und Parteikampf den jungen Mann erbittert und über seinen Tod sich nur gefreut, oder ob er freventlich ihn getödtet habe, das müsse man mit unbefangenem Sinne zu entscheiden suchen. „Denn hat er als Legat seines Amtes Grenzen, den Gehorsam gegen seinen Oberbefehlshaber aus der Acht gelassen, und, wie über seinen Tod, so über meine Trauer sich gefreut; so werde ich ihn hassen und entfernen von meinem Hause, doch nicht Privatfeindschaft kraft fürstlicher Gewalt bestrafen; entdeckt sich aber ein Verbrechen, was bei jedem Menschenmorde Ahndung verdient, ja dann mögt ihr

vero et liberos Germanici et nos parentes iustis solaciis adficite. Simulque illud reputate, turbide et seditiose tractaverit exercitus Piso, quaesita sint per ambitionem studia militum, armis repetita provincia, an falsa haec in maius vulgaverint accusatores, quorum ego nimiis studiis iure suscenseo. Nam quo pertinuit nudare corpus et contrectandum vulgi oculis permittere differrique etiam per externos, tamquam veneno interceptus esset, si incerta adhuc ista et scrutanda sunt? Defleo equidem filium meum semperque deflebo, sed neque reum prohibeo, quo minus cuncta proferat, quibus innocentia eius sublevari, aut si qua fuit iniquitas Germanici, coargui possit, vosque oro, ne, quia dolori meo causa conexa est, obiecta crimina pro adprobatis accipiatis. Si quos propinquus sanguis aut fides sua patronos dedit, quantum quisque eloquentia et cura valet, iuvate periclitantem. Ad eundem laborem, eandem constantiam accusatores hortor. Id solum Germanico super leges praestiterimus, quod in curia potius quam in foro, aput senatum quam aput iudices de morte eius anquiritur. Cetera pari modestia tractentur; nemo Drusi lacrimas, nemo maestitiam meam spectet, nec si qua in nos adversa finguntur.'

13. Exim biduum criminibus obiciendis statuitur, utque sex dierum spatio interiecto reus per triduum defenderetur. Tum Fulcinius vetera et inania orditur, ambitiose avareque habitam Hispaniam; quod neque convictum noxae reo, si recentia purgaret, neque defensum absolutioni erat, si teneretur maioribus flagitiis. Post quem Servaeus et Veranius et Vitellius consimili studio, et multa eloquentia Vitellius, obicere, odio Germanici et rerum novarum studio Pisonem vulgus militum per licentiam et sociorum iniurias eo usque conrupisse, ut parens legionum a deterrimis appellaretur; contra in optimum quemque, maxime in comites et amicos Germanici saevisse; postremo ipsum devotionibus et veneno peremisse; sacra hinc et immolationes ne-

den Kindern des Germanicus und uns, seinen Aeltern, der Gerechtigkeit Genugthuung verschaffen. Zugleich erwäget auch das, ob Piso meuterisch und als Empörer mit dem Heere umgegangen, ob er durch Ränke der Soldaten Gunst erschlichen, mit den Waffen die Provinz habe wiedererlangen wollen, oder ob das unwahr und mit Uebertreibung die Ankläger ausgesprengt, über deren allzugroßen Eifer ich mit Recht aufgebracht bin. Denn wozu sollte es führen, den Leichnam zu entblößen und zur Schau den Augen des Volkes zu überlassen, ja auch im Auslande zu verbreiten, er sei durch Gift weggeräumt, wenn noch ungewiß dieses und erst zu untersuchen ist? Ich beweine zwar meinen Sohn und werde ihn stets beweinen, aber ich wehre auch dem Angeklagten nicht, Alles vorzubringen, wodurch seiner Unschuld unter die Arme gegriffen oder, sollte irgend Unrecht auf des Germanicus Seite sein, dieses nachgewiesen werden könne, und bitte Euch, nicht deßhalb, weil die Sache meinem Schmerz so eng verbunden ist, die vorgeworfenen Beschuldigungen als erwiesen anzunehmen. Ihr, die Blutsverwandtschaft³⁵) oder Vertrauen auf seine Sache ihm zu Vertheidigern gegeben, heißt dem Gefährdeten, soviel ein jeder durch Beredtsamkeit und Sorgfalt es vermag. Zu derselben Anstrengung, zu derselben Festigkeit ermahne ich die Ankläger. Das allein dürften wir dem Germanicus über die Gesetze hinaus vergünstigt haben, daß in der Curie, nicht auf dem Forum, vor dem Senat, nicht vor den Richtern, über seinen Tod die Untersuchung geführt werden soll. Alles Uebrige werde mit gleicher Unparteilichkeit³⁴) behandelt; Niemand achte auf des Drusus Thränen, Niemand auf meinen Kummer, noch auch auf das, was etwa Ungünstiges gegen uns erdichtet wird."

13. Hiernächst werden zwei Tage zur Vorbringung der Beschuldigungen bestimmt, worauf dann nach einer Zwischenzeit von sechs Tagen der Angeklagte drei Tage lang vertheidigt werden sollte. Da beginnt Fulcinius mit alten und nichtigen Dingen, ehrgeizig und habsüchtig sei Hispanien verwaltet worden; was, erwiesen, dem Beschuldigten, wenn von dem Neuen er sich reinigte, so wenig zum Nachtheil, als, widerlegt, wenn er größerer Verbrechen schuldig befunden wurde, zur Lossprechung gereiche. Nach ihm warfen Servaeus, Veranius und Vitellius, mit gleichem Eifer alle, und mit vieler Beredtsamkeit Vitellius³⁵), vor, aus Haß gegen Germanicus und aus neuerungssüchtigem Streben habe Piso den großen Haufen der Soldaten durch Zuchtlosigkeit und durch Mishandlungen der Bundesgenossen in einem solchen Grade zu bestechen gewußt, daß er von den Verworfensten Vater der Legionen genannt worden sei; dagegen habe er gegen alle Gutgesinnte, besonders gegen die Begleiter und Freunde des Germanicus seine Wuth ausgelassen; zuletzt ihn selbst durch Verwünschungen³⁶) und Gift um's Leben gebracht, dann seine und Plancina's Orgien und frevelhafte Opferhandlungen, wie

fandas ipsius atque Plancinae, petitam armis rem publicam, utque reus agi posset, acie victum.

14. Defensio in ceteris trepidavit; nam neque ambitionem militarem neque provinciam pessimo cuique obnoxiam, ne contumelias quidem adversum imperatorem infitiari poterat; solum veneni crimen visus est diluisse, quod ne accusatores quidem satis firmabant, in convivio Germanici, cum super cum Piso discumberet, infectos manibus cius cibos arguentes; quippe absurdum videbatur inter aliena servitia et tot adstantium visu, ipso Germanico coram, id ausum; offerebatque familiam reus et ministros in tormenta flagitabat. Sed iudices per diversa implacabiles erant, Caesar ob bellum provinciae inlatum, senatus numquam satis credito, sine fraude Germanicum interisse. ** scripsissent expostulantes, quod haud minus Tiberius quam Piso abnuere. Simul populi ante curiam voces audiebantur, non temperaturos manibus, si patrum sententias evasisset; effigiesque Pisonis traxerant in Gemonias ac divellebant, ni iussu principis protectae repositaeque forent. Igitur inditus lecticae et a tribuno praetoriae cohortis deductus est, vario rumore, custos saluti an mortis exactor sequeretur.

15. Eadem Plancinae invidia, maior gratia; eoque ambiguum habebatur, quantum Caesari in eam liceret. Atque ipsa, donec mediae Pisoni spes, sociam se cuiuscumque fortunae et, si ita ferret, comitem exitii promittebat; ut secretis Augustae precibus veniam obtinuit, paulatim segregari a marito, dividere defensionem coepit. Quod reus postquam sibi exitiabile intellegit, an adhuc experiretur dubitans, hortantibus filiis durat mentem senatumque rursum ingreditur; redintegratamque accusationem, infensas patrum voces, adversa et saeva cuncta perpessus, nullo magis exterritus est, quam quod Tiberium sine miseratione, sine ira, obstinatum clausumque vidit, ne quo adfectu perrumperetur.

wirklich angegriffen den Staat mit Waffengewalt, und, um belangt werden
zu können, in einer Schlacht erst habe besiegt werden müssen.

14. Mißlich gestaltete die Vertheidigung sich im Uebrigen; denn weder die
Erschleichung der Soldatengunst, noch die Preisgebung der Provinz an die
Verworfensten, selbst nicht das beschimpfende Betragen gegen den Oberbefehls-
haber⁵⁷) konnte er leugnen; allein den Vorwurf der Vergiftung schien er entkräftet zu haben, den auch die Ankläger nicht einmal hinreichend durch die Beschuldigung begründeten, es seien bei einem Gastmahle des Germanicus, wo
Piso über diesem seinen Platz gehabt³⁸), durch seine Hände die Speisen vergif-
tet worden; denn es schien ungereimt, daß er unter fremden Sklaven und
vor den Augen so vieler Umstehenden, in des Germanicus eigner Gegenwart
dieses sollte gewagt haben; auch bot der Angeklagte seine Sklaven zur Folter
an, und bestand darauf bei denen, die die Aufwartung gehabt. Aber die Richter
waren aus verschiedenen Gründen unerbittlich, der Cäsar ob der Beiriegung
der Provinz, der Senat, weil es nie recht glaublich werden wollte, daß Germanicus ohne Hinterlist um's Leben gekommen sei³⁹). ** geschrieben hätten,
fordernd, was jedoch nicht weniger Tiberius als Piso abschlug. Zugleich wurden Stimmen des Volks vor der Curie vernommen, man würde sich der
Thätlichkeiten nicht enthalten, wenn er der Väter Spruch entschlüpft sein
sollte; und schon hatten sie Bildnisse des Piso nach der gemonischen Treppe⁴¹)
geschleppt und waren im Begriff sie in Stücke zu schlagen, wären sie nicht auf
Befehl des Fürsten geschützt und wieder aufgestellt worden. Er ward daher in
eine Sänfte gesetzt und von einem Tribun der Leibwache unter unsicherem Gerede, ob er als Beschützer seines Lebens oder als Vollstrecker des Todesurtheils
folge, heimgeführt.

15. Gleich war gegen Plancina der Haß, größer ihre Begünstigung⁴¹); und
deshalb hielt man es für zweifelhaft, wieviel dem Cäsar gegen sie gestattet sein
würde⁴²). Sie selbst versprach, so lange des Piso Hoffnungen noch schwankend
waren, zu theilen mit ihm jedes Schicksal und, wenn es so sein sollte, Gefährtin ihm zu sein im Tode; sowie sie aber durch der Kaiserin geheime Fürsprache
Verzeihung erhalten hat, fängt sie allmählich an von ihrem Manne sich zurückzuziehen und ihre Vertheidigung von der seinigen zu trennen. Da nun
der Angeklagte einsieht, daß dieses ihm Verderben drohe, ist er nicht einig mit
sich, ob er einen Versuch noch wagen solle; doch auf seiner Söhne Zureden
stählt er den Muth und tritt abermals vor den Senat; und als ihm hier
erneuerte Anklage, der Väter erbitterte Reden, kurz Feindseligkeit und Grausamkeit von allen Seiten zu Theil geworden, erschrak er doch über nichts so
sehr, als daß er den Tiberius ohne Mitleid, ohne Zorn, unbeweglich und verschlossen sah, damit keine Regung des Gefühls sich einen Ausweg bahnte

Relatus domum, tamquam defensionem in posterum meditaretur, pauca conscribit obsignatque et liberto tradit; tum solita curando corpori exsequitur. Dein multam post noctem, egressa cubiculo uxore, operiri fores iussit; et coepta luce perfosso iugulo, iacente humi gladio, repertus est.

16. Audire me memini ex senioribus visum saepius inter manus Pisonis libellum, quem ipse non vulgaverit; sed amicos eius dictitavisse, litteras Tiberii et mandata in Germanicum contineri, ac destinatum promere aput patres principemque arguere, ni elusus a Seiano per vana promissa foret; nec illum sponte extinctum, verum inmisso percussore. Quorum neutrum adseveraverim; neque tamen occulere debui narratum ab iis, qui nostram ad iuventam duraverunt. Caesar flexo in maestitiam ore suam invidiam tali morte quaesitam aput senatum [conquestus M. Pisonem vocari iubet in senatum] crebrisque interrogationibus exquirit, qualem Piso diem supremum noctemque exegisset. Atque illo pleraque sapienter, quaedam inconsultius respondente, recitat codicillos a Pisone in hunc ferme modum compositos: 'Conspiratione inimicorum et invidia falsi criminis oppressus, quatenus veritati et innocentiae meae nusquam locus est, deos immortales testor vixisse me, Caesar, cum fide adversum te, neque alia in matrem tuam pietate, vosque oro liberis meis consulatis, ex quibus Cn. Piso qualicumque fortunae meae non est adiunctus, cum omne hoc tempus in urbe egerit, M. Piso repetere Syriam dehortatus est. Atque utinam ego potius filio iuveni quam ille patri seni cessisset. Eo inpensius precor, ne meae pravitatis poenas innoxius luat. Per quinque et quadraginta annorum obsequium, per collegium consulatus, quondam divo Augusto, parenti tuo, probatus et tibi amicus, nec quicquam post haec rogaturus, salutem infelicis filii rogo'. De Plancina nihil addidit.

17. Post quae Tiberius adulescentem crimine civilis belli purgavit — patris quippe iussa nec potuisse filium detrectare —, simul nobilitatem domus, etiam ipsius quoquo modo meriti gravem casum miseratus. Pro Plan-

Zurückgebracht nach seiner Wohnung schreibt er, als arbeitete er eine Vertheidigungsrede für den folgenden Tag aus, Einiges nieder, versiegelt es und gibt es einem Freigelassenen; dann vollzieht er die gewohnte Körperpflege. Hierauf ließ er tief in der Nacht, nachdem seine Gemahlin das Schlafgemach verlassen hat, die Thür verschließen; und nach Tagesanbruch fand man ihn, das Schwert auf dem Boden liegend, mit durchbohrter Kehle.

16. Ich erinnere mich von älteren Leuten gehört zu haben, man habe öfter in Piso's Händen eine Schrift gesehen, die er selbst nicht zur öffentlichen Kunde gebracht; aber seine Freunde hätten wiederholt gesagt, sie enthalte Briefe des Tiberius und Aufträge gegen Germanicus, und er wäre auch entschlossen gewesen, sie den Vätern vorzulegen und dem Fürsten so die Schuld zu geben, wäre er nicht von Sejanus durch leere Versprechungen hingehalten worden; auch sei er nicht freiwillig gestorben, sondern durch einen ihm ins Haus geschickten Mörder. Keines von beiden möchte ich verbürgen; doch auch verschweigen durfte ich es nicht, da es von Leuten, die bis zu unserer Jugendzeit gelebt, erzählt worden ist. Der Cäsar, mit Betrübniß heuchelnder Miene, klagt im Senate, daß seine Verunglimpfung durch einen solchen Tod bezweckt worden sei, läßt den M. Piso vor den Senat rufen[43]) und fragt ihn zu wiederholten Malen, wie Piso den letzten Tag und die Nacht zugebracht habe. Als jener hierauf meist besonnen, mitunter etwas unüberlegt geantwortet, liest er das Handschreiben[44]) vor, welches von Piso ungefähr folgendermaßen abgefaßt war: „Dem Komplot meiner Feinde und der Gehässigkeit eines angedichteten Verbrechens unterliegend, rufe ich, inwiefern die Wahrheit und meine Unschuld nirgend eine Stätte finden, die unsterblichen Götter zu Zeugen, daß ich in Treue, o Cäsar, gegen dich und in gleicher Ehrerbietung gegen deine Mutter gelebt, und bitte euch, für meine Kinder zu sorgen, von denen Cn. Piso in mein wie auch beschaffenes Mißgeschick nicht mitverflochten ist, da er während dieser ganzen Zeit in der Stadt sich aufgehalten, M. Piso von der Rücklehr nach Syrien mich abgemahnt hat. Ach, wäre ich doch lieber dem Sohne, dem jungen Manne, als er dem Vater, dem Greise gefolgt! Um so inständiger bitte ich, daß nicht für meine Verkehrtheit er unschuldig büße. Bei meinem fünf und vierzigjährigen Gehorsam, bei der Consulatsgenossenschaft[45]) bitte ich, der einst dem Divus Augustus, deinem Vater, bewährt und dir befreundet war, hinfort nichts weiter bittend, um die Rettung meines unglücklichen Sohnes." Ueber Plancina sügte er nichts bei.

17. Hienach sprach Tiberius den jungen Mann[46]) vom Verbrechen des Bürgerkrieges frei — es sei ja der Befehl des Vaters gewesen und der Sohn habe dem sich nicht entziehen können —, und bedauerte zugleich des edeln Geschlechtes[47]), ja, was er auch verdient, sein eigenes schweres Mißgeschick. Für Plancina sprach er mit

cina cum pudore et flagitio disseruit, matris preces obtendens, in quam optimi cuiusque secreti questus magis ardescebant. Id ergo fas aviae, interfectricem nepotis adspicere, adloqui, eripere senatui. Quod pro omnibus civibus leges obtineant, uni Germanico non contigisse. Vitellii et Veranii voce defletum Caesarem, ab imperatore et Augusta defensam Plancinam. Proinde venena et artes tam feliciter expertas verteret in Agrippinam, in liberos eius, egregiamque aviam ac patruum sanguine miserrimae domus exsatiaret. Biduum super hac imagine cognitionis absumptum, urgente Tiberio liberos Pisonis, matrem uti tuerentur. Et cum accusatores ac testes certatim perorarent respondente nullo, miseratio quam invidia augebatur. Primus sententiam rogatus Aurelius Cotta consul — nam referente Caesare magistratus eo etiam munere fungebantur — nomen Pisonis radendum fastis censuit, partem bonorum publicandam, pars ut Cn. Pisoni filio concederetur isque praenomen mutaret; M. Piso exsuta dignitate et accepto quinquagies sestertio in decem annos relegaretur, concessa Plancinae incolumitate ob preces Augustae.

18. Multa ex ea sententia mitigata sunt a principe: ne nomen Pisonis fastis eximeretur, quando M. Antonii, qui bellum patriae fecisset, Iuli Antonii, qui domum Augusti violasset, manerent; et M. Pisonem ignominiae exemit concessitque ei paterna bona, satis firmus, ut saepe memoravi, adversum pecuniam et tum pudore absolutae Plancinae placabilior. Atque idem, cum Valerius Messalinus signum aureum in aede Martis Ultoris, Caecina Severus aram Ultioni statuendam censuissent, prohibuit, ob externas ea victorias sacrari dictitans, domestica mala tristitia operienda. Addiderat Messalinus Tiberio et Augustae et Antoniae et Agrippinae Drusoque ob vindictam Germanici grates agendas omiseratque Claudii mentionem. Et Messalinum quidem L. Asprenas senatu coram percunctatus est, an prudens praeterisset; ac tum demum nomen Claudii adscriptum est. Mihi, quanto plura recentium seu veterum revolvo, tanto magis ludibria rerum mortalium cunctis in negotiis obversantur. Quippe fama spe veneratione potius omnes

Scham und dem Bewußtsein der Schande, indem er seiner Mutter Fürbitte vorwandte, gegen welche nun jedes Gutgesinnten geheime Klagen um so mehr entbrannten. Das also sei der Großmutter Recht, die Mörderin des Enkels anzusehen, anzureden, dem Senate zu entreißen! Worauf für alle Bürger die Gesetze hielten[48]), sei dem Germanicus allein nicht zu Theil geworden. Des Vitellius und Veranius Stimme habe beweint den Cäsar, vom Imperator und von der Augusta sei vertheidigt die Plancina! Somit möge sie ihr Gift und ihre so glücklich erprobten Künste gegen Agrippina, gegen deren Kinder anwenden, und die treffliche Großmutter sammt dem Oheim mit dem Blute der beklagenswerthesten Familie sättigen. Zwei Tage noch gingen mit dem Schattenbilde gerichtlicher Untersuchung hin, indem Tiberius die Söhne Piso's antrieb, ihre Mutter zu beschützen. Und da Ankläger und Zeugen um die Wette redeten, ohne daß Jemand antwortete, steigerte sich mehr das Mitleid als der Haß. Zuerst um seine Meinung befragt erklärte der Consul Aurelius Cotta — denn wenn der Cäsar vortrug, waren die Magistrate auch dazu[49]) verpflichtet —, der Name Piso's sei aus dem Kalender zu streichen, die eine Hälfte seiner Güter einzuziehen, die andere solle seinem Sohne Cn. Piso überlassen werden und dieser seinen Vornamen[50]) ändern, M. Piso nach Verlust seines Ranges[51]) und nach Empfang von fünf Millionen Sesterzen auf zehn Jahr verbannt, der Plancina ob der Fürsprache der Augusta Straflosigkeit zugestanden werden.

18. Vieles von diesem Spruche ward durch den Fürsten gemildert: der der Name Piso's solle nicht aus dem Kalender getilgt werden, da ja der des M. Antonius, welcher doch das Vaterland bekriegt[52]), der des Julus Antonius, welcher die Familie des Augustus beschimpft hätte[53]), noch darin stehe; und so befreite er auch den M. Piso von der Schande und gestand ihm die väterlichen Güter zu, stark genug, wie ich oft erwähnt habe[54]), gegen des Geldes Lockung und damals aus Scham über die Lossprechung Plancina's versöhnlicher. Desgleichen, als Valerius Messalinus auf ein goldenes Bild[55]) im Tempel des rächenden Mars, Cäcina Severus auf Errichtung eines Altars für die Rache angetragen hatten, trat er dem entgegen, indem er sagte, auswärtiger Siege wegen werde dergleichen wohl geweiht, das eigene Unglück müsse in Trauer man verhüllen. Hinzugefügt hatte Messalinus, es sei dem Tiberius, der Augusta, Antonia und Agrippina nebst Drusus Dank zu sagen für des Germanicus Rache, und dabei des Claudius Erwähnung unterlassen. Da fragte denn in Gegenwart des Senats L. Asprenas den Messalinus, ob absichtlich er ihn übergangen hätte; und dann erst wurde des Claudius Name beigeschrieben. Mir bringt, je mehr sei es des Neuen oder Alten ich bei mir erwäge, desto lebendiger der menschlichen Dinge Gaukelspiel sich auf in allen Angelegenheiten. Denn Ruf und Hoffnung und Verehrung bestimmten eher

destinabantur imperio, quam quem futurum principem fortuna in occulto tenebat.

19. Paucis post diebus Caesar auctor senatui fuit Vitellio atque Veranio et Servaeo sacerdotia tribuendi; Fulcinio suffragium ad honores pollicitus monuit, ne facundiam violentia praecipitaret. Is finis fuit [in] ulciscenda Germanici morte, non modo aput illos homines, qui tum agebant, etiam secutis temporibus vario rumore iactata. Adeo maxima quaeque ambigua sunt, dum alii quoquo modo audita pro conpertis habent, alii vera in contrarium vertunt, et gliscit utrumque posteritate. At Drusus urbe egressus repetendis auspiciis mox ovans introiit. Paucosque post dies Vipsania, mater eius, excessit, una omnium Agrippae liberorum miti obitu; nam ceteros manifestum ferro vel creditum est veneno aut fame extinctos.

20. Eodem anno Tacfarinas, quem [priore aestate] pulsum a Camillo memoravi, bellum in Africa renovat, vagis primum populationibus et ob pernicitatem inultis, dein vicos excindere, trahere graves praedas; postremo haud procul Pagyda flumine cohortem Romanam circumsedit. Praeerat castello Decrius, impiger manu, exercitus militia et illam obsidionem flagitii ratus. Is cohortatus milites, ut copiam pugnae in aperto facerent, aciem pro castris instruit; primoque impetu pulsa cohorte promptus inter tela occursat fugientibus, increpat signiferos, quod inconditis aut desertoribus miles Romanus terga daret; simul excepta vulnera et, quamquam transfosso oculo, adversum os in hostem intendit, neque proelium omisit, donec desertus suis caderet.

21. Quae postquam L. Apronio — nam Camillo successerat — comperta, magis dedecore suorum quam gloria hostis anxius, raro ea tempestate et e vetere memoria facinore decumum quemque ignominiosae cohortis sorte ductos fusti necat. Tantumque severitate profectum, ut vexillum veteranorum, non amplius [quam] quingenti numero, easdem Tacfarinatis copias praesidium, cui Thala nomen, adgressas fuderint. Quo proelio Ru-

alle Anderen zur Herrschaft, als den, welchen als künftigen Fürsten das Geschick so im Verborgenen hielt[56]).

19. Wenige Tage darauf schlug der Cäsar dem Senate vor, dem Vitellius, Veranius und Servaus Priesterwürden[57]) zu ertheilen; dem Fulcinius versprach er seine Stimme zu Ehrenämtern, warnte ihn aber, seine Beredtsamkeit nicht durch Ungestüm zu überstürzen. Damit endete die Rache, die man für des Germanicus Tod nahm, welcher nicht nur bei den damals Lebenden, sondern in den folgenden Zeiten auch auf verschiedene Weise ist besprochen worden. So sehr ist gerade das Bedeutendste zweifelhaft, indem Einige wie immer auch Gehörtes für ausgemacht halten, Andere das Wahre in das Gegentheil verdrehen, und so dann beides bei der Nachwelt weiter sich verbreitet. Drusus hatte indeß die Stadt verlassen, um sich die Auspicien zu erneuen, und zog alsdann im kleinen Triumph ein[58]). Wenige Tage darauf starb Vipsania, seine Mutter, sie allein unter allen Kindern Agrippa's[59]) eines sanften Todes; denn die übrigen sind theils unbezweifelt durch das Schwert, theils, wenigstens dem Glauben nach, durch Gift oder Hunger umgekommen.

20. In demselben Jahre erneut Tacfarinas, der, wie ich erzählt[60]), im vorigen Sommer von Camillus geschlagen worden war, den Krieg in Afrika, zuerst mit verheerenden Streifzügen, die seiner Schnelligkeit wegen ungestraft blieben, dann Dörfer zerstörend und schwere Beute mit sich schleppend, zuletzt durch Einschließung einer römischen Cohorte unweit des Pagydaflusses[61]). Befehlshaber des Castells war Decrius, ein wackerer Streiter, wohlgeübt im Kriegsdienst und jene Belagerung als einen Schimpf betrachtend. Dieser fordert seine Soldaten auf, eine Schlacht im freien Felde anzubieten, und stellt vor dem Lager sie in Schlachtordnung; und als beim ersten Angriff die Cohorte geworfen war, wirft er sich mitten unter den Geschossen rasch den Fliehenden entgegen und fährt die Fahnenträger an, daß einem ordnungslosen Haufen oder Ueberläufern der römische Soldat den Rücken kehre; zugleich mit schon erhaltenen Wunden bietet er, war ein Auge auch ihm schon durchbohrt, dem Feinde kühn die Stirn und gibt nicht eher den Kampf auf, als bis er von den Seinen verlassen fiel.

21. Als das L. Apronius — denn der war dem Camillus nachgefolgt — erfahren hatte, ließ er, mehr um die Schande der Seinen als um den Ruhm des Feindes bekümmert, nach einem in dieser Zeit seltenen und an die früheren erinnernden Verfahren je den zehnten Mann der schimpfbeladenen Cohorte durch das Loos ausheben und zu Tode prügeln. Und so große Wirkung brachte die Strenge hervor, daß ein Trupp von Veteranen, das mehr nicht als fünfhundert zählte, dieselben Schaaren des Tacfarinas, die einen festen Platz Namens Thala[62]) angegriffen hatten, schlug. In diesem Treffen erwarb sich Ru-

fus Helvius, gregarius miles, servati civis decus rettulit donatusque est ab Apronio torquibus et hasta. Caesar addidit civicam coronam, quod non eam quoque Apronius iure proconsulis tribuisset, questus magis quam offensus. Sed Tacfarinas perculsis Numidis et obsidia aspernantibus spargit bellum, ubi instaretur, cedens ac rursum in terga remeans; et dum ea ratio barbaro fuit, inritum fessumque Romanum impune ludificabatur. Postquam deflexit ad maritimos locos inligatus[que] praeda stativis castris adhaerebat, missu patris Apronius Caesianus cum equite et cohortibus auxiliariis, quis velocissimos legionum addiderat, prosperam adversum Numidas pugnam facit pellitque in deserta.

22. At Romae Lepida, cui super Aemiliorum decus L. Sulla et Cn. Pompeius proavi erant, defertur simulavisse partum ex P. Quirinio, divite atque orbo; adiciebantur adulteria, venena quaesitumque per Chaldaeos in domum Caesaris, defendente ream Manio Lepido fratre. Quirinius post dictum repudium adhuc infensus quamvis infami ac nocenti miserationem addiderat. Haud facile quis dispexerit illa in cognitione mentem principis: adeo vertit ac miscuit irae et clementiae signa. Deprecatus primo senatum, ne maiestatis crimina tractarentur, mox M. Servilium e consularibus aliosque testes inlexit ad proferenda, quae velut reicere voluerat. Idemque servos Lepidae, cum militari custodia haberentur, transtulit ad consules neque per tormenta interrogari passus est de iis, quae ad domum suam pertinerent. Exemit etiam Drusum, consulem designatum, dicendae primo loco sententiae, quod alii civile rebantur, ne ceteris adsentiendi necessitas fieret, quidam ad saevitiam trahebant; neque enim cessurum nisi damnandi officio.

23. Lepida ludorum diebus, qui cognitionem intervenerant, theatrum cum claris feminis ingressa, lamentatione flebili maiores suos ciens ipsumque Pompeium, cuius ea

sus Helvius, ein gemeiner Soldat, die Ehre, einen Bürger gerettet zu haben, und wurde von Apronius mit Halskette und Lanze beschenkt. Der Cäsar fügte noch hinzu die Bürgerkrone[63]), daß nicht auch diese ihm Apronius vermöge seines Rechtes als Proconsul zuertheilt, mehr sich beklagend[64]), als darüber ungehalten. Nun aber führt Tacfarinas, da die Numidier, in Schrecken gesetzt, sich an Belagerungen nicht mehr wagen wollen, den Krieg bald hier bald dort, sowie man auf ihn einbrang, weichend und dann hinter dem Rücken wieder sich zusammenziehend; und so lange dieses die Weise des Barbaren war, trieb er ungestraft sein Spiel mit dem erfolglos sich abmühenden und ermüdeten Römer. Als er aber hinab sich wandte zu den am Meere gelegenen Plätzen und festgehalten durch die Beute festsaß in einem stehenden Lager, da liefert, abgeschickt von seinem Vater mit der Reiterei und den Hilfscohorten, denen er die Schnellsten aus den Legionen beigegeben hatte, Apronius Cäsianus[65]), den Numidiern eine glückliche Schlacht und treibt sie in die Wüste.

22. Zu Rom ward Lepida, die neben dem Adel der Aemilier den L. Sulla und Cn. Pompejus zu Urgroßvätern hatte[66]), angeklagt, sie habe fälschlich vorgegeben, von P. Quirinius, dem reichen, kinderlosen, ein Kind zu haben; dazu noch ward des Ehebruches sie beschuldigt, der Giftmischerei und der Befragung der Chaldäer wider des Cäsars Haus[67]), wobei die Angeschuldigte ihr Bruder Manius Lepidus vertheidigte. Des Quirinius auch nach ausgesprochener Verstoßung noch fortwährende Erbitterung gegen sie hatte mit der wenn gleich Uebelberüchtigten und Schuldigen Mitleid erregt. Nicht leicht möchte Jemand bei dieser Untersuchung die Gesinnung des Fürsten durchschaut haben: so sehr ließ wechseln er und sich durchkreuzen des Zornes und der Milde Zeichen. Anfangs den Senat ersuchend, es möchte von der Klage ob der Majestätsverletzung nicht die Rede sein, zog er doch nachher den M. Servilius, einen Consularen, und andere Zeugen heran, das vorzubringen, was er scheinbar hatte zurückweisen wollen. So ließ er auch die Sklaven der Lepida, die sich in militärischer Haft[68]) befanden, zu den Consuln bringen, und doch gab er nicht zu, daß sie auf der Folter über das, was sein Haus anginge, verhört würden. Auch entband er den Drusus, der designirter Consul war, von der Verpflichtung, zuerst seine Stimme abzugeben, was Einige für bescheidenen Bürgersinn hielten, damit die Uebrigen nicht gezwungen würden, beizustimmen, Andere auf feindselige Gesinnung bezogen; denn er würde nicht zurückgetreten sein, wenn nicht die Verpflichtung zur Verurtheilung vorhanden gewesen wäre.

23. Lepida, welche an den Tagen der Spiele[69]), die zwischen die Untersuchung gefallen waren, das Theater[70]) in Begleitung vornehmer Frauen besuchte, erregte, indem sie ihre Vorfahren und den Pompejus selbst, an den dieses Ge-

monimenta et adstantes imagines visebantur, tantum
misericordiae permovit, ut effusi in lacrimas saeva et
detestanda Quirinio clamitarent, cuius senectae atque
orbitati et obscurissimae domui destinata quondam uxor
L. Caesari ac divo Augusto nurus dederetur. Dein tormentis servorum patefacta sunt flagitia, itumque in sententiam Rubelli Blandi, a quo aqua atque igni arcebatur. Huic Drusus adsensit, quamquam alii mitius censuissent. Mox Scauro, qui filiam ex ea genuerat, datum,
ne bona publicarentur. Tum demum aperuit Tiberius
conpertum sibi etiam ex P. Quirinii servis veneno eum
a Lepida petitum.

24. Inlustrium domuum adversa — etenim haud
multum distanti tempore Calpurnii Pisonem, Aemilii Le-
pidam amiserant — solacio adfecit D. Silanus Iuniae
familiae redditus. Casum eius paucis repetam. Ut valida divo Augusto in rem publicam fortuna, ita domi
inprospera fuit ob inpudicitiam filiae ac neptis, quas
urbe depulit adulterosque earum morte aut fuga punivit.
Nam culpam inter viros ac feminas vulgatam gravi nomine laesarum religionum ac violatae maiestatis appellando clementiam maiorum suasque ipse leges egrediebatur. Sed aliorum exitus, simul cetera illius aetatis
memorabo, si effectis, in quae tetendi, plures ad curas
vitam produxero. D. Silanus in nepti Augusti adulter,
quamquam non ultra foret saevitum, quam ut amicitia
Caesaris prohiberetur, exilium sibi demonstrari intellexit, nec nisi Tiberio imperitante deprecari senatum ac
principem ausus est M. Silani fratris potentia, qui per
insignem nobilitatem et eloquentiam praecellebat. Sed
Tiberius gratis agenti Silano patribus coram respondit
se quoque laetari, quod frater eius e peregrinatione
longinqua revertisset, idque iure licitum, quia non senatus consulto, non lege pulsus foret; sibi tamen adversus eum integras parentis sui offensiones, neque reditu Silani dissoluta quae Augustus voluisset. Fuit posthac in urbe neque honores adeptus est.

blinde und die darin aufgestellten Bildnisse den Blick erinnerten, mit thränenvoller Klage anrief, so viel Mitleid, daß man, in Thränen sich ergießend, laute Drohungen und Verwünschungen gegen Quirinius ausstieß, dessen Alter und Kinderlosigkeit, dessen so ganz unbekanntem Hause sie, die einst dem L. Cäsar[71]) zur Gattin, zur Schwiegertochter dem Divus Augustus bestimmt gewesen, aufgeopfert werden sollte. Darauf kamen durch die Folter der Sklaven ihre Schandthaten an den Tag, und man trat dem Antrage des Rubellius Blandus bei, von welchem ihr Wasser und Feuer untersagt ward. Ihm pflichtete Drusus bei, obwohl Andere milder gestimmt hatten. Nachher ward dem Scaurus[72]), der eine Tochter mit ihr gezeugt hatte, vergünstigt, daß ihre Güter nicht eingezogen würden. Nun erst eröffnete Tiberius, er wisse auch durch die Sklaven des P. Quirinius, daß diesem Lepida mit Gift nachgestellt habe.

24. Für diese Unglücksfälle erlauchter Häuser — denn in gar nicht langem Zeitraum hatten die Calpurnier den Piso, die Aemilier die Lepida verloren — gereichte es zum Troste, daß D. Silanus der junischen Familie wiedergegeben ward. Sein früheres Mißgeschick will ich mit Wenigem erwähnen. So sehr zu mächtigem Einfluß auf den Staat Divus Augustus vom Glück begünstigt ward, so ungünstig war es ihm in seinem Hause ob der Unzucht seiner Tochter und Enkelin[73]), die er aus der Stadt verwies, sowie er deren Buhlen mit dem Tode oder mit Verbannung bestrafte. Denn indem er der unter Männern und Frauen ohne Unterschied begangenen Schuld den harten Namen der Religionsentweihung und der Majestätsbeleidigung gab, ging er über die Milde der Vorfahren und seine eigenen Gesetze hinaus[74]). Doch den Untergang Anderer will ich sowie die übrigen Ereignisse jener Zeit erwähnen[75]), wenn nach Beendung dessen, was ich mir zum Ziel gesetzt, zu weiteren Arbeiten noch mein Leben ausreicht. D. Silanus, der Enkelin des Augustus Verführer, erkannte, obwohl nichts Härteres gegen ihn verhängt ward, als daß er von der Freundschaft des Cäsars ausgeschlossen wurde, doch darin der Verbannung Ankündigung, und wagte auch nicht eher, als unter des Tiberius Regierung, Senat und Fürsten um Begnadigung zu bitten unter seines Bruders M. Silanus einflußreicher Mitwirkung, welcher sich durch hohen Adel und durch Beredtsamkeit hervorthat. Doch Tiberius gab dem Silanus, als er seinen Dank abstattete, in Gegenwart der Väter die Antwort, auch er freue sich, daß sein Bruder aus der weiten Ferne zurückgekehrt sei, und dieses sei von Rechtswegen gestattet gewesen, weil er nicht durch einen Senatsbeschluß, nicht durch ein Gesetz verwiesen worden sei; persönlich jedoch hege er gegen ihn ungeschwächt seines gekränkten Vaters Gefühle, und es sei durch die Rückkehr des Silanus nicht aufgehoben, was Augustus gewollt. So lebte er von da an in der Stadt, doch zu Ehrenstellen gelangte er nicht.

25. Relatum deinde de moderanda Papia Poppaea, quam senior Augustus post Iulias rogationes incitandis caelibum poenis et augendo aerario sanxerat. Nec ideo coniugia et educationes liberum frequentabantur, praevalida orbitate; ceterum multitudo periclitantium gliscebat, cum omnis domus delatorum interpretationibus subverteretur, utque antehac flagitiis, ita tunc legibus laborabatur. Ea res admonet, ut de principiis iuris, et quibus modis ad hanc multitudinem infinitam ac varietatem legum perventum sit, altius disseram.

26. Vetustissimi mortalium, nulla adhuc mala libidine, sine probro, scelere eoque sine poena aut coërcitionibus agebant: neque praemiis opus erat, cum honesta suopte ingenio peterentur, et ubi nihil contra morem cuperent, nihil per metum vetabantur. At postquam exui aequalitas et pro modestia ac pudore ambitio et vis incedebat, provenere dominationes multosque apud populos aeternum mansere. Quidam statim, aut postquam regum pertaesum, leges maluerunt. Hae primo rudibus hominum animis simplices erant; maximeque fama celebravit Cretensium, quas Minos, Spartanorum, quas Lycurgus, ac mox Atheniensibus quaesitiores iam et plures Solo perscripsit. Nobis Romulus, ut libitum, imperitaverat; dein Numa religionibus et divino iure populum devinxit, repertaque quaedam a Tullo et Anco. Sed praecipuus Servius Tullius sanctor legum fuit, quis etiam reges obtemperarent.

27. Pulso Tarquinio adversum patrum factiones multa populus paravit tuendae libertatis et firmandae concordiae, creatique decemviri et accitis, quae usquam egregia, compositae duodecim tabulae, finis aequi iuris. Nam secutae leges, etsi aliquando in maleficos ex delicto, saepius tamen dissensione ordinum et apiscendi inlicitos honores aut pellendi claros viros aliaque ob prava per vim latae sunt. Hinc Gracchi et Saturnini turbatores plebis, nec minor largitor nomine senatus Drusus; corrupti spe aut inlusi per intercessionem socii; ac ne bello quidem Italico, mox civili omissum,

25. Hierauf ward über Milderung des papisch-poppäischen Gesetzes[76] verhandelt, welches im höheren Alter Augustus, nach den julischen Gesetzesvorschlägen[77], zur Schärfung der Ehelosigkeitsstrafen und zur Bereicherung des Staatsschatzes verordnet hatte. Dennoch wurden deshalb die Ehen und in solchen aufgezogene Kinder nicht häufiger, indem vielmehr die Kinderlosigkeit vorherrschend blieb; dagegen wuchs die Menge der Gefährdeten, da jede Familie durch die Verdächtigungen der Angeber ins Verderben geführt werden konnte, so daß man, wie vorher mit den Verbrechen, so jetzt mit den Gesetzen seine Plage hatte. Dieser Umstand fordert mich auf, über die Anfänge des Rechtes, und auf welche Weise man zu dieser unendlichen Menge und Mannigfaltigkeit von Gesetzen gekommen sei, mich gründlicher zu verbreiten.

26. Die Aeltesten der Sterblichen lebten, da noch keine böse Lust sie trieb, sonder Vorwurf und Verbrechen und darum sonder Strafe oder Zwangsmittel: weder Belohnungen waren nöthig, da das Gute um seiner selbst willen erstrebt ward, noch brauchte, da man nichts Ungehöriges begehrte, irgend etwas mittelst Furcht verboten zu werden. Aber als verloren ging der Gleichheitssinn und an Stelle bescheidener Genügsamkeit und Sittsamkeit Ehrsucht und Gewalt hereinbrach, da wuchs die Alleinherrschaft empor und erhielt bei vielen Völkern ewige Dauer. Einige zogen sogleich, oder als sie der Könige überdrüssig geworden waren, Gesetze vor. Diese waren anfangs bei noch rohem Sinn der Menschen einfach; und vorzüglich hat der Ruf verherrlicht die der Creter, welche Minos, die der Spartaner, welche Lycurgus, und die, welche nachher mit mehr Berechnung schon und in größerer Zahl Solon für die Athenienser abgefaßt. Ueber uns hatte Romulus nach Willkür geboten; sodann band Numa das Volk durch Religionsgebräuche und göttliches Recht, auch ward von Tullus und Ancus Manches aufgebracht. Aber vorzugsweise war Servius Tullius Stifter der Gesetze, denen auch die Könige Folge leisten sollten.

27. Nach Vertreibung des Tarquinius traf wider der Patricier Parteiungen das Volk vielerlei Veranstaltungen zum Schutz der Freiheit und zur Befestigung der Eintracht; man wählte Decemvirn, und faßte, nachdem man alles Treffliche, was irgendwo sich fand, herbeigeholt, die zwölf Tafeln ab, das Ende des gleichen Rechts. Denn die nachfolgenden Gesetze wurden, obgleich mitunter gegen Uebelthäter in Folge eines Vergehens[78], doch öfter ohne Entzweiung der Stände[79]) und um unerlaubte Ehrenrechte zu erlangen[80] oder berühmte Männer[81] zu vertreiben und aus anderen schlechten Absichten auf dem Wege der Gewalt eingeführt. In Folge dessen wurden die Gracchen und die Saturnine Aufwiegler des Volkes, und im Namen des Senats ein nicht geringerer Verführer Drusus[82]; verleitet durch Hoffnung oder getäuscht durch Einspruch die Bundesgenossen; und nicht einmal während des italischen[83],

quin multa et diversa sciscerentur, donec L. Sulla dictator abolitis vel conversis prioribus, cum plura addidisset, otium eius rei haud in longum paravit, statim turbidis Lepidi rogationibus, neque multo post tribunis reddita licentia, quoquo vellent, populum agitandi. Iamque non modo in commune, sed in singulos homines latae quaestiones, et corruptissima re publica plurimae leges.

28. Tum Cn. Pompeius tertium consul corrigendis moribus delectus et gravior remediis, quam delicta erant, suarumque legum auctor idem ac subversor, quae armis tuebatur, armis amisit. Exin continua per viginti annos discordia, non mos, non ius; deterrima quaeque inpune, ac multa honesta exitio fuere. Sexto demum consulatu Caesar Augustus, potentiae securus, quae triumviratu iusserat, abolevit deditque iura, quis pace et principe uteremur. Acriora ex eo vincla, inditi custodes et lege Papia Poppaea praemiis inducti, ut, si a privilegiis parentum cessaretur, velut parens omnium populus vacantia teneret. Sed altius penetrabant urbemque et Italiam et quod usquam civium corripuerant, multorumque excisi status; et terror omnibus intentabatur, ni Tiberius statuendo remedio quinque consularium, quinque e praetoriis, totidem e cetero senatu sorte duxisset, aput quos exsoluti plerique legis nexus modicum in praesens levamentum fuere.

29. Per idem tempus Neronem e liberis Germanici, iam ingressum iuventam, commendavit patribus, utque munere capessendi vigintiviratus solveretur et quinquennio maturius quam per leges quaesturam peteret, non sine inrisu audientium postulavit. Praetendebat sibi atque fratri decreta eadem petente Augusto. Sed neque tum fuisse dubitaverim, qui eiusmodi preces occulti inluderent; ac tamen initia fastigii Caesaribus erant magisque in oculis vetus mos, et privignis cum vitrico levior necessitudo quam avo adversum nepotem. Additur pontificatus, et quo primum die forum ingressus

nachher des bürgerlichen Krieges unterließ man, Vieles und sich Widersprechendes zu verordnen, bis der Dictator L. Sulla nach Abschaffung oder Veränderung des Früheren und nachdem er Mehreres hinzugefügt, Stillstand in dieser Sache auf nicht lange Zeit herbeiführte, indem alsbald[84]) des Lepidus stürmische Anträge folgten, und nicht lange darauf den Tribunen wieder freie Hand gelassen wurde[85]), wohin sie wollten, das Volk zu leiten. Nun wurden nicht mehr blos im Allgemeinen, sondern auch auf Einzelne sich beziehende Gesetzesvorschläge gemacht[86]), und so gab es bei der größten Verderbniß des Staates die meisten Gesetze.

28. Cn. Pompejus sodann, zum dritten Consulat[87]), um Sitten zu verbessern, auserkoren, und strenger in seinen Maßregeln als es die Vergehen heischten[88]), und seiner eigenen Gesetze Urheber zugleich und Untergraber[89]), verlor, was mit Gewalt der Waffen er zu halten suchte, durch die Gewalt der Waffen[90]). Hierauf herrschte zwanzig Jahre[91]) ununterbrochene Zwietracht, ohne Sitte, ohne Recht; das Allerschändlichste blieb ungestraft und viel Löbliches gereichte zum Verderben. Erst in seinem sechsten Consulate schaffte Cäsar Augustus, nun sicher seiner Macht, was er im Triumvirat geboten hatte, ab, und gab Gesetze, nach denen wir im Frieden und unter dem Fürsten leben sollten. Immer strenger wurden seitdem die Bande, Wächter wurden beigesetzt und nach dem papisch-poppäischen Gesetze durch Belohnungen angelockt, auf daß, wenn man die elterlichen Vorrechte ungenutzt lasse[92]), das Volk, gleichsam der gemeinsame Vater Aller, das Erledigte erhielte[93]). Aber sie griffen weiter um sich, und hatten die Stadt, Italien und was es irgendwo von Bürgern gab, schon in ihren Schlingen und die Lage Vieler war zerrüttet; und Schrecken drohte Allen, hätte nicht Tiberius, um ein Gegenmittel anzuordnen, fünf Consularen, fünf der gewesenen Prätoren und ebenso viele aus dem übrigen Senate durch das Loos gewählt, vor denen sehr viele Verwickelungen des Gesetzes aufgelöst wurden, und so für die Gegenwart eine Erleichterung geschaffen ward.

29. Um dieselbe Zeit empfahl er Nero, einen der Söhne des Germanicus, der schon in's Jünglingsalter getreten war[94]), den Vätern, und verlangte, nicht ohne Gespött der Zuhörer, daß er von der Verpflichtung, das Vigintivirat[95]) erst anzutreten, entbunden würde, und fünf Jahre früher, als nach den Gesetzen, um die Quästur anhalten dürfte. Zum Vorwand brauchte er, daß ihm und seinem Bruder auf des Augustus Bitte dasselbe zuerkannt worden sei. Aber ich zweifle nicht, daß es auch damals Manche gegeben, die über dergleichen Bitten heimlich spotteten; und doch war da im Werden erst die Hoheit der Cäsaren und mehr vor Augen noch der alte Brauch, und auch loser die Verbindung der Stiefsöhne mit dem Stiefvater, als die, welche den Großvater den Enkeln verpflichtete. Verliehen wurde ihm auch das Pontificat, und

est, congiarium plebi, admodum laetae, quod Germanici stirpem iam puberem aspiciebat. Auctum dehinc gaudium nuptiis Neronis et Iuliae, Drusi filiae. Utque haec secundo rumore, ita adversis animis acceptum, quod filio Claudii socer Seianus destinaretur. Polluisse nobilitatem familiae videbatur suspectumque iam nimiae spei Seianum ultra extulisse.

30. Fine anni concessere vita insignes viri L. Volusius et Sallustius Crispus. Volusio vetus familia neque tamen praeturam egressa; ipse consulatum intulit, censoria etiam potestate legendis equitum decuriis functus, opumque, quis domus illa immensum viguit, primus adcumulator. Crispum, equestri ortum loco, C. Sallustius, rerum Romanarum florentissimus auctor, sororis nepotem in nomen adscivit. Atque ille, quamquam prompto ad capessendos honores aditu, Maecenatem aemulatus sine dignitate senatoria multos triumphalium consulariumque potentia anteiit, diversus a veterum instituto per cultum et munditias, copiaque et affluentia luxu propior. Suberat tamen vigor animi ingentibus negotiis par, eo acrior, quo somnum et inertiam magis ostentabat. Igitur incolumi Maecenate proximus, mox praecipuus, cui secreta imperatorum innituntur, et interficiendi Postumi Agrippae conscius, aetate provecta speciem magis in amicitia principis quam vim tenuit. Idque et Maecenati acciderat, fato potentiae raro sempiternae, an satias capit aut illos, cum omnia tribuerunt, aut hos, cum iam nihil reliquum est quod cupiant.

31. Sequitur Tiberi quartus, Drusi secundus consulatus, patris atque filii collegio insignis; nam biennio ante Germanici cum Tiberio idem honor neque patruo laetus neque natura tam conexus fuerat. Eius anni principio Tiberius quasi firmandae valitudini in Campaniam concessit, longam et continuam absentiam paulatim meditans, sive ut amoto patre Drusus munia consulatus solus impleret. Ac forte parva res magnum ad certamen progressa praebuit iuveni materiem

an dem Tage, an welchem er zuerst das Forum betrat, eine Spende für das
Volk, das hocherfreut war, einen Sprößling des Germanicus schon mannbar
zu erblicken. Noch größer ward nachher die Freude durch die Vermählung
des Nero mit des Drusus Tochter Julia[96]). Und wie dieses mit Beifall, so
ward mit Mißfallen aufgenommen, daß dem Sohne des Claudius[97]) Sejanus
zum Schwäher bestimmt wurde. Damit schien er den Adel seiner Familie befleckt und den schon allzu kühner Hoffnungen verdächtigen Sejanus über Ge-
bühr erhoben zu haben.

30. Am Ende des Jahres beschlossen ihr Leben zwei ausgezeichnete Männer,
L. Volusius und Sallustius Crispus. Volusius war von alter Familie, die
jedoch nicht über die Prätur hinausgekommen war; er selbst brachte das Consulat hinein, auch censorische Gewalt bei der Wahl der Ritterdecurien[99]) hatte
er geübt und die Reichthümer, an welchen dieses Haus so ungeheuer zunahm,
zuerst angehäuft. Den Crispus, ritterlicher Abkunft, hatte als seiner Schwester
Enkel C. Sallustius, der glänzendste der römischen Historiker, seinen Namen zu
führen, an Kindesstatt angenommen. Und dieser Mann, der, ungeachtet ihm
der Weg zu Ehrenstellen offen stand, den Mäcenas nachahmte, ließ ohne die
Senatorwürde zu bekleiden, viele der Triumphatoren und der Consularen an
Einfluß hinter sich, abweichend von der Weise der Alten durch Schmuck und
Zierlichkeit, und mit seinem Reichthum und Ueberfluß in Ueppigkeit hinüber-
streifend. Doch besaß er dabei im Grunde eine Geisteskraft, die außerordent-
lichen Geschäften gewachsen, um so thätiger war, je mehr er Schläfrigkeit und
Trägheit zur Schau trug. So war er denn, so lange Mäcenas lebte, der
Nächste, dann der Erste, auf dem die Geheimnisse der beiden Kaiser ruhten,
auch Mitwisser um die Ermordung des Postumus Agrippa[100]), im höheren
Alter aber ließ ihm des Fürsten Freundschaft mehr den Schein, als die Gewalt. Und so war es auch dem Mäcenas ergangen, sei es so des Macht-
einflusses Schicksal, der selten von Dauer ist, oder ergreift Uebersättigung
entweder die Einen, wenn sie Alles verliehen haben, oder die Anderen, wenn
nichts mehr übrig ist, was sie wünschen könnten.

31. Es folgt des Tiberius viertes, des Drusus zweites Consulat, durch die
Amtsgenossenschaft von Vater und Sohn merkwürdig; denn die Gemeinschaft
eben dieser Würde zwischen Germanicus und Tiberius zwei Jahre[101]) vorher
war weder dem Oheim erfreulich noch von Natur so innig[102]) gewesen. Zu
Anfange dieses Jahres begab sich Tiberius, angeblich zur Befestigung seiner
Gesundheit, nach Campanien, seine lange und ununterbrochene Abwesenheit
allmählich in Gedanken vorbereitend[103]), oder damit Drusus nach des Vaters
Entfernung die Obliegenheiten des Consulats allein erfüllte. Und zufällig
gab eine Kleinigkeit, welche zu einem großen Streit sich entwickelte, dem Jüng-

apiscendi favoris. Domitius Corbulo, praetura functus, de L. Sulla, nobili iuvene, questus est aput senatum, quod sibi inter spectacula gladiatorum loco non decessisset. Pro Corbulone aetas, patrius mos, studia seniorum erant; contra Mamercus Scaurus et L. Arruntius aliique Sullae propinqui nitebantur. Certabantque orationibus, et memorabantur exempla maiorum, qui inventutis inreverentiam gravibus decretis notavissent, donec Drusus apta temperandis animis disseruit; et satisfactum Corbuloni per Mamercum, qui patruus simul ac vitricus Sullae et oratorum [ea] aetate uberrimus erat. Idem Corbulo plurima per Italiam itinera fraude mancipum et incuria magistratuum interrupta et impervia clamitando, exsecutionem eius negotii libens suscepit, quod haud perinde publice usui habitum quam exitiosum multis, quorum in pecuniam atque famam damnationibus et hasta saeviebat.

32. Neque multo post missis ad senatum litteris Tiberius motam rursum Africam incursu Tacfarinatis docuit, iudicioque patrum deligendum pro consule gnarum militiae, corpore validum et bello suffecturum. Quod initium Sex. Pompeius agitandi adversus Marcum Lepidum odii nanctus, ut socordem, inopem et maioribus suis dedecorum eoque etiam Asiae sorte depellendum incusavit, adverso senatu, qui Lepidum mitem magis quam ignavum, paternas ei angustias et nobilitatem sine probro actam honori quam ignominiae habendam ducebat. Igitur missus in Asiam, et de Africa decretum, ut Caesar legeret, cui mandanda foret.

33. Inter quae Severus Caecina censuit, ne quem magistratum, cui provincia obvenisset, uxor comitaretur, multum ante repetito concordem sibi coniugem et sex partus enixam, seque quae in publicum statueret, domi servavisse, cohibita intra Italiam, quamquam ipse pluris per provincias quadraginta stipendia explevisset. Haud enim frustra placitum olim, ne feminae in socios aut gentes externas traherentur: inesse mulierum comitatui quae pacem luxu, bellum formidine morentur et

linge Gelegenheit, zu Gunst zu gelangen. Der gewesene Prätor Domitius Corbulo führte über L. Sulla, einen jungen Mann von Adel, vor dem Senate Klage, daß er bei den Fechterspielen ihm nicht Platz gemacht[104]). Für Corbulo waren Alter, der Väter Sitte, die Theilnahme der älteren Personen; ihm entgegen traten Mamercus Scaurus, L. Arruntius und andere Verwandte Sulla's. Wetteifernd redete man wider einander, und führte auch Beispiele der Vorfahren an, welche Unehrerbietigkeit der Jugend durch harte Beschlüsse gerügt hätten, bis des Drusus Rede endlich zur Beruhigung der Gemüther führte; und Corbulo erhielt Genugthuung durch Mamercus, welcher Oheim zugleich und Stiefvater[105]) des Sulla und unter den Rednern dieser Zeit der begabteste war. Eben dieser Corbulo machte viel Geschrei darüber, daß die meisten Wege in Italien durch Betrug der Unternehmer und Sorglosigkeit der Beamten zerrissen und ungangbar seien, und übernahm bereitwillig die Ausführung dieses Geschäftes, was nicht in gleicher Weise zum öffentlichen Nutzen als Vielen zum Verderben gereichte, gegen deren Vermögen und Ruf er durch Verurtheilungen und Subhastation wüthete.

32. Nicht lange nachher unterrichtete Tiberius den Senat durch ein demselben übersandtes Schreiben von der abermaligen Beunruhigung Afrika's durch des Tacfarinas Einfall, und wie nach dem Ermessen der Väter ein kriegskundiger, körperlich kräftiger und dem Kriege gewachsener Mann zum Proconsul erwählt werden müsse. Damit erhielt Sextus Pompejus die erste Gelegenheit, seinen Groll gegen M. Lepidus auszulassen, indem er auf eine gehässige Weise darstellte, wie fahrlässig, ohne Mittel, seiner Vorfahren unwürdig und deshalb auch von der Anwartschaft auf Asien auszuschließen sei, wogegen sich jedoch der Senat erklärte, der den Lepidus mehr für sanft als träge, seine beschränkte Lage als vom Vater her und den fleckenlos erhaltenen Adel eher für eine Ehre, als für eine Schande ansehen zu müssen glaubte. So schickte man ihn denn nach Asien, und beschloß in Rücksicht Afrika's, daß der Cäsar den, dem man es übertragen sollte, wählen möchte.

33. Hierbei beantragte Severus Cäcina, es solle keinen Beamten, dem eine Provinz zugefallen wäre, seine Gemahlin begleiten dürfen, nachdem er weitläufig erörtert hatte, seine Gattin lebe in Einigkeit mit ihm und habe sechs Kinder ihm zur Welt gebracht; er habe, was er als allgemeines Gesetz hinstelle, in seinem Hause beobachtet, indem er jene auf Italien beschränkt habe, während er selbst in mehreren Provinzen volle vierzig Jahre gedient. Denn nicht umsonst sei vor Zeiten beschlossen worden, daß man keine Frauen in das Land von Bundesgenossen oder auswärtigen Völkern mitnehmen solle: es liege einmal im Weibergefolge etwas, was dem Frieden durch Ueppigkeit, dem Kriege durch Furchtsamkeit hinderlich sei und dem römischen Heereszuge

Romanum agmen ad similitudinem barbari incessus
convertant. Non inbecillum tantum et imparem laboribus sexum, sed, si licentia adsit, saevum, ambitiosum,
potestatis avidum; incedere inter milites, habere ad
manum centuriones; praesedisse nuper feminam exercitio cohortium, decursu legionum. Cogitarent ipsi, quotiens repetundarum aliqui arguerentur, plura uxoribus
obiectari; his statim adhaerescere deterrimum quemque
provincialium, ab his negotia suscipi, transigi; duorum
egressus coli, duo esse praetoria, pervicacibus magis et
inpotentibus mulierum iussis, quae Oppiis quondam aliisque legibus constrictae, nunc vinclis exsolutis domos,
fora, iam et exercitus regerent.

31. Paucorum haec adsensu audita; plures obturbabant, neque relatum de negotio neque Caecinam dignum tantae rei censorem. Mox Valerius Messalinus,
cui parens Messala eratque imago paternae facundiae,
respondit multa duritiae veterum [in] melius et laetius
mutata: neque enim, ut olim, adsideri urbem bellis aut
provincias hostilis esse. Et pauca feminarum neces-
sitatibus concedi, quae ne coniugum quidem penates,
adeo socios non onerent; cetera promisca cum marito,
nec ullum in eo pacis impedimentum. Bella plane ac-
cinctis obeunda; sed revertentibus post laborem quod
honestius quam uxorium levamentum? At quasdam in
ambitionem aut avaritiam prolapsas. Quid? ipsorum
magistratuum nonne plerosque variis libidinibus ob-
noxios? Non tamen ideo neminem in provinciam mitti.
Corruptos saepe pravitatibus uxorum maritos. Num
ergo omnis caelibes integros? Placuisse quondam Op-
pias leges, sic temporibus rei publicae postulantibus;
remissum aliquid postea et mitigatum, quia expedie-
rit. Frustra nostram ignaviam alia ad vocabula trans-
ferri; nam viri in eo culpam, si femina modum exce-
dat. Porro ob unius aut alterius inbecillum animum
male eripi maritis consortia rerum secundarum adver-
sarumque. Simul sexum natura invalidum deseri et
exponi suo luxu, cupidinibus alienis. Vix praesenti

das Ansehen eines Barbarentrosses gebe. Nicht schwach allein und Beschwerden nicht gewachsen sei das Geschlecht, sondern, gebe man ihm dazu Freiheit, grausam, ehrsüchtig, herrschbegierig; es zöge einher unter den Soldaten, ließe sich die Aufwartung machen von Centurionen; habe doch unlängst ein Weib[107]) bei den Uebungen der Cohorten, bei den Manövern der Legionen den Vorsitz geführt. Bedenken möchten sie nur selbst, daß, so oft Jemand wegen Erpressungen angeklagt würde, das Meiste den Frauen Schuld gegeben werde; an diese hänge sich sogleich jeder Schlechteste der Provinzbewohner, von diesen würden Geschäfte übernommen, abgemacht; man huldige zweien, wenn sie öffentlich sich zeigten, es gebe zwei Statthaltereien, und dazu seien eigensinniger und leidenschaftlicher die Befehle der Weiber, welche durch die Oppischen[107]) und andere Gesetze vordem in Schranken gehalten, jetzt der Fesseln ledig, im Hause, im Gericht, ja auch im Heere nun das Regiment in Händen hätten.

34. Von Wenigen nur ward dieses mit Beifall angehört; die Mehrzahl rief lärmend entgegen, es sei weder der Gegenstand im Vortrag gebracht[108]), noch Cäcina in einer so wichtigen Sache sich zum Richter aufzuwerfen würdig. Darauf antwortete Valerius Messalinus, der, ein Sohn des Messala, auch an die Wohlredenheit seines Vaters erinnerte: Vieles von der Härte der Alten habe eine bessere und fröhlichere Gestalt angenommen; denn nicht werde wie ehedem die Stadt von Kriegen rings umlagert, noch seien feindlich die Provinzen. Und Weniges werde den Bedürfnissen der Frauen gewährt, was nicht einmal den Penaten ihrer Ehemänner, geschweige denn den Bundesgenossen beschwerlich fiele; das Uebrige hätten sie mit dem Manne gemein, und darin läge nichts dem Frieden Hinderliches. In den Krieg dürften freilich Waffen nur Begleiter sein; aber welche Erholung sei für die Heimkehrenden nach der Beschwerde anständiger, als die an der Seite der Gattin? Einige, sage man, haben sich von Ehrgeiz oder Habsucht hinreißen lassen. Wie? Seien nicht gar viele Staatsbeamte selbst die Knechte von mancherlei Begierden? Und doch werde nun nicht deshalb keiner mehr in die Provinz gesandt. Oft wären durch ihrer Frauen Verkehrtheiten Männer verdorben worden. Seien deshalb alle Ehelosen rein? Gefallen hätten einst die Oppischen Gesetze, als so der Republik Umstände es erheischten; nachgelassen habe man nachmals Einiges und gemildert, weil es so gesromt. Umsonst gebe man unserer Schwäche fremde Namen; denn des Mannes Schuld sei es doch, wenn die Frau das Maß überschreite. Ferner wirkten mit Unrecht wegen der Geistesschwäche des Einen oder des Andern den Männern die Gefährtinnen in Glück und Unglück entrissen. Zugleich würde das von Natur schwache Geschlecht verlassen und seiner eignen Ueppigkeit und fremden Lüsten preis-

custodia manere inlaesa coniugia: quid fore, si per plures annos in modum discidii obliterentur? Sic obviam irent iis, quae alibi peccarentur, ut flagitiorum urbis meminissent. Addidit pauca Drusus de matrimonio suo; nam principibus adeunda saepius longinqua imperii. Quotiens divum Augustum in Occidentem atque Orientem meavisse comite Livia! Se quoque in Illyricum profectum et, si ita conducat, alias ad gentes iturum, haud semper aequo animo, si ab uxore carissima et tot communium liberorum parente divelleretur. Sic Caecinae sententia elusa.

35. Et proximi senatus die Tiberius per litteras, castigatis oblique patribus, quod cuncta curarum ad principem reicerent, M'. Lepidum et Iunium Blaesum nominavit, ex quis pro consule Africae legeretur. Tum audita amborum verba, intentius excusante se Lepido, cum valitudinem corporis, aetatem liberum, nubilem filiam obtenderet, intellegereturque etiam quod silebat, avunculum esse Seiani Blaesum atque eo praevalidum. Respondit Blaesus specie recusantis, sed neque eadem adseveratione, et consensu adulantium haud iutus est.

36. Exim promptum, quod multorum intimis questibus tegebatur. Incedebat enim deterrimo cuique licentia impune probra et invidiam in bonos excitandi arrepta imagine Caesaris: libertique etiam ac servi, patrono vel domino cum voces, cum manus intentarent, ultro metuebantur. Igitur C. Cestius senator disseruit, principes quidem instar deorum esse, sed neque a diis nisi iustas supplicum preces audiri, neque quemquam in Capitolium aliave urbis templa perfugere, ut eo subsidio ad flagitia utatur. Abolitas leges et funditus versas, ubi in foro, in limine curiae ab Annia Rufilla, quam fraudis sub iudice damnavisset, probra sibi et minae intendantur, neque ipse audeat ius experiri ob effigiem imperatoris oppositam. Haud dissimilia alii et quidam atrociora circumstrepebant, precabanturque

gegeben. Kaum bei persönlicher Hut blieben unverletzt die Ehen: was würde geschehen, wenn sie mehrere Jahre lang wie in Scheidung vergessen würden? So vielmehr möchten sie dem, was anderswo gesündigt würde, zu begegnen suchen, daß sie der Frevel Roms gedächten. Dem fügte Drusus noch über seine Ehe Einiges bei, wie die Fürsten nämlich öfter entfernte Gegenden des Reiches zu besuchen hätten. Wie oft sei Divus Augustus nach dem Abend- und Morgenlande gezogen in Livia's Begleitung! Auch er sei nach Illyricum gereist und werde, wenn es so dienlich sein sollte, noch zu andern Völkern sich begeben, doch nicht immer ruhigen Herzens, wenn er von seiner theuersten Gattin und so vieler[100]) gemeinschaftlicher Kinder Mutter sich losreißen müßte. So wurde Cäcina's Antrag vereitelt.

35. Am Tage der nächsten Senatsversammlung nannte Tiberius in einem Schreiben, nachdem er darin den Vätern einen versteckten Verweis gegeben, daß sie alle Sorgen an den Fürsten verwiesen, den Manius Lepidus und Junius Bläsus, daß einer von ihnen zum Proconsul von Afrika erwählt werden sollte. Hierauf hörte man die Erklärungen beider an, wobei Lepidus sich ernstlicher entschuldigte, indem er seine Körperschwäche, die Jugend seiner Söhne, die Mannbarkeit seiner Tochter[110]) vorschützte, und man auch gar wohl verstand, was er verschwieg, daß Bläsus des Sejanus Oheim sei und deshalb den Vorrang habe. Bläsus antwortete scheinbar ablehnend, aber nicht mit derselben Ernstlichkeit, auch ward er dabei[111]) nicht durch die Einhelligkeit der Schmeichler irgend unterstützt.

36. Hierauf kam etwas zur Sprache, was tief in ihrer Seele Vielen schon geheimer Klage Gegenstand gewesen war. Es nahmen sich nämlich die Nichtswürdigsten heraus, ungestraft Schimpf und Mißgunst gegen Rechtschaffene zu erweden, wofern sie nur des Cäsars Bildniß eilight ergriffen; fürchteten nun doch sogar Freigelassene und Sklaven, wenn sie ihrem Patron oder ihrem Herrn mit Worten, ja mit Fäusten drohten. Daher sprach denn C. Cestius, der Senator, Fürsten seien zwar der Götter Ebenbilder, aber auch von den Göttern würden nur wenn sie gerecht, der Schutzflehenden Bitten erhört, und Niemand nehme zum Capitolium oder zu andern Tempeln der Stadt seine Zuflucht, um sich dieses Schutzortes zu Schandthaten zu bedienen. Aufgehoben und gänzlich umgestoßen seien die Gesetze, wenn auf dem Forum, an der Schwelle der Curie von einer Anula Rufilla, die er wegen Betrugs vor dem Richter zur Strafe gezogen, Schimpfreden und Drohungen gegen ihn ausgestoßen würden, und er selbst nicht wagen dürfe, den Rechtsgang zu versuchen des ihm entgegengehaltenen Imperatorbildes wegen. Nicht Unähnliches und zum Theil noch Entsetzlicheres ließen Andere laut umher vernehmen und drangen mit

Drusum, daret ultionis exemplum, donec accitam convictamque attineri publica custodia iussit.

37. Et Considius Aequus et Caelius Cursor, equites Romani, quod fictis maiestatis criminibus Magium Caecilianum praetorem petivissent, auctore principe ac decreto senatus puniti. Utrumque in laudem Drusi trahebatur: ab eo in urbe, inter coetus et sermones hominum obversante, secreta patris mitigari. Neque luxus in iuvene adeo displicebat: huc potius intenderet, diem aedificationibus, noctem conviviis traheret, quam solus et nullis voluptatibus avocatus maestam vigilantiam et malas curas exerceret.

38. Non enim Tiberius, non accusatores fatiscebant. Et Ancharius Priscus Caesium Cordum, pro consule Cretae, postulaverat repetundis, addito maiestatis crimine, quod tum omnium accusationum complementum erat. Caesar Antistium Veterem, e primoribus Macedoniae, absolutum adulterii increpitis iudicibus ad dicendam maiestatis causam retraxit, ut turbidum et Rhescuporidis consiliis permixtum, qua tempestate Cotye [fratre] interfecto bellum adversus nos volverat. Igitur aqua et igni interdictum reo, adpositumque, ut teneretur insula neque Macedoniae neque Thraeciae opportuna. Nam Thraecia diviso imperio in Rhoemetalcen et liberos Cotyis, quis ob infantiam tutor erat Trebellienus Rufus, insolentia nostri discors agebat neque minus Rhoemetalcen quam Trebellienum incusans popularium iniurias inultas sinere. Coelaletae Odrusaeque et Dii, validae nationes, arma cepere, ducibus diversis et paribus inter se per ignobilitatem; quae causa fuit, ne in bellum atrox coalescerent. Pars turbant praesentia, alii montem Haemum transgrediuntur, ut remotos populos concirent; plurimi ac maxime compositi regem urbemque Philippopolim, a Macedone Philippo sitam, circumsidunt.

39. Quae ubi cognita P. Vellaeo — is proximum exercitum praesidebat —, alarios equites ac levis cohortium mittit in eos, qui praedabundi aut adsumendis auxiliis vagabantur, ipse robur peditum ad exsolvendum obsidium

Bitten in Drusus, ein Strafexempel doch zu geben, bis er sie vorführen und, als sie überführt war, in öffentlichen Gewahrsam bringen ließ.

37. Auch Considius Aequus und Cälius Cursor, römische Ritter, wurden, weil sie mit erdichteten Majestätsverbrechen den Prätor Magius Cäcilianus angegriffen hatten, auf Antrag des Fürsten und nach einem Beschlusse des Senats bestraft. Beides ward dem Drusus zum Lobe angerechnet: von ihm, der in der Stadt, theilnehmend an Versammlungen und Gesprächen der Leute, frei sich zeige, werde des Vaters einsames Treiben gemildert. Selbst die Verschwendung mißfiel nicht eben an dem Jünglinge: möchte er immer lieber richten seinen Sinn darauf, den Tag mit Bauunternehmungen, die Nacht mit Gelagen hinzubringen, als einsam und durch keine Vergnügungen abgelenkt finsterer Wachsamkeit und argen Sorgen nachhangen.

38. Denn nicht rastete Tiberius, nicht die Ankläger. So hatte Ancharius Priscus den Proconsul Creta's, Cäsius Cordus wegen Erpressungen belangt und auch verletzter Majestät ihn noch beschuldigt, was damals aller Anklagen Ergänzung war. Der Cäsar zog den Autistius Vetus, einen der Großen Macedoniens, der freigesprochen war vom Ehebruch, nach einem den Richtern gegebenen Verweise, ob eines Majestätsverbrechens von Neuem zur Verantwortung als einen Friedensstörer und Theilhaber an des Rhescuporis Anschlägen, zu der Zeit, als dieser nach Ermordung des Cotys Krieg gegen uns im Sinne hatte. Es ward daher dem Angeklagten Wasser und Feuer untersagt und beigefügt, er solle festgehalten werden auf einer Insel, die weder mit Macedonien noch mit Thrazien in Berührung stände. Denn Thrazien war seit der Theilung der Herrschaft zwischen Rhömetalces und den Kindern des Cotys, denen wegen ihrer Unmündigkeit zum Vormund Trebellienus Rufus war gegeben worden, weil es an uns sich nicht gewöhnen konnte, in Aufstand, und zwar nicht minder den Rhömetalces als den Trebellienus beschuldigend, daß sie die den Eingeborenen zugefügten Unbilden unbestraft ließen. Die Coelaleten, Obrusen und Dier[112]), mächtige Völkerschaften, griffen zu den Waffen, unter verschiedenen und nur an geringem Ansehen einander gleichen Anführern, was die Ursache war, daß sie sich nicht zu einem furchtbaren Kriege einigten. Ein Theil erregt Unruhen an Ort und Stelle, Andere gehen über den Hämus, um entfernte Völker aufzuwiegeln; die Meisten und am besten Geordneten umlagern den König und die vom Macedonier Philippus gegründete Stadt Philippopolis[113]).

39. Als dieses P. Velläus, Befehlshaber des zunächst stehenden Heeres[114]), erfuhr, sandte er die bundesgenössische Reiterei und leichtbewaffnete Cohorten gegen die, welche plündernd oder um Verstärkung an sich zu ziehen, umherschwärmten; er selbst führte den Kern des Fußvolks zum Entsatze der Be-

ducit. Simulque cuncta prospere acta, caesis populatoribus et dissensione orta apud obsidentes regisque opportuna eruptione et adventu legionis. Neque aciem aut proelium dici decuerit, in quo semermi ac palantes trucidati sunt sine nostro sanguine.

40. Eodem anno Galliarum civitates ob magnitudinem aeris alieni rebellionem coeptavere, cuius exstimulator acerrimus inter Treveros Iulius Florus, aput Aeduos Iulius Sacrovir. Nobilitas ambobus et maiorum bona facta, eoque Romana civitas olim data, cum id rarum nec nisi virtuti pretium esset. Ii secretis conloquiis, ferocissimo quoque adsumpto aut quibus ob egestatem ac metum ex flagitiis maxima peccandi necessitudo, compouunt Florus Belgas, Sacrovir propiores Gallos concire. Igitur per conciliabula et coetus seditiosa disserebant de continuatione tributorum, gravitate faenoris, saevitia ac superbia praesidentium; et discordare militem audito Germanici exitio; egregium resumendae libertati tempus, si ipsi florentes, quam inops Italia, quam inbellis urbana plebes, nihil validum in exercitibus nisi quod externum, cogitarent.

41. Haud fermo ulla civitas intacta seminibus eius motus fuit; sed erupere primi Andecavi ac Turoni. Quorum Andecavos Acilius Aviola legatus, excita cohorte quae Lugduni praesidium agitabat, coercuit; Turoni legionario milite, quem Visellius Varro, inferioris Germaniae legatus, miserat, oppressi eodem Aviola duce et quibusdam Galliarum primoribus, qui tulere auxilium, quo dissimularent defectionem magisque in tempore efferrent. Spectatus et Sacrovir intecto capite pugnam pro Romanis ciens, ostentandae, ut ferebat, virtutis; sed captivi, ne incesseretur telis, adgnoscendum se praebuisse arguebant. Consultus super eo Tiberius aspernatus est indicium aluitque dubitatione bellum.

42. Interim Florus insistere destinatis, pellicere alam equitum, quae conscripta e Treveris militia disciplinaque nostra habebatur, ut caesis negotiatoribus Romanis bellum inciperet; paucique equitum corrupti, plures in officio mansere. Aliud vulgus obaeratorum

lagerten. Und gleichzeitig glückte Alles insgesammt, indem man niederhieb die Plündernden, Zwietracht entstand bei den Belagerern und ein Ausfall des Königs mit der Ankunft der Legion glücklich zusammentraf. Und nicht wol dürfte hier von Schlacht oder Treffen geredet werden, wo Halbbewaffnete und Umherirrende hingemordet wurden ohne Blut von unserer Seite.

40. In demselben Jahre begannen Galliens Staaten ob der Größe ihrer Schulden einen Aufruhr, dessen eifrigster Anstifter unter den Treverern[115] Julius Florus, bei den Aeduern Julius Sacrovir war. Edle Abkunft und verdiente Vorfahren hatten beide, weshalb man ihnen einst[116] das römische Bürgerrecht ertheilt, als dieses noch etwas Seltenes und nur des Verdienstes Lohn war. Diese kommen in geheimen Unterredungen, unter Zuziehung der Verwegensten oder solcher, welche von ihrer Armuth und von Furcht ob ihrer Verbrechen am meisten zu Vergehen sich gedrungen fühlten, dahin überein, es solle Florus die Belgier, Sacrovir die näher wohnenden[117] Gallier aufwiegeln. So führten sie an Versammlungsorten und in Gesellschaften aufrührerische Reden über die kein Ende nehmenden Abgaben, den Druck des Wuchers, die Grausamkeit und den Uebermuth der Statthalter; auch seien in Aufruhr die Soldaten wegen der Nachricht von dem Ende des Germanicus; eine treffliche Zeit, die Freiheit wieder zu erlangen, wenn sie, selbst in voller Kraft, bedächten, wie hilflos sei Italien, wie unkriegerisch das Volk der Stadt, einzig und allein auf Ausländern die Stärke der Heere beruhe.

41. Nicht leicht blieb irgend ein Staat unberührt vom Geiste der so ausgesäeten Zwietracht; zum Ausbruch ließen es jedoch zuerst die Andecaver und Turoner[118] kommen. Von diesen hielt die Andecaver der Legat Acilius Aviola durch Aufgebot der Cohorte, die zu Lugdunum[119] als Besatzung lag, in Schranken; die Turoner wurden durch Legionssoldaten, welche Visellius Varro, der Legat des unteren Germaniens, gesandt hatte, unter Anführung eben jenes Aviola und einiger Großen Galliens bezwungen, welche Hilfe leisteten, um damit ihren Abfall zu verstecken und zu gelegenerer Zeit ihn auszuführen. Ja mit unbedecktem Haupte sah man den Sacrovir für die Römer den Kampf eröffnen, um, wie er sagte, seinen Muth zu zeigen; aber Gefangene beschuldigten ihn, er habe, damit auf ihn nicht geschossen würde, kenntlich sich gemacht. Als man seinetwegen Tiberius befragte, achtete er der Anzeige nicht und nährte so durch Unschlüssigkeit den Krieg.

42. Inzwischen verfolgt Florus seinen Plan, und sucht eine Reiterabtheilung, welche, unter den Treverern ausgehoben, nach unsrer Art in Dienst und Zucht gehalten ward, zur Ermordung der römischen Handelsleute[120] und so zum Beginn des Krieges zu verleiten; und einige wenige Reiter ließen sich verführen, die Mehrzahl blieb in ihrer Pflicht. Die Andern dagegen, der

aut clientium arma cepit, petebantque saltus, quibus nomen Arduenna, cum legiones utroque ab exercitu, quas Visellius et C. Silius adversis itineribus obiecerant, arcuerunt. Praemissusque cum delecta manu Iulius Indus e civitate eadem, discors Floro et ob id navandae operae avidior, inconditam multitudinem adhuc disiecit. Florus incertis latebris victores frustratus, postremo visis militibus, qui effugia insederant, sua manu cecidit. Isque Treverici tumultus finis.

43. Apud Aeduos maior moles exorta, quanto civitas opulentior et comprimendi procul praesidium. Augustodunum, caput gentis, armatis cohortibus Sacrovir occupaverat ac nobilissimam Galliarum subolem, liberalibus studiis ibi operatam, ut eo pignore parentes propinquosque eorum adiungeret. Simul arma occulte fabricata iuventuti dispertit. Quadraginta milia fuere, quinta sui parte legionariis armis, ceteri cum venabulis et cultris quaeque alia venantibus tela sunt. Adduntur e servitiis gladiaturae destinati, quibus more gentico continuum ferri tegimen: cruppellarios vocant, inferendis ictibus inhabiles, accipiendis inpenetrabiles. Augebantur eae copiae vicinarum civitatum ut nondum aperta consensione, ita viritim promptis studiis, et certamine ducum Romanorum, quos inter ambigebatur utroque bellum sibi poscente. Mox Varro invalidus senecta vigenti Silio concessit.

44. At Romae non Treveros modo et Aeduos, sed quattuor et sexaginta Galliarum civitates descivisse, adsumptos in societatem Germanos, dubias Hispanias, cuncta, ut mos famae, in maius credita. Optumus quisque rei publicae cura maerebat; multi odio praesentium et cupidine mutationis suis quoque periculis laetabantur increpabantque Tiberium, quod in tanto rerum motu libellis accusatorum insumeret operam. An et Sacrovirum maiestatis crimine reum in senatu fore? Extitisse tandem viros, qui cruentas epistulas armis cohiberent. Miseram pacem vel bello bene mutari. Tanto inpensius in securitatem compositus, neque loco neque vultu mutato, sed, ut solitum, per illos dies

große Haufe der Verschuldeten oder Hörigen, ergriffen die Waffen, und zogen dem Waldgebirge zu, das Arbuenna[121] heißt, als von beiden Heeren die Legionen, welche Bisellius und C. Silius auf entgegengesetzten Wegen vorgeschoben hatten, sie zurückhielten. Vorausgesandt ward mit auserlesener Mannschaft Julius Indus, ein Landsmann des Florus, aber in Zwist mit ihm und deshalb um so eifriger bemüht, uns beizustehen, welcher die noch ungeordnete Menge auseinanderjagte. Florus, der durch Wechsel des Verstecks die Sieger getäuscht, fiel zuletzt beim Anblick der Soldaten, welche die Ausgänge besetzt hatten, durch eigene Hand. Damit endete der Treverer Empörung.

43. Bei den Aeduern gab es um so größere Arbeit, je mächtiger ihr Staat war und je entfernter, sie niederzuhalten, eine Heeresmacht. Augustobunum's[122], der Hauptstadt des Volkes, hatte mit bewaffneten Cohorten Sacrovir sich bemächtigt und mit demselben des vornehmsten jungen Adels von Gallien, der dort wissenschaftlichen Studien oblag, um durch dieses Pfand die Eltern und Verwandten desselben an sich zu fesseln. Zugleich theilt er heimlich verfertigte Waffen unter die Jugend aus. Es waren ihrer vierzigtausend, zum fünften Theil mit Legionarwaffen, die Uebrigen mit Jagdspießen und Weidmessern und was Jäger sonst noch als Gewehr gebrauchen. Beigesellt werden ihnen die zu Fechterspielen bestimmten Sklaven, welche nach Landessitte eine ganz eiserne Rüstung tragen: Cruppellarier nennt man sie, Andere zu verwunden ungeschickt, selbst unverwundbar. Es vermehrte sich diese Macht noch, wenn nicht durch offenen Beitritt der Nachbarstaaten, so doch durch eifrige Bereitwilligkeit der Einzelnen, sowie durch den Zwist der römischen Feldherrn, zwischen denen man unschlüssig schwankte, da beide die Führung des Krieges für sich in Anspruch nahmen. Endlich überließ sie der altersschwache Varro dem rüstigen Silius.

44. Aber zu Rom wurde nicht nur daß die Treverer und Aeduer, sondern die vierundsechzig[123] Völkerschaften Galliens abgefallen seien, man die Germanen in den Bund gezogen habe, Spanien wanke, dieses Alles, wie es bei Gerüchten zu geschehen pflegt, in seiner Uebertreibung für wahr genommen. Jeder Gutgesinnte war in Bekümmerniß aus Sorge um den Staat; Viele freuten sich sogar aus Unzufriedenheit mit der Gegenwart und aus Verlangen nach einer Veränderung der eigenen Gefahr und schalten auf Tiberius, daß er in solcher Gährung des Staates sich mit den Klagschriften der Angeber befasse. Ob etwa auch Sacrovir vor dem Senate des Majestätsverbrechens angeschuldigt werden solle? Nun endlich seien Männer aufgetreten, die den Blutbefehlen mit den Waffen Einhalt thäten. Gegen einen jammervollen Frieden sei Krieg sogar ein guter Tausch. Desto geflissentlicher Sorglosigkeit erkünstelnd, brachte er, ohne Aufenthalt noch Miene zu verändern, sondern auf gewohnte Weise, diese Tage zu, war es die Tiefe seiner Verschlossenheit, oder hatte er

Tacitus. I.   14

egit, altitudine animi, an conpererat modica esse et vulgatis leviora.

45. Interim Silius cum legionibus duabus incedens, praemissa auxiliari manu vastat Sequanorum pagos, qui finium extremi et Aeduis contermini sociique in armis erant. Mox Augustodunum petit propero agmine, certantibus inter se signiferis, fremente etiam gregario milite, ne suetam requiem, ne spatia noctium opperiretur: viderent modo adversos et aspicerentur; id satis ad victoriam. Duodecimum apud lapidem Sacrovir copiaeque patentibus locis apparuere. In fronte statuerat ferratos, in cornibus cohortes, a tergo semermos. Ipse inter primores equo insigni adire, memorare veteres Gallorum glorias, quaeque Romanis adversa intulissent; quam decora victoribus libertas, quanto intolerantior servitus iterum victis.

46. Non diu haec nec apud laetos; etenim propinquabat legionum acies, inconditique ac militiae nescii oppidani neque oculis neque auribus satis conpetebant. Contra Silius, etsi praesumpta spes hortandi causas exemerat, clamitabat tamen, pudendum ipsis, quod Germaniarum victores adversum Gallos tamquam in hostem ducerentur. "Una nuper cohors rebellem Turonum, una ala Treverum, paucae huius ipsius exercitus turmae profligavere Sequanos. Quanto pecunia dites et voluptatibus opulentos, tanto magis inbelles Aeduos evincite et fugientibus consulite." Ingens ad ea clamor, et circumfudit eques frontemque pedites invasere. Nec cunctatum apud latera. Paulum morae attulere ferrati restantibus lamminis adversum pila et gladios; set miles correptis securibus et dolabris, ut si murum perrumperet, caedere tegmina et corpora; quidam trudibus aut furcis inertem molem prosternere, incentesque, nullo ad resurgendum nisu, quasi exanimes linquebantur. Sacrovir primo Augustodunum, dein metu deditionis in villam propinquam cum fidissimis pergit. Illic sua manu, reliqui mutuis ictibus occidere; incensa super villa omnes cremavit.

47. Tum demum Tiberius ortum patratumque bellum

erfahren, daß die Sache nicht von Belang sei und unbedeutender, als man sie machte.

45. Indeß verwüstet Silius, mit zwei Legionen heranrückend, denen er eine Schaar Hilfsvölker vorausgeschickt hatte, die Gaue der Sequaner[124]), welche an der äußersten Grenze und den Aeduern benachbart und verbündet unter den Waffen standen. Dann geht er im Eilmarsch auf Augustodunum los, indem die Fahnenträger unter sich in der Eile wetteiferten, selbst der gemeine Krieger laut verlangte, daß er nicht die gewohnte Rast, nicht der Nächte Ruhestunden abwarte: nur sehen wollten sie die Gegner und gesehen werden; das sei genug zum Siege. Beim zwölften Meilensteine zeigte sich auf offenem Felde Sacrovir mit seinen Truppen. Vorn hatte er die Gepanzerten aufgestellt, auf den Flügeln die Cohorten, im Hintertreffen die Halbbewaffneten. Er selbst, von den Häuptlingen umgeben, reitet auf stattlichem Rosse an sie heran, erinnert an den alten Ruhm der Gallier und an all das Misgeschick, das sie den Römern schon gebracht; wie glorreich für die Sieger die Freiheit, wieviel unerträglicher die Knechtschaft sei für abermals Besiegte.

46. Nicht lange führte er solche Rede, noch vor Freudigen; denn es nahte die Schlachtreihe der Legionen, und das ungeordnete sowie des Kriegsdienstes unkundige Stadtvolk war kaum des Eindrucks mächtig, welchen es durch Auge und Ohr empfing. Silius dagegen, obwohl die vorgefaßte Siegeshoffnung zu Ermahnungen den Anlaß ihm genommen, rief dennoch laut, ein Schimpf sei es, daß sie, Germaniens Besieger, gegen Gallier wie gegen einen Feind sich sollten führen lassen. „Eine Cohorte hat neulich die rebellischen Turonen, Ein Reitertrupp die Treverer, es haben wenige Turmen eben dieses Heeres die Sequaner geschlagen. Je reicher die Aeduer an Geld und je mehr sie in Wollust schwelgen, als desto feigere Krieger stellet sie dar, und schonet die Fliehenden." Gewaltiger Schlachtruf war die Antwort, und in den Rücken warfen sich die Reiter, das Fußvolk griff die Fronte an. Auch auf den Flügeln gab's keinen Aufenthalt. Einigen Verzug verursachten die Gepanzerten, da das Eisenblech den Speeren und den Schwertern widerstand. Aber der Soldat griff nach Beilen und Aexten, als wollte eine Mauer er durchbrechen, und zerhieb die Panzer sammt dem Leibe; einige streckten mit Stangen oder Gabeln die unbeholfene Masse nieder, und die Liegenden, ohne irgend einen Ansatz sich wieder aufzurichten, wurden wie entseelt auf dem Platze gelassen. Sacrovir begiebt sich zuerst nach Augustodunum, dann aus Furcht vor Auslieferung mit den Getreuesten in ein nahes Landhaus. Hier fiel er durch eigene Hand, die Uebrigen durch wechselseitigen Todesstoß; der Brand des über ihnen angesteckten Landhauses verzehrte alle.

47. Nun erst schrieb Tiberius dem Senate, daß begonnen und beendet sei

senatu scripsit, neque dempsit aut addidit vero, sed fide ac virtute legatos, se consiliis superfuisse. Simul causas, cur non ipse, non Drusus profecti ad id bellum forent, adiunxit, magnitudinem imperii extollens, neque decorum principibus, si una alterave civitas turbet, omissa urbe, unde in omnia regimen. Nunc quia non metu ducatur, iturum, ut praesentia spectaret componeretque. Decrevere patres vota pro reditu eius supplicationesque et alia decora. Solus Dolabella Cornelius, dum anteire ceteros parat, absurdam in adulationem progressus censuit, ut ovans e Campania urbem introiret. Igitur secutae Caesaris litterae, quibus se non tam vacuum gloria praedicabat, ut post ferocissimas gentes perdomitas, tot receptos in iuventa aut spretos triumphos, iam senior peregrinationis suburbanae inane praemium peteret.

48. Sub idem tempus, ut mors Sulpicii Quirini publicis exsequiis frequentaretur, petivit a senatu. Nihil ad veterem et patriciam Sulpiciorum familiam Quirinius pertinuit, ortus aput municipium Lanuvium; sed impiger militiae et acribus ministeriis consulatum sub divo Augusto, mox expugnatis per Ciliciam Homonadensium castellis insignia triumphi adeptus, datusque rector C. Caesari Armeniam optinenti Tiberium quoque Rhodi agentem coluerat. Quod tunc patefecit in senatu, laudatis in se officiis et incusato M. Lollio, quem auctorem C. Caesari pravitatis et discordiarum arguebat. Sed ceteris haut laeta memoria Quirini erat ob intenta, ut memoravi, Lepidae pericula sordidamque et praepotentem senectam.

49. Fine anni Lutorium Priscum, equitem Romanum, post celebre carmen, quo Germanici suprema defleverat, pecunia donatum a Caesare, corripuit delator, obiectans aegro Druso composuisse, quod, si extinctus foret, maiore praemio vulgaretur. Id Lutorius in domo P. Petronii, socru eius Vitellia coram multisque inlustribus feminis, per vaniloquentiam legerat. Ut delator extitit, ceteris ad dicendum testimonium

der Krieg, und nichts nahm, noch setzte er der Wahrheit hinzu, sondern daß durch Treue und Tapferkeit die Legaten, er durch seine Maßregeln die Oberhand gewonnen. Zugleich fügte er die Gründe bei, warum nicht er, nicht Drusus aufgebrochen sei zu diesem Kriege, indem er des Reiches Größe hervorhob, und wie sich das für Fürsten nicht zieme, wenn eine oder zwei Völkerschaften sich empören, und dabei die Stadt zu verlassen, von welcher aus die Herrschaft über Alles sich erstrecke. Jetzt, da keine Furcht ihn mehr bestimme, wolle er gehen, um den Stand der Dinge in Augenschein zu nehmen und zu ordnen. Es beschlossen die Väter Gelübde für seine Rückkehr, Betfeste und anderes Schickliche. Allein Dolabella Cornelius, indem er es den Uebrigen zuvorthun wollte, schritt zu abgeschmackter Schmeichelei vor und beantragte, daß er im kleinen Triumph aus Campanien in die Stadt einziehen solle. Darauf erfolgte denn ein Schreiben des Cäsars, worin er erklärte, er sei doch nicht so von Ruhm entblößt, daß er nach Bändigung der wildesten Völker, nach so vielen in seiner Jugend angenommenen oder ausgeschlagenen Triumphen, nun im höheren Alter für eine Wanderung in der Nähe der Stadt eine nichtssagende Belohnung wünschen sollte.

48. Um dieselbe Zeit verlangte er vom Senate, daß der Tod des Sulpicius Quirinius mit öffentlichem Leichenbegängniß gefeiert würde. Durchaus nicht gehörte Quirinius zur alten und patricischen Familie der Sulpicier, da er aus der Freistadt Lanuvium[125]) gebürtig war; aber als ein unverdrossener Kriegsmann und durch eifrige Dienstthätigkeit hatte er unter Divus Augustus das Consulat, darauf nach Eroberung der Castelle der Homonadenser[126]) in Cilicien die Triumphinsignien erlangt und obwohl dem C. Cäsar[127]), als dieser Armenien erhielt, zum Führer gegeben, doch auch dem Tiberius während seines Aufenthalts auf Rhodus Ehre erwiesen. Dieses brachte er jetzt im Senate zur Sprache, indem er die ihm geleisteten Dienste lobend erwähnte und den M. Lollius[128]) anklagte, dem er Schuld gab, den C. Cäsar zur Verkehrtheit und Zwietracht verleitet zu haben. Den Uebrigen jedoch war des Quirinius Andenken nicht erfreulich, wegen der Gefahren, die er, wie ich angeführt[129]), der Lepida bereitet hatte, und wegen seines schmutzigen und zu einflußreichen Alters.

49. Am Ende des Jahres belangte ein Angeber den römischen Ritter Lutorius Priscus, der nach einem berühmten Gedicht, worin er des Germanicus Tod betrauert hatte, vom Cäsar mit Geld beschenkt worden war, indem er ihm vorwarf, er habe dasselbe während der Krankheit des Drusus verfertigt, um es, wenn er gestorben wäre, für noch größere Belohnung bekannt zu machen. Dieses hatte Lutorius im Hause des P. Petronius vor dessen Schwiegermutter Vitellia und vielen vornehmen Frauen aus Ruhmredigkeit vorgelesen. Als der Angeber auftrat und die Uebrigen im Schreck zur Ablegung

exterritis, sola Vitellia nihil se audivisse adseveravit. Sed arguentibus ad perniciem plus fidei fuit, sententiaque Haterii Agrippae, consulis designati, indictum reo ultimum supplicium.

50. Contra M'. Lepidus in hunc modum exorsus est: "Si, patres conscripti, unum id spectamus, quam nefaria voce Lutorius Priscus mentem suam et aures hominum polluerit, neque carcer neque laqueus, ne serviles quidem cruciatus in eum suffecerint. Sin flagitia et facinora sine modo sunt, suppliciis ac remediis principis moderatio maiorumque et vestra exempla temperant, et vana a sceleatis, dicta a maleficiis differunt; est locus sententiae, per quam neque huic delictum impune sit et nos clementiae simul ac severitatis non paenitent. Saepe audivi principem nostrum conquerentem, si quis sumpta morte misericordiam eius praevenisset. Vita Lutorii in integro est, qui neque servatus in periculum rei publicae neque interfectus in exemplum ibit. Studia illi, ut plena vaecordiae, ita inania et fluxa sunt; nec quicquam grave ac serium ex eo motum, qui suorum ipse flagitiorum proditor non virorum animis, sed mulierum adrepit. Cedat tamen urbe et bonis amissis aqua et igni arceatur: quod perinde censeo, ac si lege maiestatis teneretur."

51. Solus Lepido Rubellius Blandus e consularibus adsensit; ceteri sententiam Agrippae secuti, ductusque in carcerem Priscus ac statim exanimatus. Id Tiberius solitis sibi ambagibus apud senatum incusavit, cum extolleret pietatem quamvis modicas principis iniurias acriter ulciscentium, deprecaretur tam praecipitis verborum poenas, laudaret Lepidum, neque Agrippam argueret. Igitur factum senatus consultum, ne decreta patrum ante diem decimum ad aerarium deferrentur idque vitae spatium damnatis prorogaretur. Sed non senatui libertas ad paenitendum erat, neque Tiberius intericetu temporis mitigabatur.

52. C. Sulpicius D. Haterius consules sequuntur, inturbidus externis rebus annus, domi suspecta severitate adversum luxum, qui immensum proruperat ad cuncta, quis pecunia prodigitur. Sed alia sumptuum, quamvis

des Zeugnisses sich bewegen ließen, versicherte die einzige Vitellia, sie habe nichts gehört. Doch fanden die Beschuldigenden mehr Glauben zum Verderben, und auf Antrag des resignirten Consuls Haterius Agrippa ward dem Angeklagten die Todesstrafe zuerkannt.

50. Dagegen begann Manius Lepidus in folgender Weise: „Wenn wir, versammelte Väter, einzig darauf sehen, mit wie ruchloser Rede Lutorius Priscus sich selbst in seiner Seele und Aller Ohren verletzt hat, so dürfte weder Kerker noch Strick[130]), ja nicht einmal Sklavenmartern gegen ihn genügen. Sind dagegen Schandthaten und Frevel ohne Maß, setzt den Strafen und Züchtigungsmitteln des Fürsten Mäßigung und der Vorfahren und euer eigenes Beispiel Grenzen, und findet zwischen eitlem Thun und Ruchlosigkeit, zwischen Worten und Missethaten ein Unterschied Statt; so ist noch ein Urtheil möglich, nach welchem diesem sein Vergehen nicht ungestraft bleibt und wir Milde und Strenge zugleich nicht zu bereuen brauchen. Oft habe ich unsern Fürsten es beklagen gehört, wenn Jemand durch Selbstentleibung seinem Mitleid zuvorgekommen war. Gegen das Leben des Lutorius ist noch nichts geschehen, dessen Rettung nicht staatsgefährlich, dessen Hinrichtung nicht zur Warnung dienen wird. Sein Streben ist, wie wahnsinnsvoll, so in sich leer und von vorübergehendem Erfolge; auch dürfte man wol nichts Erhebliches und Ernsthaftes von dem zu fürchten haben, der, seiner Schandthaten eigener Verräther, nicht Männer, sondern schwache Weiberherzen beschleicht. Doch weiche er aus der Stadt, und werde nach Verlust der Güter Wasser und Feuer ihm untersagt: und dafür stimme ich in derselben Weise, als wäre er nach dem Majestätsgesetze schuldig befunden worden."

51. Allein Rubellius Blandus, der Consularen einer, stimmte dem Lepidus bei; die Uebrigen folgten der Meinung des Agrippa, und so ward Priscus abgeführt in das Gefängniß und sogleich getödtet. Dieses rügte Tiberius vor dem Senat mit den ihm gewohnten Umschweifen, indem er die Pflichttreue derer heraushob, die selbst unbedeutende Kränkungen des Fürsten streng ahndeten, gegen so voreilige Bestrafung bloßer Reden Einsprache that, den Lepidus lobte, den Agrippa jedoch nicht tadelte. So ward denn ein Senatsbeschluß gefaßt, es sollten die Beschlüsse der Väter nicht vor dem zehnten Tage[131]) ins Aerarium gebracht, und so lange das Leben den Verurtheilten gefristet werden. Doch weder der Senat erhielt damit zur Reue Freiheit, noch ließ Tiberius sich durch die Zwischenzeit besänftigen.

52. Es folgen die Consuln C. Sulpicius und D. Haterius, ein Jahr, welches, bei ungestörter äußerlicher Ruhe, im Innern Verdacht erregte durch Strenge wider den Luxus, der zu jeder Art von Geldverschwendung ins Unermeßliche gestiegen war. Doch anderweitiger Aufwand, obwohl gerade der

graviora, dissimulatis plerumque pretiis occultabantur; ventris et ganeae paratus adsiduis sermonibus vulgati fecerant curam, ne princeps antiquae parsimoniae durius adverteret. Nam incipiente C. Bibulo ceteri quoque aediles disseruerant, sperni sumptuariam legem vetitaque utensilium pretia augeri in dies nec mediocribus remediis sisti posse, et consulti patres integrum id negotium ad principem distulerant. Sed Tiberius saepe apud se pensitato, an coerceri tam profusae cupidines possent, num coercitio plus damni in rem publicam ferret, quam indecorum adtrectare quod non obtineret vel retentum ignominiam et infamiam virorum inlustrium posceret, postremo litteras ad senatum composuit, quarum sententia in hunc modum fuit.

53. "Ceteris forsitan in rebus, patres conscripti, magis expediat me coram interrogari et dicere, quid e re publica censeam; in hac relatione subtrahi oculos meos melius fuit, ne denotantibus vobis ora ac metum singulorum, qui pudendi luxus arguerentur, ipse etiam viderem eos ac velut deprenderem. Quodsi mecum ante viri strenui, aediles, consilium habuissent, nescio, an suasurus fuerim omittere potius praevalida et adulta vitia quam hoc adsequi, ut palam fieret, quibus flagitiis impares essemus. Sed illi quidem officio functi sunt, ut ceteros quoque magistratus sua munia implere velim; mihi autem neque honestum silere neque proloqui expeditum, quia non aedilis aut praetoris aut consulis partis sustineo. Maius aliquid et excelsius a principe postulatur; et cum recte factorum sibi quisque gratiam trahant, unius invidia ab omnibus peccatur. Quid enim primum prohibere et priscum ad morem recidere adgrediar? Villarumne infinita spatia? Familiarum numerum et nationes? Argenti et auri pondus? Aeris tabularumque miracula? Promiscas viris et feminis vestes atque illa feminarum propria, quis lapidum causa pecuniae nostrae ad externas aut hostilis gentes transferuntur?"

54. "Nec ignoro in conviviis et circulis incusari ista

bedeutendere, blieb bei der gewöhnlichen Verheimlichung der Preise verborgen; aber die durch unaufhörliches Gerede davon bekannten Vorkehrungen zur Befriedigung des Bauches und des Gaumens hatten besorgen lassen, der der alten Sparsamkeit ergebene Fürst möchte zu streng dagegen verfahren. Denn nach dem Vorgange des C. Bibulus hatten auch die übrigen Aedilen sich darüber ausgelassen, wie das Aufwandsgesetz nicht beachtet würde, die verbotenen Preise der Lebensmittel täglich stiegen und durch gewöhnliche Maßregeln dem nicht gesteuert werden könnte, und die darum befragten Väter hatten ohne Entscheidung diese Sache an den Fürsten verwiesen. Tiberius aber, nachdem er oft bei sich erwogen, ob so ausschweifenden Begierden sich noch Schranken setzen ließen, ob die Beschränkung dem Staate nicht noch größeren Nachtheil brächte, wie unrühmlich es wäre, etwas anzugreifen, was er nicht durchsetzen könnte oder was, festgehalten, Beschimpfung und Entehrung angesehener Männer zur Folge haben müßte, verfaßte endlich ein Schreiben an den Senat, dessen Inhalt folgender war:

53. „In allen übrigen Angelegenheiten, versammelte Väter, möchte es vielleicht zweckgemäßer sein, daß ich persönlich befragt werde und erkläre, was ich dem Staate für dienlich erachte; bei dieser Verhandlung wäre es besser gewesen, mein Auge fern zu halten, damit nicht, wenn ihr auf das Antlitz und die Besorgniß der Einzelnen, welche schimpfwürdiger Üppigkeit beschuldigt werden können, hinwieset, ich selbst sie auch sehen und gleichsam ertappen müßte. Hätten mit mir zuvor die wackeren Männer, die Aedilen, Rath gepflogen, so weiß ich nicht, ob ich nicht gerathen haben würde, übermächtige und zu ihrer ganzen Höhe schon gediehene Laster lieber zu übersehen, als das nur zu erreichen, daß offenkundig würde, welchen Freveln wir nicht mehr gewachsen seien. Doch diese Männer haben ihre Pflicht gethan, wie ich nur wünschen kann, daß auch die übrigen Staatsbeamten ihre Obliegenheiten erfüllen; für mich nun aber ist weder zu schweigen schicklich, noch mich zu erklären leicht, weil ich nicht als Aedil oder als Prätor oder als Consul auftrete. Etwas Größeres und Erhabeneres wird von dem Fürsten verlangt; und während für zweckmäßige Handlungen den Dank ein Jeder sich aneignet, werden nur Einem die Fehler Aller Schuld gegeben. Denn was zuerst soll ich zu verbieten und auf die alte Sitte zu beschränken beginnen? Der Landhäuser unbegrenzten Umfang? Der Sklaven Zahl und nationale Mannigfaltigkeit[132])? Die Last des Silber- und Goldgeschirrs? Die Wunderwerke von Erz[133]) und Gemälten? Die von Männern nicht anders als von Frauen getragenen Kleider[134]), und dazu was die Frauen noch besonders haben, wodurch für Steine unser Geld auswärtigen oder feindlichen Völkern zugeführt wird[135])?"

54. „Ich weiß gar wohl, daß man bei Gastmahlen und in geselligen Kreisen

et modum posci: set si quis legem sanciat, poenas indicat, idem illi civitatem verti, splendidissimo cuique exitium parari, neminem criminis expertem clamitabunt. Atqui ne corporis quidem morbos veteres et diu auctos nisi per dura et aspera coërceas; corruptus simul et corruptor, aeger et flagrans animus haut levioribus remediis restinguendus est, quam libidinibus ardescit. Tot a maioribus repertae leges, tot, quas divus Augustus tulit, illae oblivione, hae, quod flagitiosius est, contemptu abolitae securiorem luxum fecere. Nam si velis quod nondum vetitum est, timeas ne vetere; at si prohibita impune transcenderis, neque metus ultra neque pudor est. Cur ergo olim parsimonia pollebat? Quia sibi quisque moderabatur, quia unius urbis cives eramus; ne inritamenta quidem eadem intra Italiam dominantibus. Externis victoriis aliena, civilibus etiam nostra consumere didicimus. Quantulum istud est, de quo aediles admonent! quam, si cetera respicias, in levi habendum! At Hercule nemo refert, quod Italia externae opis indiget, quod vita populi Romani per incerta maris et tempestatum cotidie volvitur, ac nisi provinciarum copiae et dominis et servitiis et agris subvenerint, nostra nos scilicet nemora nostraeque villae tuebuntur. Hanc, patres conscripti, curam sustinet princeps; haec omissa funditus rem publicam trahet. Reliquis intra animum medendum est: nos pudor, pauperes necessitas, divites satias in melius mutet. Aut si quis ex magistratibus tantam industriam ac severitatem pollicetur, ut ire obviam queat, hunc ego et laudo et exonerari laborum meorum partem fateor. Sin accusare vitia volunt, dein, cum gloriam eius rei adepti sunt, simultates faciunt ac mihi relinquunt, credite, patres conscripti, me quoque non esse offensionum avidum, quas cum graves et plerumque iniquas pro re publica suscipiam, inanes et inritas neque mihi aut vobis usui futuras iure deprecor."

55. Auditis Caesaris litteris remissa aedilibus talis

darüber sich beklagt und Einschränkung fordert: aber stelle nur Jemand ein Gesetz darüber fest, kündige Strafen an, dieselben Menschen werden ein Geschrei erheben, man wolle den Staat umkehren, den glänzendsten Häusern Verderben bereiten, Keiner sei vor Anschuldigung sicher. Ja nicht einmal Krankheiten des Leibes, wenn sie alt und lange genährt sind, kann man anders als durch harte und strenge Mittel Einhalt thun; der Geist nun vollends, verderbt und sein eigener Verderber, krank und lustentbrannt zugleich, ist nicht durch mildere Arzenei zu dämpfen, als die Begierden sind, welche ihn entflammen. So viele von den Vorfahren ausfindig gemachte Gesetze, so viele, welche Divus Augustus gegeben, jene durch Vergessenheit, diese, was um so schändlicher ist, durch Nichtbeachtung außer Kraft gesetzt, haben nur noch sicherer gemacht den Luxus. Denn begehrt man, was noch nicht verboten ist, so kann man doch noch fürchten, daß es verboten werde; hat man sich dagegen über Untersagtes ungestraft hinweggesetzt, so ist ferner weder Furcht noch Scham vorhanden. Warum herrschte denn also ehedem Sparsamkeit? Weil sich ein Jeder selbst beschränkte; weil wir Bürger Einer Stadt waren; nicht einmal die Versuchungen so groß waren für die innerhalb Italiens Herrschenden. Durch auswärtige Siege haben wir fremdes, durch bürgerliche selbst unser eigenes Gut verzehren gelernt. Wie wenig noch ist das, worauf die Aedilen aufmerksam machen! wie sehr, wenn man das Uebrige berücksichtigt, für unerheblich zu erachten! Aber wahrhaftig Niemand bringt in Erinnerung, daß Italien auswärtiger Hilfe bedarf, daß das Leben des römischen Volks täglich das unsichere Spiel der Meereswogen und Stürme ist[136]), und daß, wenn der Provinzen Ueberfluß nicht den Herren sammt den Sklaven und Aeckern[137]) zu Hilfe käme, wol gar uns unsere Parke und unsere Landhäuser sollten erhalten müssen! Diese Sorge, versammelte Väter, hat der Fürst zu tragen; ihre Vernachlässigung muß des Staates gänzlichen Untergang zur Folge haben. Die Heilung des Uebrigen muß von unserem Inneren ausgehen: uns möge Ehrgefühl, die Armen Noth, die Reichen Uebersättigung zum Bessern lenken. Oder verspricht einer der Staatsbeamten so viel Thatkraft und Strenge, daß er im Stande wäre, dagegen aufzutreten, den will ich loben und bekennen, daß von meiner Sorgenlast ein Theil mir abgenommen sei. Wollen sie aber nur als Ankläger der Laster auftreten, und dann, wenn sie den Ruhm dafür geerntet, Mishelligkeiten erregen und diese mir überlassen; so glaubet mir, versammelte Väter, auch mich gelüstet nicht nach Anfeindungen, und da diejenigen schon schwer genug sind und meist unverdient, welche ich zum Wohl des Staates übernehme, verbitte ich mir die mit Recht, welche nichtig und zwecklos, weder mir noch euch von Nutzen sein können."

55. Als man des Cäsars Schreiben vernommen, stellte man den Aedilen

cura: luxusque mensae, a fine Actiaci belli ad ea arma, quis Servius Galba rerum adeptus est, per annos centum profusis sumptibus exerciti paulatim exolevere. Causas eius mutationis quaerere libet. Dites olim familiae nobilium aut claritudine insignes studio magnificentiae prolabebantur. Nam etiam tum plebem socios regna colere et coli licitum; ut quisque opibus domo paratu speciosus, per nomen et clientelas inlustrior habebatur. Postquam caedibus saevitum et magnitudo famae exitio erat, ceteri ad sapientiora convertere. Simul novi homines e municipiis et coloniis atque etiam provinciis in senatum crebro adsumpti domesticam parsimoniam intulerunt, et quamquam fortuna vel industria plerique pecuniosam ad senectam pervenirent, mansit tamen prior animus. Sed praecipuus adstricti moris auctor Vespasianus fuit, antiquo ipse cultu victuque. Obsequium inde in principem et aemulandi amor validior quam poena ex legibus et metus. Nisi forte rebus cunctis inest quidam velut orbis, ut, quemadmodum temporum vices, ita morum vertantur; nec omnia apud priores meliora, sed nostra quoque aetas multa laudis et artium imitanda posteris tulit. Verum haec nobis [in] maiores certamina ex honesto maneant.

56. Tiberius fama moderationis parta, quod ingruentis accusatores represserat, mittit litteras ad senatum, quis potestatem tribuniciam Druso petebat. Id summi fastigii vocabulum Augustus repperit, ne regis aut dictatoris nomen adsumeret ac tamen appellatione aliqua cetera imperia praemineret. Marcum deinde Agrippam socium eius potestatis, quo defuncto Tiberium Neronem delegit, ne successor in incerto foret. Sic cohiberi pravas aliorum spes rebatur; simul modestiae Neronis et suae magnitudini fidebat. Quo tunc exemplo Tiberius Drusum summae rei admovet, cum incolumi Germanico integrum inter duos iudicium tenuisset. Sed principio litterarum veneratus deos, ut consilia sua rei publicae prosperarent, modica de moribus adulescentis neque in falsum aucta rettulit. Esse illi coniugem

dergleichen Sorge anheim; und der Tafelluxus, dem man seit der Schlacht bei Actium bis zu der Zeit, wo Servius Galba mit Waffengewalt zur Herrschaft gelangte, hundert Jahre[138]) hindurch mit verschwenderischem Aufwande ergeben gewesen war, nahm allmählich ab. Die Ursachen dieser Veränderung wollen wir aufsuchen. Die ehemals reichen Familien des Adels oder die durch Berühmtheit ausgezeichneten schweiften in Folge ihrer Sucht zu glänzen aus. Denn noch war es verstattet, dem Volke, den Bundesgenossen, den Königreichen Ehre zu erweisen und von ihnen anzunehmen; je nachdem Jemand durch Reichthum, Wohnung und Einrichtung hervorstrahlte, desto mehr ward er durch seines Namens Ruf und durch Clientschaft geehrt. Als Mord gewüthet hatte[139]) und des Rufes Größe nur Verderben brachte, da wandten die Uebrigen[140]) sich Weiserem zu. Zugleich führten die aus den Laubstädten und Colonien, ja selbst aus den Provinzen häufig in den Senat aufgenommenen Emporkömmlinge die Sparsamkeit der Heimath mit sich ein, und obschon durch Glück, auch wol durch Thätigkeit sehr Viele es zu einem reichen Alter brachten, blieb ihnen doch der frühere Sinn. Vorzüglich aber gab Vespasianus zu eingeschränkter Lebensweise Anlaß, selbst ein Mann von alter Sitte und Lebensweise. So war Folgsamkeit gegen den Fürsten und das Streben, ihm nachzueifern, wirksamer, als gesetzliche Strafe und Furcht. Es sei denn, daß in allen Dingen gleichsam ein gewisser Kreislauf stattfindet, so daß gleich den Jahreszeiten auch die Sitten kreisend wechseln; und nicht Alles war bei den Früheren besser, sondern auch unsere Zeit hat des Löblichen und Kunstreichen viel, was der Nachwelt Nachahmung verdient, hervorgebracht. Indessen möge uns dieser Wetteifer mit den Vorfahren im Edlen verbleiben.

56. Als Tiberius sich durch Zurückweisung der schon lauernden Ankläger den Ruhm der Mäßigung erworben hatte, sandte er ein Schreiben an den Senat, worin er um die tribunicische Gewalt für Drusus anhielt. Diese Bezeichnung des höchsten Ranges schuf Augustus[141]), um nicht den Namen König oder Dictator anzunehmen und doch durch einen Titel die übrigen Staatswürden zu überragen. Darauf erkor er den Marcus Agrippa[142]) zum Genossen dieser Gewalt, und nach dessen Ableben den Tiberius Nero, damit sein Nachfolger nicht ungewiß bliebe. So glaubte er würden ungebührliche Hoffnungen Anderer gezügelt; zugleich vertraute er der Bescheidenheit Nero's und seiner eigenen Größe. Nach diesem Beispiele nun zog jetzt Tiberius den Drusus zur Regierung, während er, so lange Germanicus lebte, seine Wahl zwischen beiden unentschieden gelassen hatte. Aber nachdem er im Eingange des Schreibens zu den Göttern gefleht, daß sie sein Vorhaben dem Staate zum Segen gereichen lassen möchten, sprach er sich bescheiden und ohne Uebertreibung der Wahrheit über den Charakter des Jünglings aus. Er habe eine

et tres liberos eamque aetatem, qua ipse quondam a divo Augusto ad capessendum hoc munus vocatus sit. Neque nunc propere, sed per octo annos capto experimento, compressis seditionibus, compositis bellis, triumphalem et bis consulem noti laboris participem sumi.

57. Praeceperant animis orationem patres: quo quaesitior adulatio fuit. Nec tamen repertum, nisi ut effigies principum, aras deum, templa et arcus aliaquo solita censerent, nisi quod M. Silanus ex contumelia consulatus honorem principibus petivit dixitque pro sententia, ut publicis privatisve monimentis ad memoriam temporum non consulum nomina praescriberentur, sed eorum qui tribuniciam potestatem gererent. At Q. Haterius cum eius diei senatus consulta aureis litteris figenda in curia censuisset, deridiculo fuit, senex foedissimae adulationis tantum infamia usurus.

58. Inter quae provincia Africa Iunio Blaeso prorogata Servius Maluginensis flamen Dialis, ut Asiam sorte haberet, postulavit, frustra vulgatum dictitans non licere Dialibus egredi Italia, neque aliud ius suum quam Martialium Quirinaliumque flaminum: porro, si hi duxissent provincias, cur Dialibus id vetitum? Nulla de eo populi scita, non in libris caerimoniarum reperiri. Saepe pontifices Dialia sacra fecisse, si flamen valitudine aut munere publico impediretur. Quinque et septuaginta annis post Cornelii Merulae caedem neminem suffectum, neque tamen cessavisse religiones. Quodsi per tot annos possit non creari nullo sacrorum damno, quanto facilius afuturum ad unius anni proconsulare imperium? Privatis olim simultatibus effectum, ut a pontificibus maximis ire in provincias prohiberentur: nunc deum munere summum pontificum etiam summum hominum esse, non aemulationi, non odio aut privatis adfectionibus obnoxium.

59. Adversus quae cum augur Lentulus aliique varie dissererent, eo decursum est, ut pontificis maximi sententiam opperirentur. Tiberius, dilata notione de iure flaminis, decretas ob tribuniciam Drusi potestatem

Gattin und drei Kinder¹⁴³) und dasselbe Alter, in welchem er selbst einst von Divus Augustus zur Uebernahme dieses Amtes berufen worden sei. Auch werde er jetzt nicht übereilter Weise, sondern nach achtjähriger Erprobung, nach Unterdrückung von Empörungen, nach Beilegung von Kriegen, triumphgeschmückt und als zweimaliger Consul zum Theilhaber an schon ihm bekannter Mühe angenommen.

57. Vorausbedacht schon hatten die Väter solche Rede; um so gesuchter war ihre Schmeichelei. Doch kamen sie auf nichts anderes, als daß sie Bildnisse der Fürsten, Altäre der Götter, Tempel, Ehrenbogen und sonst Gewöhnliches in Vorschlag brachten, nur daß M. Silanus in Beschimpfung des Consulats Ehre für die Fürsten suchte und seine Stimme dahin abgab, es sollten auf öffentliche und Privatdenkmale zur Erinnerung an die Zeit nicht der Consuln, sondern derer Namen geschrieben werden, welche die tribunicische Gewalt bekleideten. Als aber vollends Cn. Haterius sich dahin aussprach, dieses Tages Senatsbeschlüsse seien mit goldenen Buchstaben in der Curie anzuheften, ward er zum Gespött, da er als Greis von seiner ekelhaftesten Schmeichelei nur die Schande haben konnte.

58. Während dessen forderte Servius Maluginensis, der Eigenpriester des Jupiter, da die Provinz Afrika dem Junius Bläsus verlängert war, daß ihm Asien zu Theil würde, indem er behauptete, daß die allgemeine Meinung grundlos sei, es dürften die Jupiterspriester Italien nicht verlassen¹⁴⁴), und er habe ein gleiches Recht mit den Priestern des Mars und Cuirinus¹⁴⁵); wenn diese alle Provinzen erlost hätten, warum es denen des Jupiter verboten sein sollte? Keine Volksbeschlüsse fänden sich darüber, nichts auch in den Cäremonienbüchern. Oft hätten Oberpriester den Dienst des Jupiter besorgt, wenn dessen Eigenpriester durch Krankheit oder durch ein öffentliches Geschäft sei abgehalten worden. In fünfundsiebzig Jahren¹⁴⁶) sei nach des Cornelius Merula gewaltsamem Tode Niemand an dessen Statt erwählt, und dennoch sei kein Stillstand eingetreten in dem Gottesdienst. Könne nun so viele Jahre hindurch ohne Nachtheil des Gottesdienstes die Wahl unterbleiben, wieviel leichter noch würde die Abwesenheit sein zu einjähriger proconsularischer Verwaltung? Durch Privatfeindseligkeiten sei es vordem dahin gebracht worden, daß von den Oberpriestern ihnen gewehrt wurde, in die Provinzen zu gehen; jetzt sei durch der Götter Gnade der oberste der Priester¹⁴⁷) auch das Oberhaupt der Welt, keiner Eifersucht, keinem Hasse oder Rücksichten persönlicher Gunst unterworfen.

59. Als sich dagegen der Augur Lentulus und Andere verschiedentlich äußerten, traf man die Auskunft, daß man des Oberpriesters¹⁴⁸) Ausspruch abwarten wolle. Tiberius verschob die Untersuchung über das Recht des Eigenpriesters, und beschränkte die es der tribunicischen Gewalt des Drusus beschloss

cacrimonias temperavit, nominatim arguens insolentiam
sententiae aureasque litteras contra patrium morem.
Recitatae et Drusi epistulae, quamquam ad modestiam
flexae, pro superbissimis accipiuntur. Huc decidisse
cuncta, ut ne iuvenis quidem tanto honore accepto adi-
ret urbis deos, ingrederetur senatum, auspicia saltem
gentile aput solum inciperet. Bellum scilicet, aut di-
verso terrarum distineri litora et lacus Campaniae cum
maxime peragrantem? Sic imbui rectorem generis humani, id primum e paternis consiliis discere. Sane gra-
varetur aspectum civium senex imperator fessamque
aetatem et actos labores praetenderet: Druso quod nisi
ex adrogantia impedimentum?

60. Sed Tiberius, vim principatus sibi firmans,
imaginem antiquitatis senatui praebebat, postulata provinciarum ad disquisitionem patrum mittendo. Crebresce-
bat enim Graecas per urbes licentia atque iupunitas
asyla statuendi; conplebantur templa pessimis servitio-
rum: eodem subsidio obaerati adversum creditores su-
spectique capitalium criminum receptabantur, nec ullum
satis validum imperium erat coërcendis seditionibus populi, flagitia hominum ut caerimonias deum protegentia.
Igitur placitum, ut mitterent civitates iura atque legatos: et quaedam quod falso usurpaverant sponte omisere;
multae vetustis superstitionibus aut meritis in populum
Romanum fidebant. Magnaque eius diei species fuit,
quo senatus maiorum beneficia, sociorum pacta, regum
etiam, qui ante vim Romanam valuerant, decreta ipsorumque numinum religiones introspexit, libero, ut quondam, quid firmaret mutaretve.

61. Primi omnium Ephesii adiere, memorantes non,
ut vulgus crederet, Dianam atque Apollinem Delo genitos: esse aput se Cenchroum amnem, lucum Ortygiam,
ubi Latonam partu gravidam et oleae, quae tum etiam
maneat, adnisam edidisse ea numina, deorumque monitu
sacratum nemus; atque ipsum illic Apollinem post interfectos Cyclopas Iovis iram vitavisse. Mox Liberum patrem,
bello victorem, supplicibus Amazonum, quae aram insi-

jenen Feierlichkeiten, namentlich das Ungewöhnliche tadelnd an jenem Antrage, indem goldene Buchstaben der Sitte der Väter zuwider seien. Auch ein Brief des Drusus ward vorgelesen, der obschon voll bescheidener Wendungen für für sehr stolz gehalten ward. Dahin meinte man, sei es mit dem allgemeinen Verfalle nun gekommen, daß nicht einmal der Jüngling nach Erlangung so großer Ehre den Göttern der Stadt nahe, im Senat erscheine, die Auspicien wenigstens auf vaterländischem Boden beginne. Sei etwa Krieg, oder werde in entlegenen Landen fern gehalten der jetzt gerade an den Gestaden und Seen Campaniens Herumwandelnde? So werde eingeweiht der Menschheit Beherrscher, das zuerst lerne er in des Vaters Schule! Möchte immerhin lästig finden den Anblick der Bürger der greise Imperator, und sein müdes Alter, wie seiner Arbeiten Beendigung vorschützen: was könne Drusus hindern außer Hochmuth?

60. Tiberius indeß gewährte, sich selbst der Herrschergewalt versichernd, dem Senate das Schattenspiel der alten Zeit dadurch, daß er die Forderungen der Provinzen zur Untersuchung an die Väter wies[149]). Immer häufiger nämlich ward es in den griechischen Städten, eigenmächtig und ungestraft Asyle zu errichten[150]): es füllten sich die Tempel mit dem Auswurf der Sklaven; in denselben Zufluchtsort wurden Verschuldete gegen ihre Gläubiger und todeswürdiger Verbrechen Verdächtige aufgenommen, und keine Gewalt war stark genug, die Aufstände des Volkes zu dämpfen, welches der Menschen frevelhafte Forderungen gleich gottesdienstlichen Bräuchen in Schutz nahm. Es ward daher beschlossen, daß die Gemeinden ihre Dokumente[151]) und Abgeordnete herschicken sollten; und einige gaben nun freiwillig auf, was sie sich fälschlich angemaßt; viele bauten auf des Aberglaubens Alter oder auf Verdienste um das römische Volk. Und groß war der Glanz dieses Tages, an welchem der Senat von der Vorfahren Vergünstigungen, von der Bundesgenossen Verträgen, auch von den Beschlüssen der Könige, die vor der Uebermacht Roms mächtig gewesen waren, und selbst von den heiligen Verpflichtungen gegen die Götter Einsicht nahm, und es, wie ehedem, ihm frei stand, was er bestätigen oder abändern wollte.

61. Zuerst unter allen naheten die Ephesier und brachten in Erinnerung, daß nicht auf Delos[152]), wie man insgemein glaubte, Diana und Apollo geboren seien; befinde sich bei ihnen doch der Fluß Kenchreus[153]), der Hain Ortygia, wo Latona hochschwanger und gestützt an den jetzt noch stehenden Oelbaum diese Gottheiten zur Welt gebracht, und auf der Götter Geheiß sei dieser Hain geheiligt worden; auch habe hier Apollo selbst nach Tödtung der Cyclopen sich dem Zorne Jupiters entzogen. Darauf habe Vater Liber, im Kriege Sieger, denjenigen Amazonen, die um Gnade flehend den Altar um-

derant, ignovisse. Auctam hinc concessu Herculis, cum Lydia poteretur, caerimoniam templo, neque Persarum dicione deminutum ius; post Macedonas, dein nos servavisse.

62. Proximi [hos] Magnetes L. Scipionis et L. Sullae constitutis nitebantur, quorum ille Antiocho, hic Mithridate pulsis fidem atque virtutem Magnetum decoravere, uti Dianae Leucophryenae perfugium inviolabile foret. Aphrodisienses posthac et Stratonicenses dictatoris Caesaris ob vetusta in partis merita et recens divi Augusti decretum adtulere, laudati, quod Parthorum inruptionem nihil mutata in populum Romanum constantia pertulissent. Sed Aphrodisiensium civitas Veneris, Stratonicensium Iovis et Triviae religionem tuebantur. Altius Hierocaesarienses exposuere, Persicam aput se Dianam, delubrum rege Cyro dicatum; et memorabantur Perpennae, Isaurici multaque alia imperatorum nomina, qui non modo templo, sed duobus milibus passuum eandem sanctitatem tribuerant. Exim Cyprii tribus [de] delubris, quorum vetustissimum Paphiae Veneri auctor Aërias, post filius eius Amathus Veneri Amathusiae et Iovi Salaminio Teucer, Telamonis patris ira profugus, posuissent.

63. Auditae aliarum quoque civitatium legationes. Quorum copia fessi patres, et quia studiis certabatur, consulibus permisere, ut perspecto iure, et si qua iniquitas involveretur, rem integram rursum ad senatum referrent. Consules super eas civitates, quas memoravi, aput Pergamum Aesculapii conpertum asylum retulerunt, ceteros obscuris ob vetustatem initiis niti; nam Zmyrnaeos oraculum Apollinis, cuius imperio Stratonicidi Veneri templum dicaverint, Tenios eiusdem carmen referre, quo sacrare Neptuni effigiem aedemque iussi sint. Propiora Sardianos: Alexandri victoris id donum. Neque minus Milesios Dareo rege niti; set cultus numinum utrisque Dianam aut Apollinem venerandi. Petere et Cretenses simulacro divi Augusti. Factaque senatus consulta, quis multo cum honore modus tamen

lagerten, verziehen[154]). Zugenommen habe alsdann mit des Hercules Bewilligung, als er sich Lydiens bemächtigte, die Heiligkeit des Tempels, und auch unter der Perser Herrschaft sei nicht geschmälert worden sein Recht; später hätten es die Macedonier, dann wir aufrecht erhalten.

62. Die zunächst diesen folgenden Magneter[155]) stützten sich auf des L. Scipio und des L. Sulla Verordnungen, von denen jener nach des Antiochus, dieser nach des Mithridates Vertreibung die Treue und Tapferkeit der Magneter dadurch ehrte, daß der Diana Leucophryene[156]) Zufluchtsstätte unverletzlich sein sollte. Hierauf brachten die Aphrodisienser und Stratonicenser[157]) ein Belobungsdekret des Dictators Cäsar wegen ihrer alten Verdienste um seine Partei und ein neueres des Divus Augustus, weil sie den Einfall der Parther ohne in ihrer Standhaftigkeit gegen das römische Volk zu wanken, ausgehalten hätten, herbei. Aber der Aphrodisienser Gemeinde suchte damit der Venus, die der Stratonicenser des Jupiter und der Trivia[158]) heiliges Recht zu schützen. Weiter her holten und erklärten die Hierocäsarienser[159]), sie hätten eine persische Diana mit einem unter König Cyrus geweihten Heiligthum; und dabei wurden des Perpenna[160]), des Jsauricus und vieler anderen Feldherren Namen erwähnt, die nicht nur dem Tempel, sondern auch zweitausend Schritten im Umkreis dieselbe Heiligkeit verliehen hatten. Sodann sprachen die Cyprier von drei Tempeln[161]), wovon den ältesten ihr Gründer Aërias der paphischen Venus, dann der amathusischen einen sein Sohn Amathus und dem salaminischen Jupiter Teucer, als er vor dem Zorne seines Vaters Telamon geflohen, errichtet hätten.

63. Gehör erhielten auch anderer Gemeinden Gesandschaften. Allein durch die Menge dieser Sachen, zumal da mit Parteilichkeit[162]) der Streit geführt ward, ermüdet, übertrugen es die Väter den Consuln, sich erst vollkommene Einsicht in die Berechtigung und die etwa dabei zum Grunde liegende Widerrechtlichkeit zu verschaffen und dann, ohne zu entscheiden, die Sache wieder vor den Senat zu bringen. Die Consuln berichteten, daß außer den erwähnten Städten noch zu Pergamum[163]) eine anerkannte Freistätte des Aesculapius sei, die Uebrigen aber sich auf einen des hohen Alters wegen dunkeln Ursprung beriefen; denn die Smyrnäer[164]) führten ein Orakel Apollo's, auf dessen Geheiß sie der Venus Stratonicis einen Tempel geweiht, die Tenier einen Spruch desselben Gottes an, nach welchem ihnen befohlen worden sei, dem Neptunus Bildniß und Tempel zu weihen. Näherliegendes gaben die Sardianer an, eine Vergünstigung des Siegers Alexander. Und nicht weniger beriefen sich die Milesier auf den König Darius; aber der Gottesdienst bei beiden bestehe in Diana's oder Apollo's Verehrung[165]). Auch die Cretenser baten für ein Bildniß des Divus Augustus[166]). So wurden denn Senatsbeschlüsse abgefaßt, wodurch, mit vieler Ehrenerweisung zwar, doch Maß vorgeschrieben und

praescribebatur, iussique ipsis in templis figere aera sacrandam ad memoriam, neu specie religionis in ambitionem delaberentur.

64. Sub idem tempus Iuliae Augustae valitudo atrox necessitudinem principi fecit festinati in urbem reditus, sincera adhuc inter matrem filiumque concordia sive occultis odiis. Neque enim multo ante, cum haud procul theatro Marcelli effigiem divo Augusto Iulia dicaret, Tiberi nomen suo postscripserat, idque ille credebatur ut inferius maiestate principis gravi et dissimulata offensione abdidisse. Set tum supplicia dis ludique magni ab senatu decernuntur, quos pontifices et augures et quindecimviri septemviris simul et sodalibus Augustalibus ederent. Censuerat L. Apronius, ut fetiales quoque iis ludis praesiderent. Contra dixit Caesar, distincto sacerdotiorum iure et repetitis exemplis: neque enim umquam fetialibus hoc maiestatis fuisse. Ideo Augustales adiectos, quia proprium eius domus sacerdotium esset, pro qua vota persolverentur.

65. Exequi sententias haud institui nisi insignes per honestum aut notabili dedecore, quod praecipuum munus annalium reor, ne virtutes sileantur, utque pravis dictis factisque ex posteritate et infamia metus sit. Ceterum tempora illa adeo infecta et adulatione sordida fuere, ut non modo primores civitatis, quibus claritudo sua obsequiis protegenda erat, sed omnes consulares, magna pars eorum, qui praetura functi, multique etiam pedarii senatores certatim exsurgerent foedaque et nimia censerent. Memoriae proditur Tiberium, quotiens curia egrederetur, Graecis verbis in hunc modum eloqui solitum: "O homines ad servitutem paratos!" Scilicet etiam illum, qui libertatem publicam nollet, tam proiectae servicutium patientiae taedebat.

66. Paulatim dehinc ab indecoris ad infesta transgrediebantur. .C. Silanum, pro consule Asiae, repetundarum a sociis postulatum, Mamercus Scaurus e consularibus, Iunius Otho praetor, Bruttedius Niger aedilis simul corripiunt obiectantque violatum Augusti numen,

ihnen geboten wurde, in den Tempeln selbst Erztafeln[167]) zu befestigen, um zu heiligen ihr Andenken, und daß sie sich nicht unter dem Deckmantel der Religion zu ehrgeizigen Ansprüchen verleiten ließen.

64. Um eben diese Zeit versetzte eine schwere Krankheit der Julia Augusta den Fürsten in die Nothwendigkeit, eilig in die Stadt zurückzukehren, indem zwischen Mutter und Sohn entweder noch aufrichtiges Einverständniß oder doch nur heimlicher Groll bestand. Denn nicht lange vorher hatte Julia, als sie nicht weit vom Theater des Marcellus[168]) dem Divus Augustus ein Standbild weihte, des Tiberius Namen dem ihrigen nachgesellt, und dieses, glaubte man, habe er als eine Herabsetzung seiner Fürstenhoheit mit schwerem und verheimlichtem Groll in sich verschlossen. Jetzt aber wurden Gebete zu den Göttern und die großen Spiele[169]) vom Senat beschlossen, welche die Oberpriester, Augurn und Quindecimvirn[170]) sammt den Septemvirn und augustalischen Genossen geben sollten. Angetragen hatte L. Apronius darauf, daß auch die Fetialen[171]) diesen Spielen vorstehen möchten. Dem widersprach der Cäsar, indem er die Gerechtsame der Priesterschaften unterschied und frühere Beispiele anführte: es hätten nämlich niemals die Fetialen so erhabene Würde besessen. Deshalb seien die Augustalen hinzugezogen worden, weil sie die eigenthümliche Priesterschaft desjenigen Hauses wären, für welches Gelübde dargebracht würden.

65. Anträge anzuführen, liegt nicht in meiner Absicht, wenn sie nicht auf eine löbliche oder besonders schimpfliche Weise sich auszeichnen, und dieses halte ich für die Hauptaufgabe der Jahrbücher, damit Verdienste nicht verschwiegen bleiben und Schlechtigkeit in Wort und That sich vor der Nachwelt und vor Schande fürchte. Uebrigens waren jene Zeiten in dem Grade verpestet und durch Schmeichelei verunreinigt, daß nicht nur die ersten Männer im Staate, die ihren Glanz durch Ergebenheitsbeweise zu sichern suchen mußten, sondern auch alle Consularen, ein großer Theil derer, welche die Prätur bekleidet hatten, und sogar viele untergeordnete Senatoren[172]) um die Wette sich erhoben, um Niederträchtigkeiten ohne alles Maß in Antrag zu bringen. Es wird erzählt, Tiberius sei gewöhnlich, so oft er aus der Kurie trat, auf Griechisch in die Worte ausgebrochen: „O über die zur Knechtschaft bereiten Menschen!" So empfand ja selbst der, der keine Volksfreiheit wollte, vor so verworfener Sklavenseelen Duldsamkeit Ekel.

66. Allmählich ging man hierauf von entehrenden zu feindseligen Verhandlungen über. Den wegen Erpressungen von den Bundesgenossen belangten Proconsul Asiens C. Silanus griffen Mamercus Scaurus, einer von den Consularen, der Prätor Junius Otho und der Aedil Bruttedius Niger in Gemeinschaft an, und warfen ihm Verletzung der Gottheit des Augustus, Ver-

spretam Tiberii maiestatem, Mamercus antiqua exempla iaciens, L. Cottam a Scipione Africano, Servium Galbam a Catone censorio, P. Rutilium a M. Scauro accusatos. Videlicet Scipio et Cato talia ulciscebantur, aut ille Scaurus, quem proavum suum obprobrium maiorum Mamercus infami opera dehonestabat. Iunio Othoni litterarium ludum exercere vetus ars fuit; mox Seiani potentia senator obscura initia impudentibus ausis propolluebat. Bruttedium artibus honestis copiosum et, si rectum iter pergeret, ad clarissima quaeque iturum festinatio exstimulabat, dum aequalis, dein superiores, postremo suasmet ipse spes anteire parat, quod multos etiam bonos pessum dedit, qui spretis quae tarda cum securitate, praematura vel cum exitio properant.

67. Auxere numerum accusatorum Gellius Publicola et M. Paconius, ille quaestor Silani, hic legatus. Nec dubium habebatur saevitiae captarumque pecuniarum teneri reum; sed multa adgerebantur etiam insontibus periculosa, cum super tot senatores adversos facundissimis totius Asiae eoque ad accusandum delectis responderet solus et orandi nescius, proprio in metu, qui exercitam quoque eloquentiam debilitat, non temperante Tiberio, quin premeret voce vultu, eo quod ipse creberrime interrogabat, neque refellere aut eludere dabatur, ac saepe etiam confitendum erat, ne frustra quaesivisset. Servos quoque Silani, ut tormentis interrogarentur, actor publicus mancipio acceperat. Et ne quis necessariorum iuvaret periclitantem, maiestatis crimina subdebantur, vinclum et necessitas silendi. Igitur petito paucorum dierum interiectu defensionem sui deseruit, ausis ad Caesarem codicillis, quibus invidiam et preces miscuerat.

68. Tiberius quae in Silanum parabat, quo excusatius sub exemplo acciperentur, libellos divi Augusti de Voleso Messala, eiusdem Asiae pro consule, factumque in eum senatus consultum recitari iubet. Tum L. Pisonem sententiam rogat. Ille multum de clementia principis praefatus aqua atque igni Silano interdicendum censuit ipsumque in

achtung der Majestät des Tiberius vor, wobei Mamercus auf Beispiele aus der Vorzeit sich berief, wie L. Cotta[173]) von Scipio Africanus, Servius Galba[174]) vom Censor Cato, P. Antilius von M. Scaurus angeklagt worden seien; als ob ein Scipio und Cato solche Dinge rächten, oder jener Scaurus, in welchem Mamercus, die Schmach seiner Ahnen, mit ehrlosem Handwerk seinen Urgroßvater schändete. Junius Otho hatte lange schon die Leitung einer Schule zum Geschäft gehabt; später durch den Einfluß des Sejanus Senator geworden, befleckte er seinen unberühmten Anfang durch unverschämte Wagnisse weiter fort. Den an edler Bildung reichen Bruttedius, der, hätte er den geraden Weg verfolgt, zum höchsten Ruhm gelangen konnte, trieb Ungeduld im Streben, indem er erst seines Gleichen, dann Höheren, am Ende seinen eigenen Hoffnungen vorauszueilen suchte, was viele, auch wackere Männer zu Grunde gerichtet hat, die, was langsam, aber sicher sie zum Ziele führt verschmähend, vorzeitige Frucht selbst um den Preis ihres Verderbens sich erzwingen wollen

67. Es vermehrten die Zahl der Ankläger Gellius Publicola und M. Paconius, jener des Silanus Quästor, dieser sein Legat. Auch wurde es nicht für zweifelhaft gehalten, daß der Beklagte der Grausamkeit und Gelderpressung schuldig sei; aber dabei wurde ihm noch Vieles zugeschoben, was auch für Unschuldige gefährlich war, indem er außer so vielen gegen ihn gestimmten Senatoren den beredtesten Männern von ganz Asien, die eben deshalb zur Anklage auserkohren waren, allein antworten mußte, dazu auch nicht der Rede kundig und voll persönlicher Furcht, welche selbst geübte Redegabe lähmt, indeß Tiberius sich nicht enthielt, ihn selbst in häufigen Fragen durch Ton und Miene zu bedrängen, wobei ihm Widerlegung oder Ausweichung nicht vergönnt war, ja oft sogar sah er sich zum Eingeständniß genöthigt, damit jener nur nicht umsonst gefragt hätte. Auch die Sklaven des Silanus, um auf der Folter sie verhören zu können, hatte der Staatsagent durch Kauf erhalten. Und damit keiner der Angehörigen dem Gefährdeten Beistand leisten möchte, wurden Majestätsverbrechen untergeschoben, eine zum Schweigen nöthigende Fessel. So gab er denn, nachdem er eine Frist von wenigen Tagen sich erbeten, seine Vertheidigung auf, nur noch ein Schreiben an den Cäsar wagend, in welchem er Vorwürfe mit Bitten hatte wechseln lassen.

68. Tiberius befiehlt, damit man das, was er gegen den Silanus vorhatte, durch ein Beispiel als desto gerechtfertigter ansehe, einer Klagschrift des Divus Augustus gegen Volesus Messala, der ebenfalls Proconsul Asiens gewesen, und den wider ihn abgefaßten Senatsbeschluß vorzulesen. Dann fordert er zur Abstimmung den L. Piso auf. Dieser gab, nachdem er viel von des Fürsten Milde zuvor geredet, seine Meinung dahin ab, daß dem Silanus Wasser und Feuer versagt, er selbst nach der Insel Gyarus[175]) verwiesen wer-

insulam Gyarum relegandum. Eadem ceteri, nisi quod Cn. Lentulus separanda Silani materna bona, quippe alia parente geniti, reddendaque filio dixit, adnuente Tiberio.

69. At Cornelius Dolabella dum adulationem longius sequitur, increpitis C. Silani moribus addidit, ne quis vita probrosus et opertus infamia provinciam sortiretur, idque princeps diiudicaret; nam a legibus delicta puniri: quanto foro mitius in ipsos, melius in socios, provideri, ne peccaretur? Adversum quae disseruit Caesar: non quidem sibi ignara quae de Silano vulgabantur, sed non ex rumore statuendum. Multos in provinciis contra, quam spes aut metus de illis fuerit, egisse: excitari quosdam ad meliora magnitudine rerum, hebescere alios. Neque posse principem sua scientia cuncta complecti, neque expedire, ut ambitione aliena trahatur. Ideo leges in facta constitui, quia futura in incerto sint. Sic a maioribus institutum, ut, si antissent delicta, poenae sequerentur: ne verterent sapienter reperta et semper placita. Satis onerum principibus, satis etiam potentiae: minui iura, quotiens gliscat potestas, nec utendum imperio, ubi legibus agi possit. Quanto rarior aput Tiberium popularitas, tanto laetioribus animis accepta. Atque ille prudens moderandi, si propria ira non impelleretur, addidit insulam Gyarum immitem et sine cultu hominum esse: darent Iuniae familiae et viro quondam ordinis eiusdem, ut Cythnum potius concederet; id sororem quoque Silani Torquatam, priscae sanctimoniae virginem, expetere. In hanc sententiam facta discessio.

70. Post auditi Cyrenenses, et accusante Anchario Prisco Caesius Cordus repetundarum damnatur. L. Ennium, equitem Romanum, maiestatis postulatum, quod effigiem principis promiscum ad usum argenti vertisset, recipi Caesar inter reos vetuit, palam aspernante Ateio Capitone quasi per libertatem: non enim debere eripi patribus vim statuendi, neque tantum maleficium

den sollte. Ebenso die Uebrigen, nur daß Cn. Lentulus mit Zustimmung
des Tiberius erklärte, es müsse das mütterliche Vermögen des Silanus, da er
von einer unähnlichen [bessern] Mutter stamme, abgesondert und an seinen
Sohn[176]) abgegeben werden.

69. Aber Cornelius Dolabella, seine Schmeichelei noch weiter treibend,
fügte, nachdem er hart sich über des C. Silanus Sitten ausgelassen, noch
hinzu, es solle Niemand, dessen Leben gebrandmarkt und der mit Schmach be-
laden sei, um eine Provinz losen dürfen, und der Fürst darüber entscheiden;
denn von den Gesetzen würde, was begangen sei, bestraft: wieviel milder
gegen diese Männer selbst, wieviel besser für die Bundesgenossen werde es sein,
vorher dafür zu sorgen, daß nichts verbrochen würde? Dagegen erklärte der
Cäsar: es sei ihm zwar nicht unbekannt, was von Silanus verbreit werde,
aber nicht nach Gerüchten dürfe entschieden werden. Viele hätten sich in den
Provinzen ganz anders, als man von ihnen gehofft oder gefürchtet, benommen;
Manche würden durch die Größe der Geschäfte zum Besseren angeregt, Andere erschlafften. Auch sei der Fürst nicht im Stande, mit eigener Einsicht
Alles zu umfassen, und doch fromme es auch nicht, daß er von Anderer Ehrgeiz sich leiten lasse. Darum gebe man Gesetze gegen das, was schon geschehen sei, weil, was geschehen könne, ungewiß. So sei es von den Vorfahren angeordnet, daß, wenn Vergehen vorausgegangen, die Strafen folgten:
nicht umkehren möchten sie was weislich ausgesonnen und beständig auch be-
folgt sei. Genug Lasten hätten die Fürsten, genug auch Macht: geschmälert
würden die Rechte, so oft die Gewalt sich ausdehne, und man müsse nicht
Herrschergewalt anwenden, wo nach den Gesetzen verfahren werden könne.
Je seltener bei Tiberius Volkssinn war, mit um so freudigerer Stimmung
ward er aufgenommen. Und wie er es verstand Schranken zu setzen, wenn
eigene Erbitterung ihn nicht hinriß, so fügte er noch hinzu, die Insel Gyarus
sei unwirthlich und ohne Anbau von Menschenhänden: sie möchten es der junischen Familie und einem Manne, der einst zu ihrem Stande gehört, gestatten, daß er lieber nach Cythnus[177]) sich begäbe; darum bäte auch Torquata,
des Silanus Schwester, eine Jungfrau von alter Sittenheiligkeit[178]). Dieser
Meinung trat man bei.

70. Hierauf erhielten die Cyrenenser[179]) Gehör, und auf die Anklage des
Ancharius Priscus wurde Cäsius Cordus wegen Erpressungen verurtheilt.
Den römischen Ritter L. Ennius, der ob verletzter Majestät belangt war, weil
er von einem Bilde des Fürsten das Silber zu gewöhnlichem Gebrauch verwandt, verbot der Cäsar unter die Beklagten aufzunehmen, dem wie aus Frei-
sinnigkeit Atejus Capito sich offen widersetzte: es dürfe doch den Vätern nicht
die Gewalt entrissen werden, zu beschließen, und eine so große Missethat nicht

impune habendum; sane lentus in suo dolore esset: rei publicae iniurias ne largiretur. Intellexit haec Tiberius, ut erant magis quam ut dicebantur, perstititque intercedere. Capito insignitior infamia fuit, quod humani divinique iuris sciens egregium publicum et bonas domi artes dehonestavisset.

71. Incessit dein religio, quonam in templo locandum foret donum, quod pro valetudine Augustae equites Romani voverant equestri Fortunae. Nam etsi delubra eius deae multa in urbe, nullum tamen tali cognomento erat. Repertum est aedem esse aput Antium, quae sic nuncuparetur, cunctasque caerimonias Italicis in oppidis templaque et numinum effigies iuris atque imperii Romani esse. Ita donum aput Antium statuitur. Et quoniam de religionibus tractabatur, dilatum nuper responsum adversus Servium Maluginensem, flaminem Dialem, prompsit Caesar recitavitque decretum pontificum, quotiens valitudo adversa flaminem Dialem incessisset, ut pontificis maximi arbitrio plus quam binoctium abesset, dum ne diebus publici sacrificii neu saepius quam bis eundem in annum; quae principe Augusto constituta satis ostendebant annuam absentiam et provinciarum administrationem Dialibus non concedi. Memorabaturque L. Metelli pontificis maximi exemplum, qui Aulum Postumium flaminem attinuisset. Ita sors Asiae in eum, qui consularium Maluginensi proximus erat, conlata.

72. Isdem diebus Lepidus ab senatu petivit, ut basilicam Pauli, Aemilia monimenta, propria pecunia firmaret ornaretque. Erat etiam tum in more publica munificentia; nec Augustus arcuerat Taurum, Philippum, Balbum hostiles exuvias aut exundantis opes ornatum ad urbis et posterum gloriam conferre. Quo tum exemplo Lepidus, quamquam pecuniae modicus, avitum decus recoluit. At Pompei theatrum igne fortuito haustum Caesar extructurum pollicitus est, eo quod nemo e familia restaurando sufficeret, manente tamen nomine Pompei. Simul laudibus Seianum extulit, tamquam labore vigilantiaque eius tanta vis unum intra damnum

ungeahndet hingehen; möge er immerhin bei persönlicher Kränkung nachsichtig sein, doch ja nicht Staatsbeleidigungen schenken. Tiberius verstand dieses mehr wie es wirklich sich verhielt als wie es gemeint war, und blieb bei seinem Einspruch. Capito fiel um so mehr mit seiner Ehrlosigkeit auf, weil er als Kenner des menschlichen und göttlichen Rechts den Ruhm des Staates und seine persönlichen guten Eigenschaften[180]) der Schande preisgegeben hatte.

71. Darauf kam die religiöse Frage, in welchem Tempel das Geschenk aufzustellen sei, welches die römischen Ritter für die Genesung Augusta's der Fortuna Equestris[181]) gelobt hatten. Denn obgleich sich viele Heiligthümer dieser Göttin in Rom befanden, so gab es doch keines mit diesem Beinamen. Es fand sich, daß zu Antium[182]) ein Tempel sei, der also hieß, und man meinte, daß alle gottesdienstliche Angelegenheiten in den italischen Städten sammt Tempeln und Götterbildern unter römischem Recht und römischer Herrschaft ständen. So ward das Geschenk zu Antium aufgerichtet. Und weil nun einmal über Religionsgegenstände verhandelt wurde, so zog der Cäsar die neulich aufgeschobene Erklärung gegen den Jupiterspriester, Servius Maluginensis hervor, und verlas einen Beschluß der Oberpriester, daß, so oft Unwohlsein den Jupiterspriester befallen hätte, er mit des Pontifex Maximus Bewilligung länger als zwei Nächte solle abwesend sein dürfen, nur nicht an Tagen einer öffentlichen Opferhandlung und nicht öfter als zweimal in demselben Jahre; eine Bestimmung, welche unter des Augustus Herrschaft gegeben genugsam bewies, daß Abwesenheit auf ein Jahr und Provinzverwaltung den Jupiterspriestern nicht gestattet sei. Auch führte man das Beispiel des Oberpriesters L. Metellus an, der den Eigenpriester Aulus Postumius zurückgehalten hätte[183]). So wurde die Provinz Asien dem zugewiesen, der unter den Consularen dem Maluginensis der nächste war.

72. In denselben Tagen hielt Lepidus beim Senate darum an, die Basilika des Paulus, ein Denkmal der Aemilier, aus eigenen Mitteln herstellen und ausschmücken zu dürfen. Es war auch damals noch Freigebigkeit gegen den Staat Sitte; auch Augustus hatte es dem Taurus, Philippus, Balbus nicht verwehrt, vom Feinde Erbeutetes oder ihres Vermögens Ueberfluß auf Verschönerung der Stadt und zum Ruhme ihrer Nachkommen zu verwenden. Nach diesem Vorgange erneute damals Lepidus, obwohl von mäßigem Vermögen, seiner Ahnen Ehrendenkmal. Aber des Pompejus Theater, das durch Zufall vom Feuer verzehrt war, versprach der Cäsar wieder aufzubauen, deshalb, weil von der Familie Niemand es wieder herzustellen im Stande sei; doch solle des Pompejus Name bleiben. Zugleich erhob er den Sejanus mit Lobsprüchen, als sei durch dessen Bemühung und Wachsamkeit eine solche Feuersbrunst auf Einen Schaden beschränkt geblieben; und die Väter trugen

stetisset; et censuere patres effigiem Seiano, quae aput theatrum Pompei locaretur. Neque multo post Caesar, cum Iunium Blaesum, pro consule Africae, triumphi insignibus attolleret, dare id se dixit honori Seiani, cuius ille avunculus erat. Ac tamen res Blaesi dignae decore tali fuere.

73. Nam Tacfarinas, quamquam saepius depulsus, reparatis per intima Africae auxiliis huc adrogantiae venerat, ut legatos ad Tiberium mitteret sedemque ultro sibi atque exercitui suo postularet aut bellum inexplicabile minitaretur. Non alias magis sua populique Romani contumelia indoluisse Caesarem ferunt, quam quod desertor et praedo hostium more ageret. Ne Spartaco quidem post tot consularium exercituum clades inultam Italiam urenti, quamquam Sertorii atque Mithridatis ingentibus bellis labaret res publica, datum, ut pacto in fidem acciperetur, nedum pulcherrimo populi Romani fastigio latro Tacfarinas pace et concessione agrorum redimeretur. Dat negotium Blaeso, ceteros quidem ad spem proliceret arma sine noxa ponendi, ipsius autem ducis quoquo modo poteretur. Et recepti ea venia plerique. Mox adversum artes Tacfarinatis haud dissimili modo belligeratum.

74. Nam quia ille robore exercitus inpar, furandi melior, pluris per globos incursaret elucleretque et insidias simul temptaret. tres incessus, totidem agmina parantur. Ex quis Cornelius Scipio legatus praefuit qua praedatio in Leptitanos et suffugia Garamantum; alio latere, ne Cirtensium pagi impune traherentur, propriam manum Blaesus filius duxit; medio cum delectis, castella et munitiones idoneis locis inponens, dux ipse arta et infensa hostibus cuncta fecerat, quia, quoquo inclinarent, pars aliqua militis Romani in ore, in latere et saepe a tergo erat; multique eo modo caesi aut circumventi. Tunc tripertitum exercitum pluris in manus dispergit praeponitque centuriones virtutis expertae. Nec, ut mos fuerat, acta aestate retrahit copias aut in hibernaculis veteris provinciae componit, sed ut in limine belli dispositis castellis per expeditos

auf ein dem Sejanus im Theater des Pompejus zu errichtendes Standbild an. Auch erklärte der Cäsar nicht lange nachher, als er den Proconsul Afrika's Junius Bläsus mit den Triumphinsignien auszeichnete, er thue dieses dem Sejanus zu Ehren, dessen Mutterbruder jener war. Und doch waren des Bläsus Thaten solcher Auszeichnung würdig.

73. Denn Tacfarinas, obwohl öfters zurückgeschlagen, hatte nach Wiederherstellung seiner Streitkräfte aus dem Innern Afrika's seine Anmaßung so weit getrieben, daß er Gesandte an Tiberius schickte und sogar Wohnsitze für sich und sein Heer forderte oder drohte Krieg an. Bei keiner anderen Gelegenheit soll den Cäsar eine ihm und dem römischen Volke angethane Beschimpfung mehr gekränkt haben, als daß ein Ausreißer und Räuber förmlich wie ein Feind verhandle. Nicht einmal dem Spartacus[184]), der nach so vielen Niederlagen consularischer Heere ungestraft Italien verheerte, sei, obwohl durch des Sertorius[185]) und Mithridates[186]) gewaltige Kriege der Staat wankte, zugestanden worden, durch einen Vertrag sich unterwerfen zu dürfen; wieviel weniger könne man bei der glänzendsten Höhe des römischen Volks vom Straßenräuber Tacfarinas durch Frieden und Zugeständniß von Gebiet sich loskaufen wollen. So überträgt er dem Bläsus das Geschäft, die Uebrigen zwar zur Hoffnung, die Waffen ungestraft niederlegen zu können, anzuloden, des Anführers aber sich auf jede Weise zu bemächtigen. Sehr viele wurden nun durch diese Nachsicht wieder unterworfen. Dann begegnete man den Kunstgriffen des Tacfarinas mit ganz ähnlicher Kriegsweise.

74. Denn weil er, mit eigentlicher Heeresmacht uns nicht gewachsen, in Kriegslisten geschickter, mit mehreren Haufen Einfälle machte und wieder sich entzog und zugleich mit Hinterhalten es versuchte, so wurden drei Angriffslinien und ebensoviel Heereszüge angeordnet. Den einen derselben befehligte der Legat Cornelius Scipio, da wo jene die Leptitaner[187]) plünderten und zu den Garamanten ihre Zuflucht hatten; auf der andern Seite führte Bläsus, der Sohn, eine eigene Schaar, daß nicht der Cirtenser Gaue ungestraft geplündert würden; in der Mitte hatte der Feldherr selbst mit der auserlesenen Mannschaft, Castelle und Verschanzungen an geeigneten Orten anlegend, die Feinde überall in gefährliche Enge getrieben, weil, wohin sie sich auch wenden mochten, ein Theil der römischen Kriegsmacht ihnen im Angesicht, zur Seite, ja oft im Rücken stand; und auf diese Weise wurden Viele niedergemacht oder aufgehoben. Dann zertheilt er das dreifache Heer in mehrere Haufen und stellt Centurionen von erprobter Tapferkeit an ihre Spitze. Auch zieht er nicht in bisheriger Weise, als der Sommer vorüber war, die Truppen zurück, oder zieht sie in den Winterlagern der alten Provinz[188]) zusammen, sondern gleichsam auf der Schwelle zum Kriege, nachdem er hie und da Castelle angelegt,

et solitudinum gnaros mutantem mapalia Tacfarinatem proturbabat, donec fratre eius capto regressus est, properantius tamen quam ex utilitate sociorum, relictis per quos resurgeret bellum. Sed Tiberius pro confecto interpretatus id quoque Blaeso tribuit, ut imperator a legionibus salutaretur prisco erga duces honore, qui bene gesta re publica gaudio et impetu victoris exercitus conclamabantur; erantque plures simul imperatores nec super ceterorum aequalitatem. Concessit quibusdam et Augustus id vocabulum, ac tunc Tiberius Blaeso postremum.

75. Obiere eo anno viri inlustres Asinius Saloninus, M. Agrippa et Pollione Asinio avis, fratre Druso insignis, Caesarique progener destinatus, et Capito Ateius, de quo memoravi, principem in civitate locum studiis civilibus adsecutus, sed avo centurione Sullano, patre praetorio. Consulatum ei adceleraverat Augustus, ut Labeonem Antistium, isdem artibus praecellentem, dignatione eius magistratus anteiret. Namque illa aetas duo pacis decora simul tulit; sed Labeo incorrupta libertate et ob id fama celebratior, Capitonis obsequium dominantibus magis probabatur. Illi, quod praeturam intra stetit, commendatio ex iniuria, huic, quod consulatum adeptus est, odium ex invidia oriebatur.

76. Et Iunia sexagesimo quarto post Philippensem aciem anno supremum diem explevit, Catone avunculo genita, C. Cassii uxor, M. Bruti soror. Testamentum eius multo apud vulgum rumore fuit, quia in magnis opibus, cum ferme cunctos proceres cum honore nominavisset, Caesarem omisit. Quod civiliter acceptum, neque prohibuit, quo minus laudatione pro rostris ceterisque sollemnibus funus cohonestaretur. Viginti clarissimarum familiarum imagines antelatae sunt, Manlii, Quinctii aliaque eiusdem nobilitatis nomina; sed praefulgebant Cassius atque Brutus eo ipso, quod effigies eorum non visebantur.

jagte er durch Leichtbewaffnete und der Wüsten Kundige den sein Hüttenlager[180]) wechselnden Tacfarinas vor sich her, bis er dessen eignen Bruder gefangen nahm und sich zurück begab, freilich schneller als es für die Bundesgenossen heilsam war, da genug noch übrig blieben, durch die der Krieg von Neuem sich erheben konnte. Tiberius aber, der ihn für beendigt erklärte, gestand auch das dem Bläsus zu, daß er von den Legionen als Imperator begrüßt werden solle nach altherkömmlicher Ehrenerweisung gegen Heerführer, die, wenn sie glücklich für den Staat gekämpft, vom siegreichen Heere in der Freude Ungestüm einstimmig als solche ausgerufen wurden; und so gab es mehrere Imperatoren zugleich, doch unbeschadet der Gleichheit mit den Uebrigen. Es verstattete auch Augustus Einigen diesen Titel; zum letzten Male jetzt Tiberius dem Bläsus.

75. Gestorben sind in diesem Jahre zwei angesehene Männer, Asinius Saloninus[180]), dadurch ausgezeichnet, daß er den M. Agrippa und Pollio Asinius zu Großvätern, den Drusus zum Bruder hatte und vom Cäsar zum Gatten seiner Enkelin bestimmt war, und der schon von mir erwähnte[191]) Capito Atejus, der zum ersten Rang im Staate durch seine Thätigkeit im Civildienst sich erhoben, wiewohl sein Großvater nur Centurio unter Sulla, sein Vater Prätor gewesen war. Zum Consulate hatte ihn Augustus schnell befördert, damit er vor Labeo Antistius, der in demselben Fache sich auszeichnete, durch die Würde dieses Amtes den Vorrang hätte. Denn jenes Zeitalter brachte zwei Zierden des Friedens[192]) zugleich hervor; aber Labeo war von unbestochenem Freiheitssinne und deshalb von der Volksmeinung mehr gefeiert, des Capito Gefügigkeit gefiel den Gewalthabern besser. Jenem erwuchs, weil bei der Prätur er stehen blieb, Empfehlung aus dem Unrecht, diesem, weil er das Consulat erlangte, Haß aus dem Neide.

76. Auch Junia[193]), Cato's Schwestertochter, des C. Cassius Gemahlin, des M. Brutus Schwester vollendete ihr Leben im vier und sechzigsten Jahre nach der philippischen Schlacht. Ihr Testament veranlaßte viel Gerede unter dem Volke, weil sie trotz der Größe ihres Vermögens den Cäsar nicht bedachte, während sie doch ziemlich alle Große auf eine ehrenvolle Weise zu Erben eingesetzt. Er nahm mit Bürgersinn dieses auf, und verwehrte nicht, daß durch Lobpreisung von der Rednerbühne und durch die übrigen Feierlichkeiten ihr Leichenbegängniß geehrt wurde. Die Ahnenbilder von zwanzig der berühmtesten Familien wurden vorausgetragen, Manlier, Quinctier und andere Namen von gleichem Adel; doch alle überstrahlten Cassius und Brutus gerade dadurch, weil ihre Bildnisse nicht zu sehen waren.

P. CORNELII TACITI
ANNALIUM
AB EXCESSU DIVI AUGUSTI
LIBER IV.

1. C. Asinio C. Antistio consulibus nonus Tiberio annus erat compositae rei publicae, florentis domus — nam Germanici mortem inter prospera ducebat —, cum repente turbare fortuna coepit, saevire ipse aut saevientibus vires praebere. Initium et causa penes Aelium Seianum, cohortibus praetoriis praefectum, cuius de potentia supra memoravi: nunc originem, mores, et quo facinore dominationem raptum ierit, expediam. Genitus Vulsiniis patre Seio Strabone, equite Romano, et prima iuventa C. Caesarem, divi Augusti nepotem, sectatus, non sine rumore Apicio, diviti et prodigo, stuprum veno dedisse, mox Tiberium variis artibus devinxit, adeo, ut obscurum adversum alios sibi uni incautum intectumque efficeret, non tam sollertia — quippe isdem artibus victus est — quam deum ira in rem Romanam, cuius pari exitio viguit cecidit que. Corpus illi laborum tolerans, animus audax; sui obtegens, in alios criminator; iuxta adulatio et superbia; palam com-

Des
P. Cornelius Tacitus
Annalen
seit dem Hinscheiden des göttlichen Augustus.

Viertes Buch.

Die Jahre 776 bis 781 n. R. Erb.,
23 bis 28 n. Chr. Geb.

1. Mit dem Consulat des C. Asinius und C. Antistius begann für Tiberius das neunte Jahr der öffentlichen Ruhe, der Blüthe seines Hauses — denn des Germanicus Tod rechnete er zu den glücklichen Ereignissen —, als plötzlich das Schicksal Verwirrung anzurichten, er selbst zu wüthen oder Wüthenden Kräfte zu leihen anfing. Anfang und Anlaß dazu gab Aelius Sejanus, der Oberste der prätorischen Cohorten[1], von dessen Machteinfluß ich oben Erwähnung that[2]: jetzt will ich seine Abkunft, seinen Charakter und durch welchen Frevel[3] er die Herrschaft an sich zu reißen suchte, auseinandersetzen. Gebürtig aus Vulsinii[4], der Sohn des Sejus Strabo, eines römischen Ritters, und in früher Jugend dem C. Cäsar, des Divus Augustus Enkel, zugethan, nicht ohne die Nachrede, er habe dem reichen und verschwenderischen Apicius[5]) für Geld sich preisgegeben, fesselte er dann den Tiberius durch mancherlei Kunstgriffe dergestalt, daß er den gegen Andere Versteckten gegen sich allein vorsichtslos und offen machte, nicht sowohl durch seine Schlauheit — denn mit denselben Künsten wurde er ja auch besiegt — als durch den Zorn der Götter gegen den Römerstaat, dem seine Macht sowie sein Fall zu gleichem Verderben gereichte. Sein Körper war ausdauernd in Beschwerden, sein Geist verwegen; geheim sich selbst haltend trat er gegen Andere als Anschwärzer auf; vereint war in ihm Schmeichelei und Hochmuth; äußerlich

positus pudor, intus summa apiscendi libido, eiusque causa modo largitio et luxus, saepius industria ac vigilantia, haud minus noxiae, quotiens parando regno finguntur.

2. Vim praefecturae modicam antea intendit, dispersas per urbem cohortes una in castra conducendo, ut simul imperia acciperent, numeroque et robore et visu inter se fiducia ipsis, in ceteros metus oreretur. Praetendebat lascivire militem diductum; si quid subitum ingruat, maiore auxilio pariter subveniri; et severius acturos, si vallum statuatur procul urbis inlecebris. Ut perfecta sunt castra, inrepere paulatim militares animos adeundo, appellando; simul centuriones ac tribunos ipse deligere. Neque senatorio ambitu abstinebat clientes suos honoribus aut provinciis ornandi, facili Tiberio atque ita prono, ut socium laborum non modo in sermonibus, sed apud patres et populum celebraret colique per theatra et fora effigies eius interque principia legionum sineret.

3. Ceterum plena Caesarum domus, iuvenis filius, nepotes adulti moram cupitis adferebant, quia vi tot simul corripere intutum, dolus intervalla scelerum poscebat. Placuit tamen occultior via et a Druso incipere, in quem recenti ira ferebatur. Nam Drusus, inpatiens aemuli et animo commotior, orto forte iurgio intenderat Seiano manus et contra tendentis os verberaverat. Igitur cuncta temptanti promptissimum visum ad uxorem eius Liviam convertere, quae, soror Germanici, formae initio aetatis indecorae, mox pulchritudine praecellebat. Hanc ut amore incensus adulterio pellexit; et postquam primi flagitii potitus est — neque femina amissa pudicitia alia abnuerit —, ad coniugii spem, consortium regni et necem mariti impulit. Atque illa, cui avunculus Augustus, socer Tiberius, ex Druso liberi, seque ac maiores et posteros municipali adultero foedabat, ut pro honestis et praesentibus flagitiosa et

ruhige Bescheidenheit, in seinem Innern Begier, das Höchste zu erlangen, und deshalb bald Verschwendung und Ueppigkeit, häufiger Thätigkeit und Wachsamkeit, nicht minder verderblich, sobald sie blos zur Erwerbung königlicher Macht erheuchelt werden.

2. Die bisher mäßige Gewalt der Präfectur steigerte er, indem er die in der Stadt zerstreuten Cohorten⁶) in Ein Lager zusammenzog, damit sie zu gleicher Zeit ihre Befehle erhielten, und durch Anzahl, Stärke und gegenseitigen Anblick Vertrauen zu sich selbst, für Andere Furchtbarkeit bekämen. Zum Vorwand brauchte er, es werde übermüthig der Soldat in der Vereinzelung; falle plötzlich Etwas vor, so könne man auf einmal mit größerer Macht zu Hilfe kommen; und strengere Zucht würden sie selbst beobachten, wenn fern von den Lockungen der Stadt⁷) ein Wall sie umgäbe. Wie das Lager fertig war, schlich er sich allmählich in die Herzen der Soldaten ein durch Besuch und Ansprache; zugleich wählte er die Centurionen und Tribunen selbst. Auch der Senatoren Gunst zu suchen enthielt er sich nicht, um seine Clienten mit Ehrenstellen oder mit Provinzen auszustatten, wobei Tiberius so willfährig war und geneigt, daß er ihn als seinen Mitarbeiter nicht nur in Gesprächen, sondern vor den Vätern und dem Volke pries und es geschehen ließ, daß Anbetung den Bildnissen desselben in Theatern, auf öffentlichen Plätzen und in den Hauptquartieren der Legionen zu Theil ward.

3. Allein der Cäsaren volles Haus⁸), der jugendkräftige Sohn, die erwachsenen Enkel verzögerten was er begehrte, weil mit Gewalt zugleich über so viele herzufallen mislich war, die List Zwischenräume zwischen den Verbrechen erheischte. Indessen beschloß er den geheimeren Weg einzuschlagen und mit Drusus zu beginnen, gegen den er von frischem Groll hingerissen wurde. Denn Drusus hatte, seinen Nebenbuhler duldend und von ziemlich leidenschaftlichem Charakter, bei zufällig entstandenem Wortwechsel die Hand wider Sejanus erhoben und, da dieser ein Gleiches that, ihn in's Gesicht geschlagen. Als er daher Alles aufzubieten versuchte, schien es ihm am leichtesten, an dessen Gattin Livia sich zu wenden, die, eine Schwester des Germanicus, in ihrem früheren Alter von unansehnlicher Gestalt, nachher durch Schönheit sich hervorthat. Diese, als wäre er von Liebe entbrannt, verführte er zum Ehebruch; als des ersten Frevels Anmuthung Gehör gefunden — denn ein Weib pflegt nach Verlust der Keuschheit nichts mehr zu versagen —, trieb er sie zur Hoffnung auf ein Ehebündniß, auf Theilnahme an der Herrschaft und zur Ermordung ihres Gatten an. Und so beschimpfte die, welche zum Großoheim den Augustus⁹), zum Schwiegervater den Tiberius und von Drusus Kinder hatte, sich selbst, ihre Vorfahren und Nachkommen mit dem Buhlen aus dem Municipium, um für ehrenvollen Besitz der Gegenwart

incerta exspectaret. Sumitur in conscientiam Eudemus, amicus ac medicus Liviae, specie artis frequens secretis. Pellit domo Seianus uxorem Apicatam, ex qua tres liberos genuerat, ne paelici suspectaretur. Sed magnitudo facinoris metum, prolationes, diversa interdum consilia adferebat.

4. Interim anni principio Drusus ex Germanici liberis togam virilem sumpsit, quaeque fratri eius Neroni decreverat senatus, repetita. Addidit orationem Caesar, multa cum laude filii sui, quod patria benivolentia in fratris liberos foret. Nam Drusus, quamquam arduum sit eodem loci potentiam et concordiam esse, aequus adulescentibus aut certe non adversus habebatur.

Exin vetus et saepe simulatum proficiscendi in provincias consilium refertur. Multitudinem veteranorum praetexebat imperator et dilectibus supplendos exercitus: nam voluntarium militem deesse, ac si suppeditet, non eadem virtute ac modestia agere, quia plerumque inopes ac vagi sponte militiam sumant. Percensuitque cursim numerum legionum, et quas provincias tutarentur. Quod mihi quoque exequendum reor, quae tunc Romana copia in armis, qui socii reges, quanto sit angustius imperitatum.

5. Italiam utroque mari duae classes, Misenum aput et Ravennam, proximumque Galliae litus rostratae naves praesidebant, quas Actiaca victoria captas Augustus in oppidum Foroiuliense miserat valido cum remige. Sed praecipuum robur Rhenum iuxta, commune in Germanos Gallosque subsidium, octo legiones erant. Hispaniae recens perdomitae tribus habebantur. Mauros Iuba rex acceperat donum populi Romani. Cetera Africae per duas legiones, parique numero Aegyptus, dehinc initio ab Suriae usque ad flumen Euphraten, quantum ingenti terrarum sinu ambitur, quattuor legionibus coërcita, accolis Hibero Albanoque et aliis regibus, qui magnitudine nostra proteguntur adversum externa imperia. Et Thraciam Rhoemetalces ac liberi Cotyis, ripamque Danuvii legionum duae in Pannonia, duae in Moesia attinebant, totidem aput Delmatiam locatis, quae positu regionis a

den schimpflichen der ungewissen Zukunft zu erwarten. Zur Mitwissenschaft wird Eudemus gezogen, Livia's Freund und Arzt, der unter dem Deckmantel seiner Kunst oft an ihren Geheimnissen Theil nahm. Aus dem Hause jagt Sejanus seine Gattin Apicata, mit welcher er drei Kinder gezeugt hatte, um der Buhlerin nicht zum Verdachte Anlaß zu geben. Doch die Größe der Unthat führte Besorgniß, Aufschub, bisweilen widerstreitende Maßregeln herbei.

4. Inzwischen legte mit dem Beginn des Jahres Drusus, einer von des Germanicus Söhnen, die männliche Toga an, und was für seinen Bruder Nero der Senat beschlossen hatte, wurde wiederholt[10]). Dazu hielt der Cäsar eine Rede voll von Lob für seinen Sohn, daß er väterliches Wohlwollen gegen seines Bruders Kinder hege. Denn Drusus[11]) galt, so schwer es sein mag, daß Macht sich einiget mit Eintracht, doch für billig oder wenigstens nicht für feindlich gegen die Jünglinge.

Hierauf kam der alte und oft schon vorgegebene Entschluß zu einer Reise in die Provinzen wieder zur Sprache. Die Menge der Veteranen[12]) schützte der Imperator vor und die Nothwendigkeit, durch Aushebungen die Heere zu ergänzen: denn es fehle an Freiwilligen, und gäbe es ihrer auch genug, so bewiesen sie doch nicht dieselbe Tapferkeit und Zucht, weil meist Arme und Landstreicher freiwillige Dienste nähmen; dabei zählte er in der Kürze die Legionen her und welche Provinzen sie beschützten. Und das glaube auch ich auseinandersetzen zu müssen, welche Römermacht damals unter den Waffen, welche Könige Verbündete, wie viel beschränkter[13]) die Herrschaft gewesen.

5. Vor Italien lagen auf beiden Meeren[14]) zwei Flotten, bei Misenum und Ravenna, und am nächsten gallischen Gestade die geschnäbelten Schiffe, welche, im Siege bei Actium erbeutet, Augustus nach Forum Julium[15]) gesendet, mit Ruderern stark bemannt. Die Hauptmacht aber bildeten am Rhein, zu gemeinschaftlichem Schutze gegen Germanen und Galier, acht Legionen. Hispanien[16]), neuerdings ganz bezwungen, ward von dreien besetzt gehalten. Mauretanien hatte der König Juba[17]) als ein Geschenk des römischen Volks empfangen. Das übrige Afrika wurde von zwei Legionen und von einer gleichen Zahl Aegypten, sodann von da, wo Syrien anfängt, bis zum Euphrat hin, der ganze ungeheuere Landstrich von vier Legionen im Zaum gehalten, da wo Nachbarn waren der Iberer[18]), Albaner und andere Könige, die durch unsere Größe geschützt werden gegen auswärtige Reiche[19]). Thracien hatte Rhoemetalces nebst den Söhnen des Cotys inne, das Donauufer zwei Legionen in Pannonien, zwei in Mösien, und ebenso viele standen in Dalmatien, um vermöge der Lage des Landes jenen

tergo illis, ac si repentinum auxilium Italia posceret, haud procul accirentur, quamquam insideret urbem proprius miles, tres urbanae, novem praetoriae cohortes, Etruria ferme Umbriaque delectae aut vetere Latio et coloniis antiquitus Romanis. At aput idonea provinciarum sociae triremes alaeque et auxilia cohortium, neque multo secus in iis virium: sed persequi incertum fuerit, cum ex usu temporis huc illuc mearent, gliscerent numero et aliquando minuerentur.

6. Congruens crediderim recensere ceteras quoque rei publicae partes, quibus modis ad eam diem habitae sint, quoniam Tiberio mutati in deterius principatus initium ille annus attulit. Iam primum publica negotia et privatorum maxima aput patres tractabantur, dabaturque primoribus disserere, et in adulationem lapsos cohibebat ipse; mandabatque honores, nobilitatem maiorum, claritudinem militiae, inlustres domi artes spectando, ut satis constaret non alios potiores fuisse. Sua consulibus, sua praetoribus species; minorum quoque magistratuum exercita potestas, legesque, si maiestatis quaestio eximeretur, bono in usu. At frumenta et pecuniae vectigales, cetera publicorum fructuum societatibus equitum Romanorum agitabantur. Res suas Caesar spectatissimo cuique, quibusdam ignotis ex fama mandabat, semelque adsumpti tenebantur prorsus sine modo, cum plerique isdem negotiis insenescerent. Plebes acri quidem annona fatigabatur, sed nulla in eo culpa ex principe: quin infecunditati terrarum aut asperis maris obviam iit, quantum impendio diligentiaque poterat. Et ne provinciae novis oneribus turbarentur, utque vetera sine avaritia aut crudelitate magistratuum tolerarent, providebat: corporum verbera, ademptiones bonorum aberant.

7. Rari per Italiam Caesaris agri, modesta servitia, intra paucos libertos domus; ac si quando cum privatis disceptaret, forum et ius.

den Rücken zu decken und, wenn Italien plötzliche Hilfe verlangte, ganz aus der Nähe herbeigerufen werden zu können, obwohl die Stadt ihre eigene Besatzung hatte, drei städtische und neun prätorische Cohorten, meist in Etrurien und Umbrien oder im alten Latium und in den altrömischen Colonien ausgehoben. Aber auch bundesgenossische Triremen, Reiterhaufen und Hilfscohorten befanden sich an schicklichen Orten in den Provinzen, und nicht viel unbedeutender war ihre Streitkraft: doch sie aufzuzählen dürfte unsicher sein, da sie nach Befinden der Umstände hier und dorthin zogen, bisweilen zunahmen an Zahl, bisweilen verringert wurden.

6. Für angemessen möcht' ich es nun halten, auch von den übrigen Zweigen der Staatsverwaltung nachzuweisen, auf welche Weise es damit gehalten worden sei bis zu dem Tage[20]), weil mit diesem Jahre ja die Regierung des Tiberius sich zum Nachtheil zu verändern begann. Vor allem also die öffentlichen Angelegenheiten und die wichtigsten von denen der Privatpersonen wurden vor den Vätern verhandelt, und gestattet war den Angesehensten sich auszusprechen, und wo sie in Schmeichelei verfielen, that er selbst Einhalt; auch sah er bei Uebertragung von Ehrenstellen auf Adel der Vorfahren, auf Berühmtheit im Kriegsdienst, auf ausgezeichnete Eigenschaften in den Geschäften des Friedens, so daß man ziemlich gewiß sein konnte, es seien keine Andere würdiger gewesen. Es blieb den Consuln, es blieb den Prätoren ihr Ansehn; auch die geringeren Beamten handhabten ihre Gewalt, und die Gesetze wurden, nahm man die Untersuchung über Majestätsverbrechen aus, auf eine löbliche Weise ausgeübt. Dagegen die Getreidelieferungen, die Zollabgaben, die übrigen öffentlichen Einkünfte wurden durch Compagnien der römischen Ritter betrieben. Seine eigenen Vermögensangelegenheiten übertrug der Cäsar nur den Bewährtesten, einigen Unbekannten, in Folge ihres guten Rufes, und die einmal Angestellten wurden beibehalten ohne alle Einschränkung, da sehr viele bei einem und demselben Geschäft zu Greisen wurden. Zwar seufzte das Volk unter schweren Getreidepreisen, aber keine Schuld traf dabei den Fürsten: ja er suchte der Unergiebigkeit des Bodens oder den Unglücksfällen auf dem Meere zu begegnen, soviel er durch Geldaufwand und Sorgfalt vermochte. Auch sorgte er dafür, daß die Provinzen nicht durch neue Lasten in Aufruhr gebracht würden und daß sie die alten ohne Habsucht oder Grausamkeit der Beamten sich gefallen ließen: körperliche Züchtigung, Güterentziehung kam nicht vor.

7. Nur hie und da besaß der Cäsar in Italien Ländereien, bescheiden waren seine Sklaven, auf wenige Freigelassene beschränkt die Hausverwaltung; und hatte er ja einmal mit Bürgern einen Streit, so entschied das Forum und das Recht.

Quae cuncta, non quidem comi via, sed horridus ac
plerumque formidatus, retinebat tamen, donec morte
Drusi verterentur. Nam dum superfuit, mansere, quia
Seianus incipiente adhuc potentia bonis consiliis notescere volebat, et ultor metuebatur non occultus odii, set
crebro querens incolumi filio adiutorem imperii alium
vocari. Et quantum superesse, ut collega dicatur? Pri-
mas dominandi spes in arduo: ubi sis ingressus, adesse
studia et ministros. Exstructa iam sponte praefecti castra,
datos in manum milites; cerni effigiem eius in monimentis Cn. Pompei; communes illi cum familia Drusorum
fore nepotes. Precandam post haec modestiam, ut contentus esset. Neque raro neque apud paucos talia iaciebat, et secreta quoque eius corrupta uxore prodebantur.

8. Igitur Seianus maturandum ratus deligit venenum, quo paulatim inrepente fortuitus morbus adsimula-
retur. Id Druso datum per Lygdum spadonem, ut octo
post annos cognitum est. Ceterum Tiberius per omnes
valitudinis eius dies, nullo metu, an ut firmitudinem animi
ostentaret, etiam defuncto necdum sepulto, curiam ingressus est. Consulesque sedo vulgari per speciem
maestitiae sedentes honoris locique admonuit, et effusum
in lacrimas senatum victo gemitu, simul oratione continua
erexit: non quidem sibi ignarum posse argui, quod tam
recenti dolore subierit oculos senatus: vix propinquorum
adloquia tolerari, vix diem aspici a plerisque lugentium.
Neque illos inbecillitatis damnandos: se tamen fortiora
solacia e complexu rei publicae petivisse. Miseratusque
Augustae extremam senectam, rudem adhuc nepotum et
vergentem aetatem suam, ut Germanici liberi, unica
praesentium malorum levamenta, inducerentur, petivit. Egressi consules firmatos adloquio adulescentu-
los deductosque ante Caesarem statuunt. Quibus ad-
prensis 'patres conscripti, hos' inquit 'orbatos parente
tradidi patruo ipsorum precatusque sum, quamquam
esset illi propria suboles, ne secus quam suum sanguinem foveret, attolleret, sibique et posteris confor-
maret. Erepto Druso preces ad vos converto disque

Wenn gleich in keiner milden Weise, sondern rauh und meist gefürchtet, behielt er doch dieses Alles bei, bis es mit des Drusus Tode sich änderte. Denn so lange dieser lebte, blieb es so, weil Sejanus, während seine Macht noch im Entstehen war, sich durch gute Rathschläge bekannt machen wollte, und ein Rächer zu fürchten war, der seinen Haß nicht verbarg, sondern häufig sich beklagte, daß, während am Leben der Sohn noch sei, ein Anderer Reichsgehilfe genannt werde. Und wie viel fehle, daß er Amtsgenosse heiße? Nur die erste Hoffnung auf Herrschaft zeige eine steile Bahn; habe man sie erst betreten, so fehle es an Beistand und an Helfern nicht. Schon errichtet sei, weil der Präfect es so gewollt, das Lager, in seine Hand schon gegeben die Soldaten; man sehe sein Bild im Bau des Cn. Pompejus[21]); gemeinschaftliche Enkel solle er mit der drusischen Familie haben[22]). Noch erbitten müsse man (ihm) Bescheidenheit, daß er sich begnüge. Dergleichen äußerte er nicht selten und nicht vor Wenigen, und auch seine geheimen Reden wurden verrathen, da verführt die Gattin war.

8. So hielt Sejanus denn Beschleunigung für nöthig und wählte Gift, das allmählich eindringend den Schein zufälliger Krankheit erzeugen sollte. Dies ward dem Drusus durch den Verschnittenen Lygdus beigebracht, wie man acht Jahre nachher erfuhr[23]). Uebrigens ging Tiberius alle Tage während der Krankheit desselben, nichts befürchtend, oder um seine Seelenstärke zu zeigen, auch da er gestorben war und noch nicht bestattet, in die Curie. Er erinnerte die Consuln, die zum Zeichen der Betrübniß sich auf gemeinem Sitze[24]) niedergelassen hatten, an ihre Würde und an ihren Platz, und richtete den in Thränen zerfließenden Senat, nachdem er die Klagen desselben zum Schweigen gebracht, zugleich auch durch zusammenhängende Rede auf: Er wisse zwar wohl, man könne es tadeln, daß er bei so frischem Schmerz dem Senat unter die Augen trete: von den meisten der Trauernden werde kaum der Verwandten Zusprache ertragen, kaum angeblickt des Tages Licht. Und nicht dürfe man deshalb sie der Schwäche zeihen: er jedoch habe kräftigeren Trost in seiner Hingebung an den Staat gesucht. Beklagend dann der Augusta Hochbetagtheit, der Enkel noch unreifes, sein eigenes sich neigendes Lebensalter, verlangte er, daß des Germanicus Kinder, der einzige Trost im gegenwärtigen Misgeschick, hereingeführt würden. Die Consuln gehen hinaus, ermuthigen die Jünglinge durch Ansprache, geleiten sie hinein und stellen sie vor den Cäsar hin. Dieser, bei der Hand sie fassend, spricht: „Versammelte Väter, diese Vaterlosen übergab ich ihrem Oheim, und bat ihn, obwohl er selbst Nachkommen hätte, sie nicht anders als sein eigenes Blut zu hegen und emporzuheben, für sich und seine Nachkommen heranzubilden. Da Drusus ihnen nun entrissen ist, so richte ich an euch meine Bitten und

et patria coram obtestor: Augusti pronepotes, clarissimis maioribus genitos, suscipite, regite, vestram meamque vicem explete. Hi vobis, Nero et Druse, parentum loco. Ita nati estis, ut bona malaque vestra ad rem publicam pertineant.'

9. Magno ea fletu et mox precationibus faustis audita; ac si modum orationi posuisset, misericordia sui gloriaque animos audientium impleverat: ad vana et totiens inrisa revolutus, de reddenda re publica utque consules seu quis alius regimen susciperent, vero quoque et honesto fidem dempsit. Memoriae Drusi eadem quae in Germanicum decernuntur, plerisque additis, ut fermo amat posterior adulatio. Funus imaginum pompa maxime inlustre fuit, cum origo Iuliae gentis Aeneas omnesque Albanorum reges et conditor urbis Romulus, post Sabina nobilitas, Attus Clausus ceteraeque Claudiorum effigies longo ordine spectarentur.

10. In tradenda morte Drusi quae plurimis maximeque fidis auctoribus memorata sunt retuli: set non omiserim eorundem temporum rumorem, validum adeo, ut nondum exolescat. Corrupta ad scelus Livia Seianum Lygdi quoque spadonis animum stupro vinxisse, quod is aetate atque forma carus domino interque primores ministros erat; deinde inter conscios ubi locus veneficii tempusque conposita sint, eo audaciae provectum, ut verteret et occulto indicio Drusum veneni in patrem arguens moneret Tiberium, vitandam potionem, quae prima ei aput filium epulanti offerretur. Ea fraude tum senem, postquam convivium inierat, exceptum poculum Druso tradidisse; atque illo ignaro et iuveniliter hauriente auctam suspitionem, tamquam metu et pudore sibimet inrogaret mortem, quam patri struxerat.

11. Haec vulgo iactata super id, quod nullo auctore certo firmantur, prompte refutaveris. Quis enim mediocri prudentia, nedum Tiberius tantis rebus exercitus, inaudito filio exitium offerret, idque sua manu et nullo ad

beschwöre euch im Angesicht der Götter und des Vaterlandes: Nehmet die Enkelsöhne des Augustus, die von so berühmten Vorfahren entsprossenen auf und leitet sie, erfüllet eure Pflicht so wie die meinige. Diese Männer, o Nero und Drusus, vertreten euch Elternstelle. So seid ihr geboren, daß euer Wohl und Wehe sich auf den Staat erstreckt."

9. Unter lautem Weinen und unter Segenswünschen dann ward das vernommen; und hätte er der Rede hier ein Ziel gesetzt, gewiß mit Mitleid gegen sich und Achtung hätte er die Gemüther der Hörenden erfüllt: doch zu dem leeren und so oft verspotteten Spiel zurück sich wendend mit der Aufgebung der Staatsverwaltung und daß die Consuln oder sonst Jemand die Regierung übernehmen möchte, entzog er auch dem Wahren und dem Ehrenwerthen allen Glauben. Zum Ehrengedächtniß des Drusus ward ebendasselbe wie für Germanicus beschlossen, und sehr Vieles noch hinzugefügt, wie spätere Schmeichelei es in der Regel pflegt. Das Leichenbegängniß zeichnete sich besonders durch der Ahnenbilder feierlichen Aufzug aus, da man des julischen Geschlechtes Stamm, Aeneas und sämmtliche Albanerkönige, den Gründer der Stadt, Romulus, darauf den sabinischen Adel, Attus Clausus und die übrigen Bildnisse der Claudier in langer Reihe schaute.

10. Bei der Erzählung von des Drusus Tode habe ich mitgetheilt, was von den meisten und zuverlässigsten Gewährsmännern berichtet worden ist: doch nicht übergehen möcht' ich ein Gerücht aus jener Zeit selbst, was so stark ist, daß es sich noch nicht verliert. Nach Verführung Livia's zum Verbrechen habe Sejanus auch den Verschnittenen Lygdus durch unzüchtigen Umgang an sich gefesselt, weil dieser wegen seiner jugendlichen Schönheit bei seinem Herrn beliebt und einer seiner ersten Diener war; dann, nachdem unter den Mitwissenden Ort und Zeit der Vergiftung verabredet worden, sei er in der Verwegenheit so weit gegangen, daß er die Sache umkehrte und in geheimer Anzeige den Drusus der Giftmischerei gegen den Vater beschuldigend den Tiberius vor dem Tranke warnte, der ihm, wenn er bei dem Sohne speiste, zuerst angeboten würde. In Folge dieser Hinterlist habe dann der Greis, nachdem er zu dem Mahle gekommen, den empfangenen Becher dem Drusus überreicht; und da dieser von nichts wußte und ihn mit jugendlicher Hast leerte, sei der Verdacht noch mehr befestigt worden, als habe er aus Furcht und Scham sich selbst den Tod gegeben, den er dem Vater bereitet hatte.

11. Dieses allgemein verbreitete Gerede kann man außer dem, daß es von keinem sichern Gewährsmanne bestätigt wird, leicht widerlegen. Denn wer von nur leiblicher Besonnenheit, geschweige denn Tiberus, der in so wichtigen Dingen erfahrene, würde unverhörter Sache seinem Sohne Vernichtung bieten, und das mit eigener Hand uud ohne Rückschritt

paenitendum regressu? Quin potius ministrum veneni excruciaret, auctorem exquireret, insita denique etiam in extraneos cunctatione et mora adversum unicum et nullius ante flagitii conpertum uteretur? Sed quia Seianus facinorum omnium repertor habebatur, ex nimia caritate in eum Caesaris et ceterorum in utrumque odio quamvis fabulosa et immania credebantur, atrociore semper fama erga dominantium exitus. Ordo alioqui sceleris per Apicatam Seiani proditus, tormentis Eudemi ac Lygdi patefactus est, neque quisquam scriptor tam infensus extitit, ut Tiberio obiectaret, cum omnia alia conquirerent intenderentque. Mihi tradendi arguendique rumoris causa fuit, ut claro sub exemplo falsas auditiones depellerem peteremque ab iis, quorum in manus cura nostra venerit, ne divulgata atque incredibilia avide accepta veris neque in miraculum corruptis antehabeant.

12. Ceterum laudante filium pro rostris Tiberio senatus populusque habitum ac voces dolentum simulatione magis quam libens induebat, domumque Germanici revirescere occulti laetabantur. Quod principium favoris et mater Agrippina spem male tegens perniciem adceleravere. Nam Seianus ubi videt mortem Drusi inultam interfectoribus, sine maerore publico esse, ferox scelerum, et quia prima provenerant, volutare secum, quonam modo Germanici liberos perverteret, quorum non dubia successio. Neque spargi venenum in tres poterat, egregia custodum fide et pudicitia Agrippinae inpenetrabili. Igitur contumaciam eius insectari, vetus Augustae odium, recentem Liviae conscientiam exagitare, ut superbam fecunditate, subnixam popularibus studiis inhiare dominationi apud Caesarem arguerent. Atque haec callidis criminatoribus, inter quos delegerat Iulium Postumum, per adulterium Mutiliae Priscae inter intimos aviae et consiliis suis peridoneum, quia Prisca in animo Augustae valida anum suapte natura potentiae anxiam insociabilem nurui efficiebat. Agrippinae quoque proximi inliciebantur pravis sermonibus tumidos spiritus perstimulare.

zur Reue? Würde er nicht vielmehr den Diener der Vergiftung gefoltert, dem Urheber derselben nachgeforscht, endlich die ihm angeborene, auch gegen Fremde bewiesene zaudernde Bedenklichkeit gegen den einzigen, vorher keiner Schandthat überwiesenen Sohn angewendet haben? Aber weil Sejanus für fähig gehalten wurde, alle nur denkbare Schandthat zu ersinnen, so ward bei des Cäsars übergroßer Liebe zu ihm und bei dem Hasse der Uebrigen gegen beide, dem noch so fabelhaften und Ungeheuern Glauben geschenkt, wie ja immer das Gerücht in Bezug auf den Tod der Machthaber ziemlich gräßlich lautet. Ueberdies ist der Hergang des Verbrechens durch des Sejanus Gattin Apicata verrathen, durch Folterung des Eudemus und Lygdus an's Tageslicht gekommen, und kein einziger Schriftsteller hat seinen Haß so weit getrieben, daß er dem Tiberius die Schuld gegeben hätte, während sie doch alles Andere aufsuchten und übertrieben. Ich habe bei Mittheilung und Widerlegung des Gerüchts die Absicht gehabt, auf Anlaß eines augenfälligen Beispiels grundloses Hörensagen abzuweisen, und die, in deren Hände meiner Forschung Frucht gelangt, zu bitten, daß sie Weitverbreitetem und doch Unglaublichem, was man begierig auffaßt, vor der ins Wunderbare nicht entstellten Wahrheit nicht den Vorzug geben.

12. Uebrigens nahmen Senat und Volk, während von der Rednerbühne Tiberius seinem Sohne eine Lobrede hielt, mehr aus Verstellung als von Herzen Haltung und Sprache Leidtragender an, und freuten sich im Stillen, daß das Haus des Germanicus wieder aufblühe. Doch dieser Anfang der Gunst und die ihre Hoffnung schlecht verbergende Mutter Agrippina beschleunigte dessen Verderben. Denn sobald Sejanus sieht, daß des Drusus Tod an den Mördern ungerächt bleibt und kein Gegenstand öffentlicher Betrübniß ist, überlegt er, zügellos in Freveln, zumal da ihm der erste Schritt gelungen, bei sich hin und her, auf welche Art er des Germanicus Kinder verderben möchte, deren Thronfolge ganz ohne Zweifel war. Jedoch gegen drei zugleich[25]) konnte Gift nicht angewendet werden bei der ausgezeichneten Treue ihrer Hüter und bei Agrippina's unzugänglicher Keuschheit. Daher greift er ihren Starrsinn an, bringt der Augusta alten Haß, der Livia frisches Schuldbewußtsein in Aufruhr, sie bei dem Cäsar zu beschuldigen, daß sie stolz auf ihre Fruchtbarkeit, sich stützend auf des Volkes Gunst, nach der Herrschaft trachte. Und dieses betrieb er durch listige Verleumder, unter welchen er sich den Julius Postumus auserkoren hatte, welcher durch Ehebruch mit der Mutilia Prisca zu den Vertrautesten der Großmutter gehörte und für seine Pläne ganz paßte, weil die über Augusta viel vermögende Prisca die von Natur schon ängstlich um ihre Macht besorgte Alte ganz unversöhnlich gegen die Enkelschwiegertochter[26]) stimmte. Auch der Agrippina nächste Umgebung ward verleitet, durch boshafte Rede ihren hochfahrenden Sinn vollends aufzureizen.

13. At Tiberius nihil intermissa rerum cura, negotia pro solaciis accipiens, ius civium, preces sociorum tractabat, factaque auctore eo senatus consulta, ut civitati Cibyraticae aput Asiam, Aegiensi aput Achaiam, motu terrae labefactis, subveniretur remissione tributi in triennium. Et Vibius Serenus, pro consule ulterioris Hispaniae, de vi publica damnatus, ob atrocitatem morum in insulam Amorgum deportatur. Carsidius Sacerdos, reus tamquam frumento hostem Tacfarinatem iuvisset, absolvitur, eiusdemque criminis C. Gracchus. Hunc comitem exilii admodum infantem pater Sempronius in insulam Cercinam tulerat. Illic adultus inter extorres et liberalium artium nescios, mox per Africam ac Siciliam mutando sordidas merces sustentabatur; neque tamen effugit magnae fortunae pericula. Ac ni Aelius Lamia et L. Apronius, qui Africam obtinuerant, insontem protexissent, claritudine infausti generis et paternis adversis foret abstractus.

14. Is quoque annus legationes Graecarum civitatium habuit, Samiis Iunonis, Cois Aesculapii delubro vetustum asyli ius ut firmaretur, petentibus. Samii decreto Amphictyonum nitebantur, quis praecipuum fuit rerum omnium iudicium, qua tempestate Graeci conditis per Asiam urbibus ora maris potiebantur. Neque dispar apud Coos antiquitas, et accedebat meritum ex loco: nam cives Romanos templo Aesculapii induxerant, cum iussu regis Mithridatis apud cunctas Asiae insulas et urbes trucidarentur.

Variis dehinc et saepius inritis praetorum questibus, postremo Caesar de inmodestia histrionum rettulit: multa ab iis in publicum seditiose, foeda per domos temptari; Oscum quondam ludicrum, levissimae apud vulgum oblectationis, eo flagitiorum et virium venisse, ut auctoritate patrum coercendum sit. Pulsi tum histriones Italia.

15. Idem annus alio quoque luctu Caesarem adficit, altero ex geminis Drusi liberis extinguendo, neque minus morte amici. Is fuit Lucilius Longus, omnium illi

13. Indeß beschäftigte sich Tiberius in unausgesetzter Sorge für den Staat, Geschäfte sich zum Trost gereichen lassend, mit der Rechtspflege über die Bürger, mit den Gesuchen der Bundesgenossen, und es wurden auf seinen Antrag die Senatsbeschlüsse abgefaßt, daß der Stadt Cibyra[27]) in Asien und Aegium in Achaja, die durch Erdbeben gelitten hatten, durch Erlaß der Abgaben auf drei Jahre zu Hilfe gekommen würde. Der Proconsul des jenseitigen Hispaniens[28]), Vibius Serenus, wird, öffentlicher Gewaltthätigkeit angeklagt, der Gräßlichkeit seines Charakters wegen[29]) nach der Insel Amorgus deportirt. Carsidius Sacerdos, angeschuldigt als einer, der den Feind Tacfarinas mit Getreide unterstützt, wird freigesprochen, und von der gleichen Beschuldigung C. Gracchus. Diesen hatte in früher Kindheit sein Vater Sempronius[30]) als Gefährten der Verbannung nach der Insel Cercina mitgenommen. Hier aufgewachsen unter Verbannten und ungebildeten Menschen, fand er seinen Unterhalt nachher in Afrika und Sicilien durch gemeinen Waarentausch; und dennoch entging er den Gefahren nicht, die großes Glück bereitet. Und hätten nicht Aelius Lamia und L. Apronius, welche Afrika bekommen hatten, den Schuldlosen in Schutz genommen, so wäre er durch die Berühmtheit seines unglücklichen Geschlechts und durch seines Vaters Misgeschick ins Verderben mit hinabgerissen worden.

14. Auch dieses Jahr weist Gesandtschaften griechischer Städte auf, indem die Samier[31]) für der Juno Heiligthum, die Coer für das des Aesculapius um Bestätigung des alten Asylrechts baten. Die Samier stützten sich auf einen Beschluß der Amphictyonen, die zu der Zeit, als die Griechen durch Anlegung von Städten in Asien die Meeresküste beherrschten, in allen Angelegenheiten die höchste Entscheidung hatten. Nicht unähnlich verhielt sich es bei den Coern mit dem Alter, und hinzu kam noch von Seiten des Ortes ein Verdienst: denn man hatte die römischen Bürger im Tempel des Aesculapius untergebracht, als solche auf Befehl des Königs Mithridates[32]) auf allen Inseln und in allen Städten Asiens ermordet wurden.

Sodann brachte nach mancherlei und oft fruchtlosen Klagen der Prätoren endlich der Cäsar die Zügellosigkeit der Schauspieler zur Sprache: viel Meuterei im Staate, viel Schändliches in den Familien gehe von ihnen aus; das einst oscische Possenspiel[33]), eine ganz gehaltlose Volksergötzung, sei zu so verbrecherischer Uebermacht gelangt, daß ihm durch das Ansehn der Väter Schranken gesetzt werden müssen. So wurden denn jetzt die Schauspieler aus Italien vertrieben.

15. Dasselbe Jahr bringt dem Cäsar noch andere Trauer, indem es den einen von des Drusus Zwillingssöhnen wegraffte, und nicht minder durch den Tod eines Freundes. Dieser war Lucilius Longus, in allen Zeiten

tristium laetorumque socius unusque e senatoribus Rhodii secessus comes. Ita, quamquam novo homini, censorium funus, effigiem apud forum Augusti publica pecunia patres decrevere, aput quos etiam tum cuncta tractabantur, adeo ut procurator Asiae Lucilius Capito accusante provincia causam dixerit, magna cum adseveratione principis, non se ius nisi in servitia et pecunias familiares dedisse: quodsi vim praetoris usurpasset manibusque militum usus foret, spreta in eo mandata sua: audirent socios. Ita reus cognito negotio damnatur. Ob quam ultionem, et quia priore anno in C. Silanum vindicatum erat, decrevere Asiae urbes templum Tiberio matrique eius ac senatui. Et permissum statuere; egitque Nero grates ea causa patribus atque avo, laetas inter audientium adfectiones, qui recenti memoria Germanici illum aspici, illum audiri rebantur. Aderantque iuveni modestia ac forma principe viro digna, notis in eum Seiani odiis ob periculum gratiora.

16. Sub idem tempus de flamine Diali in locum Servi Maluginensis defuncti legendo, simul roganda nova lege disseruit Caesar. Nam patricios confarreatis parentibus genitos tres simul nominari, ex quis unus legeretur, vetusto more; neque adesse, ut olim, eam copiam, omissa confarreandi adsuetudine aut inter paucos retenta. Pluresque eius rei causas adferebat, potissimam penes incuriam virorum feminarumque; accedere ipsius caerimoniae difficultates, quae consulto vitarentur, et quoniam exiret e iure patrio qui id flaminium apisceretur quaeque in manum flaminis conveniret. Ita medendum senatus decreto aut lege, sicut Augustus quaedam ex horrida illa antiquitate ad praesentem usum flexisset. Igitur tractatis religionibus placitum instituto flaminum nihil demutari; sed lata lex, qua flaminica Dialis sacrorum causa in potestate viri, cetera promisco feminarum iure ageret. Et filius Maluginensis patri suffectus. Utque gliscaret dignatio sacerdotum atque ipsis promptior

und Freuden sein Gefährte und von den Senatoren sein einziger Begleiter in der Abgeschiedenheit auf Rhodus. So wurde ihm denn, trotz der Neuheit seines Adels, ein censorisches Leichenbegängniß³⁵) und ein Standbild auf dem Forum des Augustus³⁶) auf öffentliche Kosten von den Vätern zuerkannt, vor welchem damals noch Alles verhandelt ward, so daß selbst der Procurator Asiens, Lucilius Capito, auf Anklage der Provinz sich vor ihnen vertheidigen mußte, unter nachdrücklicher Versicherung des Fürsten, er habe ihm nur über seine Sklaven und über sein Privatvermögen ein Recht gegeben: sollte er sich eines Prätors Gewalt angemaßt und sich der bewaffneten Macht bedient haben, so seien damit seine Anweisungen überschritten: anhören solle man die Bundesgenossen. So ward der Beklagte nach Untersuchung der Sache verurtheilt. Ob dieser Genugthuung und weil im vorigen Jahre C. Silanus bestraft worden war³⁷), beschlossen Asiens Städte einen Tempel für Tiberius, dessen Mutter und den Senat. Man erlaubte auch dessen Aufführung; und es dankte dafür³⁸) Nero dem Senat und seinem Großvater unter freudiger Stimmung der Zuhörer, die, im frischen Andenken an Germanicus, diesen zu sehen, diesen zu hören glaubten. Und der Jüngling besaß auch wirklich eines Fürsten würdige Feinheit und Gestalt, die bei des Sejanus bekanntem Hasse gegen ihn ob der Gefahr noch mehr für ihn gewann.

16. Um dieselbe Zeit sprach der Cäsar über die Erwählung des Jupiterpriesters an die Stelle des verstorbenen Servius Maluginensis, und dabei über den Vorschlag eines neuen Gesetzes. Denn nach altem Brauche würden Patricier, von feierlich vermählten Eltern stammend, und zwar drei zugleich vorgeschlagen, aus denen einer zu erwählen sei; nun stehe aber diese Zahl nicht so wie vormals zu Gebote, indem die Gewohnheit feierlicher Vermählung außer Gebrauch gekommen oder von Wenigen nur beibehalten sei. Und davon führte er mehrere Ursachen an; die hauptsächlichste liege in der Gleichgültigkeit der Männer und Frauen; dazu kämen die Schwierigkeiten bei der Cäremonie selbst, die man mit Bedacht vermiede, und endlich träte ja aus der väterlichen Gewalt, wer dieses Priesterthum erlangte, und die zugleich, welche der Hand eines solchen Priesters folgte. Dem sei daher durch einen Senatsbeschluß oder durch ein Gesetz abzuhelfen, sowie auch Augustus Manches aus jener rauhen Vorzeit nach dem gegenwärtigen Bedürfniß umgestaltet habe. Man beschloß daher nach Erwägung der gottesdienstlichen Gebräuche an der Einrichtung der Eigenpriester zwar nichts abzuändern; aber ein Gesetz ward gegeben, nach welchem die Gattin des Jupiterpriesters sich bei gottesdienstlichen Sachen in des Mannes Gewalt, im Uebrigen aber in gleichem Rechte mit andern Frauen befinden sollte. Zugleich kam des Maluginensis Sohn an des Vaters Stelle. Und damit das Ansehn der Priester zunehmen

animus foret ad capessendas caerimonias, decretum Corneliae virgini, quae in locum Scantiae capiebatur, sestertium vicies, et quotiens Augusta theatrum introisset, ut sedes inter Vestalium consideret.

17. Cornelio Cethego Visellio Varrone consulibus pontifices eorumque exemplo ceteri sacerdotes, cum pro incolumitate principis vota susciperent, Neronem quoque et Drusum isdem dis commendavere, non tam caritate iuvenum quam adulatione, quae moribus corruptis perinde anceps, si nulla et ubi nimia est. Nam Tiberius, haud umquam domui Germanici mitis, tum vero aequari adulescentes senectae suae inpatienter indoluit, accitosque pontifices percontatus est, num id precibus Agrippinae aut minis tribuissent. Et illi quidem, quamquam abnuerent, modice perstricti; etenim pars magna e propinquis ipsius aut primores civitatis erant: ceterum in senatu oratione monuit in posterum, ne quis mobiles adulescentium animos praematuris honoribus ad superbiam extolleret. Instabat quippe Seianus incusabatque diductam civitatem ut civili bello; esse qui se partium Agrippinae vocent, ac ni resistatur, fore pluris; neque aliud gliscentis discordiae remedium, quam si unus alterve maxime prompti subverterentur.

18. Qua causa C. Silium et Titium Sabinum adgreditur. Amicitia Germanici perniciosa utrique, Silio et quod ingentis exercitus septem per annos moderator partisque apud Germaniam triumphalibus Sacroviriani belli victor, quanto maiore mole procideret, plus formidinis in alios dispergebatur. Credebant plerique auctam offensionem ipsius intemperantia, immodice iactantis suum militem in obsequio duravisse, cum alii ad seditiones prolaberentur; neque mansurum Tiberio imperium, si iis quoque legionibus cupido novandi fuisset. Destrui per haec fortunam suam Caesar inparemque tanto merito rebatur. Nam beneficia eo usque laeta sunt, dum videntur exsolvi posse; ubi multum antevenere, pro gratia odium redditur.

19. Erat uxor Silio Sosia Galla, caritate Agrippinae

und sie selbst sich bereiter finden lassen möchten, sich den heiligen Verrichtungen zu unterziehen, wurden der Vestalin Cornelia, die an die Stelle der Scantia gewählt ward, zwei Millionen Sesterze zuerkannt und beschlossen, daß so oft Augusta in das Theater träte, sie unter den Vestalinnen ihren Sitz nähme[39]).

17. Unter dem Consulat des Cornelius Cethegus und Visellius Varro empfahlen die Oberpriester und nach ihrem Beispiel auch die übrigen Priester, als sie Gelübde für das Wohl des Fürsten[40]) thaten, auch den Nero und Drusus denselben Göttern, nicht sowohl aus Zuneigung zu den Jünglingen, als aus Schmeichelei, deren Uebertreibung bei verderbten Sitten ebenso bedenklich ist wie ihr gänzliches Unterlassen. Denn Tiberius, dem Hause des Germanicus wol niemals hold, empfand es jetzt erst recht als eine unerträgliche Beleidigung, daß man den Jünglingen mit seinen Jahren gleiche Ehre gebe, beschied die Oberpriester zu sich und forschte sie darüber aus, ob sie darin den Bitten oder Drohungen der Agrippina nachgegeben hätten. Sie selbst nun kamen, wiewohl leugnend, mit einem mäßigen Verweis davon; sie waren nämlich großentheils seine Verwandte oder die ersten Männer im Staate: aber im Senate sprach er die Warnung für die Zukunft aus, daß Niemand die wandelmüthigen Gemüther junger Leute durch allzufrühe Auszeichnungen zum Stolz verleiten möge. Denn fortwährend lag Sejanus ihm mit der Klage an, es sei der Staat getheilt gleichwie in einem Bürgerkriege; schon gebe es Leute, die sich als Partei nach Agrippina nennten, und wenn man nicht entgegenträte, würden mehrere werden; kein anderes Mittel aber gegen die überhandnehmende Zwietracht sei zu finden, als wenn einer oder der andere der Entschlossensten aus dem Wege geräumt würde.

18. Aus diesem Grunde greift er den C. Silius und Titius Sabinus an. Die Freundschaft des Germanicus war für beide verderblich, dem Silius auch das noch, daß, weil er, sieben Jahre hindurch eines gewaltigen Heeres Führer und, nach in Germanien erworbenen Triumphinsignien, Sieger im Kriege mit Sacrovir, von so bedeutender Höhe herabstürzte, um so mehr Schrecken dadurch über Andere verbreitet werden mußte. Es glaubten sehr viele, die Ungnade sei vermehrt worden durch seine eigene Maßlosigkeit, indem er übermäßig damit prahlte, daß seine Krieger im Gehorsam beharrt hätten, während andere zu Meuterei sich fortreißen ließen; und daß die Herrschaft dem Tiberius nicht geblieben sein würde, wenn auch jene Legionen von Neuerungssucht ergriffen gewesen wären. Herabgewürdigt glaubte dadurch der Cäsar seine Hoheit und solchem Verdienste nicht groß genug. Denn Wohlthaten sind nur so lange willkommen, als sie noch vergolten werden zu können scheinen; sind sie über diese Grenze weit hinaus, so wird statt des Dankes Haß erwiedert.

19. Zur Gattin hatte Silius Sosia Galla, die wegen Agrippina's Zunei-

invisa principi. Hos corripi, dilato ad tempus Sabino, placitum, inmissusque Varro consul, qui paternas inimicitias obtendens odiis Seiani per dedecus suum gratificabatur. Precante reo brevem moram, dum accusator consulatu abiret, adversatus est Caesar: solitum quippe magistratibus diem privatis dicere, nec infringendum consulis ius, cuius vigiliis niteretur, ne quod res publica detrimentum caperet. Proprium id Tiberio fuit scelera nuper reperta priscis verbis obtegere. Igitur multa adseveratione, quasi aut legibus cum Silio ageretur, aut Varro consul aut illud res publica esset, coguntur patres, silente reo, vel si defensionem coeptaret, non occultante, cuius ira premeretur. Conscientia belli Sacrovir diu dissimulatus, victoria per avaritiam foedata et uxor Sosia arguebantur. Nec dubie repetundarum criminibus haerebant, sed cuncta quaestione maiestatis exercita, et Silius imminentem damnationem voluntario fine praevertit.

20. Saevitum tamen in bona, non ut stipendiariis pecuniae redderentur, quorum nemo repetebat, sed liberalitas Augusti avulsa, computatis singillatim quae fisco petebantur. Ea prima Tiberio erga pecuniam alienam diligentia fuit. Sosia in exilium pellitur Asinii Galli sententia, qui partem bonorum publicandam, pars ut liberis relinqueretur, censuerat. Contra M'. Lepidus quartam accusatoribus secundum necessitudinem legis, cetera liberis concessit. Hunc ego Lepidum temporibus illis gravem et sapientem virum fuisse comperior: nam pleraque ab saevis adulationibus aliorum in melius flexit. Neque tamen temperamenti egebat, cum aequabili auctoritate et gratia aput Tiberium viguerit. Unde dubitare cogor, fato et sorte nascendi, ut cetera, ita principum inclinatio in hos, offensio in illos, an sit aliquid in nostris consiliis, liceatque inter abruptam contumaciam et deforme obsequium pergere iter ambitione ac periculis vacuum. At Messalinus Cotta haud minus claris maioribus, sed animo

gung dem Fürsten verhaßt war. Beide beschloß man anzuklagen, für jetzt verschiebend des Sabinus Sache, und es ward der Consul Varro angestiftet, der, seines Vaters Feindschaft⁴¹) zum Vorwand brauchend, dem Hasse des Sejanus zu seiner Schande sich gefällig zeigte. Der Bitte des Angeklagten um kurzen Aufschub, bis der Kläger vom Consulat abträte, widersetzte sich der Cäsar: es sei ja herkömmlich, daß Staatsbeamte Privatpersonen belangen, und es dürfe das Recht des Consuls nicht geschmälert werden, auf dessen Wachsamkeit es beruhe, daß der Staat keinen Schaden leide. Es war dieses dem Tiberius eigen, erst neuerlich aufgekommene Verbrechen mit Worten aus der Vorzeit⁴²) zu bemänteln. Mit großem Ernste also, als ob mit Silius nach den Gesetzen verfahren würde, oder ein Varro Consul wäre oder darin das Wesen der Republik bestände, werden die Väter zusammenberufen, während der Beklagte schwieg oder, begann er ja sich zu vertheidigen, es nicht verheimlichte, wessen Zorn ihn so bedränge. Die lange Verhehlung der Empörung Sacrovir's, obwohl er darum gewußt, die Befleckung seines Sieges durch Habsucht und seine Gattin Sosia wurden zum Vorwurfe gemacht. Und ohne Zweifel haftete an ihnen der Erpressung Schuld, doch Alles insgesammt ward wie eine Untersuchung ob verletzter Majestät behandelt, und Silius kam der bevorstehenden Verurtheilung durch freiwilligen Tod zuvor.

20. Dennoch⁴³) wüthete man gegen sein Vermögen, nicht etwa um den Besteuerten ihr Geld zurückzugeben, von denen Niemand eine Forderung machte, nein, wohl aber wurde des Augustus Schenkung davon losgerissen und Alles einzeln zusammengerechnet, was für den Fiscus in Anspruch genommen ward. Das war bei Tiberius die erste Aufmerksamkeit in Bezug auf fremdes Gut. Sosia wurde des Landes verwiesen auf des Asinius Gallus Antrag, der für die Einziehung der einen Hälfte ihrer Güter gestimmt hatte, während die andere den Kindern gelassen werden sollte. Dagegen wollte Manius Lepidus ein Viertel den Anklägern nach des Gesetzes⁴⁴) Nöthigung, das Uebrige den Kindern zuweisen. An diesem Lepidus finde ich einen für jene Zeiten würdevollen und weisen Mann: denn sehr oft gab er den grausamen Absichten in den Schmeicheleien Anderer eine bessere Wendung. Und doch brauchte er sich dabei nicht zu mäßigen, indem er stets desselben Ansehns und derselben Gunst bei Tiberius sich erfreute. Daher nöthigt es mich zur Unentschiedenheit darüber, ob in dem Schicksal und dem Loose der Geburtsstunde, wie das Uebrige, so auch der Fürsten Hinneigung zu diesen, ihr Widerwille gegen Jene, oder ob etwas auch in unserer Selbstbestimmung liege, und ob es vergönnt sei, in der Mitte zwischen starrem Trotz und entehrender Dienstbarkeit eine von Ehrgeiz wie von Gefahren freie Bahn zu wandeln. Aber Messalinus Cotta, von nicht minder berühmten Ahnen, doch ganz

diversus, censuit cavendum senatus consulto, ut quamquam insontes magistratus et culpae alienae nescii provincialibus uxorum criminibus perinde quam suis plecterentur.

21. Actum dehinc de Calpurnio Pisone, nobili ac feroci viro. Is namque, ut retuli, cessurum se urbe ob factiones accusatorum in senatu clamitaverat et spreta potentia Augustae trahere in ius Urgulaniam domoque principis excire ausus erat. Quae in praesens Tiberius civiliter habuit; sed in animo revolvente iras, etiamsi impetus offensionis languerat, memoria valebat. Pisonemque Granius secreti sermonis incusavit adversum maiestatem habiti, adiecitque in domo eius venenum esse, eumque gladio accinctum introire curiam. Quod ut atrocius vero tramissum: ceterorum, quae multa cumulabantur, receptus est reus, neque peractus ob mortem oportunam.

Relatum et de Cassio Severo exule, qui sordidae originis, maleficae vitae, sed orandi validus, per immodicas inimicitias, ut iudicio iurati senatus Cretam amoveretur, effecerat; atque illic eadem actitando recentia veteraque odia advertit, bonisque exsutus, interdicto igni atque aqua, saxo Seripho consenuit.

22. Per idem tempus Plautius Silvanus praetor incertis causis Aproniam coniugem in praeceps iecit, tractusque ad Caesarem ab L. Apronio socero turbata mente respondit, tamquam ipse somno gravis atque eo ignarus, et uxor sponte mortem sumpsisset. Non cunctanter Tiberius pergit in domum, visit cubiculum, in quo reluctantis et impulsae vestigia cernebantur. Refert ad senatum, datisque iudicibus Urgulania, Silvani avia, pugionem nepoti misit. Quod perinde creditum quasi principis monitu, ob amicitiam Augustae cum Urgulania. Reus frustra temptato ferro venas praebuit exsolvendas. Mox Numantina, prior uxor eius, accusata iniecisse carminibus et veneficiis vecordiam marito, insons iudicatur.

verschiedener Gesinnung, trug darauf an, durch Senatsbeschluß festzustellen,
daß, wenngleich schuldlos und um fremde Schuld nicht wissend, die Beamten
für die in den Provinzen begangenen Verbrechen ihrer Frauen ebenso wie
für eigene bestraft würden.

21. Verhandelt ward dann über Calpurnius Piso, einen vornehmen und
muthvollen Mann. Dieser hatte nämlich, wie ich erzählte[45]), im Senate
laut erklärt, er werde die Stadt verlassen wegen der Parteiungen der Ankläger, und, der Augusta Machteinfluß verachtend, es gewagt, Urgulania vor
Gericht zu ziehen und aus des Fürsten Hause vorzufordern. Das nahm Tiberius für den Augenblick mit bürgerlichem Sinne auf; im Herzen aber, das
den Zorn immer wieder zurückrief, auch wenn die Aufwallung des gekränkten Gefühles schon vorüber war, lebte die Erinnerung fort. Den Piso nun
klagte Granius geheimer, gegen die Majestät geführter Reden an, und fügte
hinzu, es finde sich Gift in seinem Hause, und mit einem Schwert umgürtet komme er in die Curie. Das wurde als zu gräßlich, als daß es wahr
sein könnte, übergangen: hinsichtlich des Uebrigen, was man in Menge gegen
ihn zusammenhäufte, ward die Klage angenommen, doch nicht durchgeführt
wegen rechtzeitigen Todes.

Zum Vortrag kam es auch über den verbannten Cassius Severus[46]), der,
gemeiner Herkunft und verbrecherischen Wandels, aber in der Rede stark, es
durch zügellose Anfeindungen dahin gebracht hatte, daß er durch eidlichen Ausspruch des Senats[47]) nach Creta entfernt wurde; und da er es ebenso auch
dort trieb, lud er mit dem neuen Hasse auch den alten wieder auf sich, und
ergraute, seines Vermögens beraubt, da Feuer ihm und Wasser untersagt
war, auf dem seriphischen Felsen[48]).

22. In derselben Zeit stürzte der Prätor Plautius Silvanus aus unbekannten Ursachen seine Gattin Apronia aus dem Fenster hinaus, und von
seinem Schwiegervater Apronius vor den Cäsar geschleppt, antwortete er mit
verwirrtem Sinne, als ob er selbst in tiefem Schlafe gewesen sei und deshalb
von nichts wisse, seine Gemahlin aber freiwillig sich den Tod gegeben habe.
Unverzüglich begibt sich Tiberius nach dem Hause, besichtigt das Schlafgemach,
in welchem man die Spuren ihrer Gegenwehr und wie sie fortgestoßen sei,
wahrnahm. Er berichtet an den Senat, und nachdem Richter bestellt waren,
schickte Urgulania, des Silvanus Großmutter, ihrem Enkel einen Dolch. Und
das sah man so an, als sei es auf einen Wink des Fürsten geschehen, wegen
Augusta's Freundschaft mit der Urgulania. Der Angeklagte ließ sich, nachdem er es vergeblich mit dem Eisen versucht, die Adern öffnen. Hierauf
ward Numantina, seine erste Gemahlin, angeklagt, durch Zauberformeln und
Gift ihren Gatten in Wahnsinn gestürzt zu haben, für unschuldig erklärt.

23. Is demum annus populum Romanum longo adversum Numidam Tacfarinatem bello absolvit. Nam priores duces ubi impetrando triumphalium insigni sufficere res suas crediderant, hostem omittebant; iamque tres laureatae in urbe statuae, et adhuc raptabat Africam Tacfarinas, auctus Maurorum auxiliis, qui, Ptolemaeo, Iubae filio, iuventa incurioso, libertos regios et servilia imperia bello mutaverant. Erat illi praedarum receptor ac socius populandi rex Garamantum, non ut cum exercitu incederet, sed missis levibus copiis, quae ex longinquo in maius audiebantur; ipsaque e provincia, ut quis fortunae inops, moribus turbidus, promptius ruebant, quia Caesar post res a Blaeso gestas, quasi nullis iam in Africa hostibus, reportari nonam legionem iusserat, nec pro consule eius anni P. Dolabella retinere ausus erat, iussa principis magis quam incerta belli metuens.

24. Igitur Tacfarinas disperso rumore rem Romanam aliis quoque ab nationibus lacerari eoque paulatim Africa decedere, ac posse reliquos circumveniri, si cuncti, quibus libertas servitio potior, incubuissent, auget vires positisque castris Thubuscum oppidum circumsidet. At Dolabella contracto quod erat militum, terrore nominis Romani et quia Numidae peditum aciem ferre nequeunt, primo sui incessu solvit obsidium locorumque opportuna permunivit; simul principes Musulamiorum defectionem coeptantes securi percutit. Dein quia pluribus adversum Tacfarinatem expeditionibus cognitum, non gravi nec uno incursu consectandum hostem vagum, excito cum popularibus rege Ptolemaeo quattuor agmina parat, quae legatis aut tribunis data; et praedatorias manus delecti Maurorum duxere; ipse consultor aderat omnibus.

25. Nec multo post adfertur Numidas aput castellum semirutum, ab ipsis quondam incensum, cui nomen Auzea, positis mapalibus consedisse, fisos loco, quia vastis circum saltibus claudebatur. Tum expeditae cohortes

23. Erst dieses Jahr befreite das römische Volk von dem langen⁴⁹) Kriege gegen den Numidier Tacfarinas. Denn die früheren Feldherren ließen, sobald sie zur Erlangung der Triumphinsignien ihre Thaten für hinreichend hielten, den Feind außer Acht; und schon standen drei lorbeerumkränzte Standbilder⁵⁰) in der Stadt, und noch verheerte Tacfarinas Afrika, verstärkt durch Hilfstruppen der Mauren, die, weil Ptolemäus, des Juba Sohn, ob seiner Jugend sich um nichts kümmerte, die Freigelassenen des Königs und die Sklavenherrschaft mit dem Kriege vertauscht hatten. Dabei hatte er zum Hehler für seine Beute und zum Genossen seiner Plünderungszüge den König der Garamanten, nicht so, daß er mit einem Heere einhergezogen wäre, sondern durch Zusendung von leichten Truppen, die aus der Ferne das Gerücht vergrößerte; ja aus der Provinz selbst strömten Viele, je dürftiger ihre Lage, je unruhiger ihr Sinn war, um so bereitwilliger herbei, weil der Cäsar nach dem, was Bläsus gethan, als ob nun gar kein Feind in Afrika mehr wäre, die neunte Legion zurückzuführen befohlen, und der Proconsul dieses Jahres, P. Dolabella, dieselbe zurückzuhalten nicht gewagt hatte, die Befehle des Fürsten mehr als des Krieges Ungewißheit fürchtend.

24. Nachdem daher Tacfarinas das Gerücht ausgesprengt, es werde die römische Macht auch von anderen Völkern zerrissen und weiche deshalb allmählich aus Afrika, leicht könnten auch die noch Uebrigen aufgehoben werden, wenn Alle, denen Freiheit lieber sei als Knechtschaft, insgesammt auf sie eindrängen, vermehrt er seine Streitkräfte, und schließt nach Aufschlagung eines Lagers die Stadt Thubuscum ein. Aber Dolabella hob, nachdem er alles, was von Truppen da war, zusammengezogen, durch den Schrecken des römischen Namens und weil die Numidier des Fußvolks Schlachtordnung nicht gewachsen sind, mit seinem ersten Anmarsch gleich die Belagerung auf und befestigte die dazu sich eignenden Plätze; zugleich richtet er die Häupter der Musulamier, die auf Abfall sannen, mit dem Beile hin. Sodann, weil man in mehreren Feldzügen gegen Tacfarinas die Erfahrung gemacht, daß nicht mit schwerem und auch nicht mit Einem Zuge der umherschweifende Feind zu verfolgen sei, bildet er, nachdem er den König Ptolemäus mit seinen Leuten aufgeboten, vier Heereszüge, die den Legaten oder Tribunen übergeben wurden; dazu führten Streifzüge machende Haufen auserlesene Mauren: er selbst war berathend Allen zur Hand.

25. Nicht lange darauf kommt die Nachricht, die Numidier hätten sich in einem halbzerstörten, von ihnen selbst einst in Brand gesteckten Castell, Namens Auzea⁵¹), nach aufgeschlagenem Hüttenlager festgesetzt, vertrauend auf die Lage des Platzes, weil er von ungeheuern Waldgebirgen rings umschlossen war. Nun werden die leichtgerüsteten Cohorten und Geschwader,

alaeque, quam in partem ducerentur ignarae, cito agmine rapiuntur. Simulque coeptus dies, et concentu tubarum ac truci clamore aderant semisomnos in barbaros, praepeditis Numidarum equis aut diversos pastus pererrantibus. Ab Romanis confertus pedes, dispositae turmae, cuncta proelio provisa: hostibus contra omnium nesciis non arma, non ordo, non consilium, sed pecorum modo trahi, occidi, capi. Infensus miles memoria laborum et adversum eludentis optatae totiens pugnae se quisque ultione et sanguine explebant. Differtur per manipulos, Tacfarinatem omnes, notum tot proeliis, consectentur: non nisi duce interfecto requiem belli fore. At ille deiectis circum stipatoribus vinctoque iam filio et effusis undique Romanis, ruendo in tela captivitatem haud inulta morte effugit. Isque finis armis inpositus.

26. Dolabellae petenti abnuit triumphalia Tiberius, Seiano tribuens, ne Blaesi, avunculi eius, laus obsolesceret. Sed neque Blaesus ideo inlustrior, et huic negatus honor gloriam intendit: quippe minore exercitu insignis captivos, caedem ducis belliqne confecti famam deportarat. Sequebantur et Garamantum legati, raro in urbe visi, quos Tacfarinate caeso perculsa gens et culpae nescia ad satis faciendum populo Romano miserat. Cognitis dehinc Ptolemaei per id bellum studiis repetitus ex vetusto more honos missusque e senatoribus, qui scipionem eburnum, togam pictam, antiqua patrum munera, daret regemque et socium atque amicum appellaret.

27. Eadem aestate mota per Italiam servilis belli semina fors oppressit. Auctor tumultus T. Curtisius, quondam praetoriae cohortis miles, primo coetibus clandestinis aput Brundisium et circumiecta oppida, mox positis propalam libellis ad libertatem vocabat agrestia per longinquos saltus et ferocia servitia, cum velut munere deum tres biremes adpulere ad usus commeantium illo mari. Et erat isdem regionibus Cutius Lupus quaestor, cui

ohne zu wissen, wohin es gehen solle, im Eilmarsche fortgeführt. Und kaum ist der Morgen angebrochen, so sind sie unter Trompetenschall und wildem Schlachtruf heran an die halb noch schlafenden Barbaren, während die Pferde der Numidier an den Füßen gefesselt waren oder auf weit auseinander gelegenen Weideplätzen umherschweiften. Von Seiten der Römer dichtgeschlossenes Fußvolk, auf ihren Posten die Schwadronen, Alles vorgesehen zur Schlacht: dagegen bei den mit Allem unbekannten Feinden keine Waffen, keine Ordnung, kein Plan, sondern wie Viehherden wurden sie weggeschleppt, getödtet, gefangen. Der in der Erinnerung an seine Mühseligkeiten und wie so oft er mit den sich Entziehenden den Kampf gewünscht, erbitterte Soldat sättigte sich ohne Ausnahme in Rache und Blut. Es geht durch die Manipeln die Losung, insgesammt den Tacfarinas, den von so vielen Schlachten her bekannten, zu verfolgen: nur nach des Anführers Tödtung werde vor dem Kriege Ruhe sein. Er aber, als sein Gefolge rings niedergeworfen, in Fesseln schon sein Sohn, und auf ihn los von allen Seiten her die Römer drängten, entging, indem er den Geschossen sich entgegenstürzte, durch den Tod, nicht ohne sich zu rächen, der Gefangenschaft. Und damit war dem Kriege ein Ende gemacht.

26. Als Dolabella nun um die Triumphinsignien bat, schlug sie Tiberius ihm ab, dem Sejanus zu Gefallen, damit nicht des Bläsus, seines Oheims, Ruhm verdunkelt würde. Doch wie Bläsus dadurch nicht berühmter wurde, so erhöhte jenem die Versagung der Ehre nur den Ruhm: hatte er doch mit einem geringeren Heere ausgezeichnete Gefangene, den Fall des Anführers und des beendigten Krieges Ruf gewonnen. Es folgten auch der Garamanten Abgeordnete, selten in der Stadt gesehen, welche die über des Tacfarinas Fall bestürzte und ihrer Schuld sich nicht bewußte Völkerschaft gesendet hatte, um dem römischen Volke Genugthuung zu leisten. Als man hierauf Kenntniß genommen von dem während dieses Krieges bewiesenen Eifer des Ptolemäus, ward nach altem Brauch eine Ehrenbezeugung erneuert und einer von den Senatoren abgeschickt, den Stab von Elfenbein und die gestickte Toga[52]), der Väter altherkömmliche Geschenke, ihm zu überreichen und ihn als König, Bundesgenossen und Freund zu begrüßen.

27. In demselben Sommer erstickte der Zufall einen in Italien aufkeimenden Sklavenkrieg. Der Urheber des Aufruhrs, Titus Curtisius, einst Soldat in einer prätorischen Cohorte, rief, anfangs in geheimen Zusammenkünften zu Brundisium[53]) und in den umliegenden Städten, nachher durch öffentliche Anschläge das wilde, in den weitausgedehnten Waldgebirgen hausende Landsklavenvolk zur Freiheit auf, als, wie durch ein Geschenk der Götter, drei Zweiruderer zum Dienst für die in dieser Meeresgegend Verkehrenden landeten. Und Quästor war gerade in denselben Gegenden Cutius Lupus, dem

provincia vetere ex more Cales evenerat. Is disposita classiariorum copia coeptantem cum maxime coniurationem disiecit. Missusque a Caesare propere Staius tribunus cum valida manu ducem ipsum et proximos audacia in urbem traxit, iam trepidam ob multitudinem familiarum, quae gliscebat inmensum, minore in dies plebe ingenua.

28. Isdem consulibus miseriarum ac saevitiae exemplum atrox, reus pater, accusator filius — nomen utrique Vibius Serenus — in senatum inducti sunt. Ab exilio retractus inluvieque ac squalore obsitus et tum catena vinctus pater orante filio: praeparatus adulescens multis munditiis, alacri vultu, structas principi insidias, missos in Galliam concitores belli index idem et testis dicebat, adnectebatque Caecilium Cornutum praetorium ministravisse pecuniam; qui taedio curarum, et quia periculum pro exitio habebatur, mortem in se festinavit. At contra reus nihil infracto animo obversus in filium quatere vincla, vocare ultores deos, ut sibi quidem redderent exilium, ubi procul tali more ageret, filium autem quandoque supplicia sequerentur. Adseverabatque innocentem Cornutum et falso exterritum; idque facile intellectu, si proderentur alii: non enim se caedem principis et res novas uno socio cogitasse.

29. Tum accusator Cn. Lentulum et Seium Tuberonem nominat, magno pudore Caesaris, cum primores civitatis, intimi ipsius amici, Lentulus senectutis extremae, Tubero defecto corpore, tumultus hostilis et turbandae rei publicae accerserentur. Sed hi quidem statim exempti: in patrem ex servis quaesitum, et quaestio adversa accusatori fuit, qui scelere vecors, simul vulgi rumore territus, robur et saxum aut parricidarum poenas minitantium, cessit urbe. Ac retractus Ravenna exsequi accusationem adigitur, non occultante Tiberio vetus odium adversum exulem Serenum. Nam post damnatum Libonem missis ad Caesarem litteris exprobraverat suum tantum studium sine fructu fuisse, addideratque quaedam contumacius quam tutum aput aures superbas

nach altem Brauche Cales⁵⁴) als Provinz zugefallen war. Dieser warf durch Vertheilung der Schiffsmannschaft die Verschwörung, als sie sich gerade erheben wollte, auseinander. Und in Eile vom Cäsar mit starker Mannschaft abgeschickt, schleppte der Tribun Stajus den Anführer selbst und die ihm am nächsten standen in Verwegenheit, in die Stadt, welche wegen der Menge der Sklavenhaufen, die in's Ungeheuere überhand nahm, während täglich sich verminderte das freie Volk, schon zitterte.

28. Unter denselben Consuln wurden, ein gräßliches Beispiel des Jammers und der Raserei, als Angeklagter ein Vater, als Kläger ein Sohn, Vibius Serenus mit Namen beide, vor den Senat geführt. Aus der Verbannung zurückgeschleppt, mit Schmutz und Unrath bedeckt und jetzt mit einer Kette gefesselt stand der Vater da, während der Sohn das Wort führte: der junge Mann eigens vorbereitet, in großem Staate und mit fröhlicher Miene als Angeber zugleich und Zeuge behauptete, Nachstellungen seien dem Fürsten bereitet, gesandt nach Gallien Aufwiegler zum Kriege, und fügte hinzu, der gewesene Prätor Cäcilius Cornutus habe das Geld geschafft; und dieser, der Sorgen überdrüssig, und weil einmal Gefahr schon wie Untergang betrachtet ward, tödtete in Eile sich selbst. Ganz anders der Angeklagte. Mit ungebeugtem Muthe schüttelt er, dem Sohne zugekehrt, die Fesseln und ruft die Rachegötter an, daß sie ihm wiedergäben die Verbannung, wo er fern von solchem Brauch leben könnte, den Sohn aber dereinst das Strafgericht ereilen möchte. Dabei betheuerte er, unschuldig sei Cornutus und nur durch eine Lüge geschreckt; leicht könne man sich davon überzeugen, wenn Andere noch angegeben werden sollten: denn auf des Fürsten Mord und Staatsumwälzung habe er doch nicht mit Einem Genossen gedacht.

29. Da nennt der Kläger den Cn. Lentulus und Sejus Tubero⁵⁵), zu großer Beschämung des Cäsars, da die ersten Männer im Staate, seine vertrautesten Freunde, Lentulus im höchsten Alter, Tubero körperschwach, der Feindesaufwiegelung und Staatsverwirrung beschuldigt wurden. Allein diese wurden sogleich der Sache überhoben⁵⁶): gegen den Vater verhörte man die Sklaven, und das Verhör fiel zu des Klägers Nachtheil aus, der wegen seines Frevels wahnsinnig, zugleich durch des Volkes Gerede geschreckt, das mit dem Kerker⁵⁷) und dem Felsen oder Vatermörderstrafen⁵⁸) drohte, aus der Stadt entwich. Von Ravenna aus wieder zurückgeholt, wird er genöthigt, die Anklage zu Ende zu führen, wobei Tiberius aus seinem alten Grolle gegen den verbannten Serenus kein Geheimniß machte. Denn es hatte dieser nach des Libo Verurtheilung⁵⁹) in einem an den Cäsar gerichteten Schreiben sich beschwert, daß nur seine Bemühung unbelohnt geblieben sei, und noch manches Andere in trotzigerem Tone beigefügt, als rathsam ist, einem stolzen

et offensioni proniores. Ea Caesar octo post annos rettulit, medium tempus varie arguens, etiamsi tormenta pervicaciâ servorum contra evenissent.

30. Dictis dein sententiis, ut Serenus more maiorum puniretur, quo molliret invidiam, intercessit. Gallus Asinius cum Gyaro aut Donusa claudendum censeret, id quoque aspernatus est, egenam aquae utramque insulam referens dandosque vitae usus cui vita concederetur. Ita Serenus Amorgum reportatur. Et quia Cornutus sua manu ceciderat, actum de praemiis accusatorum abolendis, si quis maiestatis postulatus ante perfectum iudicium se ipse vita privavisset. Ibaturque in eam sententiam, ni durius contraque morem suum palam pro accusatoribus Caesar inritas leges, rem publicam in praecipiti conquestus esset: subverterent potius iura, quam custodes eorum amoverent. Sic delatores, genus hominum publico exitio repertum et ne poenis quidem umquam satis coërcitum, per praemia eliciebantur.

31. His tam adsiduis tamque maestis modica laetitia intericitur, quod C. Cominium, equitem Romanum, probrosi in se carminis convictum, Caesar precibus fratris, qui senator erat, concessit. Quo magis mirum habebatur gnarum meliorum et quae fama clementiam sequeretur, tristiora malle. Neque enim socordia peccabat; nec occultum est, quando ex veritate, quando adumbrata laetitia facta imperatorum celebrentur. Quin ipse, conpositus alias et velut eluctantium verborum, solutius promptiusque eloquebatur, quotiens subveniret. At P. Suillium, quaestorem quondam Germanici, cum Italia arceretur convictus pecuniam ob rem iudicandam cepisse, amovendum in insulam censuit, tanta contentione animi, ut iure iurando obstringeret e re publica id esse. Quod aspere acceptum ad praesens mox in laudem vertit regresso Suillio; quem vidit sequens aetas praepotentem, venalem et Claudii principis amicitia diu prospere, numquam bene usum. Eadem poena in Catum Firmium senatorem statuitur, tamquam falsis

und leicht zu beleidigenden Manne zu hören zu geben. Dieses brachte der
Cäsar nach acht Jahren wieder vor, die Zwischenzeit verschiedentlich an-
schuldigend, auch wenn die Folter durch Halsstarrigkeit der Sklaven dagegen
sich entschieden hätte.

30. Als hierauf die Stimmen dahin ausgesprochen waren, daß Serenus
nach der Weise der Vorfahren[60]) bestraft werden sollte, that er, um die Gehässigkeit zu mildern, Einspruch. Da Gallus Asinius den Antrag stellte, ihm
seine Haft auf Gyarus oder Donusa[61]) anzuweisen, verwarf er auch dieses mit
dem Bemerken, beiden Inseln fehle es an Wasser, und man müsse dem doch
die Bedürfnisse des Lebens gewähren, dem man das Leben zugestehe. So wird
Serenus nach Amorgus zurückgebracht. Und weil Cornutus durch eigene
Hand gefallen war, so verhandelte man über die Abschaffung der Belohnungen der Ankläger[62]), wenn ein wegen verletzter Majestät Belangter vor been-
digter Untersuchung sich selbst das Leben genommen hätte. Und man wäre dieser
Meinung beigetreten, hätte nicht der Cäsar mit ziemlicher Härte und wider seine
Gewohnheit öffentlich die Ankläger begünstigend, die Klage erhoben, es seien
dann ohne Geltung die Gesetze, der Staat auf's Aeußerste geführet: lieber
möchte man die Rechte ganz vernichten, als deren Wächter beseitigen. So
wurden die Angeber, diese zum öffentlichen Verderben aufgekommene und nicht
einmal durch Strafen je genugsam in Schranken gehaltene Menschenklasse[63]),
durch Belohnungen hervorgelockt.

31. Mitten zwischen diesen so unaufhörlichen Jammer tritt eine mäßige
Freude, weil der Cäsar den römischen Ritter C. Continius, der eines Schmäh-
gedichtes auf ihn überführt war, auf Bitten seines Bruders, eines Senators,
begnadigte. Um so mehr wunderte man sich, daß er, mit dem Besseren und
welcher Ruf der Milde folge, wohl bekannt, finsterer Tyrannei den Vorzug gab.
Denn nicht fehlte er aus Gedankenlosigkeit; und leicht ist zu erkennen, wann
aus wahrer Ueberzeugung, wann mit erheuchelter Freude die Thaten der Herrscher gefeiert werden. Ja er selbst, abgemessen sonst und gleich als ob die
Worte erst hervor sich ringen müßten, sprach fließender und freier heraus,
so oft er half. Aber bei P. Suillius, dem ehemaligen Quästor des Germanicus, stimmte er, als dieser, überführt, wegen eines zu fällenden Urtheils
Geld genommen zu haben, aus Italien verwiesen ward, für Entfernung auf
eine Insel, und zwar mit solcher Heftigkeit, daß er mit einem Schwur betheuerte,
dies heische des Staates Wohl. So übel man dieses dermalen aufnahm, so
sehr gereichte es ihm späterhin zum Ruhme nach der Heimkehr des Suillius;
denn die Folgezeit sah ihn übermächtig, verläuflich und des Kaisers Claudius
Freundschaft lange mit Glück, niemals zum Guten brauchen. Dieselbe Strafe
wird über den Senator Catus Firmius verhängt, als habe er seiner Schwester

maiestatis criminibus sororem petivisset. Catus, ut rettuli, Libonem inlexerat insidiis, deinde indicio perculerat. Eius operae memor Tiberius, sed alia praetendens, exilium deprecatus est: quo minus senatu pelleretur non obstitit.

32. Pleraque eorum, quae rettuli quaeque referam, parva forsitan et levia memoratu videri non nescius sum: sed nemo annales nostros cum scriptura eorum contenderit, qui veteres populi Romani res conposuere. Ingentia illi bella, expugnationes urbium, fusos captosque reges, aut si quando ad interna praeverterent, discordias consulum adversum tribunos, agrarias frumentariasque leges, plebis et optimatium certamina libero egressu memorabant: nobis in arto et inglorius labor; immota quippe aut modice lacessita pax, maestae urbis res et princeps proferendi imperi incuriosus erat. Non tamen sine usu fuerit introspicere illa primo aspectu levia, ex quis magnarum saepe rerum motus oriuntur.

33. Nam cunctas nationes et urbes populus aut primores aut singuli regunt: delecta ex iis et consociata rei publicae forma laudari facilius quam evenire, vel si evenit, haud diuturna esse potest. Igitur ut olim plebe valida vel cum patres pollerent, noscenda vulgi natura et quibus modis temperanter haberetur, senatusque et optimatium ingenia qui maxime perdidicerant, callidi temporum et sapientes credebantur; sic converso statu neque alia re Romana quam si unus imperitet, haec conquiri tradique in rem fuerit, quia pauci prudentia honesta ab deterioribus, utilia ab noxiis discernunt, plures aliorum eventis docentur. Ceterum ut profutura, ita minimum oblectationis adferunt. Nam situs gentium, varietates proeliorum, clari ducum exitus retinent ac redintegrant legentium animum: nos saeva iussa, continuas accusationes, fallaces amicitias, perniciem innocentium et easdem exitu causas coniungimus, obvia rerum similitudine et satietate. Tum [quod] antiquis scriptoribus rarus obtrectator,

fälschlich Majestätsverbrechen Schuld gegeben. Catus hatte, wie ich erwähnt⁵⁴), den Libo in Fallstricke gelockt, dann durch Anzeige gestürzt. Dieses Dienstes eingedenk bat Tiberius, doch unter anderem Vorwand, ihn nicht zu verbannen: seine Verstoßung aus dem Senate hinderte er nicht.

32. Daß gar Manches von dem, was ich erzählt habe und noch erzählen werde, kleinlich vielleicht und geschichtlich unbedeutend erscheine, weiß ich sehr wohl: aber Niemand dürfte unsere Jahrbücher mit den Schriftwerken derer vergleichen wollen, welche die alte Geschichte des römischen Volks⁵⁹) geschrieben haben. Jene stellten gewaltige Kriege, Städteeroberungen, Niederlagen und Gefangennehmung von Königen, oder, wenn sie lieber zu den inneren Angelegenheiten sich einmal wendeten, Zwiste der Consuln mit den Tribunen, Acker- und Korngesetze, des Volkes und der Optimaten Kämpfe in freiem Ergusse dar: engbegrenzt und sonder Ruhm ist unsere Arbeit; es war ja ununterbrochen oder unbedeutend nur gestört der Friede, traurig der Zustand der Stadt und der Fürst um die Erweiterung des Reiches unbekümmert. Dennoch dürfte es nicht ohne Nutzen sein, jene beim ersten Blicke unbedeutenden Erscheinungen näher in's Auge zu fassen, worin oft großer Staatsveränderungen Ursprung liegt.

33. Denn alle Nationen und Städte insgesammt lenkt das Volk entweder oder der Adel oder ein Einzelner: eine aus diesen Elementen mit Auswahl zusammengesetzte Staatsform⁶⁰) kann leichter gelobt werden als zu Stande kommen, oder kommt sie ja zu Stande, unmöglich von Dauer sein. Wie man also ehedem, als das Volk mächtig war oder als die Väter das Uebergewicht hatten, bekannt sein mußte mit der Natur des großen Haufens und mit den Mitteln, ihn mit der gehörigen Mäßigung zu leiten, und diejenigen, welche des Senates und der Optimaten Geist am gründlichsten kannten, für Kenner der Zeiten und Weise gehalten wurden; so möchte es nach Umgestaltung der Verfassung und da den römischen Staat Einer so gut wie unumschränkt beherrscht, wol dienlich sein, Vorliegendes zu sammeln und zu überliefern, weil Wenige aus eigener Einsicht Gutes vom Schlechteren, Nützliches vom Schädlichen unterscheiden, die Mehrzahl sich nur durch die Erfahrungen Anderer belehren läßt. Wie nützlich übrigens es auf der einen Seite sein wird, so äußerst wenig Vergnügen gewährt es auf der andern. Denn Oertlichkeiten der Völkerschaften, Mannigfaltigkeit der Schlachten, ruhmvolle Todesweisen der Feldherren fesseln und erneuern stets der Lesenden Interesse: wir reihen grausame Befehle, unaufhörliche Anklagen, trügerische Freundschaften, das Verderben Unschuldiger und Processe die denselben Ausgang haben, aneinander, wobei immer wieder Aehnlichkeit der Erscheinungen und Ueberdruß sich einfindet. Dazu kommt, daß die alten Geschichtschreiber selten einen Tadler finden,

neque refert cuiusquam Punicas Romanasve acies laetius extuleris: at multorum, qui Tiberio regente poenam vel infamias subiere, posteri manent; utque familiae ipsae iam extinctae sint, reperies qui ob similitudinem morum aliena malefacta sibi obiectari putent. Etiam gloria ac virtus infensos habet, ut nimis ex propinquo diversa arguens. Sed ad inceptum redeo.

34. Cornelio Cosso Asinio Agrippa consulibus Cremutius Cordus postulatur, novo ac tunc primum audito crimine, quod editis annalibus laudatoque M. Bruto C. Cassium Romanorum ultimum dixisset. Accusabant Satrius Secundus et Pinarius Natta, Seiani clientes. Id perniciabile reo, et Caesar truci vultu defensionem accipiens, quam Cremutius, relinquendae vitae certus, in hunc modum exorsus est: 'Verba mea, patres conscripti, arguuntur: adeo factorum innocens sum. Sed neque haec in principem aut principis parentem, quos lex maiestatis amplectitur: Brutum et Cassium laudavisse dicor, quorum res gestas cum plurimi composuerint, nemo sine honore memoravit. Titus Livius, eloquentiae ac fidei praeclarus in primis, Cn. Pompeium tantis laudibus tulit, ut Pompeianum eum Augustus appellaret; neque id amicitiae eorum offecit. Scipionem, Afranium, hunc ipsum Cassium, hunc Brutum nusquam latrones et parricidas, quae nunc vocabula inponuntur, saepe ut insignis viros nominat. Asinii Pollionis scripta egregiam eorundem memoriam tradunt; Messalla Corvinus imperatorem suum Cassium praedicabat: et uterque opibus[que] atque honoribus perviguere. Marci Ciceronis libro, quo Catonem caelo aequavit, quid aliud dictator Caesar quam rescripta oratione, velut apud iudices, respondit? Antonii epistulae, Bruti contiones falsa quidem in Augustum probra, set multa cum acerbitate habent; carmina Bibaculi et Catulli referta contumeliis Caesarum leguntur: sed ipse divus Iulius, ipse divus Augustus et tulere ista et reliquere, haud facile dixerim, moderatione magis an sapientia. Namque spreta exolescunt: si irascare, adgnita videntur.'

und Keiner kümmert sich darum, ob man die punischen oder die römischen
Schlachtordnungen mit größerer Liebe schildert; wogegen von Vielen, denen
unter des Tiberius Regierung Strafe oder gar Entehrung widerfuhr, die
Nachkommen noch leben; und sind auch die Familien selbst erloschen, so finden sich doch immer Menschen, die wegen Aehnlichkeit der Sitten die Missethaten Anderer sich vorgeworfen glauben. Auch der Ruhm und das Verdienst
hat seine Feinde, indem sie zu sehr aus der Nähe ihr eigenes Widerspiel vorrücken. Doch ich kehre zu meinem Vorhaben zurück.

34. Unter dem Consulat des Cornelius Cossus und Asinius Agrippa
wird Cremutius Cordus unter einer neuen und damals zuerst gehörten Beschuldigung belangt, daß er Jahrbücher[67]) herausgegeben, worin er den M.
Brutus gelobt, den C. Cassius den letzten Römer[68]) genannt habe. Ankläger
waren Satrius Secundus und Pinarius Natta, des Sejanus Clienten. Das
war es, was dem Angeklagten den Untergang bereitete, und daß der Cäsar
mit finsterer Miene die Vertheidigung aufnahm, welche Cremutius, entschlossen
schon, das Leben zu verlassen, in folgender Weise begann: „Meine Worte, versammelte Väter, werden zum Verbrechen mir gemacht: so wenig fallen Thaten
mir zur Last. Aber auch jene nicht als wider den Fürsten oder des Fürsten
Mutter gerichtet, auf welche sich das Majestätsgesetz erstreckt: den Brutus
und Cassius soll ich gelobt haben, deren Thaten, so Viele sie auch ausgezeichnet, Niemand ohne ehrende Auszeichnung erwähnt hat. Titus Livius durch
Beredtsamkeit und Unparteilichkeit so ausgezeichnet vor Allen, hat dem Cn.
Pompejus so großes Lob gespendet, daß einen Pompejaner ihn Augustus
nannte; und doch that dieses ihrer Freundschaft keinen Eintrag. Den Scipio[69]), den Afranius, diesen nämlichen Cassius, diesen Brutus nennt er nirgends Räuber und Batermörder, Namen, welche jetzt man ihnen beilegt,
oft aber als ausgezeichnete Männer. Des Asinius Pollio[70]) Schriften überliefern von eben diesen ein ehrenvolles Andenken; Messalla Corvinus[71])
sprach rühmend von seinem Oberfeldherrn Cassius: und beide genossen fort
und fort Reichthum und Ehre. Der Schrift des Marcus Cicero[72]), worin
er den Cato bis in den Himmel erhob, womit anders hat der Dictator Cäsar
ihm geantwortet, als, wie vor Gericht, mit einer geschriebenen Gegenrede?
Des Antonius Briefe, des Brutus Volksreden enthalten zwar falsche, aber mit
vieler Bitterkeit ausgesprochene Vorwürfe gegen Augustus; in den Gedichten
des Bibaculus[73]) und Catullus[74]) liest man lauter Schmähungen gegen
die Cäsaren; aber selbst Divus Julius, selbst Divus Augustus ließen sich
dieses gefallen, ließen sie bestehen, ich weiß nicht leicht zu sagen, ob mehr aus
Mäßigung oder aus Klugheit. Denn verachtet man dergleichen, so kommt es
in Vergessenheit; zürnt man, so scheint man ihm Anerkennung zu gewähren."

35. 'Non attingo Graecos, quorum non modo libertas, etiam libido impunita; aut si quis advertit, dictis dicta ultus est. Sed maxime solutum et sine obtrectatore fuit prodere de iis, quos mors odio aut gratiae exemisset. Num enim armatis Cassio et Bruto ac Philippenses campos optinentibus belli civilis causa populum per contiones incendo? An illi quidem, septuagesimum ante annum peremti, quo modo imaginibus suis noscuntur, quas ne victor quidem abolevit, sic partem memoriae apud scriptores retinent? Suum cuique decus posteritas rependit; nec derunt, si damnatio ingruit, qui non modo Cassii et Bruti, set etiam mei meminerint.' Egressus dein senatu vitam abstinentia finivit. Libros per aediles cremandos censuere patres; set manserunt, occultati et editi. Quo magis socordiam eorum inridere libet, qui praesenti potentia credunt extingui posse etiam sequentis aevi memoriam. Nam contra punitis ingeniis gliscit auctoritas, neque aliut externi reges aut qui eadem saevitia usi sunt, nisi dedecus sibi atque illis gloriam peperere.

36. Ceterum postulandis reis tam continuus annus fuit, ut feriarum Latinarum diebus praefectum urbis Drusum, auspicandi gratia tribunal ingressum, adierit Calpurnius Salvianus in Sextum Marium: quod a Caesare palam increpitum causa exilii Salviano fuit. Obiecta publice Cyzicenis incuria caerimoniarum divi Augusti, additis violentiae criminibus adversum cives Romanos. Et amisere libertatem, quam bello Mithridatis meruerant, circumsessi nec minus sua constantia quam praesidio Luculli pulso rege. At Fonteius Capito, qui pro consule Asiam curaverat, absolvitur, conperto ficta in eum crimina per Vibium Serenum. Neque tamen id Sereno noxae fuit, quem odium publicum tutiorem faciebat. Nam ut quis destrictior accusator, velut sacrosanctus erat: leves ignobiles poenis adficiebantur.

37. Per idem tempus Hispania ulterior missis ad senatum legatis oravit, ut exemplo Asiae delubrum Tiberio

35. „Nicht berühre ich die Griechen, bei denen nicht nur Freiheit, sondern sogar Frechheit unbestraft blieb; oder trat Jemand dagegen auf, so rächte er mit Worten Worte. Am meisten aber blieb es freigestellt und ohne Tadler, über diejenigen zu reden, die der Tod dem Hasse oder der Parteigunst schon entzogen. Stehen denn etwa Cassius und Brutus unter den Waffen und haben sie noch die Felder von Philippi inne, daß ich zum Zweck eines Bürgerkrieges das Volk durch öffentliche Reden entflamme? Oder behaupten jene Männer, die vor siebzig Jahren[75]) ihren Tod fanden, wie man sie in ihren Standbildern noch erkennt, welche nicht einmal der Sieger vernichtet hat, ebenso bei den Geschichtschreibern ihres Andenkens Theil? Einem jeden wäget doch die Nachwelt seine Ehre zu; und nicht wird es, wenn mich Verdammung trifft, an Solchen fehlen, die nicht nur des Cassius und Brutus, sondern auch meiner gedenken." Hierauf verließ er den Senat und endete sein Leben durch den Hungertod[76]). Die Väter beschlossen die Verbrennung seiner Werke durch die Aedilen; aber sie erhielten sich, verheimlicht[77]) und herausgegeben. Um so mehr mag man des Stumpfsinnes derer spotten, die da wähnen, durch der Gegenwart Gewalt vermöge man auch der Folgezeit Erinnerung zu vertilgen. Im Gegentheil, gerade durch Verfolgung der Geister wächst ihr Ansehn, und nichts anderes haben des Auslandes Könige oder die, welche gleiche Tyrannei geübt, erreicht, als ihre eigene Schande und dabei für jene Ruhm.

36. Uebrigens ging in diesem Jahre die Vorladung von Angeschuldigten so ununterbrochen fort, daß selbst während der latinischen Festtage[78]) Calpurnius Salvianus den Stadtpräfecten Drusus[79]), als er, um sein Amt zu übernehmen, das Tribunal betreten hatte, gegen Sextus Marius anging, was, von dem Cäsar öffentlich getadelt, dem Salvianus die Verbannung zuzog. Den Cyzicenern[80]) insgesammt machte man zum Vorwurf Nachlässigkeit in der Verehrung des Divus Augustus, verbunden mit Beschuldigungen wegen Gewaltthätigkeit gegen römische Bürger. So verloren sie die Freiheit, die sie im Kriege des Mithridates sich verdient, als sie umlagert waren und nicht weniger durch ihre Standhaftigkeit als durch des Lucullus Unterstützung den König zur Flucht genöthigt hatten[81]). Aber Fontejus Capito, der als Proconsul Asien verwaltet hatte, wird freigesprochen, nachdem offenkundig geworden, daß die gegen ihn erhobenen Beschuldigungen erdichtet worden seien durch Vibius Serenus[82]). Gleichwohl schadete das dem Serenus nicht, den der öffentliche Haß nur um so sicherer stellte. Denn ein je schärferer Ankläger Jemand war, als eine desto unverletzlichere Person stand er gleichsam da: die unbedeutenden, noch nicht berüchtigten pflegten bestraft zu werden.

37. In derselben Zeit bat das jenseitige Hispanien durch eine an den Senat geschickte Gesandtschaft, nach dem Beispiele Asiens[83]) dem Tiberius und

matrique eius exstrueret. Qua occasione Caesar, validus alioqui spernendis honoribus et respondendum ratus iis, quorum rumore arguebatur in ambitionem flexisse, huiuscemodi orationem coepit: 'Scio, patres conscripti, constantiam meam a plerisque desideratam, quod Asiae civitatibus nuper idem istud petentibus non sim adversatus. Ergo et prioris silentii defensionem, et quid in futurum statuerim, simul aperiam. Cum divus Augustus sibi atque urbi Romae templum apud Pergamum sisti non prohibuisset, qui omnia facta dictaque eius vice legis observem, placitum iam exemplum promptius secutus sum, quia cultui meo veneratio senatus adiungebatur. Ceterum ut semel recepisse veniam habuerit, ita omnes per provincias effigie numinum sacrari ambitiosum, superbum; et vanescet Augusti honor, si promiscis adulationibus vulgatur.

38. Ego me, patres conscripti, mortalem esse et hominum officia fungi satisque habere, si locum principem impleam, et vos testor et meminisse posteros volo, qui satis superque memoriae meae tribuent, ut maioribus meis dignum, rerum vestrarum providum, constantem in periculis, offensionum pro utilitate publica non pavidum credant. Haec mihi in animis vestris templa, hae pulcherrimae effigies et mansurae. Nam quae saxo struuntur, si iudicium posterorum in odium vertit, pro sepulchris spernuntur. Proinde socios cives et deos ipsos precor, hos, ut mihi ad finem usque vitae quietam et intellegentem humani divinique iuris mentem duint, illos, ut, quandoque concessero, cum laude et bonis recordationibus facta atque famam nominis mei prosequantur.' Perstititque posthac secretis etiam sermonibus aspernari talem sui cultum. Quod alii modestiam, multi, quia diffideret, quidam ut degeneris animi interpretabantur. Optumos quippe mortalium altissima cupere: sic Herculem et Liberum apud Graecos, Quirinum apud nos deum numero additos. Melius Augustum, qui speraverit. Cetera principibus statim adesse: unum insatiabiliter parandum, prosperam sui memoriam: nam contemptu famae contemni virtutes.

seiner Mutter ein Heiligthum errichten zu dürfen. Bei dieser Gelegenheit begann der Cäsar, stark ohnehin in der Verschmähung von Ehrenbezeugungen und denen einmal antworten zu müssen glaubend, durch deren Gerede er bezüchtigt wurde, sich zum Ehrgeiz hingeneigt zu haben, in dieser Weise zu reden: „Ich weiß, versammelte Väter, daß von sehr Vielen Feßigkeit an mir vermißt worden ist, weil ich Asiens Städten, die unlängst eben dieses begehrten, nicht entgegen gewesen sei. Darum will ich zugleich mit einer Rechtfertigung meines früheren Schweigens⁶⁴) das, was ich für die Zukunft beschlossen habe, eröffnen. Da Divus Augustus ihm und der Stadt Rom einen Tempel zu Pergamum⁶⁵) zu errichten nicht verwehrt hatte, so bin ich, der ich alle seine Thaten und Worte wie ein Gesetz beobachte, dem schon gutgeheißenen Beispiele bereitwilliger gefolgt, weil mit meiner Verehrung die Feier des Senats verbunden ward. Uebrigens aber würde, wenn Einmal es angenommen zu haben Entschuldigung finden mag, in allen Provinzen sich unter dem Bilde der Götter verehren zu lassen, Ehrgeiz und Stolz sein; auch muß des Augustus Ehre schwinden, wenn sie sonder Unterscheidung Schmeichelei gemein macht."

38. „Daß ich, versammelte Väter, ein Sterblicher, menschliche Pflichten zu erfüllen habe und gern zufrieden bin, wenn ich den obersten Platz ausfülle, bezeuge ich vor euch und wünsche, daß die Nachwelt dessen gedenke, die mehr als genug mein Andenken dadurch ehren wird, wenn sie mich für meiner Ahnen würdig, für vorsorglich in eueren Angelegenheiten, für standhaft in Gefahren, für furchtlos bei Unannehmlichkeiten wegen des öffentlichen Wohles hält. Das seien meine Tempel in eueren Herzen, das meine schönsten und unvergänglichen Standbilder. Denn die, so man aus Stein aufführt, werden, wenn der Nachwelt Urtheil in Haß umschlägt, Grabstätten gleich verachtet. Somit bitte ich die Bundesgenossen, die Bürger und die Götter selbst, die letzteren, daß sie mir bis an meines Lebens Ende einen ruhigen und dessen, was vor ihnen und den Menschen recht ist, kundigen Sinn verleihen, die ersteren, daß, wann ich entschlafen bin, sie Lob und ehrende Erinnerung meinen Thaten und dem Rufe meines Namens folgen lassen mögen."
Und er beharrte dabei auch später, selbst in Privatgesprächen, eine solche Verehrung seiner Person abzuweisen, was Einige als Bescheidenheit, Viele als Mistrauen, Etliche als ein Zeichen niedriger Denkungsart deuteten. Strebten ja doch die Besten unter den Sterblichen nach dem Höchsten: so seien Hercules und Liber bei den Griechen, Quirinus bei uns den Göttern beigezählt. Besser habe Augustus es gemacht, indem er darauf gehofft. Alles Uebrige stehe den Fürsten sogleich zu Gebote; nach Einem müßten sie unersättlich streben, nach einem gesegneten Andenken: denn in des Ruhmes Verachtung liege Verachtung der Tugend.

39. At Seianus nimia fortuna socors et muliebri insuper cupidine incensus, promissum matrimonium flagitante Livia, componit ad Caesarem codicillos. Moris quippe tum erat quamquam praesentem scripto adire. Eius talis forma fuit: benivolentia patris Augusti et mox plurimis Tiberii iudiciis ita insuevisse, ut spes votaque sua non prius ad deos quam ad principum aures conferret. Neque fulgorem honorum umquam precatum: excubias ac labores, ut unum e militibus, pro incolumitate imperatoris malle. Ac tamen quod pulcherrimum adeptum, ut coniunctione Caesaris dignus crederetur. Hinc initium spei. Et quoniam audiverit Augustum in conlocanda filia nonnihil etiam de equitibus Romanis consultavisse, ita, si maritus Liviae quaereretur, haberet in animo amicum sola necessitudinis gloria usurum. Non enim exsuere inposita munia: satis aestimare firmari domum adversum iniquas Agrippinae offensiones, idque liberorum causa: nam sibi multum superque vitae fore, quod tali cum principe explevisset.

40. Ad ea Tiberius, laudata pietate Seiani suisque in eum beneficiis modice percursis, cum tempus tamquam ad integram consultationem petivisset, adiunxit: ceteris mortalibus in eo stare consilia, quid sibi conducere putent; principum diversam esse sortem, quibus praecipua rerum ad famam derigenda. Ideo se non illuc decurrere quod promptu rescriptu, posse ipsam Liviam statuere, nubendum post Drusum an in penatibus isdem tolerandum haberet; esse illi matrem et aviam, propiora consilia Simplicius acturum, de inimicitiis primum Agrippinae, quas longe acrius arsuras, si matrimonium Liviae velut in partes domum Caesarum distraxisset. Sic quoque erumpere aemulationem feminarum, eaque discordia nepotes suos convelli: quid si intendatur certamen tali coniugio? 'Falleris enim, Seiane, si te mansurum in eodem ordine putas, et Liviam, quae C. Caesari, mox Druso nupta fuerit, ea mente acturam, ut cum equite Romano senescat. Ego ut sinam, credisne passuros

39. Sejanus indeß, durch sein übergroßes Glück bethört und zudem durch eines Weibes Ungeduld angefeuert, da Livia die ihr versprochene Ehe forderte, verfaßt ein Schreiben an den Cäsar. Es war nämlich Sitte damals, auch bei seiner Anwesenheit schriftlich sich an ihn zu wenden⁸⁶). Die Zuschrift lautete also: Durch das Wohlwollen seines Vaters Augustus und späterhin durch vielfache Anerkennung von Seiten des Tiberius habe er sich so gewöhnt, daß er seine Hoffnungen und Wünsche den Göttern nicht eher als den Fürsten vortrage. Auch habe er nie den Glanz von Ehrenämtern sich erbeten; Wachen und Beschwerden für die Sicherheit des Imperators seien ihm, gleich einem gemeinen Kriegsmann, lieber. Und doch sei das Schönste ihm zu Theil geworden, der Verwandtschaft mit dem Cäsar⁸⁷) würdig geachtet zu werden. Da habe er zu hoffen angefangen. Und weil er gehört, Augustus habe bei der Verheirathung seiner Tochter⁸⁸) auch auf römische Ritter einige Rücksicht genommen, so möchte Er auch solcherweise, würde ein Gemahl für Livia gesucht, den Freund bedenken, der nur mit der Verwandtschaft Ehre sich begnügen werde. Denn nicht wolle er sich damit der ihm aufgetragenen Geschäfte⁸⁹) überheben: er wisse es hinlänglich zu schätzen, wenn sein Haus gesichert werde gegen Agrippina's ungerechte Anfeindungen, und das nur seiner Kinder wegen; denn ihm selbst werde übrig lang das Leben scheinen, das mit einem solchen Fürsten er vollbracht habe.

40. In der Antwort hierauf lobte Tiberius die Anhänglichkeit des Sejanus, berührte mit Maaßen seine eigenen Gunstbezeigungen gegen ihn und fügte, nachdem er sich noch wie zu einer offenen Berathung Zeit erbeten, hinzu: die übrigen Menschen beschränkten sich mit ihren Ueberlegungen darauf, was sie ihrem eigenen Vortheil für angemessen hielten; ein anderes sei der Fürsten Loos, die das Wichtigste dem Rufe anbequemen müßten. Deshalb nehme er nicht die Wendung, die sich leicht zu einer Antwort darböte, daß Livia selbst entscheiden könne, ob sie sich nach des Drusus Tode wieder vermählen oder es in ihrem alten Familienkreise aushalten solle; habe sie doch eine Mutter⁹⁰) und Großmutter, die zur Berathschlagung ihr näher ständen. Unumwundener wolle er sich aussprechen, zuerst über Agrippina's Feindseligkeiten, die weit heftiger entbrennen würden, wenn eine Heirath Livia's wie in Parteien der Cäsaren Haus zerspaltete. Auch so schon bräche hervor der Weiber Eifersucht, und durch diese Zwietracht werde seiner Enkel Einigkeit erschüttert: wie erst, wenn der Streit um so leidenschaftlicher würde durch ein solches Ehebündniß? „Denn du täuschest dich Sejanus, wenn du glaubst, du werdest in demselben Stande bleiben, und Livia, die mit C. Cäsar⁹¹), dann mit Drusus vermählt gewesen, werde gewillt sein, an der Seite eines römischen Ritters zu altern. Gesetzt, ich ließe es zu, glaubst du,

qui fratrem eius, qui patrem maioresque nostros in summis imperiis videre? Vis tu quidem istum intra locum sistere: sed illi magistratus et primores, qui te invitum perrumpunt omnibusque de rebus consulunt, excessisse iam pridem equestre fastigium longeque antisse patris mei amicitias non occulti ferunt perque invidiam tui me quoque incusant. At enim Augustus filiam suam equiti Romano tradere meditatus est. Mirum hercule, si, cum in omnis curas distraheretur immensumque attolli provideret quem coniunctione tali super alios extulisset, C. Proculeium et quosdam in sermonibus habuit insigni tranquillitate vitae, nullis rei publicae negotiis permixtos. Sed si dubitatione Augusti movemur, quanto validius est, quod Marco Agrippae, mox mihi conlocavit? Atque ego haec pro amicitia non occultavi: ceterum neque tuis neque Liviae destinatis adversabor. Ipse quid intra animum volutaverim, quibus adhuc necessitudinibus inmiscere te mihi parem, omittam ad praesens referre: id tantum aperiam, nihil esse tam excelsum, quod non virtutes istae tuusque in me animus mereantur, datoque tempore vel in senatu vel in contione non reticebo.'

41. Rursum Seianus, non iam de matrimonio, sed altius metuens, tacita suspitionum, vulgi rumorem, ingruentem invidiam deprecatur. Ac ne adsiduos in domum coetus arcendo infringeret potentiam aut receptando facultatem criminantibus praeberet, huc flexit, ut Tiberium ad vitam procul Roma amoenis locis degendam impelleret. Multa quippe providebat: sua in manu aditus litterarumque magna ex parte se arbitrum fore, cum per milites commearent; mox Caesarem vergente iam senecta secretoque loci mollitum munia imperii facilius tramissurum; et minui sibi invidiam adempta salutantum turba, sublatisque inanibus veram potentiam augeri. Igitur paulatim negotia urbis, populi adcursus, multitudinem adfluentium increpat, extollens laudibus quietem et solitudinem, quis abesse

daß die es fühlen würden, die ihren Bruder[22]), ihren Vater und unsere Vorfahren in den höchsten Staatswürden sahen? Dein Wille ist's zwar, stehen zu bleiben in den Schranken dieses Standes: aber jene Staatsbeamte und Großen, welche wider deinen Willen sie durchbrechen und über alle Angelegenheiten dich befragen, lassen es nicht unbemerkt, daß du längst schon über eines Ritters Rang hinausgeschritten und weit vorangestellt seist meines Vaters Freunden, und klagen dadurch, daß sie dich beneiden, mich selbst auch an. Aber freilich Augustus ist damit umgegangen, seine Tochter einem römischen Ritter zu geben. Ist's denn ein Wunder, wenn er, der in Sorgen aller Art hin und her gezerrt wurde und voraussah, daß der zu einer ungeheueren Höhe emporsteigen würde, den er durch solche Verbindung über Andere erhoben hätte, einen C. Proculejus[23]) und einige Andere im Gespräche erwähnte, die bei ausgezeichnet stillem Leben in Staatsgeschäfte nicht im mindesten verflochten waren? Aber wenn schon die Unentschlossenheit des Augustus uns bedenklich macht, wie viel gewichtiger ist es, daß er sie dem Marcus Agrippa, nachher mir vermählte? Dieses habe ich dir nun unserer Freundschaft wegen nicht verschweigen wollen: im Uebrigen werde ich weder deinen noch der Livia Absichten entgegen sein. Womit ich selbst in meinem Geiste umgegangen bin, durch welche Verwandtschaftsbande dich mir zu verknüpfen ich noch vorhabe, will ich für jetzt zu erwähnen unterlassen: nur das will ich dir eröffnen, daß nichts so erhaben sei, was nicht jene Verdienste und deine Gesinnung gegen mich verdienen sollten, und ich werde das, wenn die Zeit kommt, sei es im Senate oder in der Volksversammlung nicht verschweigen."

41. Sejanus hinwiederum, nicht eben um jene Ehe, sondern aus tiefer liegendem Grunde in Besorgniß, bittet, dem stillen Verdachte, dem Volksgerede, dem drohend sich erhebenden Neide keinen Raum zu geben. Und um nicht durch Abwehrung der beständig in sein Haus strömenden Versammlung seine Macht zu schwächen oder durch deren Aufnahme den ihn Verdächtigenden Stoff zu geben, traf er die Auskunft, daß er den Tiberius zu bewegen suchte, sein Leben fern von Rom in anmuthsvollen Gegenden zuzubringen. Denn vieles hatte er dabei im Auge: daß in seiner Hand der Zutritt[24]) eines Jeden stehe und über den Briefwechsel er großentheils entscheiden würde, da er durch die Hände der Soldaten ginge; daß so dann der Cäsar, bei schon sich neigendem Alter und durch die Einsamkeit seines Aufenthaltes verweichlicht, die Regierungsgeschäfte leichter würde abtreten; daß ferner mit der Entfernung der den Hof ihm machenden Menge die Mißgunst gegen ihn sich mindern und nach Wegräumung des äußeren Gepränges seine wahre Macht gewinnen würde. Demnach beginnt er allmählich auf die Geschäfte der Stadt, auf des Volkes Zulauf, auf die Menge der sich Zudrängenden

taedia et offensiones ac praecipua rerum maxime agitari.

42. Ac forte habita per illos dies de Votieno Montano, celebris ingenii viro, cognitio cunctantem iam Tiberium perpulit, ut vitandos crederet patrum coetus vocesque, quae plerumque verae et graves coram ingerebantur. Nam postulato Votieno ob contumelias in Caesarem dictas, testis Aemilius, e militaribus viris, dum studio probandi cuncta refert et, quamquam inter obstrepentes, magna adseveratione nititur, audivit Tiberius probra, quis per occultum lacerabatur, adeoque perculsus est, ut eo vel statim vel in cognitione purgaturum clamitaret precibusque proximorum, adulatione omnium aegre componeret animum. Et Votienus quidem maiestatis poenis adfectus est; Caesar obiectam sibi adversus reos inclementiam eo pervicacius amplexus, Aquiliam adulterii delatam cum Vario Ligure, quamquam Lentulus Gaetulicus, consul designatus, lege Iulia damnasset, exilio punivit Apidiumque Merulam, quod in acta divi Augusti non iuraverat, albo senatorio erasit.

43. Auditae dehinc Lacedaemoniorum et Messeniorum legationes de iure templi Dianae Limnatidis, quod suis a maioribus suaque in terra dicatum Lacedaemonii firmabant annalium memoria vatumque carminibus; sed Macedonis Philippi, cum quo bellassent, armis ademptum ac post C. Caesaris et M. Antonii sententia redditum. Contra Messenii veterem inter Herculis posteros divisionem Peloponnesi protulere, suoque regi Denthaliatem agrum, in quo id delubrum, cessisse, monimentaque eius rei sculpta saxis et aere prisco manere. Quod si vatum annalium[que] ad testimonia vocentur, plures sibi ac locupletiores esse; neque Philippum potentia, sed ex vero statuisse. Idem regis Antigoni, idem imperatoris Mummii iudicium; sic Milesios

zu schmählen, voll des Lobes der Ruhe und Einsamkeit, wo es keinen Ueberdruß und keine Anfeindung gebe und man den wichtigsten Sachen sich ganz hingeben könne.

42. Und nun traf es sich, daß in jenen Tagen über Votienus Montanus[95]), einen Mann von gefeiertem Talent, eine Untersuchung angestellt wurde, die den schon wankenden Tiberius vollents bestimmte, daß er den Versammlungen der Väter und den meist wahren und schwer ihn treffenden Aeußerungen, welche in seiner Gegenwart ausgestoßen wurden, aus dem Wege gehen zu müssen glaubte. Denn da Votienus wegen Schmähreden gegen den Cäsar belangt war und Aemilius, ein Kriegsmann, der als Zeuge auftrat, im Eifer der Beweisführung Alles ohne Ausnahme aussagte und, obwohl man lärmend ihm in's Wort fiel, nachdrücklich doch dabei beharrte, hörte Tiberius die Schmähungen, womit man insgeheim gegen ihn loszog, und kam in dem Grade außer Fassung, daß er rief, er wolle sich entweder auf der Stelle oder während der Untersuchung rechtfertigen, und nur mit Mühe sich durch die Bitten der Nächsten, durch die Schmeichelei Aller beruhigen ließ. Votienus nun wurde als Majestätsverbrecher bestraft[96]): der Cäsar, der ihm vorgeworfenen Härte gegen Angeklagte nur um so starsinniger nachhängend, bestrafte die wegen Ehebruch mit Varius Ligur angeklagte Aquilia, obwohl ihr der designirte Consul Lentulus Gätulicus[97]) nach dem julischen Gesetz das Urtheil schon gesprochen, mit Verbannung[98]), und strich den Apidius Merula, weil er nicht auf des Divus Augustus Verordnungen[99]) geschworen hatte, aus der Senatorenliste.

43. Hierauf erhielten die Gesandten der Lacedämonier und Messenier Gehör wegen des Anrechts an den Tempel der Diana Limnatis[100]), von dem die Lacedämonier durch geschichtliche Nachrichten und Gesänge der Dichter zu erhärten suchten, daß er von ihren Vorfahren und in ihrem Lande geweiht worden sei; zwar sei er ihnen vom Macedonier Philippus[101]), mit dem sie Krieg geführt, durch Waffengewalt entrissen, aber nachmals durch des C. Cäsar und M. Antonius Spruch wieder zuerkannt worden. Dagegen brachten die Messenier die alte Theilung des Peloponneses zwischen den Nachkommen des Herkules[102]) vor, und wie ihrem Könige das denthaliatische Gebiet[103]), auf dem sich dieses Heiligthum befinde, zugefallen sei, und davon in Felsen und in altes Erz gegrabene Schrift fortwährend zeuge. Wolle man sie auf das Zeugniß von Dichtern und Geschichtswerken verweisen, so hätten sie deren mehr und vollgültigere; auch habe Philippus nicht durch Gewalt, sondern der Wahrheit gemäß entschieden. Dasselbe Urtheil habe der König Antigonus[104]), dasselbe der Imperator Mummius[105]) gefällt; ebendahin sei, als ihrem Staate die Entscheidung übertragen worden, der Milesier,

permisso publice arbitrio, postremo Atidium Geminum, praetorem Achaiae, decrevisse. Ita secundum Messenios datum. Et Segestani aedem Veneris montem aput Erycum, vetustate dilapsam, restaurari postulavere, nota memorantes de origine eius et laeta Tiberio. Suscepit curam libens ut consanguineus. Tunc tractatae Massiliensium preces, probatumque P. Rutilii exemplum. Namque eum legibus pulsum civem sibi Zmyrnaei addiderant. Quo iure Vulcatius Moschus exul in Massilienses receptus bona sua rei publicae eorum ut patriae reliquerat.

44. Obiere eo anno viri nobiles Cn. Lentulus et L. Domitius. Lentulo super consulatum et triumphalia de Getis gloriae fuerat bene tolerata paupertas, dein magnae opes innocenter partae et modeste habitae. Domitium decoravit pater civili bello maris potens, donec Antonii partibus, mox Caesaris misceretur. Avus Pharsalica acie pro optumatibus ceciderat. Ipse delectus, cui minor Antonia, Octavia genita, in matrimonium daretur, post exercitu flumen Albim transcendit, longius penetrata Germania quam quisquam priorum, easque ob res insignia triumphi adeptus est. Obiit et L. Antonius, multa claritudine generis, sed inprospera. Nam patre eius Iulo Antonio ob adulterium Iuliae morte punito hunc admodum adulescentulum, sororis nepotem, seposuit Augustus in civitatem Massiliensem, ubi specie studiorum nomen exilii tegeretur. Habitus tamen supremis honor, ossaque tumulo Octaviorum inlata per decretum senatus.

45. Isdem consulibus facinus atrox in citeriore Hispania admissum a quodam agresti nationis Termestinae. Is praetorem provinciae L. Pisonem, pace incuriosum, ex inproviso in itinere adortus uno vulnere in mortem adfecit; ac pernicitate equi profugus, postquam saltuosos locos attigerat, dimisso equo per derupta et avia sequentis frustratus est. Neque diu fefellit; nam prenso ductoque per proximos pagos

zuletzt des Prätors von Achaja, Atidius Geminus, Erklärung gegangen. So wurde denn zu Gunsten der Messenier entschieden. Ferner verlangten die Segestaner[106], daß der vor Alter verfallene Tempel der Venus auf dem Berge Erycus wiederhergestellt würde, indem sie die bekannten und für Tiberius schmeichelhaften Sagen von seinem Ursprunge in Erinnerung brachten. Gern übernahm er, als ein Blutsverwandter, die Sorge dafür[107]). Dann ward auch verhandelt über ein Gesuch der Massilienser[108]), und ihre Berufung auf das Beispiel des P. Rutilius für gültig erklärt. Diesen nämlich, der nach den Gesetzen verbannt war, hatten die Smyrnäer in ihre Bürgergemeinschaft aufgenommen. Mit demselben Rechte war der des Landes verwiesene Vulcatius Moschus von den Massiliensern aufgenommen worden und hatte sein Vermögen dem Gemeinwesen derselben, als seinem Vaterlande, hinterlassen.

44. Gestorben sind in diesem Jahre von angesehenen Männern Cn. Lentulus und L. Domitius. Dem Lentulus hatte außer dem Consulat und den Triumphinsignien über die Geten[109]) weise ertragene Armuth, dann unsträflich erworbener und mit Mäßigkeit genossener großer Reichthum zum Ruhme gereicht. Domitius konnte sich seines Vaters[110]) rühmen, der im Bürgerkriege mächtig war zur See, bis er in des Antonius, dann in des Cäsar Partei verflochten ward. Sein Großvater[111]) war in der pharsalischen Schlacht auf Seiten der Optimaten gefallen. Er selbst der jüngeren Antonia[112]), der Tochter der Octavia, zum Gemahl erkoren, ging nachher mit einem Heere über den Elbstrom, weiter vordringend in Germanien als irgend einer seiner Vorgänger, und erhielt deshalb die Triumphinsignien. Es starb auch L. Antonius, von einem in hohem Grade, aber unglücklich nur berühmtem Geschlechte. Denn als sein Vater Julus Antonius[113]) wegen Ehebruchs mit Julia die Todesstrafe erlitten, schaffte ihn, den noch sehr jungen Schwesterenkel[114]), Augustus nach Massilia, um dort unter dem Scheine wissenschaftlicher Beschäftigungen[115]) den Namen der Verbannung zu verhüllen. Doch erwies man ihm die letzte Ehre und setzte nach Senatsbeschluß seine Gebeine im Grabmal der Octavier bei.

45. Unter denselben Consuln wurde im diesseitigen Hispanien von einem Landmanne aus dem termestinischen Stamme[116]) eine gräßliche That verübt. Dieser fiel den Prätor der Provinz, L. Piso, der ob des Friedens ohne Sorge war, auf einer Reise unversehens an, und verwundete ihn auf den Tod mit Einem Stoße. Durch seines Pferdes Schnelligkeit entkommen, das er nach Erreichung der waldigen Gebirgsgegenden laufen ließ, wußte er den Verfolgenden zwischen Klüften und auf unwegsamen Pfaden auszuweichen. Jedoch blieb er nicht lange unentdeckt; denn als man sein Pferd aufgefangen

quo, cuius foret, cognitum. Et repertus cum tormentis edere conscios adigeretur, voce magna sermone patrio frustra se interrogari clamitavit: adsisterent socii ne spectarent; nullam vim tantam doloris fore, ut veritatem eliceret. Idemque cum postero ad quaesitionem retraheretur, eo nisu proripuit se custodibus saxoque caput adflixit, ut statim exanimaretur. Sed Piso Termestinorum dolo caesus habetur, qui pecunias e publico interceptas acrius, quam ut tolerarent barbari, cogebat.

46. Lentulo Gaetulico C. Calvisio consulibus decreta triumphi insignia Poppaeo Sabino contusis Thraecum gentibus, qui montium editis incultu atque eo ferocius agitabant. Causa motus super hominum ingenium, quod pati dilectus et validissimum quemque militiae nostrae dare aspernabantur, ne regibus quidem parere nisi ex libidine soliti, aut si mitterent auxilia, suos ductores praeficere nec nisi adversum accolas belligerare. Ac tum rumor incesserat fore, ut disiecti aliisque nationibus permixti diversas in terras traherentur. Sed antequam arma inciperent, misere legatos amicitiam obsequiumque memoraturos, et mansura haec, si nullo novo onere temptarentur: sin ut victis servitium indiceretur, esse sibi ferrum et iuventutem et promptum libertati aut ad mortem animum; simul castella rupibus indita conlatosque illuc parentes et coniuges ostentabant bellumque impeditum arduum cruentum minitabantur.

47. At Sabinus, donec exercitus in unum conduceret, latis mitibus responsis, postquam Pomponius Labeo e Moesia cum legione, rex Rhoemetalces cum auxiliis popularium, qui fidem non mutaverant, venere, addita praesenti copia ad hostem pergit, compositum iam per angustias saltum. Quidam audentius apertis in collibus visebantur, quos dux Romanus acie suggressus haud aegre pepulit, sanguine barbarorum modico ob propinqua suffugia. Mox castris in loco communitis valida manu montem occupat angustum et aequali dorso continuum usque ad

und durch die nächsten Gaue geführt hatte, erfuhr man, wem es gehöre. Man fand ihn auch auf, und als er durch die Folter gezwungen werden sollte, seine Mitschuldigen anzugeben, rief er mit lauter Stimme in seiner Muttersprache, vergebens seien alle Fragen: hinzutreten könnten seine Mitgenossen und zusehen; keine Gewalt des Schmerzes werde so groß sein, ihm die Wahrheit zu entlocken. Und als er ebenso am folgenden Tage wieder zum peinlichen Verhör geschleppt ward, entstürzte er so gewaltigen Schwunges seinen Wächtern und schmetterte den Kopf an ein Felsstück, daß er auf dem Flecke todt war. Man hält jedoch dafür, daß Piso durch der Termestiner List gefallen sei, er, der unterschlagene öffentliche Gelder strenger, als es die Barbaren ertragen mochten, beitrieb.

46. Unter dem Consulat des Lentulus Gätulicus und C. Calvisius wurden die Triumphinsignien dem Poppäus Sabinus zuerkannt, weil er die Thracierstämme, die ohne Gesittung und deshalb um so trotzigeren Muthes auf den Berghöhen hausten, zermalmt hatte. Die Ursache des Aufstandes war abgesehen von der Sinnesart der Leute, daß sie Aushebungen zu dulden und die kräftigsten Männer zu unserem Dienste herzugeben verweigerten, nicht einmal ihren Königen anders als nach Gutdünken zu gehorchen, oder, wenn sie Hilfsmannschaft sandten, dieser ihre eigenen Anführer zu geben und nur gegen Grenznachbarn zu kämpfen gewohnt. Und damals hatte sich das Gerücht verbreitet, sie würden zerstreut und mit andern Völkern vermischt in weit entlegene Länder geschleppt werden. Doch bevor sie zu den Waffen griffen, schickten sie Abgeordnete, ihre Freundschaft und ihren Gehorsam in Erinnerung zu bringen, und wie diese fortdauern würden, wenn man sie durch keine neue Last reize; wie sie aber, würde ihnen gleich Besiegten Knechtschaft angekündigt, Eisen hätten und Wehrmannschaft und zur Freiheit oder zum Tode entschlossenen Muth: zugleich wiesen sie auf ihre Felsenburgen hin und wie sie dahin ihre Eltern und Frauen gebracht, und drohten mit einem verwickelten, schweren, blutigen Kriege.

47. Sabinus aber ertheilt, bis er die Heerschaaren beisammen hatte, milden Bescheid, und rückt, als Pomponius Labeo mit einer Legion aus Mösien, der König Rhömetalces mit den Hilfshaufen der Eingeborenen, die in ihrer Treue festgeblieben, angekommen waren, mit Zuziehung seiner gegenwärtigen Truppen gegen den Feind, der in den Engpässen der Waldgebirge sich schon aufgestellt hatte. Einige ließen kecker sich auf freien Anhöhen blicken, und diese trieb, in Schlachtordnung anrückend, der römische Feldherr ohne Mühe hinweg, doch mit geringem Verlust von Seiten der Barbaren, wegen der nahen Zufluchtsörter. Hierauf befestigt er daselbst ein Lager und besetzt mit starker Mannschaft einen schmalen Berg, der sich in gleicher Erhebung bis zum

proximum castellum, quod magna vis armata at incondita tuebatur; simul in ferocissimos, qui ante vallum more gentis cum carminibus et tripudiis persultabant, mittit delectos sagittariorum. Ii dum eminus grassabantur, crebra et inulta vulnera fecere: propius incedentes eruptione subita turbati sunt receptique subsidio Sugambrae cohortis, quam Romanus promptam ad pericula nec minus cantuum et armorum tumultu trucem haud procul instruxerat.

48. Translata dehinc castra hostem propter, relictis aput priora munimenta Thraecibus, quos nobis adfuisse memoravi; iisque permissum vastare urere, trahere praedas, dum populatio lucem intra sisteretur noctemque in castris tutam et vigilem capesscrent. Id primo servatum: mox versi in luxum et raptis opulenti omittere stationes lascivia epularum aut somno et vino procumbere. Igitur hostes incuria eorum conperta duo agmina parant, quorum altero populatores invaderentur, alii castra Romana adpugnarent, non spe capiendi, sed ut clamore, telis suo quisque periculo intentus sonorem alterius proelii non acciperet. Tenebrae insuper delectae augendam ad formidinem. Sed qui vallum legionum temptabant, facile pelluntur; Thraecum auxilia repentino incursu territa, cum pars munitionibus adiacerent, plures extra palarentur, tanto infensius caesi, quanto perfugae et proditores ferre arma ad suum patriaeque servitium incusabantur.

49. Postera die Sabinus exercitum aequo loco ostendit, si barbari successu noctis alacres proelium auderent. Et postquam castello aut coniunctis tumulis non degrediebantur, obsidium coepit per praesidia, quae opportune iam muniebat; dein fossam loricamque contexens quattuor milia passuum ambitu amplexus est; tum paulatim, ut aquam pabulumque eriperet, contrahere claustra artaque circumdare; et struebatur agger, unde saxa hastae ignes propinquum iam in hostem iacerentur. Sed nihil aeque quam sitis fatigabat, cum ingens multitudo bellatorum inbellium uno

nächsten Castelle hinzog, welches ein großer bewaffneter, aber ungeordneter
Haufe vertheidigte; zugleich sendet er gegen die Kampflustigen, die sich nach
des Volkes Sitte mit Gesang und Waffentanz vor dem Walle umhertummel-
ten, auserlesene Bogenschützen. Diese brachten, so lange sie aus der Ferne
angriffen, häufige und ungestrafte Wunden bei; näher heranrückend wurden sie durch einen plötzlichen Ausfall in Verwirrung gebracht und von einer
sugambrischen[117]) Cohorte in Schutz genommen, welche der Römer als entschlossen in Gefahren und nicht minder furchtbar durch Gelärm mit Schlacht-
gesang und Waffen unfern aufgestellt hatte.

48. Hierauf ward das Lager in die Nähe des Feindes verlegt, indeß in den
vorigen Verschanzungen die Thracier zurückgelassen wurden, von denen ich
erwähnt, daß sie auf unserer Seite waren; und sie erhielten die Erlaubniß,
zu verheeren, zu sengen, Beute zu machen, wofern die Verheerung nur auf
den Tag sich einschränkte und sie die Nacht sicher und wachsam im Lager zu-
brächten. Das ward anfangs beobachtet: bald aber dem Wohlleben ergeben und durch das, was sie geraubt, im Ueberfluß, verlassen sie die Posten
um ausgelassener Gelage willen oder liegen hingestreckt schlafend und berauscht
am Boden. Als daher die Feinde ihre Sorglosigkeit erfahren haben, rüsten
sie zwei Heereszüge, mit deren einem die Plünderer angegriffen werden sollten,
während die Anderen das römische Lager bekämpften, nicht in der Hoffnung,
es zu nehmen, sondern damit vor dem Schlachtgeschrei und unter den Geschossen mit eigener Gefahr beschäftigt Keiner des anderen Treffens Schall
vernähme. Ueberdieß erkor man sich die Finsterniß, um den Schrecken zu vermehren. Doch die, welche den Wall der Legionen angriffen, wurden leicht
zurückgeworfen; die thracischen Hilfstruppen aber, durch den plötzlichen Ueber-
fall in Schrecken gesetzt, da sie zum Theil an den Verschanzungen lagen, die
Mehrzahl außerhalb umherschwärmte, wurden mit um so größerer Erbitterung niedergemacht, jemehr sie der Vorwurf traf, als Ueberläufer und Verräther die Waffen zu tragen zu ihrer und des Vaterlandes Knechtschaft.

49. Am folgenden Tage zeigte Sabinus das Heer auf ebenem Felde, ob etwa
die Barbaren, durch den nächtlichen Erfolg ermuthigt, ein Treffen wagten.
Und da sie vom Castell oder den damit zusammenhängenden Hügeln nicht
herabkamen, begann er die Belagerung durch Posten, die er an gelegenen
Orten bereits befestigte; hierauf warf er einen Graben auf mit Brustwehr
im Umkreise von viertausend Schritten; zog dann allmählich, um Wasser und
Futter abzuschneiden, die Einschließungslinie zusammen und machte sie eng;
auch ward ein Damm errichtet, um Steine, Speere, Feuerbrände von da
auf den schon nahen Feind zu werfen. Nichts aber quälte diesen so sehr als
der Durst, da die ungeheuere Menge der Streitbaren und Nichtstreitbaren nur

reliquo fonte uterentur. Simul equi armenta, ut mos barbaris, iuxta clausa, egestate pabuli exanimari; adiacere corpora hominum, quos vulnera, quos sitis peremerat; pollui cuncta sanie odore contactu. Rebusque turbatis malum extremum discordia accessit, his deditionem, aliis mortem et mutuos inter se ictus parantibus; et erant qui non inultum exitium, sed eruptionem suaderent, neque ignobiles, quamvis diversi sententiis.

50. Verum e ducibus Dinis, provectus senecta et longo usu vim atque clementiam Romanam edoctus, ponenda arma, unum adflictis id remedium disserebat, primusque se cum coniuge et liberis victori permisit. Secuti aetate aut sexu inbecilli, et quibus maior vitae quam gloriae cupido At iuventus Tarsam inter et Turesim distrahebatur. Utrique destinatum cum libertate occidere; sed Tarsa properum finem, abrumpendas pariter spes ac metus clamitans, dedit exemplum demisso in pectus ferro; nec defuere qui eodem modo oppeterent. Turesis sua cum manu noctem opperitur, haud nescio duce nostro. Igitur firmatae stationes densioribus globis. Et ingruebat nox nimbo atrox, hostisque clamore turbido, modo per vastum silentium, incertos obsessores effecerat, cum Sabinus circumire, hortari, ne ad ambigua sonitus aut simulationem quietis casum insidiantibus aperirent, sed sua quisque munia servarent immoti telisque non in falsum iactis.

51. Interea barbari catervis decurrentes nunc in vallum manualia saxa, praeustas sudes, decisa robora iacere, nunc virgultis et cratibus et corporibus exanimis complere fossas; quidam pontis et scalas ante fabricati inferre propugnaculis eaque prensare, detrahere et adversum resistentis comminus niti. Miles contra deturbare telis, pellere umbonibus, muralia pila, congestas lapidum moles provolvere. His partae victoriae spes et, si cedant, insignitius flagitium, illis extrema iam salus et adsistentes plerisque matres et coniuges earumque lamenta addunt animos. Nox aliis

noch Eine Quelle übrig hatte. Dabei fielen Pferde und Rindvieh, miteingeschlossen nach Barbarensitte, aus Futtermangel; daneben lagen Leichen der Menschen, welche an Wunden, welche vor Durst umgekommen waren; Alles war von Jauche, Gestank, Ansteckung verpestet. Und zu die'er allgemeinen Noth gesellte sich noch das äußerste Uebel, die Zwietracht, indem die Einen auf Ergebung, die Anderen auf Tod und wechselseitige Ermordung sannen; auch gab es solche, die nicht ungerächt den Untergang zu finden, sondern auszufallen riethen, und zwar nicht Leute von niederer Herkunft, obschon nicht einig in ihren Ansichten darüber.

50. Aber einer der Anführer, Dinis, ein hochbetagter Greis und aus langer Erfahrung wie mit der Gewalt so mit der Milde Roms bekannt, erklärte, man müsse die Waffen niederlegen, dieses sei der Bedrängten einziges Rettungsmittel, und war der erste, welcher sich mit Weib und Kind dem Sieger übergab. Ihm folgten die ob des Alters oder Geschlechtes Schwachen und alle, denen das Leben lieber war als Ruhm. Die junge Mannschaft dagegen war zwischen Tarsa und Turesis getheilt. Beide waren entschlossen, mit der Freiheit unterzugehen; aber Tarsa rief, beeilen müsse man das Ende, abschneiden gleicherweise Furcht und Hoffnung, und ging mit dem Beispiele voran und stieß sich in die Brust das Schwert; und nicht fehlte es an solchen, die auf gleiche Weise starben. Turesis wartete mit seiner Schaar die Nacht ab, was unser Heerführer recht wohl wußte. Es wurden daher die Wachposten verstärkt durch dichtere Haufen. Und es brach eine regenschauerliche Nacht herein, und der Feind hatte bald durch wildes Geschrei, bald durch die Stille die Belagernden irre gemacht, als Sabinus in der Runde herumging, die Mahnung ertheilte, sie möchten bei dem zweideutigen Getöse oder bei der verstellten Ruhe den Nachstellenden keine Blöße geben, sondern ein Jeder unbeweglich und ohne zielles die Geschosse zu verschleudern, seines Dienstes warten.

51. Indessen stürmen die Barbaren schaarenweise herab, werfen bald gegen den Wall faustgroße Steine, in Feuer hartgespitzte Pfähle, abgehauene Baumstämme, bald füllen sie mit Reisig, Faschinen und Leichen die Gräben aus; Einige legen vorherverfertigte Brücken und Leitern an die Brustwehren an, ergreifen diese, reißen sie nieder und drängen im Handgemenge gegen die Widerstandleistenden vor. Der Soldat dagegen stürzt sie mit Geschossen hinab, stößt sie zurück mit den Schildbuckeln, wirft Mauerlanzen und zusammengehäufte Steinmassen über sie her. Diesen mehrt den Muth des schon errungenen Sieges Hoffnung und, falls sie wichen, die um so auffallendere Schande, jenen der letzte Rettungsversuch und die sehr Vielen zur Seite stehenden Mütter und Weiber und deren Klaggeschrei. Die Nacht begünstigt bei den Einen

in audaciam, aliis ad formidinem opportuna; incerti ictus, vulnera inprovisa; suorum atque hostium ignoratio et montis anfractu repercussae velut a tergo voces adeo cuncta miscuerant, ut quaedam munimenta Romani quasi perrupta omiserint. Neque tamen pervasere hostes nisi admodum pauci; ceteros, deleto promptissimo quoque aut saucio, adpetente iam luce trusere in summa castelli, ubi tandem coacta deditio. Et proxima sponte incolarum recepta: reliquis, quo minus vi aut obsidio subigerentur, praematura montis Haemi et saeva hiemps subvenit.

52. At Romae commota principis domo, ut series futuri in Agrippinam exitii inciperet, Claudia Pulchra, sobrina eius, postulatur accusante Domitio Afro. Is recens praetura, modicus dignationis et quoquo facinore properus clarescere, crimen inpudicitiae, adulterum Furnium, veneficia in principem et devotiones obiectabat. Agrippina, semper atrox, tum et periculo propinquae accensa, pergit ad Tiberium ac forte sacrificantem patri repperit. Quo initio invidiae non eiusdem ait mactare divo Augusto victimas et posteros eius insectari. Non in effigies mutas divinum spiritum transfusum; se imaginem veram, caelesti sanguine ortam, intellegere discrimen, suscipere sordes. Frustra Pulchram praescribi, cui sola exitii causa sit, quod Agrippinam stulte prorsus ad cultum delegerit, oblita Sosiae ob eadem adflictae. Audita haec raram occulti pectoris vocem elicuere, correptamque Graeco versu admonuit non ideo laedi, quia non regnaret. Pulchra et Furnius damnantur. Afer primoribus oratorum additus, divulgato ingenio et secuta adseveratione Caesaris, qua suo iure disertum cum appellavit. Mox capessendis accusationibus aut reos tutando prosperiore eloquentiae quam morum fama fuit, nisi quod aetas extrema multum etiam eloquentiae dempsit, dum fessa mente retinet silentii inpatientiam.

die Kühnheit, bei den Andern die Furchtsamkeit; unsicher traf die Waffe, un
versehens saß die Wunde; daß man Freund und Feind nicht erkannte, und
die von des Berges Krümmung wiederhallenden Stimmen wie von hinten
kamen, das hatte Alles in solche Verwirrung gebracht, daß die Römer einige
Schanzen als schon durchbrochen aufgaben. Dennoch drangen die Feinde
nicht hindurch, äußerst wenige ausgenommen: die Uebrigen, da die Tapfersten getödtet oder verwundet waren, drängte man, als bereits der Tag an-
brach, in die äußerste Höhe des Castells hinauf, wo endlich die Uebergabe er-
zwungen wurde. Auch die nächste Umgegend wurde mit Einwilligung der
Bewohner besetzt: die Uebrigen hatten es dem frühzeitigen und strengen
Winter auf dem Hämusgebirge zu verdanken, daß sie nicht mit Gewalt
oder durch Belagerung unterjocht wurden.

52. Zu Rom indessen ward, da einmal des Fürsten Haus erschüttert war,
auf daß in der Kette des Verderbens, welches die Agrippina treffen sollte,
das erste Glied begänne, Claudia Pulchra, ihre Muhme[118], vor Gericht gefordert, angeschuldigt von Domitius Afer[119]. Dieser, der so eben Prätor
erst gewesen, nur von mittelmäßigem Ansehen und durch jede Unthat berühmt zu werden sich beeitend, machte Unzucht ihr, Ehebruch mit Furnius,
gegen den Fürsten Giftmischerei und Verwünschungen zum Vorwurf. Agrippina, immer trotzig, jetzt noch mehr durch die Gefahr der Verwandten in
Flamme gesetzt, begibt sich zu Tiberius und findet ihn zufällig dem Vater
opfernd. Davon gleich zu Vorwürfen einen Anlaß nehmend, sagt sie, es
schicke sich nicht für einen und denselben, Opfer für den Divus Augustus zu
schlachten und die Nachkommen desselben zu verfolgen. Nicht in stumme
Bildsäulen sei sein göttlicher Geist übergegangen; sie sein wahres Ebenbild,
von dem himmlischen Blute entsprossen, erkenne die Gefahr, lege das Trauer
gewand an[120]. Unsonst schiebe man die Pulchra vor, der einzig das des
Verderbens Ursache sei, daß sie unbesonnen genug die Agrippina zur Verehrung sich erkoren, wobei sie vergessen, daß Sosia[121] aus eben dem Grunde
in's Unglück gestürzt sei. Diese Worte entlockten der verschlossenen Brust eine
bei ihr sonst seltene Aeußerung; er fuhr gegen sie los und bedeutete ihr mit
einem griechischen Verse[122], sie werde darum doch noch nicht verletzt, weil sie
nicht herrsche. Pulchra und Furnius werden verurtheilt. Afer ward nun den
Rednern ersten Ranges beigesellt, da sein Talent bekannt geworden war und der
Cäsar die Versicherung fallen ließ, in welcher er ihn als einen von Rechts wegen
beredt zu nennenden bezeichnete. Nachher stand er, mochte er als Kläger auftreten
oder Angeschuldigte vertheidigen, in vortheilhafterem Rufe der Beredtsamkeit als
des Characters, nur daß sein hohes Alter auch viel von der Beredtsamkeit ihm nahm,
indem er, da sein Geist schon müde war, doch immer noch nicht schweigen konnte.

53. At Agrippina pervicax irae et morbo corporis implicata, cum viseret eam Caesar, profusis diu ac per silentium lacrimis, mox invidiam et preces orditur: subveniret solitudini, daret maritum; habilem adhuc iuventam sibi, neque aliut probis quam ex matrimonio solacium; esse in civitate, ...*) Germanici coniugem ac liberos eius recipere dignarentur. Sed Caesar non ignarus, quantum ex re publica peteretur, ne tamen offensionis aut metus manifestus foret, sine responso quamquam instantem reliquit. Id ego, a scriptoribus annalium non traditum, repperi in commentariis Agrippinae filiae, quae, Neronis principis mater, vitam suam et casus suorum posteris memoravit.

54. Ceterum Seianus maerentem et inprovidam altius perculit, immissis qui per speciem amicitiae monerent paratum ei venenum, vitandas soceri epulas. Atque illa simulationum nescia, cum propter discumberet, non vultu aut sermone flecti, nullos attingere cibos, donec advertit Tiberius, forte an quia audiverat; idque quo acrius experiretur, poma, ut erant adposita, laudans nurui sua manu tradidit. Aucta ex eo suspicio Agrippinae, et intacta ore servis tramisit. Nec tamen Tiberii vox coram secuta, sed obversus ad matrem non mirum ait, si quid severius in eam statuisset, a qua veneficii insimularetur. Inde rumor parari exitium, neque id imperatorem palam audere; secretum ad perpetrandum quaeri.

55. Sed Caesar quo famam averteret, adesse frequens senatui legatosque Asiae, ambigentes, quanam in civitate templum statueretur, pluris per dies audivit. Undecim urbes certabant, pari ambitione, viribus diversae. Neque multum distantia inter se memorabant de vetustate generis, studio in populum Romanum per bella Persi et Aristonici aliorumque regum. Verum Hypaepeni Tallianique Laodicenis ac Magnetibus simul tramissi ut parum validi; ne Ilienses quidem, cum parentem urbis Romae Troiam referrent, nisi

---

*) Hier ist eine Lücke in der Handschrift

53. Agrippina aber, in ihrem Zorn verharrend und dabei auch leiblich krank, begann, als der Cäsar sie besuchte, nachdem sie lange und ohne ein Wort zu sagen sich in einen Thränenstrom ergossen, endlich mit Vorwürfen und Bitten, er möchte ihrer Verlassenheit sich annehmen, ihr einen Gemahl geben; noch eigne sich dazu ihr jugendliches Alter, und ein züchtiges Weib finde nur Trost in der Ehe; es gebe im Staate Männer, die des Germanicus Gattin und auch seine Kinder aufzunehmen nicht unter ihrer Würde halten dürften. Aber der Cäsar, der gar wohl wußte, ein wie großer Antheil am Staate damit beansprucht werde, verließ sie, um doch nicht offenbar mit seiner Abneigung oder Furcht hervorzutreten, so sehr sie auch in ihn drang, ohne Antwort. Dieses, was von den Jahresberichtsverfassern nicht ist überliefert worden, habe ich in den Denkwürdigkeiten Agrippina's, der Tochter, gefunden, welche, des Kaisers Nero Mutter, ihr Leben und die Schicksale der Ihrigen der Nachwelt mitgetheilt hat.

54. Uebrigens erschütterte Sejanus die Betrübnißvolle und Unvorsichtige noch tiefer, indem er Leute zu ihr schickte, die unter dem Scheine der Freundschaft sie warnen sollten, es sei Gift für sie in Bereitschaft, zu meiden habe sie des Schwiegervaters Tafel. Sie nun, unfähig der Verstellung, als sie neben ihm ihren Platz hatte, blieb starr in Miene und Rede, rührte keine Speise an, bis Tiberius es merkte, zufällig oder weil er davon gehört; und, um dieses desto genauer zu erproben, lobte er Obst, wie's eben aufgetragen war, und reichte davon seiner Schwiegertochter eigenhändig dar. Vermehrt ward dadurch der Agrippina Argwohn, und ohne es mit ihrem Munde zu berühren, gab sie es den Sklaven. Dennoch äußerte Tiberius nichts darüber gegen sie persönlich, zur Mutter aber wandte er sich mit den Worten: ein Wunder sei es nicht, wenn gegen diejenige er Härteres beschlossen hätte, von welcher er der Giftmischerei beschuldigt würde. Daher entstand das Gerücht, bereitet werde ihr der Untergang, nur wage es damit nicht öffentlich der Kaiser; geheime Wege suche man zur Ausführung.

55. Der Cäsar aber erschien, um das Gerede davon abzulenken, häufig im Senat und hörte die Gesandten Asiens, die darüber stritten, in welcher Stadt sein Tempel[123] errichtet werden solle, mehrere Tage hindurch an. Eilf Städte wetteiferten, mit gleich bringender Bewerbung, an Kräften ungleich. Und nicht weit von einander Abweichendes erwähnten sie von ihres Geschlechtes Alter, ihrem Eifer für das römische Volk während der Kriege mit Perseus[124], Aristonicus[125] und anderen Königen. Die Hypäpener[126] aber und Trallianer sammt den Laodicenern und Magneten wurden als zu unbedeutend übergangen; nicht einmal die Ilienser[127] erhielten, obschon sie Troja die Mutter der Römerstadt nannten, durch etwas Anderes

antiquitatis gloria pollebant. Paulum addubitatum, quod Alicarnasii mille et ducentos per annos nullo motu terrae nutavisse sedes suas vivoque in saxo fundamenta templi adseveraverant. Pergamenos (eo ipso nitebantur) aede Augusto ibi sita satis adeptos creditum. Ephesii Milesiique, hi Apollinis, illi Dianae caerimonia occupavisse civitates visi. Ita Sardianos inter Zmyrnaeosque deliberatum. Sardiani decretum Etruriae recitavere ut consanguinei: nam Tyrrhenum Lydumque Atye rege genitos ob multitudinem divisisse gentem; Lydum patriis in terris resedisse, Tyrrheno datum, novas ut conderet sedes; et ducum e nominibus indita vocabula illis per Asiam, his in Italia; auctamque adhuc Lydorum opulentiam missis in Graeciam populis, cui mox a Pelope nomen. Simul litteras imperatorum et icta nobiscum foedera bello Macedonum ubertatemque fluminum suorum, temperiem caeli ac dites circum terras memorabant.

56. At Zmyrnaei repetita vetustate, seu Tantalus Iove ortus illos, sive Theseus divina et ipse stirpe, sive una Amazonum condidisset, transcendere ad ea, quis maxime fidebant in populum Romanum officiis, missa navali copia non modo externa ad bella, sed quae in Italia tolerabantur; seque primos templum urbis Romae statuisse, M. Porcio consule, magnis quidem iam populi Romani rebus, nondum tamen ad summum elatis, stante adhuc Punica urbe et validis per Asiam regibus. Simul L. Sullam testem adferebant, gravissimo in discrimine exercitus ob asperitatem hiemis et penuriam vestis, cum id Zmyrnam in contionem nuntiatum foret, omnes qui adstabant, detraxisse corpori tegmina nostrisque legionibus misisse. Ita rogati sententiam patres Zmyrnaeos praetulere. Censuitque Vibius Marsus, ut M'. Lepido, cui ea provincia obvenerat, super numerum legaretur, qui templi curam susciperet. Et quia Lepidus ipse deligere per modestiam abnuebat, Valerius Naso e praetoriis sorte missus est.

als durch des Alterthums Ruhm Gewicht. In einige Ueberlegung ward gezogen, daß die Halicarnassier[128], versichert hatten, seit tausend und zweihundert Jahren habe ihr Wohnsitz durch keine Erderschütterung gewankt und natürlicher Felsen sei hier des Tempels Grund. Die Pergameuer[129], glaubte man, hätten an dem daselbst dem Augustus gegründeten Tempel (und eben darauf stützten sie sich) genug erhalten. Die Ephesier und Milesier schienen, diese durch des Apollo, jene durch der Diana Verehrung, ihre Städte besetzt zu haben. So schwankte man noch zwischen den Sardianern und Smyrnäern. Die Sardianer lasen ein Decret Etruriens vor zum Beweise ihrer Blutsverwandtschaft: Tyrrhenus und Lydus nämlich, des Königs Atys Söhne, hätten das Volk wegen seiner Menge getheilt; Lydus wäre in den vaterländischen Fluren geblieben, dem Tyrrhenus sei das Loos zugefallen, neue Sitze zu gründen; und nach ihrer Führer Namen hätten jene in Asien, diese in Italien ihre Benennung erhalten; vermehrt sei noch der Lyder Macht werden durch Aussendung von Völkern nach Griechenland, das nachher von Pelops[130]) den Namen erhalten. Zugleich brachten sie schriftliche Documente von Feldherrn und mit uns geschlossene Bündnisse im macedonischen Kriege, sowie den Reichthum ihrer Ströme, die Milde ihres Klima's und die Ergiebigkeit des Landes um sie her zur Sprache.

56. Die Smyrnäer dagegen, mit ihrem Alterthum anhebend, sei es daß Tantalus, dem Jupiter entsprossen, oder Theseus, ebenfalls göttlichen Ursprungs[131]), oder eine der Amazonen[132]) ihre Stadt gegründet habe, gingen dann zu den Diensten gegen das römische Volk über, auf welche sie am meisten bauten, indem sie eine Schiffsmacht gesendet, nicht nur zu auswärtigen Kriegen, sondern zu denen, die man in Italien[133]) zu bestehen gehabt; auch seien sie die ersten gewesen, die einen Tempel der Stadt Rom errichtet hätten, unter dem Consul M. Porcius[134]), bei zwar schon großer, aber doch noch nicht zum höchsten Gipfel erhobener Macht des römischen Volkes, da noch gestanden die punische Stadt und mächtige Könige noch in Asien geherrscht. Zugleich beriefen sie sich auf des L. Sulla Zeugniß, daß, als bei der größten Bedrängniß des Heeres[135]) wegen des Winters Strenge und Mangel an Bekleidung, dieses nach Smyrna der Volksversammlung zur Kunde gekommen sei, alle Anwesende ihre Gewänder vom Leibe gezogen und unseren Legionen geschickt hätten. So nun um ihre Meinung befragt, gaben die Väter den Smyrnäern den Vorzug. Auch trug Vibius Marsus darauf an, daß dem Manius Lepidus, welchem diese Provinz zugefallen war, ein Legat über die Zahl gegeben würde, der die Sorge für den Tempel übernähme. Und weil Lepidus, ihn selbst zu wählen, aus Bescheidenheit ablehnte, ward Valerius Naso, einer der gewesenen Prätoren, nach dem Loose hingesandt.

57. Inter quae diu meditato prolatoque saepius consilio tandem Caesar in Campaniam concessit*), specie dedicandi templa apud Capuam Iovi, apud Nolam Augusto, sed certus procul urbe degere. Causam abscessus quamquam secutus plurimos auctorum ad Seiani artes rettuli, quia tamen caede eius patrata sex postea annos pari secreto coniunxit, plerumque permoveor, num ad ipsum referri verius sit, saevitiam ac libidinem cum factis promeret, locis occultantem. Erant qui crederent in senectute corporis quoque habitum pudori fuisse: quippe illi praegracilis et incurva proceritas, nudus capillo vertex, ulcerosa facies ac plerumque medicaminibus interstincta. Et Rhodi secreto vitare coetus, recondere voluptates insuerat. Traditur etiam matris inpotentia extrusum, quam dominationis sociam aspernabatur neque depellere poterat, cum dominationem ipsam donum eius accepisset. Nam dubitaverat Augustus Germanicum, sororis nepotem et cunctis laudatum, rei Romanae imponere; sed precibus uxoris evictus Tiberio Germanicum, sibi Tiberium adscivit. Idque Augusta exprobrabat, reposcebat.

58. Profectio arto comitatu fuit: unus senator, consulatu functus, Cocceius Nerva, cui legum peritia; eques Romanus praeter Seianum ex inlustribus Curtius Atticus; ceteri liberalibus studiis praediti, ferme Graeci, quorum sermonibus levaretur. Ferebant periti caelestium iis motibus siderum excessisse Roma Tiberium, ut reditus illi negaretur. Unde exitii causa multis fuit properum finem vitae coniectantibus vulgantibusque; neque enim tam incredibilem casum providebant, ut undecim per annos libens patria careret. Mox patuit breve confinium artis et falsi, veraque quam obscuris tegerentur. Nam in urbem non regressurum haud forte dictum: ceterorum nescii egere, cum propinquo rure aut litore et saepe moenia urbis adsidens extremam senectam compleverit.

59. Ac forte illis diebus oblatum Caesari anceps

*) feblt in der Handschrift.

57. Inzwischen ging der Cäsar, nachdem er lange sich mit diesem Plane beschäftigt und zum öfteren ihn aufgeschoben hatte, endlich nach Campanien, unter dem Vorwande, Tempel zu weihen, zu Capua[136]) dem Jupiter, zu Nola dem Augustus, aber fest entschlossen, fern von der Hauptstadt zu leben. Ob ich gleich den Grund dieser Entfernung, den meisten Schriftstellern folgend, den Ränken des Sejanus zugeschrieben habe[137]), so werde ich, weil er, nachdem derselbe ermordet war, doch nachher noch sechs Jahre hintereinander[138]) in gleicher Abgeschiedenheit zubrachte, gewöhnlich bedenklich, ob es nicht richtiger sei, jene ihm selbst zuzuschreiben, indem er seine Grausamkeit und Wollust, die er thätlich ausließ, örtlich doch verbergen wollte. Einige glaubten, er habe sich im Alter seines Aeußeren auch geschämt: denn sehr hager und gebildt war seine hohe Gestalt, entblößt von Haar sein Scheitel, voller Geschwüre sein Gesicht und gewöhnlich mit Pflastern wie besäet. Und schon in seiner Abgeschiedenheit auf Rhodus[139]) hatte er sich gewöhnt, Gesellschaft zu meiden und seine Lüste zu verbergen. Erzählt wird auch, durch seiner Mutter Herrschsucht sei er fortgetrieben worden, mit welcher die Herrschaft zu theilen er zu stolz war, und die er gleichwohl nicht verstoßen konnte, da er die Herrschaft selbst als ihr Geschenk empfangen hatte. Denn Augustus war damit umgegangen, seiner Schwester Enkel[140])), den von aller Welt gepriesenen Germanicus an des römischen Staates Spitze zu stellen; aber durch die Bitten der Gattin besiegt, nahm er für Tiberius den Germanicus, für sich den Tiberius als Sohn an. Dieses rückte ihm nun Augusta vor, wollte zurück es nehmen.

58. Die Abreise geschah mit beschränktem Gefolge: Ein Senator, der das Consulat bekleidet hatte, Cocceius Nerva[141]), ein rechtserfahrener Mann; außer Sejanus von erlauchten Rittern[142]) Curtius Atticus; die Uebrigen, Leute von wissenschaftlicher Bildung, meistentheils Griechen, um in ihrer Unterhaltung Erholung zu finden. Sternkundige sagten, Tiberius sei unter einer solchen Constellation aus Rom gegangen, daß die Rückkehr ihm nicht verstattet sei, was für Viele des Verderbens Quelle ward, die daraus auf ein baldiges Lebensende schlossen und das laut äußerten; denn nicht sahen sie den so unglaublichen Fall voraus, daß er eilf Jahre hindurch mit Freuden die Vaterstadt meiden würde. Nachher zeigte sich, wie nahe Wissenschaft und Irrthum an einander grenzten, und wie das Wahre in Dunkelheit sich hüllte. Denn daß er nach der Stadt nicht wiederkehren würde, sagte man nicht so von Ungefähr: im Uebrigen wußten sie von nichts, da er in der Nähe, auf dem Lande oder am Gestade, und oft an den Mauern der Stadt verweilend, das höchste Alter erreichte.

59. Und nun bestärkte noch eine drohende Gefahr, in die zufällig in

periculum auxit vana rumoris praebuitque ipsi materiem, cur amicitiae constantiaeque Seiani magis fideret. Vescebantur in villa, cui vocabulum Speluncae, mare Amunclanum inter et Fundanos montes, nativo in specu. Eius os lapsis repente saxis obruit quosdam ministros: hinc metus in omnes et fuga eorum, qui convivium celebrabant. Seianus genu vultuque et manibus super Caesarem suspensus opposuit sese incidentibus, atque habitu tali repertus est a militibus, qui subsidio venerant. Maior ex eo, et quamquam exitiosa suaderet, ut non sui anxius, cum fide audiebatur. Adsimulabatque iudicis partes adversum Germanici stirpem, subditis qui accusatorum nomina sustinerent maximeque insectarentur Neronem proximum successioni et, quamquam modesta iuventa, plerumque tamen, quid in praesentiarum conduceret, oblitum, dum a libertis et clientibus, apiscendae potentiae properis, exstimulatur, ut erectum et fidentem animi ostenderet: velle id populum Romanum, cupere exercitus, neque ausurum contra Seianum, qui nunc patientiam senis et segnitiam iuvenis iuxta insultet.

60. Haec atque talia audienti nihil quidem pravae cogitationis; sed interdum voces procedebant contumaces et inconsultae, quas adpositi custodes exceptas auctasque cum deferrent neque Neroni defendere daretur, diversae insuper sollicitudinum formae oriebantur. Nam alius occursum eius vitare, quidam salutatione reddita statim averti, plerique inceptum sermonem abrumpere, insistentibus contra inridentibusque qui Seiano fautores aderant. Enimvero Tiberius torvus aut falsum renidens vultu: seu loqueretur seu taceret iuvenis, crimen ex silentio, ex voce. Ne nox quidem secura, cum uxor vigilias somnos suspiria matri Liviae atque illa Seiano patefaceret, qui fratrem quoque Neronis Drusum traxit in partes, spe obiecta principis loci, si priorem aetate et iam labefactum demovisset. Atrox Drusi ingenium super cupidinem potentiae et solita fratribus odia accendebatur invidia, quod mater Agrippina promptior Neroni erat.

diesen Tagen der Cäsar gerieth, jenes nichtige Gerede und gab ihm selbst
Veranlassung, auf des Sejanus Freundschaft und Festigkeit noch mehr Vertrauen zu setzen. Sie speisten auf einem Landsitze, welcher den Namen Spe-
lunca¹⁴³) führt, zwischen dem amunclanischen Meere¹⁴⁴) und den Fundaner-
Bergen, in einer natürlichen Grotte. Plötzlich fielen an ihrem Eingange
Felsstücke herab und begruben unter sich einige der Diener: da kam Schrecken
über Alle, und es flohen die Gäste. Sejanus, mit Knie, Gesicht und Händen über dem Cäsar¹⁴⁵) schwebend, setzte sich dem, was herabfiel, entgegen,
und ward in dieser Stellung von den Soldaten gefunden, welche zu Hilfe
gekommen waren. Größer erschien er seitdem, und mochte er noch so ver-
derblichen Rath ertheilen, er wurde, als nicht für sich besorgt, mit Vertrauen
angehört. Auch spielte er den Richter gegen des Germanicus Geschlecht, während er Leute anstellte, welche die Anklägerrolle übernehmen und vorzüglich
den Nero verfolgen mußten, welcher die nächste Anwartschaft auf die Nach-
folge hatte und, obwohl ein bescheidener Jüngling, doch gar oft vergaß, was
unter den obwaltenden Umständen dienlich sei, indem er von seinen Freigelassenen und Clienten, die sich beeilten, Einfluß zu gewinnen, angetrieben
wurde, Muth und Selbstvertrauen zu zeigen: das sei der Wille des römischen
Volks, der Heere Wunsch, und Sejanus werde sich nicht dagegen hervorwa-
gen, der jetzt auf gleiche Weise mit des Jünglings Unthätigkeit wie mit des
Greises Geduld sein Spiel treibe.

60. Bei Anhörung dieser und ähnlicher Reden kam ihm zwar nichts Arges in den
Sinn; doch entfuhren ihm bisweilen trotzige und unbesonnene Reden, welche dazu
bestellte Aufpasser auffingen und mit Zusätzen hinterbrachten, ohne daß dem
Nero sich zu vertheidigen verstattet war, wozu noch für ihn manche andere
beunruhigende Erscheinungen sich einfanden. Der Eine nämlich suchte seine
Begegnung zu vermeiden; Manche wendeten sich nach gemachtem Gruß sogleich von ihm hinweg; sehr Viele brachen das von ihm begonnene Gespräch
ab, wogegen die etwa anwesenden Anhänger des Sejanus stehen blieben und
seiner spotteten. Blickte ihn doch Tiberius selbst mit finsterer oder Falschheit
lächelnder Miene an: mochte der Jüngling reden oder schweigen, Verbrechen
war sein Schweigen, seine Rede. Nicht einmal die Nacht war sicher, da die
Gattin¹⁴⁶), wie er wachte, schlief und seufzte, ihrer Mutter Livia, und diese
dem Sejanus hinterbrachte, der auch den Bruder des Nero, Drusus, mit in
seine Partei hineinzog, indem er ihm die Aussicht auf den ersten Platz vorhielt, hätte er den durch sein Alter vor ihm Stehenden und schon Wankenden
gestürzt. Des Drusus wilder Sinn ward außer der Herrschbegierde und
der unter Brüdern gewöhnlichen Gehässigkeit auch noch durch Neid ent-
flammt, weil die Mutter Agrippina dem Nero geneigter war. Indessen

Neque tamen Seianus ita Drusum fovebat, ut non in eum quoquo semina futuri exitii meditaretur, gnarus praeferocem et insidiis magis opportunum.

61. Fine anni excessere insignes viri, Asinius Agrippa, claris maioribus quam vetustis vitaque non degener, et Q. Haterius, familia senatoria, eloquentiae, qua ad vixit, celebratae: monimenta ingeni eius haud perinde retinentur. Scilicet impetu magis quam cura vigebat; utque aliorum meditatio et labor in posterum valescit, sic Haterii canorum illud et profluens cum ipso simul extinctum est.

62. M. Licinio L. Calpurnio consulibus ingentium bellorum cladem aequavit malum inprovisum. Eius initium simul et finis exstitit. Nam coepto apud Fidenam amphitheatro Atilius quidam, libertini generis, quo spectaculum gladiatorum celebraret, neque fundamenta per solidum subdidit, neque firmis nexibus ligneam compagem superstruxit, ut qui non abundantia pecuniae nec municipali ambitione, sed in sordidam mercedem id negotium quaesivisset. Adfluxere avidi talium, imperitante Tiberio procul voluptatibus habiti, virile ac muliebre secus, omnis aetas, ob propinquitatem loci effusius; unde gravior pestis fuit, conferta mole, dein convulsa, dum ruit intus aut in exteriora effunditur inmensamque vim mortalium, spectaculo intentos aut qui circum adstabant, praeceps trahit atque operit. Et illi quidem, quos principium stragis in mortem adflixerat, ut tali sorte, cruciatum effugere: miserandi magis, quos abrupta parte corporis nondum vita deseruerat; qui per diem visu, per noctem ululatibus et gemitu coniuges aut liberos noscebant. Iam ceteri fama exciti, hic fratrem, propinquum ille, alius parentes lamentari: etiam quorum diversa de causa amici aut necessarii aberant, pavere tamen; nequedum comperto, quos illa vis perculisset, latior ex incerto metus.

63. Ut coepere dimoveri obruta, concursus ad exanimos complectentium, osculantium; et saepe cer-

begünstigte Sejanus den Drusus nicht so, daß er nicht auch für ihn den Saamen künftigen Verderbens auszustreuen bedacht gewesen wäre, da er wohl wußte, daß er bei ungestümerem Wesen leichter auch zu Nachstellungen Blößen gebe.

61. Am Ende des Jahres entschliefen ausgezeichnete Männer, Asinius Agrippa, von berühmteren als alten Ahnen[147]) und ihrer nicht unwürdigem Lebenswandel, und Cn. Haterius, aus senatorischer Familie, so lange er lebte, ein gefeierter Redner[148]): die Denkmale seines Geistes behaupten sich nicht in gleicher Weise. Natürlich, mehr im Feuer des Vortrages als in Sorgfalt bestand seine Stärke; und wie der durchdachte Fleiß Anderer bei der Nachwelt gewinnt, so ist jener Wohllaut und Redefluß des Haterius mit ihm selbst zugleich erstorben.

62. Unter dem Consulate des M. Licinius und L. Calpurnius kam ein unvorhergesehenes Unglück der Niederlage ungeheuerer Kriege gleich. Sein Anfang war zugleich sein Ende. Es hatte nämlich ein gewisser Atilius, seines Standes ein Freigelassener, in Fidena[149]) ein Amphitheater errichtet, und nur auf den Raum für recht viele Zuschauer[150]) bei den Gladiatorenspielen bedacht, weder den Grund auf festem Boden untergelegt, noch den hölzernen Bau darauf mit starker Bindung aufgeführt, da er nicht aus Ueberfluß an Geld, auch nicht um sich die Gunst des Municipiums zu erwerben, sondern schmutzigen Gewinnes wegen die Sache unternommen hatte. Begierig nach dergleichen, weil man unter des Tiberius Herrschaft fern gehalten wurde von Vergnügungen, strömte man herbei, männlichen und weiblichen Geschlechts, jedes Alter, wegen der Nähe des Ortes um so zahlreicher; daher war desto schwerer das Unheil, da der Bau bereits vollgepfropft, dann auseinanderriß, indem er in sich selbst zusammenstürzte oder nach der Außenseite niederschlug und eine unermeßliche Menschenmenge, theils Zuschauer theils rings Herumstehende, zu Boden riß und unter sich begrub. Diejenigen nun, welche gleich der erste Einsturz zu Tode geschmettert, entgingen, soweit es bei solchem Geschick möglich war, der Qual: bejammernswerther waren die, welche, eines Körpertheiles beraubt, das Leben noch nicht verlassen hatte; welche den Tag über mit dem Auge, die Nacht hindurch mit Geheul und Stöhnen ihre Gatten oder Kinder suchten. Nun wurden auch die Andern durch die Nachricht herbeigezogen, um dieser einen Bruder, jener einen Verwandten, ein Anderer seine Eltern zu bejammern: auch solche, deren Freunde oder Angehörige aus ganz anderen Gründen abwesend waren, schwebten dennoch in Furcht; denn da noch nicht kund geworden war, wen jener Schlag getroffen hätte, verbreitete sich ob der Ungewißheit desto weiter die Besorgniß.

63. Sobald mit der Aufräumung des Schuttes der Anfang gemacht ward, drängte man sich zu den Leichen hin, sie zu umarmen, zu küssen; und oft

tamen, si confusior facies et par forma aut aetas errorem adgnoscentibus fecerat. Quinquaginta hominum milia eo casu debilitata vel obtrita sunt; cautumque in posterum senatus consulto, ne quis gladiatorium munus ederet, cui minor quadringentorum milium res, neve amphitheatrum imponeretur nisi solo firmitatis spectatae. Atilius in exilium actus est. Ceterum sub recentem cladem patuere procerum domus, fomenta et medici passim praebiti; fuitque urbs per illos dies, quamquam maesta facie, veterum instituti similis, qui magna post proelia saucios largitione et cura sustentabant.

64. Nondum ea clades exsoleverat, cum ignis violentia urbem ultra solitum adfecit, deusto monte Caelio; feralemque annum ferebant et ominibus adversis susceptum principi consilium absentiae, qui mos vulgo, fortuita ad culpam trahentes, ni Caesar obviam isset tribuendo pecunias ex modo detrimenti. Actaeque ei grates apud senatum ab inlustribus famaque apud populum, quia sine ambitione aut proximorum precibus ignotos etiam et ultro accitos munificentia iuverat. Adduntur sententiae, ut mons Caelius in posterum Augustus appellaretur, quando cunctis circum flagrantibus sola Tiberii effigies, sita in domo Iunii senatoris, inviolata mansisset. Evenisse id olim Claudiae Quintae, ciusque statuam vim ignium bis elapsam maiores apud aedem matris deum consecravisse. Sanctos acceptosque numinibus Claudios, et augendam caerimoniam loco, in quo tantum in principem honorem di ostenderint.

65. Haud fuerit absurdum tradere montem cum antiquitas Querquetulanum cognomento fuisse, quod talis silvae frequens fecundusque erat, mox Caelium appellitatum a Caele Vibenna, qui dux gentis Etruscae cum auxilium tulisset*), sedem eam acceperat a Tarquinio Prisco, seu quis alius regum dedit: nam scriptores in eo dissentiunt. Cetera non ambigua sunt, magnas eas

---

*) Die Handschr.: auxilium appellatum tavisset

war Streit, wenn zu große Entstellung des Gesichts und Uebereinstimmung
der Gestalt oder des Alters die Erkennenden täuschte. Fünfzigtausend Menschen[151]) wurden durch diesen Unfall verstümmelt oder zerschmettert; und es
ward für die Zukunft durch einen Senatsbeschluß verordnet, daß Niemand,
der weniger als viermalhunderttausend Sesterze[152]) im Vermögen habe, ein
Fechterspiel geben solle, und nicht anders als auf einem Grunde von erprobter
Festigkeit ein Amphitheater solle aufgebaut werden dürfen. Atilius wurde
verbannt. Uebrigens standen gleich nach dem Unglücke die Häuser der
Großen offen, Heilmittel und ärztliche Hilfe wurde allenthalben geboten; und die Hauptstadt erinnerte während jener Tage, einen so traurigen Anblick sie auch darbot, an die Handlungsweise der Alten, die nach großen Schlachten den Verwundeten ihre Freigebigkeit und Pflege zukommen
ließen.

64. Noch war dieses Unglück nicht verschmerzt, als eine gewaltige Feuersbrunst einen mehr als gewöhnlichen Schaden in der Stadt anrichtete, indem
der cälische Berg abbrannte; und schon hieß es, das Jahr sei ein unheilvol-
les, und unter ungünstigen Vorbedeutungen habe der Fürst den Entschluß
zur Abwesenheit gefaßt, indem man, wie es des großen Haufens Sitte ist,
im Zufall eine Schuld erblicken wollte, wäre nicht der Cäsar durch Geldaus-
theilung nach Maßgabe des Schadens dem begegnet. So ward ihm im Senate von den Vornehmen Dank abgestattet und durch die öffentliche Stimme
beim Volke, weil er ohne Ansehen der Person und Fürsprache derer, die ihm
am nächsten standen, ja sogar Unbekannte und dazu erst Aufgeforderte mit
Freigebigkeit unterstützt hatte. Noch kamen Anträge, wie, daß der cälische
Berg in Zukunft der Augustische genannt werden solle, weil mitten im Brande
ringsumher allein des Tiberius Bild, im Hause des Senators Junius, un
versehrt geblieben wäre. Schon einmal sei dieses vordem der Claudia Quinta[153]
begegnet, und ihr zweimal der Gewalt des Feuers entgangenes Standbild
von den Vorfahren im Tempel der Göttermutter geweiht worden. Heilig und
willkommen den Göttern seien die Claudier, und mehren müsse man dem
Orte die Heiligkeit, an welchem die Himmlischen so große Ehre für den Fürsten offenbart.

65. Es möchte hier nicht unpassend sein, zu erwähnen, daß dieser Berg vor
Alters der Eichenberg genannt worden sei, weil er reich und fruchtbar war an
solchem Holze, darauf den Namen Cälius bekommen habe von Cäles Vibenna,
welcher, eines etruscischen Stammes Führer, da er Hilfe geleistet, hier von
Tarquinius Priscus, oder welcher der Könige sonst es verlieh, seinen
Wohnsitz empfangen hatte: denn hierin sind die Geschichtschreiber verschiedener Meinung. Das Uebrige unterliegt keinem Zweifel, daß zahlreich

copias per plana etiam ac foro propinqua habitavisse, unde Tuscum vicum e vocabulo advenarum dictum.

66. Sed ut studia procerum et largitio principis adversum casus solacium tulerant, ita accusatorum maior in dies et infestior vis sine levamento grassabatur; corripueratque Varum Quintilium, divitem et Caesari propinquum, Domitius Afer, Claudiae Pulchrae, matris eius, condemnator, nullo mirante, quod diu egens et parto nuper praemio male usus plura ad flagitia accingeretur. Publium Dolabellam socium delationis extitisse miraculo erat, quia claris maioribus et Varo conexus suam ipse nobilitatem, suum sanguinem perditum ibat. Restitit tamen senatus et opperiendum imperatorem censuit, quod unum urgentium malorum suffugium in tempus erat.

67. At Caesar dedicatis per Campaniam templis, quamquam edicto monuisset, ne quis quietem eius inrumperet, concursusque oppidanorum disposito milite prohiberentur, perosus tamen municipia et colonias omniaque in continenti sita, Capreas se in insulam abdidit, trium milium freto ab extremis Surrentini promunturii diiunctam. Solitudinem eius placuisse maxime crediderim, quoniam inportuosum circa mare et vix modicis navigiis pauca subsidia; neque adpulerit quisquam nisi gnaro custode. Caeli temperies hieme mitis obiectu montis, quo saeva ventorum arcentur; aestas in favonium obversa et aperto circum pelago peramoena; prospectabatque pulcherrimum sinum, antequam Vesuvius mons ardescens faciem loci verteret. Graecos ea tenuisse Capreasque Teleboïs habitatas fama tradit. Sed tum Tiberius duodecim villarum nominibus et molibus insederat, quanto intentus olim publicas ad curas, tanto occultos in luxus et malum otium resolutus. Manebat quippe suspitionum et credendi temeritas, quam Seianus augere etiam in urbe suetus acrius turbabat, non iam occultis adversum Agrippinam et Neronem insidiis. Quis additus miles nuntios, introitus, aperta secreta

jene Schaaren auch in der Ebene und in des Forums Nachbarschaft gewohnt haben, woher das tuscische Quartier nach den Ankömmlingen seinen Namen hat.

66. Doch wie der Wohlthätigkeitseifer der Großen und die Freigebigkeit des Fürsten gegen die Unfälle Trost gewährt hatte, so wüthete der Ankläger täglich größer und feindseliger werdende Gewalt ohne Linderung fort; und so hatte auch den reichen, dem Cäsar verwandten Varus Quintilius[154]) Domitius Afer, derselbe, welcher die Verurtheilung der Mutter desselben, Claudia Pulchra, bewirkt, vor Gericht gezogen, ohne daß Jemand sich wunderte, daß der lange Zeit Dürftige, der von der erst jüngst erworbenen Belohnung[155]) so schlechten Gebrauch gemacht, sich zu noch mehr Schandthaten rüstete. Das aber nahm Wunder, daß Publius Dolabella als Mitankläger auftrat, weil er, von berühmten Ahnen und mit dem Varus verwandt, seines eigenen Adels, seines eigenen Geschlechtes Verderben suchte. Doch widerstand der Senat und erklärte, man müsse auf den Imperator warten, was noch die einzige augenblickliche Zuflucht war im Andrange des Verderbens.

67. Aber dem Cäsar, obschon er nach Einweihung der Tempel in Campanien hatte ein Edict ergehen lassen, daß Niemand in seine Ruhe einen Eingriff thäte, und durch aufgestellte Militärposten dem Zusammenlauf der Leute aus den Städten gewehrt wurde, waren dennoch die Municipien und Colonien und alles auf dem Festlande Gelegene verhaßt, und er begrub sich auf die Insel Capreä[156]), die durch eine drei Millien breite Meerenge von der Spitze des surrentinischen Vorgebirges getrennt ist. Ihre Abgeschiedenheit, glaub' ich, mag ihm wohl am meisten gefallen haben, weil ja rings umher hafenlos das Meer ist und kaum für mäßige Schiffe sich einige Zufluchtsörter finden; auch möchte Niemand landen ohne Wissen des Wächters[157]). Die Temperatur ist im Winter mild, da das vorliegende Gebirge die rauhen Winde abhält; der Sommer, da sie dem Westwinde zugewendet und rings offen die See ist, außerordentlich angenehm; auch hatte sie die Aussicht auf den reizendsten Meerbusen, ehe der Ausbruch des Vesuvs[158]) die Gestalt der Landschaft veränderte. Daß die Griechen diese Dinge gefesselt haben und Capreä von Teleboern[159]) bewohnt gewesen sei, überliefert die Sage. Jetzt aber hatte Tiberius mit zwölf eigenthümlich benannten Landhäusern[160]) von gewaltigem Baue die Insel besetzt, in demselben Grade, als er früher den Regierungssorgen obgelegen, jetzt heimlicher Lust und Verderben brütendem Müssiggange hingegeben. Denn geblieben war ihm sein argwöhnischer und leichtgläubiger Sinn, und Sejanus, diesen schon in der Stadt zu nähren gewohnt, richtete jetzt noch heftigere Verwirrung an, indem er seine Nachstellungen gegen Agrippina und Nero nicht mehr verbarg. Es wurde ihnen eine Wache gegeben, welche über Alles, was gemeldet

velut in* annales referebat; ultroque struebantur qui monerent perfugere ad Germaniae exercitus vel celeberrimo fori effigiem divi Augusti amplecti populumque ac senatum auxilio vocare. Eaque, spreta ab illis, velut pararent, obiciebantur.

68. Iunio Silano et Silio Nerva consulibus foedum anni principium incessit tracto in carcerem inlustri equite Romano, Titio Sabino, ob amicitiam Germanici: neque enim omiserat coniugem liberosque eius percolero, sectator domi, comes in publico, post tot clientes unus, eoque apud bonos laudatus et gravis iniquis. Hunc Latinius Latiaris, Porcius Cato, Petilius Rufus, M. Opsius praetura functi adgrediuntur, cupidine consulatus, ad quem non nisi per Seianum aditus; neque Seiani voluntas nisi scelere quaerebatur. Compositum inter ipsos, ut Latiaris, qui modico usu Sabinum contingebat, strueret dolum, ceteri testes adessent, deinde accusationem inciperent. Igitur Latiaris iacere fortuitos primum sermones, mox laudare constantiam, quod non, ut ceteri, florentis domus amicus adflictam deseruisset; simul honora de Germanico, Agrippinam miserans, disserebat. Et postquam Sabinus, ut sunt molles in calamitate mortalium animi, effudit lacrimas, iunxit questus, audentius iam onerat Seianum, saevitiam, superbiam, spes eius. Ne in Tiberium quidem convicio abstinet; iique sermones, tamquam vetita miscuissent, speciem artae amicitiae fecere. Ac iam ultro Sabinus quaerere Latiarem, ventitare domum, dolores suos quasi ad fidissimum deferre.

69. Consultant, quos memoravi, quonam modo ea plurium auditu acciperentur. Nam loco, in quem coibatur, servanda solitudinis facies; et si pone fores adsisterent, metus visus, sonitus aut forte ortae suspicionis erant. Tectum inter et laquearia tres senatores, haud minus turpi latebra quam detestanda fraude, sese abstrudunt; foraminibus et rimis aurem admovent. Interea Latiaris repertum in publico Sabinum, velut recens cognita narraturus, domum

warb und einging, über Offenes und Geheimes eine Art Tagebuch führte; ja man stiftete sogar noch Leute an, die ihnen rathen mußten zu Germaniens Heeren ihre Zuflucht zu nehmen, oder in der besuchtesten Zeit des Forums das Bild des Divus Augustus zu umfassen und Volk und Senat um Hilfe anzurufen. Und wiesen sie dieses auch zurück, nicht anders, als führten sie es im Sinne, warb es ihnen vorgeworfen.

68. Unter dem Consulat des Junius Silanus und Silius Nerva hob das Jahr auf eine schmähliche Weise damit an, daß der erlauchte römische Ritter Titius Sabinus ob seiner Freundschaft mit Germanicus in den Kerker geschleppt wurde: denn er hatte nicht aufgehört, der Gattin und den Kindern desselben seine ganze Ergebenheit zu beweisen, sie im Hause besuchend, öffentlich begleitend, nach so vielen Clienten der einzige noch, und deshalb von den Gutgesinnten gelobt, den Uebelwollenden zuwider. Diesen greifen Latinius Latiaris, Porcius Cato, Petilius Rufus und M. Opstus, gewesene Prätoren, nach dem Consulat begierig, an, zu welchem nur durch Sejanus der Zugang offen stand; und des Sejanus Gewogenheit ließ nur durch ein Verbrechen sich erwerben. Es wurde unter ihnen verabredet, Latiaris, der einigen Umgang mit Sabinus hatte, solle die Falle legen, die Uebrigen als Zeugen dabei sein, dann die Anklage beginnen. So warf denn Latiaris anfangs wie von Ungefähr einige Reden hin, lobte dann seine Beständigkeit, daß er nicht wie die Uebrigen, im Glücke des Hauses Freund, im Misgeschick es verlassen hätte; zugleich sprach er ehrenvoll von Germanicus, Agrippina bedauernd. Sobald nun Sabinus, weich, wie im Unglück die Menschenherzen sind, in Thränen sich ergießt und in seine Klagen einstimmt, wagt er schon kühnere Angriffe auf Sejanus, seine Grausamkeit, seinen Stolz, seine Hoffnungen. Ja er enthält sich selbst der Schmähungen gegen Tiberius nicht; und diese Gespräche rufen, als hätten sie Verbotenes mit einander ausgetauscht, den Schein einer engen Freundschaft hervor. Und schon sucht von selbst Sabinus den Latiaris auf, kommt häufig in sein Haus, trägt, wie dem treuesten Freunde, ihm seinen Kummer zu.

69. Nun berathschlagen die Erwähnten, auf welche Art jenes von Mehreren mit angehört werden könne. Denn dem Orte, an welchem man zusammenkam, war das Ansehn der Einsamkeit zu bewahren; und wollte man hinter der Thür stehen, so war zu besorgen, daß man gesehen wurde, Geräusch verursachte oder sonst zufällig Verdacht erregte. Zwischen dem Dach und der getäfelten Decke, ein nicht minder schimpflicher Versteck, als verabscheuungswürdiger Betrug, verstecken sich die drei Senatoren; legen das Ohr an die Oeffnungen und Spalten. Unterdeß zieht Latiaris den auf der Straße angetroffenen Sabinus, als wolle er ihm so eben Gehörtes erzählen, in's

et in cubiculum trahit, praeteritaque et instantia, quorum adfatim copia, ac novos terrores cumulat. Eadem ille et diutius, quanto maesta, ubi semel prorupere, difficilius reticentur. Properata inde accusatio, missisque ad Caesarem litteris ordinem fraudis suumque ipsi dedecus narravere. Non alias magis anxia et pavens civitas, tegens adversum proximos; congressus, conloquia, notae ignotaeque aures vitari; etiam muta atque inanima, tectum et parietes circumspectabantur.

70. Sed Caesar sollemnia incipientis anni kalendis Ianuariis epistula precatus, vertit in Sabinum, corruptos quosdam libertorum et petitum se arguens, ultionemque haud obscure poscebat. Nec mora, quin decerneretur; et trahebatur damnatus, quantum obducta veste et adstrictis faucibus niti poterat, clamitans sic inchoari annum, has Seiano victimas cadere. Quo intendisset oculos, quo verba acciderent, fuga vastitas, deseri itinera fora. Et quidam regrediebantur ostentabantque se rursum, id ipsum paventes quod timuissent. Quem enim diem vacuum poena, ubi inter sacra et vota, quo tempore verbis etiam profanis abstineri mos esset, vincla et laqueus inducantur? Non inprudentem Tiberium tantam invidiam adisse: quaesitum meditatumque, ne quid impedire credatur, quo minus novi magistratus, quo modo delubra et altaria, sic carcerem recludant. Secutae insuper litterae grates agentis, quod hominem infensum rei publicae punivissent, adiecto trepidam sibi vitam, suspectas inimicorum insidias, nullo nominatim conpellato; neque tamen dubitabatur in Neronem et Agrippinam intendi.

71. Ni mihi destinatum foret suum quaeque in annum referre, avebat animus antire statimque memorare exitus, quos Latinius atque Opsius ceterique flagitii eius repertores habuere, non modo postquam C. Caesar rerum potitus est, sed incolumi Tiberio, qui scelerum ministros ut perverti ab aliis nolebat, ita plerumque satiatus et oblatis in eandem operam recentibus veteres et praegraves adflixit. Verum has atque alias

Haus und in das Zimmer, und häuft Vergangenes und Gegenwärtiges, dessen es ja in Fülle gab, mit neuen Schrecknissen zusammen. So nun auch jener und um so länger, je schwerer Trauriges, hat es einmal sich Luft gemacht, verschwiegen zu werden pflegt. Sofort ward die Klage beeilt, und in einem dem Cäsar übersandten Schreiben berichteten sie den Hergang des Betruges und ihre eigene Schande. Nie war die Bürgerschaft in größerer Angst und Furcht, man hielt hinter dem Berge gegen die Nächsten; Zusammenkünfte und Gespräche, bekannte und unbekannte Ohren mied man; sogar auf stumme und leblose Gegenstände, auf Decke und Wände warf man argwöhnische Blicke.

70. Der Cäsar aber lenkte in dem Schreiben, in welchem er am ersten Januar die feierlichen Wünsche für das neue Jahr[161]) aussprach, auf den Sabinus ein, den er beschuldigte, einige Freigelassene bestochen und gegen ihn einen Anschlag gemacht zu haben, und verlangte nicht undeutlich dessen Bestrafung. Man säumte auch nicht, sie zu beschließen; und fortgeschleppt ward der Verurtheilte, so weit er es bei über den Mund gezogenem Gewande und zusammengeschnürter Kehle mit aller Anstrengung vermochte, rufend: das sei des Jahres Weihe, solch ein Schlachtopfer falle dem Sejanus[162])! Wohin er seine Augen richtete, wohin seine Worte fielen, war flüchtig Alles und verödet, verlassen wurden Straßen und Plätze. Ja davor selbst erbebend, daß sie sich gefürchtet hatten, kehrten Einige zurück und zeigten sich von neuem. Denn welcher Tag werde frei noch sein von Strafe, wenn mitten unter Opfern und Gelübden, zu einer Zeit, wo selbst unheiliger Worte sich zu enthalten Brauch sei, Fesseln und Strick[163]) herbeigebracht würden? Nicht absichtslos habe Tiberius einen so gehässigen Schritt gethan: darauf ausgegangen und gesonnen habe man, daß man nicht den Glauben hege, es könne etwas die neuen Magistratspersonen hindern, so gut wie Tempel und Altäre, auch den Kerker aufzuschließen. Auch erfolgte noch obenein ein Schreiben, worin er dafür dankte, daß man einen Feind des Staates zur Strafe gezogen hätte, mit dem Beifügen, es schwebe in Gefahr sein Leben, bedenklich seien der Feinde Nachstellungen, ohne Jemand namentlich zu nennen; indessen zweifelte man nicht, es werde damit auf Nero und Agrippina gezielt.

71. Wäre es nicht mein Vorsatz, Alles nach den Jahren zu berichten, so möchte ich gern vorauseilen und sogleich des Endes gedenken, welches Latinius und auch Opsius nebst den übrigen Erfindern jener Schandthat nicht bloß erst nach dem Regierungsantritte des C. Cäsar, sondern noch zu Lebzeiten des Tiberius[164]) genommen, der die Werkzeuge seiner Verbrechen, wollte er sie gleich von Anderen nicht gestürzt wissen, meist dann, wenn er ihrer satt war und sich ihm zu demselben Dienste neue dargeboten hatten, als zu alt und überlästig niederschmetterte. Doch wir wollen dieser und

sontium poenas in tempore trademus. Tum censuit Asinius Gallus, cuius liberorum Agrippina matertera erat, petendum a principe, ut metus suos senatui fateretur amoveriquc sineret. Nullam aeque Tiberius, ut rebatur, ex virtutibus suis quam dissimulationem diligebat. Eo aegrius accepit, recludi quae premeret. Sed mitigavit Seianus, non Galli amore, verum ut cunctationes principis opperiretur, gnarus lentum in meditando, ubi prorupisset, tristibus dictis atrocia facta coniungere.

Per idem tempus Iulia mortem obiit, quam neptem Augustus, convictam adulterii, damnaverat, proieceratque in insulam Trimerum, haud procul Apulis litoribus. Illic viginti annis exilium toleravit, Augustae ope sustentata, quae florentes privignos cum per occultum subvertisset, misericordiam erga adflictos palam ostentabat.

72. Eodem anno Frisii, transrhenanus populus, pacem exuere, nostra magis avaritia quam obsequii inpatientes. Tributum iis Drusus iusserat modicum pro angustia rerum, ut in usus militares coria boum penderent, non intenta cuiusquam cura, quae firmitudo, quae mensura, donec Olennius, e primipilaribus, regendis Frisiis inpositus terga urorum delegit, quorum ad formam acciperentur. Id aliis quoque nationibus arduum apud Germanos difficilius tolerabatur, quis ingentium beluarum feraces saltus, modica domi armenta sunt. Ac primo boves ipsos, mox agros, postremo corpora coniugum aut liberorum servitio tradebant. Hinc ira et questus, et postquam non subveniebatur, remedium ex bello. Rapti qui tributo aderant milites et patibulo adfixi. Olennius infensos fuga praevenit, receptus castello, cui nomen Flevum, et haud spernenda illic civium sociorumque manus litora Oceani praesidebat.

73. Quod ubi L. Apronio, inferioris Germaniae pro praetore, cognitum, vexilla legionum e superiore provincia peditumque et equitum auxiliarium delectos accivit ac simul utrumque exercitum Rheno devectum Frisiis intulit, soluto iam castelli obsidio et ad sua tutanda digressis rebellibus. Igitur proxima aestuaria

so auch anderer Sünder Strafgericht zu seiner Zeit berichten. Jetzt trug Asinius Gallus, dessen Kinder Agrippina zur Tante mütterlicher Seite hatten[165]), darauf an, man müsse den Fürsten ersuchen, seine Besorgnisse dem Senate zu eröffnen und zu gestatten, daß man sie beseitige. Keine von seinen vermeintlichen Tugenden liebte Tiberius so sehr wie die Verstellung. Um so übler nahm er es auf, daß man ans Licht ziehen wollte, was er zu verbergen suchte. Doch besänftigte ihn Sejanus, nicht aus Liebe zu Gallus, sondern um den Bedenklichkeiten des Fürsten ihre Zeit zu lassen, wohl wissend, daß er, im Ueberlegen langsam, wäre er einmal losgebrochen, den Unheil verkündenden Worten auch die Schrecken der That unmittelbar folgen lasse.

Um dieselbe Zeit starb Julia[166]), welche, wiewohl seine Enkelin, Augustus, da sie des Ehebruches überführt war, verurtheilt und auf die Insel Trimerus[167]) unweit der apulischen Küste verstoßen hatte. Dort hielt sie eine zwanzigjährige Verbannung aus, von Augusta unterstützt, die, wenn sie ihre Stiefkinder im Glücke heimlich gestürzt hatte, Mitleid mit den gefallenen vor der Welt zur Schau trug.

72. In demselben Jahre brachen die Friesen, ein überrheinisches Volk, den Frieden, mehr ob unserer Habsucht, als selbst überdrüssig des Gehorsams. Als mäßigen Tribut, ihrer Dürftigkeit angemessen, hatte Drusus[168]) ihnen die Lieferung von Ochsenhäuten zum Kriegsbedarf auferlegt, ohne daß irgend Jemand streng darauf sah, von welcher Festigkeit, von welchem Maß sie wären, bis Olennius, ein Primipilar, zur Leitung den Friesen vorgesetzt, Häute von Auerochsen[169]) zum Maßstab wählte, nach welchem sie angenommen werden sollten. Dieses, was auch für andere Nationen schwierig gewesen wäre, fiel den Germanen um so schwerer, die an ungeheueren Thieren reiche Wälder, aber nur mäßig großes Hornvieh in den Ställen haben. Anfangs nun gaben sie ihre Rinder selbst, darauf ihre Felder, zuletzt ihre Weiber oder Kinder in Sklaverei. So entstand Erbitterung und Beschwerde, und als keine Erleichterung gewährt ward, suchte man Abhilfe durch Krieg. Man ergriff die zur Tributerhebung anwesenden Soldaten und knüpfte sie an Galgen auf. Olennius kam den Erbitterten durch die Flucht zuvor und rettete sich in das Castell, welches Flevum heißt, wo eine nicht zu verachtende Mannschaft von Bürgern und Bundesgenossen die Gestade des Oceans deckte.

73. Als das der Proprätor von Niedergermanien, L. Apronius, erfuhr, zog er die Vexille der Legionen aus der oberen Provinz nebst Auserlesenen vom Fußvolk und der Reiterei ihrer Hilfstruppen an sich, und führte zugleich beide Heerhaufen den Rhein hinab in das Land der Friesen, nachdem bereits die Belagerung des Castells aufgehoben war und die Aufständischen, um das Ihrige zu schützen, sich zerstreut hatten. Er versieht daher die nächsten

aggeribus et pontibus traducendo graviori agmini firmat. Atque interim repertis vadis alam Canninefatem, et quod peditum Germanorum inter nostros merebat, circumgredi terga hostium iubet, qui iam acie compositi pellunt turmas sociales equitesque legionum subsidio missos. Tum tres leves cohortes ac rursum duae, dein tempore interiecto alarius eques inmissus, satis validi, si simul, incubuissent, per intervallum adventantes neque constantiam addiderant turbatis et pavore fugientium auferebantur. Cethego Labeoni, legato quintae legionis, quod reliquum auxiliorum tradit. Atque ille dubia suorum re in anceps tractus missis nuntiis vim legionum inplorabat. Prorumpunt quintani ante alios et acri pugna hoste pulso recipiunt cohortis alasque fessas vulneribus. Neque dux Romanus ultum iit aut corpora humavit, quamquam multi tribunorum praefectorumque et insignes centuriones cecidissent. Mox compertum a transfugis nongentos Romanorum apud lucum, quem Baduhennae vocant, pugna in posterum extracta confectos, et aliam quadringentorum manum occupata Cruptoricis quondam stipendiarii villa, postquam proditio metuebatur, mutuis ictibus procubuisse.

74. Clarum inde inter Germanos Frisium nomen, dissimulante Tiberio damna, ne cui bellum permitteret. Neque senatus in eo cura, an imperii extrema dehonestarentur: pavor internus occupaverat animos, cui remedium adulatione quaerebatur. Ita, quamquam diversis super rebus consulerentur, aram clementiae, aram amicitiae effigiesque circum Caesaris ac Seiani censuere, crebrisque precibus efflagitabant, visendi sui copiam facerent. Non illi tamen in urbem aut propinqua urbi degressi sunt: satis visum omittere insulam et in proximo Campaniae aspici. Eo venire patres, eques, magna pars plebis, anxii erga Seianum, cuius durior congressus, atque eo per ambitum et societate consiliorum parabatur. Satis constabat auctam ei adrogantiam

Flutlager mit Dämmen und Brücken, um den schwereren Heereszug hinüberzuführen. Und da man inzwischen Furthen entdeckt hatte, läßt er die canninefatische[170] Reiterabtheilung und was von germanischem Fußvolk bei den Unsrigen diente, im Rücken den Feind umgehen, der schon in Schlachtordnung gestellt die bundesgenössischen Geschwader und die zu Hilfe gesandte Reiterei der Legionen wirft. Darauf wurden drei leichte Cohorten und wieder zwei, dann, nach einiger Zeit die bundesgenössische Reiterei zum Angriff gesandt, stark genug, wären sie zugleich eingedrungen; so, in Zwischenräumen anrückend hatten sie einerseits die in Verwirrung Gesetzten nicht zum Stehen bringen können und wurden andrerseits vom Schrecken der Fliehenden mit fortgerissen. Dem Cethegus Labeo nun, dem Legaten der fünften Legion, übergibt er was von Hilfstruppen noch übrig war. Und auch dieser, durch die zweifelhafte Stellung der Seinen in Bedrängniß gebracht, schickt Boten ab und bittet bringend um die Macht der Legionen. Voranstürmen den anderen die von der fünften und bringen, nachdem sie den Feind in hartem Kampfe geworfen, die von Wunden erschöpften Cohorten und Geschwader in Sicherheit. Und doch zog der römische Feldherr nicht zur Rache aus, noch bestattete er die Leichen, obgleich viele von den Tribunen und Präfecten und angesehene Centurionen gefallen waren. Bald darauf erfuhr man durch Ueberläufer, daß neunhundert Römer in einem Haine, den sie den der Baduhenna[171] nennen, nach bis zum anderen Tage fortgesetztem Kampfe niedergemacht worden seien, und daß eine andere Schaar von vierhunderten, welche das Landhaus des Cruptorix, eines ehemaligen Söldners, besetzt hatte, als Verrath zu befürchten war, sich gegenseitig selbst den Tod gegeben habe.

74. Berühmt war seitdem unter den Germanen der Friesen Name, indeß Tiberius von den Verlusten schwieg, um nur Keinem die Kriegführung anzuvertrauen. Auch des Senates Sorge war nicht darauf gerichtet, ob dem Reiche in seinen äußersten Grenzen Schmach wiederführe: im Innern desselben hatte Schrecken der Gemüther sich bemächtigt, gegen den man Rettung suchte in der Schmeichelei. So trug man, obschon über ganz andere Gegenstände befragt, auf einen Altar der Gnade an, auf einen Altar der Freundschaft mit den Bildsäulen des Cäsar und Sejanus zu beiden Seiten, und sprach wiederholt die flehentliche Bitte aus, doch zum Anblick ihrer Person Gelegenheit zu geben. Sie jedoch kamen nicht in die Stadt oder in die Nähe derselben; es schien genug schon, die Insel zu verlassen und an der nächsten Gegend Campaniens sich sehen zu lassen. Dahin kamen die Väter, die Ritter, ein großer Theil des Volkes, bangend vor Sejanus, zu welchem schwieriger der Zutritt war, und daher denn durch Verwendung und gemeinschaftliche Verabredung gesucht ward. Es war genugsam bekannt, daß seine Anmaßung

foedum illud in propatulo servitium spectanti. Quippe Romae sueti discursus, et magnitudine urbis incertum, quod quisque ad negotium pergat: ibi campo aut litore iacentes nullo discrimine noctem ac diem iuxta gratiam aut fastus ianitorum perpetiebantur, donec id quoque vetitum. Et revenere in urbem trepidi, quos non sermone, non visu dignatus erat; quidam male alacres, quibus infaustae amicitiae gravis exitus imminebat.

75. Ceterum Tiberius neptem Agrippinam, Germanico ortam, cum coram Cn. Domitio tradidisset, in urbe celebrari nuptias iussit. In Domitio super vetustatem generis propinquum Caesaribus sanguinem delegerat; nam is aviam Octaviam et per eam Augustum avunculum praeferebat.

noch stieg, als er jenen scheuslichen Sklavensinn so offen vor sich sah. In Rom nämlich ist das Hin- und Herrennen an der Tagesordnung, und bei der Größe der Stadt ist es ungewiß, zu welchem Geschäft ein Jeder eile: dort auf dem Felde oder am Gestade durcheinander liegend Tag und Nacht, ließen sie der Thürsteher Gunst oder Verachtung sich gleich gefallen, bis auch dies verboten ward. Und so kehrten sie zurück nach Rom, voll Unruhe, die er keines Wortes, keines Blickes gewürdigt hatte; Manche auch unselig froh, denen der unheilschwangeren Freundschaft schweres Ende bevorstand[172]).

75. Uebrigens befahl Tiberius, nachdem er seine Enkelin[173]) Agrippina, des Germanicus Tochter, in eigener Person dem Cn. Domitius übergeben hatte, es solle die Vermählung in der Stadt gefeiert werden. Bei der Wahl des Domitius hatte er außer dem Alter des Geschlechts die Blutsverwandtschaft mit den Cäsaren im Auge gehabt; denn er konnte sich Octavia's als seiner Großmutter[174]) und durch sie des Augustus als seines Großoheims rühmen.

P. CORNELII TACITI

ANNALIUM

AB EXCESSU DIVI AUGUSTI

LIBER V.

1. Rubellio et Fufio consulibus, quorum utrique Geminus cognomentum erat, Iulia Augusta mortem obiit, aetate extrema, nobilitatis per Claudiam familiam et adoptione Liviorum Iuliorumque clarissimae. Primum ei matrimonium et liberi fuere cum Tiberio Nerone, qui bello Perusino profugus, pace inter Sex. Pompeium ac triumviros pacta in urbem rediit. Exin Caesar cupidine formae aufert marito, incertum an invitam, adeo properus, ut ne spatio quidem ad enitendum dato penatibus suis gravidam induxerit. Nullam posthac subolem edidit, sed sanguini Augusti per coniunctionem Agrippinae et Germanici adnexa communes pronepotes habuit. Sanctitate domus priscum ad morem, comis ultra quam antiquis feminis probatum; mater inpotens, uxor facilis et cum artibus mariti, simulatione filii bene composita. Funus eius modicum, testamentum diu iritum fuit. Laudata est pro rostris a C. Caesare pronepote, qui mox rerum potitus est.

2. At Tiberius, quod supremis in matrem officiis

Des

P. Cornelius Tacitus
Annalen

seit dem Hinscheiden des göttlichen Augustus.

Fünftes Buch.

Das Jahr 782 n. R. Erb.,
29 n. Chr. Geb.

1. Unter dem Consulat des Rubellius und Fusius, die beide den Zunamen Geminus hatten, starb Julia Augusta im höchsten Alter¹), durch die claudische Familie und durch Adoption der Livier und Julier vom berühmtesten Adel²). Ihre erste Ehe, und Kinder aus derselben, hatte sie mit Tiberius Nero, der im perusinischen Kriege³) flüchtig geworden, nach dem Friedensschlusse zwischen Sextus Pompejus und den Triumvirn nach der Stadt zurückkehrte. Da raubt sie, man weiß nicht, ob wider ihren Willen, aus Leidenschaft für ihre Schönheit, der Cäsar⁴) ihrem Gatten, mit solcher Eile, daß er, zur Niederkunft nicht einmal Zeit ihr gönnend, sie schwanger zu seinen Penaten heimführte. Sie gebar fortan nicht wieder; doch hatte sie, durch die Verbindung der Agrippina mit Germanicus mit dem Blute des Augustus⁴) eng verwandt, mit ihm gemeinschaftliche Urenkel. Sittenrein im Häuslichen nach alter Sitte, leutselig mehr, als von Frauen der Vorzeit gutgeheißen; als Mutter leidenschaftlich, als Gattin nachsichtig, und mit des Gemahles Künsten, mit des Sohnes Verstellung gut im Einklang. Ihre Bestattung war einfach, ihr Testament blieb lange unvollzogen⁶). Eine Lobrede hielt ihr von der Rednerbühne ihr Urenkel T. Cäsar⁷), welcher nachmals zur Herrschaft gelangte.

2. Tiberius aber entschuldigte, daß er den letzten Liebesdienst der Mutter

defuisset, nihil mutata amoenitate vitae, magnitudinem negotiorum per litteras excusavit, honoresque memoriae eius ab senatu large decretos quasi per modestiam imminuit, paucis admodum receptis et addito, ne caelestis religio decerneretur: sic ipsam maluisse. Quin et parte eiusdem epistulae increpuit amicitias muliebres, Fufium consulem oblique perstringens. Is gratia Augustae floruerat, aptus alliciendis feminarum animis, dicax idem et Tiberium acerbis facetiis inridere solitus, quarum apud praepotentes in longum memoria est.

3. Ceterum ex eo praerupta iam et urgens dominatio. Nam incolumi Augusta erat adhuc perfugium, quia Tiberio inveteratum erga matrem obsequium, neque Seianus audebat auctoritati parentis antire. Tunc velut frenis exsoluti proruperunt, missaeque in Agrippinam ac Neronem literae, quas pridem allatas et cohibitas ab Augusta credidit vulgus; haud enim multo post mortem eius recitatae sunt. Verba inerant quaesita asperitate: sed non arma, non rerum novarum studium, amores iuvenum et inpudicitiam nepoti obiectabat. In nurum ne id quidem confingere ausus, adrogantiam oris et contumacem animum incusavit, magno senatus pavore ac silentio, donec pauci, quis nulla ex honesto spes — et publica mala singulis in occasionem gratiae trahuntur —, ut referretur, postulavere, promptissimo Cotta Messalino cum atroci sententia. Sed aliis a primoribus maximeque a magistratibus trepidabatur; quippe Tiberius etsi infense invectus cetera ambigua reliquerat.

4. Fuit in senatu Iunius Rusticus, conponendis patrum actis delectus a Caesare, eoque meditationes eius introspicere creditus. Is fatali quodam motu — neque enim ante specimen constantiae dederat — seu prava sollertia, dum imminentium oblitus incerta pavet, inserere se dubitantibus ac monere consules, ne relationem inciperent; disserebatque brevibus momentis summa verti: posse quandoque domus Germanici exitium

nicht erwiesen, ohne das Mindeste in der Annehmlichkeit seiner Lebensweise
zu verändern, schriftlich mit der Größe der Geschäfte, und beschränkte wie aus
Bescheidenheit die vom Senate in reichem Maße zur Feier ihres Andenkens
beschlossenen Ehrenerweisungen auf äußerst wenige, die er gelten ließ, mit dem
Beifügen, man möge nicht göttliche Verehrung ihr beschließen[8]): so habe sie
selbst es lieber gewollt. Ja in einer Stelle eben dieses Schreibens schalt er
sogar die Weiberfreundschaften, womit er dem Consul Fufius einen Seiten-
hieb versetzte. Dieser hatte in der Augusta hoher Gunst gestanden, Weiberherzen zu gewinnen wohlgeschickt, dabei witzig auch und den Tiberius gern mit
bitteren Scherzreden verhöhnend, wofür Machthaber ein langes Gedächtniß
haben.

3. Uebrigens war von nun an schroff schon und drückend die Gewaltherr-
schaft. Denn so lange Augusta lebte, gab es doch eine Zuflucht noch, weil
bei Tiberius Nachgiebigkeit gegen die Mutter festgewurzelt war, und Sejanus
es nicht wagte, ihrem mütterlichen Ansehen vorgehen zu wollen. Jetzt brachen sie, wie vom Zaume befreit, los, und ein Schreiben ging ein gegen
Agrippina und Nero, von welchem das Volk glaubte, es sei längst schon über-
bracht, und nur von Augusta zurückgehalten gewesen; denn nicht lange nach ihrem
Tode ward es vorgelesen. Es kamen darin Ausdrücke von absichtlich gesuchter Bitterkeit vor: aber nicht Waffengewalt, nicht Neuerungssucht, Liebschaf-
ten mit Jünglingen und Unkeuschheit warf er dem Enkel vor. Gegen die
Schwiegertochter nicht so etwas einmal zu erdichten wagend, führte er nur
über ihre anmaßende Rede und ihren trotzigen Sinn Klage, unter großer
Angst und tiefem Schweigen des Senates, bis einige, die von dem, was
recht ist, nichts zu hoffen hatten — und öffentliches Unrecht wird von Einzelnen ja als eine Gelegenheit benutzt, sich Gunst zu erwerben —, Relation verlangten, wobei Cotta Messalinus[9]) am schnellsten bei der Hand war und eine
harte Erklärung bereit hatte. Doch andere Große und besonders die Staatsbeamten waren in ängstlicher Unschlüssigkeit; denn es hatte ja Tiberius, so
gehässig auch sein Angriff war, das Weitere doch unbestimmt gelassen.

4. Im Senate befand sich Junius Rusticus, zur Abfassung der Senatspro-
tokolle vom Cäsar ausersehen, woher man ihm in dessen Absichten einen tiefe-
ren Blick zutraute. Dieser mischt sich, sei es in einer verhängnißvollen Aufwallung — denn früher hatte er noch keinen Beweis von Selbständigkeit gegeben — oder aus übel angebrachter Klugheit, indem er, der drohenden
Gegenwart vergessend, vor der ungewissen Zukunft bebt, unter die Unschlüs-
sigen und warnt die Consuln, die Verhandlung nicht zu beginnen; und hierbei
sprach er darüber, wie von kurzer Entscheidung des Höchsten Sturz abhange;
es könne einstmal der Sturz des Hauses des Germanicus den alten Fürsten

21*

paenitentiae esse seni*). Simul populus effigies Agrippinae ac Neronis gerens circumsistit curiam faustisque in Caesarem ominibus falsas litteras et principe invito exitium domui eius intendi clamitat. Ita nihil triste illo die patratum. Ferebantur etiam sub nominibus consularium fictae in Seianum sententiae, exercentibus plerisque per occultum, atque eo procacius, libidinem ingeniorum. Unde illi ira violentior et materies criminandi: spretum dolorem principis ab senatu, descivisse populum; audiri iam et legi novas contiones, nova patrum consulta: quid reliquum, nisi ut caperent ferrum et, quorum imagines pro vexillis secuti forent, duces imperatoresque deligerent?

5. Igitur Caesar repetitis adversum nepotem et nurum probris increpitaque per edictum plebe, questus aput patres, quod fraude unius senatoris imperatoria maiestas elusa publice foret, integra tamen sibi cuncta postulavit. Nec ultra deliberatum, quo minus non quidem extrema decernerent — id enim vetitum —, sed paratos ad ultionem vi principis impediri testarentur.....

---

*) Die Handschrift hat: quandoque germanicis titium paenitentiae senis

gereuen. Zugleich umringt das Volk, die Bildnisse Agrippina's und Nero's tragend, die Curie, und schreit unter Glück verkündenden Vorbedeutungen für den Cäsar, untergeschoben sei das Schreiben und wider des Fürsten Willen werde dem Hause desselben Untergang bereitet. So ward an jenem Tage noch nichts Schreckliches vollbracht. Man trug sich sogar mit unter dem Namen von Consularen erdichteten Aussprüchen gegen den Sejanus, indem sehr Viele im Stillen, und deshalb um so dreister ihren Einfällen freies Spiel ließen. Um so heftiger war daher sein Zorn, und er hatte Stoff zu Anschuldigungen: es sei des Fürsten Schmerz für nichts geachtet worden vom Senate abtrünnig sei das Volk; schon höre und lese man auf eine neue Ordnung berechnete Volksreden und Senatsbeschlüsse: was fehle noch, als daß man zum Schwerte greife, und diejenigen, deren Bildnissen man wie einer Fahne gefolgt sei, zu Führern und Imperatoren wähle?

5. Daher beschwerte sich der Cäsar, nachdem er seine Vorwürfe gegen Enkel und Schwiegertochter wiederholt und dem Volke durch ein Edict einen Verweis gegeben hatte, bei den Vätern, daß durch die Täuschung eines einzigen Senators des Imperators Majestät öffentlich verhöhnt worden sei, behielt sich jedoch in Allem die Entscheidung vor. Und nun besann man sich nicht länger mehr, wenn auch nicht das Aeußerste zu beschließen — denn das war ja verboten —, doch zu betheuern, man sei bereit zur Rache, und nur durch die Gewalt des Fürsten fühle man sich gebunden[10]).

P. CORNELII TACITI
ANNALIUM
AB EXCESSU DIVI AUGUSTI

LIBER VI.

(V, 6) 1. ... Quattuor et quadraginta orationes super ea re habitae, ex quis ob metum paucae, plures adsuetudine ...... mihi pudorem aut Seiano invidiam allaturum censui. Versa est fortuna, et ille quidem, qui collegam et generum adsciverat, sibi ignoscit; ceteri, quem per dedecora fovere, cum scelere insectantur. Miserius sit ob amicitiam accusari an amicum accusare, haud discreverim. Non crudelitatem, non clementiam cuiusquam experiar, sed liber et mihi ipsi probatus antibo periculum. Vos obtestor, ne memoriam nostri per maerorem quam laeti retineatis, adiciendo me quoque iis qui fine egregio publica mala effugerunt.

(V, 7) 2. Tunc singulos, ut cuique adsistere, adloqui animus erat, retinens aut dimittens partem dici absumpsit, multoque adhuc coetu et cunctis intrepidum vultum eius spectantibus, cum superesse tempus novissimis crederent, gladio, quem sinu abdiderat, incubuit. Neque Caesar ulli

Des

P. Cornelius Tacitus
Annalen
seit dem Hinscheiden des göttlichen Augustus.

Sechstes Buch.

Die Jahre 784 bis 790 nach R. Erb.
31 bis 37 n. Chr. Geb.

(V, 6) 1. ..... Vier und vierzig Reden wurden über diese Angelegenheit[1]) gehalten, von denen einige aus Furcht, die Mehrzahl, weil man gewohnt war .... habe[2]) ich geglaubt, es werde mir Schande oder dem Sejanus Haß verursachen. Gewandt hat sich das Glück, und der, welcher ihn zum Amtsgenossen[3]) und Enkeleidam[4]) sich erkohren hatte, verzeiht sich selbst; die Uebrigen verfolgen nicht ohne Frevel den, welchem mit Schande sie gehuldigt haben. Ob es bejammernswerther sei, der Freundschaft wegen angeklagt zu werden, oder den Freund selbst anzuklagen, das mag ich nicht entscheiden. Nicht auf die Grausamkeit, nicht auf die Gnade irgend eines Menschen will ich warten, sondern frei und mit mir selbst zufrieden zuvorkommen der Gefahr[5]). Euch beschwöre ich, mein Andenken nicht sowohl in Traurigkeit, als fröhlich zu bewahren, indem ihr auch mich denen beizählt, welche durch ein rühmliches Ende dem allgemeinen Elend sich entzogen haben.

(V, 7) 2. Dann brachte er einen Theil des Tages damit zu, daß er sie einzeln, wie ein Jeder gerade sich getrieben fühlte noch bei ihm zu bleiben, noch mit ihm zu reden, bei sich behielt oder entließ, und stürzte sich, während die Gesellschaft noch zahlreich und Alle seine furchtlose Miene betrachteten, und man sich noch fern den letzten Augenblick dachte, in das Schwert, das im Gewande er verborgen hatte. Und der Cäsar verfolgte mit keiner Beschul-

criminibus aut probris defunctum insectatus est, cum in Blaesum multa foedaque incusavisset.

(V, 8) 3. Relatum inde de P. Vitellio et Pomponio Secundo. Illum indices arguebant claustra aerarii, cui praefectus erat, et militarem pecuniam rebus novis obtulisse; huic a Considio, praetura functo, obiectabatur Aelii Galli amicitia, qui punito Seiano in hortos Pomponii quasi fidissimum ad subsidium perfugisset. Neque aliud periclitantibus auxilii quam in fratrum constantia fuit, qui vades exstitere. Mox crebris prolationibus spem ac metum iuxta gravatus Vitellius petito per speciem studiorum scalpro levem ictum venis intulit vitamque aegritudine animi finivit. At Pomponius multa morum elegantia et ingenio inlustri, dum adversam fortunam aequus tolerat, Tiberio superstes fuit.

(V, 9) 4. Placitum posthac, ut in reliquos Seiani liberos adverteretur, vanescente quamquam plebis ira ac plerisque per priora supplicia lenitis. Igitur portantur in carcerem filius imminentium intellegens, puella adeo nescia, ut crebro interrogaret, quod ob delictum et quo traheretur; neque facturam ultra, et posse se puerili verbere moneri. Tradunt temporis eius auctores, quia triumvirali supplicio adfici virginem inauditum habebatur, a carnifice laqueum iuxta conpressam; exim oblisis faucibus id aetatis corpora in Gemonias abiecta.

(V, 10) 5. Per idem tempus Asia atque Achaia exterritae sunt acri magis quam diuturno rumore, Drusum, Germanici filium, apud Cycladas insulas, mox in continenti visum. Et erat iuvenis haud dispari aetate, quibusdam Caesaris libertis velut agnitus; per dolumque comitantibus adliciebantur ignari fama nominis et promptis Graecorum animis ad nova et mira: quippe elapsum custodiae pergere ad paternos exercitus, Aegyptum aut Syriam invasurum, fingebant simul credebantque. Iam iuventutis concursu, iam publicis studiis frequentabatur, laetus praesentibus et inanium spe, cum auditum id Poppaeo Sabino. Is Macedoniae tum

bigung oder Schmähung ten Hingeschiebenen, während er dem Bläsus doch
viel Schimpfliches vorgeworfen hatte.

(V, 8) 3. Hierauf ward des P. Vitellius und Pomponius Secundus Sache
vorgenommen. Jenen beschuldigten die Angeber, die Schlüssel der Schatz-
kammer, deren Vorgesetzter er war, und die Kriegskasse zu einer Staatsumwälzung angeboten zu haben; diesem wurde von dem gewesenen Präter
Considius des Aelius Gallus[6]) Freundschaft zum Vorwurf gemacht, der nach
Bestrafung des Sejanus in die Gärten des Pomponius wie zum sichersten
Schutzort seine Zuflucht genommen hätte. Und keine andere Hilfe fanden die
Gefährdeten als in der Standhaftigkeit ihrer Brüder, welche Bürgschaft für sie leisteten[7]). Darauf versetzte sich Vitellius, durch häufige Vertagung seiner Sache ebenso der Hoffnung müde wie der Furcht, indem er
sich, wie wenn er studieren wollte, ein Federmesser geben ließ, leichte Stiche
in die Adern, und endete sein Leben in Schwermuth. Pomponius dagegen,
ein Mann von äußerst feinen Sitten und glänzendem Geist[8]), überlebte den
Tiberius, indem er sein witziges Geschick mit Gleichmuth trug.

(V, 9) 4. Hernach beschloß man, die noch übrigen Kinder[9]) des Sejanus
zu bestrafen, obgleich sich die Erbitterung des Volkes zu verlieren anfing und
die Meisten durch die bisherigen Hinrichtungen besänftigt waren. Getragen
also werden in den Kerker ein fein Schicksal schon verstehender Knabe und
ein Mädchen, das so wenig davon wußte, daß es wiederholt fragte, um welches Vergehens willen und wohin man denn sie fortschleppe; sie wolle es
nicht wieder thun und könne ja mit der Ruthe ihre Strafe bekommen. Es
berichten gleichzeitige Schriftsteller, weil es für unerhört gegolten, daß eine
Jungfrau von Triumvirn[10]) hingerichtet würde, sei sie, neben dem Strange
schon, vom Henker geschändet worden, dann habe diese Kinder man erdrosselt und auf die gemonische[11]) Treppe hingeworfen.

(V, 10) 5. Um dieselbe Zeit geriethen Asien und Achaja in Bestürzung
durch das mehr starke als dauernde Gerücht, Drusus, des Germanicus
Sohn[12]), sei auf den cycladischen Inseln, nachher auf dem Festlande gesehen
worden. Es war auch wirklich ein Jüngling von nicht ungleichem Alter,
und einige Freigelassene des Cäsars thaten, als hätten sie ihn erkannt; und
während sie ihn zur Täuschung begleiteten, wurden Unwissende durch den
Ruf des Namens herbeigelockt, und weil die Griechen für Neues und Wun-
derbares stets empfänglich sind: sie ersannen nämlich und glaubten zugleich,
er sei der Haft entronnen und eile zu des Vaters Heeren, um in Aegypten oder
Syrien einzufallen. Schon ward er durch Zuströmen der Jugend, schon durch
öffentliche Theilnahme gefeiert, froh der Gegenwart und eitler Träume, als
dieses dem Poppäus Sabinus zu Ohren kam. Dieser, in Macedonien damals

intentus Achaiam quoque curabat. Igitur quo vera seu falsa antiret, Toronaeum Thermaeumque sinum praefestinans, mox Euboeam, Aegaei maris insulam, et Piraeum Atticae orae, dein Corinthiense litus angustiasque Isthmi evadit; marique alio Nicopolim, Romanam coloniam, ingressus, ibi demum cognoscit sollertius interrogatum, quisnam foret, dixisse M. Silano genitum et multis sectatorum dilapsis ascendisse navem tamquam Italiam peteret. Scripsitque haec Tiberio, neque nos originem finemve eius rei ultra comperimus.

(V, 11) 6. Exitu anni diu aucta discordia consulum erupit. Nam Trio, facilis capessendis inimicitiis et foro exercitus, ut segnem Regulum ad opprimendos Seiani ministros oblique perstrinxerat. Ille, nisi lacesseretur, modestiae retinens, non modo rettudit collegam, sed ut noxium coniurationis ad disquisitionem trahebat. Multisque patrum orantibus, ponerent odia in perniciem itura, mansere infensi ac minitantes, donec magistratu abirent.

(VI, 1) 7. Cn. Domitius et Camillus Scribonianus consulatum inierant, cum Caesar tramisso, quod Capreas et Surrentum interluit, freto Campaniam praelegebat, ambiguus, an urbem intraret, seu, quia contra destinaverat, speciem venturi simulans. Et saepe in propinqua degressus, aditis iuxta Tiberim hortis saxa rursum et solitudinem maris repetiit, pudore scelerum et libidinum, quibus adeo indomitis exarserat, ut more regio pubem ingenuam stupris pollueret. Nec formam tantum et decora corpora, set in his modestam pueritiam, in aliis imagines maiorum incitamentum cupidinis habebat. Tuncque primum ignota antea vocabula reperta sunt sellariorum et spintriarum ex foeditate loci ac multiplici patientia: praepositique servi, qui conquirerent pertraherent, dona in promptos, minas adversum abnuentes, et si retinerent propinquus aut parens, vim raptus suaque ipsi libita velut in captos exercebant.

beschäftigt, hatte auch von Achaja die Verwaltung. Um also sei es der Wahrheit oder dem Truge zuvorzukommen, eilt er an dem toronäischen[13]) und thermäischen Meerbusen vorüber; bald ist er über Euböa, eine Insel des ägäischen Meeres, über den Piräeus an der attischen Küste, dann über das corinthische Gestade und des Isthmus Enge hinaus; und als er auf dem anderen Meere[14]) nach der römischen Colonie Nicopolis gekommen, erfährt er da erst, daß derselbe, auf eine klügere Weise gefragt, wer er denn sei, für einen Sohn des M. Silanus sich ausgegeben, und, nachdem viele seiner Anhänger sich verloren, ein Schiff bestiegen habe, als wenn er nach Italien wollte. Das schrieb er dem Tiberius; doch haben wir über den Ursprung und das Ende dieser Sache weiter nichts erfahren.

(V, 11) 6. Mit dem Ende des Jahres kam die lange genährte Zwietracht der Consuln[15]) zum Ausbruch. Denn der zu Anfeindungen leicht geneigte und in der Beredtsamkeit des Forums wohlgeübte Trio hatte den Regulus auf versteckte Weise der Lässigkeit bei Unterdrückung der Helfershelfer des Sejanus bezüchtigt. Dieser, ward er nicht gereizt, bei seiner Mäßigung verharrend, brachte seinen Amtsgenossen nicht blos zum Schweigen, sondern zog ihn sogar als der Verschwörung schuldig zur Untersuchung. Und obwohl viele der Väter baten, ruhen zu lassen den zum Verderben führenden Haß, blieben sie in feindlicher und drohender Stellung, bis sie vom Amte abtraten.

(VI, 1) 7. Cn. Domitius und Camillus Scribonianus hatten ihr Consulat angetreten, als der Cäsar über die Meerenge schiffte, welche zwischen Capreä und Surrentum hindurchwogt, und an Campanien hinfuhr, unschlüssig, ob er die Stadt betreten solle, oder, weil er schon das Gegentheil beschlossen hatte, den Schein zu geben, als ob er kommen wolle. So kehrte er denn auch, nachdem er oft Ausflüge in die Umgebungen gemacht und in die Gärten[16]) an der Tiber sich begeben hatte, wieder heim zu seinen Felsen und zur Meereseinsamkeit, aus Scham über seine Freveltaten und Lüste, von welchen er so zügellos entbrannt war, daß nach Königsbrauch[17]) er freigeborene junge Leute mit Schändungen besteckte. Und nicht blos Wohlgestalt und körperliche Schönheit, sondern bei den Einen sittsame Jugend, bei den Andern der Ahnenbilder Glanz diente seiner Lust zum Stachel. Da kamen denn auch zuerst die vorher unbekannten Namen auf, der Sellarier und Spintrier[18]), nach des Ortes Scheußlichkeit und nach der Mannigfaltigkeit der Hingebung; und die zur Aufsuchung und zur Herbeischleppung dabei bestellten Sklaven wendeten bei Bereitwilligen Geschenke, Drohungen gegen sich Weigernde, und wollte ein Verwandter oder der Vater sie zurückhalten, Gewalt, Entführung und ihre eigenen Gelüste wie gegen Kriegsgefangene an.

(2) 8. At Romae principio anni, quasi recens cognitis Liviae flagitiis ac non pridem etiam punitis, atroces sententiae dicebantur in effigies quoque ac memoriam eius, et bona Seiani ablata aerario ut in fiscum cogerentur, tamquam referret. Scipiones haec et Silani et Cassii isdem ferme aut paulum inmutatis verbis, adseveratione multa censebant, cum repente Togonius Gallus, dum ignobilitatem suam magnis nominibus inserit, per deridiculum auditur. Nam principem orabat deligere senatores, ex quis viginti sorte ducti et ferro accincti, quotiens curiam inisset, salutem eius defenderent. Crediderat nimirum epistulae subsidio sibi alterum ex consulibus poscentis, ut tutus a Capreis urbem peteret. Tiberius tamen, ludibria seriis permiscere solitus, egit gratis benevolentiae patrum: sed quos omitti posse, quos deligi? semperne eosdem an subinde alios? et honoribus perfunctos an iuvenes, privatos an e magistratibus? Quam deinde speciem fore sumentium in limine curiae gladios? Neque sibi vitam tanti, si armis tegenda foret. Haec adversus Togonium verbis moderans, neque ultra abolitionem sententiae suadere.

(3) 9. At Iunium Gallionem, qui censuerat, ut praetoriani actis stipendiis ius apiscerentur in quattuordecim ordinibus sedendi, violenter increpuit, velut coram rogitans, quid illi cum militibus, quos neque dicta [imperatoris] neque praemia nisi ab imperatore accipere par esset. Repperisse prorsus quod divus Augustus non providerit. An potius discordiam et seditionem a satellite Seiani quaesitam, qua rudes animos nomine honoris ad corrumpendum militiae morem propelleret? Hoc pretium Gallio meditatae adulationis tulit, statim curia, deinde Italia exactus; et quia incusabatur facile toleraturus exilium delecta Lesbo, insula nobili et amoena, retrahitur in urbem custoditurque domibus magistratuum. Isdem litteris Caesar Sextium Paconianum, praetorium, perculit, magno

(2) 8. Indeß wurden zu Rom mit Beginn des Jahres, als wären erst neuerdings die Schandthaten der Livia[19] in Erfahrung gebracht und nicht längst schon bestraft, auch gegen ihre Bildnisse und ihr Andenken[20]) schreckliche Stimmen erhoben, und daß des Sejanus Vermögen aus dem Aerarium dem Fiscus zugewiesen werden solle, als ob darauf etwas ankäme[21]). Scipione, Silaner, Cassier waren es, die dafür fast mit denselben oder wenig veränderten Worten allen Ernstes stimmten, als plötzlich Togonius Gallus, um seine Dunkelheit zwischen große Namen einzuschieben, in lächerlicher Weise sich vernehmen läßt. Er bat nämlich den Fürsten, eine Auswahl zu treffen unter den Senatoren, von welchen zwanzig durch das Loos bestimmt und mit dem Schwert umgürtet, so oft er in die Curie träte, sein Leben schützen sollten. Er hatte nämlich einen Brief[22]) desselben ernsthaft verstanden, worin er sich einen der Consuln zur Bedeckung ausbat, um sicher von Capreä nach der Stadt zu gelangen. Tiberius indessen, Spott und Ernst mit einander zu vermischen gewohnt, dankte den Vätern für ihren guten Willen: aber welche könnten übergangen, welche gewählt werden? immer dieselben oder von Zeit zu Zeit andere? ferner solche, die ihre Ehrenämter schon bekleidet hätten oder junge Männer, Amtlose oder von den Beamteten welche? Sodann, wie es sich ausnehmen würde, wenn sie an der Schwelle der Curie zu den Schwertern griffen? Auch sei ihm das Leben nicht so viel werth, wenn es mit den Waffen geschützt werden müßte. So gegen Togonius, in gemäßigten Ausdrücken und ohne des Weiteren noch die Unterbrückung des Antrags anzurathen.

(3) 9. Dem Junius Gallio[23]) dagegen, der darauf angetragen hatte, daß die Prätorianer nach Beendigung ihrer Dienstzeit das Recht erhalten sollten, in den vierzehn Reihen[24]) zu sitzen, gab er einen heftigen Verweis, indem er ihn wie gegenwärtig fragte, was er denn mit den Soldaten zu schaffen hätte, die billig weder Befehle noch Belohnungen anders als vom Imperator empfangen könnten? Er habe fürwahr etwas erfunden, was Divus Augustus nicht beachtet. Oder sei damit vielmehr Zwietracht und Meuterei von einem Trabanten des Sejanus beabsichtigt, um unerfahrene Gemüther unter dem Namen der Ehre zur Auflösung der Mannszucht zu verleiten? Das war der Lohn, den Gallio für seine ausgedachte Schmeichelei davontrug, auf der Stelle aus der Curie, nachher aus Italien verwiesen; und weil man ihm zur Last legte, das Exil sich leicht machen zu wollen, da er Lesbos sich aussersehen, eine ansehnliche und anmuthvolle Insel, wird er nach Rom zurückgeschafft und in Wohnungen von Staatsbeamten[25]) bewacht. In demselben Schreiben schmetterte der Cäsar den gewesenen Prätor Sextius Paconianus nieder, zu großer Freude der Väter, einen verwegenen,

patrum gaudio, audacem, maleficum, omnium secreta rimantem delectumque ab Seiano, cuius ope dolus C. Caesari pararetur. Quod postquam patefactum, prorupere concepta pridem odia: et summum supplicium decernebatur, ni professus indicium foret.

(4) 10. Ut vero Latinium Latiarem ingressus est, accusator ac reus iuxta invisi gratissimum spectaculum praebebantur. Latiaris, ut rettuli, praecipuus olim circumveniendi Titii Sabini et tunc luendae poenae primus fuit. Inter quae Haterius Agrippa consules anni prioris invasit, cur mutua accusatione intenta nunc silerent: metum prorsus et noxiam conscientiae pro foedere haberi; at non patribus reticenda, quae audivissent. Regulus manere tempus ultionis, seque coram principe exsecuturum: Trio aemulationem inter collegas, et si qua discordes iecissent, melius obliterari respondit. Urgente Agrippa Sanquinius Maximus e consularibus oravit senatum, ne curas imperatoris conquisitis insuper acerbitatibus augerent; sufficere ipsum statuendis remediis. Sic Regulo salus et Trioni dilatio exitii quaesita. Haterius invisior fuit, quia somno aut libidinosis vigiliis marcidus et ob segnitiam quamvis crudelem principem non metuens inlustribus viris perniciem inter ganeam ac stupra meditabatur.

(5) 11. Exim Cotta Messalinus, saevissimae cuiusque sententiae auctor eoque inveterata invidia, ubi primum facultas data, arguitur pleraque: Gaiam Caesarem quasi incertae virilitatis, et cum die natali Augustae inter sacerdotes epularetur, novendialem eam cenam dixisse: querensque de potentia M'. Lepidi ac L. Arruntii, cum quibus ob rem pecuniariam disceptabat, addidisse: 'illos quidem senatus, me autem tuebitur Tiberiolus meus.' Eaque cuncta a primoribus civitatis revincebatur, iisque instantibus ad imperatorem provocavit. Nec multo post litterae adferuntur, quibus in modum defensionis, repetito inter se atque Cottam amicitiae principio crebrisque eius officiis commemoratis, ne verba prave detorta neu convivalium fabularum simplicitas in crimen duceretur, postulavit.

boshaften Menschen, der aller Leute Geheimnisse ausspähte und von Sejanus war ausersehen worden, um mit seiner Hilfe dem C. Cäsar[26]) eine Schlinge zu legen. Als man das entdeckt hatte, kam der längst gehegte Haß zum Ausbruch; und es wäre die Todesstrafe erkannt worden, hätte er nicht zu Denuntiationen sich bereit erklärt.

(4) 10. Als er aber vom Latinius Latiaris begann, bot sich in dem gleich verhaßten Kläger und Beklagten das willkommenste Schauspiel dar. Latiaris, der, wie ich erwähnt[27]), vordem das Hauptwerkzeug gewesen war bei der Umgarnung des Titius Sabinus, war jetzt der erste auch, der büßen mußte. Bei der Gelegenheit griff Haterius Agrippa die Consuln des vorigen Jahres an, warum sie jetzt, da sie doch gegenseitig Klage wider einander erhoben hätten, schwiegen: Furcht und Schuld der Mitwissenschaft sei freilich wol so gut wie ein Vertrag; aber die Väter dürften doch von dem, was sie gehört, nicht schweigen. Regulus antwortete, es bleibe ihm die Zeit der Rache, und er werde die Sache in Gegenwart des Fürsten verfolgen: Trio: Eifersucht zwischen Amtsgenossen und was sie in ihrer Zwietracht etwa hingeworfen hätten, werde besser der Vergessenheit übergeben. Als Agrippa nicht abstand, bat Sanquinius Maximus, der Consularen einer, den Senat, man möchte des Imperators Sorgen nicht noch durch Aufsuchung von Zänkereien mehren; er sei selbst stark genug, denselben zu begegnen. So ward für Regulus Freisprechung und für Trio Aufschub des Verderbens[28]) gewonnen. Haterius aber war um so verhaßter, weil er durch Schlafsucht oder liederliche Nachtschwärmerei kraftlos und nur ob seiner Stumpfheit vor dem Fürsten, war er noch so grausam, ohne Furcht, mitten unter Schwelgerei und Unzucht auf erlauchter Männer Untergang zu sinnen pflegte.

(5) 11. Hierauf wird dem Cotta Messalinus[29]), von welchem stets die grausamsten Anträge herrührten, und der deshalb von jeher verhaßt war, bei erster Gelegenheit gar Manches vorgeworfen: er habe von Gaja Cäsar, als sei er von zweideutiger Mannheit, gesprochen[30]), und als er am Geburtstage[31]) der Augusta unter den Priestern speiste, dieses Mahl ein Leichenmahl genannt; und, sich beschwerend über den Einfluß des Manius Lepidus und L. Arruntius, mit welchen er wegen einer Geldangelegenheit in Streit war, hinzugefügt: „Die freilich wird der Senat, mich aber mein Tiberchen schützen." Und in all dem ward er von den Großen des Staates überführt, und als sie nicht nachließen, berief er sich auf den Imperator. Auch lief nicht lange nachher ein Schreiben ein, worin dieser in der Weise einer Vertheidigung, nachdem er vom Entstehen seiner Freundschaft mit Cotta ausgeholt und dessen häufige Dienstleistungen erwähnt hatte, verlangte, daß man nicht boshaft verdrehte Worte und arglose Tischgespräche zum Verbrechen machen möchte.

(6) 12. Insigne visum est earum Caesaris litterarum initium; nam his verbis exorsus est: 'quid scribam vobis, patres conscripti, aut quo modo scribam, aut quid omnino non scribam hoc tempore, di me deaeque peius perdant, quam perire me cotidie sentio, si scio.' Adeo facinora atque flagitia sua ipsi quoque in supplicium verterant. Neque frustra praestantissimus sapientiae firmare solitus est, si recludantur tyrannorum mentes, posse aspici laniatus et ictus, quando, ut corpora verberibus, ita saevitia, libidine, malis consultis animus dilaceretur. Quippe Tiberium non fortuna, non solitudines protegebant, quin tormenta pectoris suasque ipse poenas fateretur.

(7) 13. Tum facta patribus potestate statuendi de Caeciliano senatore, qui plurima adversum Cottam prompserat, placitum eandem poenam inrogari, quam in Aruseium et Sanquinium, accusatores L. Arruntii; quo non aliud honorificentius Cottae evenit, qui nobilis quidem, set egens ob luxum, per flagitia infamis, sanctissimis Arruntii artibus dignitate ultionis aequabatur.

Q. Servaeus posthac et Minucius Thermus inducti, Servaeus praetura functus et quondam Germanici comes, Minucius equestri loco, modeste habita Seiani amicitia; unde illis maior miseratio. Contra Tiberius, praecipuos ad scelera increpans, admonuit C. Cestium patrem dicere senatui, quae sibi scripsisset: suscepitque Cestius accusationem. Quod maxime exitiabile tulere illa tempora, cum primores senatus infimas etiam delationes exercerent, alii propalam, multi per occultum; neque discerneres alienos a coniunctis, amicos ab ignotis, quid repens aut vetustate obscurum: perinde in foro, in convivio, quaqua de re locuti incusabantur, ut quis praevenire et reum destinare properat, pars ad subsidium sui, plures infecti quasi valitudine et contactu. Sed Minucius et Servaeus damnati indicibus accessere. Tractique sunt in casum eundem Iulius Africanus e Santonis, Gallica civitate, Seius Quadratus: originem non repperi. Neque sum ignarus

(6) 12. Merkwürdig erschien der Anfang dieses kaiserlichen Schreibens denn mit folgenden Worten begann er: „Was ich euch schreiben soll, versammelte Väter, oder wie ich schreiben soll, oder was ich durchaus nicht schreiben soll in diesem Augenblicke, wenn ich das weiß, mögen mich Götter und Göttinnen noch ärger zu Grunde richten, als ich täglich mein zu Grunde Gehen fühle." So sehr waren seine Frevel und Schandthaten auch ihm selbst zur Qual geworden. Und nicht grundlos pflegte der Weisen Ausgezeichnetster[32]) zu behaupten, schlössen sich die Herzen der Tyrannen auf, so würde man erblicken, wie zerfleischt sie seien und voll Wunden, weil, wie der Leib von Geißelhieben, so von Grausamkeit, von Wollust, argen Anschlägen die Seele zerrissen werde. Denn selbst einen Tiberius schützte nicht Stellung, nicht Einsamkeit vor dem eigenen Bekenntniß der Qualen und des Strafgerichts in seinem Innern.

(7) 13. Dann wurde, da die Väter Vollmacht erhalten hatten, über den Senator Cäcilianus zu erkennen, der das Meiste gegen Cotta vorgebracht, beschlossen, über ihn dieselbe Strafe zu verhängen, wie gegen Arusejus und Sanquinius, die Ankläger des L. Arruntius[33]); die größte Ehre, welche dem Cotta widerfuhr, da er, von Adel zwar, doch dürftig durch Verschwendung, durch Schandthaten in Verruf, nicht anders als der fleckenlose Wandel des Arruntius einer Genugthuung für würdig gehalten ward.

Später wurden Qu. Serväus und Minucius Thermus vorgeführt, Serväus ein gewesener Prätor und vordem Begleiter des Germanicus, Minucius aus dem Ritterstande, die von des Sejanus Freundschaft nur bescheidenen Gebrauch gemacht; woher man um so größeres Mitleid mit ihnen hatte. Tiberius dagegen, sie Hauptheilnehmer an den Verbrechen scheltend, forderte C. Cestius, den Vater, auf, das dem Senat zu sagen, was er ihm geschrieben hätte; und Cestius übernahm die Anklage. Das eben war das Allerverderblichste, was jene Zeiten mit sich brachten, da selbst die Häupter des Senats sich auch mit den allerniedrigsten Angebereien befaßten, einige ganz öffentlich, viele insgeheim; und dabei war zwischen Fremden und Angehörigen, zwischen Freunden und Unbekannten, zwischen plötzlich sich Ereignendem und dem, was hinter alte Zeiten sich versteckte, keine Unterscheidung möglich: gleichviel, ob man auf dem Forum, beim Mahle, oder wovon immer gesprochen hatte, man wurde angeklagt, je nachdem Einer zuvorzukommen und den Andern zum Schuldigen zu bestimmen eilte, Manche um sich selbst zu retten, der größere Theil wie von einer Krankheit und Ansteckung ergriffen. Aber Minucius und Serväus schlugen sich, als sie verurtheilt waren, zu den Angebern. Und in denselben Abgrund wurden Julius Africanus aus dem Santonischen[34]) in Gallien und Sejus Quadratus mit hinabgezogen, dessen Herkunft ich nicht gefunden habe. Und ich weiß recht

a plerisque scriptoribus omissa multorum pericula et poenas, dum copia fatiscunt aut, quae ipsis nimia et maesta fuerant, ne pari taedio lecturos adficerent, verentur. Nobis pleraque digna cognitu obvenere, quamquam ab aliis incelebrata.

(8) 14. Nam ea tempestate, qua Seiani amicitiam ceteri falso exuerant, ausus est eques Romanus, M. Terentius, ob id reus, amplecti, ad hunc modum apud senatum ordiendo: 'fortunae quidem meae fortasse minus expediat adgnoscere crimen quam abnuere: sed utcumque casura res est, fatebor et fuisse me Seiano amicum, et ut essem, expetisse, et postquam adeptus eram, laetatum. Videram collegam patris regendis praetoriis cohortibus, mox urbis et militiae munia simul obeuntem. Illius propinqui et adfines honoribus augebantur; ut quisque Seiano intimus, ita ad Caesaris amicitiam validus; contra quibus infensus esset, metu ac sordibus conflictabantur. Nec quemquam exemplo adsumo: cunctos, qui novissimi consilii expertes fuimus, meo unius discrimine defendam. Non enim Seianum Vulsiniensem, set Claudiae et Iuliae domus partem, quas adfinitate occupaverat, tuum, Caesar, generum, tui consulatus socium, tua officia in re publica capessentem colebamus. Non est nostrum aestimare, quem supra ceteros et quibus de causis extollas: tibi summum rerum iudicium di dedere; nobis obsequii gloria relicta est. Spectamus porro, quae coram habentur, cui ex te opes honores, quis plurima iuvandi nocendive potentia; quae Seiano fuisse nemo negaverit. Abditos principis sensus, et si quid occultius parat, exquirere inlicitum, anceps, nec ideo adsequare. Ne, patres conscripti, ultimum Seiani diem, sed sedecim annos cogitaveritis. Etiam Satrium atque Pomponium venerabamur; libertis quoque ac ianitoribus eius notescere pro magnifico accipiebatur. Quid ergo? indistincta haec defensio et promisca dabitur? Immo iustis terminis dividatur. Insidiae in rem

wohl, daß von einer sehr großen Anzahl Geschichtschreiber die Gefahren und die Strafgerichte Vieler übergangen worden, indem bei deren Menge sie ermüdeten oder auch besorgten, es möchte das, was ihnen selbst zu viel gewesen und zu niederschlagend, mit gleichem Widerwillen ihre Leser erfüllen. Uns hat sich gar Manches als wissenswürdig dargeboten, obwohl es von Andern unerwähnt geblieben ist.

(8) 14. So wagte es in jener Zeit, wo alle Uebrigen ihre Freundschaft mit Sejanus fälschlich verleugnet hatten, ein römischer Ritter, M. Terentius, der deshalb angeklagt war, dieselbe festzuhalten, indem er in dieser Weise vor dem Senate begann: „Meinem Geschick mag es zwar weniger vielleicht ersprießlich sein, die Beschuldigung anzuerkennen als sie abzuleugnen; aber wie auch immer die Sache ausfallen mag, gestehen will ich, des Sejanus Freund gewesen zu sein, danach gestrebt zu haben, es zu werden, und als ich es geworden, dessen mich gefreut zu haben. Hatte ich ihn doch als Amtsgenossen seines Vaters[35] im Oberbefehl über die prätorischen Cohorten, nachher die Geschäfte der Stadt und des Kriegswesens zugleich verwalten gesehen. Seine Angehörigen und Verwandten wurden mit Ehrenstellen überhäuft; je vertrauter Jemand mit Sejanus war, desto mehr auch galt er in des Cäsars Freundschaft; die dagegen, denen er verfeindet war, hatten mit Furcht und Elend zu kämpfen. Und keinen führe ich als Beispiel an: Alle insgesammt, die wir an seinem letzten Anschlage[36] keinen Theil genommen, will ich auf meine alleinige Gefahr hin vertheidigen. Denn nicht Sejanus, den Vulsinier, sondern das Familienglied der Claudier und Julier, unter denen er durch Verschwägerung sich einen Platz gewonnen hatte, deinen Enkeleidam[37]), Cäsar, deines Consulats Genossen, den, der deine eigenen Geschäfte im Staate zu besorgen pflegte, den verehrten wir. Uns kommt es ja nicht zu, darüber zu urtheilen, wen du über die Anderen erhebest und aus welchen Gründen: dir haben die Götter die höchste Entscheidung überlassen; uns ist der Ruhm des Gehorsams nur geblieben. Ferner sehen wir auf das, was vor Augen liegt, wer von dir Macht und Ehrenstelle habe, wer die größte Gewalt, zu nützen oder zu schaden; und daß Sejanus dieses besessen, wird doch Niemand leugnen wollen. Die verborgenen Gedanken des Fürsten und worauf er wol im Stillen sinnt, zu erforschen, ist unerlaubt, gefährlich, und auch so nicht zu erreichen. Nicht den letzten Tag des Sejanus, versammelte Väter, sondern seine sechszehn[38]) Jahre möget ihr beherzigen. Auch dem Satrius[39]) und dem Pomponius bewiesen wir Ehrerbietung; selbst seinen Freigelassenen und Thürhütern bekannt zu sein, ward für etwas Großes gehalten. Wie nun? Soll eine solche Vertheidigung ohne Unterschied und Einem wie dem Andern gestattet werden? O nein, man ziehe nur dabei die rechte Gränze. Staatsver-

publicam, consilia caedis adversum imperatorem puniantur: de amicitia et officiis idem finis et te, Caesar, et nos absolverit.'

(9) 15. Constantia orationis, et quia repertus erat qui efferret quae omnes animo agitabant, eo usque potuere, ut accusatores eius, additis quae ante deliquerant, exilio aut morte multarentur.

Secutae dehinc Tiberii litterae in Sex. Vistilium praetorium, quem Druso fratri percarum in cohortem suam transtulerat. Causa offensionis Vistilio fuit, seu composuerat quaedam in C. Caesarem ut impudicum, sive ficto habita fides. Atque ob id convictu principis prohibitus cum senili manu ferrum temptavisset, obligat venas; precatusque per codicillos, imniti rescripto venas resolvit.

Acervatim ex eo Annius Pollio, Appius Silanus Scauro Mamerco simul ac Sabino Calvisio maiestatis postulantur, et Vinicianus Pollioni patri adiciebatur, clari genus et quidam summis honoribus. Contremuerantque patres — nam quotus quisque adfinitatis aut amicitiae tot inlustrium virorum expers erat? — ni Celsus, urbanae cohortis tribunus, tum inter indices, Appium et Calvisium discrimini exemisset; Caesar Pollionis ac Viniciani Scauriaque causam, ut ipse cum senatu nosceret, distulit, datis quibusdam in Scaurum tristibus notis.

(10) 16. Ne feminae quidem exortes periculi. Quia occupandae rei publicae argui non poterant, ob lacrimas incusabantur; necataque est anus Vitia, Fufii Gemini mater, quod filii necem flevisset.

Haec aput senatum. Nec secus aput principem Vescularius Flaccus ac Iulius Marinus ad mortem aguntur, e vetustissimis familiarium, Rhodum secuti et aput Capreas individui, Vescularius insidiarum in Libonem internuntius; Marino participe Seianus Curtium Atticum oppresserat. Quo laetius acceptum sua exempla in consultores recidisse.

Per idem tempus L. Piso pontifex, rarum in tanta

brecherische Absichten, Mordanschläge wider den Imperator bestrafe man: in Bezug auf Freundschaft und Dienstleistungen möge uns wie dich, o Cäsar, das freisprechen, daß sie gemeinschaftlich für uns geendet haben."

(9) 15. Die Festigkeit dieser Rede und daß doch Jemand sich gefunden hatte, welcher aussprach, was Alle in ihrem Herzen dachten, brachte eine solche Wirkung hervor, daß seine Ankläger, indem man mit hinzunahm was sie vorher verbrochen, mit Verbannung oder Tod bestraft wurden.

Hierauf kam ein Schreiben des Tiberius gegen den gewesenen Prätor S. Vistilius, den er als einen Liebling seines Bruders Drusus in sein Gefolge mit aufgenommen hatte. Anlaß zur Ungnade war für Vistilius, daß er gegen C. Cäsar als einen Unzüchtigen entweder wirklich etwas geschrieben hatte, oder es erdichtet und geglaubt war. Und als er deshalb vom Umgange mit dem Fürsten ausgeschlossen mit altersschwacher Hand es mit dem Eisen versucht hatte, verbindet er die Adern wieder; als er aber dann schriftlich um Gnade gebeten, jedoch eine harte Antwort erhalten, öffnete er die Adern von Neuem.

Hierauf wurden auf einmal Annius Pollio, Appius Silanus sammt Scaurus Mamercus und Sabinus Calvisius als Majestätsverbrecher belangt, und dem Vater Pollio auch Vinicianus beigesellt, Männer von berühmtem Geschlechte, einige von höchsten Würden. Und schon zitterten die Väter alle — denn wie wenige gab es, die mit so vielen erlauchten Männern nicht verwandt oder befreundet waren? — hätte nicht Celsus, der Tribun einer Stadtcohorte, der damals unter den Angebern sich befand, den Appius und Calvisius aus der gefahrvollen Lage befreit, während der Cäsar des Pollio, sowie des Vinicianus und des Scaurus Sache, um sie selbst mit dem Senat zu untersuchen, aufschob, nicht ohne einige Unglück prophezeihende Andeutungen gegen Scaurus.

(10) 16. Nicht einmal die Frauen blieben ungefährdet. Weil man sie der Absicht, sich der Staatsgewalt zu bemächtigen, nicht bezüchtigen konnte, so wurden sie um Thränen angeklagt; und so ward hingerichtet die hochbetagte Vitia, des Fufius Geminus Mutter, weil sie des Sohnes Hinrichtung beweint.

Dieses wurde vom Senat betrieben. Nicht anders wurden von Seiten des Fürsten Vescularius Flaccus und Julius Marinus zum Tode geführt, aus der Zahl seiner ältesten Vertrauten, die nach Rhodus ihm gefolgt und auf Capreä von ihm unzertrennlich, Vescularius bei den Nachstellungen gegen Libo Zwischenträger[40]); mit des Marinus Hilfe hatte Sejanus den Curtius Atticus unterdrückt. Mit um so größerer Freude nahm man es auf, daß das Beispiel, welches sie gegeben, nun auf sie selbst zurückfiel.

Um dieselbe Zeit starb der Oberpriester L. Piso, eine Seltenheit bei so

claritudine, fato obiit, nullius servilis sententiae sponte auctor, et quotiens necessitas ingrueret, sapienter moderans. Patrem ei censorium fuisse memoravi; aetas ad octogesimum annum processit; decus triumphale in Thraecia meruerat. Sed praecipua ex eo gloria, quod praefectus urbi recens continuam potestatem et insolentia parendi graviorem mire temperavit.

(11) 17. Namque antea, profectis domo regibus ac mox magistratibus, ne urbs sine imperio foret, in tempus deligebatur qui ius redderet ac subitis mederetur; feruntque ab Romulo Dentrem Romulium, post ab Tullo Hostilio Numam Marcium et ab Tarquinio Superbo Spurium Lucretium inpositos. Dein consules mandabant; duratque simulacrum, quotiens ob ferias Latinas praeficitur, qui consulare munus usurpet. Ceterum Augustus bellis civilibus Cilnium Maecenatem, equestris ordinis, cunctis apud Romam atque Italiam praeposuit. Mox rerum potitus ob magnitudinem populi ac tarda legum auxilia sumpsit e consularibus qui coërceret servitia et quod civium audacia turbidum, nisi vim metuat. Primusque Messala Corvinus eam potestatem et paucos intra dies finem accepit, quasi nescius exercendi; tum Taurus Statilius, quamquam provecta aetate, egregie toleravit; dein Piso quindecim per annos pariter probatus, publico funere ex decreto senatus celebratus est.

(12) 18. Relatum inde ad patres a Quintiliano, tribuno plebei, de libro Sibullae, quem Caninius Gallus quindecimvirum recipi inter ceteros eiusdem vatis et ea de re senatus consultum postulaverat. Quo per discessionem facto misit litteras Caesar, modice tribunum increpans ignarum antiqui moris ob iuventam. Gallo exprobrabat, quod scientiae caerimoniarumque vetus incerto auctore, ante sententiam collegii, non ut adsolet, lecto per magistros aestimatoque carmine, apud infrequentem senatum egisset. Simul commonefecit, quia multa vana sub nomine celebri vulgabantur,

hoher Stellung, natürlichen Todes, aus eigenem Antriebe nie eines knechtischen Antrags Urheber, und so oft Nothwendigkeit drängte, ihn weise mäßigend. Daß sein Vater Censor gewesen, habe ich erwähnt⁴¹); sein Alter stieg bis auf achtzig Jahre; in Thrazien hatte er sich die Triumphinsignien verdient⁴²). Aber sein größter Ruhm war der, daß er als Stadtpräfect die seit kurzem erst ständige und, weil man nicht daran gewöhnt war, ihr zu gehorchen, um so drückendere Gewalt mit so bewundernswerther Mäßigung übte.

(11) 17. Früher nämlich wurde, wenn die Könige und in der Folge die Magistratspersonen von Hause wegzogen, damit die Stadt nicht ohne Regierung wäre, einstweilen Jemand gewählt, der Recht spräche und gegen plötzliche Vorfälle Vorkehrungen träfe; und es heißt, von Romulus sei Denter Romulius, dann von Tullus Hostilius Numa Marcius⁴³) und von Tarquinius Superbus Spurius Lucretius⁴⁴) eingesetzt worden. Nachher beauftragten damit die Consuln; und noch besteht ein Schattenbild davon, so oft wegen der lateinischen Ferien ein Verweser des Consulamtes⁴⁵) bestellt wird. Nun aber setzte Augustus während der Bürgerkriege den Cilnius Mäcenas⁴⁶), aus dem Ritterstande, über Alles in Rom und in Italien. Dann, als er zur Oberherrschaft gelangt, wählte er wegen der großen Volksmenge und der langsamen Hilfe der Gesetze einen aus der Mitte der Consularen, um die Sklaven und solche Bürger, welche, wenn sie keine Gewalt fürchten, aus frechem Uebermuth zum Aufruhr geneigt sind, im Zaume zu halten. Und der erste, der dieses Amt, aber nach wenigen Tagen auch schon die Entlassung aus demselben erhielt, als wisse er es nicht zu verwalten, war Messala Corvinus⁴⁷); dann führte es Taurus Statilius, obwohl in vorgerücktem Alter, trefflich durch; zunächst Piso, der fünfzehn Jahre hindurch sich immer gleichen Beifall erwarb und nach einem Beschlusse des Senates durch ein öffentliches Leichenbegängniß geehrt wurde.

(12) 18. Darauf ward von den Vätern vom Volkstribun Quintilianus Bericht erstattet über ein Buch der Sibylla, dessen Aufnahme unter die übrigen Bücher derselben Seherin Caninius Gallus, einer der Quindecimvirn⁴⁸), und einem Senatsbeschluß darüber verlangt hatte. Als dieser ohne Discussion bewirkt war, sandte der Cäsar ein Schreiben, worin er den Tribun als nicht kundig alter Sitte ob seiner Jugend mäßig tadelte. Dem Gallus machte er zum Vorwurf, daß er, in seiner Wissenschaft und in dem Cäremonienwesen wohl kein Neuling, ohne Gewißheit über den Ursprung des Buches, vor dem Gutachten des Collegiums⁴⁹) und ohne daß, wie üblich, die Weissagung erst von den Vorstehern⁵⁰) gelesen und geprüft sei, vor unvollzähligem Senate die Sache verhandelt habe. Zugleich brachte er in Erinnerung, daß, weil viel Unächtes unter dem berühmten Namen in Umlauf gekommen,

sanxisse Augustum, quem intra diem ad praetorem urbanum deferrentur neque habere privatim liceret. Quod a maioribus quoque decretum erat post exustum sociali bello Capitolium, quaesitis Samo, Ilio, Erythris, per Africam etiam ac Siciliam et Italicas colonias carminibus Sibullae, una seu plures fuero, datoque sacerdotibus negotio, quantum humana ope potuissent, vera discernere. Igitur tunc quoque notioni quiudecimvirum is liber subicitur.

(13) 19. Isdem consulibus gravitate annonae iuxta seditionem ventum, multaque et plures per dies in theatro licentius efflagitata, quam solitum adversum imperatorem. Quis commotus incusavit magistratus patresque, quod non publica auctoritate populum coërcuissent, addiditque, quibus ex provinciis et qnanto maiorem quam Augustus rei frumentariae copiam advectaret. Ita castigandae plebi compositum senatus consultum prisca severitate, neque segnius consules edixere. Silentium ipsius non civile, ut crediderat, sed in superbiam accipiebatur.

(14) 20. Fine anni Geminius, Celsus, Pompeius, equites Romani, cecidere coniurationis crimine; ex quis Geminius prodigentia opum ac mollitia vitae amicus Seiano, nihil ad serium. Et Iulius Celsus tribunus in vinclis laxatam catenam et circumdatam in diversum tendens suam ipse cervicem perfregit. At Rubrio Fabato, tamquam desperatis rebus Romanis Parthorum ad misericordiam fugeret, custodes additi. Sane is repertus aput fretum Siciliae retractusque per centurionem nullas probabiles causas longinquae peregrinationis adferebat. Mansit tamen incolumis, oblivione magis quam clementia.

(15) 21. Ser. Galba L. Sulla consulibus diu quaesito, quos neptibus suis maritos destinaret Caesar, postquam instabat virginum aetas, L. Cassium, M. Vinicium legit. Vinicio oppidanum genus: Calibus ortus, patre atque avo consularibus, cetera equestri familia erat, mitis ingenio et comptae facundiae. Cassius, plebeii Romae generis, verum antiqui honoratique, et severa patris

Augustus⁵³) festgesetzt habe, innerhalb welcher Zeit es bei dem Stadtprätor abzugeben sei und daß kein Privatgebrauch davon gemacht werden dürfe. Und das war auch schon von den Voreltern beschlossen worden, als nach dem Brande des Capitols⁵⁴) im Bundesgenossenkriege, auf Samos, in Ilium, Erythrä, wie auch in Afrika, Sicilien und in den italischen Colonien⁵⁵) die Weissagungen der Sibylle, mag es eine oder mehrere gegeben haben, aufgesucht und die Priester mit dem Geschäft beauftragt wurden, so weit es in menschlicher Kraft stände, das Wahre auszusondern. So ward denn auch jetzt dieses Buch der Untersuchung der Quindecimvirn unterworfen.

(13) 19. Unter eben diesen Consuln kam es durch drückende Theuerung beinahe zu einem Aufruhr, und man machte im Theater⁵⁶) viele bringende Forderungen, und das mehrere Tage hindurch, mit größerer Dreistigkeit als es dem Imperator gegenüber Sitte war. Hierüber aufgebracht, beschuldigte er die Beamten und Väter, daß sie nicht durch ihr öffentliches Ansehen das Volk in seine Schranken gewiesen hätten, und bemerkte dabei, aus welchen Provinzen und wieviel größeren Getraidevorrath als Augustus er herbeischaffen lasse. So wurde zur Zurechtweisung der Menge ein Senatsbeschluß abgefaßt mit alterthümlicher Strenge, und nicht lässiger ließen sich die Consuln in ihrem Edicte vernehmen. Sein eigenes Schweigen wurde nicht für Leutseligkeit, wie er geglaubt, sondern für Stolz genommen.

(14) 20. Am Ende des Jahres fielen Geminius, Celsus und Pompejus, römische Ritter, der Verschwörung⁵⁵) beschuldigt; von diesen war Geminius durch Geldverschwendung und üppiges Leben dem Sejanus befreundet gewesen, durchaus zu keinem ernsthaften Zwecke. Julius Celsus, ein Tribun, hatte im Kerker⁵⁶) seine Kette frei gemacht, schlang sich dieselbe um, und brach, indem er sie nach entgegengesetzter Richtung zog, sich selbst das Genick. Dagegen wurde dem Rubrius Fabatus eine Wache beigegeben, als habe er, am römischen Staate verzweifelnd, zum Mitleid der Parther seine Zuflucht nehmen wollen. Allerdings gab er, als er an der sicilischen Meerenge gefunden und durch einen Centurio zurückgebracht war, keine annehmbaren Gründe für eine weite Reise an. Er blieb jedoch am Leben, mehr aus Vergessenheit als Gnade.

(15) 21. Unter dem Consulat des Serv. Galba und L. Sulla wählte der Cäsar nach langem Ueberlegen, was für Männer er seinen Enkelinnen geben solle, da das Alter der Jungfrauen⁵⁷) drängte, den L. Cassius und M. Vinicius. Vinicius stammte aus einer Landstadt; denn er war zu Cales⁵⁸) geboren; sein Vater und Großvater waren Consuln gewesen, übrigens war er aus ritterlicher Familie, sanft von Charakter und in der Rede sein gewandt. Cassius, aus plebejischem, jedoch aus altem und geehrtem Geschlechte Roms, und in strenger

disciplina eductus, facilitate saepius quam industria commendabatur. Huic Drusillam, Vinicio Iuliam Germanico genitas coniungit superque ea re senatui scribit, levi cum honore iuvenum. Dein redditis absentiae causis admodum vagis flexit ad graviora et offensiones ob rem publicam coeptas, utque Macro praefectus tribunorumque et centurionum pauci secum introirent, quotiens curiam ingrederetur, petivit. Factoque large et sine praescriptione generis aut numeri senatus consulto ne tecta quidem urbis, adeo publicum consilium numquam adiit, deviis plerumque itineribus ambiens patriam et declinans.

(16) 22. Interea magna vis accusatorum in eos inrupit, qui pecunias faenore auctitabant adversum legem dictatoris Caesaris, qua de modo credendi possidendique intra Italiam cavetur, omissam olim, quia privato usui bonum publicum postponitur. Sane vetus urbi faenebre malum et seditionum discordiarumque creberrima causa, eoque cohibebatur antiquis quoque et minus corruptis moribus. Nam primo duodecim tabulis sanctum, ne quis unciario faenore amplius exerceret, cum antea ex libidine locupletium agitaretur; dein rogatione tribunicia ad semuncias redactum; postremo vetita versura. Multisque plebis scitis obviam itum fraudibus, quae totiens repressae miras per artes rursum oriebantur. Sed tum Gracchus praetor, cui ea quaestio evenerat, multitudine periclitantium subactus rettulit ad senatum, trepidique patres — neque enim quisquam tali culpa vacuus — veniam a principe petivere; et concedente annus in posterum sexque menses dati, quis secundum iussa legis rationes familiares quisque componerent.

(17) 23. Hinc inopia rei nummariae, commoto simul omnium aere alieno, et quia tot damnatis bonisque eorum divenditis signatum argentum fisco vel aerario attinebatur. Ad hoc senatus praescripserat, duas quisque faenoris partes in agris per Italiam conlocaret. Sed creditores in solidum appellabant, nec

Zucht des Vaters aufgewachsen, empfahl sich häufiger durch gefälliges Wesen als durch Thätigkeit. Diesem vermählte er Drusilla, dem Vinicius Julia, des Germanicus Töchter, und schrieb darüber dem Senate, doch mit mäßig ehrenden Ausdrücken über die jungen Männer. Hierauf ging er nach Angabe ganz allgemeiner Gründe für seine Abwesenheit auf Wichtigeres und auf die Verfeinbungen über, die er sich des Staates wegen zugezogen, und bat, daß der Präfect Macro[59]) nebst einigen Tribunen und Centurionen, so oft er in die Curie käme, mit ihm eintreten möchte. Und obschon sehr bereitwillig und ohne Bestimmung des Ranges[60]) oder der Zahl darüber ein Senatsbeschluß gefaßt ward, kam er doch nie auch nur in ein Haus von Rom, geschweige denn in die öffentliche Versammlung, meist auf abgelegenen Wegen die Vaterstadt umkreisend und vermeidend.

(16) 22. Indessen fiel eine große Menge von Anklägern über diejenigen her, welche ihr Vermögen durch Zinsenwucher zu vermehren strebten gegen das Gesetz des Dictators Cäsar[61]), welches über die Ausdehnung des Darleihens und des Geldbesitzes innerhalb Italiens Verordnungen gibt, aber längst nicht mehr beachtet wurde, weil das allgemeine Beste dem Privatvortheile nachgestellt zu werden pflegt. Allerdings war der Wucher ein altes Uebel für die Stadt und am häufigsten die Ursache von Aufständen und Zwistigkeiten, weshalb man ihm auch bei den alten und weniger verdorbenen Sitten Schranken setzte. Denn zuerst wurde durch die zwölf Tafeln[62]) festgesetzt, daß Niemand mehr als Ein Procent Zins nehmen sollte, während früher derselbe ganz von der Willkühr der Reichen abhing; dann wurde er durch tribunizische Bill[63]) auf ein halbes Procent herabgesetzt, zuletzt das Zinsennehmen ganz verboten[64]). Und durch viele Volksbeschlüsse suchte man den Betrügereien, welche, so oft schon unterdrückt, durch die wunderbarsten Schliche von Neuem aufkamen, zu begegnen. Jetzt aber brachte der Prätor Gracchus, dem diese Untersuchung zugefallen war, sich durch die Menge der Gefährdeten dazu gedrungen fühlend, die Sache vor den Senat, und in der Angst — denn Keiner war frei von Schuld dieser Art — baten die Väter ben Fürsten um Nachsicht; und mit seiner Bewilligung wurde noch eine Frist von achtzehn Monaten gestattet, während welcher ein Jeder den Vorschriften des Gesetzes gemäß seine Vermögensangelegenheiten in Ordnung bringen sollte.

(17) 23. So entstand denn Geldmangel, da auf einmal Allen ihr Darlehn gekündigt wurde, und weil bei so zahlreichen Verurtheilten und dem Verkauf ihrer Güter das geprägte Silber im Fiscus oder im Aerarium zurückbehalten wurde. Zu dem Zwecke hatte der Senat verordnet, daß ein Jeder zwei Drittel seines Capitals in Gütern in Italien anlegen sollte[65]). Aber die Gläubiger forderten doch das Ganze, und für die, denen gekündigt worden, war es

decorum appellatis minuere fidem. Ita primo concursatio et preces, dein strepere praetoris tribunal, eaque, quae remedio quaesita, venditio et emptio, in contrarium mutari, quia faeneratores omnem pecuniam mercandis agris condiderant. Copiam vendendi secuta vilitate, quanto quis obaeratior, aegrius distrahebant, multique fortunis provolvebantur; eversio rei familiaris dignitatem ac famam praeceps dabat, donec tulit opem Caesar disposito per mensas milies sestertio factaque mutuandi copia sine usuris per triennium, si debitor populo in duplum praediis cavisset. Sic refecta fides, et paulatim privati quoque creditores reperti. Neque emptio agrorum exercita ad formam senatus consulti, acribus, ut ferme talia, initiis, incurioso fine.

(18) 24. Dein redeunt priores metus postulato maiestatis Considio Proculo, qui nullo pavore diem natalem celebrans raptus in curiam pariterque damnatus interfectusque; et sorori eius Sanciae aqua atque igni interdictum, accusante Q. Pomponio. Is moribus inquies haec et huiuscemodi a se factitari praetendebat, ut parta apud principem gratia periculis Pomponii Secundi fratris mederetur. Etiam in Pompeiam Macrinam exilium statuitur, cuius maritum Argolicum, socerum Laconem, e primoribus Achaeorum, Caesar adflixerat. Pater quoque, inlustris eques Romanus, ac frater praetorius, cum damnatio instaret, se ipsi interfecere. Datum erat crimini, quod Theophanen Mytilenaeum, proavum eorum, Cn. Magnus inter intimos habuisset, quodque defuncto Theophani caelestes honores Graeca adulatio tribuerat.

(19) 25. Post quos Sex. Marius, Hispaniarum ditissimus, defertur incestasse filiam et saxo Tarpeio deicitur. Ac ne dubium haberetur, magnitudinem pecuniae malo vertisse, aurarias eius, quamquam publicarentur, sibimet Tiberius seposuit. Inritatusque suppliciis cunctos, qui carcere attinebantur accusati societatis cum Seiano, necari iubet. Iacuit inmensa strages, omnis sexus, omnis aetas, inlustres ignobiles, dispersi aut aggerati. Neque propinquis aut amicis adsistere,

Ehrensache, ihren Credit nicht zu schwächen. So gab es zuerst ein Hinundherrennen und Bitten, dann ein Lärmen vor dem Richterstuhl des Prätors, und das, was man als Auskunftsmittel hervorgesucht hatte, Verkauf und Kauf, schlug zum Gegentheil aus, weil die Kapitalisten alles Geld zum Erhandeln von Ländereien zurückgelegt hatten. Da die Menge des Verkäuflichen Wohlfeilheit zur Folge hatte, so mußte ein Jeder, je verschuldeter er war, nur desto schlechter bei der Veräußerung fahren, und Viele kamen ganz zum Falle; die Zerrüttung des Vermögens brachte Ehre und Ruf[66]) in Gefahr, bis der Cäsar dadurch Hilfe schaffte, daß er hundert Millionen Sesterze[67]) an die Wechselbänke vertheilte und davon auf drei Jahre ohne Zinsen Darlehn zu nehmen erlaubte, wenn der Schuldner dem Volke für das Doppelte in Grundstücken Sicherheit leistete. So ward der Credit wieder hergestellt, und es fanden sich allmählich auch Privatleute als Gläubiger. Auch wurde der Kauf der Ländereien nicht nach der Vorschrift des Senatsbeschlusses vorgenommen, da man, wie in solchen Dingen gewöhnlich ist, nur im Anfang streng, zuletzt gleichgültig dabei war.

(18) 24. Hierauf kehren die vorigen Schrecknisse wieder, indem Considius Proculus wegen verletzter Majestät belangt wurde, der ohne alle Besorgniß seinen Geburtstag feiernd in die Curie geschleppt und zugleich verurtheilt und hingerichtet ward; auch seiner Schwester Sancia versagte man Wasser und Feuer. Ankläger war Qu. Pomponius. Dieser, ein unruhiger Kopf, gab vor, dieses und Aehnliches deshalb zu unternehmen, um die Gunst des Fürsten zu gewinnen und so den Gefahren seines Bruders Pomponius Secundus zu begegnen. Auch gegen Pompeja Macrina wird Verbannung erkannt, deren Gemahl Argolicus und Schwiegervater Laco, zwei vornehme Achäer, der Cäsar gestürzt hatte. Auch ihr Vater, ein erlauchter römischer Ritter, und ihr Bruder, ein gewesener Prätor, tödteten sich selbst, da ihnen Verurtheilung bevorstand. Man hatte ihnen zum Verbrechen gemacht, daß ihren Ahn, Theophanes aus Mytilene[68]), Cn. Magnus unter seinen Vertrautesten gehabt und dem Theophanes nach seinem Tode griechische Schmeichelei göttliche Ehren erwiesen hatte.

(19) 25. Nach diesem wird Sex. Marius[69]), der reichste Mann Hispaniens, der Blutschande mit seiner Tochter angeklagt und vom tarpejischen Fels hinabgestürzt. Und damit kein Zweifel übrig bliebe, daß die Größe seines Vermögens sein Unglück geworden sei, nahm Tiberius seine Goldgruben, obwohl sie für Staatsgut erklärt wurden, für sich in Beschlag. Und so einmal in Wuth versetzt durch Hinrichtungen befiehlt er Alle umzubringen, die der Verbindung mit Sejanus angeklagt im Kerker lagen. Dalagen[70]) in Unmasse hingemordet Menschen jedes Geschlechtes, jedes Alters, berühmte und unbekannte, zerstreut oder übereinandergehäuft. Und dabei war es Verwandten

inlacrimare, ne visere quidem diutius dabatur, sed circumiecti custodes et in maerorem cuiusque intenti corpora putrefacta adsectabantur, dum in Tiberim traherentur, ubi fluitantia aut ripis adpulsa non cremare quisquam, non contingere. Interciderat sortis humanae commercium vi metus, quantumque saevitia gliscerct, miseratio arcebatur.

(20) 26. Sub idem tempus C. Caesar, discedenti Capreas avo comes, Claudiam, M. Silani filiam, coniugio accepit, immanem animum subdola modestia tegens, non damnatione matris, non exilio fratrum rupta voce; qualem diem Tiberius induisset, pari habitu, haud multum distantibus verbis. Unde mox scituun Passieni oratoris dictum percrebruit, neque meliorem umquam servum neque deteriorem dominum fuisse.

Non omiserim praesagium Tiberii de Servio Galba tum consule; quem accitum et diversis sermonibus pertemptatum postremo Graecis verbis in hanc sententiam adlocutus [est] 'et tu, Galba, quandoque degustabis imperium,' seram ac brevem potentiam significans, scientia Chaldaeorum artis, cuius apiscendae otium aput Rhodum, magistrum Thrasullum habuit, peritiam eius hoc modo expertus.

(21) 27. Quotiens super tali negotio consultaret, edita domus parte ac liberti unius conscientia utebatur. Is litterarum ignarus, corpore valido, per avia ac derupta — nam saxis domus imminet — praeibat eum, cuius artem experiri Tiberius statuisset, et regredientem, si vanitatis aut fraudum suspicio incesserat, in subiectum mare praecipitabat, ne index arcani existeret. Igitur Thrasullus isdem rupibus inductus postquam percunctantem commoverat, imperium ipsi et futura sollerter patefaciens, interrogatur, an suam quoque genitalem horam comperisset, quem tum annum, qualem diem haberet. Ille positus siderum ac spatia dimensus haerere primo, dein pavescere, et quantum introspiceret, magis ac magis trepidus admirationis et metus, postremo exclamat ambiguum sibi ac prope ultimum discrimen instare. Tum complexus eum

oder Freunden nicht verstattet, bei ihnen zu stehen, über sie zu weinen, ja nicht einmal sie länger anzusehen, sondern ringsum aufgestellte Wächter, die auf eines Jeden laute Klage spähten, wichen von den verwesenden Leichen nicht, bis sie in die Tiber geschleift wurden, wo sie umherschwammen oder an die Ufer trieben, Keiner sie verbrannte oder nur berührte. Aufgehört hatte die Theilnahme am menschlichen Geschick durch des Schreckens Gewalt, und in dem Grade als die Raserei emporwuchs, ward des Mitleids Grenze enger.

(20) 26. Um dieselbe Zeit empfing C. Cäsar, der Begleiter seines nach Capreä ziehenden Großvaters, die Claudia[71]), des M. Silanus Tochter, zur Ehe, er, der ein unmenschliches Herz hinter tückischer Bescheidenheit verbarg, dem nicht bei der Verurtheilung seiner Mutter, nicht bei der Verbannung seiner Brüder[72]) ein Laut entfuhr; was gerade für einen Tag Tiberius hatte, so gab er sich, wobei so ziemlich die Worte dieselben waren. Daher die treffende Bemerkung des Redners Passienus, die nachmals in Umlauf kam, es habe weder je einen besseren Sklaven, noch einen schlechteren Herrn gegeben.

Nicht übergehen möcht' ich eine Weissagung des Tiberius über Servius Galba, der damals Consul war. Diesen ließ er zu sich bescheiden und redete ihn, nachdem er ihn von verschiedenen Seiten ausgeforscht, zuletzt auf Griechisch also an: „Auch du, Galba, wirst einst noch die Herrschaft kosten," damit auf seine späte und kurze Gewalt hindeutend, vermöge seiner Kenntniß der Kunst der Chaldäer[73]), die zu eigen sich zu machen er auf Rhodus Muße, zum Lehrer den Thrasullus gehabt, dessen Erfahrung er auf folgende Weise erprobt hatte:

(21) 27. So oft er über dergleichen Angelegenheiten Rath pflegte, bediente er sich eines hochgelegenen Theiles seiner Wohnung, mit Zuziehung eines einzigen Freigelassenen. Dieser ein ungebildeter, aber körperlich kräftiger Mensch, ging auf unwegsamen und abschüssigen Pfaden — denn über Felsen erhebt sich das Haus — vor demjenigen her, dessen Wissenschaft Tiberius auf die Probe zu stellen beschlossen hatte, und stürzte den Heimkehrenden, wenn über ihn Verdacht der Gaukelei oder des Betruges aufgestiegen war, in das unten strömende Meer, damit er das Geheimniß nicht verriethe. Als nun so Thrasullus über dieselben Felsen geführt auf den Forschenden Eindruck gemacht hatte, indem er ihm die Herrschaft und die Zukunft mit Geschick enthüllte, wird er gefragt, ob er auch seine eigene Geburtsstunde erkundet habe, in was für einem Jahre, was für einem Tage er sich jetzt befinde? Er nun, nachdem er der Gestirne Stellungen und Abstände berechnet, stutzt erst, fängt dann zu zagen an, und, je tiefer er blickt, immer mehr und mehr vor Staunen und Furcht erbebend, ruft er zuletzt aus, es stehe ihm ein bedenklicher, ja beinahe der letzte Augenblick bevor. Da umarmt ihn

Tiberius praescium periculorum et incolumem fore gratatur, quaeque dixerat oracli vice accipiens inter intimos amicorum tenet.

(22) 28. Sed mihi haec ac talia audienti in incerto iudicium est, fatone res mortalium et necessitate immutabili an forte volvantur. Quippe sapientissimos veterum, quique sectam eorum aemulantur, diversos reperias, ac multis insitam opinionem non initia nostri, non finem, non denique homines dis curae; ideo creberrime tristia in bonos, laeta apud deteriores esse. Contra alii fatum quidem congruere rebus putant, sed non e vagis stellis, verum apud principia et nexus naturalium causarum; ac tamen electionem vitae nobis relinquunt, quam ubi elegeris, certum imminentium ordinem: neque mala vel bona, quae vulgus putet; multos, qui conflictari adversis videantur, beatos, at plerosque, quamquam magnas per opes, miserrimos, si illi gravem fortunam constanter tolerent, hi prospera inconsulte utantur. Ceterum plurimis mortalium non eximitur quin primo cuiusque ortu ventura destinentur; sed quaedam secus, quam dicta sint, cadere, fallaciis ignara dicentium: ita corrumpi fidem artis, cuius clara documenta et antiqua aetas et nostra tulerit. Quippe a filio eiusdem Thrasulli praedictum Neronis imperium in tempore memorabitur, ne nunc incepto longius abierim.

(23) 29. Isdem consulibus Asinii Galli mors vulgatur, quem egestate cibi peremptum haud dubium, sponte vel necessitate, incertum habebatur. Consultusque Caesar, an sepeliri sineret, non erubuit permittere ultroque incusare casus, qui reum abstulissent, antequam coram convinceretur. Scilicet medio triennio defuerat tempus subeundi iudicium consulari seni, tot consularium parenti. Drusus deinde exstinguitur, cum se miserandis alimentis, mandendo e cubili tomento, nonum ad diem detinuisset. Tradidere quidam

Tiberius, wünscht ihm Glück dazu, daß er Gefahren vorher zu bestimmen wisse und nun ungefährdet bleiben werde, und behält ihn, das, was er gesagt, wie ein Orakel aufnehmend, als einen seiner vertrautesten Freunde bei sich.

(22) 28. Ich muß jedoch gestehen, daß, wenn ich dieses und Aehnliches vernehme, mein Urtheil schwankt, ob durch das Verhängniß der Gang der menschlichen Dinge und durch unwandelbare Nothwendigkeit, oder durch das Ungefähr bestimmt werde. Denn man findet ja, daß die Weisesten der Alten und die ihnen anhängen, verschiedener Meinung sind, und Viele[74]) den festen Glauben hegen, daß nicht um unser Entstehen, nicht um unser Ende, nicht überhaupt um Menschen sich die Götter kümmern, weshalb so häufig Unglück über die Guten komme, und Glück den Schlechteren beschieden sei. Dagegen glauben Andere[75]), das Verhängniß stimme zwar mit den Ereignissen überein, aber nicht nach unstäten Gestirnen, sondern es liege in den Anfängen und Verkettungen natürlicher Ursachen; wobei sie uns jedoch die Wahl der Lebensweise freilassen, nur sei, habe man diese gewählt, die Ordnung des Verhängten bestimmt; auch sei nicht das Unglück oder Glück, was der große Haufe dafür halte; Viele, die von Widerwärtigkeiten bedrängt schienen, seien glücklich, dagegen gar Manche bei noch so großem Reichthum höchst elend, sobald jene das unglückliche Geschick standhaft ertrügen, diese das glückliche mit Unverstand gebrauchten. Uebrigens lassen es sich die meisten Menschen nicht nehmen, daß einem Jeden gleich mit der Geburt seine Zukunft bestimmt sei; nur falle Manches anders aus, als es verkündet worden, durch den Betrug derer, die Dinge verkünden, welche sie nicht wissen: so werde der Glaube an eine Wissenschaft untergraben, von welcher die alte Zeit wie die unsrige sprechende Beweise geliefert habe. Wie nämlich vom Sohne eben dieses Thrasullus die Herrschaft Nero's vorhergesagt worden sei, soll zu seiner Zeit erwähnt werden[76]), damit ich mich jetzt nicht zu weit vom Faden der Erzählung entferne.

(23) 29. Unter denselben Consuln wurde des Asinius Gallus Tod bekannt. Daß er des Hungertodes starb, ward nicht bezweifelt, ob freiwillig oder gezwungen, war nicht ausgemacht. Und als man den Cäsar befragte, ob er zulassen wolle, daß er bestattet würde, schämte er sich nicht, es zu erlauben und sogar über Misgeschick zu klagen, das den Beschuldigten hinweggerafft, bevor er in seiner Gegenwart überführt worden wäre. Also in einer Zwischenzeit von drei Jahren[77]) hatte es an Zeit gefehlt, daß der greise Consular, der Vater so vieler Consularen, vor Gericht kommen konnte. Hierauf endete Drusus, nachdem er sich durch jammervolle Nahrung, das Polster seines Lagers kauend, bis zum neunten Tage hingefristet hatte. Einige

praescriptum fuisse Macroni, si arma ab Seiano temptarentur, extractum custodiae iuvenem — nam in Palatio attinebatur — ducem populo imponere. Mox, quia rumor incedebat fore, ut nuru ac nepoti conciliaretur Caesar, saevitiam quam paenitentiam maluit.

(24) 30. Quin et invectus in defunctum probra corporis, exitiabilem in suos, infensum rei publicae animum obiecit recitarique factorum dictorumque eius descripta per dies iussit, quo non aliud atrocius visum. Adstitisse tot per annos qui vultum, gemitus, occultum etiam murmur exciperent, et potuisse avum audire, legere, in publicum promere vix fides, nisi quod Attii centurionis et Didymi liberti epistulae servorum nomina praeferebant, ut quis egredientem cubiculo Drusum pulsaverat, exterruerat. Etiam sua verba centurio saevitiae plena, tamquam egregium, vocesque deficientis adiecerat, quis primo [alienationem mentis simulans] quasi per dementiam funesta Tiberio, mox, ubi exspes vitae fuit, meditatas compositasque diras inprecabatur, ut, quem ad modum nurum filiumque fratris et nepotes domumque omnem caedibus complevisset, ita poenas nomini generique maiorum et posteris exsolveret. Obturbabant quidem patres specie detestandi; sed penetrabat pavor et admiratio, callidum olim et tegendis sceleribus obscurum huc confidentiae venisse, ut tamquam dimotis parietibus ostenderet nepotem sub verbere centurionis, inter servorum ictus, extrema vitae alimenta frustra orantem.

(25) 31. Nondum is dolor exoleverat, cum de Agrippina auditum, quam interfecto Seiano spe sustentatam provixisse reor, et postquam nihil de saevitia remittebatur, voluntate exstinctam, nisi si negatis alimentis adsimulatus est finis, qui videretur sponte sumptus. Enimvero Tiberius foedissimis criminationibus exarsit, impudicitiam arguens et Asinium Gallum adulterum, eiusque morte ad taedium vitae conpulsam. Sed Agrippina aequi inpatiens, dominandi

haben erzählt, es sei dem Macro vorgeschrieben gewesen, falls von Sejanus zu den Waffen gegriffen werden sollte, den Jüngling aus dem Gefängnisse hervorzuziehen — denn im Palaste wurde er gefangen gehalten — und ihn an des Volkes Spitze zu stellen. Nachher zog der Cäsar, als das Gerücht ging, er werde mit der Schwiegertochter und mit dem Enkel sich versöhnen, doch Grausamkeit der Rene vor[78]).

(24) 30. Ja er schmähte auch noch gegen den Verstorbenen, indem er ihm des Leibes Schändung, gegen die Seinen eine verderbliche, gegen den Staat eine feindselige Gesinnung vorwarf, und ein über seine Handlungen und Reden geführtes Tagebuch vorzulesen befahl, worüber an Gräßlichkeit nichts Anderes zu gehen schien. Daß so viele Jahre hindurch Leute neben ihm gestanden, um seine Miene, seine Seufzer, ja sein leises Gemurmel zu belauschen, und daß der Großvater es über sich vermocht, dieses dann zu hören, zu lesen, bekannt zu machen, ist kaum glaublich, gäben nicht die Rapporte des Centurio Attius und des Freigelassenen Didymus die Namen der Sklaven an, wie sie gerade den aus seinem Gemache hinaustretenden Drusus geschlagen oder geschreckt hatten. Auch seine eigenen harten Reden hatte der Centurio als etwas Vortreffliches beigefügt, sowie die Worte des Hinsterbenden, in denen er zuerst wie im Wahnsinn Unheil Verkündendes über Tiberius, dann, als des Lebens Hoffnung ihn verlassen, überlegte und zusammenhängende Verwünschungen aussprach, daß, wie er gegen die Schwiegertochter, gegen des Bruders Sohn und Enkel, gegen sein ganzes Haus mit Mord gewüthet hätte, er so auch selbst dem Namen und Geschlecht der Ahnen und den Nachkommen als Sucheopfer fallen möchte. Entgegen lärmten dem die Väter zwar, als wollten ihren Abscheu sie beweisen; aber es bemeisterte sich ihrer Entsetzen und Staunen, daß der sonst schlaue und zur Verdeckung seiner Frevelthaten versteckte nun so sicher geworden sei, daß er, die Scheidewände gleichsam niederreißend, den Enkel unter der Geißel des Centurio, unter den Stößen der Sklaven zeigte, wie er um die nothdürftigste Lebensnahrung vergeblich flehte.

(25) 31. Noch hatte man den Schmerz hierüber nicht verwunden, als man von der Agrippina hörte, welche, wie ich glaube, nach des Sejanus Hinrichtung von Hoffnung aufrecht erhalten fortlebte, und als die Unmenschlichkeit in nichts nachließ, freiwillig gestorben ist[79]), es sei denn, daß man es versuchte durch Entziehung der Nahrung den Schein des von ihr selbst gewählten Todes hervorzubringen. Denn Tiberius stammte ja zu den abscheulichsten Beschuldigungen auf, indem er Unkeuschheit ihr vorwarf und mit Asinius Gallus Buhlschaft, weshalb durch seinen Tod sie Lebensüberdruß befallen habe. Allein Agrippina, die ein bescheidenes Loos nicht ertragen

avida, virilibus curis feminarum vitia exuerat. Eodem die defunctam, quo biennio ante Seianus poenas luisset, memoriaeque id prodendum addidit Caesar, iactavitque, quod non laqueo strangulata neque in Gemonias proiecta foret. Actae ob id grates decretumque, ut quintum decimum kal. Novembris, utriusque necis die, per omnis annos donum Iovi sacraretur.

(26) 32. Haud multo post Cocceius Nerva, continuus principis, omnis divini humanique iuris sciens, integro statu, corpore inlaeso, moriendi consilium cepit. Quod ut Tiberio cognitum, adsidere, causas requirere, addere preces, fateri postremo grave conscientiae, grave famae suae, si proximus amicorum nullis moriendi rationibus vitam fugeret. Aversatus sermonem Nerva abstinentiam cibi coniunxit. Ferebant gnari cogitationum eius, quanto propius mala rei publicae viseret, ira et metu, dum integer, dum intemptatus, honestum finem voluisse.

Ceterum Agrippinae pernicies, quod vix credibile, Plancinam traxit. Nupta olim Cn. Pisoni et palam laeta morte Germanici, cum Piso caderet, precibus Augustae nec minus inimicitiis Agrippinae defensa erat. Ut odium et gratia desiere, ius valuit; petitaque criminibus haud ignotis, sua manu sera magis quam inmerita supplicia persolvit.

(27) 33. Tot luctibus funesta civitate pars maeroris fuit, quod Iulia, Drusi filia, quondam Neronis uxor, denupsit in domum Rubellii Blandi, cuius avum Tiburtem, equitem Romanum, plerique meminerant.

Extremo anni mors Aelii Lamiae funere censorio celebrata, qui administrandae Suriae imagine tandem exsolutus urbi praefuerat. Genus illi decorum, vivida senectus; et non permissa provincia dignationem addiderat. Exin Flacco Pomponio, Suriae pro praetore, defuncto recitantur Caesaris litterae, quis incusabat egregium quemque et regendis exercitibus idoneum abnuere id munus, seque ea necessitudine ad preces

konnte, nur nach Herrschaft begierig, hatte in diesen männlichen Bestrebungen des Weibes Schwächen abgelegt. Auch das, daß an demselben Tage sie gestorben sei, an welchem zwei Jahre früher Sejanus seine Schuld gebüßt, und daß dieses Aufzeichnung verdiene, fügte der Cäsar noch hinzu, und wußte sich etwas damit, daß sie nicht mit dem Strange erdrosselt noch auf die Gemonien hingeworfen sei. Dafür nun wurde Dank ihm abgestattet und beschlossen, daß alle Jahre am achtzehnten Oktober, dem Todestage beider, dem Jupiter ein Geschenk geweiht werden solle.

(26) 32. Nicht lange nachher faßte Cocceius Nerva, des Fürsten beständiger Begleiter, ein Kenner alles göttlichen und menschlichen Rechtes, bei unversehrten Vermögensverhältnissen, ungeschwächter Gesundheit, den Entschluß zu sterben. Sobald Tiberius dieses erfuhr, war er an seinem Lager, forschte nach den Bewegungsgründen, ließ es an Bitten nicht fehlen, gestand zuletzt, wie drückend es für sein Gewissen, wie drückend für seinen Ruf es sei, wenn sein nächster Freund, ohne allen Grund zu sterben, aus dem Leben fliehe. Nerva, der seine Reden zurückwies, fuhr fort sich aller Nahrung zu enthalten. Die um seine Gedanken wußten, sagten, er habe, je mehr er aus der Nähe die Uebel des Staates angesehen habe, um so mehr aus Unmuth und Besorgniß, während er noch unversehrt und unangefochten, ein ehrenvolles Ende sich gewünscht.

Uebrigens hatte, was kaum glaublich scheint, Agrippina's Fall Plancina's Sturz zur Folge. Dem Cn. Piso einst vermählt und öffentlich über des Germanicus Tod frohlockend, hatte sie bei Piso's Fall durch Augusta's Fürsprache und nicht minder durch Agrippina's Feindschaft Schutz gefunden. Sobald Haß und Gunst ein Ende hatten, machte das Recht sich geltend; und wohlbekannter Verbrechen wegen angeklagt, vollzog sie selbst an sich die mehr zu späte als unverdiente Todesstrafe.

(27) 33. Als in so vielfacher Trauer Leid trug die Bürgerschaft, war es auch ein Gegenstand der Betrübniß, daß Julia, des Drusus Tochter, einst des Nero[80] Gattin, in das Haus des Rubellius Blandus sich verheirathete, an dessen Großvater, einen römischen Ritter aus Tibur[81], sehr Viele sich erinnerten.

Am Schlusse des Jahres ward durch ein censorisches Leichenbegängniß[82] der Tod des Aelius Lamia gefeiert, der von der Täuschung, als solle er Syrien verwalten, endlich befreit[83], Stadtpräfect gewesen war. Glänzend war seine Abkunft, rüstig sein Alter; und die Vorenthaltung der Provinz hatte sein Ansehn nur gemehrt. Hienächst wurde nach dem Absterben des Proprätors von Syrien Flaccus Pomponius ein Schreiben des Cäsars vorgelesen, worin er sich beklagte, daß gerade die Trefflichsten und zur Befehligung der Heere Geschicktesten dieses Amt ablehnten, und er dadurch in die Nothwen-

cogi, per quas consularium aliqui capessere provincias adigerentur, oblitus Arruntium, ne in Hispaniam pergeret, decimum iam annum attineri. Obiit eodem anno et M'. Lepidus, de cuius moderatione atque sapientia in prioribus libris satis conlocavi. Neque nobilitas diutius demonstranda est: quippe Aemilium genus fecundum bonorum civium, et qui eadem familia corruptis moribus, inlustri tamen fortuna egere.

(28) 34. Paulo Fabio L. Vitellio consulibus post longum saeculorum ambitum avis phoenix in Aegyptum venit praebuitque materiem doctissimis indigenarum et Graecorum multa super eo miraculo disserendi. De quibus congruunt, et plura ambigua, sed cognitu non absurda, promere libet. Sacrum Soli id animal et ore ac distinctu pinnarum a ceteris avibus diversum consentiunt, qui formam eius effinxere. De numero annorum varia traduntur. Maxime vulgatum quingentorum spatium. Sunt qui adseverent mille quadringentos sexaginta unum interici, prioresque alites Sesoside primum, post Amaside dominantibus, dein Ptolemaeo, qui ex Macedonibus tertius regnavit, in civitatem, cui Heliopolis nomen, advolavisse, multo ceterarum volucrum comitatu novam faciem mirantium. Sed antiquitas quidem obscura: inter Ptolemaeum ac Tiberium minus ducenti quinquaginta anni fuerunt. Unde nonnulli falsum hunc phoenicem neque Arabum e terris credidere, nihilque usurpavisse ex his, quae vetus memoria firmavit. Confecto quippe annorum numero, ubi mors propinquet, suis in terris struere nidum eique vim genitalem adfundere, ex qua fetum oriri; et primam adulto curam sepeliendi patris, neque id temere, sed sublato murrae pondere temptatoque per longum iter, ubi par oneri, par meatui sit, subire patrium corpus inque Solis aram perferre atque adolere. Haec incerta et fabulosis aucta: ceterum aspici aliquando in Aegypto eam volucrem non ambigitur.

(29) 35. At Romae caede continua Pomponius Labeo, quem praefuisse Moesiae rettuli, per abruptas

digkeit versetzt werde, durch Bitten einige Consularen zu bewegen, daß sie zur Uebernahme von Provinzen sich bereitwillig finden ließen, wobei er vergaß, daß Arruntius⁸⁴) nun schon ins zehnte Jahr von seiner Abreise nach Hispanien zurückgehalten werde. In demselben Jahre starb auch Manius Lepidus, von dessen Mäßigung und Weisheit ich in den vorhergehenden Büchern genug beigebracht habe. Auch braucht sein Adel nicht erst weiter nachgewiesen zu werden: reich nämlich an guten Bürgern war das ämilische Geschlechet, und die, welche in dieser Familie vom Sittenverderben angesteckt waren, lebten doch in äußerlichem Glanze.

(28) 34. Unter dem Consulat des Paulus Fabius und L. Vitellius⁸⁵) kam nach Verlauf von vielen Jahrhunderten der Vogel Phönix nach Aegypten, und gab den gelehrtesten Männern unter Eingeborenen und Griechen Stoff, sich vielfach über dieses Wunder auszusprechen. Das, worin sie übereinstimmen, und mehreres, was zweifelhaft, aber wissenswürdig ist, will ich mittheilen. Der Sonne heilig und durch Antlitz und Zeichnung des Gefieders von den übrigen Vögeln unterschieden stellen dieses Thier übereinstimmend Alle dar, die von der Gestalt desselben ein Bild gegeben haben. Ueber die Zahl der Jahre sind die Angaben verschieden. Am gewöhnlichsten ist die Annahme von fünf Jahrhunderten. Einige behaupten eine Zwischenzeit von tausend vierhundert einundsechzig Jahren⁸⁶), und daß die vorher erschienenen Vögel zuerst unter des Sesosis, dann unter des Amasis⁸⁷) Herrschaft, hierauf unter Ptolemäus, dem dritten Könige aus macedonischem Geschlecht, nach der Stadt, die Heliopolis⁸⁸) heißt, in zahlreicher Begleitung des übrigen Geflügels, das die ungewöhnliche Gestalt bewunderte, geflogen seien. Doch die alten Zeiten mögen dunkel sein: zwischen Ptolemäus und Tiberius verflossen noch nicht zweihundert und fünfzig Jahre. Deshalb haben Etliche geglaubt, dieser Phönix sei unächt und nicht aus den Landen der Araber, wie er auch nichts von dem gehabt, was die alte Geschichte behauptet hat. Wenn er nämlich seiner Jahre Zahl vollendet und sein Tod herannahe, baue er in seiner Heimath⁸⁹) ein Nest und befruchte es mit seinem Samen, woraus ein Junges entstehe, welches, sobald es herangewachsen, seine erste Sorge sein lasse, den Vater zu bestatten, und zwar nicht ohne Bedacht, sondern erst eine Masse Myrrhen aufhebend und auf langem Wege es damit versuchend, belade es sich, sobald es der Last gewachsen und dem Zuge, mit des Vaters Leichnam, trage ihn bis auf der Sonne Altar⁹⁰) und verbrenne ihn dann. Dieses ist ungewiß und mit Fabelhaftem geschmückt: daß aber dieser Vogel bisweilen in Aegypten gesehen werde, darüber herrscht kein Zweifel.

(29) 35. Zu Rom indeß, wo das Morden unaufhörlich fortging, öffnete sich Pomponius Labeo, der, wie ich erwähnt⁹¹), Präfect von Mösien

venas sanguinem effudit; aemulataque est coniunx Paxaea. Nam promptas eius modi mortes metus carnificis faciebat, et quia damnati publicatis bonis sepultura prohibebantur, eorum, qui de se statuebant, humabantur corpora, manebant testamenta, pretium festinandi. Sed Caesar missis ad senatum litteris disseruit morem fuisse maioribus, quotiens dirimerent amicitias, interdicere domo eumque finem gratiae ponere: id se repetivisse in Labeone, atque illum, quia male administratae provinciae aliorumque criminum urgebatur, culpam invidia velavisse, frustra conterrita uxore, quam etsi nocentem periculi tamen expertem fuisse. Mamercus dein Scaurus rursum postulatur, insignis nobilitate et orandis causis, vita probrosus. Nihil hunc amicitia Seiani, sed labefecit haud minus validum ad exitia Macronis odium, qui easdem artes occultius exercebat; detuleratque argumentum tragoediae a Scauro scriptae, additis versibus, qui in Tiberium flecterentur. Verum ab Servilio et Cornelio accusatoribus adulterium Liviae, magorum sacra obiectabantur. Scaurus, ut dignum veteribus Aemiliis, damnationem anteiit, hortante Sextia uxore, quae incitamentum mortis et particeps fuit.

(30) 36. Ac tamen accusatores, si facultas incideret, poenis adficiebantur, ut Servilius Corneliusque perdito Scauro famosi, quia pecuniam a Vario Ligure omittendae delationis ceperant, in insulas interdicto igni atque aqua demoti sunt. Et Abudius Ruso functus aedilitate, dum Lentulo Gaetulico, sub quo legioni praefuerat, periculum facessit, quod is Seiani filium generum destinasset, ultro damnatur atque urbe exigitur. Gaetulicus ea tempestate superioris Germaniae legiones curabat mirumque amorem adsecutus erat, effusae clementiae, modicus severitate et proximo quoque exercitui per L. Apronium socerum non ingratus. Unde fama constans ausum mittere ad Caesarem litteras, adfinitatem sibi cum Seiano haud sponte, sed consilio Tiberii coeptam; perinde se quam Tiberium falli potuisse,

gewesen war, die Adern und verblutete; es folgte diesem Beispiele seine Gattin Paxäa. Denn leicht entschloß man sich zu solcher Todesart aus Furcht vor dem Henker und weil den Verurtheilten nach Einziehung der Güter die Bestattung⁹³) versagt wurde, während die, welche über sich selbst beschlossen, beerdigt wurden und ihre Testamente Gültigkeit behielten, als Belohnung für die Eile. Der Cäsar aber erklärte in einem an den Senat geschickten Schreiben, es sei bei den Vorfahren Sitte gewesen, so oft sie Freundschaftsverbindungen auflösten, das Haus zu verbieten und damit dem guten Vernehmen ein Ende zu machen: das habe er bei Labeo in Anwendung gebracht, wogegen dieser, weil er wegen schlechter Verwaltung der Provinz und wegen anderer Verbrechen hart bedrängt gewesen, seine Schuld durch Erregung von Haß⁹³) bemäntelt, während ohne Grund seine Gattin in Schrecken gerathen, welche wenn gleich schuldig, doch außer Gefahr gewesen sei. Hierauf wird Mamercus Scaurus von neuem⁹⁴) belangt, durch seinen Adel und als Sachwalter ausgezeichnet, durch seinen Wandel schimpfbelastet. Nicht des Sejanus Freundschaft stürzte ihn, sondern der zum Verderben nicht minder wirksame Haß des Macro, der dieselben Künste, nur versteckter, übte, und Anzeige gemacht hatte von dem Inhalte eines von Scaurus geschriebenen Trauerspiels⁹⁵) unter Hinzusetzung von Versen, die auf Tiberius bezogen werden konnten. Aber von seinen Anklägern Servilius und Cornelius wurden ihm Ehebruch mit Livia⁹⁵) und Magierzaubereien vorgeworfen. Scaurus kam, wie es der alten Aemilier würdig war, der Verurtheilung zuvor auf Zureden seiner Gemahlin Sextia, welche, wie sie angetrieben ihn zum Tode, denselben auch mit ihm theilte.

(30) 30. Doch wurden auch die Ankläger, wenn die Gelegenheit sich fand, bestraft, wie Servilius und Cornelius, durch des Scaurus Sturz berüchtigt, weil sie von Varius Ligur für Unterlassung einer Klage Geld genommen, nachdem Feuer und Wasser ihnen untersagt war, auf Inseln verwiesen wurden. Auch Abudius Ruso, der Aedil gewesen, wird, während er dem Lentulus Gätulicus, unter welchem er eine Legion befehligt hatte, damit Gefahr bereitet, weil derselbe des Sejanus Sohn zum Eidam sich erkoren, noch obendrein verurtheilt und aus der Stadt gejagt. Gätulicus stand zu der Zeit an der Spitze der Legionen im obern Germanien und hatte sich ungewöhnliche Liebe erworben, ein Mann von unbegrenzter Milde, mäßiger Strenge und auch beim benachbarten Heere durch seinen Schwiegervater L. Apronius nicht unbeliebt. Daher das stehende Gerücht, er habe es gewagt an den Cäsar einen Brief des Inhalts zu senden: in verwandtschaftliches Verhältniß mit Sejanus sei er nicht aus eigener Entschließung, sondern auf des Tiberius Rath getreten; er so gut wie Tiberius habe sich täuschen können,

neque errorem eundem illi sine fraude, aliis exitio habendum. Sibi fidem integram et, si nullis insidiis peteretur, mansuram; successorem non aliter quam indicium mortis accepturum. Firmarent velut foedus, quo princeps ceterarum rerum poteretur, ipse provinciam retineret. Haec, mira quamquam, fidem ex eo trahebant, quod unus omnium Seiani adfinium incolumis multaque gratia mansit, reputante Tiberio publicum sibi odium, extremam aetatem, magisque fama quam vi stare res suas.

(31) 37. C. Cestio M. Servilio consulibus nobiles Parthi in urbem venere, ignaro rege Artabano. Is metu Germanici fidus Romanis, aequabilis in suos, mox superbiam in nos, saevitiam in populares sumpsit, fretus bellis, quae secunda adversum circumiectas nationes exercuerat, et senectutem Tiberii ut inermem despiciens avidusque Armeniae, cui defuncto rege Artaxia Arsacen, liberorum suorum veterrimum, inposuit, addita contumelia et missis, qui gazam a Vonone relictam in Syria Ciliciaque reposcerent; simul veteres Persarum ac Macedonum terminos, seque invasurum possessa Cyro et post Alexandro per vaniloquentiam ac minas iaciebat. Sed Parthis mittendi secretos nuntios validissimus auctor fuit Sinnaces, insigni familia ac perinde opibus, et proximus huic Abdus, ademptae virilitatis. Non despectum id apud barbaros, ultroque potentiam habet. Ii adscitis et aliis primoribus, quia neminem gentis Arsacidarum summae rei inponere poterant, interfectis ab Artabano plerisque aut nondum adultis, Phraaten, regis Phraatis filium, Roma poscebant: nomine tantum et auctore opus, ut sponte Caesaris, ut genus Arsacis ripam apud Euphratis cerneretur.

(32) 38. Cupitum id Tiberio. Ornat Phraaten accingitque paternum ad fastigium, destinata retinens, consiliis et astu res externas moliri, arma procul habere. Interea cognitis insidiis Artabanus tardari metu, modo cupidine vindictae inardescere. Et barbaris cunctatio servilis, statim exequi regium videtur.

und nun dürfe doch derselbe Irrthum nicht diesem unverfänglich sein, Anderen zum Verderben gereichen. Seine Treue sei unverändert und werde es bleiben, falls ihm keine Nachstellungen bereitet würden; einen Nachfolger werde er nicht anders als die Ankündigung seines Todes aufnehmen. Sie wollten eine Art Bündniß schließen, nach welchem der Fürst in allem Uebrigen die Herrschaft hätte, er selbst die Provinz behielte. So auffallend dieses war, so gewann es doch dadurch Glauben, daß er allein unter Allen, die mit Sejanus verschwägert waren, unangefochten und in großer Gunst blieb, indem Tiberius erwägen mochte, wie man allgemein ihn haßte, er hochbetagt[97]) schon sei und seine Macht mehr auf die Meinung als auf Gewalt sich stütze.

(31) 37. Unter dem Consulat des C. Cestius und M. Servilius kamen vornehme Parther ohne Wissen des Königs Artabanus in die Stadt. Dieser, aus Furcht vor Germanicus den Römern treu und mild gegen die Seinen, nahm darauf gegen uns ein übermüthiges, gegen sein Volk ein grausames Betragen an, indem er vertraute auf die Kriege, welche er mit Glück gegen Völkerschaften umher geführt hatte, als wehrlos das Alter des Tiberius verachtete und nach Armeniens Besitz begierig war, dem er nach dem Tode des Königs Artaxias[98]) den ältesten seiner Söhne, Arsaces, zum Herrn gab, wozu er noch Beschimpfung fügte und Gesandte schickte, um den von Vonones in Syrien und Cilicien zurückgelassenen Schatz zurückzufordern; zugleich ließ er sich aus mit prahlerischen Drohungen über die alten Grenzen der Perser und Macedonier, und wie er sich dessen, was Cyrus und darauf Alexander besessen, bemächtigen werde. Den Parthern aber hatte zu jener geheimen Botschaft am nachdrücklichsten Sinnaces gerathen, von ausgezeichnetem Geschlecht und ebenso begütert, und nächst ihm Abbus, ein Entmannter. Dieses ist bei den Barbaren nicht mit Verachtung, ja obenein mit Machteinfluß verbunden. Diese zogen nun noch andere Große zu, und ließen, weil sie Niemand aus dem Geschlechte der Arsaciden auf den Thron erheben konnten, da sie in großer Anzahl von Artabanus ermordet oder noch nicht erwachsen waren, aus Rom um den Phraates, den Sohn des Königs Phraates, bitten: nur eines Namens und eines Anstifters bedürfe es, daß nämlich mit des Cäsars Bewilligung, daß ein Sprößling des Arsaces am Ufer des Euphrat[99]) sich zeige.

(32) 38. Nach Wunsch war das dem Tiberius. Er stattet den Phraates aus und rüstet ihn für den väterlichen Thron, seinem Grundsatz treu, mit Politik und List in den auswärtigen Verhältnissen zu verfahren, Waffengewalt fern zu halten. Indessen läßt sich Artabanus auf die Kunde von den Nachstellungen bald durch Furcht einschüchtern, bald durch Rachgier entflammen. Und bei den Barbaren gilt Zaubern für knechtisch, schnelle Ausführung für königlich. Doch

Valuit tamen utilitas, ut Abdum specie amicitiae vocatum ad epulas lento veneno inligaret, Sinnacen dissimulatione ac donis, simul per negotia moraretur. Et Phraates aput Syriam, dum omisso cultu Romano, cui per tot annos insueverat, instituta Parthorum insumit, patriis moribus impar morbo absumptus est. Sed non Tiberius omisit incepta. Tiridatem, sanguinis eiusdem, aemulum Artabano, reciperandaeque Armeniae Hiberum Mithridaten deligit conciliatque fratri Pharasmani, qui gentile imperium obtinebat; et cunctis, quae apud Orientem parabantur, L. Vitellium praefecit. Eo de homine haud sum ignarus sinistram in urbe famam, pleraque foeda memorari; ceterum regendis provinciis prisca virtute egit. Unde regressus et formidine C. Caesaris, familiaritate Claudii turpe in servitium mutatus exemplar aput posteros adulatorii dedecoris habetur, cesseruntque prima postremis, et bona iuventae senectus flagitiosa obliteravit.

(33) 39. At ex regulis prior Mithridates Pharasmanem perpulit dolo et vi conatus suos iuvare, repertique corruptores ministros Arsacis multo auro ad scelus cogunt; simul Hiberi magnis copiis Armeniam inrumpunt et urbe Artaxata potiuntur. Quae postquam Artabano cognita, filium Orodem ultorem parat; dat Parthorum copias, mittit qui auxilia mercede facerent. Contra Pharasmanes adiungere Albanos, accire Sarmatas, quorum sceptuchi utrimque donis acceptis more gentico diversa induere. Sed Hiberi locorum potentes Caspia via Sarmatam in Armenios raptim effundunt: at qui Parthis adventabant, facile arcebantur, cum alios incessus hostis clausisset, unum reliquum, mare inter et extremos Albanorum montes, aestas impediret, quia flatibus etesiarum implentur vada: hibernus auster revolvit fluctus, pulsoque introrsus freto brevia litorum nudantur.

(34) 40. Interim Oroden sociorum inopem auctus auxilio Pharasmanes vocare ad pugnam et detrectantem

gab der Vortheil den Ausschlag, so daß er den Abdus unter dem Scheine der Freundschaft zu Tische lud und durch langsames Gift fesselte, den Sinnaces durch Verstellung sowie durch Geschäfte hinhielt. Phraates nun ward in Syrien, während er nach Aufgebung der römischen Lebensweise, an die er sich so viele Jahre hindurch gewöhnt hatte, die Gebräuche der Parther annahm, der vaterländischen Weise nicht gewachsen von einer Krankheit dahingerafft. Allein Tiberius gab das Begonnene nicht auf. Den Tiribates, der von demselben Geschlechte war[100]), erwählt er zum Nebenbuhler dem Artabanus, und zur Wiedereroberung Armeniens, den Iberer[101]) Mithridates, den er mit seinem Bruder Pharasmanes versöhnt, der die Herrschaft über sein Volk behauptete; die Leitung aller seiner Unternehmungen im Morgenlande übertrug er dem L. Vitellius[102]). Nicht unbekannt ist mir der nachtheilige Ruf dieses Mannes in der Stadt und wie so viel Abscheuliches von ihm erzählt wird; aber bei der Verwaltung der Provinzen verfuhr er auf eine der Vorzeit würdige Weise. Als er von da zurückgekommen war[103]), verwandelte er sich in der Furcht vor C. Cäsar, in der Vertraulichkeit mit Claudius in einen garstigen Sklaven, und gilt für ein Muster entehrender Schmeichelei bei der Nachwelt, indem die frühere Zeit vor der späteren zurückwich, und ein schmachvolles Alter die Vorzüge der Jugend in Vergessenheit brachte.

(33) 39. Von den kleinen Königen nun trieb zuerst Mithridates den Pharasmanes an, mit List und Gewalt seine Unternehmungen zu unterstützen, und es fanden sich Verführer, welche die Diener des Arsaces mit vielem Golde zur Frevelthat[104]) vermochten; zugleich brachen die Iberer mit großen Heerhaufen in Armenien ein und bemächtigten sich der Stadt Artaxata[105]). Sobald dieses Artabanus erfährt, rüstet er zur Rache seinen Sohn Orodes aus, gibt ihm parthische Truppen mit, sendet Leute aus, um Hilfstruppen um Sold anzuwerben. Dagegen zieht Pharasmanes Albaner[106]) an sich, ruft Sarmaten herbei, deren Häuptlinge von beiden Seiten Geschenke nehmend nach der Weise dieses Volkes doppelte Partei ergreifen. Allein die Iberer, Herren der Gegend, lassen die Sarmaten durch den caspischen Paß[107]) eilig Armenien überschwemmen, während die, welche den Parthern zu Hilfe zogen, leicht abgewehrt wurden, da die anderen Zugänge der Feind gesperrt hatte, den einzigen übrigen zwischen dem Meere[108]) und den äußersten albanischen Gebirgen die Sommerzeit ungangbar machte, weil durch die Passatwinde die Furthen überfluthet werden, nur im Winter der Südwind die Fluth zurückwälzt und, indem so das Meer in sich selbst hineingetrieben wird, die Untiefen des Gestades entblößt werden.

(34) 40. Indeß fordert den von seinen Bundesgenossen ohne Unterstützung gelassenen Orodes Pharasmanes, durch Hilfsvölker verstärkt, zur

incessere, adequitare castris, infensare pabula; ac saepe in modum obsidii stationibus cingebat, donec Parthi contumeliarum insolentes circumsisterent regem, poscerent proelium. Atque illis sola in equite vis: Pharasmanes et pedite valebat. Nam Hiberi Albanique saltuosos locos incolentes duritiae patientiaeque magis insuevere, feruntque se Thessalis ortos, qua tempestate Iaso post avectam Medeam genitosque ex ea liberos inanem mox regiam Aeetae vacuosque Colchos repetivit. Multaque de nomine eius et oraclum Phrixi celebrant, nec quisquam ariete sacrificaverit, credito vexisse Phrixum, sive id animal seu navis insigne fuit. Ceterum directa utrimque acie Parthus imperium Orientis, claritudinem Arsacidarum, contraque ignobilem Hiberum mercennario milite disserebat; Pharasmanes integros semet a Parthico dominatu, quanto maiora peterent, plus decoris victores aut, si terga darent, flagitii atque periculi laturos; simul horridam suorum aciem, picta auro Medorum agmina, hinc viros, inde praedam ostendere.

(35) 41. Enimvero apud Sarmatas non una vox ducis: se quisque stimulant, ne pugnam per sagittas sinerent: impetu et comminus praeveniendum. Variae hinc bellantium species, cum Parthus sequi vel fugere pari arte suetus distraheret turmas, spatium ictibus quaereret, Sarmatae omisso arcu, quo brevius valent, contis gladiisque ruerent; modo equestris proelii more frontis et tergi vices, aliquando, ut conserta acies, corporibus et pulsu armorum pellerent pellerentur. Iamque et Albani Hiberique prensare, detrudere, ancipitem pugnam hostibus facere, quos super eques et propioribus vulneribus pedites adflictabant. Inter quae Pharasmanes Orodesque, dum strenuis adsunt aut dubitantibus subveniunt, conspicui eoque gnari, clamore telis equis concurrunt, instantius Pharasmanes; nam vulnus per galeam adegit. Nec iterare valuit, praelatus equo

Schlacht heraus, rückt auf den ausweichenden los, sprengt gegen sein Lager an, beunruhigt die Futterholenden; ja oft umzingelt er ihn wie bei einer Einschließung mit Posten, bis die an solche Beschimpfung nicht gewöhnten Parther den König[109]) umringten, ein Treffen forderten. Ihre Stärke besteht nun aber allein in der Reiterei: Pharasmanes war auch an Fußvolk stark. Denn die Iberer und Albaner, welche waldgebirgige Gegenden bewohnen, sind mehr an harte Lebensweise und Ausdauer gewöhnt, und behaupten von den Thessaliern entsprossen zu sein, zu der Zeit, da Jason, nachdem er die Medea entführt und Kinder mit ihr gezeugt, wieder zurückkehrte zu dem ausgestorbenen Königshause des Aeetes und dem erledigten Reiche der Colchier. Auch verehren sie Vieles nach seinem Namen[110]) und ein Orakel des Phrixus, wie denn auch Niemand einen Widder opfern würde, von dem man glaubt, daß er den Phrixus getragen habe, mag dieses nun ein Thier oder das Abzeichen des Schiffes gewesen sein. Als nun von beiden Seiten die Schlachtordnung aufgestellt war, redete der Parther von seiner Herrschaft über den Orient, vom Glanze der Arsaciden und dagegen vom ruhmlosen Iberer mit seiner Söldnerschaar; Pharasmanes aber, wie sie noch frei seien vom parthischen Joche und wie, je Größeres sie erstrebten, desto größere Ehre sie als Sieger, oder wenn sie flöhen, desto mehr Schmach und Gefahr davon tragen würden; zugleich wies er auf die wilde Schlachtreihe der Seinen, auf die goldgeschmückten Schaaren der Meder[111]) hin, wie Männer hier, dort Beute nur.

(35) 41. Bei den Sarmaten nun aber ließ sich nicht einzig des Feldherrn Ruf vernehmen: Jeder spornt sich selbst, seinen Kampf mit Pfeilen zu gestatten: im Sturme und im Handgemenge müsse man zuvorkommen. Ein buntes Schauspiel gewährten daher die Kämpfenden, indem der Parther mit gleicher Gewandtheit zu verfolgen oder zu fliehen gewohnt, seine Geschwader auseinanderdehnte und Schußweite suchte, die Sarmaten, ohne den Bogen zu gebrauchen, mit dem sie weniger in die Ferne stark sind, mit Piken und Schwertern einherstürmten; bald nach Art eines Reitertreffens mit Angriff und Flucht abwechselten, dann auch wieder wie eine dichtgeschlossene Linie mit den Leibern und dem Stoß der Waffen jetzt vorwärts drängten, jetzt geworfen wurden. Und schon packten auch die Albaner und Iberer an, rissen von den Pferden, ließen einen doppelten Kampf sich gegen die Feinde erheben, welche von oben her die Reiterei und mehr noch aus der Nähe das Fußvolk übel zurichtete. Dabei gerathen Pharasmanes und Orodes, während sie den Tapfern zur Seite stehen oder den Wankenden zu Hilfe kommen, kenntlich und darum gegenseitig sich erkennend, mit Schlachtruf, mit Geschoß und Roß an einander, mit größerer Heftigkeit Pharasmanes; denn er brachte eine Wunde durch den Helm bei. Jedoch vermochte er nicht es

et fortissimis satellitum protegentibus saucium. Fama tamen occisi falso credita exterruit Parthos, victoriamque concessere.

(36) 42. Mox Artabanus tota mole regni ultum iit. Peritia locorum ab Hiberis melius pugnatum; nec ideo abscedebat, ni contractis legionibus Vitellius et subdito rumore, tamquam Mesopotamiam invasurus, metum Romani belli fecisset. Tum omissa Armenia versaeque Artabani res, inliciente Vitellio, desererent regem saevum in pace et adversis proeliorum exitiosum. Igitur Sinnacen, quem antea infensum memoravi, patrem Abdagaesen aliosque occultos consilii et tunc continuis cladibus promptiores ad defectionem trahit, adfluentibus paulatim, qui metu magis quam benivolentia subiecti repertis auctoribus sustulerant animum. Nec iam aliud Artabano reliquum, quam si qui externorum corpori custodes aderant, suis quisque sedibus extorres, quis neque boni intellectus neque mali cura, sed mercede aluntur ministri sceleribus. His adsumptis in longinqua et contermina Scythiae fugam maturavit, spe auxilii, quia Hyrcanis Carmaniisque per adfinitatem innexus erat: atque interim posse Parthos absentium aequos, praesentibus mobiles, ad paenitentiam mutari.

(37) 43. At Vitellius profugo Artabano et flexis ad novum regem popularium animis, hortatus Tiridaten parata capessere, robur legionum sociorumque ripam ad Euphratis ducit. Sacrificantibus, cum hic more Romano suovetaurilia daret, ille equum placando amni adornasset, nuntiavere accolae Euphraten nulla imbrium vi sponte et inmensum attolli, simul albentibus spumis in modum diadematis sinuare orbes, auspicium prosperi transgressus. Quidam callidius interpretabantur, initia conatus secunda neque diurna, quia eorum, quae terra caelove portenderentur, certior fides, fluminum instabilis natura simul ostenderet omina raperetque. Sed ponte

zu wiederholen, da sein Roß mit ihm vorübersprengte und den Verwundeten die tapfersten seiner Trabanten deckten. Aber das irrig für wahr gehaltene Gerücht, er sei getödtet, setzte die Parther in Schrecken, und sie räumten den Sieg ein.

(36) 42. Bald[112]) zog Artabanus mit seines Reiches ganzer Macht zur Rache herbei. Vermittelst ihrer Ortskenntniß stritten die Iberer mit größerem Glück; doch wäre er deshalb noch nicht gewichen, hätte nicht Vitellius durch Zusammenziehung seiner Legionen und Verbreitung des Gerüchts, als wolle er in Mesopotamien einfallen, in ihm die Furcht vor einem Römerkriege erwedt. Nun gab Artabanus Armenien auf und es wandte sich sein Glück, indem Vitellius dazu antrieb, den im Frieden grausamen und durch Unglück der Schlachten Verderben bringenden König zu verlassen. Demgemäß bewog Sinnaces, von welchem ich erwähnte[113]), daß er schon vorher feindlich gegen ihn gesinnt gewesen, seinen Vater Abbagäses und Andere, die ihren Plan geheim gehalten, und jetzt durch die beständigen Niederlagen bereitwilliger geworden waren, zum Abfall, und allmählich wandten sich diejenigen ihnen zu, welche aus Furcht mehr als aus Neigung unterthan, nun, da Vorgänger sich gefunden, ihren Muth erhoben hatten. Und nichts anderes blieb nun noch dem Artabanus, als was von Ausländern als Leibwache ihn umgab, Menschen, die, verjagt aus ihrem Heimathlande, weder ein Verständniß für das Gute, noch Sorge um das Schlechte haben, sondern vom Lohne leben als Werkzeuge für Verbrechen. Diese nahm er mit sich und floh eilig in entfernte und Scythien[114]) benachbarte Gegenden, in Hoffnung auf Hilfe, weil er mit den Hyrcanern und Carmaniern verschwägert war, und in der Meinung, es könnten inzwischen die Parther, Abwesenden geneigt, gegen Gegenwärtige wankelmüthig, sich zur Reue wenden.

(37) 43. Vitellius aber treibt, sobald Artabanus entflohen war und sich des Volkes Stimmung einem neuen Könige zugewandt, den Tiridates an, das Dargebotene zu ergreifen, und führt den Kern der Legionen und der Bundesgenossen an des Euphrats Ufer. Den Opfernden, da der Eine nach römischer Sitte Suovetaurilien[115]) darbrachte, der Andere ein Roß zum Sühnopfer für den Fluß hergerichtet hatte, brachten Anwohnende die Nachricht, der Euphrat schwelle ohne des Regens Gewalt von selbst und unermeßlich an, dabei bilde er in weißglänzendem Schaume[116]) diademähnliche Kreise, ein Vorzeichen glücklichen Uebergangs. Einige legten seiner es dahin aus, es werde das Unternehmen einen glücklichen Anfang haben, aber keine Dauer, weil auf das, was auf der Erde oder am Himmel vorbedeutet würde, sicherer Verlaß sei, der Flüsse unstätes Wesen in demselben Augenblicke Vorzeichen erscheinen und verschwinden lasse. Doch jetzt ward eine Schiffbrücke geschlagen und

navibus effecto tramissoque exercitu primus Ornospades multis equitum milibus in castra venit, exul quondam et Tiberio, cum Delmaticum bellum conficeret, haud inglorius auxiliator eoque civitate Romana donatus, mox repetita amicitia regis multo apud eum honore, praefectus campis, qui Euphrate et Tigre, inclutis amnibus, circumflui Mesopotamiae nomen acceperunt. Neque multo post Sinnaces auget copias, et columen partium Abdagaeses gazam et paratus regios adicit. Vitellius ostentasse Romana arma satis ratus monet Tiridaten primoresque, hunc, Phraatis avi et altoris Caesaris, quaeque utrobique pulchra meminerit, illos, obsequium in regem, reverentiam in nos, decus quisque suum et fidem retinerent. Exim cum legionibus in Syriam remeavit.

(38) 44. Quae duabus aestatibus gesta coniunxi, quo requiesceret animus a domesticis malis. Non enim Tiberium, quamquam triennio post caedem Seiani, quae ceteros mollire solent, tempus preces satias mitigabant, quin incerta vel abolita pro gravissimis et recentibus puniret. Eo metu Fulcinius Trio, ingruentis accusatores haud perpessus, supremis tabulis multa et atrocia in Macronem ac praecipuos libertorum Caesaris conposuit, ipsi fluxam senio mentem et continuo abscessu velut exilium obiectando. Quae ab heredibus occultata recitari Tiberius iussit, patientiam libertatis alienae ostentans et contemptor suae infamiae, an scelerum Seiani diu nescius, mox quoquo modo dicta vulgari malebat veritatisque, cui adulatio officit, per probra saltem gnarus fieri. Isdem diebus Granius Marcianus senator, a C. Graccho maiestatis postulatus, vim vitae suae attulit, Tariusque Gratianus, praetura functus, lege eadem extremum ad supplicium damnatus [est].

(39) 45. Nec dispares Trebellieni Rufi et Sextii Paconiani exitus: nam Trebellienus sua manu cecidit, Paconianus in carcere ob carmina illic in principem factitata strangulatus est. Haec Tiberius non mari, ut

das Heer übergesetzt, und der erste war Ornospades, welcher mit vielen tausend Reitern in's Lager kam, verwiesen einst und dem Tiberius bei Beendigung des dalmatischen Krieges[117]) auf eine nicht unrühmliche Weise behilflich und darum mit dem römischen Bürgerrechte beschenkt, dann, nach wiedergewonnener Freundschaft des Königs, bei diesem in hohen Ehren und Statthalter über die Ebenen, welche von den berühmten Strömen Euphrat und Tigris umflossen, den Namen Mesopotamien erhalten haben. Auch verstärkte nicht lange nachher Sinnaces die Truppenzahl, und Abdagäes, die Stütze der Partei, brachte dazu noch den Schatz und den königlichen Schmuck. Vitellius, der es für hinreichend hielt, die römischen Waffen gezeigt zu haben, ermahnt den Tiridates und die Großen, jenen, seines Großvaters Phraates und des Cäsars[118]), seines Pflegevaters, und ihres beiderseits trefflichen Beispiels eingedenk zu sein, diese, Gehorsam gegen den König, Ehrerbietung gegen uns, eigene Ehre und Treue zu bewahren. Hierauf zog er mit den Legionen nach Syrien zurück.

(38) 44. Ich habe das, was während zweier Sommer geschah, zusammengefaßt, um den Geist von den inneren Leiden ausruhen zu lassen. Denn einen Tiberius konnte, obwohl drei Jahre nach des Sejanus Hinrichtung, was Andere zu besänftigen pflegt, Zeit, Bitten, Sättigung nicht dahin mäßigen, daß er nicht Ungewisses oder Verjährtes gleich dem Schwersten und eben erst Geschehenen bestrafte. In dieser Furcht ließ Fulcinius Trio die ihn bedrängenden Ankläger[119]) nicht bis zum Ziele kommen, und schrieb in seinem Testament viele harte Beschuldigungen gegen Macro und die angesehensten Freigelassenen des Cäsars nieder, diesem selbst altersschwachen Sinn und wegen seiner fortwährenden Abwesenheit gleichsam Verbannung zum Vorwurf machend. Dieses ließ Tiberius, da die Erben es verheimlichen wollten, vorlesen, sei es um seine Duldsamkeit gegen die Freimüthigkeit Anderer zur Schau zu tragen und als Verächter seiner eignen Schande sich zu zeigen, oder wollte er, mit den Verbrechen des Sejanus lange unbekannt, nachmals lieber jedes Wort bekannt werden lassen und von der Wahrheit, welcher die Schmeichelei schadet, durch Schmähungen wenigstens in Kenntniß gesetzt werden. In eben diesen Tagen legte der Senator Granius Marcianus, von C. Gracchus wegen Majestätsverbrechen belangt, Hand an sich selbst, und der gewesene Prätor Tarius Gratianus wurde nach eben demselben Gesetze zur Todesstrafe verurtheilt.

(39) 45. Und nicht unähnlich war das Ende des Trebellienus Rufus und des Sextius Paconianus: denn Trebellienus fiel durch seine eigene Hand, Paconianus ward im Kerker, weil er dort Verse gegen den Fürsten gemacht, erdrosselt. Dieses erfuhr Tiberius nicht wie sonst, durch das Meer abgeschieden

olim, divisus neque per longinquos nuntios accipiebat, sed urbem iuxta, eodem ut die vel noctis interiectu litteris consulum rescriberet, quasi aspiciens undantem per domos sanguinem aut manus carnificum.

Fine anni Poppaeus Sabinus concessit vita, modicus originis, principum amicitia consulatum ac triumphale decus adeptus maximisque provinciis per quattuor et viginti annos inpositus, nullam ob eximiam artem, sed quod par negotiis neque supra erat.

(40) 46. Q. Plautius Sex. Papinius consules sequuntur. Eo anno neque quod L. Aruseius ... morte adfecti forent, adsuctudine malorum ut atrox advertebatur, sed exterruit, quod Vibulenus Agrippa, eques Romanus, cum perorassent accusatores, in ipsa curia depromptum sinu venenum hausit, prolapsusque ac moribundus festinatis lictorum manibus in carcerem raptus est, faucesque iam exanimis laqueo vexatae. Ne Tigranes quidem, Armenia quondam potitus ac tunc reus, nomine regio supplicia civium effugit. At C. Galba consularis et duo Blaesi voluntario exitu cecidere, Galba tristibus Caesaris litteris provinciam sortiri prohibitus: Blaesis sacerdotia, integra eorum domo destinata, convulsa distulerat, tunc ut vacua contulit in alios, quod signum mortis intellexere et exsecuti sunt. Et Aemilia Lepida, quam iuveni Druso nuptam rettuli, crebris criminibus maritum insectata, quamquam intestabilis, tamen impunita agebat, dum superfuit pater Lepidus: post a delatoribus corripitur ob servum adulterum, nec dubitabatur de flagitio. Ergo omissa defensione finem vitae sibi posuit.

(41) 47. Per idem tempus Clitarum natio, Cappadoci Archelao subiecta, quia nostrum in modum deferre census, pati tributa adigebatur, in iuga Tauri montis abscessit locorumque ingenio sese contra imbelles regis copias tutabatur, donec M. Trebellius legatus, a Vitellio, praeside Syriae, cum quattuor milibus legionariorum et delectis auxiliis missus, duos collis, quos barbari

noch durch Boten aus der Ferne, sondern in der Nähe der Stadt, so daß er an demselben Tage oder nach Verlauf einer Nacht auf die Berichte der Consuln antwortete, gleichsam mit Augen sehend das durch die Häuser dahinwogende Blut oder die Hände der Henker.

Am Ende des Jahres entschlief Poppäus Sabinus, ein Mann von nicht bedeutender Herkunft, der aber durch die Freundschaft der Fürsten zu Consulat und Triumphinsignien gelangt war und vier und zwanzig Jahre hindurch den größten Provinzen vorgestanden hatte, nicht etwa wegen ganz besonderer Geschicklichkeit, sondern weil er den Geschäften gerade gewachsen war und nichts darüber.

(40) 46. Es folgen die Consuln Qu. Plautius, Sex. Papinius. In diesem Jahre fiel bei der Gewöhnung an das Elend weder des L. Arusejus...[120]) Hinrichtung als etwas Gräßliches auf, aber mit Schrecken erfüllte es, daß der römische Ritter Bibulenus Agrippa, als seine Ankläger ausgeredet hatten, in der Curie selbst Gift, welches er aus dem Busen zog, verschluckte, und da er zu Boden sank und schon im Sterben lag, mit eilender Hand von den Lictoren in den Kerker geschleppt und die Kehle des schon Entseelten mit dem Stricke gemißhandelt ward. Nicht einmal Tigranes[121]), der einst Armenien beherrschte und jetzt angeklagt war, entging durch den Königstitel der Bürgertodesstrafe. Aber der Consular C. Galba[122]) und die beiden Bläsus starben freiwilligen Todes, Galba, da er durch ein ungnädiges Schreiben des Cäsars verhindert worden war, um eine Provinz zu losen; die Bläsus, denen er die während des unversehrten Ansehns ihres Hauses bestimmten Priesterwürden nach dem Sturze[123]) desselben vorenthalten hatte, erkannten darin, daß er dieselben jetzt wie erledigt Andern übertrug, das Signal zu ihrem Tode, und vollzogen ihn selbst. Auch Aemilia Lepida, von der ich erwähnt[124]), daß sie mit dem jungen Drusus vermählt gewesen sei, und welche mit häufigen Beschuldigungen ihren Gemahl verfolgt hatte, blieb, obwohl verabscheut, dennoch ungestraft, so lange ihr Vater Lepidus lebte: nachher ward sie von den Angebern wegen Ehebruchs mit einem Sklaven angegriffen, und man zweifelte auch nicht an der Schandthat. Darum gab sie ihre Vertheidigung auf, und endete selbst ihr Leben.

(41) 47. Um dieselbe Zeit zog der dem Cappadocier Archelaus unterworfene Stamm der Cliten[125]), weil er nach unserer Weise[126]) sich schätzen zu lassen und Tribut zu zahlen gezwungen wurde, auf die Höhen des Taurusgebirges, und schützte sich durch die Beschaffenheit der Gegenden wider die unkriegerischen Truppen des Königs, bis der Legat M. Trebellius, von Vitellius, dem Statthalter Syriens, mit viertausend Legionssoldaten und auserlesenen Hilfsvölkern abgeschickt, zwei Hügel, welche die Barbaren besetzt

insederant — minori Cadra, alteri Davara nomen est —, operibus circumdedit et erumpere ausos ferro, ceteros siti ad deditionem coegit. At Tiridates volentibus Parthis Nicephorium et Anthemusiada ceterasque urbes, quae Macedonibus sitae Graeca vocabula usurpant, Halumque et Artemitam, Parthica oppida, recepit, certantibus gaudio qui Artabanum Scythas inter eductum ob saevitiam exsecrati come Tiridatis ingenium Romanas per artes sperabant.

(42) 48. Plurimum adulationis Seleucenses induere, civitas potens, saepta muris, neque in barbarum corrupta, sed conditoris Seleuci retinens. Trecenti opibus aut sapientia delecti, ut senatus; sua populo vis. Et quoties concordes agunt, spernitur Parthus; ubi dissensere, dum sibi quisque contra aemulos subsidium vocant, accitus in partem adversum omnes valescit. Id nuper acciderat Artabano regnante, qui plebem primoribus tradidit ex suo usu: nam populi imperium iuxta libertatem, paucorum dominatio regiae libidini propior est. Tum adventantem Tiridaten extollunt veterum regum honoribus et quos recens aetas largius invenit; simul probra in Artabanum fundebant, materna origine Arsaciden, cetera degenerem. Tiridates rem Seleucensem populo permittit. Mox consultans, quonam die sollemnia regni capesseret, litteras Phraatis et Hieronis, qui validissimas praefecturas optinebant, accipit, brevem moram precantium. Placitumque opperiri viros praepollentis, atque interim Ctesiphon, sedes imperii, petita. Sed ubi diem ex die prolatabant, multis coram et adprobantibus Surena patrio more Tiridaten insigni regio evinxit.

(43) 49. Ac si statim interiora ceterasque nationes petivisset, oppressa cunctantium dubitatio et omnes in unum cedebant: adsidendo castellum, in quod pecuniam et paelices Artabanus contulerat, dedit spatium exsuendi pacta.

hatten — der kleinere heißt Cabra, der andere Davara —, mit Verschanzungen umgab, und diejenigen, welche auszufallen wagten, mit dem Schwerte, die Uebrigen durch Durst zur Unterwerfung zwang.

Aber Tiribates nahm mit Zustimmung der Parther Nicephorium[127]), Anthemusias und die übrigen Städte, welche, von den Macedoniern gegründet, griechische Namen führen, und die parthischen Städte Halus und Artemita in Besitz, wobei in ihrer Freude Alle wetteiferten, welche den unter den Scythen erzogenen Artabanus ob seiner Grausamkeit verwünschten und von Tiribates vermöge seiner römischen Bildung eines milden Sinnes sich versehen zu dürfen glaubten.

(42) 48. Am meisten Schmeichelei nahmen die Seleucenser an[128]), eine mächtige, mit Mauern wohlverwahrte Stadt, die noch nicht ins Barbarische ausgeartet war, sondern an ihrem Gründer Seleucus festhielt. Dreihundert sind nach dem Vermögen oder nach ihrer Einsicht wie ein Senat erkoren; das Volk hat seine eigene Macht. Und solange man einig ist, kann den Parther man verachten; sowie aber Zwietracht entsteht, und ein Jeder gegen seine Nebenbuhler Hilfe herbeiruft, gewinnt er, von einer Partei herbeigeholt, gegen Alle Macht. Das war unlängst der Fall gewesen unter des Artabanus Regierung, der seinem Interesse gemäß das Volk den Großen überlieferte: denn Volksherrschaft grenzt nahe an Freiheit, die Obergewalt Weniger ist der Königswillkür näher. Jetzt erheben sie den zu ihnen kommenden Tiribates mit den Ehren der alten Könige und mit denen, welche die neuere Zeit noch reichlicher ersonnen; zugleich ergossen sie sich in Schmähungen gegen Artabanus, der Arsacide von mütterlicher Abkunft, übrigens entartet sei. Tiribates überläßt die Regierung Seleucia's dem Volke. Als er hierauf berathschlagte, an welchem Tage er die Thronbesteigungsfeier halten sollte, empfing er Schreiben von Phraates und Hiero, welche die bedeutendsten Statthalterschaften in Händen hatten, worin sie um kurzen Aufschub baten. Und so beschloß man, auf die so vielvermögenden Männer zu warten, und machte sich inzwischen auf den Weg nach Ctesiphon, dem Sitze der Regierung. Als sie aber einen Tag nach dem anderen hinzögerten, umwand der Surena[129]) in Beisein und unter Zustimmung einer großen Menge nach Landessitte den Tiribates mit dem königlichen Diadem.

(43) 49. Und hätte er sich sogleich in das Innere und zu den übrigen Völkerschaften begeben, unterdrückt war da die Unschlüssigkeit der Zögernden und Alle fielen dem Einen zu; dadurch aber, daß er sich vor ein Castell legte, in welches Artabanus seine Kasse und seine Kebsweiber gebracht hatte, gab er Zeit, sich den eingegangenen Verbindlichkeiten zu entziehen.

Nam Phraates et Hiero et si qui alii delectum capiendo diademati diem haut concelebraverant, pars metu, quidam invidia in Abdagaesen, qui tum aula et novo rege potiebatur, ad Artabanum vertere; isque in Hyrcanis repertus est, inluvie obsitus et alimenta arcu expediens. Ac primo, tamquam dolus pararetur, territus, ubi data fides reddendae dominationi venisse, adlevatur animum, et quae repentina mutatio, exquirit. Tum Hiero pueritiam Tiridatis increpat, neque penes Arsaciden imperium, sed inane nomen apud inbellem externa mollitia, vim in Abdagaesis domo.

(44) 50. Sensit vetus regnandi falsos in amore odia non fingere. Nec ultra moratus, quam dum Scytharum auxilia conciret, pergit properus et praeveniens inimicorum astus, amicorum paenitentiam: neque exsuerat paedorem, ut vulgum miseratione adverteret. Non fraus, non preces, nihil omissum, quo ambiguos inliceret, prompti firmarentur. Iamque multa manu propinqua Seleuciae adventabat, cum Tiridates simul fama atque ipso Artabano perculsus distrahi consiliis, iret contra an bellum cunctatione tractaret. Quibus proelium et festinati casus placebant, disiectos et longinquitate itineris fessos ne animo quidem satis ad obsequium coaluisse disserunt, proditores nuper hostesque eius, quem rursum foveant. Verum Abdagaeses regrediendum in Mesopotamiam censebat, ut amne obiecto, Armeniis interim Elymacisque et ceteris a tergo excitis, aucti copiis socialibus et quas dux Romanus misisset, fortunam temptarent. Ea sententia valuit, quia plurima auctoritas penes Abdagaesen et Tiridates ignavus ad pericula erat. Sed fugae specie discessum; ac principio a gente Arabum facto ceteri domos abeunt vel in castra Artabani, donec Tiridates cum paucis in Syriam revectus pudore proditionis omnes exsolvit.

(45) 51. Idem annus gravi igne urbem adfecit,

Denn Phraates und Hiero und wer sonst noch den zur Krönung bestimmten Tag nicht mitgefeiert hatte, wendeten sich, zum Theil aus Furcht, Einige aus Neid gegen Abdagäses, der jetzt den Hof und den neuen König beherrschte, dem Artabanus zu; und diesen fand man auf in Hyrkanien, mit Schmutz bedeckt und wie er sich mit dem Bogen seine Nahrung zu verschaffen suchte. Anfangs erschreckt, als sei nur Trug im Werke, faßt er, als man ihn versichert, man sei gekommen, ihm die Herrschaft wiederzugeben, Muth, und fragt, woher die plötzliche Veränderung. Da schmäht Hiero auf des Tiridates Knabenalter, und wie nicht in den Händen eines Arsaciden die Herrschaft sei, sondern der durch ausländische Verzärtelung zum Weichling Gewordene nur den leeren Namen, die Gewalt des Abdagäses Haus besitze.

(44) 50. Der im Herrschen seit langem Erfahrene merkte, daß, wie trügerisch auch ihre Liebe, sie doch den Haß nicht heuchelten. Ohne länger zu säumen, als bis er die Hilfsvölker der Scythen zusammengezogen, bricht er eilig auf und kommt so der Feinde List, der Freunde Sinnesänderung zuvor; auch hatte er den Schmutz nicht abgelegt, um des großen Haufens Aufmerksamkeit durch Mitleid auf sich zu ziehen. Kein Betrug, kein Bitten, nichts ward unversucht gelassen, die Schwankenden anzulocken, die Entschlossenen zu bestärken. Und schon kam er mit einer ansehnlichen Macht in die Nähe von Seleucia, als Tiridates, durch das Gerücht und zu gleicher Zeit auch durch die Gegenwart des Artabanus außer Fassung gebracht, in seinen Entschlüssen schwankte, ob er entgegenziehen oder den Krieg auf zögernde Weise behandeln sollte. Die, welche sich für eine Schlacht und beschleunigte Entscheidung entschieden, setzten auseinander, wie die zerstreuten und durch die Weite des Marsches ermüdeten Leute sich nicht einmal dem Willen nach zu rechter Folgsamkeit verbunden fühlten, unlängst erst Verräther und Feinde dessen, den sie jetzt wieder begünstigten. Abdagäses dagegen war der Meinung, man müsse nach Mesopotamien zurückgehen, um, durch den Fluß[120]) gedeckt, während die Armenier, die Elymäer und die Uebrigen im Rücken aufgeboten wären, verstärkt durch Bundestruppen und die, welche der römische Feldherr geschickt haben würde, das Glück zu versuchen. Diese Meinung ging durch, weil Abdagäses das meiste Ansehn hatte und Tiridates sich vor Gefahren feig zurückzog. Aber einer Flucht glich der Abzug; und nachdem der Stamm der Araber den Anfang gemacht, entwichen die Uebrigen in ihre Heimath oder in des Artabanus Lager, bis Tiridates, mit Wenigen nach Syrien zurückgekehrt, vom Schimpfe des Verrathes Alle entband.

(45) 51. Dasselbe Jahr suchte die Stadt mit einer schweren Feuers-

deusta parte circi, quae Aventino contigua, ipsoque Aventino. Quod damnum Caesar ad gloriam vertit exsolutis domuum et insularum pretiis. Milies sestertium in munificentia conlocatum, tanto acceptius in vulgum, quanto modicus privatis aedificationibus ne publice quidem nisi duo opera struxit, templum Augusto et scenam Pompeiani theatri; eaque perfecta, contemptu ambitionis an per senectutem, haud dedicavit. Sed aestimando cuiusque detrimento quattuor progeneri Caesaris, Cn. Domitius, Cassius Longinus, M. Vinicius, Rubellius Blandus, delecti, additusque nominatione consulum P. Petronius. Et pro ingenio cuiusque quaesiti decretique in principem honores. Quos omiserit receperitve, in incerto fuit ob propinquum vitae finem.

Neque enim multo post supremi Tiberio consules, Cn. Acerronius C. Pontius, magistratum occepere, nimia iam potentia Macronis, qui gratiam C. Caesaris numquam sibi neglectam acrius in dies fovebat impuleratque post mortem Claudiae, quam nuptam ei rettuli, uxorem suam Enniam imitando amorem iuvenem inlicere pactoque matrimonii vincire, nihil abnuentem, dum dominationis apisceretur; nam etsi commotus ingenio simulationum tamen falsa in sinu avi perdidicerat.

(46) 52. Gnarum hoc principi, eoque dubitavit de tradenda re publica, primum inter nepotes, quorum Druso genitus sanguine et caritate propior, sed nondum pubertatem ingressus, Germanici filio robur iuventae, vulgi studia, eaque aput avum odii causa. Etiam de Claudio agitanti, quod is conposita aetate, bonarum artium cupiens erat, imminuta mens 'eius obstitit. Sin extra domum successor quaereretur, ne memoria Augusti, ne nomen Caesarum in ludibria et contumelias verterent, metuebat. Quippe illi non perinde curae gratia praesentium quam in posteros ambitio. Mox incertus animi, fesso corpore, consilium, cui impar erat, fato permisit, iactis tamen vocibus, per quas intellegeretur providus

brunſt heim, indem der Theil des Circus[131]), welcher an den Aventinus ſtößt, und der Aventinus ſelbſt niederbrannte. Dieſen Schaden wendete der Cäſar ſich zum Ruhme, indem er den Werth der Häuſer und Miethsgebäude[132]) bezahlte. Hundert Millionen Seſterze wurden auf die Freigebigkeit verbraucht, und um ſo höher nahm das Volk es auf, je mehr mäßig in Privatbauten er ſelbſt von Staatsbauten nicht mehr denn zwei aufführen ließ, einen Tempel für Auguſtus[133]) und die Bühne des pompejaniſchen Theaters; und als ſie vollendet waren, weihte er ſie nicht ein, ſei es aus Verachtung der Eitelkeit oder ſeines Alters wegen. Aber zur Abſchätzung des Verluſtes, den ein Jeder erlitten, wurden die vier Enkelſchwiegerſöhne des Cäſars, Cn. Domitius, Caſſius Longinus, M. Vinicius und Rubellius Blandus erwählt[134]), und durch Ernennung der Conſuln denſelben P. Petronius beigeſellt. Zudem wurden nach dem Talente eines Jeden Ehrenbezeugungen für den Fürſten erſonnen und beſchloſſen. Welche er ausgeſchlagen oder angenommen haben möge, blieb ungewiß wegen ſeines nahen Lebensendes.

Denn nicht lange darauf traten die für Tiberius letzten Conſuln, Cn. Acerronius und C. Pontius, ihr Amt an, während ſchon übermächtig geworden Macro, der die nie von ihm vernachläſſigte Gunſt des C. Cäſar eifriger mit jedem Tage ſuchte, und nach dem Tode der Claudia, die, wie ich erwähnt[135]), mit demſelben vermählt war, ſeine eigene Gattin Ennia angetrieben hatte, den Jüngling durch Erheuchelung von Liebe an ſich zu locken und durch Eheverſprechung zu binden, ihn, der nichts abſchlug, wenn er nur zur Herrſchaft gelangte; denn obwohl von heftiger Gemüthsart, hatte er ſich doch der Verſtellung Falſchheit in der Schule des Großvaters vollkommen angeeignet.

(46) 52. Wohl wußte das der Fürſt, und ſchwankte deshalb wegen der Regierungsübergabe, zuerſt zwiſchen ſeinen Enkeln, unter denen des Druſus Sohn[136]) durch die Bande des Blutes und der Zuneigung ihm näher ſtand, aber noch nicht die Jahre der Mannbarkeit erreicht hatte, während des Germanicus Sohn[137]) in der Kraft der Jugend und in des Volkes Gunſt ſtand, dem Großvater zum Haſſe Grund genug. Als er an Claudius auch dachte, weil dieſer, in geſetztem Alter[138]), ſich edler Wiſſenſchaft doch befleißigte, ſtand der beſchränkte Geiſt deſſelben ihm im Wege. Sollte aber außer der Familie ein Nachfolger geſucht werden, ſo beſorgte er, es möchte das Andenken des Auguſtus, es möchte der Name der Cäſaren zu Spott und Schande werden. Lag ihm doch weniger die Gunſt der Gegenwart am Herzen, als Ehre bei der Nachwelt. Hierauf überließ er, unſchlüſſig in ſeinem Geiſte, körperlich entkräftet, die Entſcheidung, welcher er nicht gewachſen war, dem Schickſal; doch ließ er Worte fallen, die zu erkennen gaben, wie richtig er

futurorum. Namque Macroni non abdita ambage occidentem ab eo deseri, orientem spectari exprobravit. Et C. Caesari, forte orto sermone L. Sullam inridenti, omnia Sullae vitia et nullam eiusdem virtutem habiturum praedixit. Simul crebris cum lacrimis minorem ex nepotibus conplexus, truci alterius vultu, 'Occides hunc tu' inquit 'et te alius.' Sed gravescente valitudine nihil e libidinibus omittebat, in patientia firmitudinem simulans solitusque eludere medicorum artes atque eos, qui post tricesimum aetatis annum ad internoscenda corpori suo utilia vel noxia alieni consilii indigerent.

(47) 53. Interim Romae futuris etiam post Tiberium caedibus semina iaciebantur. Laelius Balbus Acutiam, P. Vitellii quondam uxorem, maiestatis postulaverat; qua damnata cum praemium accusatori decerneretur, Iunius Otho, tribunus plebei, intercessit: unde illis odia, mox Othoni exitium. Dein multorum amoribus famosa Albucilla, cui matrimonium cum Satrio Secundo, coniurationis indice, fuerat, defertur inpietatis in principem; conectebantur ut conscii et adulteri eius Cn. Domitius, Vibius Marsus, L. Arruntius. De claritudine Domitii supra memoravi; Marsus quoque vetustis honoribus et inlustris studiis erat. Sed testium interrogationi, tormentis servorum Macronem praesedisse commentarii ad senatum missi ferebant, nullaeque in eos imperatoris litterae suspitionem dabant, invalido ac fortasse ignaro ficta pleraque ob inimicitias Macronis notas in Arruntium.

(48) 54. Igitur Domitius defensionem meditans, Marsus, tamquam inediam destinavisset, produxere vitam; Arruntius, cunctationem et moras suadentibus amicis, non eadem omnibus decora respondit; sibi satis aetatis, neque aliud paenitendum, quam quod inter ludibria et pericula anxiam senectam toleravisset, diu Seiano, nunc Macroni, semper alicui potentium invisus, non culpa, sed ut flagitiorum inpatiens. Sane paucos et supremos principis dies posse vitari; quem ad modum evasurum imminentis

in die Zukunft blickte. Dem Macro nämlich machte er ohne räthselhaft verstechte Rede den Vorwurf, es werde von ihm die untergehende Sonne verlassen und zur aufgehenden der Blick gewendet, und dem C. Cäsar, der in zufällig entstandenem Gespräch des L. Sulla spottete, sagte er vorher, er werde alle Laster des Sulla und keine seiner Tugenden besitzen. Zugleich umarmte er unter häufigen Thränen den jüngeren seiner Enkel und sagte, als der andere finster dazu blickte: „Du wirst diesen morden, dich ein Anderer139)". Aber so schlimm auch sein Zustand ward, so ließ er doch in nichts von seinen Ausschweifungen nach, in seinem leidenden Zustande Kraft noch heuchelnd und, wie gewöhnlich, der Kunst der Aerzte und derjenigen spottend, die nach dem dreißigsten Lebensjahre um das, was ihrem Körper zuträglich oder schädlich sei, zu unterscheiden, noch fremden Rathes bedürften.

(47) 53. Indessen ward in Rom zum Blutvergießen, das auch nach Tiberius kommen sollte, der Same ausgestreut. Lälius Balbus hatte die Acutia, einst des P. Vitellius Gattin, wegen Majestätsvergehen belangt; und als nach ihrer Verurtheilung dem Ankläger eine Belohnung zuerkannt wurde, that der Volkstribun Junius Otho Einspruch: daher denn die Verfeindung beider und Otho's nachheriges Verderben. Darauf wird die durch ihre vielen Liebeshändel berüchtigte Albucilla, die mit dem Angeber der Verschwörung140), Satrius Secundus, verheiratet gewesen war, der Ruchlosigkeit gegen den Fürsten angeschuldigt; mitverwickelt in die Sache wurden als Mitschuldige auch ihre Buhlen Cn. Domitius, Bibius Marsus, L. Arruntius. Der Berühmtheit des Domitius habe ich oben141) Erwähnung gethan; auch Marsus hatte vor langer Zeit schon Ehrenämter bekleidet und war durch seine Studien ausgezeichnet. Daß aber beim Zeugenverhör, bei der Folterung der Sklaven Macro den Vorsitz gehabt, zeigten die an den Senat geschickten Protokolle, und das Nichtvorhandensein eines kaiserlichen Schreibens gegen sie erweckte den Verdacht, daß in seiner Schwäche, ja vielleicht ohne sein Wissen das Meiste wegen des Macro bekannter Feindschaft gegen Arruntius erdichtet worden sei.

(48) 54. Daher denn auch Domitius, indem er auf seine Vertheidigung sann, Marsus, als habe er den Hungertod beschlossen, ihr Leben fristeten; Arruntius antwortete den zu Zögerung und Aufschub rathenden Freunden, nicht für Alle sei eben dasselbe schicklich; er sei alt genug, und habe nichts Anderes zu bereuen, als daß er unter Possen und Gefahren ein angstvolles Alter ertragen, lange dem Sejanus, jetzt dem Macro, immer einem der Mächtigen verhaßt, nicht um einer Schuld willen, sondern weil er Schändlichkeiten sich nicht habe zumuthen lassen. Wohl sei es möglich, sich vor den wenigen und letzten Lebenstagen des Fürsten noch zu hüten; auf welche Weise werde er der

iuventam? An, cum Tiberius post tantam rerum experientiam vi dominationis convulsus et mutatus sit, C. Caesarem vix finita pueritia, ignarum omnium aut pessimis innutritum, meliora capessiturum Macrone duce, qui ut deterior ad opprimendum Seianum delectus plura per scelera rem publicam conflictavisset? Prospectare iam se acrius servitium, eoque fugere simul acta et instantia. Haec vatis in modum dictitans venas resolvit. Documento sequentia erunt bene Arruntium morte usum. Albucilla inrito ictu ab semet vulnerata iussu senatus in carcerem fertur. Stuprorum eius ministri, Carsidius Sacerdos praetorius ut in insulam deportaretur, Pontius Fregellanus amitteret ordinem senatorium, et eaedem poenae in Laelium Balbum decernuntur, id quidem a laetantibus, quia Balbus truci eloquentia habebatur, promptus adversum insontes.

(49) 55. Isdem diebus Sex. Papinius, consulari familia, repentinum et informem exitum delegit, iacto in praeceps corpore. Causa ad matrem referebatur, quae pridem repudiata adsentationibus atque luxu perpulisset iuvenem ad ea, quorum effugium non nisi morte inveniret. Igitur accusata in senatu, quamquam genua patrum advolveretur luctumque communem et magis inbecillum tali super casu feminarum animum aliaque in eundem dolorem maesta et miseranda diu ferret, urbe tamen in decem annos prohibita est, donec minor filius lubricum iuventae exiret.

(50) 56. Iam Tiberium corpus, iam vires, nondum dissimulatio deserebat. Idem animi rigor; sermone ac vultu intentus, quaesita interdum comitate quamvis manifestam defectionem tegebat. Mutatisque saepius locis tandem apud promunturium Miseni consedit in villa, cui L. Lucullus quondam dominus. Illic eum adpropinquare supremis tali modo compertum. Erat medicus arte insignis, nomine Charicles, non quidem regere valitudines principis solitus, consilii tamen copiam praebere. Is velut propria ad negotia digrediens et per speciem officii manum complexus pulsum

Jugend des Nachfolgenden entgehen? Oder werde, da Tiberius nach so
bedeutenden Erfahrungen durch die Gewalt der Herrschergewalt aus seiner
Bahn gerissen und umgewandelt sei, C. Cäsar nach kaum zurückgelegtem
Knabenalter, unwissend in Allem oder im Schlechtesten auferzogen, das
Bessere ergreifen unter Macro's Leitung, der als der noch Schlechtere zur
Unterdrückung des Sejanus erkoren durch noch mehr Verbrechen den Staat
zerrüttet hätte? Kommen sehe er schon noch härtere Knechtschaft, und wolle
deshalb fliehen vor dem Bevorstehenden wie vor dem Vergangenen. Während er dieses einem Seher gleich aussprach, öffnete er sich die Adern.
Die Folge wird zum Beweise dienen, daß Arruntius wohl daran gethan,
zu sterben. Albucilla, durch einen verfehlten Stich von eigener Hand verwundet, wird auf Befehl des Senats in den Kerker gebracht. Ueber die
Diener ihrer Unzucht wird beschlossen, Carsidius Sacerdos, der gewesene
Prätor, solle auf eine Insel deportirt werden, Pontius Fregellanus den
Senatorrang verlieren, und dieselben Strafen sollten den Lälius Balbus
treffen; letzteres that man mit Freude, weil Balbus für einen furchtbaren
Redner galt, gegen Unschuldige stets gerüstet.

(49) 55. In denselben Tagen wählte Sex. Papinius, aus consularischer Familie, ein plötzliches und häßliches Ende, indem er sich aus dem
Fenster herabstürzte. Die Schuld ward auf seine Mutter geschoben, die,
lange schon verstoßen[142]), durch Schmeicheleien und Ueppigkeit den Jüngling zu dem bewogen hätte, woraus er nur durch den Tod Rettung finden
konnte. Sie wurde daher im Senate angeklagt und, wiewohl sie sich den
Vätern zu Füßen warf und von der allgemeinen Trauer, von der größeren Schwäche des weiblichen Herzens in solchem Unglück und von andern
traurigen und bejammernswerthen Dingen mit dem Ausdruck desselben
Schmerzes lange sprach, dennoch auf zehn Jahre aus der Stadt verwiesen,
bis ihr jüngerer Sohn die schlüpfrige Zeit der Jugend hinter sich hätte.

(50) 56. Schon versagte dem Tiberius der Körper, schon die Kräfte,
noch nicht die Verstellung. Noch dieselbe Starrheit des Geistes; gespannt in
Rede und Blick, bisweilen mit erkünstelter Freundlichkeit, suchte er seine ganz
augenfällige Entkräftung zu verdecken. Nachdem er öfters so den Aufenthalt gewechselt, ließ er sich endlich auf dem Vorgebirge Misenum[143]) in einem Landhause
nieder, dessen Besitzer L. Lucullus[144]) einst gewesen. Daß er sich hier seinem Ende nahe, erfuhr man auf folgende Art. Es war da ein durch seine
Geschicklichkeit ausgezeichneter Arzt, mit Namen Charikles, der zwar nicht
die Krankheiten des Fürsten zu behandeln, aber doch seinen Rath zu ertheilen pflegte. Dieser wie im Begriff in eigenen Geschäften zu verreisen, umfaßte unter dem Schein der Ehrerbietung[145]) seine Hand und griff ihm so

venarum attigit. Neque fefellit; nam Tiberius, incertum an offensus, tantoque magis iram premens, instaurari epulas iubet discumbitque ultra solitum, quasi honori abeuntis amici tribueret. Charicles tamen labi spiritum nec ultra biduum duraturum Macroni firmavit. Inde cuncta conloquiis inter praesentes, nuntiis apud legatos et exercitus festinabantur. Septimum decimum kal. Aprilis interclusa anima creditus est mortalitatem explevisse. Et multo gratantum concursu ad capienda imperii primordia C. Caesar egrediebatur, cum repente adfertur redire Tiberio vocem ac visus vocarique, qui recreandae defectioni cibum adferrent. Pavor hinc in omnes, et ceteri passim dispergi, se quisque maestum aut nescium fingere; Caesar in silentium fixus a summa spe novissima exspectabat. Macro intrepidus opprimi senem iniectu multae vestis iubet discedique ab limine. Sic Tiberius finivit, octavo et septuagesimo aetatis anno.

(51) 57. Pater ei Nero et utrimque origo gentis Claudiae, quamquam mater in Liviam et mox Iuliam familiam adoptionibus transierit. Casus prima ab infantia ancipites. Nam proscriptum patrem exsul secutus, ubi domum Augusti privignus introiit, multis aemulis conflictatus est, dum Marcellus et Agrippa, mox Gaius Luciusque Caesares viguere. Etiam frater eius Drusus prosperiore civium amore erat. Sed maxime in lubrico egit accepta in matrimonium Iulia, inpudicitiam uxoris tolerans aut declinans. Dein Rhodo regressus vacuos principis penates duodecim annis, mox rei Romanae arbitrium tribus ferme et viginti obtinuit. Morum quoque tempora illi diversa: egregium vita famaque, qua ad privatus vel in imperiis sub Augusto fuit; occultum ac subdolum fingendis virtutibus, donec Germanicus ac Drusus superfuere; idem inter bona malaque mixtus incolumi matre; intestabilis saevitia, sed obtectis libidinibus, dum Seianum dilexit timuitve: postremo in scelera simul ac dedecora prorupit, postquam remoto pudore et metu suo tantum ingenio utebatur.

an den Puls. Allein er hinterging ihn nicht; denn Tiberius, man weiß nicht, ob beleidigt, und um so mehr seinen Zorn unterdrückend, ließ ein Mahl auftragen und blieb über seine gewohnte Zeit bei Tische, als thäte er es dem scheidenden Freunde zu Ehren. Charikles jedoch versicherte den Macro, es schwinde der Lebensgeist und werde nicht über zwei Tage sich erhalten. Nun wurde alles Nöthige in Unterredungen zwischen den Anwesenden, durch Boten bei den Legaten und Heeren beeilt. Am 16. März stockte der Athem, und man glaubte, er habe die Sterblichkeit erfüllt. Und schon kam C. Cäsar unter großem Zusammenlauf von Glückwünschenden zum Vorschein, um die Regierung anzutreten, als plötzlich gemeldet wird, es kehre bei Tiberius Sprache wieder und Gesicht, und man rufe nach Dienern, die Speise bringen sollten, um der Entkräftung zu begegnen. Da verbreitet sich Schrecken über Alle, und die Uebrigen zerstreuen sich nach allen Richtungen, Jeder stellt sich niedergeschlagen oder unwissend; der Cäsar, in Schweigen wie festgebannt, erwartet nach der Hoffnung des Höchsten seine Todesstunde. Macro, voll Unerschrockenheit, befiehlt den Greis durch eine Menge auf ihn geworfener Gewänder zu ersticken und sein Zimmer zu verlassen. So endete Tiberius im achtundsiebzigsten[146]) Jahre seines Lebens.

(51) 57. Sein Vater war Nero, und von beiden Seiten stammte er aus dem claudischen Geschlecht, obwohl seine Mutter in die livische und dann in die julische Familie durch Adoption übergegangen war[147]). Seine Lage war von früher Kindheit an bedenklich. Denn dem geächteten Vater folgte er in die Verbannung, und sobald er in des Augustus Haus als Stiefsohn eintrat, hatte er mit vielen Nebenbuhlern zu kämpfen, so lange Marcellus und Agrippa, nachher die Cäsaren Gajus und Lucius lebten. Selbst sein Bruder Drusus ward mehr von der Liebe der Bürger begünstigt. Aber am mißlichsten war seine Lage, als er, mit Julia vermählt, die Unkeuschheit der Gattin zu ertragen hatte[148]) oder ihr aus dem Wege ging. Nachher, als er von Rhodus zurückgekehrt, waltete er in des Fürsten kinderlosem[149]) Hause zwölf Jahre, dann dreiundzwanzig ungefähr als unumschränkter Herrscher Roms. Auch sein Charakter hatte verschiedene Perioden: eine treffliche in Leben und Ruf, so lange er Privatmann oder Feldherr unter Augustus war; eine versteckte und schlaue zu Erheuchelung von Tugenden, so lange Germanicus und Drusus lebten; ebenso ein Gemisch war er zwischen Gutem und Bösem bei der Mutter Lebzeiten; fluchwürdig durch Grausamkeit, doch mit Geheimhaltung der Ausschweifungen, so lange er den Sejanus liebte oder fürchtete: zuletzt brach er gleicherweise in Frevel und Schändlichkeiten aus, seitdem er, nach Beseitigung aller Scham und Furcht, nur seiner eigenen Natur gehorchte.

Anmerkungen
zum erften Buch.

¹) Die Decemvirn (Zehnmänner) wurden nach hartem Widerstand der Patricier im J. 451 v. Chr. mit unumschränkter Gewalt gewählt, um den Plebejern und Patriciern gleiche Rechte zu geben, und so die Kluft zwischen beiden Ständen auszufüllen, d. h. eine neue Gesetzgebung abzufassen. Im ersten Jahr wurden sie mit 10 Gesetztafeln fertig, zu denen im folgenden J. (450) noch zwei hinzukamen. Im dritten Jahr standen sie nur noch mit usurpirter Gewalt 7 Monate lang an der Spitze des Staates. Tacitus meint hier die gesetzmäßige Dauer ihrer Gewalt.

²) Die Kriegstribunen mit consularischer Gewalt finden sich in den Jahren von 444 bis 367 v. Chr.

³) Nach der Schlacht bei Philippi, in der, wie bekannt, Octavianus und Antonius gegen Brutus und Cassius kämpften. Beide, Brutus und Cassius, ließen sich freiwillig tödten.

⁴) Sextus Pompejus wurde von M. Agrippa in einer Seeschlacht zwischen Mylä und Naulochus 36 v. Chr. völlig geschlagen. Im folgenden Jahre wurde er in Asien getödtet.

⁵) Antonius tödtete sich bekanntlich selbst.

⁶) Er bekleidete von 31 bis 23 v. Chr. neun Consulate hintereinander; die tribunicische Gewalt erhielt er im letzten Jahre (23).

⁷) „Die Gesetze, welche die Provincialen gegen die Beamten schützen sollten, waren die de pecuniis repetundis." Nipperdey.

⁸) Der jüngeren Octavia — Augustus nämlich hatte zwei Schwestern, beide Octavia genannt —, welche zuerst mit C. Marcellus, dann mit M. Antonius vermählt war.

⁹) Er war im J. 63 v. Chr. geboren und von niedriger Herkunft.

Sein Vater wird Lucius genannt. Mit dem Octavianus stand er von Jugend auf im vertrautesten Verhältniß.

10) In den Jahren 28 und 27 v. Chr.

11) Derselbe, der Liebling des römischen Volks, starb im J. 23. Mit ihm hatte Augustus seine Tochter Julia vermählt, und dann nach dessen Tode mit dem Agrippa. Aus dieser Ehe waren Gajus und Lucius Cäsar, Agrippa Postumus, Julia (die jüngere) und Agrippina.

12) Von der Livia aus der gens Claudia.

13) Agrippa starb 12 v. Chr., Lucius zu Massilia 2 und Gajus 4 n. Chr. Drusus war in Deutschland in Folge eines Sturzes mit dem Pferde 9 v. Chr. gestorben.

14) Postumus genannt, weil ihn Julia erst nach dem Tode ihres Gatten zur Welt gebracht hatte. — Planasia, jetzt Pianosa, nicht weit von Elba.

15) Von der jüngeren Antonia, einer Tochter der Octavia und des Antonius; s. Anm. 8.

16) Drusus der jüngere von der Vipsania Agrippina.

17) Diese bekannte Niederlage fällt in das J. 9 n. Chr.

18) Der nach Planasia verbannte Agrippa Postumus.

19) Tiberius lebte von 6 v. Chr. bis 2 nach Chr. in Neid und Groll gegen Augustus und gegen Gajus und Lucius Cäsar, seine Stiefsöhne durch Julia, auf der Insel Rhodus.

20) Dem Drusus, dem eigenen Sohne des Tiberius, und dem Germanicus, dem Adoptivsohne des Tiberius.

21) Nach Dio Cass. 56, 30. soll Livia Feigen, eine Lieblingsspeise des Augustus, welche noch an den Bäumen hingen, haben vergiften lassen.

22) Dorthin nämlich hatte ihn Augustus kurz vor seinem Tode geschickt.

23) Stadt in Campanien.

24) S. unten 3,30.

25) „Der Titel stand hinter seinem Namen an der Spitze der Anrede, welche die Edicte wie die Briefe begann." Nipperdey. Schon frühzeitig hatten sich die Volkstribunen das Recht, den Senat zu berufen, genommen.

26) Germanicus, Sohn des Drusus und der Antonia, einer Nichte des Augustus, war im September des Jahres 15 v. Chr. geboren, also jetzt 29 Jahre alt. Seine trefflichen Eigenschaften hatten ihm allgemeine Achtung und Liebe in dem Grade verschafft, daß Augustus bei der Adoption des Tiberius (4 n. Chr.) diesem befahl, ihn an Sohnes Statt anzunehmen.

Anmerkungen zum ersten Buch.

27) Testamentsurkunden wurden gewöhnlich in einem Tempel, namentlich in dem der Vesta, niedergelegt.

28) Sueton. Aug. 101: *secundos Drusum Tiberii filium ex triente, ex partibus reliquis Germanicum liberosque eius tres sexus virilis, tertio gradu propinquos amicosque complures.*

29) d. i. 3,337,793 Gulden, 1000 Sesterzien = 62 Gulden, 800 Sesterzien = 24 G.

30) Kein eigentliches Thor, sondern nur ein Triumphbogen, am Eingange vom Marsfelde in den städtischen Bezirk, durch welches die Triumphzüge, wenn sie von nördlicher Seite kamen, gingen.

31) Vgl. hierüber Weber's Allgem. Weltgeschichte Bd. 3. S. 879 f.

32) Augustus hatte zwischen dem Tiber und der via Flaminia das Mausoleum, jenes bekannte kaiserliche Familienbegräbniß, erbauen lassen. Vgl. Anm. 80 zu B. 3.

33) d. i. a. d. XIV. Kal. Septembr. (d. 19. August) 43 v. Chr., an welchem Tage er vor seinem zwanzigsten Lebensjahre zum Consul gewählt wurde.

34) Valerius Corvus war sechsmal, Marius siebenmal Consul gewesen. — Die tribunicische Gewalt erhielt er a. d. V. Kal. Iul. (d. 27. Juni) 23. v. Chr.

35) Zu verstehen von seinem Adoptivvater Julius Cäsar.

36) Rhein, Donau, Euphrat.

37) Die vierte und Martische des Consuls M. Antonius im J. 44 v. Chr.

38) Nämlich die Triumvirn selbst.

39) Des Marcus und Decimus.

40) Sextus Pompejus; vgl. Weber im a. B. S. 897 ff. Ueber Lepidus ebend. S. 899.

41) Das brundisinische Bündniß ward 40 v. Chr., das tarentinische 37 v. Chr. geschlossen.

42) Marcus Lollius wurde von den Deutschen bei einem Angriff auf das römische Lager geschlagen und verlor sogar einen Legionsadler.

43) „Varro Murena und Egnatius Rufus stifteten Verschwörungen gegen Augustus an, jener 23 v.Chr., dieser 19 v.Chr. Antonius Julus, der Sohn des Triumvirn und der Fulvia, ward des Ehebruchs mit Julia überführt und stand deshalb in Verdacht nach der Herrschaft gestrebt zu haben." Nipperdey.

44) Tiberius Claudius Nero erster Gemahl der berüchtigten Livia überließ diese 38 v. Chr. scheinbar freiwillig dem Augustus. Sie hatte im J.

Anmerkungen zum ersten Buch.

42 den Tiberius geboren, und war jetzt schwanger mit ihrem zweiten Sohne Drusus.

45) Dieser Vedius Pollio war einer der abscheulichsten Schlemmer, der in seine Muränenteiche sogar lebende Sklaven werfen ließ.

46) Dieses war in der Curie selbst aufgestellt.

47) Sueton. Aug. 101: *de tribus voluminibus uno mandata de funere suo complexus est; altero indicem rerum a se gestarum, quem vellet incidi in aeneis tabulis, quae ante mausoleum statuerentur; tertio breviarium totius imperii, quantum militum sub signis ubique esset, quantum pecuniae in aerario et fiscis et vectigaliorum residuis.*

48) Sueton. Tiber. 7: *Agrippinam, M. Agrippa genitam, neptem Q. Caecilii* (T. Pomponii) *Attici, equitis Romani, ad quem sunt Ciceronis epistolae, duxit uxorem sublatoque ex ea filio Druso* (vgl. Anm. 16.) *dimittere ac Iuliam, Augusti filiam, confestim coactus est ducere* (11 v. Chr.).

49) Derselbe, Consul im J. 11 n. Chr., war ein Mann von außerordentlicher Mäßigung.

50) Vgl. über ihn unten 2,43 ff.

51) Daß Tiberius das Principat übernehmen solle.

52) Sueton. Tib. 27: *adulationes adeo aversatus est, ut neminem senatorum nisi aut officii aut negotii causa ad lecticam suam admiserit, consularem vero, satisfacientem sibi ac per genua orare conantem ita suffugerit, ut caderet supinus.*

53) Zweiter Name der Livia, nachdem sie in das Julische Geschlecht aufgenommen war.

54) Zu verstehen von der immerwährenden, welche durch die Rückkehr in die Stadt nicht verloren ging.

55) Das Wahlrecht des Volks war schon während des Triumvirats aufgehoben worden. Augustus hatte dasselbe, aber nur scheinbar, dem Volke zurückgegeben. Jetzt unter Tiberius gingen die Wahlen sämmtlich an den Senat über. Sehr wahrscheinlich ist die Vermuthung Nipperdey's, daß nach Tiberio ne das Wort praeturae einzuschalten sei.

56) Damit sie jährlich gefeiert würden. Ihre Feier fiel auf den 12. Oct., a. d. IV. Id. Oct.

57) Dieses war eine Auszeichnung für die Prätoren; diese nämlich hatten bei den Spielen, die sie leiteten, außer dem Triumphkleide auch den Triumphwagen.

58) Die achte Augusta, die neunte Hispana und die fünfzehnte Apollinaris.

Anmerkungen zum ersten Buch. 391

59) Als legatus pro praetore.

60) Die sich wie die Claqueurs dafür bezahlen ließen, daß sie im Theater Lärm zu Gunsten oder Ungunsten eines Schauspielers machten. Percennius war ein Leiter solcher Claqueurs.

61) Jede Legion hatte sechzig Centurionen und sechs Tribunen. Dieselbe bestand aus 10 Cohorten, die Cohorte aus 3 Manipeln, der Manipel aus 2 Centurien. Je 10 Centurien stand ein Tribun vor.

62) Nämlich als Vexillarier, oder richtiger als Veteranenvexillarier, welche von den lästigen Arbeiten, wie Schanzen, Futter- und Wasserholen u. s. w. frei waren. Also hier Uebertreibung.

63) Darunter sind die drei Manipelzeichen jeder Cohorte zu verstehen.

64) Das Tribunal im Lager war von Rasen errichtet. Von demselben herab sprach der Feldherr zu den Soldaten.

65) Jetzt Laibach in Krain. — Ihre Fahnen reißen sie aus, um in das Lager zurückzukehren.

66) „Der Manipel wird nicht angerufen, weil das Hinzukommen der zweiten Centurie keine bedeutende Hülfe war." Nipperdey. Vgl. Anmerk. 61.

67) Welche mit Drusus abgeschickt wurden.

68) Des Drusus.

69) „Drusus begleitete ihn, um sich in das Lager seiner Truppen zu begeben. Er ward aber durch den Tumult vom Fortgehen verhindert; daher c. 28 quousque filium imperatoris obsidebimus? Ins Lager der Legionen war Drusus nur mit einem Theil seiner Begleitung gekommen, die vorher erwähnten praetoriani milites und amici Caesaris und unten mult., quae cum Druso adv. Daß die den Drusus begleitenden Truppen ein besonderes Lager bezogen, hat Tac. nicht erwähnt, weil es sich von selbst verstand, daß weder das Lager der Legionen sie faßte, noch diese sie hineingelassen haben würden." Nipperdey.

70) Diese Mondfinsterniß fiel auf den 27. September des Jahres 14 n. Chr.

71) Der Aberglaube meinte durch den Lärm mit Metallinstrumenten den Mond bei seinem Kampfe zu unterstützen. Vgl. Ovid. Metam. 4, 333. Tibull. 1, 8, 21:

cantus et e curru lunam deducere tentat,
et faceret, si non aera repulsa sonent.

72) Von beiden Geschlechtern nämlich stammte ja die kaiserliche Familie.

73) Der vorher geschickt worden war; vgl. oben K. 19.

74) Sueton. Caes. 25 omnem Galliam... in provinciae formam rede-

git (Caesar), tique quadringentics (40 Millionen Sesterze) in singulos annos stipendii nomine imposuit. Eutrop. 6, 7.

75) Die einundzwanzigste hieß Rapax, die fünfte Alauda, die erste Germanica, die zwanzigste Valeria Victrix.

76) S. zu Kap. 36.

77) Dem Drusus nämlich und seinen Nachkommen war der Beiname Germanicus vom Senat ertheilt worden; Sueton. Claud. 1. Auch Tiberius, jedoch selten, führt ihn.

78) Wie bekannt, hatte jede Legion 60 Centurionen.

79) Als Gajus Cäsar Caligula das Maß seiner Schandthaten erfüllt hatte und jeder für sein Leben besorgt sein mußte, bildeten einige vornehme Römer eine Verschwörung, in deren Folge Cassius Chärea, Tribun der Prätorianer, den Tyrannen im Gange des Theaters niederstieß (24. Jan. 41 n. Chr.).

80) S. oben Anm. 11.

81) d. i. der Livia, der Gemahlin des Augustus.

82) „Livia war Stiefgroßmutter der Agrippina. Da aber ihre Mutter Julia im Exil so gut wie todt war und in diesem Jahre wirklich starb (c. 53), vertrat sie die Stelle einer Stiefmutter." Nipperdey.

83) Belgische Völkerschaft zwischen Arar (Saône) und Jura.

84) Später (50 n. Chr.) Colonia Agrippina, das heutige Cöln.

85) Für den neuen Kaiser, Tiberius.

86) In Ostfriesland und Oldenburg; vgl. German. 35. Ueber die Vexillarier s. oben Anm. 62.

87) d. i. in Cöln, wo dem Augustus jedenfalls ein Altar errichtet worden war. Zurückgekehrt war Germanicus vom obern Heere.

88) Dieser ist der Sohn jenes Plancus, der 712 Consul gewesen, 722 von Antonius zum Octavianus übergegangen und 732 Censor gewesen war.

89) „Als Bürgschaft, daß man den ihnen gewährten Abschied nicht zurücknehme. Es befand sich im Hause des Germanicus wohl darum, weil die Veteranen, wie er, in der Stadt, nicht im Lager lagen." Nipperdey.

90) Den späteren Kaiser Gajus Cäsar Caligula, geboren am 31. August 12 n. Chr.

91) Dem Tiberius, dem Adoptivvater des Germanicus, der hier Großvater dem Caligula gegenüber genannt wird.

92) Volk in Gallien, auf beiden Ufern der Mosel; ihr Hauptort Augusta Trevirorum, jetzt Trier.

93) Sueton. Calig. 9: *Caligulae cognomen castrensi ieco traxit, quia*

Anmerkungen zum ersten Buch.

manipulario habitu inter milites educabatur. Calīga, Ferſe und Knöchel deckende Fußbekleidung aus Leder, der Soldatenſtiefel.

94) Bevor er nach Afrika überſetzte, im J. 47 v. Chr.

95) Welche nach der Schlacht bei Actium in Brundiſium tumultuirten, im J. 30 v. Chr.

96) Des Germanicus Mutter war Antonia minor, Tochter der Schweſter des Auguſtus Octavia minor (ſ. Anm. 8.) und des M. Antonius. — Den Soldaten in Hiſpanien und Syrien war Germanicus perſönlich nicht bekannt.

97) Dem Tiberius.

98) Nicht zu verſtehen von den Abgeſandten des Senats, denen ja Schlimmeres (c. 39.) widerfahren war.

99) Vom Aufſtande, und nicht, wie Andere gewollt, von der Varianiſchen Niederlage zu verſtehen.

100) Unter ordo iſt hier zu verſtehen, der wievielſten Centurie er Führer war.

101) Vetera nämlich castra, in der Nähe des heutigen Xanten.

102) D. i. die Schwerbewaffneten, Legionen.

103) Vgl. oben c. 11 ff.

104) Um nach Pannonien zu gelangen, hatte er das adriatiſche Meer zu durchſchiffen; wollte er nach Germanien gelangen, ſo ging ſein Weg nach Maſſilia und dann den Rhodanus und Arar hinauf.

105) Kap. 12. 13. — Cäcina hatte die erſte und zwanzigſte Legion in die Stadt der Ubier zurückgeführt und war dann jedenfalls nach des Germanicus Zurückkunft (c. 39.) nach Vetera gegangen.

106) Der Sinn iſt: in pace neminem indicta causa cadere.

107) Zu verſtehen von den vier Legionen am Niederrhein.

108) Ging Germanicus bei Vetera über den Rhein, ſo iſt der cäſiſche Wald in der Gegend von Weſel zu ſuchen.

109) Dieſelben wohnten zwiſchen Lippe und Ruhr.

110) Darunter iſt nicht ein Tempel zu verſtehen, ſondern ein heiliger Hain mit Altar; vgl. German. 9. — Was für eine Gottheit übrigens hier damit gemeint ſei, iſt bis jetzt noch nicht ermittelt.

111) Die Brukterer wohnten zwiſchen der Lippe und Ems; die Tubanten an beiden Uſern der Lippe; deren Nachbarn am Rhein waren die Uſipeten.

112) Sind darunter die ceteri sociorum zu verſtehen?

113) Im tyrrheniſchen Meere vor der Küſte Campaniens, Cumä gegenüber, jetzt Vandotina. — Unter der Stadt der Reginer iſt Regium, das jetzige Reggio, zu verſtehen.

114) Tiberius war aus dem claudischen Geschlecht, die Julia dagegen die Tochter des Kaisers. Uebrigens vgl. Anm. 19.

115) Sie war verbannt seit Ende 2 v. Chr. Die Verbannung theilte ihre Mutter Scribonia freiwillig.

116) Es ist jedenfalls derselbe, den Ovid. ex P. 4, 16, 31. als Tragiker erwähnt und von dem uns wenige Verse und der Titel dreier Tragödien erhalten sind. Nipperdey. Derselbe wurde gleichzeitig mit der Julia verbannt.

117) Cercina, jetzt Kerkein, Kerkeni oder Kerkena, eigentlich eine größere und eine kleinere Insel vor der afrikanischen Küste am Anfang der kleinen Syrte.

118) Dagegen Histor. 2, 95: *quod sacerdotium* (sodalium Augustalium) *ut Romulus Tatio regi, ita Caesar Tiberius Iuliae genti sacravit*. Die an unserer Stelle ausgesprochene Ansicht ist jedenfalls die richtigere.

119) Des Germanicus Bruder, der spätere Kaiser.

120) Darunter sind die Pantomimen zu verstehen, welche unter Augustus außerordentlich beliebt waren. Pylades aus Cilicien und Bathyllus aus Alexandria waren Meister darin, jener für tragische, dieser für komische Gegenstände.

121) Diese wohnten in Nassau und Hessen am rechten Rheinufer, und der Main bildete wahrscheinlich ihre Südgrenze.

122) D. i. auf dem linken Rheinufer, den Standpunkt von Gallien aus genommen.

123) Dio 54, 33: ὥστε τὸν Δροῦσον ἐκεῖ τε ᾗ ὅ τε Λουπίας καὶ ὁ Ἐλίσων συμμίγνυται φρούριόν τι σφίσιν ἐπιτειχίσαι καὶ ἕτερον ἐν Χάττοις παρ' αὐτῷ τῷ Ῥήνῳ. Das letztere Castell ist hier gemeint. — Lucius Apronius war Legat des Germanicus.

124) Die heutige Eder.

125) Nördlich von der Eder; genau läßt sich die Lage des Ortes nicht bestimmen.

126) Diese wohnten nordöstlich von den Chatten, zwischen Weser und Elbe.

127) Im Jahre 9 n. Chr. — Ueber ara Ubiorum s. oben Anm. 87. Dadurch hatte er öffentlich den Römern den Gehorsam gekündigt.

128) D. i. das linke Rheinufer.

129) Thusnelda, ihr Sohn war Thumelikus; Strab. 7, 1, 4 p. 400 extr. Mein.

130) Vgl. oben Kap. 55.

131) Dieses erwähnt kein anderer Schriftsteller.

Anmerkungen zum ersten Buch.

¹³²) Auf dem linken Rheinufer, weil dieser Theil Germaniens schon längst den Römern unterworfen war (Kap. 59), im Gegensatz zu dem auf dem rechten Rheinufer, den die Römer vor der Niederlage des Varus besessen hatten.

¹³³) Leider ist die Erzählung davon verloren gegangen.

¹³⁴) Die siebzehnte, acht- und neunzehnte.

¹³⁵) Zu verstehen von Cäsar und Augustus.

¹³⁶) D. i. mit den vier Legionen vom Niederrhein, der ersten, fünften, zwanzigsten und einundzwanzigsten; vgl. Kap. 64 z. E. — Amisia jetzt Ems.

¹³⁷) Vielleicht der Dichter Pedo Albinovanus, ein jüngerer Zeitgenosse des Ovid, der ein Epos auf Germanicus schrieb, von dem sich ein Bruchstück bei Senec. Suasor. 1, 14 erhalten hat, das unter dem Titel: De navigatione Germanici per oceanum septentrionalem in die Anthologie von Burmann II. 121. übergegangen ist.—Die Friesen wohnten am Meere zwischen dem Zuyderfee und der Ems.

¹³⁸) Näml. die vom Oberrhein. — Unter den Seen sind die später und jetzt in den Zuyderfee vereinigten Seen zu verstehen. Er fuhr in dieselben vom Rhein durch den Drususkanal. S. Anm. 24 zu B. 2.

¹³⁹) Im Gegensatz zu dem vorher Gesagten, sine pugna. Auch hier gibt die Wortstellung die beste Erklärung. Bötticher.

¹⁴⁰) Nach des Tac. Angabe kann der Teutoburger Wald entweder östlich von den Quellen der Ems und Lippe im südlichen Theil des Gebirges Osning, dem Lippischen Walde, oder westlicher zwischen Stromberg, Beckum und der Lippe gesucht werden. Letztere Gegend, zu den berüchtigsten Kleigegenden Westphalens gehörend, entspricht mehr den Worten des c. 61 *umido paludum et fallacibus campis*. Ripperdey.

¹⁴¹) Richtig bemerkt hier Ritter: *vallum ex parte collapsum, quia Vari milites iam numero pauci inter metum et ingruentes hostes magna festinatione ac defatigati hoc vallum struxerant (unde mox collapsum est; alterum autem castrametationi legitimae conveniebat; ideo mansit).*

¹⁴²) Orosius 5, 16: *homines* (Romani) *laqueis collo inditis ex arboribus suspensi sunt* (a Cimbris). — Gruben, in denen Viele lebendig begraben wurden.

¹⁴³) Alle priesterliche Personen enthielten sich der Berührung von Leichen, weil man glaubte, daß dieses den, welcher es thue, verunreinige.

¹⁴⁴) D. i. Moordämme im Bourtanger Moor.

¹⁴⁵) Vgl. unten Annal. 4,44.

¹⁴⁶) Das hinterste Thor im Lager, gegenüber der den Feinden zuge-

lehrten porta praetoria. Veget. 1, 23: *porta quae appellatur praetoria aut orientem spectare debet, aut illum locum, qui hostes respicit, aut, si iter agitur, illam partem debet attendere, ad quam est profecturus exercitus.*

147) Bei Vetera.

148) Mit dem Beinamen des Aelteren, des Verfassers der Historia naturalis, der selbst in Germanien unter Pomponius Secundus 50 n. Chr. gedient hatte. Der jüngere Plinius sagt über dieses Werk seines Oheims ep. 3, 5: *Bellorum Germaniae viginti, quibus omnia, quae cum Germanis gessimus bella collegit, inchoavit, cum in Germania militaret.*

149) Dieser war der Oheim des nachherigen Kaisers Vitellius.

150) D. i. der Herbstnachtgleiche.

141) D. i. die Unse oder Hunse, Gröninger Diepe. Wir haben diese Verbesserung Altings aufgenommen für die handschriftliche Lesart Visurgin, die hier durchaus unstatthaft ist und von Nipperdey vielleicht mit Recht für die Randglosse eines der Gegend Unkundigen angesehen wird. Lipsius und Andere schlugen Vidrum, jetzt Becht, Wymerz, vor. Urlichs hält dafür, es sei der östliche Arm des Rheins gemeint.

152) Dieser hieß nach Strabo 7, 1, 4 p. 292. Gesithacus.

153) Dieser Eid kam zuerst am 1. Jan. 42 v. Chr. vor, wo alle den Staat betreffende Verfügungen des ermordeten Cäsar durch einen Senatsbeschluß bestätigt und von den Triumvirn und Magistraten beschworen wurden. Dasselbe geschah auch rücksichtlich der Verfügungen des Augustus, während er noch lebte.. Vgl. Drumann's Gesch. Rom's Th. 1 S. 94.

154) S. Ann. 4, 21 und das. die Anm.

155) Vgl. Sueten. Tiber. 59.

156) Richtig ist unseres Erachtens die Bemerkung Walther's: *totus locus de Tiberio intelligendus est, qui sub initium principatus exitium illud non quidem impedivit, quo minus inreperet, repressit tamen, ne se auctore inrepsisse videretur, postremo autem ita saeviit, ut cuncta corriperentur.*

157) In allen angesehenern Häusern waren Genossenschaften zum Zweck der Verehrung des Augustus, welche nicht blos aus den Angehörigen der domus, sondern auch aus Fremden bestanden.

158) Zu verstehen sind die ludi Palatini, welche die Livia angeordnet hatte, und nicht die Augustalien. Dio 56, 46: χωρὶς δὲ τούτων καὶ ἡ Ἰουλία ἰδίᾳ δή τινα αὐτῷ πανήγυριν ἐπὶ τρεῖς ἡμέρας ἐν τῷ παλατίῳ ἐποίησεν, ἣ καὶ δεῦρο ἀεὶ ὑπ' αὐτῶν τῶν ἀεὶ αὐτοκρατόρων τελεῖται.

Anmerkungen zum ersten Buch.

¹⁵⁹) Bithynien gehörte zu den Provinzen, welche nach Anordnung des Augustus (a. u. 727.) unter dem Senat standen im Gegensatz zu den kaiserlichen Provinzen. In diese senatorischen Provinzen wurden auf Ein Jahr Senatoren, die vor fünf Jahren Consuln oder Prätoren gewesen waren, vom Senat durch's Loos als Verwalter geschickt; dieselben hießen Proconsulos. An dieser Stelle hat Tac., wie Nipperdey bemerkt, praetorem in Bezug auf das wirkliche Verhältniß gesetzt, weil Bithynien eigentlich prätorische Provinz war und von einem gewesenen Prätor verwaltet wurde. Wirklich consularische Provinzen nämlich gab es nur zwei, Asien und Afrika, da hieher nur gewesene Consuln geschickt werden konnten. — Ueber das Verhältniß des Quästors zum Prätor sagt Cicer. Div. in Caec. 11: *sic a maioribus nostris accepimus praetorem quaestori suo parentis loco esse oportere.* Vgl. ebend. 18, wo es heißt: *quoniam quaestor Verris fuisti, non potes eum sine ulla vituperatione accusare: si vero nulla tibi facta est iniuria, sine scelere eum accusare non potes.*

¹⁶⁰) Nämlich Crispinus.

¹⁶¹) Zur Kaiserzeit war dieses Wechseln der Köpfe von Standbildern sehr gewöhnlich.

¹⁶²) Die Recuperatoren, gewöhnlich drei an Zahl, bildeten ein Gericht, anfänglich in Streitigkeiten zwischen Römern und Ausländern, später überhaupt für schnell zu beseitigende Rechtshändel. „Die Verweisung der Repetundenklage an Recuperatoren wurde vom Senat bewilligt, wenn der Verklagte sich nicht zur Vollziehung besonderer Verbrechen hatte bestechen lassen; der Proceß wurde dadurch privatrechtlich und ging blos auf Ersatz des empfangenen Geldes." Nipperdey.

¹⁶³) Sueton. Tib. 33: *magistratibus pro tribunali cognoscentibus plerumque se offerebat consiliarium iuxtim vel ex adverso in parte primori.*

¹⁶⁴) Sueton. Octav. 36: *auctor fuit* (Augustus) [23 a. Chr.], *ut cura aerarii a quaestoribus urbanis ad praetorios praetoresve transiret.*

¹⁶⁵) Nämlich aus dem fiscus oder dem kaiserlichen Schatze.

¹⁶⁶) Etwa 47,000 Thlr.

¹⁶⁷) Die eigentlichen sibyllinischen Orakel waren griechisch abgefaßt, wovon uns der Inhalt im Einzelnen nur aus Bruchstücken bei Livius u. A. bekannt ist. Aufbewahrt wurden dieselben in einem Keller des Jupitertempels, und zwar in einer steinernen Kiste. Im Jahr 671 u. c. wurden sie ein Raub der Flammen bei einer Feuersbrunst. Aus den überall bekannten machte man nun eine neue Sammlung, aus welcher dann später Augustus und Tiberius das Unächte herauswerfen ließen. (S. Anm. 51 zu B. 6.) Um diese Orakel zu befragen, was nur auf Befehl des

Senats geschehen konnte, war ein Collegium eingesetzt, anfangs von zwei Männern, später von zehn, dann unter Sulla und hierauf unter Augustus von fünfzehn, deren Amt lebenslänglich war. Das Befragen und Nachschlagen derselben fand Statt in Gegenwart von Magistratspersonen bei auffallenden Begebenheiten, namentlich Prodigien, um so zu erfahren, welche Sühne u. s. w. gegen den Zorn der Götter anzuwenden sei. — Gegen die Befragung war Tiberius, weil er fürchtete, es könnten Sprüche beigebracht werden, die einer für ihn ungünstigen Deutung fähig wären.

168) Beide, Achaja und Macedonien, waren nämlich Senatsprovinzen, und deren Zustand und Lage war ungünstiger als die der Kaiserprovinzen. Die kaiserlichen Legaten verursachten lange nicht so viel Kosten, als die senatorischen Proconsuln; auch hatten erstere bisweilen mehrere Provinzen zu verwalten, wie hier z. B. der Legat von Mösien die Provinzen Achaja und Macedonien mitbekam (vgl. K. 80.). Ferner wurden die senatorischen Provinzen durch's Loos vertheilt, während die kaiserlichen nach des Kaisers Ermessen gewöhnlich tüchtigen Männern übertragen wurden.

169) Weil von Gladiatoren, welche gekaufte Sklaven, Kriegsgefangene oder verurtheilte Verbrecher, also keine freie Männer waren.

170) Der Sold der Schauspieler war mit der Zeit so gestiegen, daß ein Maximum festgesetzt werden mußte, und dieses geschah unter anderen nach Sueton. (Tiber. 34.) unter Tiberius. — Unter den Gönnern (fautores) sind gedungene Leute zu verstehen, welche dem oder jenem Schauspieler Beifall zuklatschten, deren Gegner aber auszischten, unsere Claqueurs.

171) d. i. Tarraco, jetzt Tarragona. Einen Altar hatte Augustus dort schon bei Lebzeiten; Quintilian. 6, 3, 77: *Augustus nuntiantibus Tarraconensibus palmam in ara eius enatam, Apparet, inquit, quam saepe accendatis.* Dieser Tempel stand bis zur Zeit des Trajanus, und Hadrianus stellte ihn wieder her.

172) Der Clanis, jetzt Chiana, ist ein Fluß Etruriens, der in den Tiber fällt. Arnus jetzt Arno.

173) Interamna, jetzt Terni, Stadt Umbriens am Nar, jetzt Nera.

174) Reate, Stadt im Lande der Sabiner, jetzt Rieti. — Der Pelinersee, lacus Velinus, zwischen Reate und Interamna, jetzt Piè di Luco oder lago delle Marmore.

175) Die iurisdictiones beziehen sich auf die kaiserlichen Provinzen ohne Heer, welche unter prätorischen Legaten oder Procuratoren standen.

176) Im 2. Regierungsjahre des Tiberius; deinceps ist von den folgenden Regierungsjahren desselben Fürsten zu verstehen.

Anmerkungen
zum zweiten Buch.

¹) So genannt vom Stifter des Reiches, Arsaces, 256 v. Chr.
²) Im J. 36 v. Chr., in welchem Antonius eine höchst schmachvolle Niederlage erlitt.
³) Monum. Ancyr. tab. V, 40: *Parthos trium exercituum Romanorum spolia et signa reddere mihi supplicesque amicitiam populi Romani petere coegi* (Augustus, 20 a. Chr.).
⁴) Phraataces und Orodes II.
⁵) D. i. Augustus.
⁶) Im J 53 v. Chr.
⁷) „Il est curieux d'observer comment ce prince, élevé en occident, s' eloignoit des usages orientaux même dans les types de ses monnoies. On y voit d'un côté l'effigie de Vononès, dont la légende offre le nom ΒΑΣΙΛΕΥΣ ΟΝΩΝΗΣ; sa tête est ceinte du diadême; ses oreilles sont ornées de boucles; mais il n'a point la coiffure médique des Arsacides. La figure de la Victoire est le type du revers; et la légende ΒΑΣΙΛΕΥΣ ΟΝΩΝΗΣ ΝΕΙΚΗΣΑΣ ΑΡΤΑΒΑΝΟΝ est d'un style dont ne trouve aucun exemple dans la numismatique des rois." Visconti. Uebrigens vgl. Iustin. 41, 3, 3 f.
⁸) Das Versiegeln der Vorrathskammern wird von den römischen Schriftstellern nicht selten erwähnt. Cicero's Mutter versiegelte sogar die leeren Flaschen; Epist. ad Fam. 16, 26.
⁹) Ein scythisches Volk im Südosten des caspischen Meeres am Oxus, im jetzigen Dahestan.
¹⁰) Dieser, der Sohn des Tigranes I, unterstützte 36 v. Chr. den Antonius im Kriege gegen die Parther, scheint es aber dabei nicht ernstlich

gemeint zu haben; denn er ließ endlich den Antonius im Stiche. Dafür rächte sich letzterer, als er 34 v. Chr. in Armenien erschien; er lockte nämlich den Art. durch List in sein Lager und ließ ihn bald darauf in silberne Fesseln legen; später führte er ihn sogar in Alexandria der Cleopatra zu Ehren in goldenen Fesseln im Triumphe auf. Vier Jahre später, 30 v. Chr., ward er von der Cleopatra, der ihn Antonius übergeben hatte, getödtet.

11) Tigranes, der Bruder des Artaxias, bestieg den Thron Armeniens 20 v. Chr. — „Tiberius Nero heißt der spätere Kaiser Tiberius vor seiner Adoption durch Augustus." Nipperdey.

17) Des Agrippa und der Julia Sohn, Adoptivsohn des Augustus und Bruder des Lucius Cäsar. Derselbe starb auf der Rückkehr aus Armenien. S. oben Anm. 13 zu Buch 1.

18) Kap. 68.

19) Das jetzige Jahr — 16 n. Chr. — wird nach der Sitte der Alten mitgezählt.

20) Das Land zwischen dem nördlichen Arme des Rheins, der Waal, Maas und der Nordsee, jetzt Betuwe. Die insula Batavorum wird von Cäsar zuerst erwähnt.

21) Jetzt der alte Rhein, welcher bei Leyden mündet. Bahalis, jetzt Waal. Mosa, Maas.

22) (Kap. 7 Lupia), jetzt Lippe.

23) Ueber die Lage dieses Castells sind verschiedene Meinungen vorgebracht worden. Die Meisten nehmen an, es im jetzigen Elsen, am Zusammenfluß der Alme und Lippe, in der Nähe von Paderborn wiederzufinden; Andere dagegen suchen es westlich von Hamm an der Vereinigung der Ahse und Lippe; nach noch Andern ist es bei der Vereinigung der Liese mit der Lippe, im Kirchspiel Liesborn zu suchen.

24) Dieser Kanal verband den Rhein mit der Yssel, die bis zu ihrer Mündung erweitert wurde. Ueber die Seen s. Anm. 138 zu B. 1.

25) Hier scheint mit Ricklefs und Walther eine Lücke anzunehmen zu sein.

26) Diese wohnten im Westen der Ems, südlich von den Friesen, und waren Bundesgenossen der Römer. Vgl. 13, 55. In der Hdschr. steht Angrivariorum, und wohl möglich ist es, daß sich Tacitus selbst geirrt hat. Die Aenderung in Ampsivariorum oder Amsivariorum hat zuerst Ritter vorgenommen.

27) Der Blonde, so genannt von der Farbe seiner Haare. Vgl. 11,

Anmerkungen zum zweiten Buch. 401

16. „Die Unterredung könnte bei Blotho stattgefunden haben, wo die Weser ungewöhnlich schmal ist." Roth.

28) Hier sehen wir, wie Deutschland schon in der allerfrühesten Zeit ein Schauspiel des Bruderkampfes bietet.

29) „Diejenigen, welche Führer der ersten Centurie einer Legion gewesen waren (primipilaris von primipilus in derselben Bedeutung, wie consularis von consul), erhielten Rittercensus und bekleideten, wenn sie weiter dienten, Tribunen- oder Präfectenstellen." Nipperdey.

30) Nach Grimm: Irmin.

31) Das Augurale befand sich im römischen Lager zur Rechten des Feldherrnzeltes. Indessen nehmen es einige Erklärer hier und 15, 30 für das praetorium oder Feldherrnzelt selbst. Quintil. 8, 2, 8: *tertius est modus, cum res communis pluribus in uno aliquo habet nomen eximium, ut carmen funebre proprie naenia et tabernaculum ducis augurale.*

32) Um sich unkenntlich zu machen, nahm er diese um.

33) Im Gegensatz zu Tiberius.

34) Von den Cheruskern rücksichtlich des Varus.

35) Nachtwachen hatten die Römer vier, während es bei den Hellenen nur drei gab.

36) Des Drusus und Tiberius, die beide bis zur Elbe vordrangen.

37) D. i. nach J. Grimm: nympharum pratum, die Nymphen- oder Elfenwiese. Zu suchen ist Idistaviso auf der rechten Seite der Weser bei der Porta Westphalica.

38) Die wahrscheinlich in diesem Jahre von Rom aus geschickt worden waren.

39) D. i. daß sie so, wie sie hinter einander marschirten, in die Schlachtlinie neben einander aufrückten.

40) Weil unter den Auspicien des Tiberius, wie stets während der Kaiserzeit unter den Auspicien der Kaiser, Krieg geführt wurde. Das Wort imperator ist daher in seiner alten ursprünglichen Bedeutung zu nehmen.

41) Nach griechischer Weise. Bei den Römern findet sich dieses erst später. Das älteste Beispiel der Errichtung solcher Tropäen wird 121 v. Chr. erwähnt, in welchem Jahre Cn. Domitius Ahenobarbus ein solches Denkmal nach einem Siege über die Allobroger errichtet haben soll; ferner von Pompejus auf den Pyrenäen nach Besiegung der Spanier; von Augustus auf den Alpen; von Drusus an der Elbe.

42) Die Leine oder Aller.

Tacitus. I. 26

43) Der länglich viereckige Schild der Legionssoldaten war rund gebogen, so daß er eng an den Körper anschloß.

44) Nipperdey schreibt hier und Kap. 24 wiederum Ampsivarios, Ampsivarii; f. Anm. 26.

45) Dieser ist der zweite; den ersten hatte Stertinius (1, 60) wiederbekommen; der dritte ward während der Regierung des Claudius wiedererlangt.

46) 1) a. u. 738. 2) a. u. 745. 3) a. u. 746. 4) a. u. 747. 5) a. u. 757. 6) a. u. 759. 7) a. u. 763. 8) a. u. 764.

47) Diese wohnten anfänglich am Sieg bis zur Ruhr. Sueton. Tib. 9: *Germanico* (bello Tiberius 8 a. Chr.) *quadraginta milia dediticiorum traiecit in Galliam iuxtaque ripam Rheni sedibus assignatis collocavit.* Vgl. Annal. 12, 39. — Der Name Suebi, nicht Suevi, wie Mommsen durch Inschriften bewiesen, bedeutet eigentlich „Nomaden, schweifende Leute," und war zu Cäsar's Zeit schwerlich schon ein Gauname. Mommf. Röm. Gesch. Th. 3 S. 228. — Marobobuus, Fürst der Markomanen, eines dem Suebenbunde angehörigen Volksstammes, hatte sich während eines zweijährigen Aufenthalts in Rom die römische Bildung und Kriegskunst in jeder Beziehung angeeignet. Nach Hause zurückgekehrt faßte er den Plan, die Markomanen aus ihren Sitzen an den Ufern des Rheins und Mains wegzuführen, bemächtigte sich des Landes der Boier (Böhmen) und machte dieses zum Mittelpunkt eines Völkerbundes, der bis an die Nordufer der Donau reichte. Diese immer zunehmende Macht sah man in Rom mit Mistrauen an, und Tiberius sollte (6 n. Chr.) den Marobobuus zugleich von Süden und Westen angreifen. Allein dieses kam wegen des Aufstandes der Pannonier und Dalmatier nicht zur Ausführung und Augustus war zufrieden durch ein Bündniß den Marobobuus in seinem Lande festzuhalten. Vgl. unten Anm. 100.

48) Des Tiberius Sohn von der Lipsania Agrippina.

49) d. i. Astrologen. Cicer. de divin. 1, 1: *qua in natione* (Assyriorum) *Chaldaei non ex artis, sed ex gentis vocabulo nominati, diuturna observatione siderum scientiam putantur effecisse, ut praedici possit, quid cuique eventurum et quo quisque fato natus esset.* Die Chaldäer waren ursprünglich ein Nomadenvolk Nordassyriens, hierauf wurden so die Priester der Babylonier genannt, welche sich vorzugsweise mit Astrologie beschäftigten. Derartige Astrologen kamen viele aus Asien nach Rom, um dort den Aberglauben für sich auszubeuten.

Anmerkungen zum zweiten Buch. 403

⁵⁰⁾ Die Verwandtschaftsverhältnisse erläutert folgende Stammtafel:

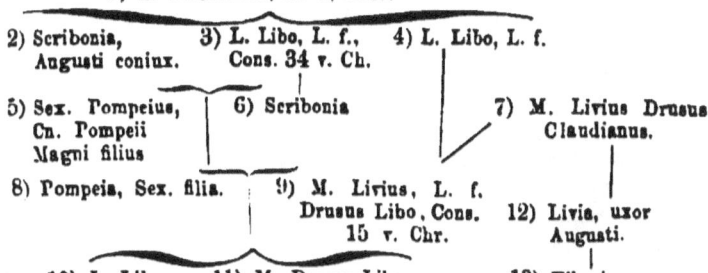

Cn. Pompeius war also von mütterlicher Seite Urgroßvater unsers Drusus Libo (nr. 11), Scribonia (nr. 2) die Schwester seines Großvaters (nr. 4), also eigentlich seine Großtante (amita magna). Sein Vater (nr. 9) war adoptirt vom Vater der Livia (nr. 7) und hieß daher M. Livius Drusus Libo, aber L. f. nach seinem natürlichen Vater (nr. 4). Durch diese Adoption waren der Vater unsers Drusus Libo und Livia (nr. 12) Geschwister und für unsern Drusus Libo die Söhne der Livia, der Kaiser Tiberius und sein verstorbener Bruder Drusus, consobrini im engeren Sinne, im weiteren auch deren Söhne und Enkel, also sämmtliche lebende Caesares. Borghesi bei Nipperdey.

⁵¹⁾ Der eines Criminalverbrechens Angeklagte legte bei den Römern seit der frühesten Zeit Trauerkleider an (sordida vestis).

⁵²⁾ So daß der Angeklagte, Libo, gleich darauf antworten konnte. — Papiere, des Libo selbst. — nachgeforscht, nämlich bei den Magiern.

⁵³⁾ Das jetzige Brindisi in Calabrien. Die via Appia, von Stat. Silv. 2, 2, 12 regina viarum genannt, war von Appius Claudius Cäcus um 442 a. u. erbaut und ging bis Capua. Von wem und wann sie bis Brundisium geführt worden sei, wissen wir nicht.

⁵⁴⁾ Dieser war ein Staatssklave (servus publicus), der jedenfalls Geschäfte bei der Staatskasse zu versehen hatte. Auf ihn fanden Eigenthumsübertragungen an die Staatskasse Statt. Ueber seine Stellung überhaupt ist etwas Näheres nicht bekannt. Die Sklaven des Libo, welche gegen ihn aussagten, ließ Tiberius an diesen verkaufen, damit sie nun als Sklaven eines Andern gegen ihren früheren Herrn als Zeugen auftreten konnten. Derselbe Fall war schon unter Augustus vorgekommen.

⁵⁵⁾ Oben 1, 14. wird berichtet, daß die gewöhnliche Zahl der Präto-

ren zwölf gewesen sei (numerum ab Augusto traditum), und daß Tiberius
erklärt habe, diese Zahl festhalten zu wollen.

56) Dieser war der Sohn des berühmten Redners Marcus Valerius
Messala Corvinus und Bruder des oben 1,8 erwähnten Messala Valerius.
Durch Adoption kam er aus dem väterlichen Geschlechte in das der Aure-
lier, zu dem seine Mutter gehörte, und nahm nach dem Tode seines Bru-
ders dessen Beinamen Messalinus an. Er gehörte zu den gemeinsten
Schmeichlern des Tiberius; vgl. 4, 20. 5, 3. 6, 5 ff.

57) Diese imagines waren Wachsmasken, nach dem Leben so ähnlich
als möglich geformt und gemalt. Dieselben befanden sich an den Wänden des Atrium, und waren für gewöhnlich in ihren Behältern (armaria)
verschlossen. Bei den Leichenbegängnissen wurden sie in der Art vorange-
tragen, daß Leute, welche in ihrem Aeußeren den vorzustellenden Personen
glichen, sie vor das Gesicht nahmen und in entsprechender Tracht mit
allen gebührenden Insignien vor dem lectus einherzogen.

58) Vgl. 4, 44.

59) Derselbe war damals consul designatus, Bruder des Pomponius
Graecinus, der in freundschaftlichem Verhältniß zu Ovidius stand. Er bekleidete im folgenden Jahre (17 n. Chr.) das Consulat mit C. Cälius
Rufus, wurde im J. 19 zum zweiten Mal nach Mösien gesandt, um den
thracischen König Rhescuporis hinterlistiger Weise in die Gefangenschaft
zu locken. Hierauf spielte er unter des Tiberius Regierung eine nicht unbedeutende Rolle und erhielt als Preis der kaiserlichen Gunst die Statthalterschaft Syrien, die er bis zu seinem Tode (33 n. Chr.) verwaltete.

60) Gell. 1, 9: *vulgus, quos gentilicio nomine Chaldaeos dicere opor-
tet, mathematicos dicit.* Vgl. über dieselben Hister. 1, 22. Schon 614
u. c. wurde ein Edikt gegen sie erlassen, wie Valer. Max. 1, 3, 2 berichtet: *Cornelius Hispellus praetor edicto Chaldaeos intra decimum diem
abire ex urbe atque Italia iussit.* Uebrigens gehört der Name mathema-
ticus in dieser Bedeutung erst der Kaiserzeit an.

61) Zu verstehen vom tarpejischen Felsen an der Westseite des Ca-
pitols.

62) Auf der Ostseite der Stadt, wo der campus Esquilinus der gewöhnliche Ort für Hinrichtungen war. Sollte ein römischer Bürger zum Tode
verurtheilt werden, so wurde in verschiedenen Theilen der Stadt die Trom-
pete geblasen und zuletzt vor dem Hause des Verbrechers. Vgl. Plutarch.
C. Gracch. 3. Nach altem Brauche geschah die Hinrichtung dadurch,
daß der Verurtheilte mit Ruthen zu Tode gepeitscht und ihm dann mit
dem Beile der Kopf abgeschlagen ward.

Anmerkungen zum zweiten Buch. 405

63) d. i. seidene Gewänder. Dieselben wurden zuerst von Frauen getragen. Des hohen Preises wegen waren sie sehr dünn gewebt. Senec. do benef. 7, 9, 5: *video Sericas vestes, si vestes vocandae sunt, in quibus nihil est, 'quo defendi aut corpus aut denique pudor possit, quibus sumptis mulier parum liquido nudam se non esse iurabit. Hae ingenti summa ab ignotis etiam ad commercium gentibus accersuntur, ut matronae nostrae ne adulteris quidem plus sui in cubiculo quam in publico ostendant.*

64) Vorzugsweise ist hier C. Fabricius Luscinus gemeint, ein Mann, der seiner Einfachheit und Enthaltsamkeit wegen — man denke an Pyrrhus — von den Alten oft erwähnt wird.

65) Der Senatorencensus betrug 1,000,000, der der Ritter 400,000 Sesterze. Unter den Plätzen sind die Plätze im Theater zu verstehen. Die Senatoren nämlich hatten besondere Plätze im Theater (senatoria subsellia) an der Orchestra; desgleichen die Ritter durch die lex Roscia (67 v. Chr.).

66) Hiermit meint Tiberius sich selbst. Schon Augustus hatte sich die Censur angeeignet; Sueton. Octav. 27: *recepit et morum legumque regimen aeque perpetuum, quo iure, quamquam sine censurae honore, censum populi ter egit.*

67) d. i. der Livia, der Mutter des Tiberius.

68) Diese hatten den höchsten Rang unter der weiblichen Bevölkerung Rom's.

69) Ein Theil der Richter bestand nämlich auch aus Rittern.

70) Die Worte qui-fungebantur sind, wie Ripperdey richtig bemerkt, hinzugefügt, weil andere und zwar die Mehrzahl nach der Prätur Legionslegaten wurden.

71) „Für die Bestimmung princeps-nominaret war der Grund, weil die legati legionum vom Kaiser ernannt, die Prätoren vom Senat gewählt wurden. Damit nun keiner von denen, die der Kaiser zu Legionslegaten ernennen wollte und denen er später die Prätur zugedacht hatte, dadurch, daß ihn der Senat nicht wählte, von der Prätur ausgeschlossen würde, sollte der Kaiser nur so viel Candidaten nennen, als Prätoren gewählt werden mußten, so daß der Senat nur die von ihm genannten wählen und der Kaiser ohne Collision mit der Senatswahl bis zur Zahl 12 die ihm beliebigen Personen zu Legionslegaten ernennen konnte." Ripperdey.

72) Der Kaiser war dadurch auf fünf Jahre gebunden, in denen er leicht seine Meinung über den und jenen ändern konnte. Auch waren die

bereits im voraus Gewählten von des Kaisers Willkür ziemlich unab-
hängig.

73) 1,000,000 Sesterze.

74) Sueton. Octav. 29: *templum Apollinis in ea parte Palatinae domus excitavit, quam fulmine ictam desiderari a deo haruspices pronun-
tiarant. Addita porticus cum bibliotheca Latina Graecaque, quo loco
iam senior saepe etiam senatum habuit decuriasque iudicum recognovit.*

75) Sein Großvater, jener berühmte Redner — acht Jahre älter als
Cicero — war im Besitz außerordentlicher Reichthümer, zu denen er freilich nicht immer auf die redlichste Weise gekommen war. Der Sohn desselben und Vater des hier erwähnten M. Hortalus war Qu. Hortensius
Hortalus, welcher sich seines Vaters unwürdig benahm und sein Vermögen
durchgebracht hatte. Durch ihn war die Familie herabgekommen. Wenn
hier die Beredtsamkeit ein Familienerbtheil genannt wird, so ist das wol etwas
übertrieben; denn außer dem berühmten Redner und dessen Tochter Hor-
tensia, des Hortalus Tante, deren Rede Quintil. 1, 1, 6. erwähnt, zeichnete sich kein Familienglied darin aus.

76) Es werden nur ein Dictator und zwei Consuln dieses Namens
genannt.

77) Sueton. Tib. 25: *servus Agrippae Clemens nomine non contem-
nendam manum in ultionem domini compararat.*

78) Vgl. oben 1, 6.

79) Dieses that er, damit man keinen Beweis für den Tod des Agrippa
in den Händen hätte. — Cosa war eine Stadt Etruriens, jetzt Ruinen
bei Ansedonia oberhalb Orbitello; aber ebenso hieß auch das Vorgebirge bei
der Stadt, die äußerste Spitze des mons Argentarius.

80) Clemens war der Sklave des Agrippa, und als solcher kam er nach
dem Tode des Augustus, des Agrippa Adoptivvater, durch Erbschaft an
den Tiberius.

81) Vgl. 1, 6. 3, 30.

82) Dieser stand neben dem Tempel der Concordia am Aufgange zum
Capitole.

83) Dieser befand sich auf dem rechten Tiberufer, wo die horti Caesaris südlich vom Janiculum lagen; vgl. über die drei Tempel der Fors Fortuna Becker's Handb. der röm. Alterth. Th. 1. S. 479. — Bovillä
lag nicht weit von Rom an der Appischen Straße. In seiner Nähe wurde
Clodius von des Milo Leuten erschlagen.

84) Nero, Drusus, Gajus Caligula, Agrippina, Drusilla; denn Livia
(Julia) wurde später geboren.

Anmerkungen zum zweiten Buch.

85) Marcellus war der Halbbruder der Antonia, der Mutter des Germanicus, und somit nur uneigentlich Oheim des letzteren.
86) Er hatte von Antonius a. u. 718 das Königreich Cappadocien erhalten.
87) Des Lucius und Gajus Cäsar.
88) Vgl. oben 1, 78.
89) Antiochus III. — Das kleine Land Commagene lag nördlich von Syrien; Hauptstadt Samosata. — Philopator II., der aber nicht König von ganz Cilicien, sondern nur einer Gegend im Amanus war.
90) Oben Kap. 3 fg.
91) Ganz Asien und Aegypten.
92) Die unter dem Senat stehenden Provinzen wurden durch das Loos vertheilt; s. Anm. 159 zu B. 1.
93) Dieser war durch Adoption aus der gens Iunia in die gens Caecilia gekommen, und hieß mit vollem Namen Qu. Cäcilius Metellus Creticus Silanus. Syrien hatte er verwaltet seit dem J. 11 n. Chr. Die Verheirathung seiner Tochter mit Nero, des Germanicus Sohne, kam nicht zu Stande; denn unten 3, 29 heißt es, daß derselbe sich mit des Drusus Tochter Julia vermählt habe.
94) Die Partei des Pompejus, welche auch nach dessen Tode den Krieg gegen Julius Cäsar fortsetzte.
95) Er war im J. 23 v. Chr. mit Augustus selbst Consul.
96) Drusus und Germanicus.
97) S. die Anm. 96 zu B. 1.
98) Jener bekannte Freund des Cicero. Dessen Tochter Pomponia war die Mutter der Vipsania, welche an den Tiberius vermählt den Drusus gebar.
99) Tiberius hatte nämlich, wie bekannt, den Germanicus adoptirt.
100) „Die Sueben nahmen den ganzen Süden, nördlich an der Donau, und Osten, von der Elbe an, von Deutschland ein. Marbods Reich war im Westen begrenzt von der Elbe, dem Erzgebirge und Böhmerwalde und scheint alle Sueben umfaßt zu haben außer den westlicher in Thüringen und Nordbaiern wohnenden Hermunduren." Nipperdey. S. oben Anm. 47.
101) Dem Sohne des Segimer. — Arminius fand zwei Jahre später im Alter von 37 Jahren seinen Tod.
102) Die silva Hercynia ist hier nicht als Gesammtnahme (s. zu German. 28) aufzufassen, sondern damit der Böhmerwald, das Erzgebirge und die Sudeten gemeint. Uebrigens vgl. mit unserer Stelle Vellei. 2, 108:

gentem Marcomannorum, quae Maroboduo duce excita sedibus suis atque in interiora refugiens incinctos Hercynia silva campos incolebat. — Maroboduus genere nobilis, corpore praevalens, animo ferox, natione magis quam ratione barbarus — statuit avocata procul a Romanis gente sua eo progredi, ubi, cum propter potentiora arma refugisset, sua faceret potentissima. Occupatis igitur, quos praediximus, locis finitimos omnis aut bello domuit aut condicionibus iuris sui fecit.

103) Mit den Römern; vgl. Vellei. 2, 109: *legati, quos mittebat ad Caesares, interdum ut supplicem commendabant, interdum ut pro pari loquebantur.*

104) Von den Cheruskern; für die neuerrungene Freiheit von den Longobarden.

105) Plin. h. n. 2, 200: *maximus terrae memoria mortalium exstitit motus Tiberii Caesaris principatu, duodecim urbibus Asiae una nocte prostratis.*

106) In der nächsten Nähe der Ruinen des alten Sardes führen einige elende Türkenhäuser den Namen Sert. — Magnesia am Sipylus in Lydien jetzt Manissa oder Manaschir mit unbedeutenden Ruinen. — Temnos, Aegeä, Myrina und Cyme lagen in Mysien; Philadelphea, jetzt Allah-Schehr, Apollonidea, Mostene, Hyrkania, Hierocäsaria und Tmolus in Lydien.

107) Sie war wahrscheinlich eine Freigelassene aus der gens Aemilia; ihr Vermögen wurde für den Fiscus gesetzlich beansprucht, weil kein erweislicher Erbe vorhanden war.

108) Denen eigentlich die Erbschaft rechtmäßig hätte zufallen sollen.

109) D. i. Proserpina als Schwester des Bacchus oder Liber. — Der Circus Maximus befand sich zwischen dem Palatin und Aventin, und der Tempel, gewöhnlich aedes Cereris genannt, stand am Abhange des Aventin. A. Postumius hatte ihn als Dictator vor der Schlacht am Regillersee 499 v. Chr. (255 u. c.) oder 496 v. Chr. (258 u. c.) gelobt. Vgl. Becker's Handb. der röm. Alterth. 1 Th. S. 471 f.

110) Dieser befand sich in der neunten Region vor dem carmentalischen Thore an dem Tiber. Dort war auch der Tempel der Spes. Der Sieg des Duilius bei Mylä fällt in das Jahr 260 v. Chr.

111) A. Atilius Calatinus, Consul in den Jahren 258 und 254 v. Chr.

112) Paulus rec. sent. 2, 26, 14: *adulterii convictas mulieres dimidia parte dotis et tertia parte bonorum ac relegatione in insulam pla-*

Anmerkungen zum zweiten Buch. 409

cuit coërceri; adulteris vero viris pari in insulam relegatione dimidiam bonorum partem auferri, dummodo in diversas insulas relegentur.

113) Die Erklärung dazu gibt Liv. 39, 18: *mulieres damnatas cognatis, aut in quorum manu essent, tradebant, ut ipsi in privato animadverterent in eas.*

114) Lex Papia Poppaea de maritandis ordinibus, deren Hauptinhalt war: *qui candidatorum plures liberos secundum hanc legem habebit, praefertur.*

115) Diese wohnten südlich von Cirta am Gebirge Audus; die Cinithier unter der kleinen Syrte.

116) Die Feinde.

117) Zu verstehen ist Marcus Furius Camillus, welcher als Dictator die sennonischen Gallier, welche unter Brennus Rom bereits genommen hatten, überfiel und ihnen eine vollständige Niederlage beibrachte (390 v. Chr.).

118) (Sohne Camillus) Wahrscheinlich hat Tac. den L. Furius Camillus, cons. 349 v. Chr., und den gleichnamigen Consul der Jahre 338 u. 325 v. Chr., für eine und dieselbe Person gehalten, während nach andern Nachrichten der letztere ein Enkel des berühmten M. Furius Camillus war. Außerdem hat Tac. übersehn den P. Furius Philus, der 223 v. Chr., und L. Furius Purpureo, der 200 v. Chr. triumphirte. Ripperdey.

119) Stadt auf der Südwestspitze von Epirus am Eingange des Ambracischen Meerbusens, des jetzigen Golfs von Arta, Actium gegenüber, von Augustus zum Andenken an seinen bei Actium erfochtenen Sieg (31 v. Chr.) erbaut, jetzt Paleoprevyza mit sehr bedeutenden Ruinen.

120) Sueton. Octav. 18: *quo Actiacae victoriae memoria celebratior et in posterum esset, urbem Nicopolim apud Actium condidit ludosque illic quinquennales instituit et ampliato vetere Apollinis templo locum castrorum, quibus fuerat usus, exornatum navalibus spoliis, Neptuno ac Marti consecravit.*

121) Oben Kap. 43. Vgl. Anm. 96 zu B. 1.

122) Er hatte das proconsulare imperium, und somit führte er eigentlich zwölf. Mit Athen verfuhren die römischen Magistrate stets sehr rücksichtsvoll.

123) Stadt an der Propontis, später Heraklea, jetzt Eregli.

124) (Samothracier) Die Mysterien der Kabiren, welche den eleusinischen fast gleich galten. Die Insel Samothrake befindet sich im Norden des ägäischen Meeres, jetzt Samothraki.

¹²⁵) Zu verstehen von Neu-Ilium, welches der Küste näher als das alte lag. Für die Ueberreste desselben hält man die sich zwischen den Dörfern Kumkioi, Kali-fatli und Tschiblack befindenden Trümmer Namens Hissarlik (d. i. die Paläste).

¹²⁶) Kolophon war eine Stadt Joniens oberhalb Ephesus. In der Nähe desselben lag Klarus auf einer Landspitze, berühmt durch das Orakel des Apollo.

¹²⁷) In Karien, jetzt Pallatia.

¹²⁸) Die Athenienser nämlich, deren Zahl im Verlauf der Zeit sehr abgenommen hatte, waren bei der Aufnahme neuer Bürger eben nicht schwierig zu Werke gegangen. Ja sogar für Geld hatten sie das Bürgerrecht verkauft.

¹²⁹) Im ersten mithridatischen Kriege, 87 und 86 v. Chr. Vgl. was dagegen Vellei. Pat. 2, 23 sagt: *si quis hoc rebellandi tempus, quo Athenae a Sulla oppugnatae sunt, imputat Atheniensibus, nimirum veri vetustatisque ignarus est; adeo enim certa Atheniensium in Romanos fides fuit, ut semper et in omni re quicquid sincera fide gereretur, id Romani Attica fieri praedicarent. ceterum tum oppressi Mithridatis armis homines miserrimae condicionis cum ab inimicis tenerentur, oppugnabantur ab amicis, et animos extra moenia, corpora necessitati servientes intra muros habebant.*

¹³⁰) In der Schlacht bei Actium.

¹³¹) z. B. Themistokles, Aristides, Sokrates, Phocion.

¹³²) Polemo I., der Sohn eines Rhetors Zeno von Laodicea, erhielt wegen seiner dem Antonius geleisteten Dienste von diesem und später von Augustus zuerst ein kleines Reich am Pontus, dann das pontische Reich, Kleinarmenien, und endlich das bosporanische Reich, und wurde zuletzt im Kampfe mit Nachbarvölkern gefangen genommen und getödtet (1 oder 2 n. Chr.). Ihm folgte seine Gemahlin Pythodoris.

¹³³) Hauptstadt des Landes am Araxes.

¹³⁴) Hierin hat Tacitus nicht Recht; Zeno wurde so genannt nach Artaxias, dem Statthalter Antiochus' des Großen, der nach Besiegung des Antiochus durch die Römer auf Seite der letzteren trat und sich zum Könige Armeniens machte. Der Name Artaxias wurde der gemeinsame Name seiner Nachfolger.

¹³⁵) Qu. Veranius und Qu. Serväus waren Legaten des Germanicus.

Anmerkungen zum zweiten Buch.   411

136) D. i. der Gewalt des legatus pro praetore von Syrien.
137) M. Piso.
138) Stadt in der syrischen Landschaft Cyrrhestice, an der Grenze von Commagene.
139) Volk im Norden des arabischen Meerbusens.
140) Mit diesen Worten will Piso sagen, dieser Luxus passe nicht für Römer, wohl aber für Parther.
141) Das frühere Soloi, welches Tigranes zerstörte. Pompejus stellte die Stadt wieder her, und seit dieser Zeit führte sie den Namen Pompejopolis. Jetzt Ruinen bei Meſetlü.
142) Er bediente sich nicht der römischen calcei, welche den ganzen Fuß bedeckten, sondern der blos die Fußsohle bedeckenden crepidae; ebenso trug er nur den einfachen griechischen Mantel (pallium), nicht die Toga.
143) Scipio Africanus maior. Liv. sagt von ihm 29, 19, 11 f.: *ipsius etiam imperatoris non Romanus modo, sed ne militaris quidem cultus iactabatur: cum pallio crepidisque inambulare in gymnasio.*
144) Die equites illustres bildeten eine bevorzugte Classe der römischen Ritter, welche senatorischen Census hatten und Senatoren werden konnten. Denselben war es auch erlaubt, wenn sie sich dem höheren Staatsdienst widmen wollten, den breiten Purpurbesatz, latus clavus — daher auch laticlavii genannt — anzulegen. Uebrigens vgl. in Bezug auf Aegypten mit dieser Stelle Histor. 1, 11. und Arrian's Anab. 3, 5, 7.
145) Hirt. b. Alex. 26: *tota Aegyptus maritumo accessu Pharo, pedestri Pelusio velut claustris munita existimatur.*
146) Seestadt unweit Alexandria. Spuren von Ruinen derselben etwas westlich von Abukir. Strab. 17 p. 801: Κάνωβος δ'ἐστὶ πόλις ἐν εἴκοσι καὶ ἑκατὸν σταδίοις ἀπὸ Ἀλεξανδρείας πεζῇ ἰοῦσιν, ἐπώνυμος Κανώβου, τοῦ Μενελάου κυβερνήτου, αὐτόθι ἀποθανόντος.
147) Zu verstehen von dem os Canopicum oder Heracleoticum, der westlichsten Mündung des Nil. Ueber den ägyptischen Hercules vgl. was Herodot. 2, 43 erzählt.
148) Auf den großartigen Ruinen desselben, der uralten Hauptstadt Oberägyptens, stand damals Diospolis, jetzt Carnak, Luxor, Medinet Habu und Gurnu.
149) Hieroglyphen; vgl. unten 11, 14.
150) Rhamses II. Miamun, d. i. der von Ammon Geliebte, Sohn des Sethos I, aus der 19. Dynastie, 1394—1328 v. Chr., der mächtigste Herrscher des Pharaonenreichs. Vgl. die kurze, aber schöne und

Alles umfassende Schilderung bei Weber: Allgem. Weltgeschichte Bd. 1 S. 92 ff.

151) D. i. Pontus Euxinus.

152) D. i. der Theil des mittelländischen Meeres zwischen Rhodus und Cypern.

153) Auf der Westseite von Theben unter den Trümmern von Medinet Habu ragen zwei Riesenkolosse in thronender Gestalt, welche Amenophis III. aus der 18. Dynastie errichtet hatte, empor, von denen der nordöstliche die berühmte klingende Memnonsstatue war. Der Mythus von ihrem Klange entstand erst, als in Folge eines Erdbebens im J. 27 v. Chr. der obere Theil des Kolosses herabstürzte. Das Nähere darüber f. bei Weber im a. B. S. 89—91. Duncker's Gesch. des Alterth. Bd. 1 S. 29 f.

154) Westlich von Memphis bei den Dörfern Gizeh, Daschur u. a.; vgl. Weber S. 69.

155) d. i. den See Möris und andere. Derselbe war angelegt von Amenemha III., dem berühmtesten Könige der zwölften Dynastie. Diesen König nannten die Griechen nach seinem berühmtesten Werke, Phiomen Mère, d. i. See der Ueberschwemmung, Möris. Derselbe befand sich südlich von Memphis in der heutigen Landschaft Fayum (Phiom.) Vgl. Weber S. 76 ff.

156) Näml. des Nil. Zu verstehen sind die Einengungen und Stromschnellen bei Elephantine und Syene.

157) Stadt und Insel im Nil, Syene (j. Assuan) gegenüber. Hier war die Grenze Aegyptens gegen Aethiopien.

158) D. i. unter Trajanus, unter dem das römische Reich den weitesten Umfang hatte.

159) Diese wohnten am nördlichen Ufer der Weichsel; vgl. German. 43.

160) Zwischen Rätien und Pannonien.

161) Nördlich von der Donau in Baiern und Thüringen.

162) Das jetzige Fréjus.

163) Marus die March, Cusus die Waag. Die Quaden wohnten in Mähren.

164) Diesen Tempel, der auf dem forum Augusti stand, hatte Augustus im Kriege gegen Brutus und Cassius gelobt. Seine Dedication indessen war erst im J. 752 erfolgt.

165) Adeo hoc verum est, ut Cotys ille etiam litteris et poesi excultus fuerit. Ad eum enim est elegia Ovidii ex Pont. 2, 9. et in eius regno vates ille exsulavit. Lipsius.

Anmerkungen zum zweiten Buch. 413

166) Im Norden der Donau, bis zu welcher sein Reich am schwarzen Meer vor Mösien hinaufreichte (später ging Mösien bis ans schwarze Meer, Plin. 3, 26, 149), die erstern nach Westen bis zu den Germanen, die letztern nach Osten zu. Nipperdey.

167) Von diesem sagt Ovid. ex Pont. 4, 9, 75 ff.: *Praefuit his, Graecine, locis modo Flaccus, et illo Ripa ferox Istri sub duce tuta fuit. Hic tenuit Mysas gentes in pace fideli, Hic arcu fisus terruit ense Getas. Hic captam Trosmin celeri virtute recepit Infecitque fero sanguine Danubium.*

168) Der Tochter der Pythodoris (Anm. 132), Strab. 12, 3, 29: δυεῖν δ' ἐκ τοῦ Πολέμωνος ὄντων υἱῶν καὶ θυγατρός, ἡ μὲν ἐδόθη Κότυι τῷ Σαπαίῳ, δολοφονηθέντος δ' ἐχήρευσε, παῖδας ἔχουσα ἐξ αὐτοῦ. δυναστεύει δ' ὁ πρεσβύτατος αὐτῶν.

169) Darunter versteht man Ptolemaeus V. Epiphanes, der 181 v. Chr. starb und zwei Söhne — Ptolemaeus VI. Philometor und Ptolemaeus VII. Euergetes II. ob. Physcon — und eine Tochter hinterließ. Andere verstehen nach Justin. 30, 2 f. darunter den Ptolemaeus IV. Philopator, so daß sich die Vormundschaft auf Ptolemaeus V. beziehen würde.

170) Vgl. oben K. 58 u. das. Anm. 141. — Die Albaner wohnten am kaspischen Meere im Caucasus; weiter nach Nordwesten die Heniocher.

171) Der jetzige Dshihun oder Dschehan.

172) Evocati waren diejenigen Soldaten, welche die gesetzmässige Zeit gedient, aber auf geschehene Aufforderung wieder Dienste genommen hatten. Dieselben hatten eine ehrenvolle Stellung im Heere und waren von vielen Diensten, wie Schanzarbeit u. a., frei.

173) Antiochia, jetzt Antakijeh oder Antaki, die Hauptstadt Syriens, lag am Orontes, jetzt Ahssy.

174) Mit dem Beinamen Pieria, sehr bedeutende Stadt am Meere, lag 120 Stadien von Antiochia entfernt und war dessen natürlicher Hafen, jetzt eine Trümmerstätte, die bald Selukie, bald Kepse heißt, in der Nähe des Hafenortes Sueidieh.

175) Er hatte den siebenjährigen Caligula und die im vorigen Jahre geborene Julia bei sich.

176) Seiner Mutter Antonia und seinem Adoptivvater Tiberius. Germanicus starb im 34. Lebensjahr.

177) D. i. seinem Adoptivbruder Drusus. An seinen geistesschwachen leiblichen Bruder Claudius, den nachherigen Kaiser, ist nicht zu denken.

178) Vgl. Horat. od. 3, 24, 31: *virtutem incolumem odimus, sublatam ex oculis quaerimus invidi.*

179) Von Seiten des Tiberius und der Livia; f. oben K. 43.
180) In Bezug auf seine Gattin und Kinder.
181) Am 10. October.
182) Sueton. Calig. 5: *regum etiam regem et exercitatione venandi et convictu megistanum abstinuisse, quod apud Parthos iustiti instar est.*
183) Antiochia's und Babylons.
184) Alexander starb im 33. Lebensjahre.
185) In der Nähe von Carien, zu den Sporaden gehörig, jetzt Ko oder Stingo, Stanchio.
186) Von den syrischen Legionen.
187) D. i. ihm dem Piso dem legatus pro praetore von Syrien, vom Tiberius besonders, für ihn persönlich gegebene.
188) Von den syrischen Legionen.
189) Piso mit den Seinen.
190) „Der Hohn scheint darin bestanden zu haben, daß Piso selbst das Verbrechen bezeichnet, dessentwegen er verfolgt werden sollte; während Vibius Marsus ihm nur im Allgemeinen die gerichtliche Verfolgung angekündigt hatte. Indem er den Gegenstand dieser Verfolgung nannte, gab er seine Geringschätzung der Gegner zu erkennen." Roth. Außerdem war Piso jedenfalls der Meinung, daß eine gerichtliche Verfolgung wol niemals Statt finden würde.
191) Laodicea am Meere, der Insel Cypern gegenüber, jetzt Ladikieh.
192) Jetzt Kalendria oder Güllnar.
193) Vgl. oben K. 55.
194) Vgl. oben K. 43 z. E.
195) Dem Vater des Germanicus. Suet. Claud. 1: *fuisse creditur* (Drusus) *non minus gloriosi quam civilis animi ... nec dissimulasse umquam pristinum se rei publicae statum, quandoque posset, restituturum. Unde existimo nonnullos tradere ausos suspectum eum Augusto revocatumque ex provincia et, quia cunctaretur, interceptum veneno. Quod equidem magis, ne praetermitterem, rettuli, quam quia verum aut verisimile putem.* Vgl. oben 1, 33.
196) Drusus nämlich war Stiefsohn des Augustus.
197) Germanicus und sein Vater Drusus.
198) Iustitium, d. i. Stillstand der Gerichte und öffentlichen Geschäfte, wurde bei großer Gefahr oder Trauer angeordnet.
199) Also des Abends oder Nachts, wann die Tempel geschlossen waren. Sueton. Calig. 6: *cum ad primam famam valetudinis attonita et maesta civitas sequentes nuntios opperiretur et repente iam vesperi incertis*

Anmerkungen zum zweiten Buch. 415

auctoribus convaluisse tandem percrebuisset, passim cum luminibus et victimis in Capitolium concursum est ac paene revulsae templi fores, ne quid gestientes vota reddere moraretur.

200) Ein uraltes Lied, welches die Salier, Priester des Mars, deren Einsetzung dem Numa zugeschrieben wird, bei ihrer im März jedes Jahres stattfindenden Prozession durch die Stadt sangen. Als ganz besonders hohe Ehre galt es, in diesem Liede genannt zu werden. Dieselbe ward dem Augustus noch bei seinen Lebzeiten zu Theil, ferner dem Germanicus, dem Verus, des Antoninus Sohne, und dem Caracalla.

201) „Ein Sessel mit einem Kranze darüber an jedem Ort, wo die Augustalen zu ihren Sitzungen, bei Feierlichkeiten und Schauspielen Plätze hatten. Er gehörte zu ihrem Collegium. S. 1, 54." Ripperdey. Unter corona quercea ist die civica aus Eichenlaub zu verstehen. Dieselbe erhielt, wer einem Bürger das Leben gerettet hatte.

202) Mit den Götterbildern in dem feierlichen Aufzuge vor den Spielen.

203) Germanicus war Augur und Flamen des Augustus. Sein Nachfolger war sein Adoptivbruder Drusus.

204) Sueton. Claud. 1: *praeterea senatus inter alia complura marmoreum arcum cum tropaeis via Appia decrevit.*

205) Zwischen Cilicien und Syrien, jetzt Durdan oder nach Andern Alma dagh.

206) Eine Trauerbühne in der Form eines tribunal zum Zeichen seiner Feldherrnwürde. — Epidaphne war eine Vorstadt von Antiochia.

207) Darunter ist ein Brustbild zu verstehen. Clipeus heißt ein solches, weil es die Gestalt eines runden Schildes hatte. Derartige Schilder berühmter Männer waren seit alten Zeiten in Tempeln oder in der Curie aufgestellt worden. Plin. h. n. 35, 3, 12: *scutis qualibus ad Troiam pugnatum est, continebantur imagines, unde et nomen habuere clipeorum.*

208) Sueton. Cal. 8: *ingenium in utroque eloquentiae doctrinaeque genere praecellens ... oravit causas etiam triumphalis atque nter cetera studiorum monumenta reliquit et comoedias Graecas.*

209) Nämlich im Theater, wo die Ritter wie die Senatoren ihre besonderen Plätze hatten.

210) „Bei dem feierlichen Aufzuge (travectio) der Rittercenturien, welcher alljährlich an diesem Tage stattfand." Ripperdey.

211) Bei Suetonius Livilla. — Der eine Knabe hieß Germanicus, der andere Tiberius.

212) „Er hatte vorher schon eine Tochter (3, 29.). Im hohen

Abel der damaligen Zeit waren 3 Kinder selten, und die Gesetzgebung des Augustus hatte bedeutende Prämien darauf gesetzt, sowie an eheloses Leben und Kinderlosigkeit Nachtheile geknüpft." Ripperdey.

213) Suet. Tib. 35: *feminae famosae, ut ad evitandas legum poenas iure ac dignitate matronali exsolverentur, lenocinium profiteri coeperant.* Vgl. Becker's Gallus Th. 3 S. 41 f.

214) Nach der lex Iulia de adulteriis.

215) Eine der Cycladen, jetzt Serpho oder Serphanto.

216) Der ägyptische Dienst der Isis, des Serapis, Anubis und Harpocrates, vorzüglich der Isis, war schon lange v. Chr., seit Sulla, in Rom verbreitet. Ausführlich berichtet hierüber Joseph. Alterth. 18, 3, 4.

217) Die älteste und oberste Vestalin hieß virgo maxima, virgo natu maxima, Vestalis maxima. Von ihrer Aufnahme an mußte jede Vestalin 30 Jahre in ihrer Stellung bleiben. Nach dieser Zeit konnte sie austreten und sich verheirathen. Das hier erwähnte Vorstehen kann sich nur auf den letzten Theil der 57 Jahre beziehen.

218) Plinius h. n. 18, 7. gibt einen Modius gallisches Getreide auf 20 Pfund schwer an.

219) Vgl. 1, 72.

220) D. i. welche als Geschichtschreiber zugleich Senatoren waren, und als solche das, was im Senate vorkam, am besten wissen mußten.

221) Dieses that, wie bekannt, der Consul C. Fabricius 278 v. Chr.

222) Diese Beschuldigung findet sich nur bei Tacitus. Ueberhaupt haben wir über das Ende des großen deutschen Fürsten sonst keine Nachricht. Jedenfalls strebte er nach der Führerschaft der Nation, und das mußte er auch, wenn Eintracht unter den Völkerschaften Germaniens sein, und der Zwietracht und den Parteiungen unter einander ein Ende gemacht werden sollte.

223) „Seine Macht kann erst von der Niederlage des Varus, 9 n. Chr., gerechnet werden, und sein Tod, den Tac. hier bei gebotener Veranlassung berichtet, fällt also 21 n. Chr." Ripperdey.

224) Von diesen Gesängen der Deutschen sagt Julianus Misop. p. 337 Spanh.: ἐθεασάμην τοι καὶ τοὺς ὑπὲρ τὸν Ῥῆνον βαρβάρους ἄγρια μέλη λέξει πεποιημένα παραπλήσια τοῖς κρωγμοῖς τῶν τραχὺ βοώντων ὀρνίθων ἀσμενίζοντας καὶ εὐφραινομένους ἐν τοῖς μέλεσιν. Von diesen Liedern ist leider keine Spur mehr vorhanden. Die Annahme J. Grimms (Mythol. S. 326. 2. Ausg.), Tacitus habe den Arminius mit dem Irmin verwechselt, ist wol mehr als unwahrscheinlich.

Anmerkungen
zum dritten Buch.

1) Jetzt Korfu.
2) D. i. Tiberius.
3) Jetzt Brindisi.
4) Caligula und Julia; s. Anm. 175 zu B. 2.
5) Minder richtig übersetzt Roth nach Muretus und Andern: die Blicke auf sich vereinigte.
6) Diese als Zeichen seiner proconsularischen Gewalt.
7) An allen Orten nämlich, an denen der Trauerzug vorüberging, errichtete man dem Germanicus zu Ehren Scheiterhaufen.
8) Nero, Drusus, Agrippina und Drusilla.
9) M. Valerius Messala oder Messalinus und M. Aurelius Cotta.
10) Dieses bestätigt ebenfalls Dio Cass. 57, 18: τοῦ δὲ δὴ Γερμανικοῦ τελευτήσαντος ὁ μὲν Τιβέριος καὶ ἡ Λιουία πάνυ ἥσθησαν, οἱ δὲ δὴ ἄλλοι πάντες δεινῶς ἐλυπήθησαν.
11) D. i. seine Mutter Livia.
12) Antonia die jüngere, die Nichte des Augustus.
13) Rom hatte solche schon zu Cicero's Zeit, eine täglich erscheinende Zeitung, deren einziges Exemplar öffentlich aufgestellt wurde, damit Jedermann sie lesen und nöthigenfalls Abschriften davon machen könnte. Zur Zeit der Monarchie wurden darin gegeben Nachrichten über Vorgänge in der kaiserlichen Familie, Geburten u. s. w.; kaiserliche Verordnungen, Senatsbeschlüsse, Reden, im Senat gehalten, Verrichtungen der höheren Staatsbeamten, Gerichtsverhandlungen, Bauten; dazu Familiennachrichten, Geburts-, Heiraths-, Ehescheidungs-, Todesanzeigen. Realencyclop.
14) S. Anm. 82 zu B. 1.

15) Wegen ihrer Keuschheit und Fruchtbarkeit.
16) Eines öffentlichen d. i. von Staatswegen.
17) In Gallia Transpadana am Ticinus, jetzt Pavia.
18) Drusus gehörte nicht zum julischen Geschlecht, daher haben Lipsius und Muretus Liviorum für Iuliorum geschrieben. Dagegen bemerkt Walther, daß bei Leichenbegängnissen die Ahnenbilder von Familien, die in irgend einer Affinität zum Verstorbenen gestanden, vorgetragen worden seien, wie z. B. bei dem Leichenbegängniß des Augustus. Nun war des Drusus Mutter Gemahlin des Augustus, Drusus selbst Gemahl der Antonia, einer Tochter der Octavia, der Schwester des Augustus, und somit fand eine Affinität Statt. Außerdem war es jedenfalls die Absicht des Augustus, jenes Leichenbegängniß gerade durch die imagines Iuliorum erst recht zu verherrlichen. Eine Nothwendigkeit zu jener Aenderung ist daher wol nicht vorhanden, obschon man mit dafür die Worte des Sueton. Tib. 3 anführen könnte: *ex hac stirpe* (patricia gente Claudiorum) *Tiberius Nero* (et Drusus) *genus trahit, et quidem utrumque: paternum a Tiberio Nerone, maternum ab Appio Pulchro, qui ambo Appii Caeci filii fuerunt. Insertus est et Liviorum familiae, adoptato in eam materno avo.*
19) D. i. Drusus.
20) Die sich einer ungemessenen Trauer hingeben könnten.
21) Der Julia, im Jahre 54 v. Chr. Senec. cons. ad Marc. 14, 3: *C. Caesar cum Britanniam peragraret nec Oceano felicitatem suam continere posset, audiit decessisse filiam publica secum fata ducentem ... et tamen intra tertium diem imperatoria obiit munia et tam cito dolorem vicit quam omnia solebat.* und 15, 2: *Divus Augustus amissis liberis, nepotibus, exhausta Caesarum turba adoptione desertam domum fulsit. Tulit tamen fortiter tamquam cuius iam res agebatur cuiusque maxime intererat de dis neminem queri.* Suet. Aug. 65: *Aliquanto autem patientius mortem quam dedecora suorum tulit: nam Gaii Luciique casu non adeo fractus etc.*
22) Hier ist an die Sage von den 300 Fabiern zu denken.
23) Diese Spiele wurden zu Ehren der magna mater vom 4. April an sechs Tage hindurch gefeiert. Anfangs waren es ludi circenses, aber dann auch scenici.
24) Oben 2, 74.
25) Dieser wurde mit einer Nadel, Nestnadel, befestigt, welche zuweilen hohl war und Gift zur letzten Zuflucht in der Verzweiflung enthielt; Böttiger's Sabina Th. 1 S. 147. 1).
26) Nördlichste Stadt in Picenum, noch jetzt Ancona. — Die fla-

Anmerkungen zum dritten Buch.

minische Straße ging von Rom durch ganz Umbrien hinburch nach Ariminum (Rimini).

27) Die neunte, mit Beinamen Hispana.
28) Gegen den Tacfarinas.
29) Stadt im Süden Umbriens, jetzt Narni, am Nar, jetzt Nera.
30) S. Anm. 32 zu B. 1. Sueton. Aug. 100: *id opus* (Mausoleum) *inter Flaminiam viam ripamque Tiberis sexto suo consulatu extruxerat circumiectasque silvas et ambulationes in usum populi iam tum publicarat.*
31) Vgl. oben 2, 43. 77. 82.
32) In Spanien, wo er des Kaisers Legat war.
33) Zu beziehen auf seinen Bruder L. Piso. — fides sua übersetzen Andere mit: eigene ob. persönliche Treuherzigkeit oder eigenes Pflichtgefühl.
34) Wie bei andern Angeklagten.
35) Plin. hist. nat. 11, 37, 187: *negatur cremari posse* (cor) *in iis, qui cardiaco morbo obierint; negatur et veneno interemptis. Certe extat oratio Vitellii, qua reum Pisonem eius sceleris coarguit hoc usus argumento palamque testatus non potuisse ob venenum cor Germanici Caesaris cremari. Contra genere morbi defensus est Piso.*
36) Vgl. oben 2, 69.
37) Den Germanicus.
38) Germanicus nahm den locus consularis oder den letzten Platz des medius lectus (nr. 6) ein, über ihm zur linken den nächsten desselben lectus (nr. 5) Piso.

```
                medius lectus
              ┌───────────────┐
              │  6    5    4  │
          ┌───┤               ├───┐
          │ 7 │               │ 3 │
   imus   │ 8 │       .       │ 2 │  summus
   lectus │   │               │   │  lectus
          │ 9 │               │ 1 │
          └───┴───────────────┴───┘
```

Um jede Tafel standen drei lecti, und auf jedem derselben lagen in der Regel drei Personen. Der lectus hatte nur an dem einen Ende eine Lehne, an der ein Kissen lag; die übrigen Plätze waren durch dazwischen liegende Polster abgetheilt, auf welche man sich etwas mit dem linken Arme stützte. Die Lehnen waren auf den Plätzen nr. 1. 4. und 7., und der geehrteste Platz (summus) auf dem summus und imus lectus war der zunächst

der Lehne; davon machte der medius lectus eine Ausnahme, da hier nr. 6. der Ehrenplatz war, und daher auch locus consularis hieß.

39) Hier findet offenbar eine Lücke Statt, in der unter Anderem zuletzt gestanden haben mag, daß die Ankläger verlangten, es sollten die Briefe, welche Piso und Plancina an Tiberius und Livia geschrieben hatten, dem Senat vorgelegt werden.

40) „Eine Treppe (scalae) am Capitolinus nach dem Forum Romanum zu. Auf sie wurden die Hingerichteten geschleift und dort ausgelegt." Ripperdey. Vgl. Becker's Handb. der röm. Alterth. Th. 1 S. 415.

41) Von Seiten der Livia.

42) Acerbe et cum quadam irrisione Tiberii haec dicta sunt, impotenti matris animo non facile obviam euntis; cf. 4, 57. 5, 1. Ritter.

43) In der Handschrift ist hier eine Lücke. Die in Parenthese gesetzten Worte sind nach einer Ergänzung Weißenborn's hinzugefügt worden. Ritter ergänzt: senatum, Marco Pisone, queritur, crebrisque etc.

44) Zu beziehen auf die obigen Worte: pauca conscribit etc.

45) Piso war mit Tiberius Consul im J. 7 v. Chr.

46) Marcus Piso.

47) nobilitatem domus miseratus, wie Ann. 1, 39: *ius legationis* (sc. violatum) *miseratur*. S. Lex. Tac. Proleg. p. LXXV. Bötticher.

48) Nämlich: daß man die Mörder mit dem Tode bestrafe.

49) Nämlich: auf Befragen ihre Stimme abzugeben. Das ius sententiae dicendae hatten die Magistrate nur dann, wenn der Kaiser referirte; referirten sie selbst, so stand es ihnen nicht zu, und konnte ihnen natürlicher Weise auch nicht zustehen; vgl. Rein in Pauly's Real-Encycl. Bd. 6 Abth. 1 S. 1007.

50) Er nahm den Vornamen Lucius an.

51) Als Senator.

52) „Zweimal, 44 und 32 v. Chr. Beide Male wurde er zum Feind erklärt (hostis iudicatus) und sein Name aus den öffentlichen Denkmälern entfernt, aber nach dem Abschluß des Triumvirats und während der späteren Zeit des Augustus restituirt. Cic. Phil. XIII. 12, 26. So finden wir ihn noch in den Fast. Cap. und Colot. bei Grut. 295 und 298, 1. erst ausgekratzt und dann wieder eingegraben." Ripperdey.

53) S. Anm. 43 zu B. 1.

54) Vgl. 1, 75. 2, 48.

55) Des rächenden Mars. Ueber diesen Tempel f. Anm. 164 zu B. 2.

56) Oder, wie Roth übersetzt: welchen das Geschick als künftigen

Regenten im Schooße trug. Auf Caligula, den dritten Sohn des Germanicus, folgte der blöde Claudius, der Bruder des Germanicus.

57) Seit dem Anfang der Republik wurden die Priester von ihren Collegien cooptirt; in der Kaiserzeit aber rissen die Kaiser das Recht der Priesterwahl, sowie es die Könige gehabt hatten, ganz wieder an sich, indem sie dem Senate die Candidaten empfahlen und dieser sie durch ein Senatsconsult bestätigen mußte.

58) Um im Triumph einziehen zu können, mußte Drusus das imperium (den Oberbefehl) haben; nun hatte er dasselbe durch den Eintritt in in die Stadt (K. 11.), verloren, und war daher genöthigt, es sich zu erneuern, was auf den Auspicien beruhte.

59) Vipsania war die Tochter des Agrippa von seiner ersten Gemahlin Pomponia, der Tochter des römischen Ritters T. Pomponius Atticus. Nach Sueton. Aug. 63 hatte Agrippa auch von seiner zweiten Gattin Marcella, der Tochter der Octavia, Kinder, über deren Tod nichts berichtet wird. Seine dritte Gattin war Julia, und von ihr hatte er die Anm. 11 z. 1 B. erwähnten Kinder. Ueber deren Tod vgl. 1, 3. 6. 4, 71. 6, 25.

60) Oben 2, 52. Allein mit priore aestate hat es nicht seine Richtigkeit; denn die Sache fällt in das Jahr 17. Nipperdey hat daher die Worte eingeklammert.

61) Vielleicht der heutige Abeath in der Provinz Constantine.

62) „Thala lag wahrscheinlich an der Stelle des heutigen Feriana in Tunis. Nicht weit davon wohnten die mit Tacfarinas verbündeten Cinithier (2, 52)". Nipperdey. Nach Anderen nicht verschieden von Telepte.

63) S. Anm. 201 zu B. 2. Rufus nahm davon den Beinamen Civica an.

64) Sueton. Tib. 32: *corripuit consulares exercitibus praepositos, quod de tribuendis quibusdam militaribus donis ad se referrent, quasi non omnium tribuendorum ipsi ius haberent.*

65) Jetzt seines Vaters Legat. — Mit Beginn dieses Jahres bis 24. standen in Afrika zwei Legionen, während vorher nur Eine dort war.

66) Ihre Mutter Cornelia, Gattin des Lu. Aemilius Lepidus, hatte zum Vater den Faustus Sulla, den Sohn des Dictators, und zur Mutter die Pompeja, die Tochter des großen Pompejus. Nach Sueton. Tiber. 49. war Lepida schon zwanzig Jahre vorher von ihrem Gatten Quirinius verstoßen worden.

67) Das war ein Capitalverbrechen. Tertull. apol. 35: *cui autem opus est perscrutari super Caesaris salute, nisi a quo aliquid adversus*

illum cogitatur vel optatur, aut post illum speratur et sustinetur? Non enim ea mente de caris consulitur, qua de dominis.

68) In der Kaserne, in den castra praetoria. Hierbei wurde der Verbrecher und ein Soldat an eine Kette gefesselt.

69) Wahrscheinlich sind die ludi Romani zu verstehen, welche vorzüglich in theatralischen Spielen bestanden.

70) Das theatrum Pompeii auf dem campus Martius.

71) Dem bekannten Sohne des Agrippa und der Julia.

72) Dieser hatte sie also nach dem Quirinius zur Frau gehabt.

73) Sueton. Aug. 65: *Iulias, filiam et neptem, omnibus probris contaminatas relegavit.* Vgl. 1, 53. 4, 71.

74) Vornehmlich die lex Iulia de adulteriis.

75) Tacitus nämlich hatte sich vorgenommen, die Regierungsgeschichte des Augustus zu schreiben.

76) Dieses Gesetz, welches gegen die Ehe- und Kinderlosen gerichtet war, hatte seinen Namen von den consules suffecti des Jahres 762 (9 n. Chr.) M. Papius Mutilus und Q. Peppäus Secundus.

77) Zu verstehen von der lex Iulia de maritandis ordinibus, welche Augustus 13 v. Chr. gab.

78) Wie die lex Calpurnia repetundarum 149 v. Chr., die lex Hostilia de furtis aus unbekannter Zeit, die lex Peducaea de incestu 113 v. Chr.

79) Wie die lex Valeria Horatia 449 v. Chr. *ut quod tributim plebs iussisset populum teneret.*, die lex Canuleia de connubio patrum et plebis 445 v. Chr. und die Agrargesetze.

80) Wie die lex Sestia Licinia de consule plebeio creando 367 v. Chr

81) Wie den Camillus, Metellus Numidicus u. A.

82) Marcus Livius Drusus, der Sohn jenes Volkstribuns, der den Sturz des Gaj. Gracchus besonders mit herbeigeführt hatte, ein Mann von adeligem Wesen, aber dabei von Liebe zum Volke beseelt, wagte es als Volkstribun im J. 91 v. Chr. der Ritterschaft die richterliche Gewalt, deren sie sich unwürdig gemacht hatte, zu entziehen und dieselbe dem Senatorenstande wieder zu übertragen, jedoch so, daß der Senat durch die Aufnahme von 300 Mitgliedern aus dem reichen Mittelstande erweitert werden sollte. Ferner trug er auf Ackervertheilung und Kornspenden an die Volksgemeinde, sowie auf Verleihung des Bürgerrechts an die italischen Bundesgenossen an. Allein die Ritterschaft suchte die Reform des Gerichtswesens, ein Teil des Senats die Ackervertheilung und der Consul Philippus das Ganze als verfassungswidrig und gefährlich zu hintertreiben, und es wurde auch endlich das ganze livische Gesetz, da selbst viele Sena-

Anmerkungen zum dritten Buch. 423

toren fürchteten, es möchten die Richterstellen um den Preis dieser Neuerungen zu theuer erkauft sein, wieder rückgängig gemacht, ja Drusus selbst ward eines Abends beim Nachhausegehen ermordet. Vgl. Weber's Allgem. Weltgesch. Bd. 3. S. 646 ff.

83) „Der Bundesgenossenkrieg (bellum Italicum) beginnt 91 v. Chr., an ihn schließt sich der Bürgerkrieg zwischen Marius und Sulla seit 88 v. Chr., daran Sullas Dictatur 82—79 v. Chr." Nipperdey.

84) 78 v. Chr. Vgl. Flor. 3, 23.

85) 70 v. Chr. Liv. epit. 97: *M. Crassus et Cn. Pompeius consules tribuniciam potestatem restituerunt.*

86) Cic. de legg. 3, 19, 44: *in privos homines leges ferri noluerunt (maiores); id est enim privilegium: quo quid est iniustius? cum legis haec vis sit, ut sit scitum et iussum in omnes.* de dom. 17, 43: *vetant leges sacratae, vetant XII tabulae leges privis hominibus irrogari.* Hier ist Cicero's Verbannung (im J. 58 v. Chr.) durch die lex Clodia zu verstehen.

87) 52 v. Chr., aber ohne Kollegen.

88) Durch seine Gesetze de ambitu, de vi und do iudiciis.

89) Sueton. Caes. 28: *acciderat ut is* (Pompeius) *legem de iure magistratuum ferens eo capite, quo a petitione honorum absentes submovebat, ne Caesarem quidem exciperet per oblivionem, ac mox lege iam in aes incisa et in aerario condita corrigeret errorem.*

90) Durch die Schlacht bei Pharsalus (48 v. Chr.).

91) Von der pharsalischen Schlacht bis zum 6. Consulat des Augustus (28 v. Chr.).

92) D. i., wie Nipperdey richtig erklärt, wenn man sich dadurch, daß man ohne Kinder bleibe, der Vorrechte der Väter verlustig mache.

93) Die Punkte des Gesetzes, auf die es hier ankommt, waren: der Ehelose kann weder Erbschaften noch Legate antreten; der verheirathete Kinderlose erhält nur die Hälfte. An ihre Stelle treten andere im Testament genannte Personen, welche den Forderungen des Gesetzes genügten, und fehlten diese das Aerarium. Wer nun durch Anzeigen oder gerichtliche Verfolgungen derartige vacantia in das Aerarium brachte, erhielt zur Belohnung einen Theil davon, und zwar in dieser Zeit mehr als den vierten, da Sueton. Ner. 10 von Nero sagt: *praemia delatorum Papiae legis ad quartas redegit.*

94) Er war der älteste Sohn des Germanicus, und war geboren im J. 6. n. Chr.

95) Dieses bestand aus zwanzig Männern, und diese waren: IIIviri

capitales, IIIviri monetales, Xviri stlitibus iudicandis und IVviri viarum curandarum. Vor Augustus waren es sechsundzwanzig Männer; allein dieser hob die IIviri viis extra urbem purgandis und die vier praefecti iuri dicundo für Campanien auf. Das Vigintivirat war der erste Grad der Ehrenstellen und ging der Quästur voraus. Das gesetzliche Alter zur Erlangung der Quästur war wahrscheinlich das 27. Jahr.

96) Derselbe war bei Lebzeiten seines Vaters verlobt mit der Tochter des Qu. Cäcilius Metellus Cret. Silanus; s. oben Anm. 93 zu B. 2.

97) Dem Drusus, von der Plautia Urgulanilla. Sueton. Claud. 27: *liberos ex tribus uxoribus tulit: ex Urgulanilla Drusum et Claudiam ... Drusum Pompeiis impuberem amisit, piro per lusum in sublime iactato et hiatu oris excepto strangulatum, cum ei ante paucos dies filiam Seiani despondisset.*

98) (seiner Familie) Der Claudischen und Julischen.

99) „Vier Abtheilungen, welche eigens aus dem Ritterstande gewählt wurden, um des Richteramtes zu pflegen." Roth.

100) Vgl. oben 1, 6. 2, 40.

101) Germanicus und Tiberius waren 18 nach Chr. Consuln; daher hat Ripperdey triennio für biennio in den Text gesetzt.

102) Germanicus war nämlich nur sein Adoptivsohn.

103) Fünf Jahre darauf verließ er die Stadt für immer.

104) Im Circus nämlich oder im Amphitheater waren noch nicht, wie im Theater, den einzelnen Ständen besondere Plätze angewiesen. Es geschah dieses erst unter Claudius.

105) „Scaurus und der Vater des vorhergenannten Sulla müssen also Brüder von mütterlicher Seite gewesen sein", und Scaurus nach der Aemilia Lepida (c. 23.) die Frau seines Halbbruders, wahrscheinlich Sextia (VI, 29.), geheirathet haben." Ripperdey nach Rycius.

106) Die Plancina; vgl. oben 2, 55.

107) Die lex Oppia, gegeben 215 v. Chr., abgeschafft 195., war gegen den weiblichen Luxus gerichtet. Liv. 34, 1: *tulerat eam C. Oppius, tribunus plebis, Qu. Fabio Ti. Sempronio coss., in medio ardore Punici belli: ne qua mulier plus semunciam auri haberet, neu vestimento versicolori uteretur, neu iuncto vehiculo in urbe oppidove aut propius inde mille passus nisi sacrorum publicorum causa reheretur.*

108) Vom Consul Drusus.

109) Dreier; vgl. Anm. 211 u. 212 zu B. 2.

110) Diese ward wahrscheinlich später an den Kaiser Galba verheirathet.

Anmerkungen zum dritten Buch.

Suet. Galb. 5: *amissa uxore Lepida duobusque ex ea filiis remansit in caelibatu.*

111) Bei seiner scheinbaren Ablehnung.

112) Die drei Völker wohnten an und auf dem Hämus (Balkan) und der Rhodope (Despad Jailasy).

113) Auch jetzt Philippopoli oder Felibe. Unter Philippus ist der Vater Alexanders des Großen zu verstehen.

114) Er war legatus pro praetore von Mösien und Nachfolger des Pomponius Flaccus; vgl. 2, 66.

115) S. Anm. 92 zu B. 1. — Die Aeduer, ein celtisches Volk, wohnten zwischen Liger (Loire) und Arar (Saône) südlich bis gegen Lyon.

116) D. i. ihren Vorfahren, die es von Julius Cäsar erhalten hatten.

117) „Vom Standpunkte des Schriftstellers (Rom) aus." Ripperdey.

118) Beide wohnten an der untern Loire; die ersteren im heutigen Anjou mit der Hauptstadt Juliomagus (Angers sur la Mayenne): die andern hatten zur Hauptstadt Caesarodunum (Tours).

119) Dem heutigen Lyon.

120) Diese nämlich drückten vorzugsweise durch ihren Wucher die Bewohner der Provinz.

121) Die heutigen Ardennen. Aber jedenfalls war das Waldgebirge damals umfangreicher.

122) Diese Stadt hieß früher Bibracte; das jetzige Autun in Bourgogne.

123) „Nach Strabo 4, 3, 2. standen auf dem Altar des Augustus zu Lyon die Namen von 60 Völkern, wahrscheinlich eine runde Zahl. [Können nicht auch noch einige hinzugekommen sein?] Es gab viel mehr einzelne Völkerschaften, aber hier werden nur die unmittelbar von den Römern abhängigen, nicht die wieder zu andern gallischen Völkern im Clientelverhältniß stehenden gezählt." Ripperdey.

124) S. Anm. 83 zu B. 1. — an der äußersten Grenze, nämlich von Gallien. Sie grenzten an Germania superior, woher Silius kam.

125) In Latium südöstlich von Rom in der Nähe der Appischen Straße.

126) Gebirgsvolk, wohnhaft im Taurus.

127) S. Anm. 17 zu B. 2.

128) Dieser war vor Quirinius Führer des C. Cäsar im J. 1 u. 2 u. Chr. Sueton. Tib. 12: *privignum Gaium Orienti praepositum, cum visendi gratia traiecisset Samum, alieniorem sibi sensit ex criminationibus M. Lolli comitis et rectoris eius.*

129) Oben Kap. 22.

130) Die Erdrosselung mit dem Strick (laqueus) wurde nur im Gefängniß (carcer), welches sich am Capitolium befand, vollzogen. Mit dieser Strafe wurden namentlich Hochverräther und Majestätsverbrecher belegt. Besonders kam sie oft unter Tiberius vor. Die Sklaven folterte und kreuzigte man.

131) Sueton. Tib. 75: *cum senatus consulto cautum esset, ut poena damnatorum in decimum semper diem differretur.* Vgl. Dio Cass. 57, 20. — Im Aerarium, wozu der Tempel des Saturnus am Capitolinischen Hügel diente, wurden die Senatsbeschlüsse niedergelegt, und es hatten dieselben nicht eher Gültigkeit, als bis dieses geschehen war.

132) Klagen bei andern Schriftstellern, wie Sallustius, Seneca u. A., über die ungeheuere Pracht und Ausdehnung der Gebäude und über die Menge der Sklaven, welche Einzelne hielten, finden sich sehr oft.

133) Hierunter sind vorzugsweise die vasa Corinthia zu verstehen.

134) Zu beziehen besonders auf die Serischen Gewänder; vgl. oben 2, 33 u. das. die Anm. 63. Senec. ep. 122, 7: *non videntur tibi contra naturam vivere, qui commutant cum feminis vestem?* u. A.

135) Vgl. hiermit was Plin. hist. nat. 12, 18, 84 sagt: *Arabiae etiamnum felicius mare est; ex illo namque margaritas mittit; minimaque computatione miliens centena milia sestertium annis omnibus India et Seres peninsulaque illa imperio nostro adimunt.*

136) Die Zufuhr von Getreide nach Rom kam besonders aus Nordafrika, Aegypten und Sizilien.

137) „Den wenigen Aeckern, die in Italien übrig geblieben sind, nachdem fast das ganze Land in Parks und Gärten verwandelt ist." Nipperdey.

138) 31 v. Chr. bis 68 n. Chr.

139) Unter Tiberius und den folgenden Kaisern.

140) Denen Größe des Rufs noch nicht Verderben gebracht hatte.

141) Vgl. 1, 2. Die tribuni plebis bestanden fort, aber sie hatten die frühere Bedeutung durchaus nicht mehr. Die Kaiser selbst nahmen diesen Titel nicht an, wol aber legte sich Augustus auf Lebenszeit die potestas tribunicia bei, und diese war ein wesentlicher Theil der Kaiserwürde. Durch dieselbe nämlich erhielten die Kaiser Heiligkeit ihrer Person, das Recht der Intercession und Appellation, das Recht das Volk zu versammeln und Vorschläge zu machen. Aus unserer und vielen andern Stellen ersehen wir, daß die Kaiser auch den Thronfolgern die potestas tribunicia ertheilen ließen.

Anmerkungen zum dritten Buch. 427

142) Im J. 18 v. Chr.

143) S. 2, 84 u. Anm. 212. — Tiberius war 42 v. Chr. geboren und bekam die potestas tribunicia 7 v. Chr.

144) Liv. 5, 52, 13: *flamini Diali noctem unam manere extra urbem nefas est.* Diese Bestimmung wurde erst unter Augustus gemildert. Vgl. unten Kap. 71.

145) „Auch diese waren wiederholt durch den Einspruch des Pontifex maximus verhindert, sich von den sacris zu entfernen. Cic. Phil. 11, 8, 18. Val. Max. 1, 1, 2. Liv. ep. 19. 37, 51. Ein Beispiel aus dieser Zeit, daß ein fl. Mart. eine Provinz gehabt hatte, s. unten c. 66." Nipperdey.

146) Cornelius Merula tödtete sich selbst bei der Rückkehr des Marius und Cinna im J. 87 v. Chr. am Altar des Jupiter, dessen Flamen er war, und ein Flamen Dialis wurde erst von Augustus wieder im J. 11 v. Chr. eingesetzt. Vgl. Sueton. August. 31.

147) Seit Augustus wurde der pontificatus maximus den Kaisern vom Senat übertragen, und es war derselbe ein integrirender Theil der Kaiserwürde. Tiberius erhielt denselben am 10. März 15 n. Chr.

148) D. i. des Tiberius, der abwesend war.

149) Vgl. Polyb. 6, 13, 7: ὁμοίως δὲ καὶ τῶν παραγενομένων εἰς ‘Ρώμην πρεσβειῶν ὡς δέον ἐστὶν ἑκάστοις χρῆσθαι καὶ ὡς δέον ἀποκριθῆναι, πάντα ταῦτα χειρίζεται διὰ τῆς συγκλήτου.

150) Schon in alten Zeiten mag mit den Freistätten viel Mißbrauch getrieben worden sein, vgl. Eurip. Jon 1312 ff. Besonders aber später, als viele griechische Städte sich eigenmächtig Asyle gegeben hatten, wurde dadurch die Zahl der Verbrecher, betrügerischer Schuldner und schlechten Sklavengesindels ungemein vermehrt. Dieses bestimmte den Tiberius, das ius asyli der verschiedenen griechischen und asiatischen Städte durch den Senat untersuchen zu lassen, worauf dieses ius zwar nicht ganz aufgehoben, doch beschränkt und nur das Asylrecht von Ephesus u. s. w. anerkannt wurde. Realencycl.

151) Auf die sich ihre Asyle gründeten.

152) Cic. Verr. 2, 1, 18, 48: *proditum est memoria ac litteris, Latonam ex longo errore et fuga gravidam et iam ad pariendum temporibus exactis confugisse Delum atque ibi Apollinem Dianamque peperisse.*

153) Der gewöhnliche Name des Flusses ist Κέγχριος. Strab. 14. p. 639: ἐν δὲ τῇ αὐτῇ παραλίᾳ μικρὸν ὑπὲρ τῆς θαλάττης ἐστὶ καὶ ἡ Ὀρτυγία, διαπρεπὲς ἄλσος παντοδαπῆς ὕλης, κυπαρίττου δὲ τῆς

πλείστης. διαρρεῖ δὲ ὁ Κέγχριος ποταμός, οὗ φασι νίψασθαι τὴν Λητώ μετὰ τὰς ὠδῖνας.

154) Die Epheser leiteten daher ihr Asylrecht.

155) Zu verstehen von Magnesia am Mäander, jetzt Inekbazar, und nicht von Magnesia am Sipylos.

156) Strab. 14, 1, 40) p. 647: ἐν δὲ τῇ νῦν πόλει τὸ τῆς Λευκοφρυήνης ἱερόν ἐστιν Ἀρτέμιδος, ὃ τῷ μὲν μεγέθει τοῦ ναοῦ καὶ τῷ πλήθει τῶν ἀναθημάτων λείπεται τοῦ ἐν Ἐφέσῳ, τῇ δ' εὐρυθμίᾳ καὶ τῇ τέχνῃ τῇ περὶ τὴν κατασκευὴν τοῦ σηκοῦ πολὺ διαφέρει· καὶ τῷ μεγέθει ὑπεραίρει πάντας τοὺς ἐν Ἀσίᾳ πλὴν δυεῖν, τοῦ ἐν Ἐφέσῳ καὶ τοῦ ἐν Διδύμοις. Ueber die Artemis Leukophryene s. Preller's Griech. Mythol. 1 S. 198.

157) Aphrodisias war eine Stadt Phrygiens, jetzt Gheira; Stratonicea Cariens, jetzt Eski-hissar.

158) D. i. der Hekate, der auf Kreuzwegen verehrten Zaubergöttin, griech. τριοδῖτις.

159) Hierocäsaria war eine Stadt Lydiens.

160) M. Perpenna war Consul 130 v. Chr., schlug den Aristonicus von Pergamum und nahm ihn bald darauf gefangen. — Unter Isauricus ist P. Servilius Isauricus zu verstehen, der Consul im J. 48 und Proconsul von Asien im J. 46 v. Chr. war. — Den Beinamen Isauricus hatte sein Vater, der Consul im J. 79 v. Chr. war, erhalten, nachdem er als Proconsul von Cilicien die Isaurer bezwungen.

161) Die drei Tempel befanden sich in den Städten Paphos (an der Stelle des heutigen Kuffa; vgl. über den dort befindlichen Tempel Hist. 2, 2 f.), Amathus (an der Stelle des heutigen Alt-Limasol) und Salamis. Ueber Teucer Vellei. Pat. 1, 1: *Teucer non receptus a patre Telamone ob segnitiem non vindicatae fratris (Aiacis) iniuriae Cyprum appulsus cognominem patriae suae Salamina constituit*. Beiden Brüdern war die Verpflichtung auferlegt, daß keiner ohne den andern zurückkehren sollte.

162) Von Seiten der Senatoren, indem die einen diese, die andern jene griechische Stadt bevorzugt wissen wollten.

163) Stadt Mysiens, jetzt Berghama.

164) Smyrna jetzt Jsmir. — Tenos ist eine der Cycladen, jetzt Tino.

165) Die Sardianer hatten einen Tempel der Artemis Koloene; die Milesier einen des Apollo Didymäus.

166) D. i. sie baten um das Asylrecht für ein von ihnen errichtetes Bildniß des Augustus.

167) Auf welchen die Senatsbeschlüsse standen.

Anmerkungen zum dritten Buch. 429

168) Das Theater des Marcellus lag unter dem Capitolium am Forum olitorium.

169) Die circenſiſchen, auch maximi genannt.

170) Die quindecimviri sacris faciundis oder sacrorum waren ein Prieſtercollegium, welches die ſibyllinſſchen Bücher auslegte (f. Anm. 167 zu B. 1.). Die septemviri epulones beſorgten die feierlichen, öffentlichen Mahle.

171) Die Fetialen waren ein Prieſtercollegium, nach der gewöhnlichen Annahme aus zwanzig Mann beſtehend, deren Thätigkeit ſich auf Erklärungen und Verhandlungen vor dem Kriege, auf Friedensſchluß und auf die Sorge für Erhaltung geſchloſſener Verträge erſtreckte.

172) Diejenigen Senatoren, welche von den Cenſoren aus dem Ritterſtande in den Senat legirt wurden, ohne ein Amt bekleidet zu haben, hießen senatores pedarii. Sie bildeten eine beſondere niedere Gattung und hatten ihren Namen davon erhalten, daß ſie ihre Meinung nur durch die discessio an den Tag legten und des Rechts entbehrten ihre Meinung zu ſagen.

173) L. Aurelius Cotta, Conſul 144 v. Chr., ward von Scipio Aemilianus ſchwerer Verbrechen angeklagt, aber trotzdem losgeſprochen, weil die Richter den Schein vermeiden wollten, als ſei er durch das Anſehn ſeines Anklägers erdrückt worden. Cic. pro Mur. 28, 58: *bis consul fuerat P. Africanus et duos terrores huius imperii, Carthaginem Numantiamque deleverat, cum (repetundarum) accusavit L. Cottam* (132 a. Chr.) . . *saepe hoc maiores natu dicere audivi, hanc accusatoris eximiam dignitatem plurimum L. Cottae profuisse.*

174) Es iſt der berühmte Redner Servius Sulpicius Galba zu verſtehen. Cic. Brut. 23, 89: *vis* (Galbae) *tum maxime cognita est, cum Lusitanis a Ser. Galba praetore contra interpositam, ut existimabatur, fidem interfectis, L. Libone tribuno pl. populum incitante et rogationem in Galbam privilegii similem ferente, summa senectute M. Cato legem suadens in Galbam multa dixit.* — Ueber P. Rutilius ebend. 30, 113: *erat uterque* (Scaurus et Rutilius) *natura vehemens et acer. Itaque cum una consulatum petivissent, non ille solum, qui repulsam tulerat, accusavit ambitus designatum competitorem, sed Scaurus etiam absolutus Rutilium in iudicium vocavit* (116 a. Chr.). M. Aemilius Scaurus ward mehrfach von den ſpätern Optimaten geprieſen (daher ille Scaurus), allein anders und richtig urtheilt über ihn Salluſt. Jug. 15: *Aemilius Scaurus homo nobilis, impiger, factiosus, avidus potentiae, honoris, divitiarum, ceterum vitia sua callide occultans.*

175) Eine kleine, unfruchtbare, zu den Cycladen gehörige Felseninsel, jetzt Giura oder Dschura.

176) Wahrscheinlich Appius Junius Silanus.

177) Eine der Cycladen, jetzt Thermia.

178) Sie war nämlich Vestalin.

179) Cyrene war die Hauptstadt von Cyrenaïca an der Nordküste von Africa, der Südspitze des Peloponneses gegenüber, jetzt Ruinen bei Grenneh. Oben K. 38 heißt Cäsius Cordus Proconsul von Creta. Die Erklärung dazu giebt Strabo 17, 3, 21 p. 837: (ἡ Κυρηναία) νῦν ἐστιν ἐπαρχία τῇ Κρήτῃ συνεζευγμένη.

180) D. i. seine Rechtsgelehrsamkeit und Beredtsamkeit.

181) „C. Fulvius Flaccus gelobte 180 v. Chr. der Fortuna equestris einen Tempel, der 173 v. Chr. eingeweiht wurde. Liv. 40, 40. 44. 42, 3. 10. Vitruv. 3, 3, 2. Val. Max. 1, 1, 20. Lactant. 2, 8. Derselbe stand noch 92 v. Chr. nach Obsequ. 53 (113). Nach diesem J. muß er also, wahrscheinlich durch Feuer, zerstört sein." Nipperdey.

182) Stadt Latiums auf einer in das Meer auslaufenden Landspitze, jetzt Torre od. Porto d'Anzio.

183) Aulus Postumius, Consul mit C. Lutatius 242 v. Chr., ward durch den Oberpriester L. Metellus von dem beabsichtigten Feldzuge nach Sicilien zurückgehalten, da er Eigenpriester des Mars war.

184) Der Sklavenkrieg unter Spartacus, einem entlaufenen Gladiator, fällt in die Jahre 73—71 v. Chr. Die von ihm geschlagenen Heere waren die der Consuln Cn. Lentulus und L. Lentulus. Ferner schlug er den Procos. L. Cassius Longinus bei Mutina.

185) 78—72 v. Chr.

186) Zu verstehen vom dritten mithridatischen Kriege 74—63 v. Chr.

187) Leptis minor bei Abrumetum, jetzt Lemta. — Die Garamanten wohnten im heutigen Fezzan. — Cirta ist das jetzige Constantine.

188) Darunter sind die früheren carthagischen Besitzungen zu verstehen.

189) Mapalia, transportable Hütten, von ihren unstäten Bewohnern auf Karren mitgeführt, ein wagenburgartiges Hüttendorf bildend, jetzt Duar genannt. Cleß zu Sall. Jug. 18, 8.

190) Asinius Saloninus war der Sohn des Asinius Gallus, welcher die von Tiberius entlassene Vipsania, Agrippa's Tochter von seiner ersten Gemahlin Pomponia und Mutter des Drusus, geheirathet hatte. Asinius Saloninus sollte eine von den Töchtern des Germanicus heirathen.

191) Oben Kap. 70. Vgl. 1, 76. 79.

Anmerkungen zum dritten Buch. 431

¹⁹²) Dig. 1, 2, 2 §. 47: *hi duo primum veluti diversas sectas fecerunt: nam Ateius Capito in iis, quae ei tradita fuerant, perseverabat; Labeo ingenii qualitate et fiducia doctrinae, qui et ceteris operis sapientiae operam dederat, plurima innovare instituit.* Schon unter Augustus nämlich entstanden die sich gegenüberstehenden Juristenschulen der Sabinianer, welche den Atejus Capito als Gründer verehrten, und der Proculianer, als deren Haupt Antistius Labeo galt. Jene waren mehr conservativ und hielten am historischen und positiven Recht fest; letztere dagegen faßten mehr den Geist der Gesetze als das geschriebene Wort in's Auge.

¹⁹³) D. Junius Silanus, Consul mit Licinius Murena 62 v. Chr., hatte zur Gattin Servilia, des M. Cato Schwester, und deren Tochter war diese Junia, mit Beinamen Tertia oder Tertulla, die Schwester des M. Brutus, des Mörders des Cäsar, aber durch ihre Mutter; denn des M. Brutus Vater, an den Servilia zuerst verheirathet war, hieß M. Junius Brutus.

Anmerkungen
zum vierten Buch.

¹) Diese Stelle verwaltete er mit seinem Vater seit 14 n. Chr. zusammen, und als dieser Präfect von Aegypten geworden, allein.

²) 1, 24. 69. 3, 29. 35. 72.

³) Durch die Vergiftung des Drusus, des Sohnes des Tiberius, wie in diesem Buche erzählt wird.

⁴) Einer Stadt Etruriens, jetzt Bolsena.

⁵) „Er hieß eigentlich M. Gavius: der Beiname Apicius war ihm von einem ältern Schwelger dieses Namens, Zeitgenossen des P. Rutilius, gegeben: ebenso späteren Schwelgern." Nipperdey.

⁶) Nicht blos in Rom, sondern vielmehr in umliegenden Ortschaften lag der größere Theil. Sueton. Aug. 49: *neque umquam plures quam tres cohortes in urbe esse passus est, easque sine castris; reliquas in hiberna et aestiva circa finitima oppida dimittere assuerat.*

⁷) Das Lager, castra praetoria, befand sich außerhalb Rom's, zwischen der porta Collina und Viminalis, wo jetzt la vigna del Noviziato de' Padri Gesuiti sich befindet. Erst die Aurelianische Mauer schloß es mit ein.

⁸) Hierunter sind sein Sohn Drusus und dessen und des Germanicus Söhne zu verstehen.

⁹) Die Mutter der Livia war Antonia, und diese die Tochter der Octavia, der Schwester des Augustus. Vgl. oben Anm. 96 zu B. 2.

¹⁰) Vgl. oben 3, 29.

¹¹) Drusus der Aeltere, der leibliche Sohn des Tiberius.

¹²) Welche entlassen werden sollten, und dabei Belohnungen aufrührerisch fordern konnten. Hierbei, wie bei der Aushebung wollte er selbst zugegen sein, damit Alles in Ruhe abgemacht würde.

Anmerkungen zum vierten Buch.   433

13) Als unter Trajanus, unter deſſen Regierung Tacitus die Annalen ſchrieb.

14) Dem inferum oder Tyrrhenum, wo das promontorium Misenum (jetzt punta di Miseno) in Campanien, und dem superum oder Adriaticum, wo Ravenna in Gallia cispadana. Sueton. August. 49: *classem Miseni et alteram Ravennae ad tutelam superi et inferi maris conlocavit.*

15) Dem jetzigen Fréjus.

16) Liv. 28, 12: *Hispania .. postrema omnium nostra demum aetate ductu auspicioque Augusti Caesaris perdomita est*, und zwar durch die Beſiegung der Cantabrer und Aſturen 26—19 v. Chr.

17) Der Sohn des von Cäſar beſiegten Juba (46 v. Chr.) und Vater des jetzt regierenden Ptolemäus. Geſtorben war derſelbe 19 n. Chr.

18) „Weſtlich von den Albanern im Süden des Kaukaſus." Nipperdey.

19) Das parthiſche und armeniſche.

20) Mit welchem das Jahr 23. begann.

21) Vgl. oben 3, 72.

22) S. Anm. 97 zu B. 3.

23) 31 n. Chr., als, nachdem Sejanus und ſeine Kinder getödtet, die verſtoßene Gattin Apicata Alles entdeckte. Vgl. unten Kap. 11.

24) D. i. auf den Bänken der Senatoren, während die Conſuln ſonſt erhaben auf den curuliſchen Seſſeln ſaßen.

25) Nero, Druſus, Cajus.

26) Germanicus, der Gemahl der Agrippina, war der Enkel der Auguſta geweſen.

27) Cibyra lag in Phrygien in der Mitte zwiſchen Piſidien und Carien. — Aegium im Pelgponnes am Corinthiſchen Meerbuſen, jetzt Voſtitza. — Unter Achaja iſt die Provinz Griechenland zu verſtehen.

28) D. i. Hispania Baetica, welche Provinz unter dem Senate ſtand, daher in derſelben ein Proconſul war.

29) Vgl. Pauli Sent. 5, 26, 1: *lege Iulia de ri publica damnatur qui aliqua potestate praeditus civem Romanum antea ad populum, nunc ad imperatorem appellantem necarit necarive iusserit, torserit, verberaverit, condemnaverit inve vincula publica duci iusserit. Cuius rei poena in humiliores capitis, in honestiores insulae deportatione coërcetur.* — Amorgus iſt eine der Cycladen, jetzt Amorgo.

30) S. oben 1, 53. und daſ. die Anm. 116. 117.

31) Dieſe Inſel, noch jetzt Samo, der Grenze von Carien und Lydien gegenüber, gehörte zu Jonien. Ueber Cos ſ. oben Anm. 185 zu B. 2.

Ueber den berühmten Tempel der Juno bei Samos, der ohngefähr 648 v. Chr. von Rhökos erbaut worden sein soll, hat in der Kürze recht gut Bähr zu Herodot. 3, 60. gesprochen.

³²) Im J. 88 v. Chr. Vellei. 2, 18: *occupata Asia necatisque in ea omnibus civibus Romanis, quos quidem eadem die atque hora redditis civitatibus litteris ingenti cum pollicitatione praemiorum interim iusserat.*

³³) „Die Atellanen, aus denen sich später die Mimen und zuletzt die Pantomimen, von denen hier die Rede ist, entwickelten." Nipperdey. Dio Cass. 57, 21: τοὺς δὲ ὀρχηστὰς τῆς τε Ῥώμης ἐξήλασε καὶ μηδαμόθι τῇ τέχνῃ χρῆσθαι προσέταξεν, ὅτι τάς τε γυναῖκας ᾔσχυνον καὶ στάσεις ἤγειρον.

³⁴) Den vier Jahre alten Germanicus; vgl. oben 2, 84.

³⁵) Censorium funus ist dasselbe was publicum funus, weil zur Zeit der Republik — in der Kaiserzeit gab es keine Censoren mehr — die Censoren alles dazu Nöthige, ebenso wie die Staatsbauten, an gewisse Leute verdingten.

³⁶) Auf der Südwestseite des Quirinal.

³⁷) Vgl. oben 3, 66 —69.

³⁸) Für die Bestrafung des Capito. Nero nämlich war der Patron jener Städte.

³⁹) Sueton. Aug. 44: *virginibus Vestalibus locum in theatro separatim et contra praetoris tribunal dedit.*

⁴⁰) Gaius Dig. 50, 16, 233: *post kalendas Ianuarias die tertio pro salute principis vota suscipiuntur.*

⁴¹) Vgl. oben 3, 43 z. E.

⁴²) Dieses bezieht sich auf die in der republikanischen Zeit übliche Formel: *videant consules, ne quid respublica detrimenti capiat.*

⁴³) Obschon er sich selbst entleibt hatte. *Eorum*, heißt es unten 6, 29., *qui de se statuebant, humabantur corpora, manebant testamenta.*

⁴⁴) Der lex Iulia de maiestate.

⁴⁵) Oben 2, 34.

⁴⁶) T. Cassius Severus war (s. dial. de or. 19.) ein sehr bedeutender Redner, und wo nicht der erste, so doch einer der allerersten, welche in der Beredtsamkeit eine andere Richtung einschlugen und die bisherige regelrechte Bahn verließen. Quintil. 10, 1, 116: *multa, si cum iudicio legatur, dabit imitatione digna Cassius Severus; qui si ceteris virtutibus colorem et gravitatem orationis adiecisset, ponendus inter praecipuos fo-*

ret. *Nam et ingenii plurimum est in eo et acerbitas mira, et urbanitas eius summa; sed plus stomacho quam consilio dedit.*

47) Die Vereidigung des Senats fand nur bei besonderen Gelegenheiten Statt. Nipperdey bemerkt: Bei dieser Gelegenheit schwur der Senat wahrscheinlich deshalb, weil viele und die bedeutendsten seiner Mitglieder vom Cassius Severus persönlich beleidigt waren. Jene Verweisung des Severus war unter Augustus geschehen, 8 n. Chr.

48) S. Anm. 215 zu B. 2.

49) Es hatte dieser Krieg sieben Jahre gedauert.

50) Des Furius Camillus (2, 52.), des L. Apronius (3, 21.) und des Junius Bläsus (3, 72.).

51) In Mauretania, westlich von Sitifis, jetzt Hamzah.

52) D. i. die mit Gold auf purpurnem Grunde gestickte Toga.

53) S. Anm. 53 zu B. 2.

54) In Campanien, das jetzige Calvi. „Das vetusto more bezieht sich blos darauf, daß von Alters her einigen Quästoren Provinzen in Italien gegeben wurden. Von diesen Provinzen werden zwei öfter erwähnt, die Ostiensis und die Gallica (an der Nordostküste Italiens), deren Wirkungskreis die Aus- und Einfuhr (zu Ostia besonders die Getraidezufuhr) und überhaupt der Handelsverkehr war... Daß es nun unter Augustus solcher quästorischen Provinzen mehr als zwei gab, zeigt Dio 55, 4... Eine solche Provinz sind wir also auch unter Tiberius zu Cales anzunehmen berechtigt, die sich quer über die Halbinsel erstreckte und auf der andern Seite in Calabrien den höchst wichtigen Hafen Brundisium mit umfaßte." Nipperdey.

55) Dieser war der Bruder des Sejanus.

56) Dio Cass. 57, 24 erzählt, daß Tiberius im Senat hierbei ausgerufen habe: Nicht einmal mehr werth zu leben bin ich, wenn auch Lentulus mich haßt.

57) Unter robur ist das sogenannte Tullianum (weil erbaut von Servius Tullius) zu verstehen, welches am Ausgange des clivus Capitolinus zur Rechten des jetzigen Aufgangs vom Forum lag; jetzt steht zum Theil darüber die Kirche San Pietro in carcere. Die daselbst Eingesperrten wurden entweder erdrosselt oder verschmachteten. Eine Beschreibung desselben gibt uns Sallust. Catil. 55: *est locus in carcere, quod Tullianum appellatur. Eum muniunt undique parietes atque insuper camera lapideis fornicibus vincta, sed incultu tenebris odore foeda atque terribilis eius facies est.* Mit dem Felsen ist das saxum Tarpeium (s. Anm. 61 zu B. 2.) gemeint.

⁵⁸) Modestin. Dig. 48, 9, 9: *poena parricidii more maiorum haec instituta est, ut parricida virgis sanguineis verberatus deinde culleo insuatur cum cane, gallo gallinaceo et vipera et simia; deinde in mare profundum culleus iactatur.*

⁵⁹) Zu dessen Anklägern er gehört hatte; s. oben 2, 30.

⁶⁰) Vgl. oben 2, 32 und das. die Anm. 62.

⁶¹) Beide Inseln gehören zu den Cycladen; Donusa heißt jetzt Stenosa; über Gyarus s. Anm. 174 zu B. 3.

⁶²) S. oben Kap. 20.

⁶³) Sueton. Tit. 8 erzählt, es habe der Kaiser Titus dieselben theils öffentlich durchpeitschen und als Sklaven verkaufen lassen, theils auch verbannt. Aus Plin. Paneg. 35 ersieht man, daß Trajan, unter dessen Regierung die Annalen geschrieben wurden, ein neues großes Strafexempel derselben Art gegeben, indem er ein ganzes Geschwader mit Angebern besetzt habe, um dieselben nach denselben Felseninseln als Verbannte zu schaffen, welche früher in Folge ihrer Denunciationen mit Senatoren bevölkert gewesen seien. Roth.

⁶⁴) Oben 2, 27 ff.

⁶⁵) Bis zur Schlacht bei Actium.

⁶⁶) Wie Polybius 6, 11 z. E. die römische beschreibt: ὅτε μὲν εἰς τὴν τῶν ὑπάτων ἀτενίσαιμεν ἐξουσίαν, τελείως μοναρχικὸν πολίτευμα ἐφαίνετ' εἶναι καὶ βασιλικόν, ὅτε δὲ εἰς τὴν τῆς συγκλήτου, πάλιν ἀριστοκρατικόν· καὶ μὴν εἰ τὴν τῶν πολλῶν ἐξουσίαν θεωροίη τις, ἐδόκει σαφῶς εἶναι δημοκρατικόν. Vgl. Cic. de rep. 1, 29, 45: *Itaque quartum quoddam genus rei publicae maxime probandum esse censeo, quod ex his quae prima dixi moderatum et permixtum tribus.* u. ausserdem 1, 35, 54. 45, 69.

⁶⁷) „Er hatte eine Geschichte des Augustus seit Cäsars Tode geschrieben (Sen. cons. ad Marc. 36. Dio 57, 24. Suet. Aug. 35.), aus welcher der Rhetor Seneca Suas. 6, 19 u. 23 p. 39 u. 41 Bip. Einiges anführt." Nipperdey.

⁶⁸) Nach Plutarch. Brut. 44. sagte das Brutus von dem Cassius. Minder genau steht bei Sueton. Tib. 61: *obiectum et historico, quod Brutum Cassiumque ultimos Romanorum dixisset.* Unter dem letzten Römer ist der letzte ächte Republikaner zu verstehen. Gegen den Cremutius Cordus war Sejanus ganz besonders aufgebracht wegen freimüthiger Aeußerungen, die er über ihn gethan hatte.

⁶⁹) Es ist gemeint Qu. Caecilius Metellus Pius Scipio, Adoptivsohn des Qu. Metellus Pius, Schwiegervater des Pompejus, welcher, wie

Anmerkungen zum vierten Buch. 437

bekannt, von Cäsar in der Schlacht bei Thapsus besiegt wurde (46 v. Chr.), und dann auf der Flucht sich tödtete. — Afranius, treuer Anhänger des Pompejus, kommandirte einen Theil der Pompejaner in Hispanien, als der Krieg zwischen Pompejus und Cäsar ausbrach (49 v. Chr.). Nach der Schlacht bei Pharsalus floh er nach Dyrrhachium und von da nach Afrika, wo er nach der Schlacht bei Thapsus von P. Sittius gefangen genommen, an Cäsar ausgeliefert und getödtet wurde.

70) C. Asinius Pollio, geb. 75 v. Chr., gest. 4 n. Chr., ausgezeichnet als Krieger, Staatsmann, Redner, Dichter und Geschichtschreiber, schrieb nach Suidas ein aus 17 Büchern bestehendes Geschichtswerk über die römischen Bürgerkriege vom J. 60 v. Chr. an und die weiteren Ereignisse bis ungefähr 12 v. Chr. Dieses von den Alten sehr gepriesene Werk ist leider verloren gegangen.

71) M. Valerius Messalla Corvinus, der Gönner des Tibullus, ausgezeichnet als Feldherr und als Redner, schrieb auch ein Werk über die Bürgerkriege. Derselbe nahm im Lager des Brutus und Cassius eine hervorragende Stellung ein, ging nach der Schlacht bei Philippi (42 v. Chr.) zu Antonius und dann zu Cäsar über.

72) Cicero verherrlichte in einer Schrift den M. Porcius Cato (Uticensis), welche den Titel Cato führte, und diese suchte der sonst so versöhnliche Cäsar durch zwei beißende Gegenschriften (Anticatones) zu widerlegen.

73) M. Furius Bibaculus aus Cremona, geboren 103 v. Chr. Von seinen Gedichten sind nur noch einige Bruchstücke vorhanden.

74) Hierher gehören die Gedichte 29. 54. 57. 93.

75) Es steht hier die runde Zahl; denn eigentlich waren es 76 Jahre.

76) Ausführlich erzählt die Sache Seneca cons. ad Marc. 22, 6: *Quid faceret? si vivere vellet, Seianus rogandus erat, si mori, filia, uterque inexorabilis; constituit filiam fallere. Usus itaque balineo et, quo plus virium poneret, in cubiculum se quasi gustaturus contulit et dimissis pueris quaedam per fenestram, ut videretur edisse, proiecit; a coena deinde, quasi iam satis in cubiculo edisset, abstinuit. Altero quoque die et tertio idem fecit. Quartus ipsa infirmitate corporis faciebat indicium. Complexus itaque te, „Carissima" inquit „filia et hoc unum tota celata via, iter mortis ingressus sum et iam medium fere teneo. Revocare me nec debes nec potes. Atque ita iussit lumen omne praecludi et se in tenebris condidit. Cognito consilio eius publica voluptas erat, quod e faucibus avidissimorum luporum educeretur praeda. Accusatores Seiano auctore adeunt consulum tribunalia, queruntur mori Cordum, ut interpellantes quod coegerant: adeo illis Cordus videbatur effugere. Magna*

res erat in quaestione, an mortem rei perderent. Dum deliberatur, dum accusatores iterum adeunt, ille se absolverat.

77) Dieses geschah besonders durch seine Tochter Marcia. Seneca cons. ad Marc. 1, 3: *Ut aliquam occasionem mutatio temporum dedit, ingenium patris tui, de quo sumptum erat supplicium, in visum hominum reduxisti et a vera illum vindicasti morte ac restituisti in publica monumenta librus, quos vir ille fortissimus sanguine suo scripserat.*

78) Die feriae Latinae wurden jährlich zu Anfang des Jahres, bald nach dem Antritt der Consuln, vier Tage lang auf dem Albanerberge unter Vorsitz der Consuln gefeiert. Gestiftet hatte dieselben Tarquinius Superbus wegen Vereinigung der Römer mit dem Latinerbunde. Während dieses Festes ruhten alle Geschäfte, weil an ihnen nicht nur die Consuln, sondern alle römischen Magistrate, sogar die Volkstribunen, Theil nahmen. Damit aber in dieser Zeit die Stadt nicht ohne Magistrate wäre, wurde ein Stellvertreter (praefectus arbi feriarum Latinarum) erwählt, und dazu schon in der republicanischen Zeit junge Leute aus edlen Geschlechtern genommen. Es war dieser praefectus, der nicht mit dem stehenden Stadtpräfecten zu verwechseln ist, ein bloßer Scheinbeamter, der sich indessen oft das Ansehen des Richters gab und selbst Klagen auf Majestätsverbrechen annahm.

79) Den Sohn des Germanicus.

80) Die Stadt Cyzicus lag an der Propontis in Mysien. Die Einwohner hatten einen Tempel des Augustus zu bauen angefangen, ihn aber nicht vollendet.

81) 74 und 73 v. Chr. — Sie verloren ihre Freiheit, d. h. das Recht, ihre Angelegenheiten selbst, ohne Einwirkung des Proconsuls, zu verwalten, so daß sie der Form nach nicht Unterthanen, sondern Bundesgenossen Rom's waren. Roth.

82) Derselbe, welcher gegen seinen Vater als Kläger aufgetreten war; vgl. oben K. 28.

83) S. oben K. 15.

84) Der Kaiser nämlich hatte sich an den Verhandlungen im Senate nicht betheiligt, als die Asiatischen Städte mit ihrem Gesuche einkamen.

85) S. Anm. 162 zum vorigen B.

86) Diese Sitte war eingeführt von Cäsar und dann beibehalten worden. Plut. Caes. 17: λέγεται δὲ καὶ τὸ διὰ γραμμάτων τοῖς φίλοις ὁμιλεῖν Καίσαρα πρῶτον μηχανήσασθαι, τὴν κατὰ πρόσωπον ἔντευξιν ὑπὲρ τῶν ἐπειγόντων τοῦ καιροῦ διά τε πλῆθος ἀσχολιῶν καὶ τῆς πόλεως τὸ μέγεθος μὴ περιμένοντος. Sueton. Aug. 84: *sermones cum*

singulis atque etiam cum Livia sua graviores nonnisi scriptos et e libello habebat, ne plus minusve loqueretur ex tempore.

87) S. Anm. 97 zu B. 3.

88) Julia, des Augustus und der Scribonia Tochter, war zuerst mit Marcellus, hierauf mit Agrippa, endlich mit Tiberius vermählt. Vgl. K. 40. und Sueton. Aug. 63: *Agrippa defuncto, multis ac diu etiam ex equestri ordine circumspectis condicionibus, Tiberium privignum suum elegit.*

89) Der praefectura praetorii, eines Ritteramtes.

90) Antonia minor, s. Anm. 96 zu B. 1. — Großmutter, näml. Livia Augusta.

91) S. 1, 3.

92) Germanicus. — ihren Vater, den älteren Drusus.

93) Dieser war der Bruder der Terentia, der Gattin des Mäcenas, und des Varro Murena.

94) Zum Kaiser.

95) Dieser Votienus Montanus war ein Redner und wird oft von M. Seneca angeführt.

96) Hieronymus Euseb. Chron. ad a. u. c. 782: *Votienus Montanus Narbonensis orator in Balearibus insulis moritur, illuc a Tiberio relegatus.*

97) Dieser Cn. Cornelius Lentulus Gätulicus, der Bruder des oben K. 34 erwähnten Cornelius Cossus, war der Sohn des Cn. Cornelius Lentulus Cossus, Consuls 1 v. Chr., der die Gätuler besiegte und dessen Thaten der Sohn den Beinamen verdankte.

98) Durch die Verbannung wurde die vom julischen Gesetz für die des Ehebruchs schuldigen Frauen festgesetzte Strafe (s. Anm. 112 zu B. 2.) noch verschärft durch Verlust des Bürgerrechts und des größten Theiles des Vermögens.

99) S. Anm. 153 zu B. 1.

100) Diesen Beinamen hatte die Diana von dem Orte Limnä, der an den Quellen des Pamisos in Messenien lag.

101) Dem Vater des Alexander.

102) Zu verstehen von dem Hauptzuge der Herakliden (1104 v. Chr.) in den Peloponnes, nach dessen Besitznahme Temenus Argos, Prokles und Eurystheus, Zwillingssöhne des Aristodemus, Lacedämon und Kresphontes Messenien erhielt.

103) Steph. Byz. p. 225 Mein.: Δενθάλιοι, πόλις μία τῶν περιμαχήτων Μεσσηνίοις καὶ Λακεδαιμονίοις.

104) Antigonus mit dem Beinamen Epitropos oder Doson, der den

achäischen Bund gegen Kleomenes von Sparta unterstützte und dabei letzteres einnahm (222 v. Chr.).

105) Mummius, wie bekannt, zerstörte 146 v. Chr. Korinth und machte Griechenland zur römischen Provinz.

106) Segesta, Stadt im nordwestlichen Theile Siciliens, war der gewöhnlichen Sage nach von Trojanern erbaut, und daher machten sie die Römer zu einer Gründung des Aeneas. — Der Berg Eryeus, oder wie er gewöhnlich heißt Eryx, jetzt St. Giuliano, befindet sich auf der nordwestlichen Spitze Siciliens. Der berühmte Venustempel auf demselben soll von Aeneas, einem Sohne der Venus, oder Eryx, ebenfalls einem Sohne der Venus, erbaut worden sein, und auf den Sohn des Aeneas, Julus, führte das julische Geschlecht, in welches Tiberius durch die Adoption des Augustus gekommen war, seinen Ursprung zurück.

107) Sueton. Claud. 25 erzählt: *templum in Sicilia Veneris Erycinae vetustate collapsum ut ex aerario populi Romani reficeretur, auctor fuit.* Sonach hatte Tiberius die Wiederherstellung zwar übernommen, aber nicht ausgeführt.

108) Massilia das jetzige Marseille. — P. Rutilius Rufus, Consul 105 v. Chr., ward 93 oder 92 ungerechter Weise Erpressungen halber verurtheilt.

109) „Cn. Cornelius Lentulus war Consul 18 v. Chr. Im J. 10 v. Chr. besiegte er die südlichen, im Norden Mösiens an der Donau wohnenden Daker, welche den Namen Getae führten." Nipperdey.

110) Des Cn. Domitius Ahenobarbus. Suet. Ner. 8: *Inter conscios Caeserianae necis, quamquam insons, damnatus lege Pedia, cum ad Cassium Brutumque se contulisset, post utriusque interitum classem olim commissam retinuit, auxit etiam, nec nisi partibus ubique profligatis M. Antonio sponte et ingentis meriti loco tradidit.* Zu Augustus (Caesar) ging er über vor der Schlacht bei Actium.

111) Caes. bell. civ. 3, 59: *L. Domitius* (consul 54 a. Chr.) *ex castris in montem refugiens, cum vires eum lassitudine defecissent, ab equitibus est interfectus.*

112) Des M. Antonius Tochter von der Octavia, der Schwester des Augustus. Allein es ist das, was Tacitus hier und 12, 64. berichtet, ein Irrthum. L. Domitius nämlich heirathete die ältere Antonia, die jüngere Drusus, des Tiberius Bruder. Antonius hatte im J. 37. v. Chr., in welchem Jahre seine jüngere Tochter noch nicht geboren war, seine Tochter an Domitius verlobt.

113) S. Anm. 43 zu B. 1.

Anmerkungen zum vierten Buch. 441

114) Er war nämlich der Sohn der Marcella, der Tochter der Octavia.

115) In dieser Beziehung wird Massilia schon von Cicero u. A. gepriesen, und Strabo 4, 1, 5 p. 181 sagt: ἐν τῷ παρόντι καὶ τοὺς γνωριμωτάτους Ῥωμαίων πέπεικεν ἡ Μασσιλία ἀντὶ τῆς εἰς Ἀθήνας ἀποδημίας ἐκεῖσε φοιτᾶν φιλομαθεῖς ὄντας.

116) So genannt von Termes, einer Stadt in Hispania Tarraconensis.

117) S. Anm. 47 zu B. 2.

118) Claudia Pulchra war die Tochter des M. Valerius Messala Barbatus Appianus und der älteren Marcella, der Tochter der Octavia, und Agrippina die Enkelin des Augustus, des Bruders der Octavia.

119) Domitius Afer aus Nemausus (Nismes) ist namentlich durch die Anklage der Agrippina bekannt. Als er unter Caligula deshalb angeklagt wurde, verstand er es doch sich zu retten, und ward sogar 39 n. Chr. Consul suffectus. Sein Tod fällt ins Jahr 59 n. Chr. Er gilt als einer der ersten Redner jener Zeit. Vgl. über ihn Quintil. 10, 1, 118. 12, 11, 3.

120) D. i. sie sei eigentlich die Angeklagte, nicht die Claudia.

121) S. oben Kap. 19 f.

122) Sueton. Tiber. 53 erzählt: *rurum Agrippinam post mortem mariti liberius quiddam questam manu apprehendit Graecoque versu, Si non dominaris, inquit, filiola, iniuriam te accipere existimas?* Wegen der Worte manu apprehendit erklären Viele correptam mit: er packte sie an, aber falsch. Der griechische Vers ist nicht mehr vorhanden. Lipsius setzt damit in Verbindung was bei Aristot. pol. 3, 4 steht: καὶ διὰ τοῦτ' ἴσως Ἰάσων ἔφη, πεινῆν ὅτε μὴ τυραννοῖ, ὡς οὐκ ἐπιστάμενος ἰδιώτης εἶναι.

123) S. oben K. 15.

124) In den Jahren 171—168 v. Chr.

125) Aristonicus, der natürliche Sohn des Eumenes II. von Pergamum, erhob nach dem Tode Attalus III., der die Römer zu Erben seines Reiches eingesetzt hatte, die Fahne der Empörung (131 v. Chr.) an der Spitze eines bedeutenden Söldnerheeres und freigelassener Sklaven. Anfangs kämpfte er mit großem Glück gegen die römischen Legionen, allein gar zu bald (130 v. Chr.) wendete sich dasselbe, Aristonicus wurde geschlagen und als Gefangener nach Rom gebracht, wo er durch Henkershand starb. Unter den andern Königen sind Mithridates, Pharnaces und die der Parther zu verstehen.

126) Hyppäpa Stadt Lydiens am Tmolus, jetzt Birgbe. — Tralles in Karien, jetzt Ruinen Namens Gülselhissar bei Aidin oder Ydin. —

442 Anmerkungen zum vierten Buch.

Laodicea in Phrygien, an ber Grenze Cariens, jetzt Eski Hissar. — Ueber Magnesia s. Anm. 154 zu B. 3.

127) S. Anm. 125 zu B. 2.

128) Halikarnasos Stadt Cariens, jetzt Bubrun. Nach Eratosthenes fällt die Gründung dieser Stadt auf das J. 1214 oder 1194 v. Chr.

129) Ueber Pergamum s. Anm. 162 zu B. 3.; über Miletus Anm. 127 zu B. 2.; über Sardes Anm. 106 zu B. 2.; über Smyrna Anm. 163 zu B. 3.

130) „Pelops wird also von den Sardianern für einen Lyder ausgegeben, wie bei Pausan. 5, 1, 5., während er sonst für einen Phryger galt. Herodot 7, 9, 11. Strabo 7, 7, 1: Πέλοπος μὲν ἐκ τῆς Φρυγίας ἐπαγομένου λαὸν εἰς τὴν ἀπ᾽ αὐτοῦ κληθεῖσαν Πελοπόννησον." Nipperdey.

131) Als des Theseus Vater gilt gewöhnlich Aegeus, indessen wird von Andern auch der Poseidon als solcher genannt.

132) Die gewöhnliche Sage nämlich macht eine Amazone Namens Smyrna zur Gründerin der Stadt.

133) In dem Bundesgenossenkriege (bellum Marsicum), 90—88 v. Chr.

134) M. Porcius Cato Censorius, 195 v. Chr.

135) Im ersten mithridatischen Kriege, 84 v. Chr.

136) Jetzt Ruinen bei S. Maria di Capua.

137) Oben K. 41.

138) Sejanus wurde ermordet 31 und Tiberius starb 37. — in gleicher Abgeschiedenheit, nämlich auf Capreä.

139) S. oben 1, 4.

140) S. Anm. 96 zu B. 1.

141) Der Großvater des späteren Kaisers Nerva; vgl. 6, 26.

142) S. Anm. 144 zu B. 2.

143) Jetzt Sperlonga in der Nähe von Tarracina (Anxur). Sueton. Tib. 39: *paucos post (excessum) dies iuxta Tarracinam in praetorio, cui Speluncae nomen erat, incoenante eo complura et ingentia saxa fortuito superne delapsa sunt multisque convivarum et ministrorum elisis praeter spem evasit.*

144) Zwischen Tarracina und Caieta. — Fundi jetzt Fondi.

145) Der auf dem Triclinium lag.

146) Julia, des Drusus Tochter.

147) Seine Großväter nämlich Asinius Pollio und M. Vipsanius Agrippa waren homines novi.

148) Senec. exc. controv. 4 praef.: *declamabat Haterius admisso*

Anmerkungen zum vierten Buch. 443

populo ex tempore .. tanta illi erat velocitas orationis, ut vitium fieret. Itaque divus Augustus optime dixit: Haterius noster sufflaminandus est. Adeo non currere sed decurrere videbatur. Hieron. Chron. Euseb.: *Q. Haterius, promptus et popularis orator, usque ad nonagesimum prope annum in summo honore consenescit.*

149) Fibena oder Fibenä lag nordöstlich von Rom (6000 Schritte davon) zwischen der Tiber und dem Anio; jetzt Castel Giubileo.

150) „Spectaculum deutet auf den Ort, welcher die Zuschauer fassen sollte." Bötticher.

151) Sueton. Tib. 40 erzählt: *supra viginti hominum milia gladiatorio munere amphitheatri ruina perierant.*

152) Etwa 33000 fl. Roth. Es war das der Rittercensus.

153) Valer. Max. 1, 8, 11: *Claudiae Quintae statua, in vestibulo templi matris deum posita, bis ea aede incendio consumpta, prius P. Nasica Scipione et L. Bestia* (111 a. Chr.), *item M. Servilio et L. Lamia* (3 p. Chr.) *coss., in sua basi flammis intacta stetit.* Die Claudia Quinta ist jedenfalls die Schwester des Appius Claudius Pulcher, des Consuls 212. — Im Tempel der Göttermutter stand ihre Statue, weil sie mit andern vornehmen Frauen im J. 204 v. Chr. das Bild der Göttermutter empfing und das auf eine Untiefe der Tiber gerathene Schiff, worauf sich das Bild befand, wieder glücklich von der Stelle brachte.

154) Dieser war der Sohn jenes Varus, der in Deutschland so schmachvoll geschlagen worden war. Ueber seine Verwandtschaft mit dem Kaiser s. oben K. 52. und das. die Anm. 118.

155) Die er als Ankläger der Claudia Pulchra erhalten hatte.

156) Jetzt Capri; Surrentum jetzt Sorrento.

157) D. i. ohne daß es der Wächter der Insel bemerkt. Bötticher übersetzt, wie auch Ritter die Worte versteht: ohne kundigen Lootsen. Allein diese Bedeutung von custos existirt nicht.

158) Unter Titus, 79 n. Chr., wobei Herculanum und Pompeji verschüttet wurden.

159) Die Teleboer waren die Bewohner der echinadischen oder taphischen Inseln vor Acarnanien. Die Insel, welche den Neapolitanern gehörte, hatte Augustus gekauft oder eingetauscht.

160) Wahrscheinlich waren sie nach den zwölf Hauptgöttern benannt. Suetonius nämlich im Tiberius 65 berichtet, daß ein Landhaus villa Iovis geheißen habe.

161) Plin. h. n. 28, 22: *primum anni incipientis diem laetis precationibus invicem faustum ominamur.*

Anmerkungen zum vierten Buch.

162) Anspielung auf die an diesem Tage üblichen Opfer.
163) Zum Erdrosseln.
164) Dies gilt bloß von Latinus Latiaris, s. 6, 4. Die übrigen erhielten ihren Lohn unter Caligula.
165) Vipsania nämlich, des Asinius Gallus Gemahlin, und Agrippina waren Halbschwestern, von gleichem Vater Vipsanius Agrippa, aber verschiedener Mutter.
166) Tochter der Julia, Schwester des C. und L. Cäsar, die mit L. Aemilius Paulus verheirathet war.
167) Die größte der sogenannten insulae Diomedeae, jetzt Tremiti.
168) Des Tiberius Bruder und Vater des Germanicus.
169) Hier hat ein Gelehrter, Herr Nipperdey, das Wort urorum nicht dulden mögen und dafür ohne Weiteres taurorum in den Text gesetzt. Sollte man meinen, daß so ein Einfall möglich sei?
170) Die Canninefaten wohnten neben den Batavern auf der Rheininsel.
171) Grimm, Deutsche Gramm. I. p. XLI. leitet das Wort von badu, Treffen, Schlacht, ab, so daß dieser Hain zu kriegerischen Opfern bestimmt gewesen sei.
172) Durch den drei Jahre darauf erfolgenden Sturz des Sejanus, der auch für sie verderbenbringend war.
173) Durch Adoption. Nach Domitius, dem sie den nachherigen Kaiser Nero geboren hatte, war Agrippina die jüngere mit Crispus Passienus, und zuletzt mit dem Kaiser Claudius vermählt.
174) Cn. Domitius war der Sohn des L. Domitius und der Antonia der älteren, der Tochter des M. Antonius und der Octavia, der Schwester des Augustus.

Anmerkungen
zum fünften Buch.

¹) Nach Dio Cassius im Alter von 86 Jahren, nicht von 82, wie Plinius sagt, da ja Tiberius am 17. Nov. 42 v. Chr. geboren war, sie somit erst 11 bis 12 Jahre alt gewesen wäre.

²) „Ihr Vater, M. Livius Drusus Claudianus, aus der patricischen Familie der Claudii Pulchri, wurde in das Livische Geschlecht [durch M. Livius Drusus, Volkstribun 91 v. Chr.], sie selbst von Augustus durch sein Testament ins Julische adoptirt." Nipperdey.

³) Im J. 40 v. Chr. zwischen Octavianus und Antonius, der in diesem Jahre durch die Uebergabe von Perusia beendigt ward.

⁴) Augustus. S. Anm. 44 zu B. 1. Schwanger war sie mit dem Drusus.

⁵) Germanicus, Sohn des Drusus, war Enkel der Livia (Julia) Augusta, und Agrippina, Tochter der Julia, Enkelin des Augustus.

⁶) Sueton. Calig. 16: *legata ex testamento Iuliae Augustae, quod Tiberius suppresserat, cum fide ac sine calumnia repraesentata persolvit* (Caligula).

⁷) Caligula.

⁸) Dieses that später der Kaiser Claudius, ihr Enkel.

⁹) S. über ihn Anm. 56 zu B. 2.

¹⁰) Hier ist eine Lücke in der Handschrift. Es fehlen die übrigen Ereignisse des J. 29, die des J. 30, und die meisten des J. 31. Tacitus erzählte hier die gräßlichen Schicksale der Agrippina und ihrer Söhne Nero und Drusus, ferner die Verhaftung des Asinius Gallus (im J. 30), und endlich den Sturz des Sejanus (18. October 31). Wahrscheinlich schloß das fünfte Buch mit dem Tode des letzteren, als einem der gewaltigsten Ereignisse. Die Bezeichnung des sechsten Buches fehlt, wie natürlich, in der Handschrift. Als Anfang desselben hat man früher gewöhnlich das J. 32 angenommen (VI, 1.). Diese alte Abtheilung, als die übliche, ist hier mit angegeben.

Anmerkungen
zum sechsten Buch.

¹) Wahrscheinlich über die Bestrafung der Livia.

²) Fragment der Rede eines dem Sejanus Befreundeten, welche derselbe in seinem Hause vor seinen Freunden hielt.

³) In diesem Jahre hatte Tiberius den Sejanus zum Mitconsul gemacht, und vor seiner Hinrichtung sogar das Gerücht verbreiten lassen, er werde ihm die tribunicia potestas ertheilen. Ja es war sogar von der Mitregentschaft die Rede.

⁴) Zonaras 11, 2 erzählt nach Dio, daß Sejanus mit Julia, der Tochter des Drusus und der Livia und somit der Enkelin des Tiberius, verlobt gewesen sei.

⁵) D. i. ehe eine Anklage gegen mich erhoben wird, will ich mir selbst den Tod geben.

⁶) Dieser Aelius Gallus war nach Borghesi der älteste Sohn des Sejanus. Letzterer nämlich scheint von dem römischen Ritter Aelius Gallus adoptirt worden zu sein.

⁷) Sie übernahmen die Bewachung ihrer Brüder bis zur Entscheidung des Kaisers. Allein letztere kam nicht, und Pomponius wurde aus der Haft 7 Jahre darauf von Caligula entlassen.

⁸) Er war tragischer Dichter.

⁹) Sejanus hatte drei Kinder, von denen der älteste Sohn schon hingerichtet war.

¹⁰) Zu verstehen sind die Triumviri oder Tresviri capitales, welche die Hinrichtungen im Kerker vorzunehmen hatten.

¹¹) S. Anm. 40 zu B. 3.

¹²) Dieser saß damals in einem unterirdischen Gewölbe des Palatiums gefangen.

¹³) Der jetzige Golf von Kassandra oder Hagios-Mamos, benannt nach

Anmerkungen zum sechsten Buch. 447

Torone, einer Stadt Macedoniens an der Westküste der Landspitze Sithonia. — Der thermäische Meerbusen ist der jetzige Golf von Saloniki.

14) D. i. dem jonischen. — Ueber Ricopolis s. die Anm. 119 zu B. 2.

15) Des L. Fulcinius Trio und P. Memmius Regulus, von denen ersterer am 1. Juli, letzterer am 1. October consul suffectus geworden war.

16) Diese Gärten an der Tiber sind die, welche der Dictator Cäsar dem Volke vermacht hatte; s. oben 2, 41 u. das. Anm. 83.

17) Hier sind vornehmlich die asiatischen Könige zu verstehen.

18) Sueton. Tib. 43: *secessu Capreensi etiam sellariam excogitavit, sedem arcanarum libidinum, in quam undique conquisiti puellarum et exoletorum greges monstruosique concubitus repertores, quos spintrias appellabat, triplici serie conexi invicem incestarent se coram ipso, ut adspectu deficientes libidines excitaret.*

19) Der Gemahlin des Drusus, Sohnes des Tiberius.

20) „Daß ihre Bilder entfernt und ihr Name überall ausgekratzt werden sollte, wie in Betreff der Messalina. XI, 38: *iuvitque oblivionem eius senatus censendo nomen et effigies privatis ac publicis locis demovendas.* Ein solcher Beschluß wurde oft gefaßt, und viele Inschriften tragen Spuren davon." Ripperdey.

21) Ueber das Aerarium verfügte nämlich Tiberius ebenso gut wie über den Fiscus.

22) Den Brief, welchen Tiberius im vorigen Jahre an den Senat geschickt hatte, um den Sejanus anzuklagen. Vgl. Sueton. Tib. 75. Daß er es aber mit dem Briefe nicht ernstlich gemeint hatte, erhellt aus Dio Cass. 58, 13.

23) L. Junius Gallio, einer der bedeutendsten Rhetoren und Declamatoren jener Zeit, war mit dem Rhetor Seneca sehr befreundet und adoptirte sogar den ältesten Sohn desselben, den Bruder des Philosophen Seneca.

24) D. h. auf den Bänken der Ritter im Theater. Liv. epit. 99: *L. Roscius tribunus plebis legem tulit* (687 a. u. 67 a. Chr.), *ut equitibus Romanis in theatro quatuordecim gradus proximi assignarentur.*

25) Hiermit ist die sogenannte libera custodia gemeint.

26) D. i. dem Caligula.

27) Oben 4, 68.

28) S. unten K. 38.

29) S. Anm. 56 zu B. 2.

30) Hiermit bezeichnet er den Caligula zugleich als Mann und Frau. Sueton. Calig. 36: *pudicitiae neque suae neque alienae pepercit.*

31) Dieser fiel auf den 28. September. Uebrigens will M. mit diesen Worten, die er wahrscheinlich nach dem Tode der Augusta sprach, wol sagen, daß er die Augusta für vergöttert nicht halte. Der Geburtstag derselben nämlich ward auch nach ihrem Tode gefeiert.

32) Sokrates; Cic. Cat. mai. 21: *is qui esset omnium sapientissimus oraculo Apollinis iudicatus.* Tacitus bezieht sich hier auf eine Stelle in Plat. Gorgias p. 524 E fg., wo es heißt: Rhadamanthys läßt die Seele eines Jeden vor sich hintreten und beschaut sie, ohne zu wissen, wessen Seele sie ist; aber gar manchmal mochte er wol, wenn er die Seele des großen Königs oder sonst eines Königs oder eines großen Herrn vor sich hatte, nichts Gesundes an derselben, sondern sie zerfleischt und voll von Narben in Folge von Meineid und Ungerechtigkeit finden, was eine jegliche That seiner Seele aufgeprägt hatte, ferner Alles krumm von Lüge und Prahlsucht und nichts Gerades, weil sie ohne Wahrheit erzogen worden; und er sah die Seele in Folge von Gewaltthat, Schwelgerei, Ueppigkeit, Frevel und Unenthaltsamkeit im Thun und Handeln über die Maßen misgestaltet und scheuslich.

33) Die Erwähnung dieser Anklage befand sich jedenfalls in dem verloren gegangenen Theile des fünften Buches.

34) Die Santoner, eine Völkerschaft in Gallia Aquitania, wohnten im Norden der Garumna (Garonne), im heutigen Saintogne.

35) Des Sejus Strabo; f. Anm. 1 zu B. 4.

36) Sejanus betrieb nämlich eine Verschwörung gegen das Leben des Kaisers, als er merkte, daß desselben Gunst im Abnehmen sei. Die näheren Umstände des Complotts sind in Dunkel gehüllt.

37) S. oben Anm. 4. Terentius redet hier den abwesenden Kaiser an, als wenn er zugegen wäre.

38) Vom J. 14 n. Chr., in welchem Tiberius die Regierung antrat, bis zum J. 31.

39) Ein Client des Sejanus; f. oben 4, 34.

40) S. oben 2, 28. Das den Curtius Atticus Betreffende hat Tacitus jedenfalls im verlorenen Theile erzählt.

41) In dem verloren gegangenen Theile. Sein Vater war der Schwiegervater des J. Cäsar, durch dessen Einfluß Consul im J. 58 v. Chr., und Censor im J. 50.

42) Im J. 743. 11 v. Chr.

Anmerkungen zum sechsten Buch.

43) Vater des Ancus Marcius, Schwiegersohn des Königs Numa; vgl. Liv. 1, 20.
44) „Kurz vor der Vertreibung des Tarquinius, während dieser Arbea belagerte; Liv. 1, 59." Nipperdey.
45) S. Anm. 78 zu B. 4.
46) 36 und im Verein mit Agrippa 31 v. Chr. Dies war eine zeitweilige Stellvertretung des Reichsoberhauptes während seiner Abwesenheit; und dieselbe Stellung erhielten 21 v. Chr. M. Agrippa und 16 v. Chr., während er schon ordentlicher Stadtpräfect war, Taurus Statilius. Borghesi.
47) Im J. 729 d. St. 25 v. Chr. Hieron. in Eus. chron. *Messala Corvinus* (jener berühmte Redner) *primus praefectus urbis factus sexto die magistratu se abdicavit, incivilem potestatem esse contestans.*
48) S. Anm. 167 zu B. 1. und Anm. 169 zu B. 3.
49) Zu verstehen von dem Collegium der Quindecimvirn.
50) Nämlich der Priestercollegien.
51) Sueton. Aug. 31: *postquam pontificatum maximum suscepit, quidquid fatidicorum librorum Graeci Latinique generis nullis vel parum idoneis auctoribus vulgo ferebatur, supra duo milia contracta undique concremavit ac solos retinuit Sibyllinos, hos quoque dilectu habito, condiditque duobus forulis auratis sub Palatini Apollinis basi.*
52) Das Capitolium brannte ab am 6. Juli 671 u. c. 83 v. Chr. Der Bundesgenossenkrieg fällt, wie bekannt, in die Jahre 90 bis 88 v. Chr. Richtiger heißt es daher Hist. 3, 72: *arserat et ante Capitolium civili bello.* — Ueber Samos s. Anm. 31 zu B. 4.; über Jlium Anm. 125 zu B. 2. — Erythrä war eine Stadt Joniens, der Insel Chios gegenüber, jetzt Ruinen Ritre oder Ritri bei Tschesme.
53) Zu verstehen von denen der Griechen in Italien, wie Cumä u. s. w.
54) „Zu bemerken ist die römische Sitte, daß das Volk das Theater dazu benutzte, den höchsten Behörden oder dem Kaiser selbst öffentlich Vorwürfe zu machen und Verlangen zu stellen, wie hier wegen der Hungersnoth. Diese Sitte bestand noch zu Sidonius Apollinaris Zeiten (5 Jahrh.)." Otto.
55) Gemeint ist die des Sejanus.
56) „Er hatte um jeden Handknöchel einen Ring, welche Ringe durch eine Kette verbunden waren. Wenn er allein war, waren die Ringe, damit er sich keinen Schaden thun konnte, an einander geschlossen. Dies

Schloß sprengte er, und konnte so die Länge der Kette zum Erdrosseln benutzen." Nipperdey.

57) Drusilla war sechzehn, Julia fünfzehn Jahre alt.

58) S. Anm. 54 zu B. 4.

59) Mit vollem Namen Nävius Sertorius Macro, der Nachfolger des Sejanus.

60) Ob Tribunen oder Centurionen oder Gemeine.

61) „Dieses Gesetz ist nicht näher bekannt. Es ist nicht zu verwechseln mit den zeitweiligen Verfügungen, welche Cäsar 48 [49] v. Chr., um der augenblicklichen Schuldenlast und dem Geldmangel abzuhelfen, tra." Nipperdey. Nach Dio Cass. 41, 38. hatte er verordnet, daß Keiner über 15,000 Denare in baarem Gelde besitzen sollte, und vielleicht hat diese Verordnung mit dem Gesetz über das Schuldwesen nur Ein Gesetz gebildet.

62) Bei Liv. 7, 16 heißt es: *haud aeque laeta patribus insequenti anno (397 u. c. 357 a. Chr.) C. Marcio Cn. Manlio consulibus de unciario fenore a M. Duilio L. Maenio tribunis pl. rogatio est perlata*. Allein das ist so zu verstehen, daß die Verfügung in den 12 Tafeln, welche in Vergessenheit gerathen, dadurch erneuert wurde.

63) Liv. 7, 27: *T. Manlio Torquato C. Plautio consulibus* (407 u. c. 347 a. Chr.) *semunciarium ex unciario fenus factum.*

64) Liv. 7, 42 (412 u. c. 342 a. Chr.) *invenio apud quosdam L. Genucium tribunum pl. tulisse ad populum, ne fenerare liceret.*

65) Sueton. Tib. 48: *cum per senatus consultum sanxisset* (Tiberius), *ut feneratores duas patrimonii partes in solo collocarent, debitores totidem aeris alieni statim solverent.* Die letzteren Worte davon: *debitores — solverent* hat Nipperdey hier nach *conlocaret* hineingesetzt. Und allerdings scheinen sie auch durchaus nothwendig zu sein, wenn ein richtiger Zusammenhang hergestellt werden und die Stelle überhaupt nicht an Undeutlichkeit leiden und sogar nicht zu Mißverständniß Veranlassung geben soll.

66) Die Senatoren und Ritter verloren, weil sie vom Census abhingen, ihren Rang.

67) Ueber acht Millionen Gulden. Roth.

68) Cic. pro Arch. 10, 24: *noster hic Magnus, qui cum virtute fortunam adaequavit, nonne Theophanem Mitylenaeum, scriptorem rerum suarum, in contione militum civitate donavit?* Um sein Vaterland hatte sich derselbe dadurch verdient gemacht, daß er von Pompejus dessen Freiheit erwirkte, weshalb man sein Andenken daselbst mit göttlichen Ehren

Anmerkungen zum sechsten Buch. 451

feierte. Es finden sich noch Münzen von Mytilene mit der Aufschrift Θεὸς Θεοφάνης oder Θεοφάνης θεός. Der hier erwähnte inlustris eques Romanus ist ein Enkel des Theophanes, und Macrina und deren Bruder sind Urenkel.

69) Dio Cass. 58, 22: ὁ Μάριος ὁ Σέξτος ἐκεῖνος, ὁ φίλος αὐτοῦ (Τιβερίου), τὴν θυγατέρα ἐκπρεπῆ οὖσαν ὑπεκπέμψας ποι, ἵνα μὴ ὁ Τιβέριος αὐτὴν αἰσχύνῃ, αἰτίαν τε ἔσχεν ὡς συνών οἱ καὶ διὰ τοῦτο καὶ συναπώλετο.

70) Auf den Gemonien. Sueton. Tiber. 61: *nemo punitorum non et in Gemonias abiectus uncoque tractus. Viginti (?) uno die abiecti tractique sunt, inter eos pueri et feminae.*

71) Ihr voller Name ist Junia Claudilla.

72) Der eine, Nero, war in die Verbannung geschickt worden; der andere, Drusus, saß im unteren Theile des Palatiums gefangen. Nicht unwahrscheinlich hat Nipperdey *exitio* für *exilio* geschrieben.

73) S. Anm. 49 zu B. 2. — Ueber des Tiberius Aufenthalt auf Rhodus s. Anm. 19 zu B. 1.

74) Hiermit sind die Epikureer gemeint.

75) Die Stoiker. Senec. de benef. 4, 7: *hunc eundem (deum) et fatum si dixeris, non mentieris. Nam cum fatum nihil aliud sit quam series inplexa causarum, ille est prima omnium causa, ex qua ceterae pendent.*

76) Dieses geschieht 14, 9 ohne den Sohn des Thrasullus zu erwähnen: *consulenti super Nerone (Agrippinae) responderunt Chaldaei fore, ut imperaret matremque occideret.* Vgl. Dio Cass. 61, 2.

77) Von der Zeit seiner Anklage an bis zu seinem Tode.

78) „Es hätte sonst scheinen können, daß die öffentliche Stimme auf ihn Einfluß geübt." Nipperdey.

79) Auf der Insel Pandateria; s. Anm. 113 zu B. 1.

80) Des Sohnes des Germanicus.

81) Dem jetzigen Tivoli.

82) S. Anm. 35 zu B. 4.

83) Vgl. 1, 80 z. E.

84) „Er verwaltete Hispania citerior (denn die ulterior war Senatsprovinz) seit dem Tode des L. Piso, 25 n. Chr. (decimum ist also runde Zahl), ebenso wie Lamia, von Rom aus durch seine Legaten." Nipperdey.

85) Plinius und Dio Cass. setzen die Erscheinung zwei Jahre später an. Dieser sagenhafte Vogel war das Symbol eines großen ägyptischen,

29*

Anmerkungen zum sechsten Buch.

mit dem Laufe der Sonne in Zusammenhang stehenden Zeitcyclus, dessen Umfang seine Lebensdauer hieß. Vgl. Duncker's Gesch. des Alterth. Bd. 1 S. 58 f. 2 Aufl.

86) Diese Zahl bezeichnet die Hundsstern- oder Sothis-Periode. Vgl. Weber's Allg. Weltgesch. Bd. 1 S. 158 f. Duncker l. l. p. 84 f.

87) Amasis herrschte von 569 bis 526 v. Chr. — Mit Ptolemäus, dem dritten Könige aus macedonischem Geschlecht, ist Ptolemäus Euergetes (247—222 v. Chr.) gemeint.

88) In Unterägypten, das On der Hebräer, etwas unterhalb des heutigen Kairo.

89) In Arabien.

90) In Heliopolis.

91) Oben 4, 47.

92) Suoton. Tib. 61: *interdictum, ne capite damnatos propinqui lugerent. — nemo punitorum non in Gemonias abiectus uncoque tractus* (in Tiberim).

93) Gegen Tiberius durch seinen Selbstmord, zu dem er eben durch Tiberius bestimmt worden sei.

94) Vgl. oben K. 9.

95) Das Trauerspiel führte den Namen Atreus.

96) Der Schwiegertochter des Tiberius.

97) Er war 76 Jahre alt.

98) Den Germanicus auf den Thron gesetzt hatte; vgl. 2, 56.

99) Der Euphrat nämlich war die Grenze zwischen dem römischen und parthischen Reiche.

100) Dieser war ein Enkel des Phraates.

101) S. Anm. 18 zu B. 4.

102) Der im Jahre vorher Consul gewesen war. Derselbe war der Vater des nachherigen Kaisers.

103) Unter Caligula.

104) D. i. zur Vergiftung des Arsaces.

105) S. Anm. 133 zu B. 2.

106) S. Anm. 170 zu B. 2. — Die Sarmaten wohnten im Norden des Caucasus.

107) Gewöhnlich porta Caucasia oder Sarmatica genannt, beim Fluß Alutas. Die eigentliche porta Caspia befindet sich im Süden des kaspischen Meeres im östlichen Taurus, und heißt jetzt Siah Koh.

108) Dem kaspischen.

109) Orodes, der Sohn des Artabanus, war königlicher Prinz.

Anmerkungen zum sechsten Buch. 453

110) Iustin. 42, 3: *Iasoni totus ferme Oriens ut conditori divinos honores templaque constituit.*

111) Iustin. 41, 2: *vestis olim* (Parthis) *sui moris; posteaquam accessere opes, ut Medis, perlucida ac fluida.* Schon zur Zeit des Perserreichs hatten die vornehmen Perser von den Medern das Gewand angenommen, welches in einem purpurnen Kaftan mit Goldstickerei und weißen Streifen bestand.

112) Nämlich im folgenden Jahre.

113) Kap. 37 (31).

114) Auf der Ostseite des kaspischen Meeres. — Die Hyrkaner wohnten im Süden desselben, die Carmanier im Süden des parthischen Reichs, am persischen Meerbusen.

115) Die Suovetaurilien, ein Opfer, bestehend aus Schwein, Schaf und Rind, wie der Name zeigt, wurden als Sühn- und Reinigungsopfer dem Mars dargebracht. — Das Roß war bei den Persern der Sonne heilig und wurde derselben geopfert; auch die Flüsse waren ihnen heilig.

116) Curt. 3, 3, 19: *cidarim Persae vocabant capitis regium insigne; hoc caerulea fascia albo distincta circumibat.*

117) In den Jahren 6 bis 9 n. Chr.

118) Des Augustus, bei dem er als Geißel gewesen war.

119) Wegen seiner Freundschaft mit Sejanus. Derselbe tödtete sich selbst. — Ueber die Freimüthigkeit der Römer zur Kaiserzeit in den Testamenten Sueton. Aug. 56: *Romanorum mos fuit in testamentis increpare alios, maledicere aliis et liberam de quibuscunque vellent vocem edere.*

120) Hier ist offenbar eine Lücke.

121) Tigranes VI., ein Sohn der Tochter des Archelaos, Königs von Kappadocien, und jenes Alexander, den sein Vater Herodes der Gr. von Judäa getödtet hatte. Joseph. Jüd. Alterth. 18, 5, 4. Unter Armenien ist Kleinarmenien zu verstehen, welches sein Großvater Archelaus besessen hatte.

122) Der ältere Bruder des nachherigen Kaisers Galba.

123) Nach dem Tode ihres Vaters, der der Oheim des Sejanus war.

124) In dem verlorenen Theile des fünften Buches. — Drusus ist der Sohn des Germanicus.

125) Diese wohnten in Cilicia Trachea. — Archelaus ist wahrscheinlich der Sohn des 2, 42. erwähnten.

126) D. i. in der Weise der römischen Provinzen.

127) Nicephorium und Anthemusias sind Städte Mesopotamiens; Halus und Artemita Assyriens.

128) Seleucia lag auf dem rechten Ufer des Tigris, Ctesiphon gerade gegenüber. Ihr Gründer war Seleucus Nicator.

129) „Das Wort bezeichnet, wie das römische Caesar, zugleich das Geschlecht und die Würde des Kronselbherrn, welche in einer Familie erblich war, deren Glieder alle diesen Namen führten, wie alle Glieder der parthischen Könige ausser mit ihrem unterscheidenden Namen Arsaces hießen." Ripperdey.

130) Den Tigris. — Die Elymäer wohnten im Norden des persischen Meerbusens. Dieselben waren ein kriegerisches Volk und dienten in den persischen und syrischen Heeren als Bogenschützen.

131) Des Circus Maximus.

132) Domus sind die Häuser der Vornehmeren, die palazzi des neueren Roms, zu eigner Bewohnung nach solchen Forderungen der wohlhabenden Lebensweise ausgebaut, wie wir sie besonders durch Varro und Vitruvius kennen lernen. Die insulae dagegen wurden von den mittleren und unteren Klassen, bei weitem der größten Anzahl der Einwohner Roms, bewohnt, daher das Zahlenverhältniß der insulae zu den domus auch wie ungefähr 25 bis 30 zu 1 war. Sie hatten wesentlich die Bestimmung vermiethet zu werden, daher sie viele Stockwerke (coenacula meritoria) über einander hatten, jedes mit besonderem Zugang und besonders vermiethet. Preller.

133) Diesen Tempel setzt man gewöhnlich auf den Palatin. Becker (Handb. der röm. Alterth. Th. 1 S. 431.) sagt: man würde ihn in der Tiefe zwischen Capitol und Palatin suchen. — Ueber das pompejanische Theater, von dem nur die Bühne abgebrannt war, s. oben 3, 72.

134) Die drei ersteren waren vermählt mit Agrippina, Drusilla und Livia oder Julia, des Germanicus Töchtern, Rubellius Blandus mit Julia, des Drusus Tochter.

135) Oben K. 20 (26). Nach Sueton. Calig. 12 starb sie an der Niederkunft.

136) Tiberius; s. oben 2, 84 und die Anm. 211.

137) Eben C. Cäsar, von dem vorher die Rede. Derselbe war geboren am 31. August 12 n. Chr.

138) Er war damals 46 Jahre alt. — Sueton. Claud. 3: *mater Antonia portentum eum hominis dictitabat nec absolutum a natura, sed tantum inchoatum ac si quem socordiae argueret stultiorem aiebat filio suo Claudio.*

139) Caligula ließ noch in diesem Jahre, nachdem er von einer gefährlichen Krankheit genesen, den Tiberius, des Drusus Sohn, ermorden, weil

Anmerkungen zum sechsten Buch.

er während seiner Krankheit seinen Tod gewünscht habe. Er selbst ward 41 n. Chr. am 24. Januar ermordet.

140) Nämlich des Sejanus. Derselbe war des Sejanus Client gewesen; s. 4, 34.

141) 4, 75.

142) Nämlich von ihrem Manne, seinem Vater, wie Nipperdey richtig bemerkt.

143) S. Anm. 14 zu B. 4.

144) Der Besieger des Mithribates. Phaedr. fab. 2, 5, 7: *Caesar Tiberius cum petens Neapolim In Misenensem villam venisset suam, Quae monte summo posita Luculli manu Prospectat Siculum et respicit Tuscum mare etc.* Vgl. Plutarch. Mar. 34.

145) Sueton. Tib. 72: *quod manum sibi osculandi causa apprehendisset.*

146) Ib. 5: *Natus est sexto decimo kalendas Decembris M. Aemilio iterum, L. Munatio Planco coss. (712. a. u. 42 ante Chr.); sic enim in fastos actaque publica relatum est. Nec tamen desunt, qui partim antecedente anno, Hirtii ac Pansae, partim insequente, Servilii Isaurici Antoniique consulatu genitum eum scribant.*

147) S. oben 5, 1 und das. die Anm.

148) Zu ertragen hatte er ihre Unkeuschheit zu Rom; aus dem Wege ging er derselben durch seine Entfernung nach Rhodus; s. Anm. 19 zu B. 1.

149) Durch den Tod des Marcellus, Agrippa, Gajus und Lucius Cäsar.

Verbesserungen.

S. 3 Z. 6 v. u. lies: überwältigt.
„ 5 „ 18 v. u. „ Cäsar.
„ 7 „ 12 v. u. „ Verbrechen.
„ 13 „ 11 v. u. „ Mittel.
„ 19 „ 3 v. u. „ zuerkannt wurde.
„ 47 „ 2 v. o. „ eingesperrt.
„ 103 „ 11 v. o. „ zum Kampfplatz aus.
„ 177 „ 20 v. o. „ Anwalten.
„ 189 „ 13 v. o. tilge das Komma nach: Cäsianus.
„ 233 „ 12 v. o. lies: verbreitet.
„ 245 „ 3 v. u. „ Rhömetalces.
„ 287 „ 11 v. u. „ verhüllen.
„ 321 „ 8 v. u. „ 5) statt 4).
„ 343 „ 12 v. u. „ vor statt von.
„ 400 springen die Zahlen der Anm. von 11 auf 17 über. Es ist das durch einen Irrthum geschehen, ohne daß eine Anm. fehlt.

www.ingramcontent.com/pod-product-compliance
Lightning Source LLC
Chambersburg PA
CBHW031958300426
44117CB00008B/817